DESENHO ARQUITETÔNICO

O GEN | Grupo Editorial Nacional – maior plataforma editorial brasileira no segmento científico, técnico e profissional – publica conteúdos nas áreas de ciências exatas, humanas, jurídicas, da saúde e sociais aplicadas, além de prover serviços direcionados à educação continuada e à preparação para concursos.

As editoras que integram o GEN, das mais respeitadas no mercado editorial, construíram catálogos inigualáveis, com obras decisivas para a formação acadêmica e o aperfeiçoamento de várias gerações de profissionais e estudantes, tendo se tornado sinônimo de qualidade e seriedade.

A missão do GEN e dos núcleos de conteúdo que o compõem é prover a melhor informação científica e distribuí-la de maneira flexível e conveniente, a preços justos, gerando benefícios e servindo a autores, docentes, livreiros, funcionários, colaboradores e acionistas.

Nosso comportamento ético incondicional e nossa responsabilidade social e ambiental são reforçados pela natureza educacional de nossa atividade e dão sustentabilidade ao crescimento contínuo e à rentabilidade do grupo.

DESENHO ARQUITETÔNICO

Um Compêndio Visual
de Tipos e Métodos

Quarta Edição

Rendow Yee

Tradução

Luiz Claudio de Queiroz Faria

Revisão Técnica

Alice de Barros Horizonte Brasileiro
Doutorado em Arquitetura pelo PROARQ/FAU/UFRJ
Professora Adjunta da Faculdade de Arquitetura e Urbanismo – UFRJ

O autor e a editora empenharam-se para citar adequadamente e dar o devido crédito a todos os detentores dos direitos autorais de qualquer material utilizado neste livro, dispondo-se a possíveis acertos caso, inadvertidamente, a identificação de algum deles tenha sido omitida.

Não é responsabilidade da editora nem do autor a ocorrência de eventuais perdas ou danos a pessoas ou bens que tenham origem no uso desta publicação.

Apesar dos melhores esforços do autor, do tradutor, do editor e dos revisores, é inevitável que surjam erros no texto. Assim, são bem-vindas as comunicações de usuários sobre correções ou sugestões referentes ao conteúdo ou ao nível pedagógico que auxiliem o aprimoramento de edições futuras. Os comentários dos leitores podem ser encaminhados à **LTC — Livros Técnicos e Científicos Editora** pelo e-mail ltc@grupogen.com.br.

Traduzido de
ARCHITECTURAL DRAWING: A VISUAL COMPENDIUM OF TYPES AND METHODS, FOURTH EDITION
Copyright © 2013 by John Wiley & Sons, Inc.
All Rights Reserved. This translation published under license with the original publisher John Wiley & Sons, Inc.
ISBN: 978-1-118-01287-1

Portuguese edition copyright © 2016 by
LTC — Livros Técnicos e Científicos Editora Ltda.
All rights reserved

Direitos exclusivos para a língua portuguesa
Copyright © 2016 by
LTC — Livros Técnicos e Científicos Editora Ltda.
Uma editora integrante do GEN | Grupo Editorial Nacional

Reservados todos os direitos. É proibida a duplicação ou reprodução deste volume, no todo ou em parte, sob quaisquer formas ou por quaisquer meios (eletrônico, mecânico, gravação, fotocópia, distribuição na internet ou outros), sem permissão expressa da editora.

Travessa do Ouvidor, 11
Rio de Janeiro, RJ – CEP 20040-040
Tels.: 21-3543-0770 / 11-5080-0770
Fax: 21-3543-0896
ltc@grupogen.com.br
www.grupogen.com.br

Design de capa: Carina Cabral
Ilustração de capa: nadla | Stockphoto
Editoração Eletrônica: ALGO MAIS Soluções Editoriais

CIP-BRASIL. CATALOGAÇÃO NA PUBLICAÇÃO
SINDICATO NACIONAL DOS EDITORES DE LIVROS, RJ

Y44d
4. ed.

Yee, Rendow
Desenho arquitetônico : um compêndio visual de tipos e métodos / Rendow Yee ; tradução Luiz Claudio de Queiroz Faria ; revisão técnica Alice Brasileiro. - 4. ed. - [Reimpr.]. - Rio de Janeiro : LTC, 2017.
il. ; 28 cm.

Tradução de: Architectural drawing: a visual compendium of types and methods, 4th ed
Apêndice
Inclui bibliografia e índice
ISBN 978-85-216-3120-0

1. Desenho arquitetônico - Técnica. I. Brasileiro, Alice. II. Título.

16-32351

CDD: 720.284
CDU: 72.02

Dedicado a todos os estudantes deste livro

no passado e no presente —

Sempre uma fonte de ideias reveladoras e inovadoras.

Aos meus pais —

Sempre uma fonte de inspiração.

Sumário

PREFÁCIO À QUARTA EDIÇÃO xi

PREFÁCIO À TERCEIRA EDIÇÃO xii

PREFÁCIO À SEGUNDA EDIÇÃO xiii

PREFÁCIO À PRIMEIRA EDIÇÃO xv

1	DESENHO DE REPRESENTAÇÃO	1
	Fundamentos	3
	Aplicações	16
2	DIAGRAMAS E CROQUIS CONCEITUAIS	35
	Fundamentos	37
	Aplicações	52
3	INTRODUÇÃO À INTERFACE DIGITAL-MANUAL	91
	Fundamentos	93
	Aplicações	100
4	MÉTODO E NOMENCLATURA DAS PROJEÇÕES ORTOGRÁFICAS	133
	Fundamentos	135
	Aplicações	138
5	PROJEÇÕES ORTOGONAIS E PARALELAS	161
	Fundamentos	163
	Aplicações	184

viii SUMÁRIO

6	PERSPECTIVA LINEAR	225
	Fundamentos	227
	Aplicações	256
7	LUZES E SOMBRAS	329
	Fundamentos	331
	Aplicações	350
8	FORMATOS DE APRESENTAÇÃO	375
	Fundamentos	377
	Aplicações	388
9	INTRODUÇÃO À CRIAÇÃO DO PORTFÓLIO	451
	Fundamentos	453
	Aplicações	464
	EPÍLOGO	473
	EXERCÍCIOS DE DESENHO	475
	Nível Um	477
	Nível Dois	520
	APÊNDICE: Ferramentas Básicas, Escrita, Tipografia e Tipos de Linha, Cortes em Ação	529
	BIBLIOGRAFIA E REFERÊNCIAS	567
	SOBRE O AUTOR	569
	ÍNDICE	571

CONTEÚDO ON-LINE (www.ltceditora.com.br)

10 REPRESENTAÇÕES CONVENCIONAIS E COMPUTADORIZADAS EM CORES

11 CONJUGANDO AS TÉCNICAS MANUAIS E DIGITAIS: Estudos de Caso dos Arquitetos Antoine Predock e Zaha Hadid

12 CONJUGANDO AS TÉCNICAS MANUAIS E DIGITAIS: Exemplos de Ateliês Acadêmicos

APÊNDICE

Formas Geométricas em Arquitetura

Definições Geométricas

Princípios de Geometria Descritiva

Sistema dos Pontos Medidores

Pontos de Fuga das Sombras e dos Raios Solares

Tons e Sombras em Perspectiva

Material Suplementar

Este livro conta com os seguintes materiais suplementares:

- Animation: arquivo em (.mp4), em inglês, contendo vídeo apresentando projetos modernos da arquitetura (acesso livre);
- Animation: arquivo em (.wmrv), em inglês, contendo vídeo apresentando projetos modernos da arquitetura (acesso livre);
- Capítulos Adicionais: arquivos em (.pdf) dos Capítulos 10, 11 e 12 (acesso livre);
- Ilustrações da obra em formato de apresentação (restrito a docentes);
- Instructor's Manual: arquivo em (.pdf), em inglês, contendo manual pedagógico do professor para utilização do livro-texto (restrito a docentes);
- PowerPoint Slides: arquivos em (.ppt), em inglês, contendo apresentações para uso em sala de aula (restrito a docentes).

O acesso ao material suplementar é gratuito. Basta que o leitor se cadastre em nosso *site* (www.grupogen.com.br), faça seu *login* e clique em GEN-IO, no menu superior do lado direito. É rápido e fácil.

Caso haja alguma mudança no sistema ou dificuldade de acesso, entre em contato conosco (sac@grupogen.com.br).

GEN-IO (GEN | Informação Online) é o repositório de materiais suplementares e de serviços relacionados com livros publicados pelo GEN | Grupo Editorial Nacional, maior conglomerado brasileiro de editoras do ramo científico-técnico-profissional, composto por Guanabara Koogan, Santos, Roca, AC Farmacêutica, Forense, Método, Atlas, LTC, E.P.U. e Forense Universitária. Os materiais suplementares ficam disponíveis para acesso durante a vigência das edições atuais dos livros a que eles correspondem.

Prefácio à Quarta Edição

A quarta edição acrescenta dois capítulos importantes: "Introdução à Interface Digital-Manual" e "Introdução à Criação do Portfólio". O primeiro capítulo novo é fundamental para que os estudantes compreendam como o desenho manual e a modelagem digital atuam juntos como parceiros na concepção do projeto. Essa parceria é cada vez mais importante, já que o uso simultâneo dos dois modos parece ser a abordagem mais eficaz para o desenho de projetos. O segundo capítulo novo trata da necessidade de os estudantes formularem portfólios do próprio trabalho e das futuras carreiras deles.

Sou profundamente grato pelo trabalho superlativo do autor colaborador do capítulo sobre interface digital-manual, o professor William W. P. Chan, do Departamento de Arquitetura da Morgan State University. Ele também trabalhou comigo como consultor, esclarecendo muitas outras questões no livro. Também gostaria de expressar minha profunda gratidão pelas três revisões que recebi para o capítulo sobre portfólio do professor Mark A. Pearson, do College of DuPage, do professor Hiro Hata, da SUNY em Buffalo, e do professor Chan. Um agradecimento especial vai para Guobin Yu, que ajudou a transferir inúmeras imagens para CD. Um agradecimento especial para a editora assistente da Wiley, Lauren Poplawski, e para a assistente editorial Danielle Giordano, que trabalharam pacientemente comigo em muitos temas e problemas. Finalmente, gostaria de agradecer os projetos acadêmicos excelentes enviados para inclusão no livro pelas universidades apresentadas a seguir.

Agradecimentos

Professor William W. P. Chan, Morgan State University (Maryland)
Professor Paul Chiu, Glendale Community College (Califórnia)
Professor Paul Walker Clarke, Morgan State University (Maryland)
Professor Kim de Freitas, New Jersey Institute of Technology
Professor Michael D. Hagge, University of Memphis
Professor Bob Hansman, Washington University em St. Louis (Missouri)
Professor Hiro Hata, State University of New York em Buffalo
Professor Weiling He, Texas A&M University
Professora Meg Jackson, Texas A&M University
Professora Julie Ju-Youn Kim, the Catholic University of America (Washington, DC)
Professor Andreas Luescher, Bowling Green State University (Ohio)
Professora Lauren Karwoski Magee, Drexel University (Pennsylvania)
Professora Jane Ostergaard, College of DuPage (Illinois)
Professor Mark A. Pearson, College of DuPage (Illinois)
Professora Julia S. Rogers, Texas A&M University
Professor Stephen Temple, University of Texas em San Antonio
Professora Marissa Tirone, Syracuse University (Nova York)
Professor Jon Thompson, University of Texas em San Antonio
Dr. M. Saleh Uddin, Southern Polytechnic University (Geórgia)

Prefácio à Terceira Edição

A terceira edição apresenta uma hierarquia para tornar o livro mais fácil de ser utilizado e a informação nele contida mais acessível. O sumário, por exemplo, permite aos leitores localizarem mais rapidamente os tópicos mais importantes. A estrutura hierárquica em cada capítulo é baseada em dois estágios: FUNDAMENTOS e APLICAÇÕES, na qual FUNDAMENTOS incorpora elementos básicos, como teoria, definições, princípios e conceitos, e APLICAÇÕES proporciona o passo a passo de como realizar as aplicações por meio de exemplos de estudantes e profissionais.

Além disso, a terceira edição teve seu conteúdo expandido, com o acréscimo dos capítulos "Representações Convencionais e Computacionais em Cores", "Conjugando as Técnicas Manuais e Digitais: Exemplo de Escritório Profissional" e "Conjugando as Técnicas Manuais e Digitais: Exemplos de Ateliês Acadêmicos", que apresentam projetos de integração dos métodos manuais e digitais, além de um apêndice que oferece uma breve revisão das definições geométricas e alguns princípios importantes de geometria descritiva.

Gostaria de agradecer especialmente ao professor William Chan, da Morgan State University, por ter gentilmente cedido seu tempo na revisão da maioria dos capítulos, bem como do material do site na segunda edição. Também sou grato pelos comentários feitos em páginas específicas pelos professores Dick Davison, da Texas A&M, e Arpad Daniel Ronaszegi, do Savannah College of Art and Design. Por fim, gostaria de agradecer o apoio de Tina Chau, Chalina Chen e Susan Wu.

Agradecimentos

Professor William W. P. Chan, Morgan State University (Baltimore, Maryland)
Professora Mariana Donoso, Universidad de Chile (Santiago)
Yu Jordy Fu, arquiteta, Royal Academy of Art (Londres)
Professor Michael D. Hagge, University of Memphis (Tennessee)
Susan Hedges, pós-graduada, gerente de apoio, University of Auckland (Nova Zelândia)
Professor Andreas Luescher, Bowling Green State University (Ohio)
Dr. Yasser Mahgoub, Kuwait University
Professor LaRaine Papa Montgomery, Savannah College of Art and Design (Geórgia)
Professora Marcela Pizzi, Universidad de Chile (Santiago)
Professor Arpad Daniel Ronaszegi, Savannah College of Art and Design (Geórgia)
Professor Richard H. Shiga, Portland State University (Oregon)
Professor Andrew Tripp, The Cooper Union (Cidade de Nova York)
Professora Joan Waltemath, The Cooper Union (Cidade de Nova York)

Prefácio à Segunda Edição

Existem duas novidades importantes na segunda edição. A primeira refere-se à inclusão de uma seção de exercícios de desenho e esboços no final do livro. Ela permitirá que professores de desenho arquitetônico e apresentação de projetos compilem ideias para formular exercícios básicos de desenhos e esboços que se adaptem às suas próprias aulas.

A segunda novidade é um capítulo suplementar disponibilizado na Internet, "Representações Convencionais e Computacionais em Cores", que pode ser encontrado no *site* da editora. *Esse capítulo abrangente aborda materiais coloridos tradicionais como aquarela, guache, giz pastel, lápis de cor, marcadores, aerógrafos e materiais compostos. Vários aspectos sobre o potencial de ferramentas digitais também são discutidos. Além disso, soluções típicas de profissionais e estudantes para os inúmeros exercícios de desenho do livro-texto são apresentadas no *site*. Essas soluções estão disponíveis para professores mediante cadastro e senha obtidos no *site* da editora ou através de contato com o representante local para mais informações.

Por fim, os tópicos sobre diagramação e croquis conceituais foram condensados em um único capítulo com mais texto explicativo, e o capítulo sobre formatos de apresentação foi ampliado para incluir desenhos de escritórios notáveis para concursos profissionais.

Agradecimentos

Sou muito grato pelos três críticos inspirados da primeira edição. Todos os capítulos foram revisados pelos professores Dick Davison e Stephen Temple; e o professor Owen Cappleman revisou o capítulo sobre diagramação e croquis conceituais, bem como o capítulo disponível na Internet. Gostaria também de expressar minha gratidão a todos os profissionais do escritório que contribuíram com o trabalho de maneira bastante oportuna. Além disso, tenho muito a agradecer à forte equipe de apoio das instituições de ensino que me municiaram com exemplos excepcionais de exercícios de desenho. Um caloroso agradecimento às seguintes escolas e professores de arquitetura que contribuíram com projetos:

Dr. Samer Akkach, Adelaide University (Austrália do Sul)
Professor Jonathan Brandt, Texas A&M University
Professor Owen Cappleman, University of Texas em Austin
Professor Rich Correa, Yuba College (Califórnia)
Professor Dick Davison, Texas A&M University
Professores Hank Dunlop e Mark Jensen, California College of Arts and Crafts
Professora Jane Grealy, Queensland University of Technology (Austrália)
Professor Bob Hansman, Washington University em St. Louis (Missouri)
Professor Patrick Houlihan, California College of Arts and Crafts

---

* Válido apenas para a edição norte-americana. (N.E.)

xiv PREFÁCIO À SEGUNDA EDIÇÃO

Professor Chang-Shan Huang, Texas A&M University
Professora Karen Kensek, University of Southern California
Professor George S. Loli, University of Louisiana-Lafayette
Professor Fernando Magallanes, North Carolina State University
Professor David Matthews, Ohio University
Professor Valerian Miranda, Texas A&M University
Professor Dan Mullin, University of Idaho
Professor Douglas Noble, University of Southern California
Professor Arpad D. Ronaszegi, Andrews University (Michigan)
Professora M. Beth Tauke, State University of New York em Buffalo
Professor Stephen Temple, University of Texas em San Antonio
Professor Thomas L. Turman, Laney College (Califórnia)
Professor Mohammed Saleh Uddin, University of Missouri-Columbia

Agradecimentos especiais às seguintes pessoas que me ajudaram: Justin Ip, Brian W. Quan, Felix Ma, Lawrence Mak, Corvin Matei e Hedy Hing Yee. Sou muito grato à minha excepcional equipe de produção editorial da John Wiley & Sons. Especialmente notáveis foram o árduo trabalho e a ajuda que tive de minha editora, Margaret Cummins. Ela esteve sempre disponível para responder a qualquer uma de minhas dúvidas. Também agradeço o trabalho de coordenação de suas assistentes editoriais, Kim Aleski e Rosanne Koneval. Finalmente, gostaria de louvar o elegante trabalho do editor gerente, David Sassian, e da editora de texto, Lisa Story.

Croqui: Projeto acadêmico de Susan Pruchnicki,
Igreja da Sagrada Família, Barcelona, Espanha,
25,4 × 30,5 cm (10" x 12")
Material: Caneta e nanquim
Antonio Gaudi, Arquiteto
Cortesia da Washington University
Faculdade de Arquitetura, St. Louis, Missouri

Prefácio à Primeira Edição

No mundo visual do ensino e das profissões de projeto, mensagem (projeto) e linguagem (gráfica) estão tão inter-relacionadas que não podem ser separadas. O processo de projetar sempre inclui habilidades gráficas para clarificar e comunicar os temas em questão. O objetivo deste livro é transmitir uma ampla gama de métodos de projeto e desenho; não pretende ser um livro para desenvolver habilidades de projeto.

As pessoas aprendem a se comunicar por meio da linguagem em idade precoce. Aprendem a falar, ler e escrever. A principal forma de comunicação em qualquer trabalho de projeto, seja em moda seja em construção, é por meio de desenhos. Para comunicar aos outros nossas ideias sobre o projeto, precisamos aprender a desenhar. Precisamos desenhar com suficiente facilidade para tornar claras as nossas ideias. Mais ainda, precisamos ser capazes de comunicar ideias gráficas a nós mesmos, porque, à medida que trabalhamos em qualquer projeto, nossas ideias vão constantemente se alterando e evoluindo.

A linguagem gráfica requer o emprego de todas as características do cérebro — analíticas, intuitivas, sintéticas e emotivas. A intenção desta obra é proporcionar aos estudantes e técnicos as ferramentas gráficas essenciais aos métodos de comunicação visual do processo de projetar. Ela reforçará métodos de percepção da realidade próxima, de modo a criar uma consciência do mundo visual, além de desenvolver e estabelecer confiança nas habilidades e destrezas gráficas, tanto analíticas quanto intuitivas.

É muito comum encontrar estudantes com ampla experiência em desenho ao entrarem em um curso introdutório de desenho/representações arquitetônicas; alguns estudantes podem ter frequentado inúmeros cursos de desenho mecânico e artístico nos ensinos fundamental e médio; outros podem nunca ter empregado ou ter sido apresentados a equipamentos para desenho de esboços ou croquis. Também existem estudantes que demonstram forte potencial em testes de aptidão relacionados à visualização espacial; mas, por uma ou outra razão, nunca tiveram a oportunidade de desenvolver esse potencial. Este livro pode ser utilizado por aqueles que possuem pouco conhecimento em geometria ou matemática elementar. No entanto, também foi planejado para estudantes médios e avançados em desenho arquitetônico. Estudantes e técnicos com conhecimento prévio em desenho pictórico ou perspectiva irão usar este livro como um guia de referência conveniente para trabalhos finais.

Os quatro primeiros capítulos, incluindo "Representação por Croquis", são básicos para o estudo de representações arquitetônicas e proporcionam o arcabouço necessário para chegar às principais áreas do desenho pictórico em duas e três dimensões. Os capítulos sobre projeções paralelas, perspectiva e sombras ilustram em detalhes os métodos manuais mais comuns praticados atualmente, porém com explicações simples da teoria que há por trás do seu emprego. O uso desses procedimentos irá auxiliar tanto o estudante quanto o profissional a comunicar e apresentar suas ideias do projeto. O restante do livro é dedicado a uma breve introdução aos assuntos descritos nos títulos dos capítulos "Delineamento e Acabamento da Entourage", "Diagramas e Croquis Conceituais" e "Formatos de Apresentação". A variedade de desenhos ilustra um grande número de estilos diversificados; e os materiais empregados, as dimensões originais e a escala utilizada (quando aplicável) são fornecidos em cada desenho no qual tal informação se encontra disponível. Nesse sentido, o livro age como um trampolim para estimular os leitores a explorar cada tema em mais detalhes a partir da consulta à extensa bibliografia. Muitas das imagens incluem construções residenciais; no entanto, uma grande variedade de outros tipos de edificações também é apresentada. Do ponto de vista da atual cultura globalizada, também foi incluída a apresentação de muitos desenhos de fora dos Estados Unidos.

XVI PREFÁCIO À PRIMEIRA EDIÇÃO

Este amplo guia tenta abordar igualmente cada um dos métodos de projeto e desenho arquitetônicos atualmente utilizados. Entretanto, no último quarto do século XX, observou-se um aumento repentino no emprego de desenhos em projeção paralela. Isso se deve à facilidade de seu traçado geométrico e à impressionante capacidade de permitir que o espectador veja e compreenda a totalidade da composição de um projeto. Por esse motivo, foi incluída uma grande quantidade de exemplos profissionais de projeções paralelas. A arquitetura e outras profissões de projetos têm expandido seu vocabulário para incluir os métodos emergentes de imageamento, animação, filmes e vídeos computacionais em três dimensões. Este compêndio visual de diversas imagens gráficas produzidas tanto com materiais tradicionais quanto com materiais avançados é rico em conteúdo. Muitas ilustrações são acompanhadas de comentários pessoais dos seus autores para auxiliar no esclarecimento de por que cada tipo de desenho foi escolhido para expressar o projeto.

Tanto estudantes quanto projetistas estão continuamente se empenhando em adotar novas formas de representar e expressar seus projetos. Os exemplos de imagens gráficas que escolhi não são, de modo algum, exaustivos. São exemplos que visam elevar as técnicas básicas aprendidas pelos estudantes a um nível mais avançado, assim como provocar suas imaginações. Não pretendem conduzir os estudantes, de modo dogmático, a um caminho estreito de estilos particulares ou "ismos"; ao contrário, o objetivo é encorajá-los a iniciar sua própria jornada de descobertas e explorações.

Como uma referência para construções gráficas precisas, o livro é disposto em um formato simples de passo a passo, fácil de seguir. Embora as construções pictóricas não manuais sejam enfatizadas, as técnicas de visualização e desenho à mão livre são encorajadas. Muitas escolas de arquitetura possuem cursos que abrangem projeto e desenho arquitetônicos num período de um a três semestres. Em vários casos, o material é tratado como um complemento dos ateliês de projeto e desenho. Este livro pode ser empregado no decorrer de qualquer programa de maneira flexível e a qualquer tempo, como um livro-texto para estudantes, uma fonte de referência no ateliê ou no escritório para profissionais. A natureza enciclopédica do livro estimula os leitores a folheá-lo aleatoriamente, com informalidade. Para facilitar as referências, os tipos de desenhos de projeto foram classificados de tal forma que tanto estudantes quanto projetistas irão achá-los úteis para revisar os métodos de desenho de projeto ou obter e explorar ideias para suas próprias apresentações de composições criativas.

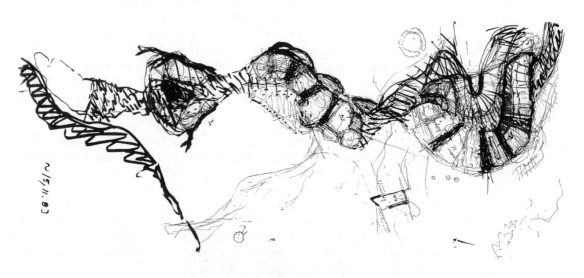

Esboço em planta: Mica Moriane, Residência oficial do Presidente da Finlândia, Mäntyniemi, Helsinque, Finlândia
Material: Canetas hidrográficas coloridas
Cortesia de Raili e Reima Pietilä, Arquitetos

PREFÁCIO À PRIMEIRA EDIÇÃO **xvii**

Agradecimentos

Este livro sobre desenho arquitetônico foi desenvolvido a partir da necessidade, expressa, ao longo de vários períodos, pelo corpo docente do curso de arquitetura e pelos estudantes matriculados nos cursos básicos de desenho arquitetônico da City College de São Francisco.

Gostaria de expressar minha gratidão aos meus colegas de docência em arquitetura, Lawrence J. Franceschina, Ernest E. Lee, Enrique Limosner e ao falecido Gordon Phillips, sem cuja ajuda e aconselhamento não seria possível a realização deste livro. Gordon me deu o encorajamento necessário durante os primeiros estágios de elaboração deste livro. Em especial, gostaria de agradecer a Ernest E. Lee e Julian D. Munoz, que revisaram o livro em seu formato preliminar. A última edição foi o resultado de revisões contínuas a partir de consultas frequentes com colegas:

Robin Chiang	Norman C. Hall	Harry Leong	Curtis Poon
Alexander Diefenbach	Robert L. Hamilton	Pershing C. Lin	Nestor Regino
Jim Dierkes	Patrick Houlihan	Jerry W. Lum	Will S. Revilock
Olallo L. Fernandez	Spencer Jue	Ryszard Pochron	Russell Wong

Uma palavra especial de agradecimento para Bernard Kuan pelas infindáveis horas digitando o manuscrito preliminar e para Tony Ho e Winnie Chun pelas infindáveis horas dedicadas ao trabalho de ordenação e montagem dos textos para posterior cópia. Sempre gostei das ideias e do retorno dados por meus alunos. Uma nota de especial apreço vai para o seguinte grupo de estudantes que me auxiliaram de formas pequenas, porém significativas:

Henry Beltran	Randy Furuta	Wilson Lee	Ann-Marie Ratkovits
Ed Broas	Randa Fushimi	Clarissa Leong	Suheil Shatara
Woo Sok Cha	Dennis Hodges	Hedy Mak	Lily Shen
Jason Chan	James Ke	Amos Malkin	Carl Stensel
Keng Chung	Andrew Kong	Amy Man	Nguyen N. Trong
Ken Cozine	Kenneth Lau	Corvin Matei	Kwok Gorran Tsui
Fred Dea	Albert Lee	Henry Ng	Kam Wong

Sou profundamente grato às revistas *Architectural Record* e *Progressive Architecture* por me permitirem reproduzir vários desenhos que foram originalmente publicados nelas. Outras revistas que utilizei como fontes ricas de imagens gráficas foram *GA Houses*, *GA Document International* e *World Architecture*. Várias ilustrações são contribuições de trabalhos acadêmicos de diversas escolas de arquitetura. Entre as que contribuíram estão Washington University em St. Louis, University of Texas em Arlington, University of Texas em Austin, Savannah College of Art and Design, Southern University, Columbia University, University of Virginia, Cal Poly em San Luis Obispo, Catholic University of America, University of Maryland, Texas A&M University, Andrews University e City College de São Francisco.

A iniciação com desenhos e esboços veio de meu falecido pai, Rodney Shue Yee. A paixão pelo campo das técnicas de desenho arquitetônico veio de dois antigos professores meus, o professor emérito Alexander S. Levens, da University of California em Berkeley, e o professor emérito Roland W. Bockhorst, da Washington University, ambos falecidos. Gostaria ainda de agradecer ao Dr. Wayne D. Barton, da City College de Sacramento, por compartilhar comigo suas experiências docentes em cursos básicos de desenho, e ao professor Zenryu Shirakawa, da Boston University, por aprimorar minhas habilidades de redação durante meus anos de ensino médio e faculdade. Uma nota especial de gratidão vai para todos aqueles que contribuíram com ilustrações para este livro. O processo de contatar a todos foi uma tarefa simultaneamente árdua e prazerosa.

Sou profundamente grato aos excepcionais docentes de arquitetura que revisaram meu livro. Suas sugestões foram construtivas e positivas para que eu pudesse ajustar o foco sobre elementos que necessitavam de melhorias. Gostaria de oferecer sinceros agradecimentos a Dick Davison por sua extensa e significativa revisão, feita página a página. Outros importantes revisores que contribuíram foram Owen Cappleman e Thomas L. Turman. William Benedict compartilhou comigo sua excelente ementa, de onde foram extraídos trechos para enriquecer os capítulos sobre desenho de perspectiva, bem como delineamento e acabamento do entorno.

William R. Benedict, Professor-Assistente, California Polytechnic State University em San Luis Obispo
Donald J. Bergsma, Professor, St. Petersburg Junior College (Flórida)
Derek Bradford, Professor, Rhode Island School of Design
Owen Cappleman, Vice-reitor e Professor-Associado, University of Texas em Austin
Ann Cederna, Professora-Assistente, Catholic University of America (Washington, D.C.)
Rich Correa, Professor, Yuba College (Califórnia)
Dick Davison, Professor-Associado, Texas A&M University
Phillip R. Dixon, Professor, College of San Mateo (Califórnia)
Jonathan B. Friedman, Reitor e Professor, New York Institute of Technology
Robert Funk, Professor, Bakersfield College (Califórnia)
Todd Hamilton, Vice-reitor e Professor-Associado, University of Texas em Arlington
Hiro Hata, Professor-Associado, State University of New York em Buffalo
Steven House, Membro do Instituto Americano dos Arquitetos
Paul Laseau, Professor, Ball State University (Indiana)
Harold Linton, Vice-reitor, Lawrence Technological University (Michigan)
George Martin, Professor, Catholic University of America (Washington, D.C.)
Valerian Miranda, Professor-Associado, Texas A&M University
David Pollak, Professor-Adjunto de Projeto, Roger Williams University (Rhode Island)
Arpad Daniel Ronaszegi, Professor-Assistente, Andrews University (Michigan)
James Shay, Membro do Instituto Americano dos Arquitetos
Michael Stallings, Diretor e Professor, El Camino College (Califórnia)
Paul Stevenson Oles, FAIA, Presidente Emérito da Sociedade Americana dos Perspectivistas de Arquitetura
Martha Sutherland, Professora-Assistente, University of Arkansas
Stephen Temple, Conferencista e Arquiteto, University of North Carolina em Greensboro
Thomas L. Turman, Professor, Laney College (Califórnia)
Mohammed S. Uddin, Professor-Associado, Southern University (Louisiana)
Dr. Osamu A. Wakita, Diretor e Professor, Harbor College de Los Angeles
Lee Wright, Professor-Associado, University of Texas em Arlington
Lindy Zichichi, Professora, Community College de Glendale (Califórnia)

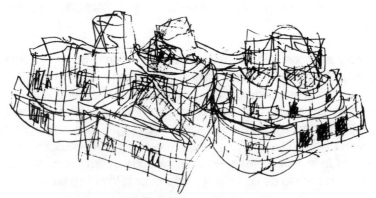

Croqui: Centro de Artes Visuais da Universidade de Toledo,
Toledo, Ohio, 30,5 × 22,9 cm (12″ × 9″)
Material: Nanquim sobre papel.
Cortesia de Frank O. Gehry, Arquiteto

PREFÁCIO À PRIMEIRA EDIÇÃO xix

Os agradecimentos não estariam completos sem render homenagem à equipe da John Wiley & Sons, à notável editora Amanda L. Miller, à editora associada Jennifer Mazurkie, e à assistente editorial Mary Alice Yates, que transformaram o manuscrito preliminar em um produto final.

As seguintes ilustrações foram reproduzidas com autorização da *Progressive Architecture*, Editora Penton.

Armacost Duplex, Rebecca L. Binder, FAIA
Casa Canovelles, MBM Arquitetos
Igreja da Luz, Tadao Ando, Arquiteto
Lofts Clybourne, Pappageorge Haymes Ltd. Arquitetos
Residência Familiar Franklin/La Brea, Adèle Naudé Santos e Associados, Arquitetos
Residência Kress, Robert W. Peters FAIA, Arquiteto
Estúdio Particular, William Adams, Arquiteto
O Apartamento de Aço Inoxidável, Krueck & Sexton, Arquitetos

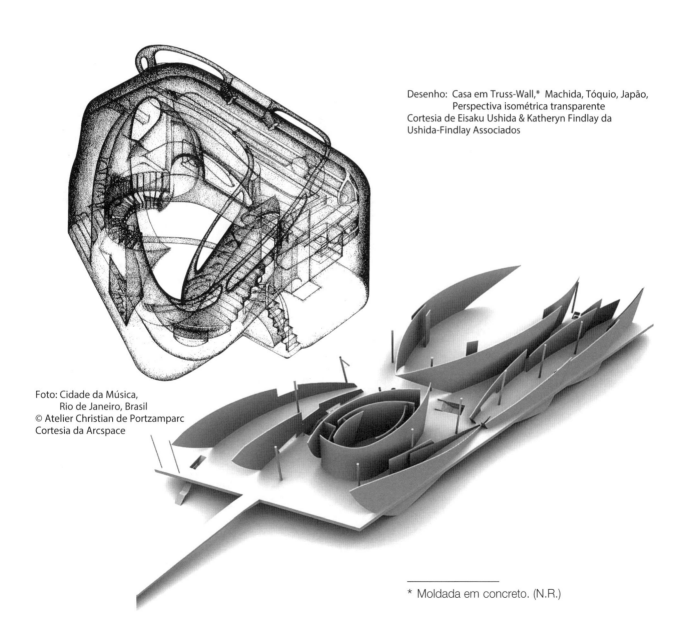

Desenho: Casa em Truss-Wall,* Machida, Tóquio, Japão, Perspectiva isométrica transparente
Cortesia de Eisaku Ushida & Katheryn Findlay da Ushida-Findlay Associados

Foto: Cidade da Música, Rio de Janeiro, Brasil
© Atelier Christian de Portzamparc
Cortesia da Arcspace

* Moldada em concreto. (N.R.)

1

Desenho de Representação

FUNDAMENTOS 3
APLICAÇÕES 16

Croquis do ambiente construído são desenhos analíticos que de forma geral transmitem uma ideia do conjunto. Fazemos esses croquis para adquirir maior compreensão da natureza da paisagem urbana. Para capturar e transmitir a essência de um lugar, os croquis devem ser executados com segurança e de modo rápido e preciso. Esses desenhos são nossas experiências pictóricas do espírito e do sentido do lugar conforme documentamos o que vemos.

Formas geométricas constituem o fundamento para todas as formas derivadas. A forma do ambiente e da composição é um conjunto de formas simples e complexas. Tanto nos desenhos a partir da realidade quanto naqueles a partir da sua imaginação, essas formas devem ser expressas e transmitidas graficamente em uma composição bidimensional para transmitir a percepção da terceira dimensão.

2 CAPÍTULO 1: DESENHO DE REPRESENTAÇÃO

O objetivo deste capítulo é abordar os aspectos fundamentais de croquis e esboços descritivos feitos à mão livre, incluindo suas ferramentas, linhas, formas, proporções e parâmetros, além de examinar, observar e representar os elementos encontrados no ambiente. Outro objetivo é aprimorar sua habilidade em fazer croquis por meio do emprego de linhas, volumes, texturas e tonalidades — bem como as relações de proporção e perspectivas — para descrever vários objetos.

Algumas habilidades, termos e conceitos importantes que você aprenderá são:

Tipos de lápis para croquis e seus respectivos traços
Tipos de canetas para croquis e seus respectivos traços
Elementos de croquis arquitetônicos como árvores, automóveis e construções

Visada	Brilho	Traçado de figuras
Vinheta	Plano médio	Rabiscos
Ponto de observação	Traçado de árvores	
Primeiro plano	Traçado de automóveis	
Ambiente	Hachuras	
Pontilhismo	Linhas de construção	
Esboço	Ponto de vista	
Acabamento	Plano de fundo	

Desenho de Representação

TÓPICO: VEGETAÇÃO
Wang 2002.

TÓPICO: MÉTODOS DE DESENHO
Crowe & Laseau 1986.
Mendolwitz & Wakeham 1993.

TÓPICOS: FIGURAS HUMANAS E VISADAS
Wang 2002.

TÓPICO: CROQUIS COM MARCADORES
Wang 1993.

TÓPICO: CROQUIS DE EDIFÍCIOS E VIAGENS
Ferriss 1986.
Johnson & Lewis 1999.
Predock 1995.

Visão Geral do Capítulo

Ao estudar este capítulo, você irá começar a desenvolver habilidades na representação de croquis manuais. Para complementação do estudo, veja o texto de Ching 1990 e Wang 2002.

FUNDAMENTOS 3

Desenhar objetos concretos é essencial para o desenvolvimento do ciclo mão-olho-cérebro. Quanto mais você desenha, mais você observa o mundo à sua volta. À medida que arquitetos, artistas e projetistas se tornam mais atentos ao que está ao seu redor, seus trabalhos se tornam mais admiráveis. Frequentemente, quando estudantes começam a desenhar, seus trabalhos não apresentam "a forma correta"; em outras palavras, não estão nas proporções corretas. Uma das ferramentas mais básicas para controlar a proporcionalidade é denominada *visada* (explicações nas págs. 8 e 9). Essa técnica de utilizar um instrumento de desenho com o braço esticado como um dispositivo de medição (essencialmente para simular um plano de imagem) é altamente eficaz no auxílio aos iniciantes para representar objetos em suas formas corretas, bem como para controlar, de modo geral, as distâncias e os tamanhos relativos. A observação e o registro da realidade com a ajuda da visada fortalecem a percepção visual e proporcionam confiança ao processo de desenhar.

Desenhar é um processo que progride do olhar para o visualizar e, finalmente, para o expressar. A habilidade de ver nos fornece a matéria-prima para nossas percepções e, em última análise, para o que desenhamos. A informação visual percebida pelos olhos é processada, manipulada e filtrada pela mente em sua busca permanente por estruturação e significado. Os olhos da mente criam as imagens que vemos e eventualmente tentam representá-las na forma de imagens gráficas. Nossa habilidade de expressar e comunicar reside em nossa habilidade de desenhar.

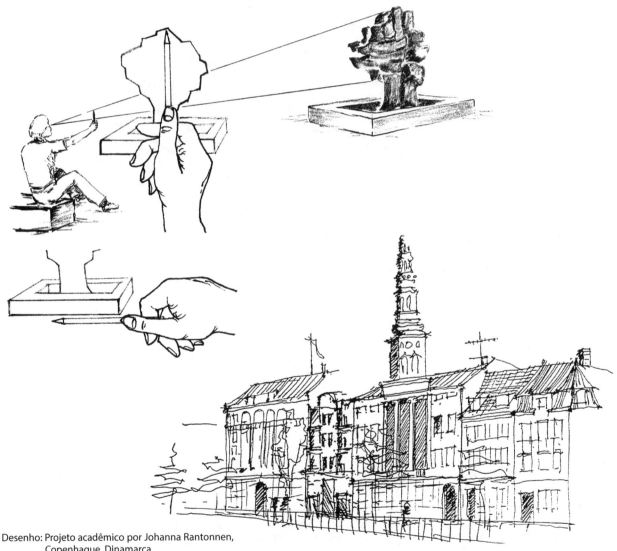

Desenho: Projeto acadêmico por Johanna Rantonnen,
Copenhague, Dinamarca
Material: Croqui a nanquim
Cortesia da Escola de Arquitetura da Universidade da Virgínia

INTRODUÇÃO

4 CAPÍTULO 1: DESENHO DE REPRESENTAÇÃO

Alguns dos *lápis para croquis* de qualidade são apresentados nesta página. Outras alternativas incluem bastões de carvão e lápis Conté. Teste-os em diferentes tipos de *papéis opacos para croquis*. Para seus primeiros desenhos os iniciantes normalmente optam pelo uso de papéis baratos de impressão. Papéis suaves (de granulação fina) e rugosos (texturizados) também são muito empregados. As linhas dos croquis ficam mais uniformes e contínuas em papéis suaves, porém menos uniformes e mais expressivas em papéis rugosos. O papel translúcido amarelado para croquis (manteiga) é empregado principalmente para croquis de projetos preliminares.

O papel translúcido amarelado para croquis (manteiga) é empregado principalmente para croquis de projetos preliminares.

Lápis macios para croquis podem ter as minas cilíndricas ou planas. Um lápis de mina plana pode ser grosso (lápis de carpinteiro) ou mediano (ponta em cinzel). Ambos devem ser apontados manualmente. Lápis planos são empregados principalmente nas gradações 2B, 4B e 6B. São normalmente usados para preencher de forma rápida grandes áreas, bem como para criar tonalidades indicativas de tijolo, pedra ou madeira. Lápis ou bastões Conté são apresentados em três intensidades de preto, em quatro cores diferentes e nas durezas macia, média e forte. Tanto os lápis Conté quanto os Ebony proporcionam linhas suaves. O núcleo macio dos lápis Ebony é um pouco maior que o dos lápis comuns. Um bom lápis para croqui de uso geral com uma mina macia é o Berol ou Eagle Draughting 314. Seus sucessores são Sanford e General's Draughting nº 314. Quando os lápis com as minas cilíndricas se tornam muito pequenos para uso, utilize um extensor. Uma lapiseira de uso geral pode adaptar-se a minas de qualquer formato e é ideal para croquis rápidos de grandes áreas. Outras marcas excelentes são Derwent e Staedler Mars.

Desenhar in loco *é sempre um desafio para mim e raramente passo mais de 20 minutos em um esboço. Como arquiteto, meu objetivo é aprender mais sobre o assunto, então presto muita atenção na forma e nos materiais. Os lápis Ebony me permitem explorar a tonalidade e a sombra rapidamente, e mantendo pelo menos dois lápis bem apontados ainda consigo capturar detalhes críticos.*
[Relato de um arquiteto]

Croqui: Le Jardin Nelson, Montreal, Canadá, 1993
22,9 × 30,5 cm (9" × 12")
Material: Lápis Ebony sobre papel
Cortesia de David G. Woodcock, FAIA, RIBA,
Professor de Arquitetura, Universidade Texas A & M,
Departamento de Arquitetura

Croqui: Abadia de San Galgano, Montesiepi, Itália, 1987
30,5 × 22,9 cm (12" × 9")
Material: Lápis Ebony sobre papel
Cortesia de David G. Woodcock, FAIA, RIBA, Professor de Arquitetura,
Universidade Texas A & M, Departamento de Arquitetura

TRAÇOS DE LÁPIS

A qualidade de um traço de lápis à mão livre é determinada pela dureza da mina, pelas características da ponta, pela quantidade de pressão aplicada e pelo tipo de papel utilizado. Lápis mais macios funcionam melhor em papéis lisos e lápis mais duros, em papéis mais rugosos. Os croquis arquitetônicos feitos a lápis empregam na maioria das vezes os tipos HB, B e 2B, embora possam ser utilizadas minas mais macias. Lápis de grafite ou de carvão podem proporcionar linhas com variadas espessuras e tonalidades. Tonalidades e intensidades variáveis não podem ser obtidas quando se realizam croquis com canetas ou marcadores. As condições de iluminação que acarretam sombras e matizes podem ser representadas com maior exatidão ao se utilizarem minas macias, lápis de carvão, bastões de grafite retangulares ou quadrados, ou lápis de cera Conté. Para evitar que o trabalho fique sujo, cubra as áreas terminadas do desenho com papel vegetal ou utilize verniz fixador.

Ao produzir traços firmes e regulares, não apoie sua mão sobre a superfície do desenho como ao escrever. O lápis deve ser segurado em uma posição relaxada; segurar com muita força irá causar fadiga nas mãos. Um movimento de pulso e braço proporcionará traços mais longos e contínuos. Utilize o pulso, o cotovelo e o ombro como pontos de articulação. Tente administrar o controle das linhas retas, curvas, espirais circulares e círculos no croqui. Quando fizer um croqui, utilize toda a página — em desenho grande.

CAPÍTULO 1: DESENHO DE REPRESENTAÇÃO

CANETAS E MARCADORES

Croqui: Jardim do pátio do Palace Hotel, São Francisco, Califórnia
Material: Caneta nanquim
Croqui de Charles Moore, Arquiteto
Cortesia de Saul Weingarten, Inventariante do espólio de Charles Moore e do Departamento de Arquitetura, Escola de Artes e Arquitetura, Universidade da Califórnia em Los Angeles

Empregar *canetas* e *marcadores* como ferramentas de comunicação gráfica permite ao arquiteto/projetista expressar uma gama muito grande de imagens, sejam elas representativas, como o átrio de hotel e a cena de rua na Áustria, ou conceituais, como o croqui do Lloyd's de Londres. O conciso croqui de Londres ilustra a leveza e a qualidade expressiva que podem ser alcançadas com um marcador de ponta de feltro. Compare-o com as linhas muito uniformes dos contornos que *delineiam* a cena de rua, realizada com uma caneta hidrográfica de ponta fina.

Canetas e marcadores são empregados frequentemente para fazer "pequenos esboços em guardanapos" de croquis conceituais (ver no Capítulo 2, "Croquis em miniatura") ou de representação.

Além dos lápis, as linhas e tonalidades podem ser produzidas por diversos tipos de canetas e marcadores coloridos. Os marcadores são disponibilizados em muitas variedades de meios-tons, mas, por serem de secagem rápida, é difícil obter tons misturados. As pontas dos marcadores variam no tamanho, do fino para o largo, e no formato, da ponta fina à ponta em cinzel. Pontas finas geram linhas finas com maior detalhamento, ao passo que pontas grossas produzem linhas mais espessas e tons mais intensos. Canetas nanquim normalmente são utilizadas em traçados mecânicos de precisão. Canetas de ponta porosa, de cartucho, coloridas e canetas-tinteiro podem criar linhas livres e permanentes. As canetas-tinteiro, tradicionalmente usadas para a escrita, tornam-se muito versáteis nas aplicações de pesos diferentes em linhas, através de um simples ajuste na pressão aplicada pelos dedos. Excelentes para estudos rápidos de croquis, as canetas-tinteiro também podem produzir linhas muito finas quando usadas de cabeça para baixo (ou seja, girada em 180°).

FUNDAMENTOS 7

Croqui: Companhia Lloyd's de Londres, Londres, Inglaterra
29,8 × 41,9 cm (11,75" × 16,5")
Material: Marcador de ponta porosa marrom
Croqui de Laurie Abbott
Cortesia de Richard Rogers Arquitetos Associados

Desenho: Cena de rua, Salzburgo, Áustria
17,8 × 25,4 cm (7" × 10")
Material: Caneta hidrográfica sobre papel
Cortesia de Steven House, Arquiteto, São Francisco

Canetas esferográficas, hidrográficas, com pontas de fibra e *rollerball* também podem gerar linhas com várias espessuras. De modo geral, todos os tipos de canetas produzem linhas firmes, fluidas e suaves – sem a necessidade de aplicar pressão (como nos lápis). Lembre-se de que, para a confecção de croquis arquitetônicos, a espessura e o tipo de ponta são o que mais importa. As pontas podem ser produzidas em feltro, náilon, plástico, espuma etc. As pontas novas tendem a ser mais duras e vão se tornando mais flexíveis com o uso (guarde as mais antigas para tonalidades mais suaves). Tente se manter atualizado com as tecnologias de produção de pontas, pois sempre apresentam novidades.

Marcadores de ponta porosa são penetrantes, moderadamente imprecisos (semelhantes à aquarela) para a confecção de apresentações em transparências; são muito eficazes quando o tempo é um fator crucial. Uma das vantagens dos marcadores é que mancham muito raramente. Podem ser adquiridos em uma grande variedade de cores pré-misturadas, além de preto e tons de cinza. Os marcadores são mais adequados para papéis de alta gramatura, lisos e duros, ao passo que os lápis grafite e os de cor são mais bem empregados em papéis texturizados de gramatura média.

Canetas e marcadores talvez sejam mais adequados para realizar croquis conceituais. Essas ferramentas fornecem a habilidade para se soltar e evitar inibições no processo projeto-desenho.

CANETAS ESFEROGRÁFICAS E MARCADORES COM PONTA POROSA

8 CAPÍTULO 1: DESENHO DE REPRESENTAÇÃO

VISADA

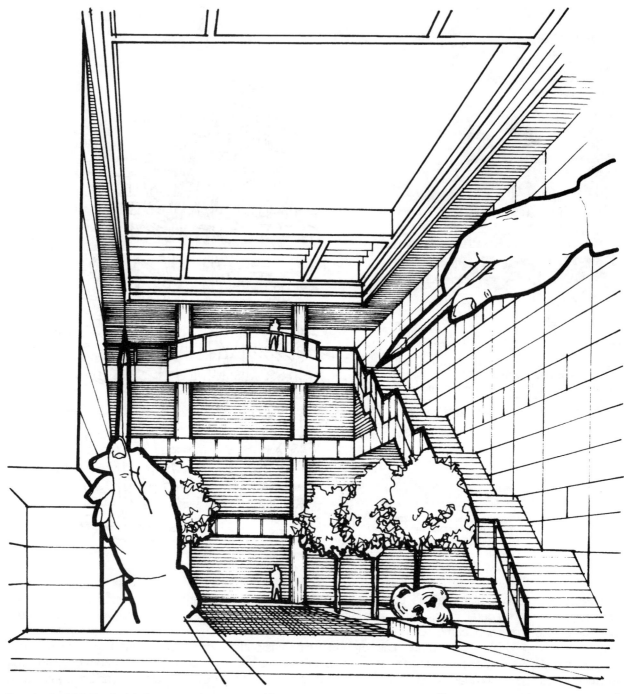

Desenho: Escritório Estadual de Sacramento, Sacramento, Califórnia
Fisher-Friedman Associados, São Francisco, Califórnia

Para estabelecer adequadamente as exatas proporções ao transferir para seu bloco de desenho aquilo que você está vendo, você deve avaliar a relação entre comprimentos, larguras e ângulos.

1. Observe o tema/cena que deseja desenhar.
2. Feche um dos olhos, mantenha a cabeça ereta e estique o braço.
3. Erguendo um lápis ou uma caneta, estabeleça uma unidade de medida em qualquer objeto da cena em observação usando a distância da ponta do seu instrumento de desenho até seu polegar como um padrão de proporções.

FUNDAMENTOS 9

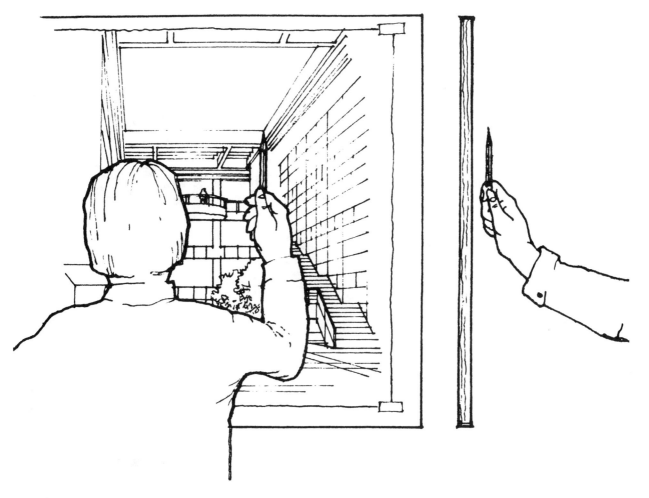

Desenho: Escritório Estadual de Sacramento, Sacramento, Califórnia
Fisher-Friedman Associados, São Francisco, Califórnia

VISADA

4. Outros comprimentos e larguras agora podem ser mensurados com base na menor unidade de medida. Todas essas distâncias devem ser proporcionais à unidade básica em termos de seus tamanhos relativos.
5. O instrumento de desenho deve coincidir e estar alinhado a qualquer linha oblíqua para que haja a correta transposição dos ângulos para o desenho. Meça o ângulo em relação às referências horizontal e vertical que correspondem às bordas do seu bloco.

Lembre-se:

- O plano dos seus olhos deve estar sempre paralelo ao plano do seu instrumento de desenho.
- Mantenha seu bloco de desenho perpendicular à sua linha de visada de modo que seu instrumento de desenho possa ficar sempre no mesmo plano a despeito de sua orientação.
- Mantenha o papel do desenho fixo em uma prancheta de madeira ou bloco de cartolina com fita crepe, clipes ou tachinhas.

Nota: É melhor tentar exercitar suas habilidades de visualização no enquadramento das composições. Vários dispositivos de enquadramento foram implementados ao longo dos anos, porém o mais eficiente, que tem sido utilizado há séculos, é o emprego de dois pequenos Ls de cartolina para enquadrar e limitar as cenas. Opções de alta tecnologia surgem o tempo todo. O ViewCatcher dispõe de um suporte para o polegar para fornecer uma abertura regulável durante a escolha dos formatos de enquadramento.

10 CAPÍTULO 1: DESENHO DE REPRESENTAÇÃO

ESBOÇO E LINHAS DE CONSTRUÇÃO

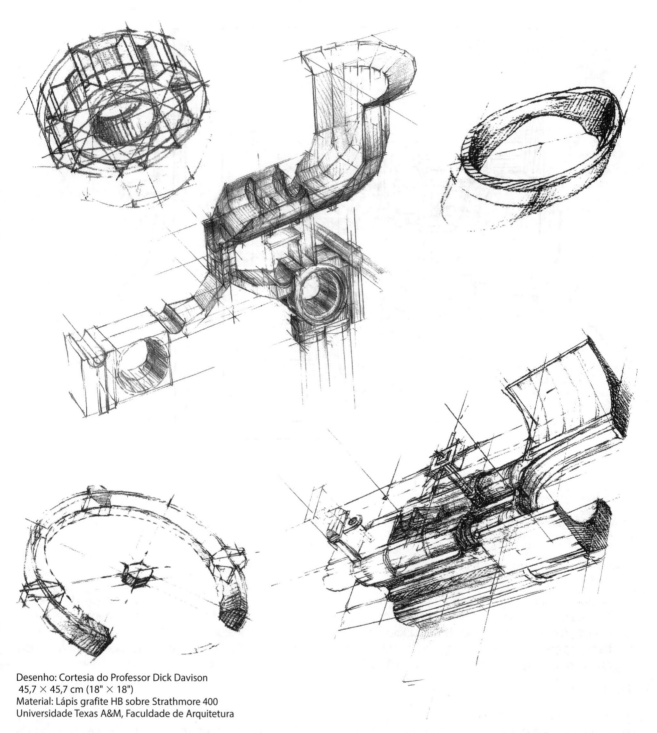

Desenho: Cortesia do Professor Dick Davison
45,7 × 45,7 cm (18" × 18")
Material: Lápis grafite HB sobre Strathmore 400
Universidade Texas A&M, Faculdade de Arquitetura

Os objetos de uma composição devem sempre ser esboçados em uma configuração geométrica envolvente. Esboce uma forma desenhando uma leve *linha de construção* que defina a forma e o tamanho do objeto. As corretas relações das proporções podem então ser ajustadas. No caso bidimensional, a forma pode ser de um triângulo, um círculo, um quadrado ou um polígono 2D. No caso tridimensional, o elemento básico pode ser um cubo, uma esfera ou um polígono 3D. O *esboço* ajuda a compor um desenho e fornece uma ideia de como ficará o produto final. Uma vez que a composição seja esboçada nas proporções exatas, pode-se ajustar os pesos das linhas ou aplicar tonalidades para completar e finalizar o desenho. Um lápis HB possui mina de grafite na zona de transição entre o duro e o macio, podendo criar tonalidades agradáveis, tons suaves de *dégradé* entre o branco e o preto em uma gradação de brilho (escala de tons de cinza), como apresentado na figura.

FUNDAMENTOS **11**

ESBOÇO E LINHAS DE CONSTRUÇÃO

Antes de tentar desenhar um prédio inteiro ou um conjunto de prédios em contexto integrado, trabalhe em detalhes particulares de uma construção ou estrutura. Forçar sua mente para detalhes interessantes e isolados da construção irá aprimorar seu foco, sua concentração e sua compreensão da arquitetura. Temas arquitetônicos são abordados da mesma maneira que as naturezas-mortas. Sempre estabeleça e regule as proporções usando linhas de construção, que irão delinear e envolver as feições arquitetônicas em foco.

Desenho: Cortesia do Professor Dick Davison
45,7 × 45,7 cm (18" × 18")
Material: Lápis grafite HB sobre Strathmore 400
Universidade Texas A&M, Faculdade de Arquitetura

CAPÍTULO 1: DESENHO DE REPRESENTAÇÃO

TRAÇOS DE LÁPIS

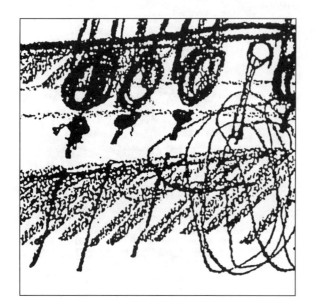

Você pode produzir uma ampla variedade de traços com lápis grafite: desde linhas leves e finas (séries H a HB) até linhas densas e grossas (série B). *Traços de lápis* podem variar de direção (verticais, horizontais e inclinados) e na intensidade de pressão exercida. A justaposição de linhas tonais com pequeno afastamento (veja detalhe da figura) cria o efeito de superfície sombreada. Ebony, lápis carbon* e lápis de carpinteiro são construídos com minas mais grossas e macias. Minas macias de grafite são utilizadas para traçar linhas mais largas que, quando mescladas, produzem um efeito tonal. A intensidade do escuro de um lápis Ebony implica a necessidade de menor pressão quando se representam linhas mais grossas. Você pode representar suavemente linhas de qualquer espessura com um grafite Ebony macio; perceberá que ele é adequado até mesmo aos papéis com superfícies de rugosidade suave. Para todos os tipos de lápis, sinta o resultado dos traços em função da aplicação de pressões diferentes.

Croqui: Museu Portuário do Texas,
Galveston, Texas, 1991
22,9 × 30,5 cm (9" × 12")
Material: Lápis Ebony sobre papel
Cortesia de David G. Woodcock, FAIA,
RIBA, Professor de Arquitetura
Universidade Texas A&M, Faculdade de
Arquitetura

---

* Mais conhecido nos Estados Unidos. (N.R.)

Você pode criar uma linha clara, escura e fluida com a maioria das canetas. Ao contrário do traço a lápis, o de caneta é constante e opaco. Como os lápis, as canetas são ferramentas convenientes quando você está desenhando um croqui rápido de algum local pouco familiar. Elas não requerem tempo adicional, como, por exemplo, para colorir o croqui com aquarelas. Toda marca ou traço detalhado é crítico no desenvolvimento de qualquer desenho feito a caneta. *Traços de caneta* enfatizam a uniformidade em trabalhos de linhas, bem como o relacionamento entre as formas da composição. Cenas de rua em ambientes urbanos são sempre comuns em croquis de viagens. Enriqueça os croquis de construções com a inclusão de acessórios visíveis como vegetação, pessoas e tráfego de veículos na escala adequada. Exercite usando a ampla variedade de canetas disponíveis.

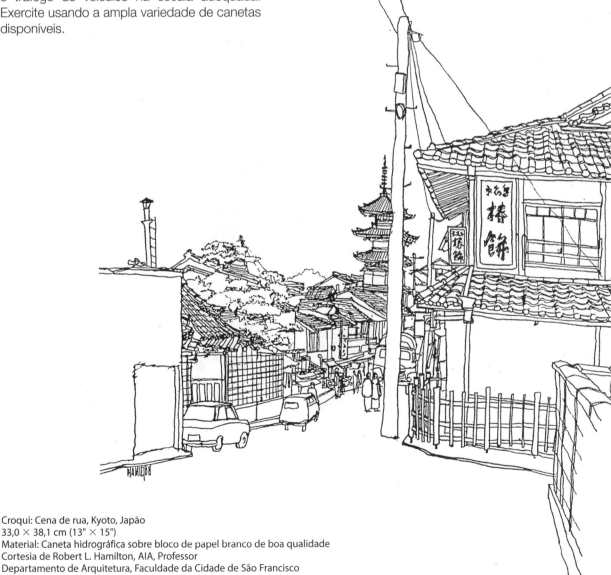

Croqui: Cena de rua, Kyoto, Japão
33,0 × 38,1 cm (13" × 15")
Material: Caneta hidrográfica sobre bloco de papel branco de boa qualidade
Cortesia de Robert L. Hamilton, AIA, Professor
Departamento de Arquitetura, Faculdade da Cidade de São Francisco

14 CAPÍTULO 1: DESENHO DE REPRESENTAÇÃO

ESCALAS DE TONALIDADE USANDO TÉCNICAS DE GRADAÇÃO

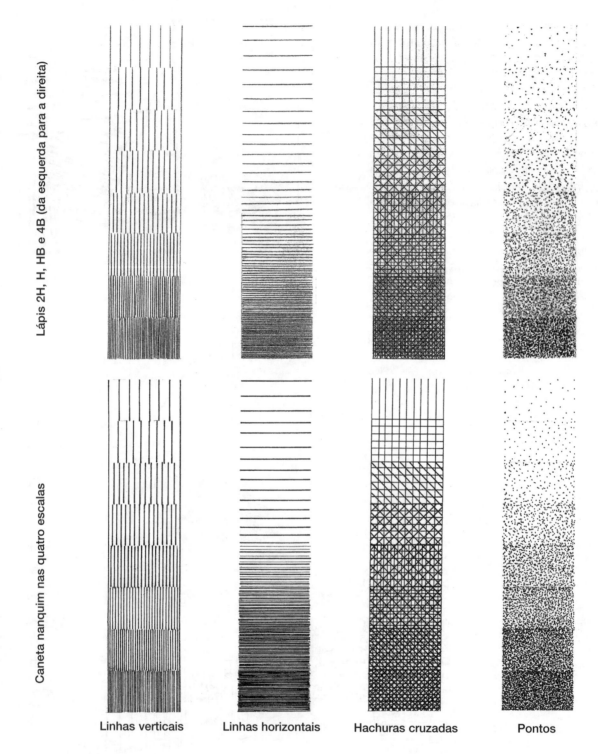

O contraste (uso de diferentes tons escuros contra vários níveis de tons claros) nos desenhos arquitetônicos é obtido pela *arte-final*: a aplicação do delineamento artístico a plantas, elevações, perspectivas paralelas e cônicas e outros desenhos arquitetônicos. O objetivo da arte-final nos desenhos é aumentar a compreensão do cliente quanto ao projeto proposto ou visando a publicidade e promoção. As escalas acima mostram quatro métodos para aplicação da arte-final usando lápis ou caneta nanquim. Outros meios para produzir brilho são tinta nanquim aquarelada, aquarela, marcadores e Zipatone de transferência a seco.

O *sombreamento por pontos* é utilizado para criar áreas não iluminadas e tonalidades. Seu objetivo — modelar a forma — é o mesmo da técnica linear de hachuras cruzadas. Variando o tamanho e o espaçamento dos pontos, podemos criar tonalidades e modelar formas. Essa técnica de pontos é denominada *pontilhismo* e surgiu com os pintores franceses — como Georges Seurat — que fizeram experiências com a luz e a visão em seus trabalhos. Embora seja bem demorado, esse método proporciona um controle excelente sobre as gradações e produz uma qualidade quase gráfica. Repare no sombreamento por pontos na área correspondente ao céu da arte-final do casarão.

Hachura é o uso de linhas (curtas ou longas) aproximadamente paralelas em um arranjo tonal para retratar superfícies ou formas. Ela consegue descrever a luz, o espaço e o material como uma abstração da realidade e vidro. O acréscimo de camadas de hachura aumenta a densidade tonal. Isso é especialmente eficaz paras as nuances nos tons de sombra.

Arte-final: Filothei Villa, Grécia
61 × 91,4 cm (24" × 36")
Cortesia de Hugh Newell Jacobsen, FAIA, Arquiteto e Stephen S. Evanusa, Arquiteto

Desenho: Casa Van Kirk, São Francisco, Califórnia, 1991
19,1 × 19,1 cm (7,5" × 7,5"), Escala: 1:50
Material: Caneta e nanquim
Cortesia de James Shay, FAIA, Arquiteto

Esse estilo de arte-final transmite os brilhos tonais visuais com muita eficiência. O alto contraste obtido cria muito destaque visual.
[Relato de um arquiteto]

O *rabisco* é utilizado para produzir um brilho tonal aplicando linhas direcionadas aleatoriamente que parecem estar dispostas fortuitamente (ver o primeiro plano acima). Caneta e nanquim são excelentes materiais para produzir uma variedade de padrões de traço. Essas ilustrações mostram o uso de linhas retas e curvas, hachuras cruzadas e pontos, produzindo excelentes valores tonais (brilho). Independentemente da técnica, a densidade tonal produz o contraste necessário. Diferentes técnicas de traço são frequentemente combinadas e utilizadas para retratar formas agrupadas. O número de técnicas empregadas depende do nível de detalhe e precisão desejados. Os traços soltos e espontâneos são mais sugestivos e simbólicos. As canetas hidrográficas de ponta fina e as canetas-tinteiro são mais adequadas para hachurar e rabiscar, enquanto canetas com ponta mais flexível são mais convenientes para o sombreamento por pontos.

REPRESENTAÇÃO POR CROQUIS

Na observação arquitetônica para elaboração de croquis, que ativa as conexões mão-olho-cérebro, o primeiro objetivo é registrar exatamente o que você vê. Você está elaborando croquis para si próprio, para compreender e analisar o que você observou, bem como para seus companheiros de classe e colegas, a fim de lhes comunicar suas observações. Seja seletivo na escolha do ponto de observação e mantenha o foco nas feições arquitetônicas ou nos detalhes que lhe interessam. Represente esses elementos utilizando os materiais que julgar mais apropriados. Os croquis desta página retratam aspectos particulares de construções específicas, ao passo que o croqui da página seguinte apresenta uma visão do interior para o exterior.

Desenho (parcial): Plano de Desenvolvimento da Beira-mar
Asbury Park, New Jersey
Material: Nanquim
Cortesia de Koetter, Kim & Associates, Inc., Arquitetos e Urbanistas

A representação por croquis emprega muitos elementos básicos, incluindo linhas, tonalidades, texturas, uma profusão de formas e volumes, escala e — às vezes — cor. Um lápis preto ou uma caneta nanquim irá proporcionar croquis monocromáticos. Qualquer que seja o material, você deve manipular conscientemente um ou mais dentre esses elementos. Os croquis devem exibir uma riqueza de criatividade a despeito da técnica e do material utilizado. Sua composição final na representação por croquis deve ir muito além de simplesmente reproduzir de modo exato o que está vendo.

*O **desenho** é a essência da descrição.*
*O **desenho** conecta o olho e a mão para definir o mundo, tanto o visível quanto o invisível.*
[Relato de um arquiteto — Hugh Hardy]

Croqui: Manhattan, formas e funções
22,9 × 25,4 cm (9" × 10")
Material: Caneta e nanquim
Cortesia de Hugh Hardy, FAIA, Hardy Holzman Pfeiffer Associados

APLICAÇÕES **17**

Croqui para competição: Estação Central de Roterdã
Cambridge, Massachusetts
Material: Nanquim sobre papel e Photoshop
Cortesia de Rafael Viñoly Arquitetos, P.C.

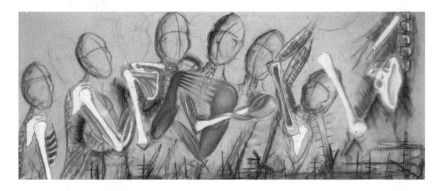

Desenho: Projeto de Materiais Mistos,
Compreendendo o Material
de Desenho
Material: grafite, giz pastel e carvão
Projeto do aluno Erik Larsen
Curso: Fundamentos de Comunicação
de Projeto
Cortesia da Professora Meg Jackson
Universidade Texas A&M

A finalidade desse projeto é a exploração dos materiais. Ele se destina a examinar uma série de materiais e métodos para exercitar seus potenciais como ferramentas de criação para o pensamento projetivo. O foco é o desenvolvimento da comunicação gráfica, habilidades críticas de desenho e investigação de materiais mesclados. [RELATO DO PROFESSOR]

A escolha de determinado material pelo artista afeta o aspecto do croqui da mesma maneira que a escolha das palavras por um escritor afeta a maneira como os personagens são retratados em seu livro. Antes de selecionar o material, tente estabelecer as características ou sentimentos a serem representados no croqui decidindo quais termos melhor descreveriam seu tema ou projeto. Os termos ou sentimentos seriam mais formais ou informais, suaves ou agressivos? Grafite, tinta e aquarela são alguns dos possíveis materiais para croquis arquitetônicos. Para cores, existem muitas opções além da aquarela, como lápis de cor, marcadores e giz pastel. Trabalhe com o material (seco ou úmido) com que você se sente mais confortável. Esteja atento para as evoluções do mercado, como meios digitais que podem ser conjugados com os métodos manuais (meios mistos). Mesclar materiais pode ser um desafio inventivo.

REPRESENTAÇÃO POR CROQUIS/MATERIAL

18 CAPÍTULO 1: DESENHO DE REPRESENTAÇÃO

Desenho: Centro de Desenvolvimento de Química de Materiais,
Mourenx, França
Material: software gráfico 3D
Cortesia de Serero Arquitetos

Uma grande massa de árvores pode ser livremente texturizada com sua folhagem construída de forma altamente sugestiva. Grupos de árvores sempre criam um efeito semelhante ao de uma parede. Observe a transparência e densidade das folhagens. A vegetação das paisagens, tais como árvores, plantas e arbustos, sejam desenhadas à mão (abaixo) ou digitalmente (acima), deve ser sempre complementar e secundária para a arquitetura do entorno.

CROQUIS DE ÁRVORES

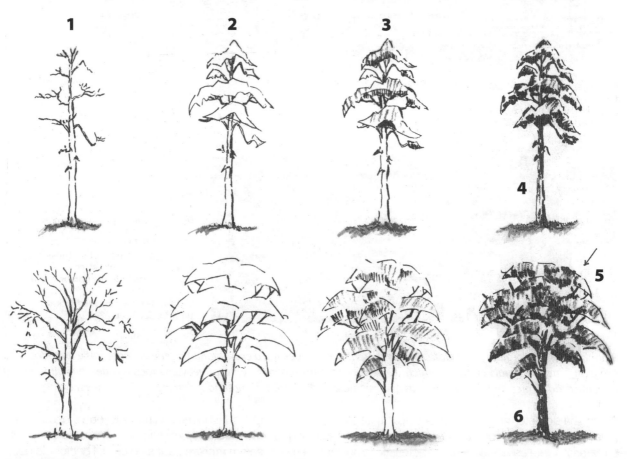

Cada árvore, desde sua forma estrutural inicial, possui características próprias. Ao desenhar ou compor árvores, deve-se estar atento sobre: (**1**) a direção e o padrão de crescimento dos galhos, que é um indício para a forma da árvore; (**2**) a silhueta ou formato global (alta ou baixa, larga ou fina), que é afetada pela gravidade e pelo vento; (**3**) o volume e o padrão da folhagem; (**4**) a textura do tronco; (**5**) como a luz a alcança e penetra os diversos formatos de copas, produzindo matizes e sombras; (**6**) e o modo como o tronco se afina e se torce. Para trabalhos a lápis, utilize 2B e HB para brilhos intensos, e 2H e 4H para os contornos e brilhos mais suaves.

APLICAÇÕES **19**

Croqui: Residencial Hillside, São Francisco, Califórnia
Croqui de Charles Moore, Arquiteto
Cortesia de Saul Weingarten, Inventariante do espólio de Charles Moore, e do Departamento de Arquitetura, Escola de Artes e Arquitetura, Universidade da Califórnia em Los Angeles

Ao realizar croquis rápidos em externas, você pode não dispor de tempo suficiente para desenhar todos os detalhes das árvores (galhos, folhas etc.). Nessas situações, seu objetivo deve ser criar uma representação do que transmita a essência de uma árvore ou da vegetação na paisagem. Árvores desenhadas à mão livre podem ser simples e abstratas. Esses croquis rápidos e sugestivos da arborização são muito eficientes. Às vezes é o que deixamos de colocar em um croqui, e não tudo que colocamos nele, que o torna profundamente expressivo.

CROQUIS DE ÁRVORES

Croqui conceitual: Wuhan Development
Cliente: Robert Hidey Arquitetos
Material: Lápis
Cortesia do Estúdio Wenjie

20 CAPÍTULO 1: DESENHO DE REPRESENTAÇÃO

TRAÇADO DE ÁRVORES

Desenho: O Edifício Moir, San Jose, Califórnia
91,4 × 106,7 cm (36" × 42")
Material: Lapiseira sobre vegetal
Cortesia de Jerome King, AIA
Arte-final: Barney Davidge Associados

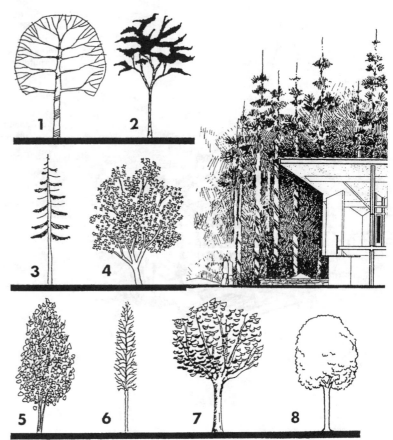

Desenho: Acabamento de árvores, Casa Davenport, Evergreen, Colorado,
45,7 × 61 cm (18" × 24"), Escala: 1:50
Material: Nanquim sobre vegetal
Cortesia de Fay Jones + Maurice Jennings, Arquitetos

As árvores renderizadas podem exibir ramificação (**3** e **6**), ramificação com contorno (**8**), textura completa (**2, 4** e **5**) ou textura completa com sombras (**7**). A textura com sombras se baseia na luz solar direcional. As árvores formam um paraquedas à medida que reagem à gravidade.

Desenho: Textura de folhagem para árvores de fundo
Material: Nanquim sobre vegetal
Herbert Cuevas, AIA, Arquiteto
Cortesia de Brigette Nalley

As árvores simbólicas podem ser abstratas ou representativas. Devem sempre complementar, e não competir ou predominar em relação ao ambiente antrópico que elas envolvem. As árvores podem ser criadas mais escuras (no alto à direita) ou mais claras do que o edifício à sua frente para proporcionar mais contraste. O traçado dos exemplos de alta qualidade existentes vai constituir o seu vocabulário gráfico desses símbolos.

APLICAÇÕES **21**

Desenho: Centro Cultural Meudon-LaForet,
Meudon-LaForet, França
Material: Software gráfico 3D
Cortesia de Serero Arquitetos

As árvores e outros tipos de vegetação, as figuras humanas, o mobiliário, os veículos móveis e as texturas de solo são definidos como *entourage* (termo em francês para "arredores") em uma arte-final arquitetônica. Esses elementos de apoio sempre devem complementar o ambiente criado pelo homem e não competir com ele. O ambiente desenhado manualmente com precisão (abaixo) ou por meios digitais (acima) também ajuda a conferir escala ao desenho.

As árvores nessas duas ilustrações são bastante detalhadas e realistas. Quando delinear árvores abstratas ou realistas em perspectiva, você pode criar mais interesse visual mudando suas alturas; e você pode acrescentar mais profundidade à arte-final lançando sombras no solo.

© McDonough Associates, Inc.

Desenho: Centro de Aprendizagem
Ambiental em Camp
Sagawau, Camp Sagawau,
Illinois
Arquiteto: McDonough Associates, Inc.
Material: Caneta e nanquim
Cortesia de Manuel Avila, Ilustrador
Arquitetônico

TRAÇADO E DIGITALIZAÇÃO DE ÁRVORES EM PERSPECTIVA

Desenho: Cairo Expo City, Cairo, Egito
Material: Rhino, Maya e AutoCAD
Cortesia de Zaha Hadid Arquitetos

No design de interiores, a representação do mobiliário e dos materiais é a melhor maneira de dar vida ao ambiente porque são elementos com os quais os usuários se relacionam. Sofás e cadeiras são vistos normalmente em grupos de dois ou mais. Familiarize-se com o bom design de mobiliário. Móveis extraordinários foram projetados por muitos arquitetos famosos, incluindo Alvar Aalto, Marcel Breuer, Charles Eames, Frank Gehry, Zaha Hadid, Richard Meier, Eero Saarinen e Frank Lloyd Wright. Assim como com as pessoas e automóveis, mantenha um arquivo de referência com fotos.

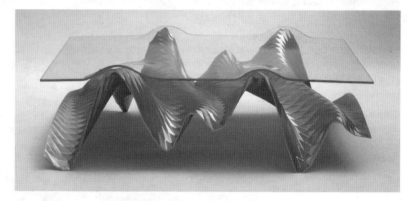

Desenho: Ivo_03
Cliente: Phillips de Pury & Co.
Material: Maxwell Render, VRay, Maya, Rhino, Photoshop
Cortesia de Asymptote: Hani Rashid + Lise Anne Couture

Uma mesa elegante e exclusiva que apresenta vidro curvado, suspenso ao longo de uma superfície contígua e abstrata composta de facetas em forma de losango. [Relato de arquiteto]

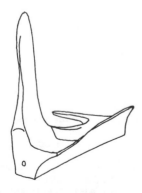

Cadeira criada por Zaha Hadid

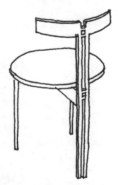

Estudo de mobiliário por Richard Meier

Cadeira criada por Gaetana Aulenti

APLICAÇÕES 23

Desenho: Cairo Expo City, Cairo, Egito
Material: Rhino, Maya e AutoCAD
Cortesia de Zaha Hadid Arquitetos

Os complementos de mobiliário, como iluminação, cadeiras, sofás e mesas, devem complementar a arquitetura do interior e mostrar como o espaço interno é utilizado. O tamanho e a escala de um espaço interior podem ser indicados quando forem adicionadas figuras humanas junto com o mobiliário. Desenhar as pessoas em escala adequada no espaço interno vai ajudar no desenho do mobiliário em escala adequada. É mais fácil começar desenhando uma figura em escala e depois desenhar o móvel no qual a figura está sentada.

Cadeira criada por Mario Botta

TRAÇADO DE FIGURAS HUMANAS

24 CAPÍTULO 1: DESENHO DE REPRESENTAÇÃO

FIGURAS HUMANAS E A LINHA DO HORIZONTE

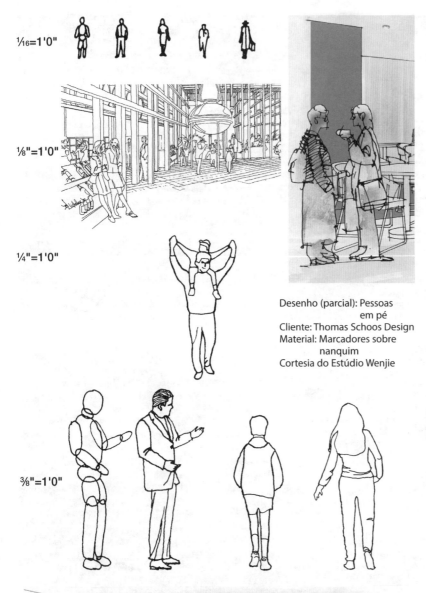

Desenho (parcial): Pessoas em pé
Cliente: Thomas Schoos Design
Material: Marcadores sobre nanquim
Cortesia do Estúdio Wenjie

Quando desenhar figuras humanas, tenha sempre em mente:

- As figuras mostram a escala de um desenho.
- As figuras são secundárias à arquitetura.
- As figuras não devem cobrir as interseções que definem o espaço.
- As figuras devem sugerir atividade, embora não em excesso.
- As figuras devem ter vestuário com poucos detalhes.
- As figuras agrupadas devem mostrar sobreposição.
- As figuras devem ser desenvolvidas usando contornos definidos, em proporções adequadas para retratar atividade (de pé, caminhando, sentadas etc.).
- As figuras devem ser desenhadas como parte integrante de qualquer arte-final (e não coladas sobre ela, resultando em um aspecto recortado).

Mantenha um arquivo de referência com fotografias e desenhos de pessoas em diferentes poses, sozinhas e em grupos. Use uma câmera Polaroid ou uma câmera digital (com um computador e uma impressora) para congelar as imagens das pessoas visando futuras referências. Essas fotos podem ser reduzidas ou ampliadas para corresponder ao tamanho do seu desenho.

Grupos de pessoas (2ª linha à esquerda)
Material: Nanquim
Cortesia de Martin Liefhebber
Barton Myers Arquitetos Associados

Desenho conceitual: Blue Sky
Cliente: Whitfield Associates, Inc.
Material: Marcador sobre nanquim
Cortesia do Estúdio Wenjie

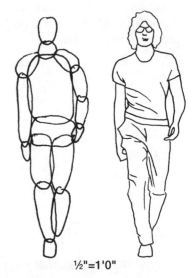

As pessoas no desenho à direita são abstratas, com pouco ou nenhum detalhe do vestuário. As figuras abstratas (com traço de contorno ou em tons de cinza) normalmente são adequadas para a maioria dos desenhos. Os detalhes do vestuário dependem da escala, do estilo e da destinação do desenho. Quando a escala da figura humana aumentar de tamanho, uma forma simples sem detalhes de vestuário não é mais adequada. Mantenha os detalhes do vestuário em um nível mínimo para evitar a distração em relação ao objeto arquitetônico.

Desenho (parcial): Ala Leste da National Gallery of Art, Washington, D.C.
Original inteiro: 53,3 × 35,6 cm (21" × 14")
Material: Prismacolor preto sobre vegetal
Pei, Cobb, Freed & Associados, Arquitetos
Cortesia de Paul Stevenson Oles, FAIA, Arte-finalista

Desenho: Foyer, Music Theater, University of the Arts "Mumut", Graz, Áustria
Material: Rhino, Maya, Studio Max e AutoCAD
Cortesia do UNStudio

Desenho: Entrada da Cairo Expo City, Cairo, Egito
Material: Rhino, Maya e AutoCAD
Cortesia de Zaha Hadid Arquitetos

Deixe que as pessoas geradas digitalmente sejam transparentes para que não ocultem características arquitetônicas importantes.

Nos interiores acima, quase todas as cabeças das pessoas estão na linha do horizonte do observador — não importa se a figura está mais perto ou mais longe do observador. Nesses casos, a linha do horizonte tende a ser lida como o nível dos olhos do observador. Se a figura humana for mais alta que o observador ou se estiver situada acima da cena, seus olhos estarão acima da linha do horizonte. O mesmo vale para uma figura humana mais baixa. As figuras em partes mais elevadas, como escadas rolantes ou escadarias, estão bem acima do nível dos olhos do observador.

As figuras humanas devem estar bem distribuídas em um desenho em perspectiva a fim de criar o senso de profundidade adequado. A distribuição deve ser em três zonas: o *primeiro plano*, ou a área mais próxima do observador; o *plano médio*, ou a área que atrai a atenção do observador; e o *plano de fundo*, ou a área mais distante do observador (com as figuras menores). Quando possível, insira cuidadosamente as figuras — estejam elas sozinhas ou em grupos — nessas três áreas diferentes. Os gestos feitos pelas figuras em um desenho podem imprimir à edificação um sentido de uso e ocupação.

26 CAPÍTULO 1: DESENHO DE REPRESENTAÇÃO

Croqui de visualização rápida por
Wenjie Chen
Material: Aquarela
Arquitetos: Ware Malcomb Cortesia do Estúdio Wenjie

O comprimento dos automóveis varia entre 4,30 m (14') e 6,0 m (20'), e sua largura, entre 1,75 m (5,8') e 1,90 m (6,3'). Os pneus variam de 56 cm (22") a 72 cm (28") no diâmetro.

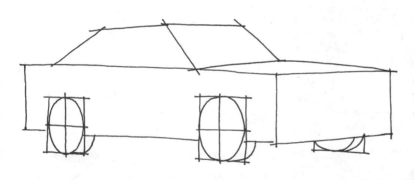

Um carro ou qualquer tipo de veículo que se mova deve ser inserido em um pacote de formas geométricas simples, como troncos de pirâmide, sólidos retangulares e elementos cilíndricos. Barcos são semelhantes a automóveis; podem ser esboçados como uma caixa retangular com formas nas extremidades e uma determinada linha de eixo. Grafite é o material ideal para o trabalho de leiaute.

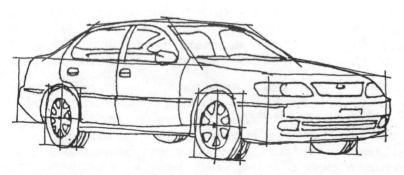

Depois de desenvolver o volume básico e o formato com linhas construtivas claras, os detalhes estruturais devem ser compostos no croqui com a técnica de delineamento. Para simplificar, devem ser adicionados apenas os principais detalhes, como faróis e para-choques. O desenho pode ser finalizado com lápis ou qualquer outro material de acabamento.

APLICAÇÕES **27**

Desenho: Campus da rua Sybase Hollis, São Francisco, Califórnia 30,5 × 45,7 cm (18" × 12")
Material: Croqui em aquarela sobre apresentação montada em cópia preto e branco de desenho a lápis
Robinson Mills & Williams, Arquitetos
Cortesia de Al Forster, Ilustrador

Automóveis em perspectivas devem estar sempre em escala com o restante do desenho e ser coadjuvantes aos principais elementos de construções. O formato dos automóveis normalmente é característico para a maioria dos desenhos arquitetônicos. Inclua detalhes e tons sombreados de acordo com a complexidade do acabamento. O teto dos automóveis fica um pouco abaixo do nível dos olhos. Acrescente interesse visual apresentando os automóveis virando esquinas, bem como se movimentando nos dois sentidos.

Desenho: Ponte Vista
Arquitetos: McLarand Vasquez Emsiek & Associados
Material: Aquarela
Croqui por Wenjie Chen
Cortesia do Estúdio Wenjie

CROQUIS DE AUTOMÓVEIS

28 CAPÍTULO 1: DESENHO DE REPRESENTAÇÃO

TRAÇADO DE AUTOMÓVEIS EM PLANTA E ELEVAÇÃO

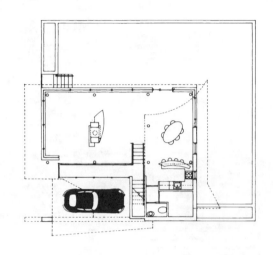
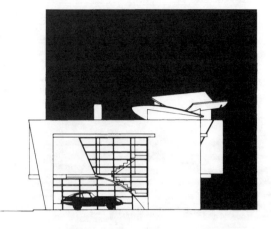

Desenhos acima: o Projeto Villa Hague, Haia, Holanda,
25,4 × 20,3 cm (10" × 8"), Escala: 1:50
Material: Caneta nanquim
Cortesia de Hariri & Hariri, Arquitetos

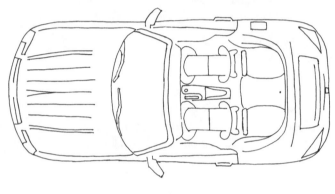

Os automóveis vistos em planta são bons indicadores de escala quando colocados em entradas de garagens e estradas nas plantas de situação. De modo similar, os automóveis vistos em elevação, assim como as figuras humanas, são bons indicadores de escala para edificações. Eles podem ser simbólicos, como exibido acima, ou delineados com mais detalhes.

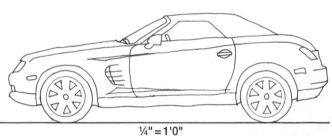

¼" = 1'0"

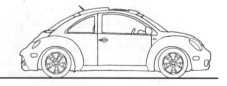

⅛" = 1'0"

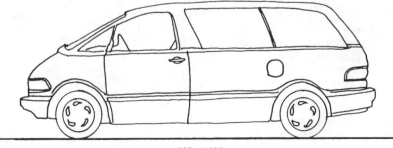

¼" = 1'0"

APLICAÇÕES   29

Desenho: Casa de Apostas, Chicago, Illinois
Arquitetos: Ware Malcomb
Material: Aquarela
27,9 × 42,2 cm (11" × 17")
Desenho por Wenjie Chen
Cortesia do Estúdio Wenjie

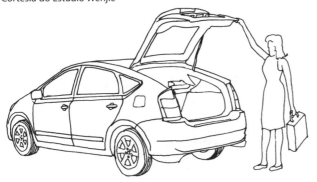

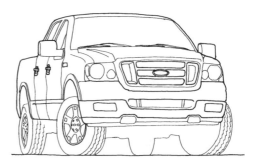

As formas dos automóveis em planta e em elevação são essencialmente retângulos. Automóveis em perspectiva podem ser simplificados em caixas retangulares. As figuras humanas em pé normalmente são desenhadas em perspectiva com os automóveis a fim de indicar uma escala adequada.

Assim como as pessoas e a paisagem do entorno, os automóveis devem complementar a arquitetura. Mantenha um arquivo de referência com fotos e desenhos de automóveis. Atualize periodicamente esse arquivo com os últimos modelos lançados.

TRAÇADO DE AUTOMÓVEIS EM PERSPECTIVA

30 CAPÍTULO 1: DESENHO DE REPRESENTAÇÃO

CROQUIS DE CONSTRUÇÕES

Croqui de viagem: Via Tornabuoni, Firenza, Itália
Material: Lápis
Cortesia do Professor George S. Loli
Universidade da Louisiana em Lafayette

Qualquer objeto pode ser fragmentado em *sólidos geométricos* mais simples. Por exemplo, as árvores são basicamente esferas ou cones sobre cilindros. Prédios são normalmente a combinação de sólidos retangulares, cilíndricos, esféricos e elementos planos. No croqui à esquerda, a coluna em primeiro plano é definida e criada usando a tonalidade do plano de fundo do prédio. A coluna também acrescenta mais profundidade à visão em perspectiva.

O *brilho* ou tom das edificações se refere à luminosidade ou escuridão de uma superfície. Exemplos clássicos de transições de brilho podem ser vistos no trabalho dos anos 1920 e 1930 de Hugh Ferriss.

Croqui para competição: Estação Central de Roterdã, Cambridge, Massachusetts
Material: Nanquim sobre papel e Photoshop
Cortesia de Rafael Viñoly Arquitetos, P.C.

APLICAÇÕES 31

Vinheta

WORKSHEET No. 89

Local existente
Fotografia não corrigida

Um estudo da técnica de desenho denominada "perspectiva", em conjunto com este capítulo, irá auxiliá-lo a compreender por que os contornos que você desenha instintivamente nas suas representações por croquis surgem da forma como são feitas. Foi visto que as habilidades para observar resultaram em uma compreensão das proporções no espaço observado. As teorias da perspectiva irão confirmar essas proporções. O croqui à esquerda é outro bom exemplo de uma *vinheta*. A continuidade das edificações é deixada para sua imaginação.

Croqui preliminar
Como utilizado durante o processo de consultoria com o recorte do cliente

Vinheta finalizada

Imagens: Docklands2 / Vinheta
Material: Lápis de cor
Cortesia de Peter Edgeley, Ilustrador

CROQUIS DE CONSTRUÇÕES

CAPÍTULO 1: DESENHO DE REPRESENTAÇÃO

Croqui: Ketchikan, Alasca
Material: Caneta preta de ponta fina
Cortesia de Bill Bocook, AIA

CROQUIS DE VIAGENS

Os croquis instantâneos de representação realizados durante viagens lhe proporcionam a chance de ampliar seu portfólio com temas interessantes. A paisagem é preenchida com surpresas visuais excitantes — cenas de rua em um ambiente urbano, estradas nas montanhas de vilas rurais ou vistas panorâmicas de praias ao longo do litoral. Seu objetivo pode ser captar o significado de tempo e lugar de momentos especiais. Vistas incomuns e interessantes devem ser percebidas. Os ângulos da perspectiva podem variar desde o tradicional nível do olho do indivíduo sobre o terreno até vistas aéreas ou rasteiras. Os portfólios podem variar de tamanho entre 13 cm × 18 cm (5" × 7") e 30 cm × 36 cm (11" × 14"). Aqueles com espiral dupla permitem que o bloco se mantenha rígido.

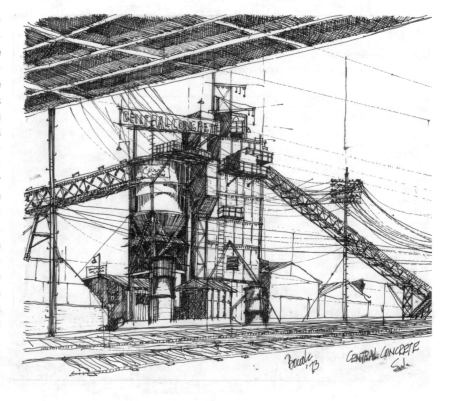

Croqui: Central de concreto, San Jose, Califórnia
Material: Caneta preta de ponta fina
Cortesia de Bill Bocook, AIA

Croqui: Resort Hotel, México
43,2 × 27,9 cm (17" × 11")
Material: Prismacolor preto e caneta de ponta extrafina. O sombreamento foi feito com uma única espessura de linha
Escritório de design: Sandy & Babcock, São Francisco
Cortesia de Lawrence Ko Leong, Ilustrador

Croquis de viagens podem, tempos depois, desencadear memórias de um local específico. Adquira o hábito de fazer anotações no seu portfólio ou diário sobre o ambiente e sobre suas experiências no local. Pode ser um som, um odor, as condições meteorológicas ou conversas com curiosos que viram seus croquis.

CROQUIS DE VIAGENS

Croqui: Enseada de barcos do Central Park, Cidade de Nova York, 1991
17,8 × 10,2 cm (7" × 4")
Material: Lápis
Cortesia de Stephen W. Parker, Arquiteto

2

Diagramas e Croquis Conceituais

FUNDAMENTOS 37
APLICAÇÕES 52

Diagramas e croquis conceituais são partes integrantes do processo pensamento-projeto. São os meios através dos quais o projetista gera, organiza e formaliza as alternativas para suas ideias. Esses desenhos servem para esclarecer e proporcionar uma âncora filosófica para o projeto.

Diagramas conceituais constituem uma linguagem abstrata que deve ser compreendida e empregada adequadamente na comunidade dos projetistas. É por meio da diagramação gráfica que se desenvolve um vocabulário de projeto e é possível transmitir o entendimento dos conceitos gerais do projeto. Elementos como setas, nós, linhas e outros símbolos ajudam o iniciante a utilizar técnicas gráficas para explorar ideias.

36 CAPÍTULO 2: DIAGRAMAS E CROQUIS CONCEITUAIS

Croquis conceituais (ou de projeto) são sínteses desenhadas rapidamente que representam uma série de ideias alternativas do projeto para uma concepção imaginada. Tais visualizações podem ser imagens iniciais brutas ou com certo refinamento, desenvolvidas por meio de desenhos. Embora possuam uma natureza experimental, os croquis conceituais pretendem representar a realidade do projeto em seu estado idealizado e essencial.

Este capítulo introduz o vocabulário da diagramação e apresenta uma ampla variedade de exemplos profissionais tanto de modelos de diagramas quanto de croquis conceituais.

Em resumo, alguns termos e conceitos importantes que você aprenderá são:

Diagrama	Linha de seta	Linguagem simbólica
Croqui em miniatura	Linha	Diagrama de controle ambiental
Diagrama *partí*	Diagrama formal/espacial	Visualização
Diagrama programático	Nó	Pensamento conceitual
Circulação	Desenho de concepção	Diagrama de implantação

Diagramas e Croquis Conceituais

TÓPICO: DIAGRAMAÇÃO

Ching 2009, 230-39.
Clark & Pause 2005.

TÓPICO: EXEMPLOS DE CROQUIS DE PROJETO

Bahamon 2005.
Herbert 1993.
Jeanneret-Gris 1981.
Paulo dos Santos 1994.
Pfeiffer 1996, 7-8, 99, 141.
Portoghesi 2000.
Rappolt & Violette 2004.
Robbins 1997.
Zardini 1996.

Visão Geral do Capítulo

Ao estudar este capítulo, você terá uma maior compreensão de por que diagramas e croquis conceituais são importantes na comunicação do projeto. Para se aprimorar, veja o trabalho de Laseau, 2000.

Diagramas esquemáticos preliminares frequentemente contêm as sementes para o projeto final e, essencialmente, para o projeto construtivo. Podem ter uma configuração bidimensional ou tridimensional, como apresentado no Centro Hoover. Os diagramas abaixo utilizam uma combinação de pontos, linhas e áreas bidimensionais para explicar o conceito do projeto.

Diagramas: Centro Hoover de Educação ao Ar Livre, Yorkville, Illinois
Material: Caneta hidrográfica sobre manteiga
Cortesia de Tigerman McCurry Arquitetos

Diagrama e croqui conceitual: Centro de Arte Contemporânea Rosenthal, Cincinnati, Ohio
Material: Acrílico em papel
Fotografia: © Arcspace Cortesia da Arcspace
Cortesia de Zaha Hadid Arquitetos

Uma vez que as habilidades gráficas manuais de um estudante de arquitetura estejam bem desenvolvidas, ele começará a apreciar os potenciais dessas habilidades não apenas no desenho dos elementos contextuais (pessoas, vegetação, automóveis etc.) mas também na confecção de *diagramas conceituais*. Estudantes são imediatamente confrontados com o desenvolvimento de croquis em papel-manteiga como parte do processo de projeto em um estúdio. Iniciando com a primeira disciplina de projeto arquitetônico e prosseguindo ao longo da carreira acadêmica (e da vida profissional), os estudantes se defrontarão com a tarefa de desenvolver inúmeras ideias ou esquemas alternativos para cada problema de projeto. A habilidade de produzir rapidamente gráficos à mão livre na forma de rabiscos e garranchos é essencial. Esses *diagramas gráficos* exploram soluções alternativas e encorajam a *visualização*, o *pensamento visual* e a *interpretação transformadora*.

38 CAPÍTULO 2: DIAGRAMAS E CROQUIS CONCEITUAIS

SÍMBOLOS E TIPOS DE DIAGRAMAS

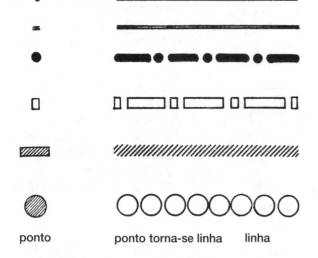

ponto   ponto torna-se linha   linha

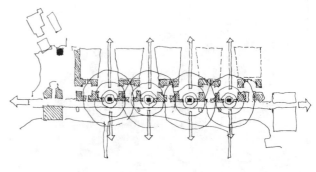

Diagrama: Plano de Desenvolvimento de beira-mar, Parque Asbury, New Jersey
15,2 cm 3 7,6 cm (6" × 3")
Material: Nanquim sobre manteiga
Cortesia de Koetter, Kim & Associados, Arquitetos e Urbanistas

Qualquer tipo de desenho pode ser usado como um diagrama conceitual analítico. *Diagramas gráficos* podem ser bidimensionais ou tridimensionais em sua comunicação abstrata do esquema de um projeto. Por meio de pontos, linhas, símbolos e diagramas de zoneamento, a organização de uma construção pode ser representada em termos da movimentação (*circulação*), uso do espaço (*zoneamento*), análise de planta de implantação e de cortes do local, análise estrutural e volumetria (configuração geométrica). O uso antecipado de diagramas no processo de projeto permite a exploração criativa de um conjunto de alternativas livres das rígidas especificações de projeto.

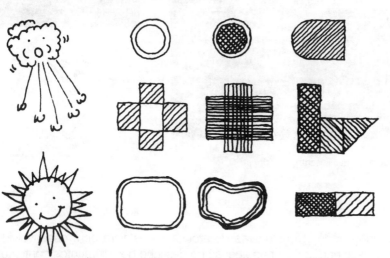

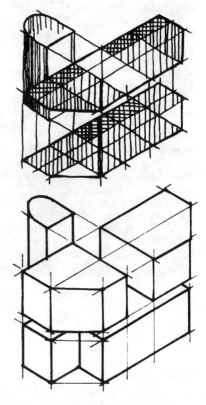

Símbolos pictóricos   Diagramas de zoneamento bidimensionais   Diagramas de zoneamento e volume tridimensionais

Os estudantes ouvem um novo vocabulário no estúdio de projeto. Termos como "diagrama de bolha", "esquemáticos", "fluxos", "circulação", "zoneamento", "hierarquia" e "metáfora" se tornam lugares-comuns. Os vários novos termos dessa linguagem de estúdio, ao lado da demanda incessante por ideias abundantes, às vezes assustam os iniciantes. Obtém-se uma compreensão desse linguajar com a leitura de textos de arquitetura.

FUNDAMENTOS 39

Diagrama: Esquema C, Hospital e
    Centro Médico de Gleneagles, Kuala
    Lumpur, Malásia
43,2 cm × 27,9 cm (17" × 11")
Material: Nanquim sobre papel sulfite
Cortesia de KMD/PD Arquitetos
Em parceria com Architectural Network

Este é um bom exemplo de análise de circulação em um estágio esquemático inicial do projeto. Observe que cada tipo de movimentação possui um símbolo diferente. Um *símbolo* é algo que representa outra coisa — neste caso, as condições de movimentação em uma planta de implantação. Uma linguagem simbólica bem-definida é essencial na comunicação gráfica de importantes dados coletados.

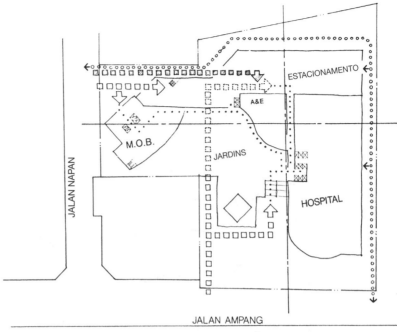

LEGENDA DOS SÍMBOLOS

▢ ▢ ▢ ▢   ACESSO AO PÚBLICO
▨ ▨ ▨ ▨   EXCLUSIVO PARA EMERGÊNCIA
∘ ∘ ∘ ∘ ∘   SERVIÇOS/BOMBEIROS/FUNCIONÁRIOS
• • • • •   PEDESTRES

Fotografia: Cortesia de KMD © K. L. Ng

A *circulação* define os caminhos e o fluxo dos movimentos dos usuários de forma bidimensional em uma planta ou em uma seção e tridimensionalmente nos diagramas pictóricos. Os movimentos podem ser horizontais ou verticais. Os pontos em que os movimentos começam são denominados *nós*. Um nó é um ponto de atenção para outros símbolos diagramáticos. Nos diagramas, os nós — pontos centrais ou pontos de concentração — são frequentemente conectados por linhas de circulação. Os nós também podem ser os pontos de interseção de linhas de movimento. O diagrama acima também apresenta linhas simbólicas para explicar as propriedades das linhas do local e a organização dos eixos.

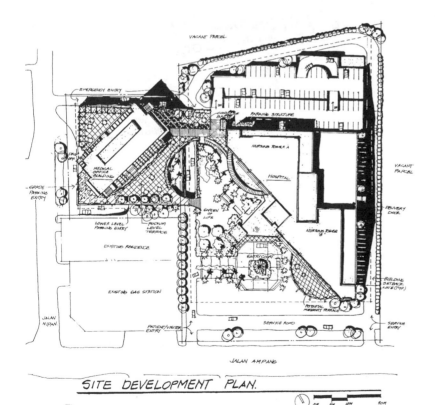

Planta de implantação do esquema C
61,0 cm × 91,4 cm (24" × 36"), Escala: 1:300
Material: Nanquim sobre vegetal

SÍMBOLOS DE DIAGRAMAS

40 CAPÍTULO 2: DIAGRAMAS E CROQUIS CONCEITUAIS

DIAGRAMAS ANALÍTICOS

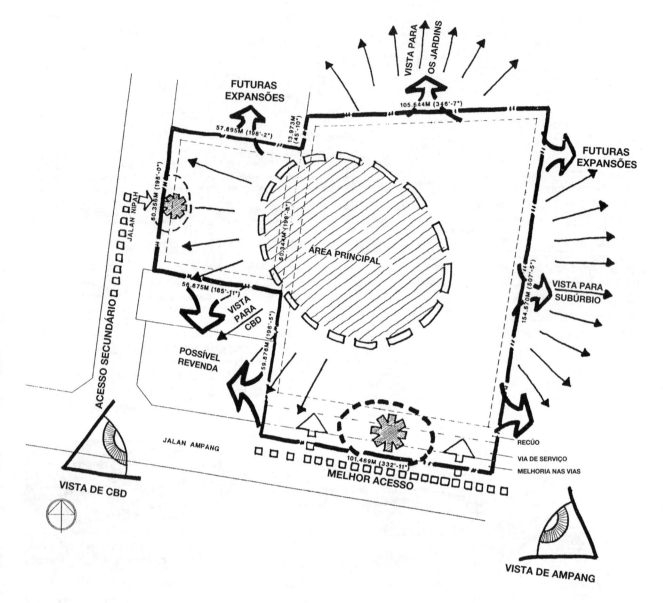

Diagrama: Análise do local, Hospital e Centro Médico de Gleneagles, Kuala Lumpur, Malásia
91,4 cm × 61,0 cm (36" × 24")
Material: Nanquim sobre vegetal com letras em adesivos
Cortesia de KMD/PD Arquitetos
Em parceria com Architectural Network

Diagramas analíticos como os de implantação (veja acima e mais adiante em "Diagramas de Implantação"), de programas e funções (mais adiante em "Diagramas Formais/Espaciais") bem como formais/espaciais são gerados nos estágios iniciais do projeto. Desenhos de estudos diagramáticos são alguns dos mais importantes tipos de desenho para os projetistas; paradoxalmente, são raramente (ou nunca) vistos pelo cliente. *Diagramas* são abstratos: utilizam símbolos para simplificar a realidade pictórica. Essa abstração ajuda no estágio de análise do projeto. Diagramas são meios visuais para coletar e ordenar informações, testar ideias e explorar soluções alternativas — para ir ao âmago do problema do projeto. Representam aquela conversa crucial e íntima consigo próprio, uma conversa conduzida em linguagem muito específica que possui vocabulário, gramática e sintaxe próprios. Também transmitem suas ideias para os companheiros de classe ou de profissão para que possam avaliá-los.

FUNDAMENTOS   41

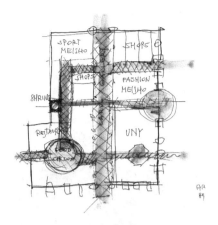

Croqui diagramático de planta: Corporação Shimizu,
Nagoia, Aichi, Japão
Cortesia de Aldo Rossi, SDA, Arquiteto

O desenho à esquerda é uma planta em diagrama esquemático mostrando os caminhos de pedestres. Observe o emprego dos símbolos de nós. Os quatro diferentes esquemas esboçados abaixo foram avaliados com base no movimento (circulação) de veículos e pedestres. Símbolos gráficos para os fluxos e as bolhas não possuem escala e, portanto, são ideais em escalas de projeto tanto pequenas quanto grandes.

Linhas retas ou curvas normalmente são usadas nos diagramas como limites (veja págs. 39 e 46), elementos axiais (como abaixo) ou elementos para a organização das ideias conceituais nos diagramas de implantação, de relacionamento e de circulação (veja pág. 43).

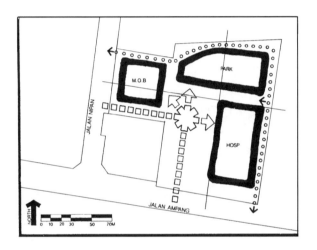
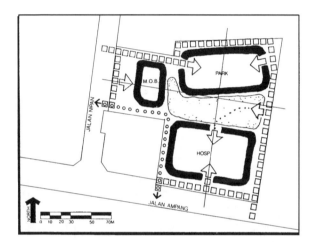
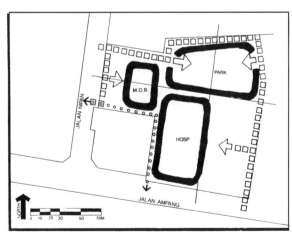
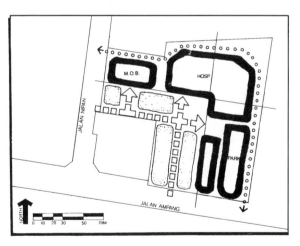

Diagramas: Quatro esquemas alternativos, Hospital e Centro Médico de Gleneagles, Kuala Lumpur, Malásia
Cada diagrama 43,2 cm × 27,9 cm (17" × 11"), reduzido e composto em 91,4 cm x 61,0 cm (36" × 24")
Material: Nanquim sobre papel sulfite
Cortesia de KMD/PD Arquitetos
Em parceria com Architectural Network

SÍMBOLOS EM DIAGRAMAS BIDIMENSIONAIS

42 CAPÍTULO 2: DIAGRAMAS E CROQUIS CONCEITUAIS

SÍMBOLOS EM DIAGRAMAS BIDIMENSIONAIS

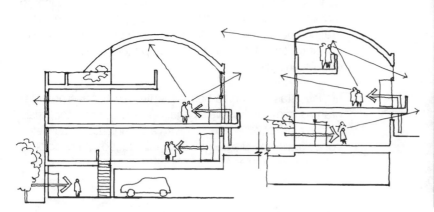

Croqui diagramático: Habitação multifamiliar Franklin/La Brea, Los Angeles, Califórnia
15,2 cm × 15,2 cm (6" × 6"), Escala: 1:200
Material: Caneta de nanquim sobre poliéster
Cortesia de Adèle Naudé Santos e Associados, Arquitetos

O diagrama em corte mostra claramente a vista do usuário (seta fina) e sua movimentação (seta grossa). As *setas* podem simbolizar a direção de uma ação ou de um deslocamento; podem ser de um ou de dois sentidos.

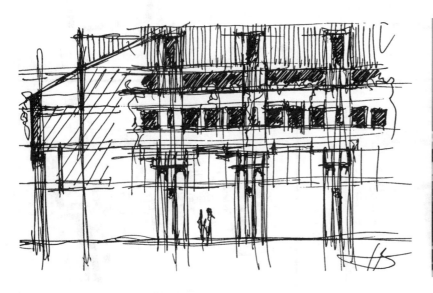

Croqui diagramático: Centro de uso misto, Turim, Itália
20,3 cm × 16,5 cm (8" × 6,5")
Material: Marcador preto em papel de acabamento suave
Cortesia de Gunnar Birkerts e Associados, Arquitetos

Os diagramas devem ser desenhados com traços leves e fluidos. Quanto mais soltos forem, mais evocativa a imagem será para o observador. Diagramas em corte devem incluir figuras humanas de modo a proporcionar escala ao croqui.

FUNDAMENTOS 43

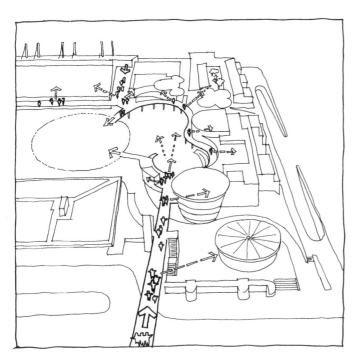

Diagrama de circulação: Jardins do Centro Infantil Yerba Buena,
São Francisco, Califórnia
15,2 cm × 15,2 cm (6" × 6")
Material: Caneta nanquim sobre vegetal
Cortesia de Adèle Naudé Santos e Associados, Arquitetos

Estes diagramas são parte de uma série utilizada para envolver os usuários do local e das instalações em um projeto público. Especificamente, os diagramas descrevem caminhos através do local e uma sequência de experiências visuais. Foram vinculados com vinhetas representando vistas da construção e das atividades nela desenvolvidas.
[RELATO DE UM ARQUITETO]

Estes diagramas fazem uso intenso de pontos e setas para representar o movimento dos pedestres. As setas podem variar em espessura (veja pág. 40) e intensidade de tom em função do que está sendo representado (setas finas para visadas e grossas para representar a direção dos ventos e futuras expansões).

© Richard Barnes

A vista aérea é mais descritiva do que a planta baixa para mostrar a circulação. Diagramas tridimensionais, como as perspectivas lineares e as militares, são tão descritivos quanto os diagramas bidimensionais. Às vezes, o mesmo diagrama pode ser usado para descrever conjuntos diferentes de informações. Esses diagramas podem ser apresentados individualmente ou em conjunto, usando transparências sobrepostas. Uma composição em conjunto deve mostrar a informação em questão de modo hierárquico e claro para evitar sobrecarga de informação.

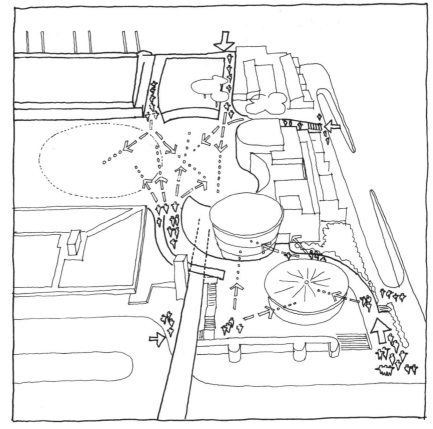

SÍMBOLOS EM DIAGRAMAS TRIDIMENSIONAIS

44 CAPÍTULO 2: DIAGRAMAS E CROQUIS CONCEITUAIS

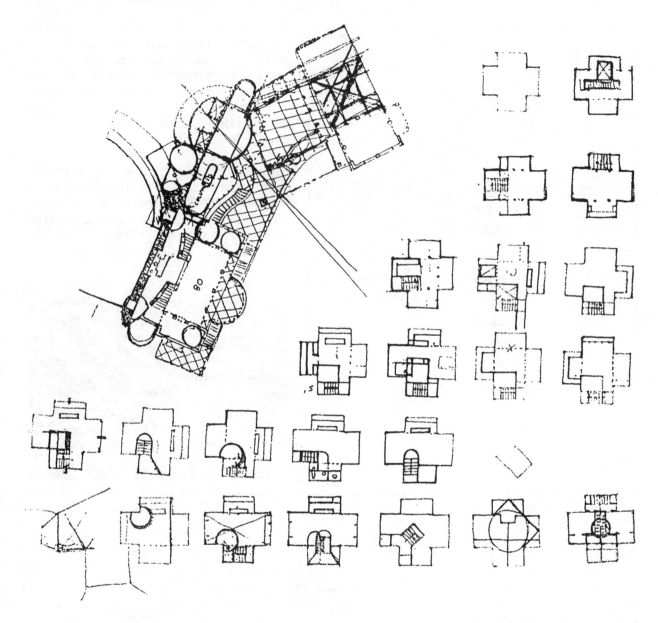

Diagramas conceituais: Villa Linda Flora (não construída), Bel Air, Califórnia
21,6 cm × 27,9 cm (8,5" × 11")
Material: Nanquim sobre papel para esboço
Cortesia de Hodgetts + Fung Design e Arquitetura

Em qualquer projeto existem inúmeras soluções alternativas para se analisar. Acima, pode ser observada uma justaposição de diagramas apresentando alternativas em potencial. Durante o desenvolvimento do projeto, os *desenhos de projeto* (diagramas, croquis etc.) são cruciais para testar esquemas e temas alternativos. Este projeto apresenta uma ampla variedade de tipos de escada e posições possíveis na mesma configuração geométrica da planta. Os diagramas são frequentemente desenhados com um formato gráfico coerente, como mostrado acima. Isso permite que você analise um problema em particular ou mantenha o foco em um assunto específico (neste caso, a posição da escada) comparando uma alternativa com as demais.

FUNDAMENTOS   45

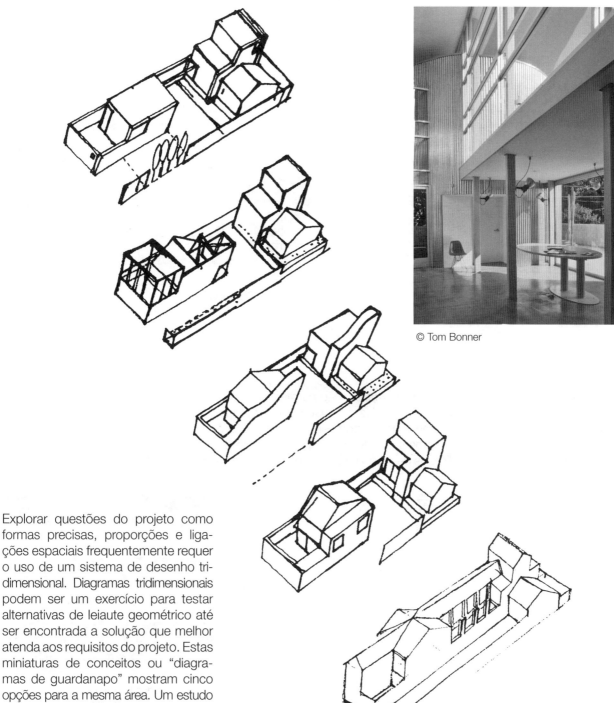

© Tom Bonner

Explorar questões do projeto como formas precisas, proporções e ligações espaciais frequentemente requer o uso de um sistema de desenho tridimensional. Diagramas tridimensionais podem ser um exercício para testar alternativas de leiaute geométrico até ser encontrada a solução que melhor atenda aos requisitos do projeto. Estas miniaturas de conceitos ou "diagramas de guardanapo" mostram cinco opções para a mesma área. Um estudo de massa conceitual deve mostrar proporções o mais exatas possível, sem, no entanto, possuir detalhes em excesso. Assim como nos estudos de volume, os detalhes podem ser acrescentados posteriormente. Esses diagramas auxiliam o projetista a solidificar uma estratégia formal a partir da qual se pode prosseguir para o planejamento mais minucioso.

Diagramas de alternativas: Agência Click, West Hollywood, Califórnia
Material: Nanquim sobre papel para esboço
Cortesia de Hodgetts + Fung Design e Arquitetura

DIAGRAMAS DE ALTERNATIVAS

46 CAPÍTULO 2: DIAGRAMAS E CROQUIS CONCEITUAIS

DIAGRAMAS DE IMPLANTAÇÃO

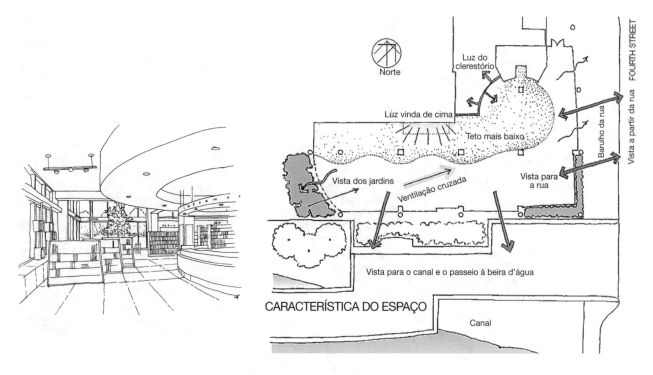

Diagramas esquemáticos analíticos para plantas e cortes de implantação são frequentemente esboçados no processo projeto-desenho. *Diagramas de implantação* normalmente possuem símbolos pictóricos como os das árvores, acima, que representam uma simplificação abstrata da realidade física. Com o uso de símbolos nos diagramas, fatores que afetam a implantação, como desníveis, circulação de tráfego, vista, condições do sol e do vento, ruído, regulamento de zoneamento, limites da propriedade, uso do solo e paisagem adjacente, podem ser registrados graficamente e analisados de modo rápido. Isso ajuda a estabelecer as restrições externas ao projeto.

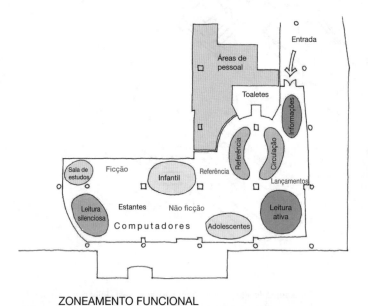

ZONEAMENTO FUNCIONAL

Fotografia: Sharon Riserdorph, Fotógrafo,
Cortesia de Santos Prescott e Arquitetos Associados

Desenhos: Filial da Biblioteca de Mission Bay, San Francisco, Califórnia, pronta em 2006
Material: Caneta nanquim sobre papel-manteiga, com sombreamento eletrônico e anotações no desenho escaneado
Cortesia de Santos Prescott e Arquitetos Associados

Os diagramas foram criados como parte integrante da primeira apresentação do projeto para a comunidade para comunicar as restrições e oportunidades do local e explicar a lógica subjacente à organização dos elementos do programa.
[RELATO DE UM ARQUITETO]

FUNDAMENTOS 47

Diagrama: Casa na Califórnia do Norte
Material: Lápis sobre manteiga
Cortesia de Legorreta Arquitectos
Ricardo Legorreta, Victor Legorreta,
Noe Castro

Desenhos de projeto documentam o processo do projeto. Os estágios iniciais são frequentemente esboçados em preto e branco, com o objetivo de descrever apenas as formas arquitetônicas e suas relações com as condições do entorno. Nos estágios posteriores, podem ser introduzidas cores.

Os diagramas simplificam a realidade de modo que aspectos particulares possam ser examinados. À medida que a realidade é simplificada, ela sofre uma abstração. Esses diagramas de situação, de implantação e corte do terreno e de fachada são precursores para mais diagramas tridimensionais em projeção paralela ou perspectiva. É importante que os projetistas adquiram a habilidade de relacionar tamanho e proporção de vários elementos arquitetônicos com as construções e suas condições de implantação. Observe o emprego de várias escalas neste estudo.

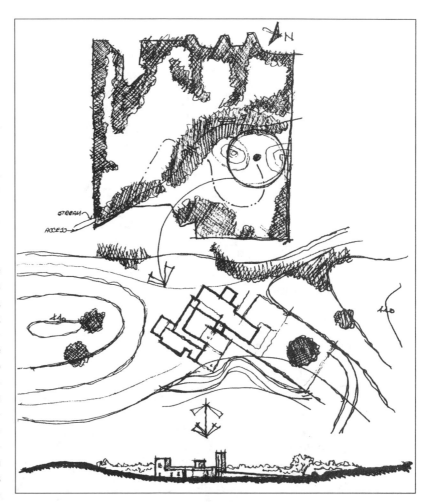

Diagramas de implantação, situação e corte do terreno.

DIAGRAMAS DE IMPLANTAÇÃO

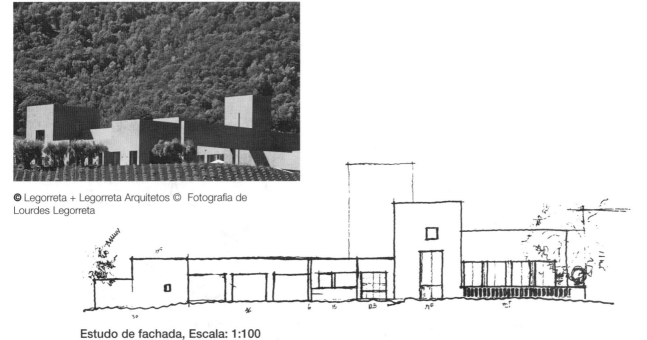

© Legorreta + Legorreta Arquitetos © Fotografia de Lourdes Legorreta

Estudo de fachada, Escala: 1:100

48 CAPÍTULO 2: DIAGRAMAS E CROQUIS CONCEITUAIS

DIAGRAMAS DE SETORIZAÇÃO

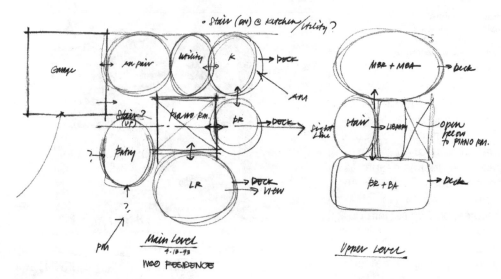

Diagrama: Residência Woo, Oakland, Califórnia
Material: Lápis HB
Cortesia de Kenzo Handa, Arquiteto

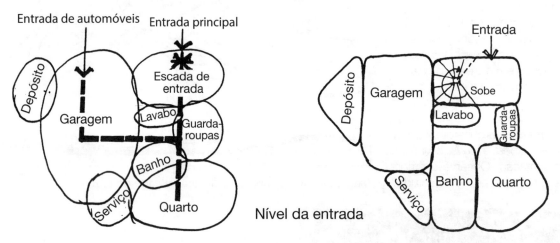

Diagramas de bolhas relacionam as funcionalidades e os tamanhos relativos dos espaços entre si e com as áreas externas determinantes. A ligação das circulações pode ser analisada e avaliada rapidamente.

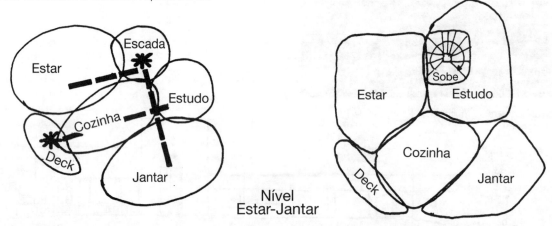

Com o planejamento das áreas (metros quadrados), é importante estabelecer o zoneamento funcional das áreas adjacentes. Estes diagramas dão pistas da proximidade funcional e dos possíveis arranjos para uma solução final.

FUNDAMENTOS 49

Croquis: Projeto acadêmico por
Charles Roberts
Cortesia do Professor do estúdio
William W. P. Chan
Instituto de Arquitetura e
Planejamento da Universidade
Estadual Morgan

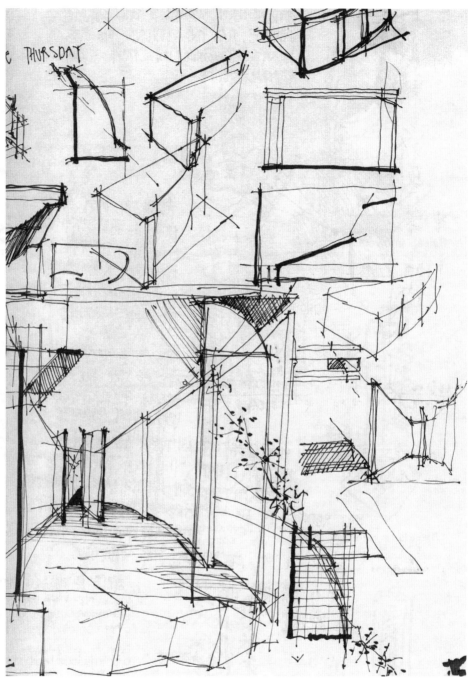

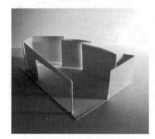

Todas as fotos: © Charles
Roberts

DIAGRAMAS FORMAIS/ESPACIAIS

Diagramas formais/espaciais aprofundam a análise do esquema de projeto. Os elementos para análise e diagramação levam em conta inúmeras características. Alguns desses elementos incluem iluminação natural, estrutura (o sistema de sustentação de uma construção), disposição axial (e, portanto, simetria e equilíbrio), uso do espaço e circulação (acesso e deslocamentos), configuração geométrica (proporções) e volumetria, plantas e suas relações com as configurações verticais (cortes/fachadas), bem como hierarquia (em uma escala ordinal do tipo maior ou menor relacionamento). Esses diagramas/croquis conceituais não precisam estar em uma escala particular (como 1:50). "Sem Escala" também é visto com frequência nos modelos de estudo conceitual.

50 CAPÍTULO 2: DIAGRAMAS E CROQUIS CONCEITUAIS

DIAGRAMAS DE CONTROLE AMBIENTAL

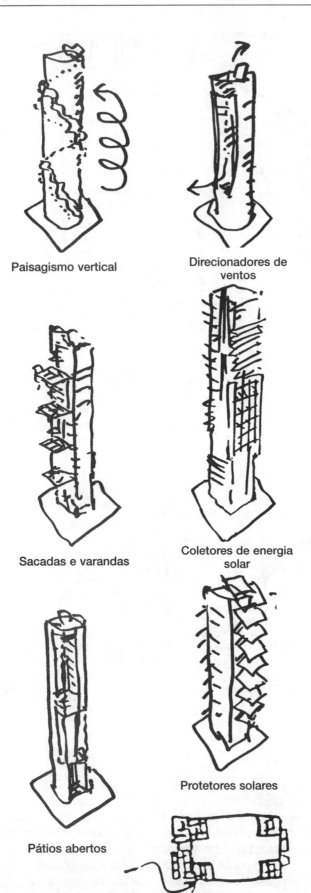

Paisagismo vertical

Direcionadores de ventos

Sacadas e varandas

Coletores de energia solar

Pátios abertos

Protetores solares

Fotografia: Menara Mesiniaga (Torre da IBM),
Selangor, Malásia
Cortesia de T. R. Hamzah & Yeang, Arquitetos

As estruturas, os elementos de fechamento e o controle da luz solar são itens vitais em um diagrama de controle ambiental. Tais itens podem ser claramente identificados nos diagramas do projeto da Torre da IBM, que atende aos princípios bioclimáticos regionais através do baixo consumo de energia. Estes diagramas se referem ao compromisso de se constituírem grandes prédios que alteram as relações de sociedades altamente industrializadas com sistemas mecânicos artificiais como ar-condicionado.

Diagramas: Princípios e compromisso do projeto
Cortesia de T. R. Hamzah & Yeang, Arquitetos
Tengku Robert Hamzah e Dr. Kenneth Yeang, Sócios

FUNDAMENTOS 51

Foto: Terraço entre os pavilhões

O emprego de iluminação, tanto natural quanto artificial, é fundamental na concepção do Museu Getty e, portanto, é o foco destes croquis. São desenhos que exploram o uso da luz e sua adequação em mediar o interior e o exterior da construção.
[RELATO DE UM ARQUITETO]

O diagrama de controle ambiental ao alto utiliza um símbolo para o sol com setas direcionais para mostrar os efeitos dos ângulos de iluminação no inverno e no verão. Símbolos com setas são usados com frequência em diagramas, especialmente em plantas e cortes. A direção da luz é representada por uma seta a fim de melhorar a compreensão do observador a respeito de como a luz penetra no espaço do museu. Observe também a integração de um conceito de projeto arquitetônico com os diagramas da seção estrutural e de controle ambiental.

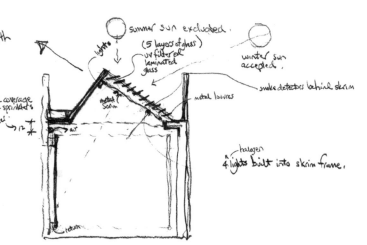

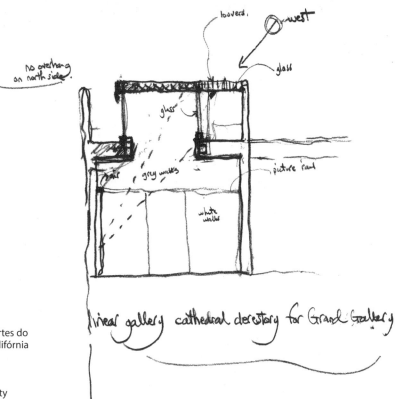

Desenhos: Estudos diagramáticos de croquis de cortes do Museu do Centro Getty, Los Angeles, Califórnia
Ambos 45,7 cm × 45,7 cm (18" × 18")
Material: Lápis grafite sobre manteiga amarelo
Cortesia de Richard Meier & Sócios, Arquitetos
Reproduzido do Processo de Projeto do Centro Getty com permissão do Fundo J. Paul Getty.

DIAGRAMAS DE CONTROLE AMBIENTAL

52 CAPÍTULO 2: DIAGRAMAS E CROQUIS CONCEITUAIS

DIAGRAMAS DE PLANTAS

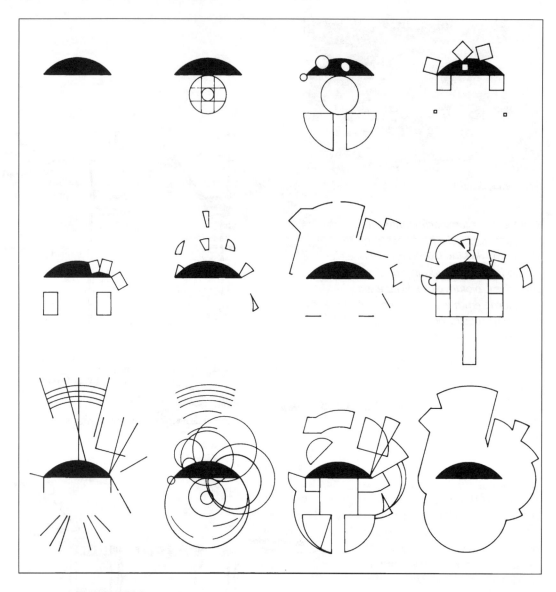

ELEMENTOS   DESENVOLVIMENTO

Diagramas: Residência particular, Illinois (1988-1990)
Material: Nanquim
Cortesia de Stanley Tigerman, Arquiteto

Um storyboard apresentando a evolução dos elementos. A casa começa com uma cunha, gerando outras formas que vão se encaixando.
[RELATO DE UM ARQUITETO]

Além dos diagramas de análise e síntese de implantação apresentados nas páginas anteriores, os diagramas de planta, cortes e fachadas mostrados nas páginas seguintes são frequentemente empregados na fase inicial do projeto. Esses diagramas tentam propiciar um entendimento real da organização das ideias do conceito do projeto por meio da representação de diversos itens. À medida que o projeto evolui, são usadas camadas de papel-manteiga para refinar o desenvolvimento das ideias.

APLICAÇÕES 53

DIAGRAMA PARTÍ

Diagrama: Residência particular, Illinois (1988-1990)
Material: Nanquim
Cortesia de Stanley Tigerman, Arquiteto

Fotografia por Bruce Van Inwegan
Cortesia de Stanley Tigerman, Tigerman McCurry, Arquitetos Ltda.

No diagrama partí, *a casa se expande pelo local, e são indicadas as repetições geométricas que se irradiam dela para a paisagem.*
[RELATO DE UM ARQUITETO]

Um diagrama *partí* mostra a suposta esquematização básica de uma planta. É o arcabouço fundamental ou a grande ideia (esquema) de uma planta. Um forte *partí* pode sustentar as transformações do projeto. Os elementos no projeto de Tigerman são os determinantes que definem a solução da forma final. O processo de refinamento a seguir permite evoluir para uma solução madura que satisfaça as restrições e os requisitos do projeto.

DIAGRAMAS DE PLANTAS

54 CAPÍTULO 2: DIAGRAMAS E CROQUIS CONCEITUAIS

DIAGRAMAS EM PERSPECTIVA MILITAR

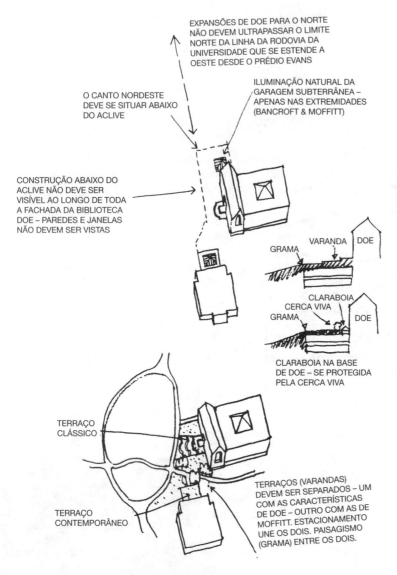

DIRETRIZES DE CONSTRUÇÃO – BIBLIOTECA DOE

Desenho: Um estudo do Jardim Central, Universidade da Califórnia em Berkeley
Cortesia de Philip Enquist, Arquiteto
Com Skidmore Owings e Merrill

Fotografia: Cortesia da Wikipédia
© Minesweeper em en.Wikipédia

Estes rápidos diagramas de miniaturas de croquis foram feitos inicialmente em perspectivas militares, que podem ser mais facilmente entendidas do que as plantas baixas, especialmente por leigos. Observe a inclusão de diagramas bidimensionais nesta página. Diagramas bidimensionais e tridimensionais são usados juntos com grande frequência em estudos analíticos.

APLICAÇÕES 55

Desenho: Um estudo do Jardim Central, Universidade
da Califórnia em Berkeley
Cortesia de Philip Enquist, Arquiteto
Com Skidmore Owings e Merrill

Fotografia: Cortesia da Wikipédia
© brainchildvn /

O emprego abundante de notas manuscritas ajuda na comunicação e no processo do projeto. Notas analíticas em qualquer tipo de diagrama ou croqui conceitual permitem a recuperação de características relevantes e objetivos importantes. Pense nos diagramas e nos croquis conceituais como notas visuais reforçadas por notas escritas. Esses desenhos não são representações exatas, e sim apenas uma dissecação descritiva do que está sendo observado.

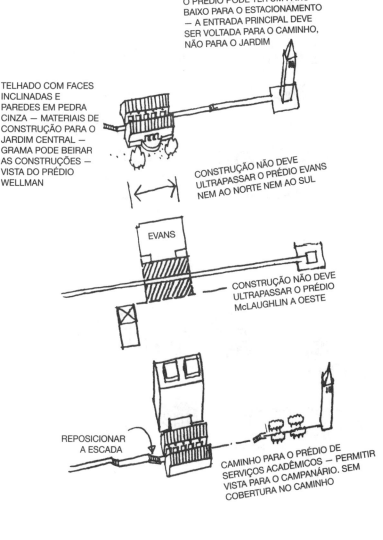

**DIRETRIZES DE CONSTRUÇÃO:
PRÉDIO DE SERVIÇOS ACADÊMICOS**

DIAGRAMAS EM PERSPECTIVA MILITAR

56 CAPÍTULO 2: DIAGRAMAS E CROQUIS CONCEITUAIS

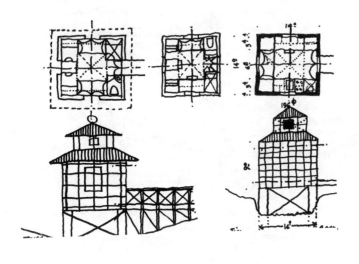

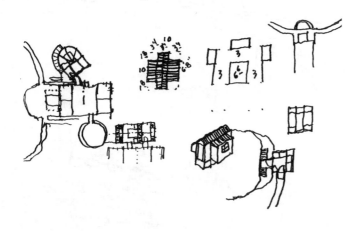

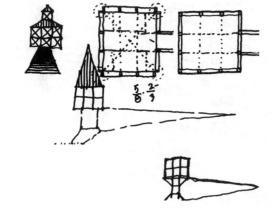

Às vezes os croquis de viagem podem não ser representativos. Alguns arquitetos, como Stanley Tigerman, costumam traduzir o que observam em muitas convenções gráficas arquitetônicas. Eles podem ter uma visão em perspectiva de uma construção, mas ao registrar as observações visuais eles recodificam o que veem em diagramas, em planta, em fachada, em corte ou em perspectivas paralelas.

Tigerman, assim como muitos arquitetos e designers, tem o hábito de desenhar e fazer croquis como uma maneira de se aquecer, como um boxeador antes de entrar no ringue. A execução dos croquis age como um exercício de aquecimento para a sua faculdade mão-olho-cérebro a fim de que o "motor de desenho" dê a partida e em preparação para que as ideias fluam. Essa exibição aleatória de imagens visuais em seu diário visual permanente mostra o registro de centelhas e instantâneos relacionados ao assunto que aparentemente não têm nada a ver.

Meus primeiros pensamentos sempre são registrados no meu caderno de rascunho "Daler". Posso desenhar entre dois ou três até vinte pequenos croquis antes de passar para o próximo nível.
[RELATO DE UM ARQUITETO]

Croquis de viagem: Estudo para uma casa de um cômodo, Boardwalk, Michigan
9,22 × 14,76 cm ($3\frac{5''}{8} \times 5\frac{13''}{16}$)
Material: Nanquim sobre papel
© Stanley Tigerman, Tigerman McCurry Arquitetos
Croquis por Stanley Tigerman

DIAGRAMAS ANALÍTICOS

APLICAÇÕES 57

É comum o uso de múltiplos pontos de vista interiores e exteriores nos croquis de estudo. Esses croquis sobrepostos exibem uma série de visões em perspectiva obtidas dentro de uma casa, com a direção das vistas indicada na planta esboçada. Os croquis de viagem às vezes podem ser estudos analíticos.

A execução dos croquis de viagem pode oferecer oportunidades espontâneas para documentar o ambiente. Desenhando uma visão em planta junto com uma série de vinhetas correspondentes é possível capturar a verdadeira essência do espaço arquitetônico. Esses estudos analíticos podem proporcionar percepções inteligentes quanto à forma e ao movimento.
[RELATO DE UM ARQUITETO]

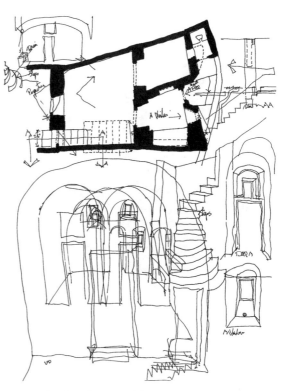

© Cathi House

Desenho: Casa, Santorini, Grécia
20,3 × 25,4 cm (8" × 10")
Material: Caneta e nanquim sobre papel
Cortesia de Steven House, Arquiteto, São Francisco

© Matt Wargo para VSBA

... Em um estudo inicial para um eixo do interior da Ala Sainsbury da Galeria Nacional de Londres, enfatizando representações abstratas dos elementos Clássicos, a falsa perspectiva na via Renascentista e um efeito cenográfico de um modo Barroco, expondo muitas pinturas como fragmentos.
[RELATO DE UM ARQUITETO]

Croqui de estudo: Galeria Nacional, Ala Sainsbury, Londres, Inglaterra
Material: Caneta hidrográfica
Cortesia de Venturi, Scott Brown e Associados, Arquitetos
Croqui por Robert Venturi

DIAGRAMAS ANALÍTICOS

58 CAPÍTULO 2: DIAGRAMAS E CROQUIS CONCEITUAIS

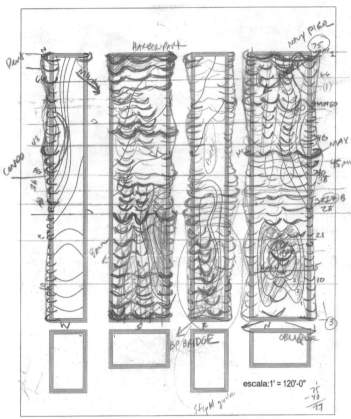

© Studio Gang Architects

Diagrama conceitual: Aqua Tower, Chicago, Illinois
Material: Lápis de cor
Cortesia do Studio Gang Architects

Esse desenho mostra uma combinação exemplar dos olhos visuais/intuitivos do arquiteto/escultor e do uso de um meio digital como uma base impressa para a exploração do projeto, como foi observado pelo relato do arquiteto. Fazer uma exibição tridimensional impressa digitalmente das variadas lajes em balanço dos andares, em um sistema de lajes de concreto se erguendo uniformemente, é uma maneira muito eficaz de projetar a torre em três dimensões. Manipulando o efeito de sombreamento na fachada da torre, um andar de cada vez, é concebível trabalhar interativamente entre o efeito escultural da torre e o grau de projeção da estrutura básica. É uma maneira muito eficiente de trabalhar interativamente entre os meios 2-D e 3-D. A mão do arquiteto no traçado das sobreposições guiou as decisões de projeto.

Desenho de sobreposição estudando a convergência dos alvos de visada da Aqua Tower com os limites de suas lajes.

O diagrama puro em papel branco tem muito valor, mas talvez mais frequentemente utilizemos uma abordagem de materiais diferentes para comunicar as ideias através de croquis. Essas abordagens incluem combinações de vistas 3-D desenhadas digitalmente, cortes desenhados digitalmente e fotos modelo utilizadas como suporte para o croqui. No caso da Aqua Tower, o croqui executado sobre as fotos digitais e os desenhos nos permitiram ajustar os "morros" na fachada e compreender como os morros se transformaram ao longo da altura do prédio.
[RELATO DE UM ARQUITETO]

Steve Hall © Hedrich Blessing

APLICAÇÕES 59

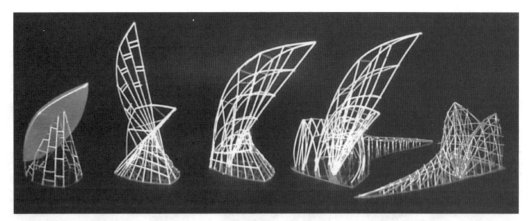

Estruturas de arame geradas em computador, assim como as de contornos e contornos cruzados produzidas manualmente, descrevem a forma de um objeto. Nos desenhos de contornos cruzados, as linhas paralelas são tipicamente empregadas para cruzar a superfície de um objeto. Nos desenhos com estrutura de arame, é possível visualizar a forma global da construção em sua essência, sem se distrair com as características não arquitetônicas.

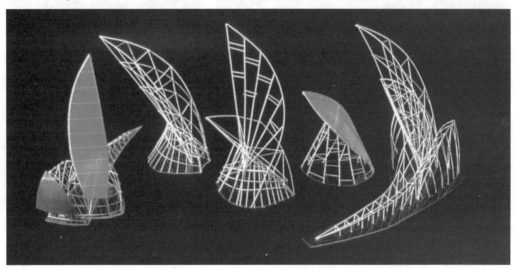

Estudos em estruturas de arame digitais: Museu Nacional de Arte Contemporânea, Osaka, Japão
Cortesia de Cesar Pelli & Associados, Arquitetos
Crédito da fotografia: M. LaFoe com Cesar Pelli e Associados

Esses diagramas de computador em estrutura de arame têm propriedades geométricas dentro de vários planos que são difíceis de visualizar sem contornos adicionais atravessando essas superfícies. Essa técnica requer uma entrada de dados mínima sem gerar o acabamento dos planos. Por isso é possível girar as imagens rapidamente para a pronta avaliação das formas. Essa geração de imagem rápida parece permitir uma sincronização da mente e dos olhos sem a necessidade de esperar por uma exibição detalhada, já que uma exibição lenta poderia interromper o fluxo de decisões intuitivas de projeto.

Acabamento de foto digital em vista aérea
O Museu Nacional se encontra ao centro, em primeiro plano.
Cortesia de Jun Mitsui Associados

DIAGRAMAS DIGITAIS 3-D

60 CAPÍTULO 2: DIAGRAMAS E CROQUIS CONCEITUAIS

DIAGRAMAS DIGITAIS 3-D

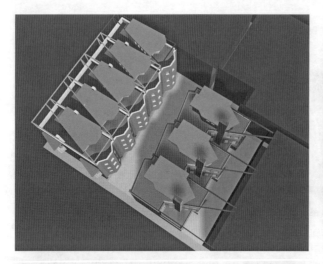
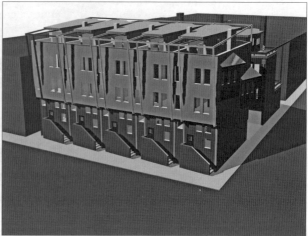
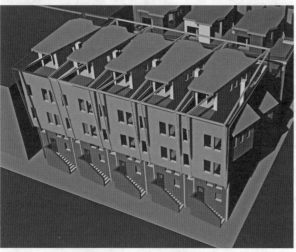

Nesta página e na seguinte: Projeto acadêmico por Robert Reichel
Residências em Baltimore
Software: IronCAD
Cortesia do Professor de estúdio William W. P. Chan
Instituto de Arquitetura e Planejamento da
Universidade Estadual Morgan

O primeiro semestre do primeiro ano de graduação começa com projetos simples envolvendo problemas de geometria descritiva, vistas ortogonais e construção de modelos com papel-pluma, papelão e madeira de balsa. O objetivo é treinar a coordenação olhos-mãos-cérebro para o pensamento tridimensional.

Após uma pesquisa com vários programas 3-D, o IronCAD foi escolhido por possuir uma interface amigável e porque suas funcionalidades se assemelham à construção de modelos reais. Contornos e formas são criados na tela, posicionados, copiados, modificados e girados; tudo ocorre em tempo real, permitindo que o usuário trabalhe intuitivamente em três dimensões. A composição produzida na tela pode ser impressa e redesenhada com novas ideias. Os componentes podem ser reconfigurados instantaneamente, sem interrupção do processo criativo. Cada parte agregada ao modelo é automaticamente registrada e, com um clique do mouse, ativada para modificações. Um pequeno objeto dentro de um espaço muito apertado pode ser trabalhado sem perturbar as demais camadas que o englobam. Cores, texturas, iluminação e materiais estão disponíveis para acabamentos mais detalhados da cena. Também é possível se deslocar para a frente e para trás ou entre vistas 3-D e 2-D. Por tudo isso, o IronCAD é ideal para treinar iniciantes em projeto arquitetônico.
[RELATO DE UM PROFESSOR]

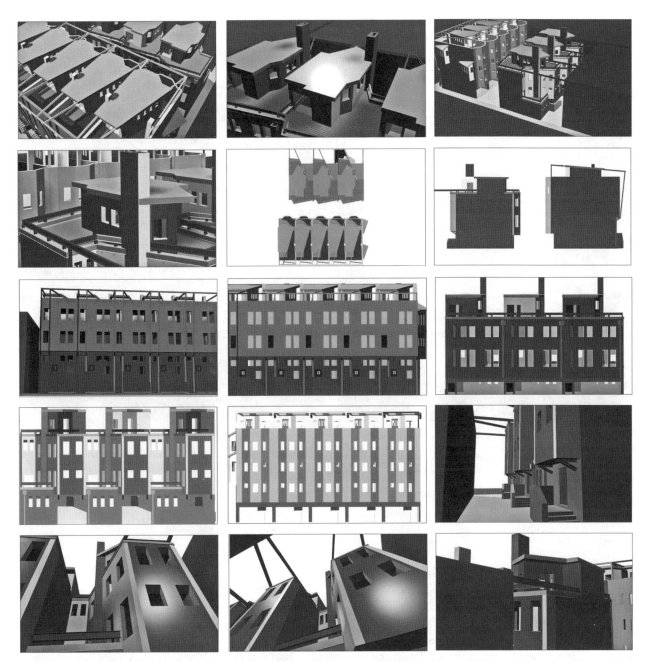

Projetos por meio de Imagens Digitais

A partir da experiência com esculturas e projetos de mobiliário, minha visualização e meu processo de projetar sempre foram tridimensionais. Sempre fui capaz de andar ao redor do meu trabalho e avaliá-lo sob qualquer ângulo. Projetar com programas de modelagem 3-D foi uma transição natural para mim. Eles me permitem criar os volumes das construções usando técnicas cujo trabalho é conceitualmente semelhante ao da madeira, do metal ou da argila. A modelagem computacional também me dá a oportunidade de avaliar meu projeto sob qualquer ângulo ou perspectiva que eu deseje. O trabalho das residências possuía limitações extremas no mundo real, como a existência de outros prédios muito próximos, iluminação de sul limitada e requisitos para estacionamento difíceis. Usar o software IronCAD me permitiu projetar modelando nesse espaço. Usei então o programa para produzir plantas, fachadas, cortes e desenhos baseados no modelo. Pude assim reavaliar meu projeto, tanto pelos desenhos quanto pelo modelo.
[Relato de um estudante de arquitetura]

62 CAPÍTULO 2: DIAGRAMAS E CROQUIS CONCEITUAIS

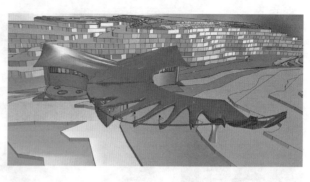

Projeto acadêmico por Matthew Richardson,
Centro da Natureza Herring Run
Baltimore, Maryland
Cortesia do Professor de estúdio William W. P. Chan
Instituto de Arquitetura e Planejamento
da Universidade Estadual Morgan

O objetivo do projeto era produzir um centro de pesquisas da natureza em uma área urbana com topografia diversa, permitindo o acesso de diferentes grupos de pesquisa no local. Inicialmente, foram esboçados temas e formas orgânicas no papel. Depois, no software IronCAD, foram criados volumes a partir da crista do relevo e projetados sobre o vale. A ideia foi criar uma construção que aparentasse estar alçando voo à medida que o vento varresse as paredes do vale. O prédio seria acessado facilmente pela crista e possuiria uma vista dramática na direção do vale. Os volumes foram impressos em papel e seus croquis esboçados sobre papel-manteiga para definir a forma das asas e da cauda da construção. Uma vez que essas mudanças puderam ser visualizadas no desenho feito à mão sobre o papel-manteiga, foram mais amadurecidas no programa 3-D. Os projetos da fachada com janelas e da amurada do passeio foram alterados de modo semelhante. Alternar entre os dois materiais e utilizar a capacidade do programa para visualizar o modelo sob diversos ângulos permitiu um avanço rápido no projeto 3-D. Se tivesse trabalhado apenas com o modelo físico, haveria muito pouco espaço de manobra para alterações no projeto; trabalhar com modelos computacionais permite acomodar as mudanças do projetista mais rapidamente.
[Relato de um estudante de arquitetura]

APLICAÇÕES 63

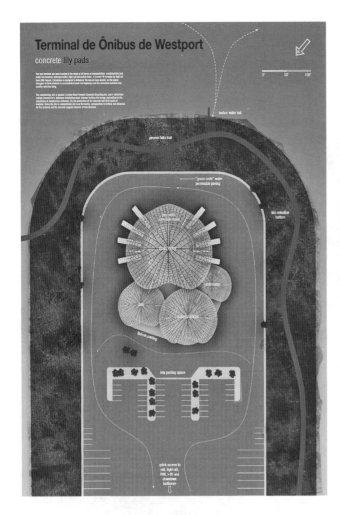
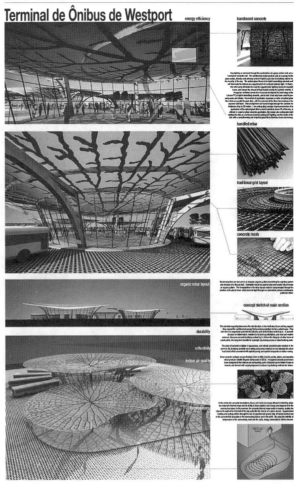

Projeto acadêmico por Matthew Richardson (maio de 2006)
Terminal de ônibus de Westport, Westport, Maryland
Terceiro colocado na Competição Internacional da Associação do Colegiado de Escolas de Arquitetura e Cimento
Portland: Ideias Concretas para um Mundo Sustentável
Cortesia de Matthew Richardson, Universidade Estadual Morgan, Baltimore, Maryland

Os calouros foram incentivados a apresentar um projeto que empregasse o concreto como um material sustentável para construções. Os estudantes foram restringidos a dois painéis de apresentação de 50 cm × 75 cm e encorajados a limitar as apresentações a aspectos do projeto que mostrassem o concreto como um elemento estrutural inovador. Uma vez que o projeto sustentável estava evidente no leiaute da área, um painel inteiro foi dedicado à implantação, detalhando todos os aspectos do projeto por meio de uma série de linhas mestras e rótulos. O segundo painel de apresentação mostrou acabamentos de cortes e de perspectivas gerados a partir de um modelo construído no 3D Studio Max, que foram, posteriormente, realçados no Adobe Photoshop. Estas quatro artes-finais foram organizadas no maior tamanho possível para preencher o painel, deixando espaço na margem direita para detalhes e descrições do projeto. Esse processo simples de organização permitiu grandes artes-finais ao mesmo tempo em que possibilitou inserir textos e detalhes para uma explicação completa do projeto. O projeto começou com um croqui em notebook e foi desenvolvido a partir de sucessivas alternâncias entre o modelo computacional e desenhos em papel-manteiga sobre impressões feitas do computador. Para equilibrar bem a beleza das imagens finalizadas em computador, o croqui conceitual inicial feito a nanquim foi um dos detalhes incluídos na margem direita.

[RELATO DE UM ESTUDANTE DE ARQUITETURA]

64 CAPÍTULO 2: DIAGRAMAS E CROQUIS CONCEITUAIS

SEQUÊNCIA DE VISTAS AÉREAS

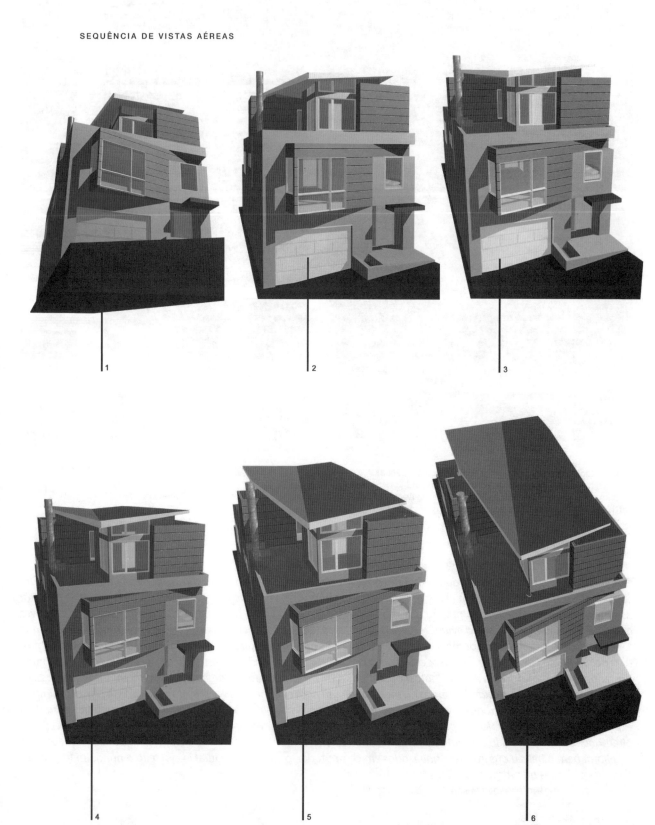

DIAGRAMAS DIGITAIS 3-D

APLICAÇÕES **65**

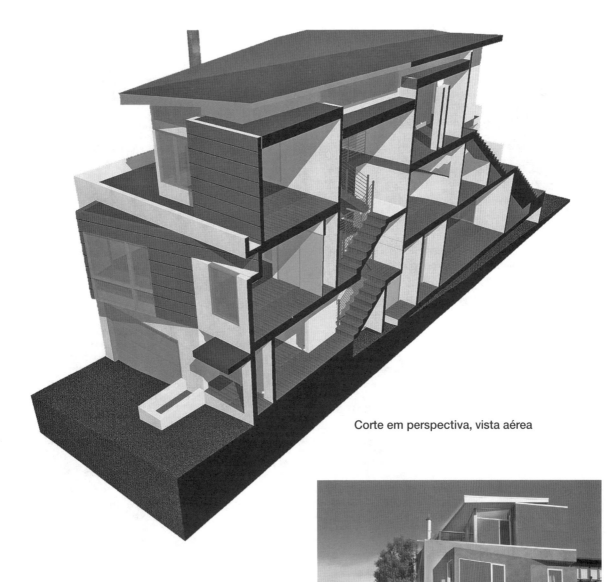

Corte em perspectiva, vista aérea

Imagens (nesta e na página seguinte): Residência na Rua Douglass, São Francisco, Califórnia
Material: Software ArchiCAD 8
Gerente de projeto: Mark English
Ilustradora: Masha Barmina
Cortesia de Mark English Arquitetos

© Norma Lopez Molina

O emprego de uma sequência de vistas 3-D geradas em computador auxilia os arquitetos a rever e explicar as relações entre todos os componentes principais de uma construção ao mesmo tempo. Neste caso, o modelo nos permitiu uma rápida revisão sobre como as mudanças em qualquer um dos elementos da cobertura e da fachada iriam impactar o projeto como um todo. Os croquis indicaram a necessidade de ajustes adicionais no modelo computacional, que, por sua vez, inspirou mais croquis de acabamento.
[RELATO DE UM ARQUITETO]

DIAGRAMAS DIGITAIS 3-D

66 CAPÍTULO 2: DIAGRAMAS E CROQUIS CONCEITUAIS

Rabiscos iniciais muito abstratos

Menos abstratos

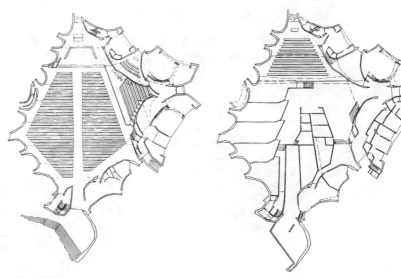
Refinamentos a partir da abstração

Croquis e desenhos: Igreja Kaleva, Tampere, Finlândia
Escalas: Alto à esquerda e abaixo 1:50, alto à direita 1:100
Material: Carvão
Cortesia de Raili e Reima Pietilä, Arquitetos

Primeiro as imagens são visualizadas na mente (um ato mental) e depois esboçadas (um ato físico). Esboçar ideias sobre o papel ajuda a evoluir outras ideias; tais conceitos são constantemente avaliados e reavaliados. Estes exemplos mostram uma progressão a partir de croquis abstratos até desenhos mais refinados.

Com a prática adquire-se a habilidade de formular imagens mentais. A visualização de objetos do cotidiano irá formar a base para aprimorar a imaginação conceitual. À medida que surgem, as ideias são postas no papel — são os *desenhos de concepção*. Uma ideia no papel é uma representação visual de algo com o qual deva se parecer conceitualmente. Algumas ideias serão descartadas; outras serão alteradas, modificadas, refinadas e desenvolvidas.

APLICAÇÕES 67

Croquis: Igreja Kaleva, piso térreo, Tampere,
    Finlândia
114, 3 × 73,7 cm (45" × 29")
Material: Carvão e craiom em papel de croquis
Croquis por Reima Pietilä
Cortesia do Arquivo de Pietilä, Helsinque

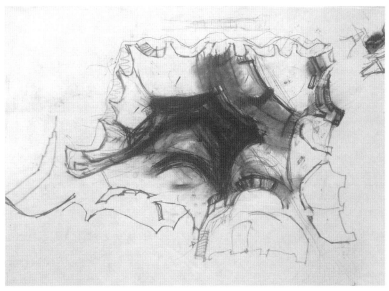

Fotografia: interior da Igreja Kaleva, 1966
Cortesia de Raili Petilä

Um diagrama com uma fotografia é muito revelador, pois ele mostra se o caráter do croqui é evidente no prédio real.

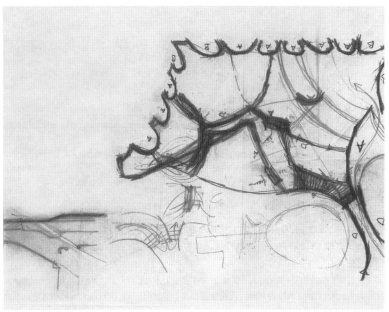

CROQUIS CONCEITUAIS

Talvez muitos projetos modernistas devam ser gratos a esse fino e desqualificado papel de croquis. A expressão estética da integridade ou totalidade arquitetônica também pode ser percebida como derivada das habilidosas técnicas de projetar em transparências. Esses croquis aqui são meramente uma amostra dentre centenas, mas ainda é possível observar como através desses croquis o prédio cresce na mesa de desenho. Esses croquis são ferramentas conceituais no caminho para se tornarem objetos e não são, por si sós, objetos soltos como os desenhos de um artista. Eu advertiria todos a não romperem essa ligação vital de crescimento entre esses croquis e a construção real na qual se transformam.

Criar arquitetura é um processo multimídia. Envolve programação verbal e direcionamento; visualização através de croquis de plantas baixas, cortes e fachadas; espacialização com auxílio de um modelo em escala; e a materialização da construção. Tanto as palavras quanto as imagens são empregadas para explicar a forma arquitetônica. Nem uma nem outra sozinhas basta para fazer da arquitetura um fenômeno suficientemente compreensível.
[RELATO DE UM ARQUITETO]

68 CAPÍTULO 2: DIAGRAMAS E CROQUIS CONCEITUAIS

CROQUIS EM MINIATURA

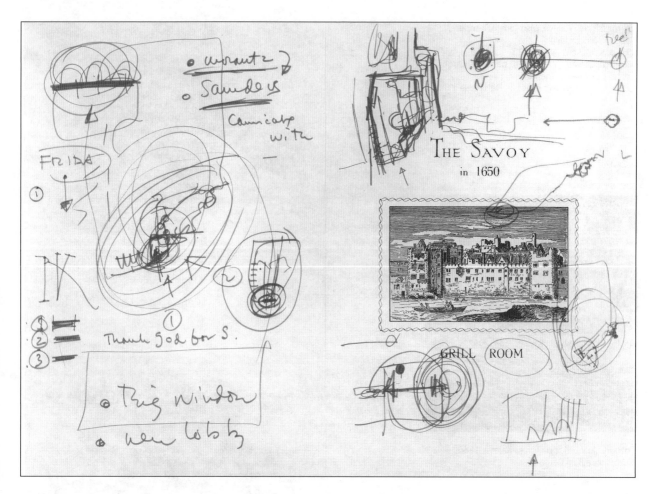

Croquis diagramáticos (nas duas páginas): Galeria Nacional, Ala Sainsbury, Londres, Inglaterra
Material: Caneta de ponta porosa vermelha
Cortesia de Venturi, Scott Brown e Associados, Arquitetos

Para uma complementação sobre a arquitetura e as ideias de Robert Venturi e Denise Scott Brown, veja o documentário de James Venturi, *Learning from Bob & Denise*.

Os croquis ideais são aqueles que evoluem a partir da intuição guiando indiretamente a mão, mais do que a mente guiando diretamente a mão. Além disso, a combinação de imagens e palavras enriquece o processo.
[RELATO DE UM ARQUITETO]

Estes "croquis de guardanapo" bidimensionais (neste caso, feitos em um cardápio de restaurante) foram confeccionados pelo arquiteto Robert Venturi. Projetistas e arquitetos frequentemente fazem croquis diminutos como os apresentados acima e, por isso, os chamam de "croquis em miniatura", cujos tamanhos se aproximam dos pequenos rabiscos de Venturi. Fazer croquis em escala tão reduzida permite explorar mais ideias e, dessa forma, considerar mais possibilidades e escolhas para a solução do projeto. A mente pode gerar pensamentos criativos durante o trabalho, assim como durante o lazer, nas refeições ou respondendo aos chamados da natureza. Em outras palavras, o pensamento criativo não é totalmente controlável, e é importante para o projetista estar alerta às suas súbitas percepções.

Nanquim preto ou colorido é normalmente um material melhor do que lápis de cor para croquis em miniatura, especialmente se você planeja fazer uma redução das miniaturas para adaptá-las ao tamanho de determinada página ou painel para uma apresentação.

APLICAÇÕES **69**

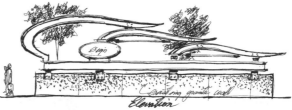

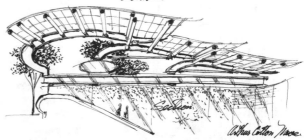

Croqui: Coberturas sobre as entradas do metrô, Washington, D.C.
(21,6 × 27,9 cm) 8,5" × 11"
Material: Nanquim sobre vegetal
Cortesia de Arthur Cotton Moore/Associados,
Washington, D.C.
Desenhado por Arthur Cotton Moore, FAIA

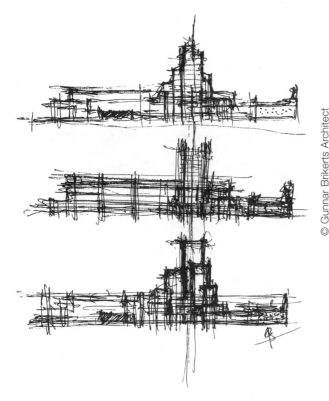

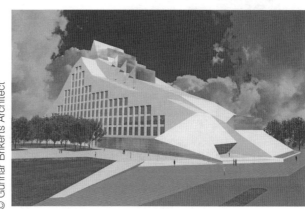

Croquis: Biblioteca Nacional, Riga, Letônia
Material: Caneta marcadora preta em papel liso
Cortesia de Gunnar Birkerts e Associados, Arquitetos

CROQUIS EM MINIATURA

Croqui (no alto à direita) das coberturas propostas para as entradas existentes do metrô no sistema de tráfego metropolitano de Washington, D.C. As vigas curvas são dobradas ou cortadas de folhas de aço inoxidável e projetadas para se dilatar ou contrair lateralmente de modo a se adaptar à grande variedade de entradas existentes. As vigas curvas suportam terças tubulares e tetos de vidro. As coberturas são moldadas para ter ventilação natural e serem evocativas de um sistema de tráfego rápido. A intenção é proporcionar uma estrutura leve e arejada com uma assinatura que rapidamente será identificada com o sistema.
[RELATO DE UM ARQUITETO]

A exploração diagramática é uma maneira evocativa de fazer croquis de projeto. Os diagramas gerados à mão e os diagramas modelados por computador são formas de fazer croquis conceituais. Da mesma forma, a modelagem conceitual fabricando modelos "à mão" ou modelos de estudo (ver foto do modelo acima) usando qualquer tipo de material também é uma forma de "croqui" conceitual em três dimensões. O croqui em miniatura de Birkerts é um bom exemplo disso, pois a edificação final se desvia substancialmente do croqui. Ele ilustra o desenvolvimento não linear do processo de concepção de um determinado projetista/arquiteto.

CAPÍTULO 2: DIAGRAMAS E CROQUIS CONCEITUAIS

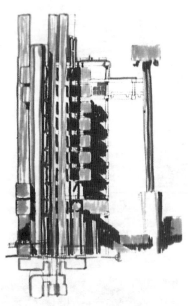

Um estudo muito preliminar mostrando a planta e a fachada da torre de satélite o Lloyd's de Londres. Nesse estágio do projeto, o fornecimento de serviços foi consideravelmente subestimado. Em particular, o espaço na planta resultou em mais do que o dobro do tamanho apresentado. Essa torre livremente disposta foi uma das seis torres de recepção de sinais de satélite que envolveram o átrio principal da construção.
[RELATO DE UM ARQUITETO]

Croqui: Lloyd's de Londres, Londres, Inglaterra
83,8 cm × 115,6 cm (33" × 45,5")
Material: Caneta e nanquim sobre papel-manteiga
Cortesia de Richard Roger Sócios, Arquitetos

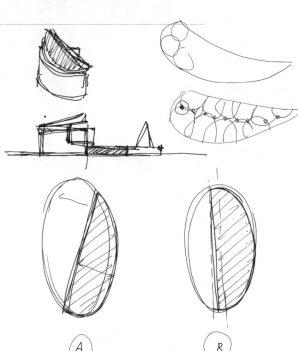
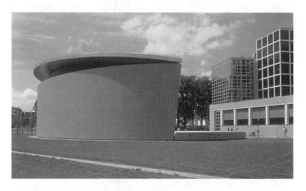

Croquis: Nova ala do Museu Van Gogh, Amsterdã, Holanda
Material: Nanquim sobre papel
Cortesia de Kisho Kurokawa Arquiteto

Conceito do projeto: A nova ala foi construída no espaço aberto adjacente ao prédio principal do museu, que foi o último trabalho do arquiteto holandês modernista Gerrit Rietveld. Depois de toda a paisagem ter sido considerada, 75 por cento da área do edifício (excluindo o hall principal de exibições) foi construído no subsolo para minimizar o espaço que poderia ocupar acima do solo. A nova ala se conecta ao edifício principal por uma passagem subterrânea. Embora Rietveld e Kurokawa compartilhem a ideia modernista de abstração geométrica, a ala nova de Kurokawa parte do estilo linear com formas e linhas curvilíneas de Rietveld, empregando a tradicional ideia japonesa de abstração.
[RELATO DE UM ARQUITETO]

O processo de projeto-desenho se inicia tipicamente com croquis à mão livre. Os desenhos dos croquis de projeto devem ser artísticos, ainda que raramente sejam considerados arte. O artista normalmente cria artefatos permanentes, enquanto os projetistas criam croquis que são referenciais, mas não existem como fim em si próprios. Esses documentos oferecem o ponto de partida para a construção de formas e mais tarde são esquecidos. Os croquis nesta página resultaram em trabalhos extraordinários concluídos pelos respectivos arquitetos. Desenvolva o bom hábito de ter sempre à mão um *bloco de croquis* quando se deslocar na paisagem urbana; observe e registre o que você vê em croquis rápidos. Ao adotar esse hábito, você irá finalmente fortalecer suas habilidades em visualizar e conceituar. O *pensamento conceitual* é o passo crucial e inicial no processo de desenhar e fazer projetos e o ajuda a transmitir suas ideias.

APLICAÇÕES 71

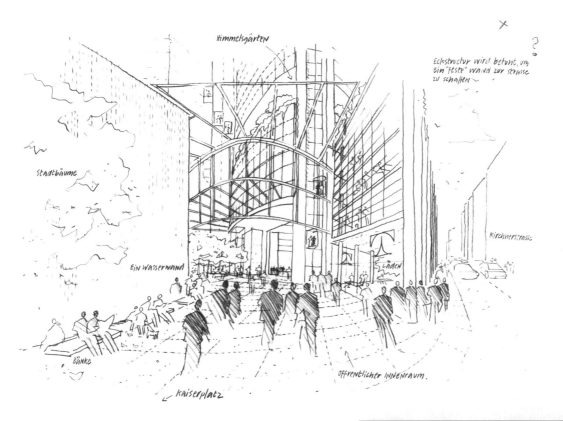

Croqui conceitual: Commerzbank, Frankfurt, Alemanha
29,7 cm × 20,9 cm (11,7" × 8,23")
Material: Lápis sobre papel
Cortesia de Foster e Sócios
Croqui por Lord Foster do Thames Bank

O croqui explora a geometria tridimensional que se encontra neste ponto crítico – o espaço da entrada do público. Também se preocupa em ser capaz de exercer seu papel de transmitir ideias para os outros.
[RELATO DE UM ARQUITETO]

Croquis conceituais à mão livre são o meio mais poderoso de gerar ideias em qualquer tipo de projeto. É improvável que qualquer outro meio suplante o imediatismo e a objetividade dos desenhos à mão livre. No desenho arquitetônico, registrar e desenvolver ideias à medida que ocorrem é de suma importância, e esse método primário e antigo de registrar ideias ainda é essencial. O projetista deve sempre registrar as ideias exploratórias com qualquer anotação explicativa (as do croqui acima estão em alemão) em um *bloco de croquis* ou *caderno de croquis* (livro de registro) em papel sulfite que aceita qualquer tipo de material. Muitos arquitetos mantêm esses blocos sempre à mão com o objetivo explícito de registrar suas ideias. Um diário visual pode ser uma referência inestimável durante o processo do projeto.

CROQUIS CONCEITUAIS

72 CAPÍTULO 2: DIAGRAMAS E CROQUIS CONCEITUAIS

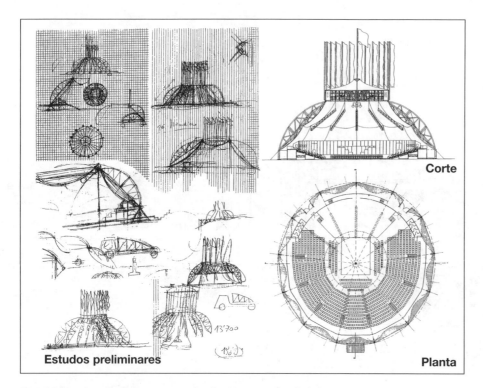

Visualizar e explorar um conceito de projeto na fase de concepção é um processo gradual que consome muito tempo. Rabiscos rápidos à mão livre e croquis especulativos em miniatura são imagens vitais que fazem o trabalho acontecer. Os estudos em croquis preliminares neste exemplo tipificam um estágio de análise e exploração, enquanto os desenhos com traços firmes tipificam e representam um estágio de síntese.

Croquis de projeto: Pavilhão comemorativo do 700º aniversário da Suíça
Material: Lápis
Cortesia de Mario Botta, Arquiteto, Lugano, Suíça

Projeto de Mario Botta, Arquiteto, Lugano, Suíça
Fotografias © Alo Zanetta

Repare que Botta usou papel milimetrado (alto à esquerda) para conferir mais escala a seus croquis conceituais à mão livre. A lição aqui é que os projetistas sempre precisam ter um senso de escala quando expressam suas ideias em croquis. O estágio de exploração do projeto não deve ser fora de escala, sendo isso incutido no início da formação do aluno. Senão, o aluno pode descobrir que o seu conceito de projeto não se ajusta à escala do local.

Levando em consideração o contexto proeminente da edificação voltado para automóveis de alta velocidade, que não é visível a partir da estrada, o arquiteto aplicou o movimento de design "edifício como sinalização" para criar efetivamente um "outdoor" anunciando a escola para a comunidade. O sutil ideograma do número 9 da rampa oferece uma adição cinética à composição que, de outro modo, seria retilínea e estática.

Croqui conceitual: Central Los Angeles High School #9 para as Artes Visuais e Cênicas, Los Angeles, Califórnia, EUA (2002-2008)
Material: Marcador sobre papel manteiga
Cortesia de COOP HIMMELB(L)AU

Fotografia do interior da biblioteca

Desenho: Vista interior
Cortesia de COOP HIMMELB(L)AU

O conceito de projeto de COOP HIMMELB(L)AU utiliza sinais arquitetônicos como símbolos para comunicar o comprometimento das comunidade de Los Angeles com a arte. Parecidos com figuras de xadrez, três prédios esculturais — relacionados ao contexto do centro de Los Angeles e ao programa — redefinem espacial e energeticamente a organização ortogonal do plano mestre. Uma figura de torre com uma rampa em espiral em forma do número 9 situada no topo do espaço superior (fly-loft) do teatro serve como um sinal amplamente visível para as artes na cidade e um ponto de identificação para os alunos.

[Relato de um arquiteto]

74 CAPÍTULO 2: DIAGRAMAS E CROQUIS CONCEITUAIS

CROQUIS CONCEITUAIS

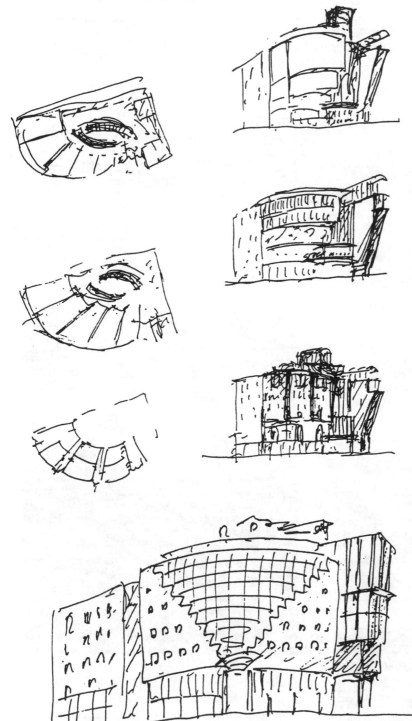

Muito parecidos com as pesquisas científicas não direcionadas, os croquis podem ser gerados com o propósito de especulação e reflexão sem qualquer objetivo imediato em mente. Muitas vezes, esses rabiscos altamente imaginativos são desenvolvidos sem observar as restrições pragmáticas encontradas no mundo físico (p.ex., gravidade, clima etc.). Cada projetista desenvolve sua própria linguagem para expressar graficamente seus conceitos da forma como os percebe. Conceitos podem ser abordados por pensamentos em imagens de plantas, de fachadas, de cortes, de projeções paralelas, axonométricas, oblíquas ou em imagens perspectivas.

Estes croquis investigam duas abordagens diferentes. As três perspectivas ao alto mostram fachadas em pedra como revestimento e uma parte do prédio com viga em balanço para separar dois espaços urbanos. O croqui abaixo investiga uma abordagem simétrica com uma entrada central, que não foi continuada.
[RELATO DE UM ARQUITETO]

Croquis conceituais preliminares: Haas-Haus, Stephansplatz, Viena, Áustria
Material: Nanquim
Cortesia de Hans Hollein, Arquiteto

© Hans Hollein

APLICAÇÕES 75

Enquanto examina os croquis conceituais neste capítulo, esteja consciente de que os diferentes tipos de materiais afetam diretamente a noção de espaço que é percebida. Arquitetos e projetistas adotaram muitos materiais artísticos tradicionais (grafite, aguada de tinta, aquarela, giz pastel, guache etc.) para exprimir suas ideias; hoje estão começando a explorar os materiais da tecnologia digital.

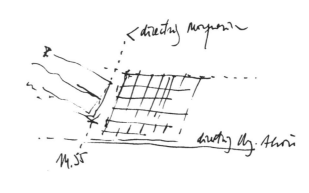

Vários croquis da Estação Ferroviária de Atocha. Um deles fala sobre a planta e apresenta a importância do eixo existente na definição do projeto. Outros dois estão mais relacionados com a descrição de como deveria ser a atmosfera: um está relacionado com a claraboia, e outro com o grande saguão. O croqui do meio mostra um corte. Croquis ajudam a fixar ideias flutuantes na mente do arquiteto. Frequentemente registram esses momentos iniciais quando o arquiteto antevê o espaço por vir.
[Relato de um arquiteto]

CROQUIS CONCEITUAIS

© José Rafael Moneo

Croquis conceituais: Estação Atocha,
Madri, Espanha
31,5 cm × 21,5 cm (12,4" × 8,5")
Material: Nanquim
Cortesia de José Rafael Moneo, Arquiteto

76 CAPÍTULO 2: DIAGRAMAS E CROQUIS CONCEITUAIS

O corte parcial, o corte transversal global exibindo o contexto (veja págs. 551-565) e a maquete da grande abertura revelam o teste simultâneo de uma ideia de projeto para trazer luz natural para o interior de uma edificação. Repare na inclusão de uma figura em escala para permitir ao projetista se imaginar no espaço; isso é mais útil do que colocar uma escala dimensional no croqui. Quando os desenhos não são suficientes, a criação de uma maquete no local vai proporcionar ao projetista uma sensação de segurança e confiança que os desenhos não conseguem proporcionar. Este *é um* exemplo excelente de metodologia minuciosa em projetos.

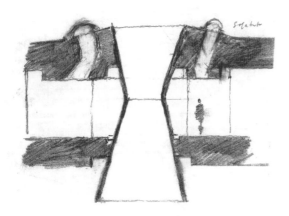

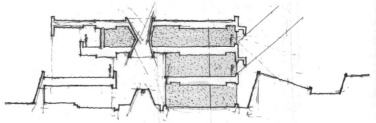

Sempre acredite em fazer croquis à mão – especialmente nos estágios iniciais do projeto. A mão está conectada com o pensamento intuitivo.
[Relato de um arquiteto]

Croqui conceitual: TATA Serviços de Consultoria (acima), Bunyan Park, Mumbai, Índia
Material: Croqui de grafite sobre papel-manteiga
Cortesia de Tod Williams Billie Tsien Arquitetos

Croqui de corte de uma estação de trabalho (meio)
Material: Nanquim sobre papel
Cortesia de Tod Williams Billie Tsien Arquitetos

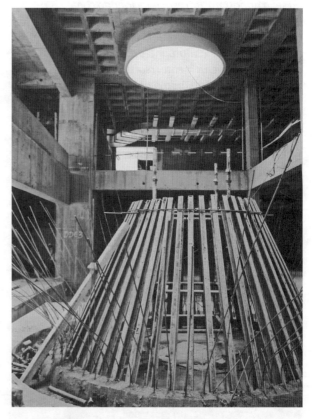

Fotografia: Maquete da grande abertura
Cortesia de Tod Williams Billie Tsien Arquitetos

Fotografia: Pátio da estação de trabalho com a grande abertura e a fonte
Cortesia de Tod Williams Billie Tsien Arquitetos

APLICAÇÕES 77

Estes são croquis conceituais em miniatura e fotografias de modelo do projeto do arquiteto Massimiliano Fuksas, vencedor do concurso para o Arquivo Central do Estado, na França. Observe em que grau os croquis iniciais feitos à mão possuem a essência do modelo final. As miniaturas funcionam como um diário visual, representando os pensamentos do projetista ao longo do processo de evolução do projeto. Essa edificação instigante, inaugurada em 2013, tem uma das maiores capacidades de armazenamento do mundo, com 322 km de prateleiras para o arquivo estadual desde 1790.

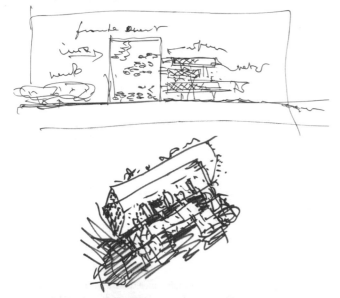
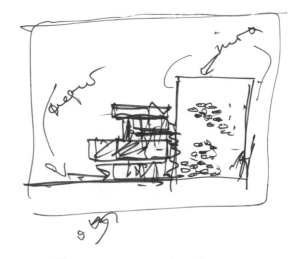
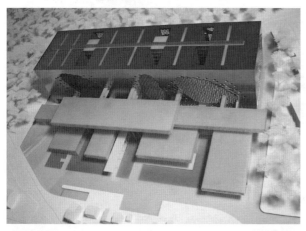

Croquis conceituais e fotografias de modelos: Arquivo Central do Estado, Pierrefitte-sur-Seine, França
Cortesia de Massimiliano Fuksas, Arquiteto

CROQUIS CONCEITUAIS

78 CAPÍTULO 2: DIAGRAMAS E CROQUIS CONCEITUAIS

Croquis conceituais: Museu de Bilbao, Bilbao, Espanha
Material: Nanquim sobre papel
Croqui por Frank Gehry
Imagem fornecida por Gehry Partners, LLP
Cortesia de Gehry Partners, Arquitetos

CROQUIS CONCEITUAIS

O Museu de Bilbao na Espanha, com seus painéis de titânio, é um dos grandes prédios com assinatura no mundo de hoje. Não se deve encará-lo apenas como uma escultura isolada, mas sim como uma edificação que se mescla bem com o tecido urbano da cidade. Além disso, ela remete a uma ponte vizinha ao ter um elemento escultural com o qual se relaciona no outro lado da ponte (foto à direita).

Nos exemplos clássicos de croquis conceituais, como nos desenhos de Erich Mendelsohn para a Torre Einstein (à direita) em Potsdam, Alemanha (por volta de 1920), ou nos croquis de Ludwig Mies van der Rohe para o Pavilhão Barcelona (por volta de 1929), mais uma vez podemos perceber como as impressões iniciais são normalmente os precursores – ou contêm a essência – dos desenhos subsequentes mais desenvolvidos. A mesma ligação pode ser observada no croqui conceitual de Frank Gehry para o Centro Stata do Instituto de Tecnologia de Massachusetts e na construção completa do complexo.

De modo a complementar os croquis conceituais a nanquim sobre papel, Gehry trabalha intensamente com estudos em modelos. Seu escritório é cheio de modelos (cada projeto feito em escalas diferentes) e parece o estúdio de um escultor. Dada a complexidade de seus projetos, os modelos físicos são rapidamente digitalizados para que as modificações do projeto possam ser feitas em computador.

Para fundamentar a arquitetura e as ideias de Frank Gehry, veja o documentário *Sketches of Frank Gehry* (2006), de Sydney Pollack. Está bem documentado que a equipe de Ghery usa modelos físicos de maneira intensa na exploração do projeto em todos os estágios do desenvolvimento e nas interações entre os croquis manuais e o computador. Seus modelos e croquis podem ser a sua maneira pessoal de falar consigo mesmo.

Croqui e fotografia: O Centro de
Ciências da Computação, Informações e
Inteligência Ray e Maria Stata, Cambridge,
Massachusetts
Material: Nanquim sobre papel
Croqui de Frank Gehry
Cortesia de Gehry Partners, Arquitetos

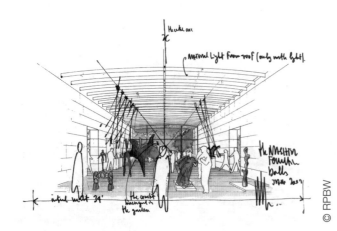

Esses desenhos ilustram o método de solucionar os detalhes dos elementos arquitetônicos após terem sido decididos o volume e os materiais da parede e da estrutura. As notas na base do desenho nos mostram claramente que o projetista estava tentando organizar e resolver questões de iluminação — tanto natural quanto artificial — e a coordenação visual dos objetos para a visualização exterior. Esses desenhos no nível dos olhos, que não são abstratos, revelam um método excelente para obter precisão. Por isso, o desenho final é muito parecido com a intenção do projeto.

Perspectivas conceituais: O Centro de Esculturas Nasher (1999-2003)
Pavilhão e Espaço da Galeria, Dallas, Texas
Material: Aquarela
Cortesia de Renzo Piano Building Workshop, Arquitetos; E. Baglietto, Sócio-Gerente
Cliente: Consultores da Fundação Nasher: Peter Walker & Sócios; Grupo Ove Arup & Sócios; Interloop A/D; Beck Arquitetura
Contratante: HCBeck

Estes rápidos croquis conceituais foram produzidos para transmitir as características espaciais do interior desse centro de esculturas. Estudos rápidos de visualização utilizando perspectiva de um ponto são particularmente bons para captar o sentimento e a essência de um espaço. Foram usadas notas manuscritas nos croquis para melhor elucidar os itens do projeto. Observe o uso de figuras humanas simplificadas: em estudos rápidos de visualização, não são necessários detalhes nas pessoas.

APLICAÇÕES 81

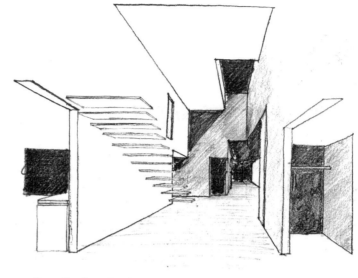

Saguão de entrada

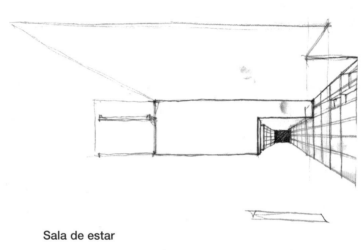

Sala de estar

Perspectivas conceituais: Residência Lubbering,
Herzebrock, Alemanha
Material: Lápis e lápis de cor
Cortesia de Drewes + Strengearchitekten

Este breve desenho feito à mão com lápis (alto, à direita) foi realçado e iluminado com lápis de cor. No lugar de um quadro retangular, foi usado um contorno infinito para mostrar a amplidão do saguão de entrada poroso. O espaço foi vazado em todas as direções de modo a manter o fluxo entre os cômodos.
[RELATO DE UM ARQUITETO]

Croquis de projetos de interiores pretendem mostrar as características volumétricas das formas concebidas do modo mais descritivo possível. Perspectivas desenhadas à mão livre (particularmente frontais, de um ponto, que realçam a profundidade dos espaços) são normalmente a primeira escolha dos arquitetos para representações especulativas.

CROQUIS CONCEITUAIS

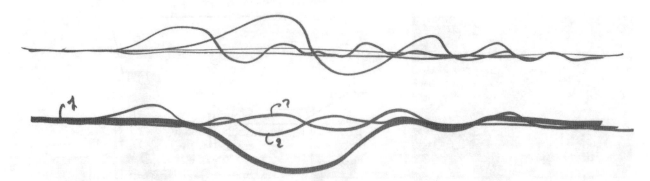

Os croquis exibem linhas curvas como uma série de locais de contrapontos de projeto movendo-se para cima e para baixo de um eixo horizontal. A ideia transmitida por esse croqui é que há uma poderosa força motriz mantendo a força do projeto intacta. O corte e as fotografias atestam o uso de tecnologia leve disponível para realizar essa metáfora de "tapete voador". Eles demonstram a importância de ter a tecnologia em mente quando se começa a concepção.

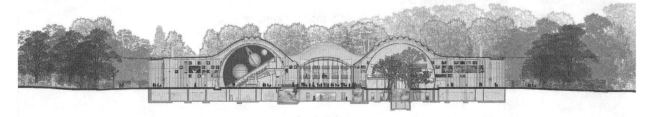

Croqui conceitual e corte da edificação: 2000-2008 Academia de Ciências da Califórnia, São Francisco, Califórnia, EUA
Material: Nanquim preto para o croqui e AutoCAD para o corte da edificação
Cortesia de Renzo Piano Building Workshop, Arquitetos
Em colaboração com Stantec Architecture (São Francisco)

Tive a ideia de fazer um teto flutuante, como um tapete voador, e nos lugares onde você precisa colocar o planetário e a floresta tropical ele poderia se curvar para cima e para baixo. Isso o torna mais orgânico, mais ou menos como se estivesse crescendo.
[Relato de um arquiteto]

APLICAÇÕES **83**

As árvores frequentemente são uma fonte de inspiração para mim: são estruturas complexas elaboradas a partir de regras simples, crescendo coerente e continuamente no tempo e no espaço. A eficiência dessas estruturas se baseia nas noções de redundância e diferenciação em oposição aos conceitos da engenharia moderna, como otimização e repetição.
[RELATO DE UM ARQUITETO]

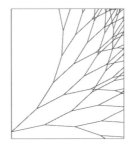
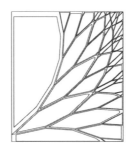

Neste exemplo, podemos ver o tema inspirador de uma forma narrativa, como nos três primeiros painéis. Há uma metamorfose da abstração da forma da planta/árvore para a forma geométrica pura. Uma estética única foi concebida para o teto curvando o plano e duplicando a forma abstrata.

Desenhos: COBERTURA: Concurso para o novo auditório e sala de projeção (VTHR), Saint Cyprien, França
Vencedor, Fase de Projeto Esquemático
Material: Software gráfico 3-D
Cortesia de Serero Arquitetos

CROQUIS CONCEITUAIS

84 CAPÍTULO 2: DIAGRAMAS E CROQUIS CONCEITUAIS

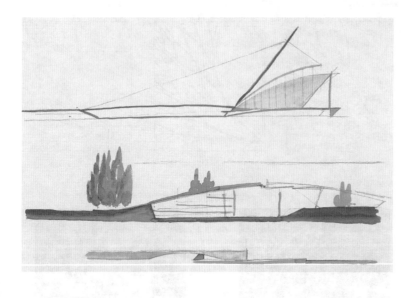

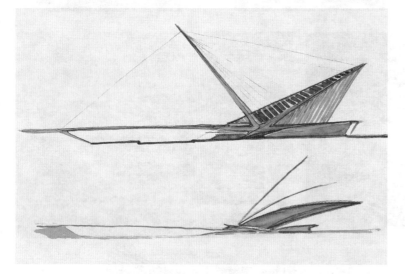

Santiago Calatrava, assim como o arquiteto Steven Holl, usa aquarelas em seus croquis conceituais. As aquarelas mostram os volumes e planos melhor do que os outros materiais. Ao analisar a arquitetura de Calatrava, nota-se uma sensação de movimento — real ou percebido — além da resolução formal orgânica e complexa. Os planos emergentes, os cortes e/ou as fachadas são instantâneos dos aspectos do projeto ainda por acontecer. Esses acabamentos parciais e estáticos de uma arquitetura de tal fluidez são inadequados para capturar o espírito de um projeto em fase de concepção. Contudo, os pincéis com aquarela tendem a estimular e comunicar muitas ideias para a imaginação do projetista, bem como para o público-alvo. As *pinceladas* de Calatrava expressam uma qualidade cinética na representação da forma e do movimento. A *aquarela*, com sua qualidade mínima e subtrativa, parece ser o material perfeito para registrar o objetivo de um projetista nos estágios iniciais da concepção.

Croquis conceituais: Museu de Arte de Milwaukee, Milwaukee, Wisconsin
Material: Aquarela
Cortesia de Santiago Calatrava, Arquiteto & Engenheiro

APLICAÇÕES **85**

Os croquis de Calatrava ajudaram a comunicar seu projeto aos clientes, usuários e membros da equipe de projeto. Eles também ajudaram a conceber, desenvolver e confirmar as ideias antes do processo de construção. Repare como as três fotos representam bem os três croquis em aquarela.

Calatrava é um tipo híbrido raro — arquiteto e engenheiro estrutural. Seus prédios normalmente são cinéticos, pois têm componentes que se movimentam. Outros destacados membros da classe de arquitetos-engenheiros do século XX são Pier Luigi Nervi (1891-1979) e Felix Candela (1910-97).

Os arquitetos definem a aparência da edificação, o sentimento e o estilo, a disposição e a sequência dos espaços e os materiais utilizados na construção. Os engenheiros estruturais certificam-se de que a edificação fique de pé satisfazendo códigos de conexões estruturais e projetando os suportes de carga exatos para cada parte da estrutura.

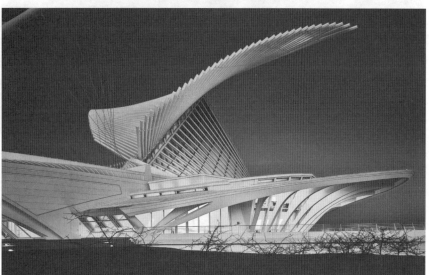

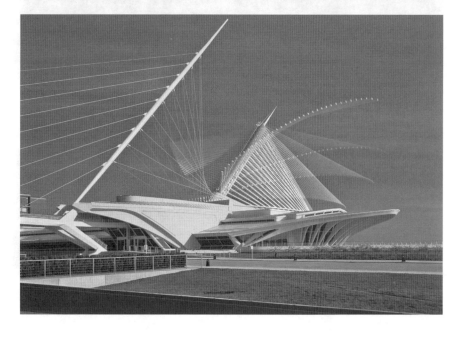

Fotografias: Museu de Arte de Milwaukee, Milwaukee, Wisconsin
Cortesia de Alan Karchmer Fotografia

CROQUIS CONCEITUAIS

86 CAPÍTULO 2: DIAGRAMAS E CROQUIS CONCEITUAIS

MODELAGEM FÍSICA 3-D

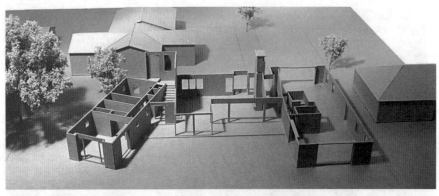

Residência (nesta e na página seguinte), Half Moon Bay, Califórnia
Modelo em cartolina: Walter Evonuk
Ilustrações digitais: Walter Evonuk e Masha Barmina
Material dos modelos: Papelão, arame e papel pluma
Material dos desenhos: Nanquim sobre papel-manteiga
Material das ilustrações digitais: ArchiCAD 8
Gerente de projeto: Mark English
Cortesia de Mark English Arquitetos

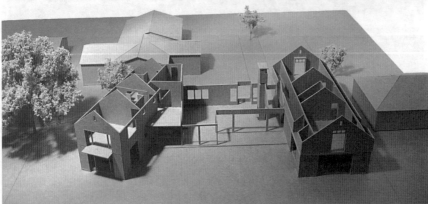

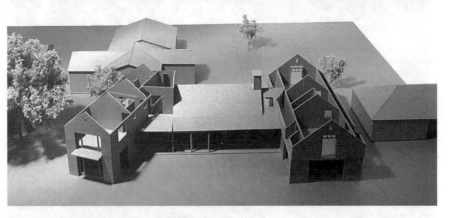

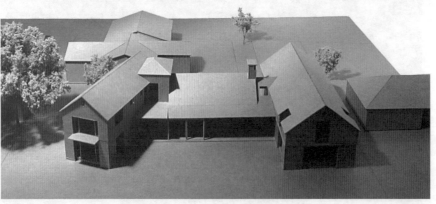

Para projetar e transmitir o projeto aos clientes, normalmente empregamos diversos métodos diferentes de representação visual. Modelos físicos ajudam no refinamento dos volumes e das proporções de uma construção. Sua natureza tátil sempre funciona como ferramenta essencial para a comunicação com nossos clientes. Quando um modelo pode ser desmembrado para revelar sua organização interna, sua utilidade é complementada.
[RELATO DE UM ARQUITETO]

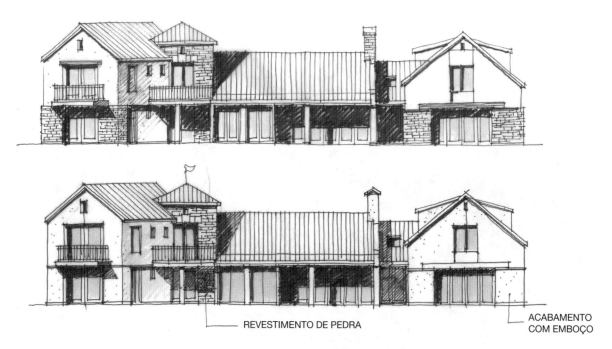

Croquis como estes são extremamente úteis para trabalhos rápidos de projetos. Neste caso, estávamos experimentando vários materiais para acabamento. Representamos muitas opções, e houve um dispêndio relativamente pequeno de recursos de tempo e material.
[Relato de um arquiteto]

A modelagem digital é uma ferramenta de projeto vital em nosso escritório. Esses modelos são tão úteis quanto os modelos físicos, porém podem ser muito mais precisos e oferecem mais opções de detalhamento, incluindo coloração e texturas realísticas. Embora a modelagem 3-D possa ser demorada, também pode ser viável com o uso de programas como o ArchiCAD 8. Plantas baixas, seções e fachadas podem ser extraídas do modelo e utilizadas para acelerar a produção dos documentos da obra.
[Relato de um arquiteto]

88 CAPÍTULO 2: DIAGRAMAS E CROQUIS CONCEITUAIS

MODELOS DE ESTUDO CONCEITUAL

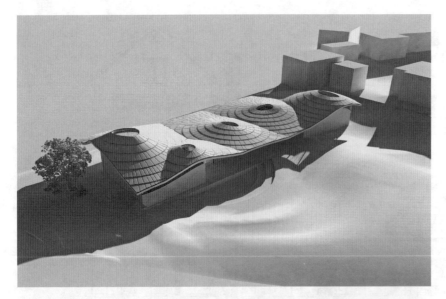

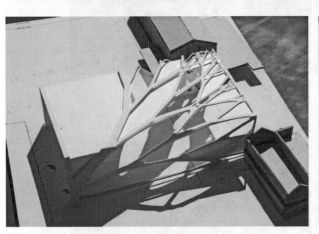

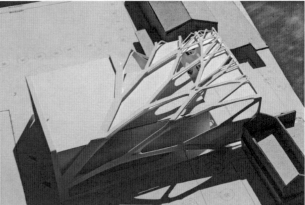

Para explorar as alternativas de projeto, a modelagem conceitual rápida com modelos de estudo grosseiros que estão sempre sujeitos a modificações é uma parte normal do processo de concepção. Os modelos exibidos (o superior feito de papel branco e os demais em estireno) resultaram nas imagens do interior concebidas digitalmente na página ao lado. A fotografia do modelo de estudo do projeto da Serero Arquitetos para o Centro Cultural Orcines (acima) é um bom exemplo de modelo de projeto construído para explorar e explicar a volumetria exterior e o projeto interior de um volume não retilíneo. Primeiro, a volumetria exterior ilustra uma série de telhados como terrenos montanhosos com claraboias no cume de cada morro. Esse modelo pode ser construído facilmente para expressar o arcabouço formal do projeto. Sem recorrer a gráficos computadorizados sofisticados, o modelo foi construído como contornos topográficos.

Depois que o volume exterior foi definido conceitualmente, as coordenadas digitais da forma curva podem ser fornecidas usando um programa de computador para fornecer uma configuração mais detalhada para o interior, que permite aos projetistas experimentarem a emoção virtual e o potencial desse tipo de *concepção orgânica*. Os modelos de estudo iniciais eram simples e conceituais, permitindo que os projetistas fizessem entradas de dados elaboradas para ultrapassar o estágio conceitual. Mais dados levam a mais detalhes da resolução do projeto do interior e do exterior. O próximo capítulo vai discutir essa área da modelagem com formas orgânicas.

Acima: modelo de estudo, vista interna: Centro Cultural Orcines, Orcines, França
Material: Software gráfico 3-D

No meio: Modelo de estudo, vista do pátio interno, Mocape Shenzhen, Shenzhen, China
Material: Software gráfico 3-D

Abaixo: Modelo de estudo, vista interna. Concurso para o novo auditório e sala de projeção, Saint Cyprien, França
Vencedor, Fase de Projeto Esquemático
Material: Software gráfico 3-D
Cortesia de Serero Arquitetos

3

Introdução à Interface Digital-Manual

FUNDAMENTOS 93
APLICAÇÕES 100

Os *softwares* de *modelagem de informações de construção* (*BIM**) e desenho para criação de croquis, como o Revit, ArchiCAD, AutoCAD e Bentley, se transformaram não só em ferramentas eficazes de desenho, mas também em facilitadores de precisão do processo de construção. Não é incomum que os documentos de construção tenham centenas de páginas de informações detalhadas sobre todos os aspectos de uma construção. A tecnologia BIM se mostrou indispensável na prática profissional atual graças à sua capacidade para armazenar e codificar todas essas informações em um modelo digital. Na fase de desenho, a tecnologia BIM habilita os profissionais a atualizarem automaticamente um conjunto inteiro de desenhos quando são feitas alterações no projeto. A utilidade do BIM, em termos de engenharia e gerenciamento de dados, vai além do projeto inicial e da construção, abrangendo a fase pós-ocupação.

---

* Do original *building information modeling*. (N.R.)

92 CAPÍTULO 3: INTRODUÇÃO À INTERFACE DIGITAL-MANUAL

Antes do BIM, as linhas esboçadas eram apenas símbolos gráficos bidimensionais e toda folha de desenho era uma superfície plana exibindo uma camada de informação. Para manter um documento coordenado, cada alteração de projeto tinha que ser atualizada manualmente em todas as diversas folhas. Com o BIM, em um documento uma parede não é mais definida simplesmente por linhas; ela possui especificações das propriedades do material. Graças a esses atributos, os engenheiros têm acesso imediato às informações necessárias para se comunicar com arquitetos e calcular viabilidades de engenharia.

Os *softwares* conceituais e de marketing como o 3D Studio Max, Maya, Rhino e SketchUp são utilizados para proporcionar aos arquitetos e clientes uma prévia do projeto. Como alguns desses programas foram desenvolvidos originalmente para a indústria do entretenimento, eles são ferramentas maravilhosas para acrescentar detalhes realistas a um projeto diagramático ainda em desenvolvimento.

A capacidade de modelagem em fluxo livre desses programas de arte-final torna muito mais fácil para o projetista acompanhar um projeto, seja qual for o formato conceitual a que a exploração leve. Desse modo, normalmente esse tipo de *software* é utilizado nos estágios iniciais de um projeto, para a criação de formas não retilíneas, ou nos estágios finais, para produzir artes-finais fotorrealistas visando ao marketing. Em qualquer fluxo de trabalho do projeto digital é importante ter em mente que a modelagem não precisa se restringir a um único *software*. Quando compreende como transferir os modelos de um programa para outro de modo eficiente, sem perder informações, o projetista pode começar a tirar proveito dos pontos fortes de cada programa.

Se a revolução digital trouxe ganhos notáveis de eficiência, ela não suplantou a necessidade premente de ser criativo, qualquer que seja o meio mais agradável. A arte e destreza humanas ainda estão à frente de qualquer ferramenta. Para algumas pessoas, a exploração do projeto, em particular, anda de mãos dadas com as habilidades tradicionais de desenho. Os pontos fortes do desenho feito à mão e da modelagem residem na manipulação intuitiva do lápis ou de outros materiais físicos na criação de modelos e croquis conceituais fluidos. Todavia, à medida que uma equipe de projeto se depara com prazos finais, o movimento quase sempre é na direção da maior eficiência presumida da computação gráfica.

Os dois tipos de abordagem da prática também levaram a um divisor pedagógico na educação arquitetônica. A intenção deste capítulo é sugerir uma reaproximação, baseada no reconhecimento e na apreciação de dois fatos inevitáveis: sempre houve um forte componente manual na arquitetura, tanto no desenho representativo quando no croqui conceitual; e na prática contemporânea, uma transição dos processos manuais para os digitais continua em um ritmo cada vez mais veloz.

Introdução à Interface Digital-Manual

Tópico: Croqui e Projeto
Sullivan 2004.
Wright 1984.
Frase & Henmi 1997.
Mills 2010.
Robbins 1997.

Tópico: Modelos/Desenhos de Estudo como Ferramentas de Projeto

Saarinen 1968.
Oles 1987.

Tópico: Aplicação Digital para Criação de Forma

Mitchell 1990.
Hadid & Betsky 2009.

Iwamoto 2009.
Zellner 2000.

Schumacher, Patrik. "The Parametricist Epoch: Let the Style Wars Begin." *Architects' Journal* (maio de 2010).

Visão Geral do Capítulo

Após estudar este capítulo e consultar alguns livros de referência, você vai compreender a importância de projetar em três dimensões. Você vai ficar a par das opções à sua disposição quando projetar. Mãos, olhos e cérebro são recursos pessoais intrínsecos que você desenvolve à medida que se envolve na resolução de problemas com o computador e várias outras ferramentas à sua disposição. Você deve estar aberto às opções de uso dessas ferramentas para atender a sua intuição de projeto.

Historicamente, o projeto arquitetônico tem uma forte ligação com as artes visuais — esculturas e pinturas. Há um diálogo mão-olho-cérebro, com graus de intensidade variados, que produz uma sequência de ideias formais. É um processo não linear, descrito frequentemente como "lampejos" de evidência, que acabam produzindo soluções que constituem parte de um processo criativo. As afirmações populares como "a forma acompanha a função" ou a "forma acompanha a forma" são julgamentos filosóficos, retóricos, sobre um produto acabado que continuam a ser inadequadas para descrever um processo criativo muito complexo.

Um objeto tridimensional simples tem muitas superfícies (planos) que podem ser chatas ou curvas. Cada superfície consiste em uma série de pontos com coordenadas no espaço (x, y e z). É tarefa do projetista definir esses pontos de modo a se manifestarem nos espaços tridimensionais. Portanto, a geometria como ferramenta fornece a base da criação da forma.

Um bloco retangular tem uma geometria muito simples com seis superfícies planas. Se uma pessoa desenhar a planta do bloco retangular, é possível criar facilmente a forma com a extrusão ascendente do plano. A outra ponta do espectro formal seria um pedaço de osso, que é curvo — ou seja, as superfícies não são planas. Não existe um plano, mas sim fatias de planos que, juntas, descrevem o osso. A única maneira de desenhar o osso é criar um modelo real com uma série de planos abstraídos representando as superfícies não planas do osso.

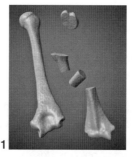
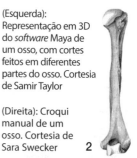

(Esquerda): Representação em 3D do *software* Maya de um osso, com cortes feitos em diferentes partes do osso. Cortesia de Samir Taylor

(Direita): Croqui manual de um osso. Cortesia de Sara Swecker

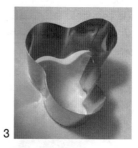

(Direita): Foto do Vaso Aalto (vaso de vidro concebido por Alvar Aalto). Cortesia de Carmen Potter

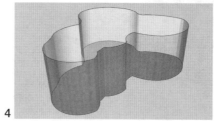

(Abaixo): Modelo 3D no Google SketchUp do Vaso Aalto (vaso de vidro concebido por Alvar Aalto). Cortesia de Carmen Potter

Criação da Forma Conceitual Básica Inicial (Modelagem)

Se alguém conceitua um objeto, esse objeto possui atributos de tridimensionalidade, com linhas definindo planos e pontos definindo linhas. Quando esse objeto está sendo conceituado, o projetista começa a dar algumas dimensões à forma. Com dados suficientes, o projetista seria capaz de criar um modelo real, segurá-lo nas mãos e olhá-lo a partir de qualquer ponto de vista. Os objetos pequenos são projetados facilmente dessa maneira.

Criação de Forma Intermediária: Além do Básico

E se esse objeto for uma pequena edificação com certas características habitáveis — paredes, coberturas, teto, janelas e portas? A forma de caixa abstrata com esses elementos tectônicos precisa ser adornada com materiais e elementos construídos que reflitam a realidade das circunstâncias. Um método é fazer um croqui sobre fotografias do modelo simples com elementos de projeto detalhados para avançar para níveis mais altos de decisão de projeto. Esse projeto não é mais abstrato e se torna impregnado de diferentes níveis de interpretação à medida que os detalhes são acrescentados.

Logo no início, há muito que resolver em termos de estrutura e materialidade. Com o advento da modelagem 3D e das ferramentas de desenho assistidas por computador, tornou-se mais eficiente passar da criação de modelos físicos para modelos virtuais.

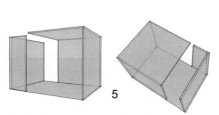

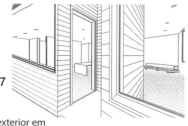

(Acima): Duas vistas geradas pelo Google SketchUp de uma caixa conceitual. Cortesia de Carmen Potter

(Esquerda): Corte parcial em Revit 3D. Cortesia de Carmen Potter

(Direita): Perspectiva exterior em Revit 3D do exterior de um cômodo. Cortesia de Carmen Potter

À medida que afastamos o projeto da esquematização, cada tipo de edificação adota certas características de forma/arquitetura inerentes à sua topologia: um lugar de adoração (culto) e reunião é muito diferente de um lugar típico para habitar; uma estação ferroviária é concebida para a movimentação eficiente das pessoas; uma sala de aula é programada para ensinar e aprender. A Revolução Industrial proporcionou o cenário de fundo para o surgimento de muitos tipos novos de edificação. À medida que muitas estruturas novas começaram a adornar a paisagem urbana com novas invenções tecnológicas, os arquitetos viram-se diante de novos paradigmas para testar os métodos aos quais estavam habituados e as novas ideias que desenvolveram. Enquanto os icônicos prédios históricos dos séculos passados eram documentados e visualizados em primeira mão, os projetistas da arquitetura moderna muitas vezes contavam com modelos físicos para fazer uma ideia aproximada e uma previsão dos mesmos. Assim, a passagem dos desenhos para os modelos já era uma metodologia de projeto estabelecida na predição e precisão. A complexidade da tecnologia no projeto e construção também começou a mudar da criação de formas retas para um vocabulário mais orgânico e dinâmico, condizente com os tempos modernos.

Durante décadas, os projetistas contaram com a geometria descritiva para determinar a relação geométrica das linhas e planos e suas visualizações projetivas para a sua viabilidade construtiva. Hoje, com as formas não planas e curvas concebidas por projetistas não tradicionais, a modelagem digital chegou em uma época bem oportuna para facilitar a produção desses projetos. Hoje, a disponibilidade dos novos *softwares* permite que os projetistas realizem avaliações interativas de suas ações e escolhas de projeto.

8

(Esquerda): Vista em 3D gerada por computador da Residência Farnsworth de Mies van der Rohe. Cortesia do aluno Bojana Martinich. College of DuPage, Departamento de Arquitetura.

9

10

(Esquerda): Foto do interior do Museu de Milwaukee projetado por Calatrava. Cortesia de Richard Weatherby.

(Direita): Foto do BP Theater na Sala de Concertos Walt Disney, concebida por Gehry, em Los Angeles. Cortesia de Carmen Potter

Investigação e Teste das Opções

Os avanços na engenharia assistida por computador também possibilitaram uma colaboração proveitosa entre o lado artístico da criação de forma e o lado de implementação da viabilidade construtiva. O que antes levava semanas e meses de análise estrutural e engenharia hoje se tornou uma rotina concebível em um período de tempo muito menor. Isso permite que os projetistas ajam com velocidade e segurança na conciliação da estética com a engenharia.

Arte-final e Ilustrações como Produtos da Comunicação

As ferramentas principais disponíveis para os projetistas comunicarem o seu projeto são (1) *desenhos*, (2) *modelos* e (3) *artes-finais* — e, em última análise, o produto construído no final do projeto. Quem é o público da comunicação? Naturalmente, antes de qualquer coisa é o projetista (o autor do objeto), não muito diferente de um autor que faz notas na elaboração dos projetos e croquis da narrativa. No projeto arquitetônico, os croquis são mementos e um diálogo consigo mesmo. Não é necessário ser organizado e óbvio. Os croquis podem ser abstratos e autorreferentes, com poucas notas — dificilmente comunicativos fora da mente do projetista. Quando surge a ocasião para contatar os membros da equipe e/ou clientes/usuários, normalmente um projetista cria desenhos e modelos mais elaborados para capturar o espírito do projeto. O nível de detalhe e elaboração das formas de comunicação é uma questão em aberto, dependendo de onde está o projeto em termos de cronograma de entrega e do nível de abertura das opções de estudo. Muitas vezes, para poder avançar, a mídia gráfica requer suplementos escritos e verbais para concentrar as discussões nas questões críticas. O objetivo é comunicar o espírito do projeto, ao mesmo tempo deixando espaço para o consenso sobre a metodologia e a direção na qual avançar.

Um projetista experiente tem a vantagem de usar o conhecimento prévio como uma base para a melhoria e a eficiência na entrega. Com a experiência prévia vêm a maturidade e a capacidade para refinar os projetos. "A criação é uma busca paciente"; os projetistas experientes atingem um nível intuitivo de tomada de decisão, fazendo parecer que alguns croquis toscos desencadeiam a gênese da forma. Décadas de experiência analisando e sintetizando a forma surtem efeito.

FUNDAMENTOS 95

Modelagem de uma Forma Deformada

Considere a criação de um bloco retangular com papelão. É bem fácil construir simplesmente cortando o papelão com um estilete afiado. Em seguida, deforme duas superfícies em planos curvos. A aparência do modelo vai depender do grau de curvatura e de quão lisas as superfícies parecem.

Observe a aparência da imagem resultante na sequência de fotos abaixo.

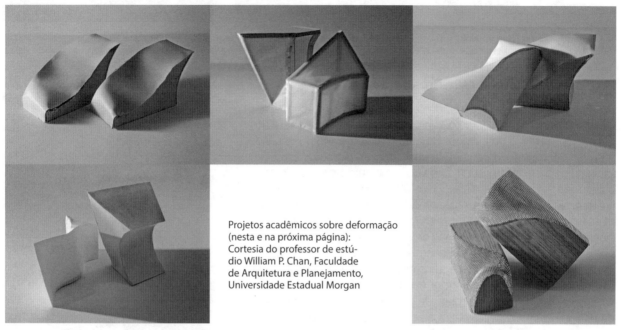

Projetos acadêmicos sobre deformação (nesta e na próxima página): Cortesia do professor de estúdio William P. Chan, Faculdade de Arquitetura e Planejamento, Universidade Estadual Morgan

No primeiro ano de estúdio na pós-graduação, recebemos a tarefa de projetar um volume deformado de 5 cm × 5 cm × 10 cm. Em geral, é mais fácil deformar uma ou duas superfícies, mantendo ao mesmo tempo as outras quatro superfícies planas. Os alunos constataram que à medida que as formas ficam mais complexas eles têm mais dificuldade de fabricar o modelo.

No ano subsequente, os alunos usaram cortes do modelo e deformaram o esqueleto de sustentação. O resultado é o precursor da fabricação digital, que abre oportunidades para criar formas não retilíneas na modelagem física. [Relato de um professor]

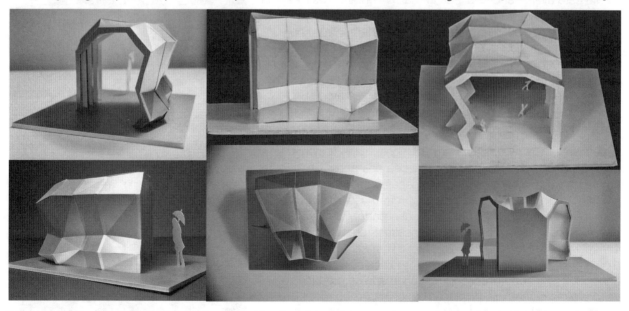

Projetos acadêmicos sobre deformação-empenamento de vários planos (acima): Estrutura uniformemente espaçada: Babajide Tenabe; Estrutura espalhada: Karolina Tittel. Cortesia do professor de estúdio William P. Chan, Faculdade de Arquitetura e Planejamento, Universidade Estadual Morgan

ESTUDO DA DEFORMAÇÃO

96 CAPÍTULO 3: INTRODUÇÃO À INTERFACE DIGITAL-MANUAL

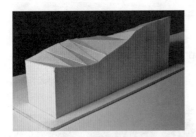 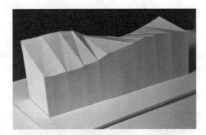 

Projetos acadêmicos sobre deformação: empenamento de um plano (esquerda) e de dois planos (direita)
Cortesia do professor de estúdio William P. Chan, Faculdade de Arquitetura e Planejamento, Universidade Estadual Morgan

ESTUDO DA DEFORMAÇÃO

Projeto de Objeto *versus* Projeto de Espaço

Para projetar um objeto sólido, conta-se principalmente com a visualização externa. No entanto, o projeto arquitetônico consiste no projeto do objeto e do espaço. Uma edificação convida o usuário a entrar dentro dela e percorrê-la em todas as direções. Em certo sentido, o projetista está criando um ambiente futuro ainda não construído. As ferramentas (croqui e modelagem) no projeto se destinam a ajudar o projetista a prever o futuro à medida que ele faz plantas, cortes e fachadas na terceira dimensão. É possível solucionar parcialmente os problemas de modo muito parecido com o que seria feito em um set de filmagem — focando no caminho visual do observador para coreografar uma experiência de projeto. É uma estratégia de projeto circunstancial, específica para o local e o usuário, parecida com criar um projeto de produto com várias restrições de design. Por meio dessa definição de criação de forma e espaço altamente orquestrada, o projetista está inventando um protótipo que, após a conclusão, pode ser produzido se ele assim o desejar.

Quando um projeto está na fase inicial de criação e quando todas as decisões de projeto estão em andamento durante o estágio de conceituação, os modelos de estudo são utilizados frequentemente para averiguar o resultado formal. No entanto, os modelos conceituais carecem de detalhes; isso pode fazer com que essas formas altamente abstratas não sejam imediatamente compreensíveis para um leigo. As perspectivas são mais úteis nesse estágio conceitual inicial, quando a arte-final de um ilustrador é mais eficaz na comunicação do caráter pretendido do projeto sem a necessidade de ter solucionado todos os problemas.

Fabricação Digital

A tecnologia das geometrias em 3D construídas fisicamente a partir de dados de CAD em 3D começou nos anos 1980 como uma maneira de criar protótipos de peças para análise antes de investir tempo e dinheiro na produção em massa dos produtos com material de ponta e controle de qualidade. Essa fabricação de produtos mais rápida e mais conceitual, embora careça de controle de qualidade de máquina, tem a vantagem da velocidade e da economia de custos quando utilizada nos estágios iniciais da concepção do produto. Ela pode ser chamada de produção aditiva, *prototipagem rápida*, produção em camadas ou simplesmente *impressão em 3D*. Formas complexas podem ser fabricadas por uma máquina simples usando uma ampla gama de plásticos ou metais sem qualquer equipamento ou moldagem sofisticados.

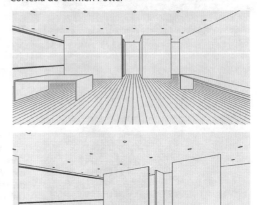

(Abaixo): Duas vistas em 3D do mesmo cômodo.
Cortesia de Carmen Potter

(Abaixo): Projeto de tese da Universidade Estadual Morgan, modelo impresso em 3D de residência de uso misto.
Cortesia de Matthew Richardson.
Professor Paul Walker Clarke

(Abaixo): Terminal de Ônibus na Ponte George Washington, modelo de estudo impresso em 3D,
Escala: 1:50.
Cortesia da NY Port Authority

FUNDAMENTOS 97

Para compreender como funciona a *impressão em 3D*, considere uma xícara sólida não plana, com um formato curvo. Se uma máquina fatiar a forma em camadas mais finas que o papel e empilhar essas camadas em uma sequência adequada, as camadas podem se fundir. Essa deposição dessas camadas microfinas na direção Z é uma abordagem aditiva para a impressão em uma superfície plana *versus* uma escarificação de um pedaço sólido de material (abordagem subtrativa), como produzir uma escultura. No fim, obteríamos uma forma exatamente igual à concebida no modelo digital. Naturalmente, se estivermos examinando superfícies mais lisas, a quantidade de dados aumenta, e também o tempo de produção de cada xícara. Ao longo da primeira década do século XXI, houve uma explosão no mercado de hardware disponível para aumentar a eficiência e reduzir o preço (ver projeto na USC usando impressão em 3D na seção "Abordagens de Projeto" no *website* deste livro). Uma forma pode ser projetada como um modelo BIM e os dados enviados através de uma máquina de impressão em 3D para criar o projeto, *ou* poderíamos escanear um objeto com um escâner de mão 3D, digitar os dados no computador e ter o mesmo objeto duplicado pela impressora 3D. As cores podem ser adicionadas durante a entrada de dados para imprimir um objeto colorido em 3D.

Hoje existem bem poucos produtos no mercado para serem comprados e instalados. Essas máquinas não são grandes e acessíveis para muitos escritórios. Um modelo de estudo de pequena escala de uma edificação pode ser impresso em poucas horas, e se for necessário um modelo maior o arquivo pode ser decomposto facilmente em partes e, após a impressão, as partes podem ser remontadas em um pedaço maior. Essa produção rápida de modelos de estudo ou peças de máquina pode ser mais forte que alguns metais; assim, as peças de máquina hoje são fabricadas dessa maneira para tirar proveito da velocidade e da resistência.

(Acima): Exibição de Felix Candela na Universidade de Princeton — modelo da cobertura do restaurante impresso em 3D.
Cortesia da NY Port Authority

(Acima): Exibição de Felix Candela na Universidade de Princeton — modelo da cobertura do restaurante impresso em 3D.
Cortesia da NY Port Authority

(Alto à esquerda): Arte-final gerada por computador mostrando os princípios da impressão em 3D.
Cortesia de William Chan

(Alto no meio): Modelo de estudo de um projeto residencial.
Cortesia de Andrew Chary, Arquiteto

(Alto à direita): Prédio da Sociedade dos Arquitetos de Boston (52 Broad St., Boston).
Cortesia de Munson3d

(Abaixo): Modelo de estudo de um estádio (impresso em 3D).
Foto do modelo cortesia de Wesley Wright, Pelli Clarke Pelli Arquitetos

As próximas páginas mostram alguns dos usos mais criativos dos modelos de estudo antes do advento da impressão em 3D e da aplicação digital nos desenhos. Com a seleção de uma gama de projetos na parte final deste capítulo na forma de estudos de caso, é evidente que os desenhos, modelos reais e modelos virtuais continuam a ser fundamentais no exercício da arquitetura. A computação avançada na engenharia também facilita a construção de algumas das formas mais imaginativas, que antes escapavam à realidade. Hoje a impressão em 3D está levando o design a um nível antes limitado pelo estágio de desenho. Os estudos de caso nas próximas páginas também refletem as escolhas pessoais dos projetistas quanto ao uso de ferramentas manuais *versus* digitais.

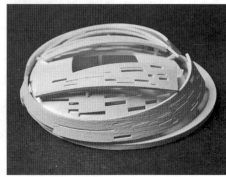

IMPRESSÃO EM 3D E FABRICAÇÃO DIGITAL

TERMINAL AÉREO DA TWA — NOVA YORK

O projeto do terminal da TWA em Nova York por Eero Saarinen exemplifica uma abordagem revolucionária ao projeto de uma edificação não retilínea em meados do século XX, quando a modelagem 3D gerada por computador ainda não havia sido inventada para uso profissional.

Com uma planta simétrica, o volume orgânico formal — tanto interno quanto externo — apresentou objetivos desafiadores de engenharia e arquitetura a serem satisfeitos por qualquer projetista.

As imagens do interior recentemente reformado à esquerda e embaixo mostram a solução construída. Saarinen estava tentando criar a forma dos pequenos elementos internos de modo coerente com a linguagem formal da edificação, expressando uma metáfora do voo.

O método de projeto da edificação é um precursor dos trabalhos de CAD/CAM que vieram décadas depois, como nos trabalhos de Frank Gehry e muitos outros. Considerando que o projeto foi concebido e construído mais de meio século atrás, com ferramentas que consistiam em modelos em grande escala e desenhos, estava à frente do seu tempo ao estabelecer a direção do formalismo futurístico.

Fotos: Terminal da TWA,
    Nova York, Nova York
Cortesia de David Leventi, fotógrafo
David Leventi. Nova York,
www.davidleventi.com

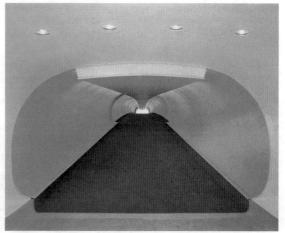

FUNDAMENTOS   99

MODELOS DE ESTUDO DA PREFEITURA DE LONDRES
(Cortesia de Norman Foster Arquitetos, Londres)

O modelo de estudo acima, de uma residência, de Anthony Ames, ainda é uma ferramenta importante para os arquitetos na avaliação dos resultados formais dos movimentos de design.

Esse modelo icônico de projeto de I. M. Pei, a Ala Leste da Galeria Nacional, em Washington, D.C., mostra o cuidado investido em um método definitivo para estudar o projeto em grande detalhe em uma escala em que Pei poderia ter imergido para visualizar o espaço em um nível pessoal.

Em Londres, o arquiteto Sir Norman Foster utilizou dezenas de modelos de estudo para compreender as possibilidades formais da Prefeitura de Londres como um projeto sustentável. Hoje, seu escritório usa protótipos rápidos feitos internamente para produzir modelos impressos em 3D em um ritmo muito maior, aumentando assim a eficiência e a precisão nos projetos.

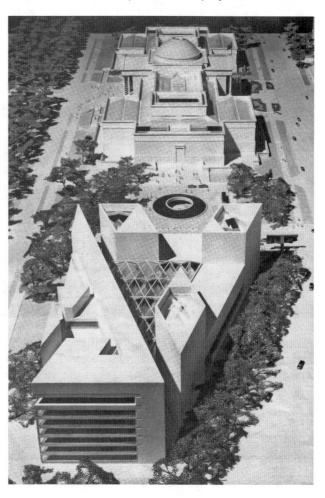

Modelo de apresentação da Ala Leste da Galeria Nacional de Arte, Washington, D.C. (acima) e modelo de estudo em grande escala (abaixo). Cortesia de I. M. Pei & Sócios

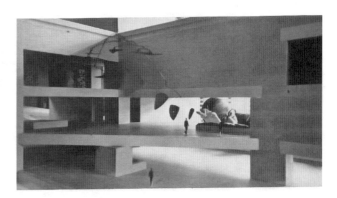

UTILIZAÇÃO PRECOCE DOS MODELOS DE ESTUDO

100 CAPÍTULO 3: INTRODUÇÃO À INTERFACE DIGITAL-MANUAL

ESTUDO DE CASO – RESIDENCIAL

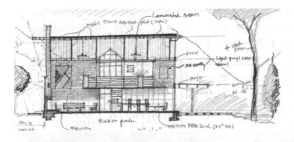

O arquiteto/instrutor usou croquis rápidos e precisos como ferramenta básica para chegar a suas decisões de projeto bem detalhadas sem construir nenhum modelo. Quando todas as plantas/cortes e fachadas estavam sincronizadas, os desenhos de CADD foram introduzidos durante a fase de documentação da construção.

No projeto da residência Gandhi, tudo foi concebido primeiramente à mão livre, e os croquis também foram feitos durante o desenvolvimento dos desenhos em CADD. [RELATO DE UM ARQUITETO]

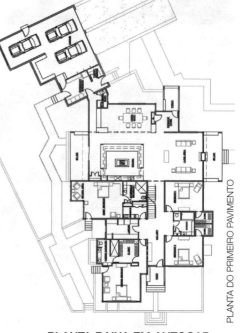

PLANTA DO PRIMEIRO PAVIMENTO

PLANTA BAIXA EM AUTOCAD

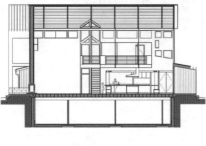

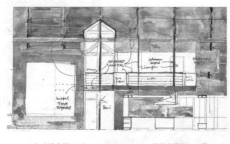

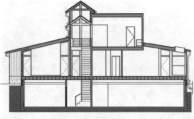

CORTES EM CADD

Desenhos e fotos: Residência Gandhi, Illinois.
Cortesia de Mahendra Parekh, Arquiteto, SP Arch, Inc.

APLICAÇÕES

CONCEPÇÃO DE PROJETOS DE GRANDE ESCALA

O estágio de projeto conceitual do Tibet Center, que consiste em espaços de exibição, quartos de dormir para os visitantes, loja de presentes, sala de jantar e escritórios, envolve muitas ferramentas. Inicialmente, foram feitos desenhos à mão, modelagem por computador e, por fim, um modelo de estudo em grande escala com componentes desmontáveis para o estudo do interior da edificação. O modelo de estudo também funcionou como um modelo de apresentação. [RELATO DE UM ARQUITETO]

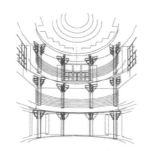
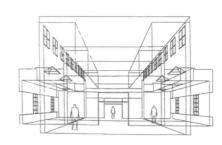

WIREFRAME DO ESPAÇO INTERNO GERADO POR COMPUTADOR

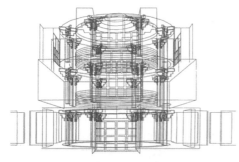

(Nesta e na página seguinte):
Tibet Center, Tibete
Cortesia de William P. Chan,
Arquiteto
Equipe: William Chan, Don
Duncan, Chris Rice, Nicholas
Linehan (Paisagista)
Cliente: Future Generation, EUA

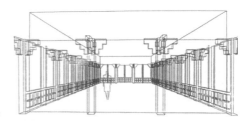

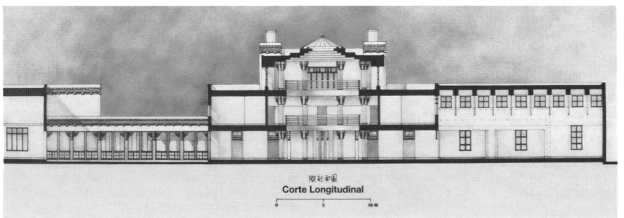

Corte Longitudinal

102 CAPÍTULO 3: INTRODUÇÃO À INTERFACE DIGITAL-MANUAL

CONCEPÇÃO DE PROJETOS DE GRANDE ESCALA

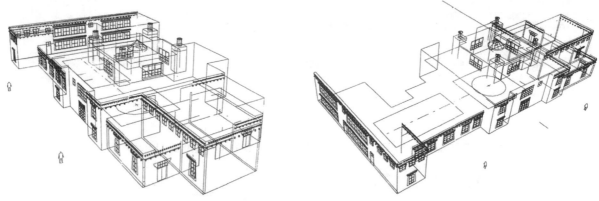

ESTUDOS DE MASSA EM WIREFRAME GERADO POR COMPUTADOR

A proposta do loteamento urbano de 121,40 hectares envolveu os leiautes de uso da terra e circulação com vistas ilustrativas do caráter global da proposta. Utilizamos impressões de modelagem 3D por computador (AutoCAD) como base para a sobreposição dos desenhos manuais para a apresentação final. Esse é um meio bastante eficaz de comunicação visual sem realmente projetar as várias edificações.
[RELATO DE UM ARQUITETO]

APLICAÇÕES 103

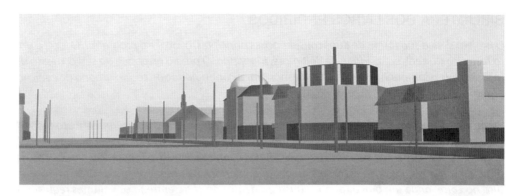

(Nesta e na página seguinte): Plainsfield Town Center, Illinois

Cortesia de William P. Chan, Arquiteto

Equipe: William Chan, Don Duncan, Chris Rice, Nicholas Linehan (Paisagista)

Menção Honrosa na Competição Nacional

CONCEPÇÃO DE PROJETOS DE GRANDE ESCALA

BIBLIOTECA DOS LIVROS PROIBIDOS

O projeto deriva sua forma de duas considerações principais: o local e o programa. O local é um terreno urbano no distrito histórico do centro da cidade de Baltimore, Maryland. O prédio responde ao seu contexto urbano apresentando uma fachada que acompanha a beira da rua e mantém a continuidade do tecido urbano de edificações e ruas, assim como as proporções e a escala dos prédios adjacentes.

Programaticamente, a biblioteca abriga uma coleção de livros raros e previamente proibidos. Era o desejo colocar esses livros em exibição, mas de uma maneira inacessível, e a partir disso surgiu o conceito de cofre-forte de livros. O cofre cilíndrico flutua acima do solo com paredes sólidas e uma cobertura e fundo de vidro. As vistas para o interior desse cofre proibido são possíveis apenas no sentido oblíquo inferior e de uma prancha de embarque que se estende até uma abertura no cofre, onde um braço robótico que gira dentro do cofre entrega os volumes requisitados nas mãos dos leitores. O cofre se torna o destaque do projeto, onde o programa da edificação faz referência continuamente a esse cofre e a circulação se dá em torno dele, reforçando a noção de uma presença poderosa, ainda que esquiva. [RELATO DE UM ARQUITETO]

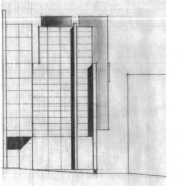
FACHADA NORTE — CONCEITO INICIAL

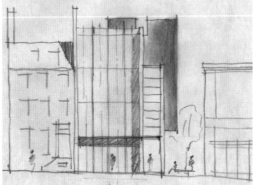
FACHADA NORTE — ESTUDO DO CONCEITO INICIAL

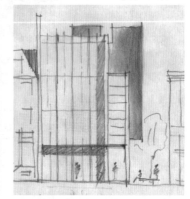
FACHADA NORTE — CONCEITO INICIAL

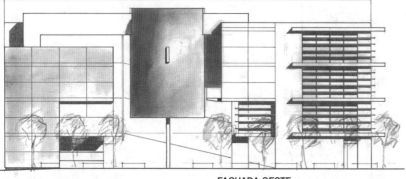
FACHADA OESTE

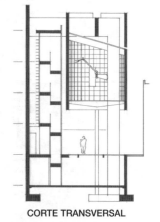
CORTE TRANSVERSAL

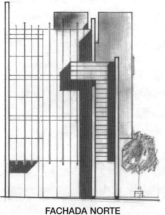
FACHADA NORTE

(Nesta e na página seguinte): Projeto acadêmico

Material: Lápis e nanquim em vegetal; modelos em papelão e papel-cartão

Cortesia de Sami Basuhail, arquiteto/aluno e Professor de estúdio Jeremy Kargon

Faculdade de Arquitetura e Planejamento

Universidade Estadual Morgan

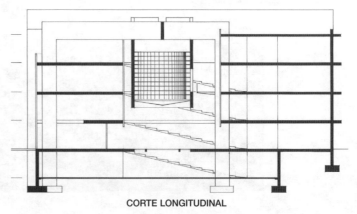
CORTE LONGITUDINAL

APLICAÇÕES **105**

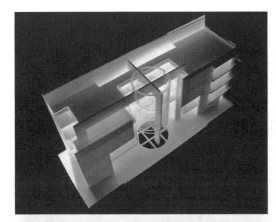

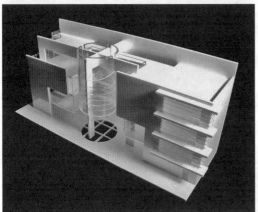

MODELO FINAL DO VOLUME

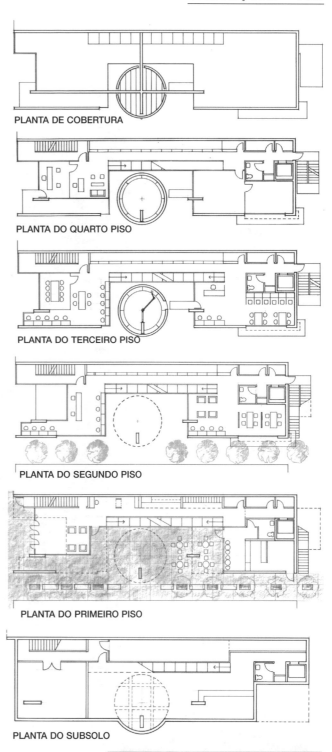

PLANTA DE COBERTURA

PLANTA DO QUARTO PISO

PLANTA DO TERCEIRO PISO

PLANTA DO SEGUNDO PISO

PLANTA DO PRIMEIRO PISO

PLANTA DO SUBSOLO

CORTE DO BRAÇO
ROBÓTICO DE LIVROS
RAROS

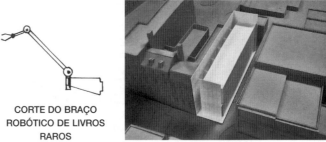

MODELO INICIAL DO VOLUME

ESTUDO DE CASO – PRÉDIO COMUNITÁRIO

106 CAPÍTULO 3: INTRODUÇÃO À INTERFACE DIGITAL-MANUAL

Processo de projeto-desenho explorado através de croquis à mão livre, estudos de corte em 3D e modelos de volume esquemáticos. Esse processo investiga o conceito de projeto de espaços sobrepostos. A convergência dos espaços é investigada através de uma série de cortes — considerando um croqui em corte simples dos programas esquemáticos e extrudando-o em um modelo em corte tridimensional.
[RELATO DE UM PROFESSOR]

(Nesta e na página seguinte): Projeto acadêmico de Kathrine Gella
Empório Cultural
Cortesia dos Professores M. Saleh Uddin e Ameen Farooq
Departamento de Arquitetura
Southern Polytechnic State University, Georgia

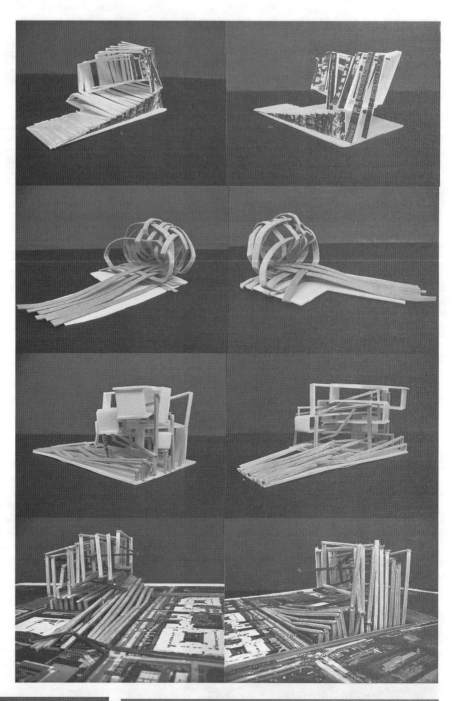

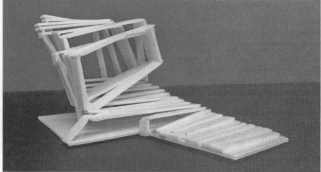

EXPLORAÇÃO DA FORMA DO PROJETO — CROQUIS E MODELOS

APLICAÇÕES **107**

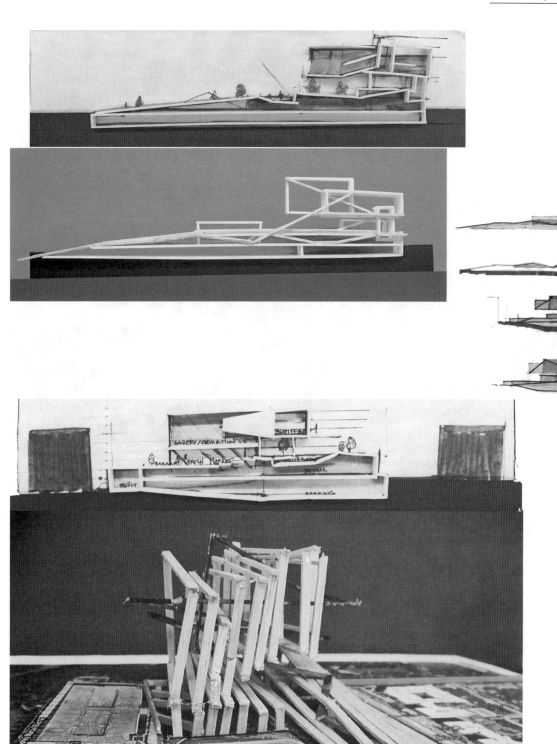

EXPLORAÇÃO DA FORMA DO PROJETO – CROQUIS E MODELOS

ESTUDO DE CASO – PRÉDIO RELIGIOSO

SINAGOGA ORTODOXA

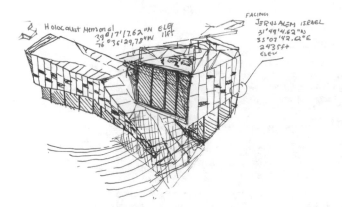

CROQUI CONCEITUAL

(Nesta e na página seguinte): Projeto acadêmico de Kordae Henry, Sinagoga urbana
Material: Revit
Cortesia do Professor de estúdio Leon Bridges
Faculdade de Arquitetura e Planejamento
Universidade Estadual Morgan

O projeto sênior do segundo semestre exigiu que os alunos projetassem uma estrutura religiosa que demonstrasse capacidade para trabalhar com o local, com o contexto construtivo existente e com critérios conceituais baseados no cliente.

ESTACIONAMENTO/PERSPECTIVA LESTE

CHEGADA PELA AVENIDA LIBERTY HEIGHTS

CORREDOR VERDE NA COBERTURA (SAINDO DA SINAGOGA)

CORREDOR VERDE NA COBERTURA (INDO PARA A SINAGOGA)

CORREDOR NO INTERIOR DA BIBLIOTECA

SINOPSE DA SINAGOGA ORTODOXA

Este projeto usa artefatos importantes da história judaica para formar e criar uma sinagoga judaica ortodoxa contemporânea. Percorrendo o local você vai perceber que a edificação emerge do solo assim como eles também emergiram — através da escravidão, da tragédia e do desespero nômade. Utilizei o Ner Tamid e o Shofar e um artista de nome Matisyahu como um conceito para transformar e desafiar as ideias anteriores de arquitetura tradicional judaica.
[Relato de um aluno de arquitetura

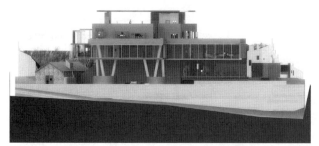
FACHADA SUL

FACHADA LESTE

MODELO DE ESTUDO FÍSICO

FACHADA NORTE

FACHADA OESTE

CAPÍTULO 3: INTRODUÇÃO À INTERFACE DIGITAL-MANUAL

ESTUDO DE CASO — USO MISTO URBANO

DIAGRAMA CONCEITUAL

Projeto de estúdio: Edifício-garagem

PLANTA DE IMPLANTAÇÃO

O projeto dessa edificação foi concebido e executado sem nenhum desenho manual. Ele exemplifica uma pedagogia comum das habilidades digitais dos jovens alunos.

Projeto: Edifício-garagem
Local: West Market Street, São Francisco
Cortesia de Godwin Obami, Academia de Arte, Universidade de San Francisco
Instrutor: Paul Allen
Tema: Tecendo um novo tecido urbano

A edificação, além de sua função primária, vai ajudar a criar um novo tecido urbano para a West Market Street de São Francisco. Isso vai marcar o início de uma nova arquitetura — uma que seja expressiva, criando um conjunto de gestos dentro do ambiente construído. A forma assenta-se no local de maneira dramática, expressando um paradoxo de desligamento e interação. A luz que emana da estrutura inicia um clima mais romântico, aumentando a natureza dramática do projeto — um caráter "Romeu e Julieta"; luzes roxas e rosa. Isso cria uma nova reação aos edifícios-garagem, considerando-os uma estrutura expressiva em vez de uma estrutura fria de concreto.
[Relato de um projetista]

APLICAÇÕES 111

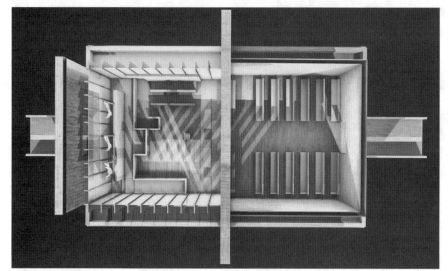

Durante a concepção de projetos arquitetônicos utilizando programas 3D, é importante ter um fluxo completo estabelecido. Ao longo de todo o processo o lápis é uma ferramenta importante para esboçar ideias rápidas e diagramas; no entanto, o resultado final é sempre um produto do tipo de software *que você usa. Optei por utilizar a arquitetura Revit da Autodesk para documentar a construção e o Maya para a arte-final em 3D. Esses dois programas são produzidos pela mesma empresa, o que ajuda na transferência dos modelos computadorizados de um* software *para o outro. Primeiro eu uso a arquitetura Revit porque é um programa BIM que permite a produção eficiente de documentos de construção e também a capacidade para simular testes de engenharia, como as cargas mecânicas e elétricas. Depois, transfiro meu modelo computadorizado para o Maya, um software de entretenimento mais adequado para a geração rápida e fotorrealista de imagens. No final, dependendo se estou fazendo um filme ou uma imagem estática, uso o Photoshop ou o After Effects da Adobe para fazer retoques e juntar tudo na composição final.*

[RELATO DE UM ALUNO DE ARQUITETURA]

Imagens: Projeto acadêmico de Samir Taylor
Tribunal conceitual
Cortesia dos professores de estúdio Paul Walker Clarke e William W. P. Chan
Faculdade de Arquitetura e Planejamento
Universidade Estadual Morgan

MODELO DE ESTUDO RENDERIZADO

Vista do *lobby* olhando para sudoeste

Vista do *lobby* olhando para sudeste

Colunas paralelas

Vista do *lobby* olhando para oeste

Vista do *lobby* a partir do *lobby* superior

Close-up da parede de cortina de madeira

Palco de Arena no Mead Center for American Theater

O projeto do novo Palco de Arena no Mead Center for American Theater foi inspirado pela visão de Molly Smith, diretor artístico da Arena, de um "teatro para todos que sejam apaixonados, exuberantes, sérios, profundos e perigosos no espírito americano". Aproveitando a história ilustre da Arena e a relação íntima com a comunidade do sudoeste de Washington, o Palco de Arena reinventado duplica efetivamente a instalação, permitindo tecnologia de ponta e confortos modernos, incluindo áreas de trabalho espaçosas para ensaios, cenografia e construção; salas de aula para programas de educação; espaço de escritório; espaços de reunião da comunidade; um *lobby* centralizado, bilheterias e concessões; e estacionamento subterrâneo. O projeto incluiu a restauração de dois teatros existentes — o teatro de Arena original e o Kreeger. Além disso, um novo teatro experimental de 200 lugares, o Kogod Cradle, apoia a produção de novas peças americanas.

Uma cobertura e uma parede em cortina de vidro/madeira expressivas abrangem os três teatros e oferecem vistas para o Canal e o Monumento de Washington adjacentes. Com o projeto cuidadoso do local e a escultura arrojada das estruturas, foi criada uma imagem renovada da vizinhança, fomentando as atividades públicas dentro e em torno das edificações. O projeto tem sido um catalisador na comunidade, estimulando a retomada do desenvolvimento da área circundante. [RELATO DE UM ARQUITETO]

APLICAÇÕES 113

Arte-final do Cradle Theater

Arte-final do Cradle Theater

PLANTA DO NÍVEL 4

Vista da entrada do *lobby* inferior — olhando para o norte

Vista da entrada frontal — olhando para o norte

Vista da entrada frontal — olhando para o sul

Vista do *lobby* olhando para o leste a partir do *lobby* superior

Imagens (nesta e na página seguinte): Arena do Mead Center for American Theater, Washington, D.C.
Material: Rhino 3D, AutoCAD 2004
Fotos por Nicole Lehoux
Cortesia de Bing Thorm, Arquitetos, Vancouver, Colúmbia Britânica

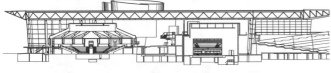
CORTE TRANSVERSAL

ESTUDO DE CASO — CULTURAL

Para uma cobertura mais detalhada desse arquiteto e de outros arquitetos (entrevistas etc.) neste capítulo, consultar o guia de recursos *web* do livro, disponível no *site* da LTC Editora.

114 CAPÍTULO 3: INTRODUÇÃO À INTERFACE DIGITAL-MANUAL

ESTUDO DE CASO – RESIDENCIAL

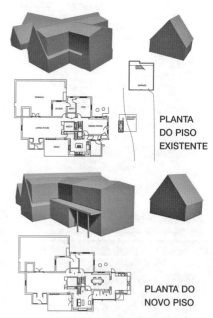

PLANTA DO PISO EXISTENTE

PLANTA DO NOVO PISO

Esse anexo exemplifica uma integração magistral de um anexo a uma residência existente trabalhando o projeto de dentro para fora e de fora para dentro. Os estudos de massa mostram uma ideia simples trabalhada através de todos os detalhes em sua finalidade.

APLICAÇÕES

A residência existente é uma casa suburbana pitoresca dos anos 1920 assentada em uma colina arborizada próxima de um lago; suas altas empenas e janelas chumbadas aumentam ainda mais a imagem de conto de fadas dos Grimms. Assim como na maioria dos contos de fadas, havia um ponto fraco: a cozinha era um espaço escuro e apertado com acessórios defeituosos, armários feios e azulejos rachados no piso. Inicialmente, o cliente tinha imaginado a reforma da cozinha e a construção de um solário. Essa opção se provou impraticável, já que o único local simpático para construir na casa estava na fachada norte. Então sugerimos que a cozinha atual fosse convertida em uma sala de lazer e uma nova construção na fachada norte conteria a cozinha.

A empena final da casa continha a sala de jantar com o quarto principal acima. O conceito era ampliar a casa com um volume que correspondesse exatamente à empena; isso mantinha a escala e a forma da casa. Uma faixa de vidro foi introduzida para separar a estrutura atual da nova e abstrair ainda mais a conexão entre as duas. O espaço resultante de altura dupla é inundado com luz natural e é a antítese da estética interior de chalé aconchegante do resto da casa; no entanto, juntas essas estruturas se complementam. Um corredor de vidro de um único pavimento liga o anexo traseiro à nova sala de lazer e proporciona um novo ponto de entrada para a porta dos fundos.

A intenção foi complementar a residência atual em volume e material, nas não copiá-la, permitindo assim que a estrutura nova e a antiga mantivessem a sua integridade. Ao manter o conceito de projeto simples para o exterior do novo anexo, optamos pelas réguas de cedro. Isso combina com as telhas de cedro existentes, mas contrasta com o estuque branco da casa. Portas de correr envidraçadas substituem as janelas francesas na extremidade norte da sala de jantar, abrindo esse espaço para a cozinha.

Imagens: Reforma de Shorthills, Shorthills, New Jersey
Material: Vectorworks
Cortesia do Arquiteto Messana O'Rorke
Cidade de Nova York
© Fotógrafo — Elizabeth Felicella

O interior da cozinha é simples e abstrato. Uma parede de armários contendo a geladeira é ladeada por duas bancadas de mármore — uma contendo pias duplas na frente de uma janela de 3 m de altura e a outra o fogão e o forno. Os armários de parede se abrem e dobram para trás, revelando mais espaço de bancada. A cozinha se abre para um pequeno pátio de café da manhã em um lado e um novo corredor de vidro no outro. É um espaço extremamente iluminado e arejado, sombreado no verão por árvores decíduas maduras e aquecido no inverno por pisos radiantes de pedra calcária. O piso se estende para o hall de entrada de vidro, no qual uma parede laqueada branca contém o armário de casacos e a lavanderia. [RELATO DE UM ARQUITETO]

ESTUDO DE CASO – RESIDENCIAL

CAPÍTULO 3: INTRODUÇÃO À INTERFACE DIGITAL-MANUAL

PROJETO CRISTAL

SISTEMA DE ESTRUTURA DE CRISTAL
(Cortesia: Wikipedia)

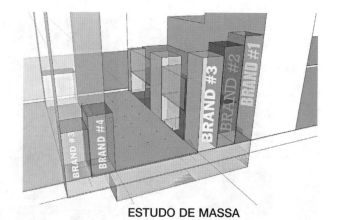

ESTUDO DE MASSA

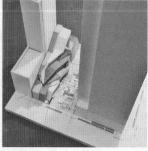

CROQUI CONCEITUAL

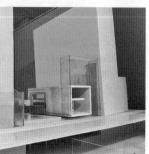

MODELOS FÍSICOS DE ESTUDO

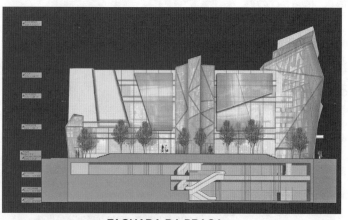

FACHADA DA PRAÇA

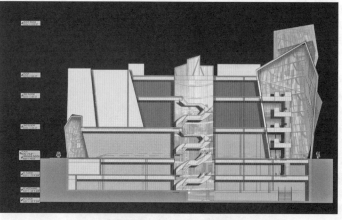

CORTE LONGITUDINAL

Inspirado pela estrutura geométrica dos cristais, esse prédio comercial proporciona identidades de marca individuais para vários inquilinos.

Localizado no Distrito de Times Square, na Cidade de Nova York, a arquitetura da edificação captura a agitação da vizinhança.

O processo começou pela identificação do volume do programa e pela localização dos vários componentes no local.

Os volumes do programa foram criados em uma aplicação 3D, depois manipulados para se adequarem aos requisitos de zoneamento e código de edificações. O volume resultante é exibido acima do estudo de massa.

Passando pelos croquis manuais, modelos físicos de estudo, modelagem computadorizada e gráficos digitais, a arquitetura da edificação surgiu gradualmente. Durante todo o estágio de projeto conceitual, a imagem das formas cristalizadas guiou as decisões de projeto e estéticas. Isso exigiu equilibrar as implicações manifestas dos aspectos práticos com a veia artística do projeto.

ESTUDO DE CASO – USO COMERCIAL/MISTO

À medida que o projeto e o programa foram sendo finalizados, outras camadas de detalhe foram criadas no modelo computadorizado, com muita consciência para minimizar o número de superfícies. Uma série de artes-finais de teste foi criada para controlar luzes e sombras, bem como o comportamento do material no programa. Simultaneamente, as fotos do local foram manipuladas e as artes-finais das vistas foram finalizadas, permitindo que o modelo fosse colocado em contexto.

Depois de concluídas as artes-finais, ocorreu o trabalho de pós-produção. Para cortar o tempo de confecção da arte-final e como uma maneira de controlar anomalias como reflexos não intencionais, foram criadas na pós-produção as texturas do material e as condições da superfície, como as articulações da construção, grades e grelhas.

Várias camadas foram criadas para produzir a impressão de primeiro e segundo planos. As camadas também ajudam a aumentar a qualidade perceptual do realismo da luz, cores, brilho e contraste.

Depois de concluída, foram geradas cópias de várias resoluções e tamanhos para serem utilizadas como apresentação final. [Relato de um arquiteto]

Cortesia de Kenneth Park, Arquitetos, N.Y., N.Y.

EQUIPE DE PROJETO:
Kenneth Park
Paul Madden
Owen B. McEvoy
Robert Holub
Stephen Kandora

PROGRAMAS UTILIZADOS:
SketchUp
form·Z renderer
AutoCAD
Photoshop

PERSPECTIVA DA PRAÇA

VISTA DA CHEGADA PELA RUA 42 OESTE

FACHADA DA RUA 42 OESTE

118 CAPÍTULO 3: INTRODUÇÃO À INTERFACE DIGITAL-MANUAL

ESTUDO DE CASO – PRÉDIO DE ESCRITÓRIOS

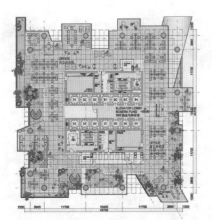
SKYGARDEN FLOOR D 13

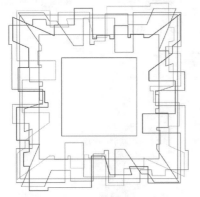
Cinco andares de plantas irregulares formando terraços

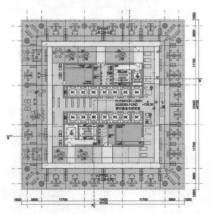
BOXLEVEL 30
Seis andares com plantas idênticas

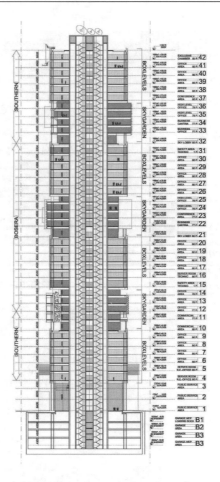

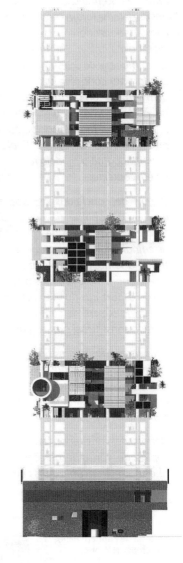

Verticalmente, em corte, a torre é uma estrutura em camadas que apresenta duas zonas diferentes de cinco a seis andares, cada um deles se repetindo e alternando de três a quatro vezes. Esse tipo de zona tem seis andares idênticos com um perímetro externo quadrado.
[Relato de um arquiteto]

O prédio da torre em planta é um quadrado simples de 45 m × 45 m, com 42 andares e uma altura global de 200 m, e apresenta uma área total construída acima do solo de 80.500 m². Uma edificação de contorno circunda parcialmente a torre na zona da base, onde estão situados a área de entrada, o salão de negócios públicos e um restaurante de alta classe.
[Relato de um arquiteto]

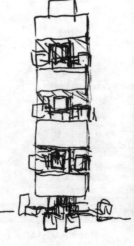

APLICAÇÕES 119

O prédio da SFB Tower contrasta com o prédio da bolsa de valores. Na realidade, ele contrasta com qualquer arranha-céu nas proximidades, pois é diferente. Com seu projeto memorável em uma posição de esquina, ele se torna dominante diante dos demais arranha-céus.
[RELATO DE UM ARQUITETO]

O projeto dessa torre de escritórios na área do centro da cidade em rápida expansão de Shenzhen, China, incorpora jardins suspensos no corte vertical de um arranha-céu.

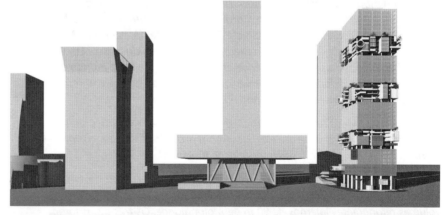

Imagens (nesta e na página seguinte):
SFB Tower, Shenzen, China
Material: Gerado por computador
Cortesia de Hans Hollein, Arquiteto, Viena, Áustria

ESTUDO DE CASO – PRÉDIO DE ESCRITÓRIOS

120 CAPÍTULO 3: INTRODUÇÃO À INTERFACE DIGITAL-MANUAL

ESTUDO DE CASO – CULTURAL

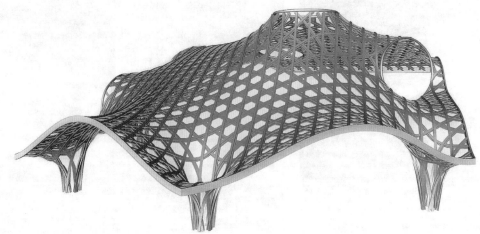

Meus primeiros pensamentos quando comecei a projetar foram dois fenômenos recentes, que hoje dizem respeito aos museus de arte no mundo inteiro. A primeira tendência, que se tornou amplamente conhecida como "Efeito Bilbao", surgiu no Museu Guggenheim em Bilbao, Espanha, projetado por Frank O. Gehry e concluído em 1998. A estratégia era criar arquitetura escultural em uma cidade intencionalmente desconhecida para atrair turismo, e acabou sendo um sucesso. Mas, há uma opinião de que esse tipo de arquitetura prejudica a sua funcionalidade ao desconsiderar as preocupações dos artistas e da equipe para produzir um monumento pessoal, resultando em más condições para exibir e ver arte.

Como um exemplo do outro extremo, existe um método de renovação da arquitetura industrial antiga para produzir um espaço ideal para a exibição dos trabalhos, por mais neutra que a arquitetura possa ser. A Tate Modern em Londres e a Dia:Beacon, concluída em 2003 no norte do estado de Nova York para a Dia Art Foundation, são exemplos bem-sucedidos disso. Em vez de escolher um dos dois extremos, pensei em criar um conceito de projeto que considerasse a facilidade de exibir e ver a arte, deixando ao mesmo tempo uma impressão arquitetônica profunda nos visitantes.

Para criar os espaços funcionais, articulei o programa em volumes simples com uma circulação clara entre eles. Eles foram organizados tridimensionalmente a fim de simplificar a sua inter-relação funcional.

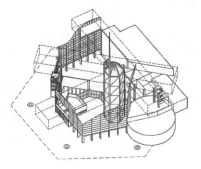

As galerias gerais, com requisitos de comprimento variados, se basearam em um módulo de 15 m de largura para criar três tubos quadrados simples com longos volumes retangulares internos de 90 m de profundidade. Os três tubos foram empilhados verticalmente e dispostos em volta de uma armação de aço hexagonal que contém as escadas e os elevadores. O espaço criado sob os tetos em camadas alternadas das três galerias deslocadas compõe a Grand Nef Gallery.

A finalidade principal desse anexo ao Centro Pompidou era conseguir mostrar mais trabalhos para o público — apenas 20 %, aproximadamente, da coleção inteira é exibida em Paris — e poder exibir os trabalhos muito grandes que não podem ser mostrados no museu de Paris devido ao pé-direito de 5,5 m sob as vigas. Para cumprir essa exigência, foram mantidos 18 m como maior pé-direito na Grand Nef Gallery.

O sítio é o local da subestação original ao sul da estação atual e é isolado do centro urbano da cidade ao norte. Para estabelecer uma continuação contextual com a cidade, grandes janelas panorâmicas nas extremidades dos três galerias tubulares enquadram as vistas para os monumentos da cidade.

APLICAÇÕES **121**

Além das três galerias tubulares, há um volume redondo contendo o Estúdio de Criação, com um restaurante em cima, e um volume quadrado contendo um auditório, escritórios e outros espaços de apoio. Uma estrutura de telhado de madeira na forma de um hexágono flutua sobre todos os volumes separados para unificá-los em um todo coeso. Para os franceses, o hexágono é um símbolo de seu país, já que é similar ao formato geográfico da França. Além do mais, o hexagonal é composto de um padrão de hexágonos e triângulos equiláteros, inspirado pelos tradicionais chapéus e cestos de bambu trançado da Ásia. Embora seja melhor formar triângulos para criar rigidez no plano, dividindo a superfície inteira em triângulos, seis elementos de madeira convergiriam em cada interseção, produzindo articulações extremamente complexas. Ao criar um padrão de hexágonos e triângulos, apenas quatro elementos de madeira se cruzam. As interseções não usam articulações mecânicas metálicas, pois se fossem utilizadas a superfície ficaria volumosa e os comprimentos dos elementos seriam únicos, aumentando a complexidade e também o custo das articulações. Em vez disso, cada membro se sobrepõe ao outro de modo similar ao vime. A ideia veio de um chapéu chinês trançado tradicional que encontrei em um antiquário em Paris em 1999, enquanto projetava o Pavilhão do Japão para a Hanover Expo. Eu estava colaborando com Frei Otto para projetar o pavilhão como uma estrutura de tubos de papel formando uma casca em grelha e desde a primeira vez que vi o seu projeto do Instituto de Estruturas Leves e Projeto Conceitual na Universidade de Stuttgart fiquei fascinado com a estrutura de cabos tensionados, embora também tenha ficado com algumas dúvidas.

Imagens: Centre Pompidou-Metz,
Metz, França
Material: Gerado por computador
Over Arup, Londres — Cecil Balmond
Engenheiros Estruturais
Cortesia de Shigeru Ban Arquitetos

© Fotos: Didier Boy de la Tour

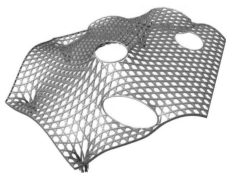

ESTUDO DE CASO – CULTURAL

122 CAPÍTULO 3: INTRODUÇÃO À INTERFACE DIGITAL-MANUAL

Quando vi o chapéu chinês, essas dúvidas se dissiparam. A malha em aço de Frei Otto permitiu a formação de um espaço interior tridimensional interessante usando a quantidade mínima de materiais, mas no final o aço era apenas um membro linear; e para construir um telhado normal, tinha que ser formada uma casca de madeira sobre a malha em aço. Quando vi isso, me perguntei sobre a possibilidade de criar uma estrutura de grade usando madeira (madeira laminada) que pode ser dobrada facilmente em duas dimensões, onde o telhado pode ser colocado diretamente em cima. Como a madeira pode ser usada como um membro tanto de tração como de compressão, achei que podia ser feita como uma estrutura de casca compressiva, além de ser uma estrutura em malha com tração. Desde então, continuei a desenvolver estruturas de madeira, como a proposta do Uno Chiyo Memorial Museum (Cidade de Iwakuni, 2000), Imai Hospital Daycare Center (Oita, 2001), Atsushi Imai Memorial Gymnasium (Oita, 2002), Bamboo Roof (Houston, Texas, 2002) e proposta do Frei Otto Laboratory (Colônia, Alemanha, 2004); e esse trabalho culminou no hoje concluído telhado do Centre Pompidou-Metz. Durante a fase de concorrência, mediante vínculos com a Bamboo Roof, Cecil Balmond de Arup estava encarregado da estrutura, e foi proposta a estrutura híbrida de madeira e aço; mas, após vencer a concorrência, conforme mencionado acima, foi desenvolvida uma estrutura de telhado inteiramente de madeira.

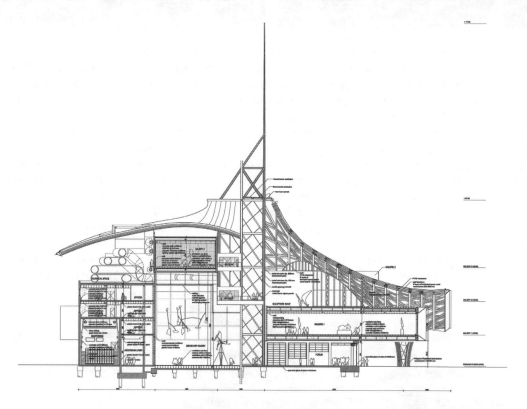

Outro aspecto importante do conceito é a continuação dos espaços do interior para o exterior, e a sequência de espaços nasceu dessas relações. As edificações geralmente são caixas que começam apenas quando o interior e o exterior são separados por paredes. No entanto, um espaço pode ser criado com a presença de apenas um telhado. Nos últimos anos, a arte se tornou cada vez mais conceitual, ao ponto de se distanciar do público em geral. Um número cada vez maior de pessoas não está disposto a pagar para entrar em uma caixa e ver trabalhos que podem nem mesmo compreender. Em vez de uma caixa, o museu é um lugar de reunião sob um grande teto que é uma extensão do parque circundante. Como é mais fácil entrar sem a presença de paredes, a fachada foi composta de venezianas de vidro que podem ser removidas facilmente. A Nova Galeria Nacional de Mies van der Rohe em Berlim tem paredes inteiramente de vidro; mas elas são apenas visualmente transparentes e não podem ser chamadas de fisicamente transparentes. O grande volume do fórum pode ser acessado gratuitamente, e ali as pessoas podem tomar chá e usufruir gratuitamente das esculturas e instalações onde são atraídas por vislumbres de arte nas galerias e experimentam gradualmente as sequências de espaços à medida que avançam. As áreas intersticiais entre o grande teto de cada volume têm várias funções. Primeira, é um espaço de reunião. Segunda, em cima das Galerias Tubulares 1 e 2 há um espaço de exibição para mostrar esculturas, aproveitando a luz natural filtrada pelo teto. Os 840 m quadrados desses dois locais de exibição foram espaços extras não requisitados no programa. Infelizmente, o restaurante sobre a Galeria Tubular 3 proposto originalmente durante a concorrência teve que ser cancelado por motivos orçamentários (segundo o código de edificações francês, o uso de pavimento de propósito geral mais de 28 m acima do solo é considerado um arranha-céu, o que torna muito complexas a evacuação de emergência e as precauções de segurança). Esses são os conceitos dessa arquitetura. [Relato de um arquiteto]

APLICAÇÕES 123

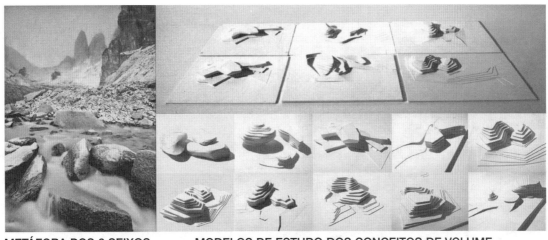

METÁFORA DOS 2 SEIXOS — MODELOS DE ESTUDO DOS CONCEITOS DE VOLUME — FASE DE CONCORRÊNCIA

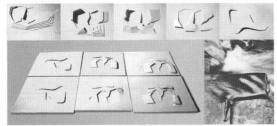

CONCEITO CALIGRÁFICO

EDIFICAÇÕES CONCLUÍDAS

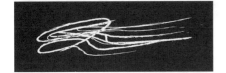

VISTA AÉREA 3D — FASE DE CONCORRÊNCIA

Imagens (9 páginas):
Ópera de Guangzhou,
Guangzhou, China
Cortesia de Zaha Hadid Arquitetos

ESTUDO DE CASO – CULTURAL

124 CAPÍTULO 3: INTRODUÇÃO À INTERFACE DIGITAL-MANUAL

ESTUDO DE CASO – CULTURAL

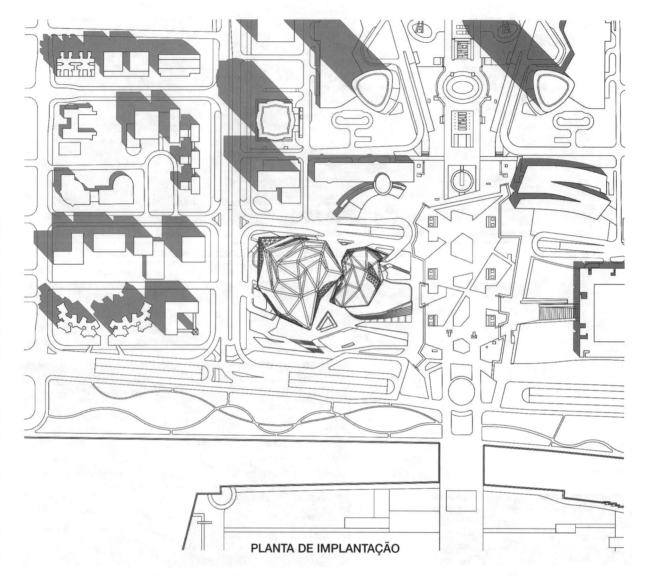

PLANTA DE IMPLANTAÇÃO

O dinamismo do desenvolvimento da China é de tirar o fôlego; pelo país inteiro consegue-se sentir o entusiasmo, a ambição e a energia ilimitada da próxima geração. É uma experiência muito recompensadora ver a Ópera concluída, e sou muito grato à cidade de Guangzhou. Existem muito poucos lugares no mundo hoje onde os arquitetos conseguem encontrar esse tipo de cliente visionário e empolgado com essa paixão pela inovação. Viajei para Guangzhou pela primeira vez em 1981 — no início da minha carreira —, e o contraste com a Guangzhou que vemos hoje não poderia ser maior. O projeto da Ópera reflete a rica história cultural da China, mas também o futuro notável que a China terá no palco mundial.

O projeto da Ópera tem que desempenhar um papel em seu contexto cultural e no ambiente imediato. Sabíamos que o teatro da ópera faria parte de um novo plano diretor de projetos cívicos e comerciais, então o nosso conceito de erguer gradualmente a paisagem para atrair os visitantes e a interação dos dois volumes esculpidos nessa arena pública nos deu a oportunidade para propor esse esquema na China com uma analogia poética.

Na cultura chinesa, certo pensamento analógico faz sentido, e a ideia dos seixos e pedras nas margens de um curso d'água é, na realidade, muito significativa para um projeto situado próximo ao rio Pearl. Como projetistas, trata-se mais de uma técnica para articularmos a relação de um objeto dentro de uma paisagem, descrevendo como o projeto é informado pelo seu contexto. Então, durante o projeto da edificação não estávamos pensando tanto na metáfora, porém mais em termos de analogia — a analogia da paisagem — em que as características de uma paisagem natural são expressadas dentro da arquitetura. Por exemplo, as transições suaves entre territórios e zonas e as transições suaves entre os níveis.

APLICAÇÕES **125**

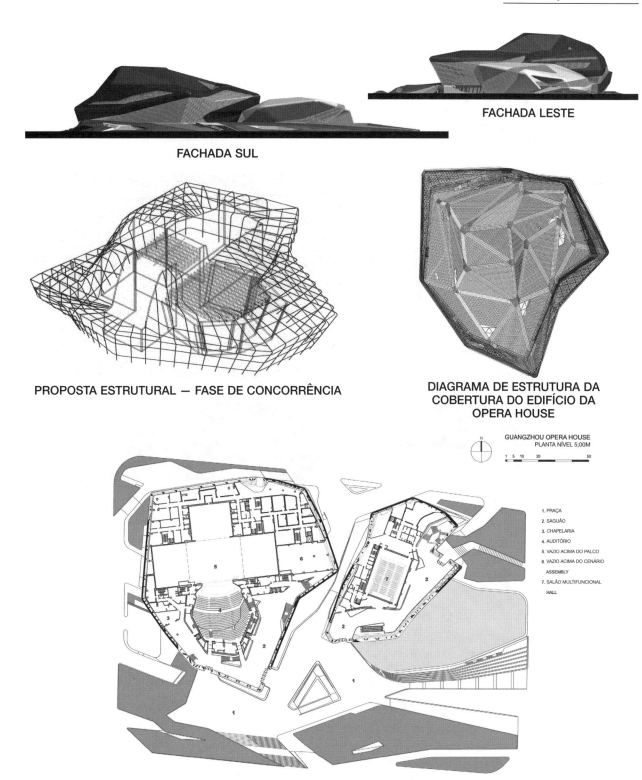

ESTUDO DE CASO – CULTURAL

"A estrutura em treliça triangular de chapa dobrada" é utilizada pela primeira vez no projeto da estrutura dessa edificação. Por ser um sistema estrutural em aço, é mais aplicável ao projeto de recintos de edificações de formato irregular. A solução engenhosa leva em consideração a resistência a terremotos, a viabilidade construtiva eficiente e o detalhamento elegante com materiais arquitetônicos. O resultado construído é um testemunho da integração completa da engenharia e da aparência visual. A aparência orgânica no exterior é refletida na fluidez do interior. Conforme apresentado por Huang Tai Yun, Engenheiro Estrutural Sênior, o projeto é um exemplo de colaboração icônica de nível internacional entre as disciplinas artística e científica.

126 CAPÍTULO 3: INTRODUÇÃO À INTERFACE DIGITAL-MANUAL

ESTUDO DE CASO – CULTURAL

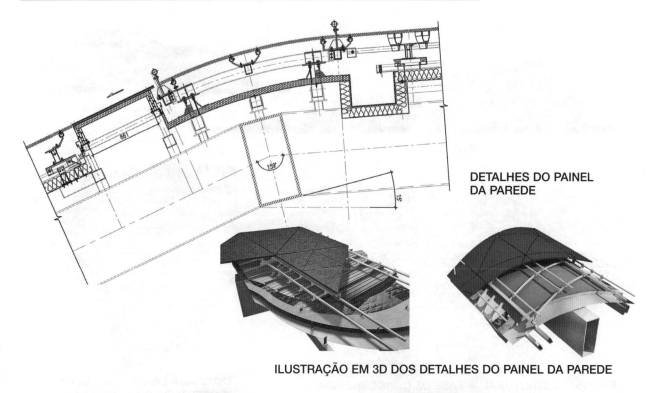

DETALHES DO PAINEL DA PAREDE

ILUSTRAÇÃO EM 3D DOS DETALHES DO PAINEL DA PAREDE

FACHADA NORTE

FACHADA OESTE

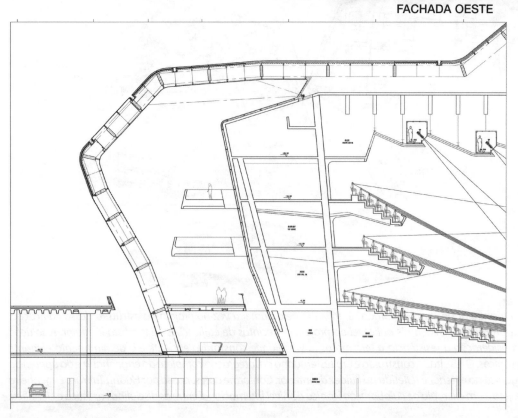

CORTE PARCIAL DA OPERA HOUSE

Sempre é estimulante quando os conceitos arquitetônicos podem ser fornecidos através de uma nova técnica de construção, e alguns exemplos disso podem ser vistos no projeto da Ópera. Por exemplo, a estrutura principal em aço é inteiramente assimétrica, e, embora complexa, incorpora uma combinação inovadora de métodos antigos e novas tecnologias. Para assegurar a rigidez, as 59 articulações de aço da estrutura principal diferem umas das outras e são moldadas em areia (como na fundição de um sino medieval) e montadas precisamente usando laser e sistemas de posicionamento GPS.

Os requisitos em um auditório para as apresentações de ópera ocidentais e chinesas são muito diferentes. Por isso, era importante que os leiautes e os interiores desse espaço fossem estabelecidos logo no início, com o apoio dos especialistas em acústica (Marshall Day Acoustics) e consultores de teatro.

As duas tradições das óperas chinesa e ocidental são mutuamente excludentes. Na ópera ocidental nos concentramos na acústica natural, enquanto na ópera chinesa o drama e a estória têm prioridade, e o equipamento de áudio é utilizado quase sempre. Nossa pesquisa para o teatro da ópera e o projeto do auditório ao longo dos últimos vinte anos nos mostrou muitos benefícios dos auditórios assimétricos — eles podem dar uma profundidade real à acústica natural. Todos os três parâmetros acústicos — reverberação, pressão sonora (volume) e clareza — precisam ser equilibrados, e trabalhamos bem próximos à Marshall Day para otimizar o desempenho do espaço. A título de exemplo, moldamos declives nos painéis de gesso reforçado com fibra de vidro (GFRG) para a frente do auditório, onde a pressão sonora precisava ser atenuada. Quanto mais profundas e próximas essas inclinações, mais eficazes elas são para atenuar a pressão. Nas produções ocidentais o espaço é projetado para garantir a acústica perfeitamente balanceada com iluminação e equipamento de áudio escondidos e que podem ser revelados conforme a necessidade.

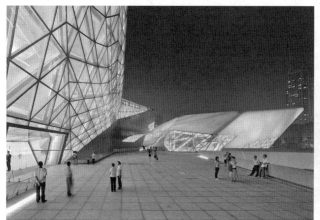
© Iwan Baan

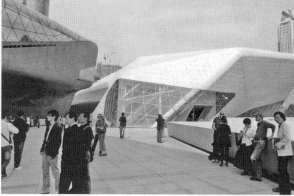
© Matthew Richardson

As fotografias de dia e à noite são expressivas de um ícone cívico e cultural refletindo o seu papel futurista em uma cidade dinâmica e em constante expansão.

A forma da composição da edificação oferece uma qualidade cinética de duas edificações em movimento. O lado da praça da edificação mostra um diálogo do sólido e do vazio, camadas e transparência, com um piso pavimentado com simplicidade contrastando com um céu aberto.

O lado da fachada da edificação que toca o lago é escultural e com visual barroco, com uma duplicação da imagem através do reflexo (ver págs. 320-23).

© Iwan Baan

O interior do auditório principal da Ópera é um espaço dourado cor de champanhe com um acabamento brilhoso — com aspecto similar ao da seda de luxo. Isso continua nos assentos, que também são tonalizados em cobre. A iluminação suspensa é uma constelação de minúsculas lâmpadas LED brancas. Assim como todo o nosso trabalho nos últimos dez anos, quisemos realizar o espaço fluido definitivo para lidar com as complexidades da exigente engenharia acústica e também com os complicados requisitos da programação que permitem uma série de eventos e apresentações na edificação. Assim, demos continuidade à linguagem arquitetônica orgânica ininterrupta no espaço assimétrico do auditório. Painéis de gesso reforçado com fibra de vidro (GFRG) foram usados para criar uma superfície única com muitas pregas e dobras que abrigam uma série de painéis acústicos e se estendem no espaço para acomodar áreas de assento.

A computação foi essencial em todos os aspectos do projeto e construção da Ópera, porém mais especialmente no interior do auditório. Os empreiteiros fizeram moldes de cera sob medida para criar os painéis de GFRG, viabilizando a uniformidade das geometrias complexas do auditório. Esses moldes foram fabricados diretamente a partir de arquivos de computador em 3D que fornecemos, permitindo uma precisão quase perfeita — e tornando o interior um espaço verdadeiramente edificante e transformador.

O exterior é revestido de seções de granito triangular que correspondem à estrutura. Um granito cor de carvão com uma textura áspera é utilizado no maior dos "pedregulhos gêmeos" que abrigam o auditório principal, e uma cor branca mais clara é utilizada na estrutura menor que abriga o salão multifuncional. Esses acabamentos texturizados reforçam o conceito global do projeto como pedregulhos erodidos pela água nas margens de um curso d'água — uma continuação da nossa linguagem arquitetônica de formações e sistemas naturais. Seções de vidro triangular em mosaico enfatizam a natureza cristalina do design e abrem as áreas públicas da Ópera.
[Relato de um arquiteto]

Imagens: Ópera de Guangzhou,
Guangzhou, China
Material: Rhino, Maya e AutoCAD
Cortesia de Zaha Hadid Arquitetos

©Iwan Baan

APLICAÇÕES 129

©Matthew Richardson

©Iwan Baan

Vista dinâmica do espaço exterior entre os dois volumes edificados e a torre de vidro atrás

Uma sensação de movimento olhando os suportes estruturais na estrutura do estacionamento

©Matthew Richardson

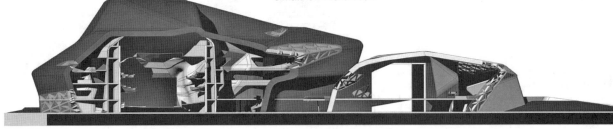
Corte longitudinal através da Ópera (esquerda) e do salão multifuncional (direita)

ESTUDO DE CASO – CULTURAL

130 CAPÍTULO 3: INTRODUÇÃO À INTERFACE DIGITAL-MANUAL

ESTUDO DE CASO – CULTURAL

Vista da Ópera a partir da estrutura do estacionamento subterrâneo com integração da iluminação triangular acima

Vistas das áreas públicas e do *lobby* da Ópera — os volumes interiores de uma experiência espacial dinâmica com uma sensação de justaposição da expressão estrutural e interação escultural das formas geométricas e orgânicas, tanto lisas quanto texturizadas.

Vista do *lobby* mostrando a complexidade dos volumes na área pública

Vista do *lobby* na entrada da Ópera

APLICAÇÕES 131

ARTES-FINAIS GERADAS POR COMPUTADOR (ESQUERDA E DIREITA): FASE DE CONCORRÊNCIA

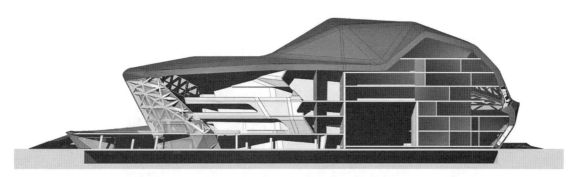

CORTE ATRAVÉS DA ÓPERA

As artes-finais da fase de concorrência são necessariamente conceituais.

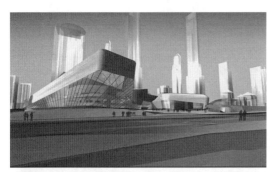

INTERIOR DA ÓPERA – EDIFICAÇÃO CONCLUÍDA

ESTUDO DE CASO – CULTURAL

© Matthew Richardson

4

Método e Nomenclatura das Projeções Ortográficas

FUNDAMENTOS 135
APLICAÇÕES 138

Plantas em escala, elevações e seções são convenções de desenho arquitetônico que permitem a representação das três dimensões em escalas reduzidas. Essas múltiplas visualizações dos desenhos são o resultado das projeções ortográficas e ajudam na representação de formas tridimensionais — como um prédio — em diversas vistas bidimensionais correlacionadas. Com tais projeções, as características do projeto vinculadas ao espaço, à escala e à configuração podem ser analisadas.

No capítulo anterior sobre interface digital/manual, você teve uma prévia da atual diversidade de formas no projeto de edificações que manifesta uma série de formas, algumas delas não retilíneas. O advento dos métodos sofisticados de projeto

134 CAPÍTULO 4: MÉTODO E NOMENCLATURA DAS PROJEÇÕES ORTOGRÁFICAS

digital associado à tecnologia de ponta em engenharia tornou possível projetar e construir essas estruturas. É possível levantar questões a respeito do alcance e das limitações das projeções ortográficas das plantas, cortes e fachadas se um objeto projetado não se prestar a esse tipo de análise geométrica comprovada. No entanto, a maioria das formas construí-das consiste na reunião de partes em ângulos retos, e, portanto, é crítico compreender os procedimentos fundamentais de desenho técnico manual exibidos neste capítulo.

O objetivo deste capítulo é introduzir as potencialidades e vantagens de múltiplos desenhos e símbolos gráficos, bem como os tipos de informações que eles podem transmitir.

Alguns termos e conceitos importantes que você aprenderá são:

Ortogonalidade	Projeção ortográfica	Planta
Corte	Planta de teto refletido	Fachada
Planta de cobertura	Setas indicativas do norte	Escalas gráficas
Escadas/rampas	Portas	Janelas

Método e Nomenclatura das Projeções Ortográficas

TÓPICO: MÉTODO E NOMENCLATURA DAS PROJEÇÕES ORTOGRÁFICAS

Forseth 1980, 66-75.

Visão Geral do Capítulo

Após estudar este capítulo, você terá uma compreensão detalhada das convenções de desenho como plantas, fachadas e cortes, bem como da seta norte e das escalas gráficas. Para complementação do estudo, veja Forseth 1980.

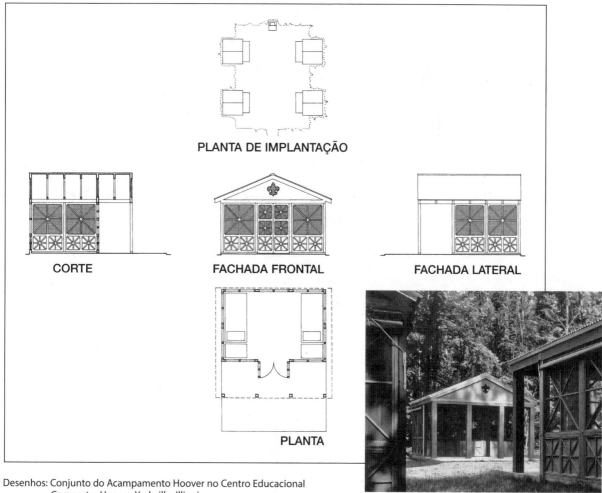

Desenhos: Conjunto do Acampamento Hoover no Centro Educacional Campestre Hoover, Yorkville, Illinois
Material: Nanquim sobre poliéster
Cortesia de Tigerman McCurry Arquitetos

Fotografia de Bruce Van Inwegan
Cortesia de Tigerman McCurry Arquitetos

Historicamente, as construções têm sido descritas por meio de um sistema *ortogonal* (ângulo reto) de desenho bidimensional. A nomenclatura empregada para as várias vistas ortogonais é apresentada aqui. Terminologias arquitetônicas populares como "planta baixa" são comumente usadas por leigos.

Pequenas construções, como residências, normalmente são desenhadas ortogonalmente nas escalas 1:50 ou 1:100. Escalas menores (1:200) podem ser utilizadas para construções maiores como hospitais e escolas. Para a elaboração de apresentações e desenhos arquitetônicos, é necessário conhecimento sobre as convenções usadas nas projeções ortográficas e os símbolos gráficos. Este capítulo destaca e explora esses assuntos em detalhe.

136 CAPÍTULO 4: MÉTODO E NOMENCLATURA DAS PROJEÇÕES ORTOGRÁFICAS

PRINCIPAIS PLANOS DE PROJEÇÃO

O *plano horizontal* é sempre paralelo ao nível do solo.

O *plano de perfil* faz sempre ângulos retos (perpendicular — 90°) com os outros dois planos.

Orto significa literalmente "ângulo reto". A *projeção ortográfica* se refere à transferência de imagens criadas por *raios projetivos* perpendiculares incidindo sobre um plano transparente. Todos os raios são paralelos entre si.

O *plano de vista frontal* é sempre vertical e forma 90° com o nível do solo.

Os planos principais, em conjunto com outros três planos adjacentes (posterior, lateral esquerdo e inferior), formam uma caixa de *vidro*.

Todos os três planos principais são mutuamente ortogonais. Cada plano bidimensional principal pode ser classificado como uma *vista plana*, pois registra uma imagem do objeto.

Todas as linhas de visada e de projeção são *perpendiculares* aos planos principais. Elas registram uma *imagem* do objeto projetado.

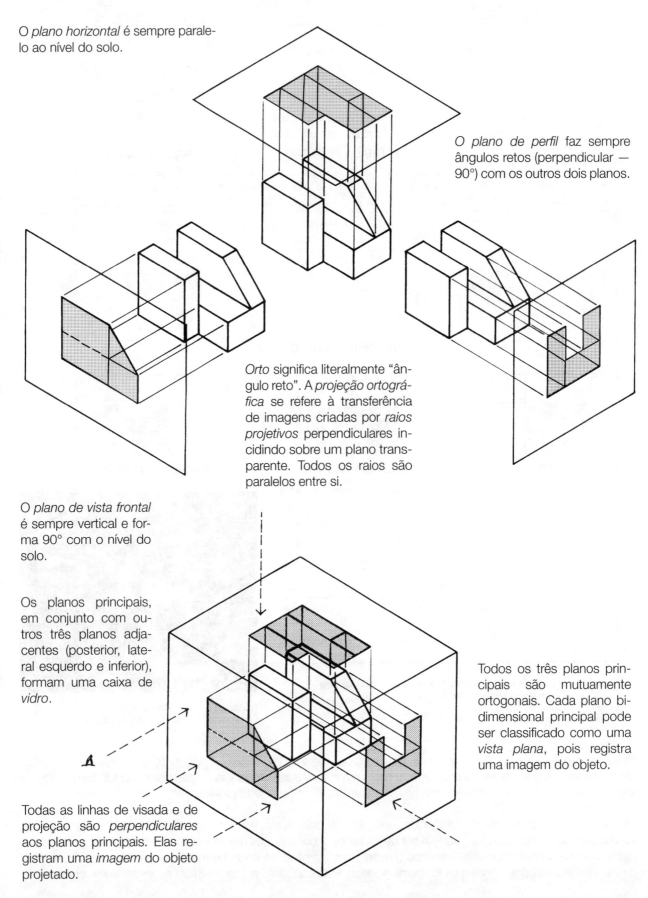

FUNDAMENTOS 137

A *linha de interseção entre os planos** é a interseção entre dois planos principais quaisquer. Se a caixa de vidro transparente for aberta nessas linhas ou "charneiras", ela se transformará em uma superfície bidimensional. O plano superior e o lateral são rotacionados para se tornarem extensões do plano frontal.

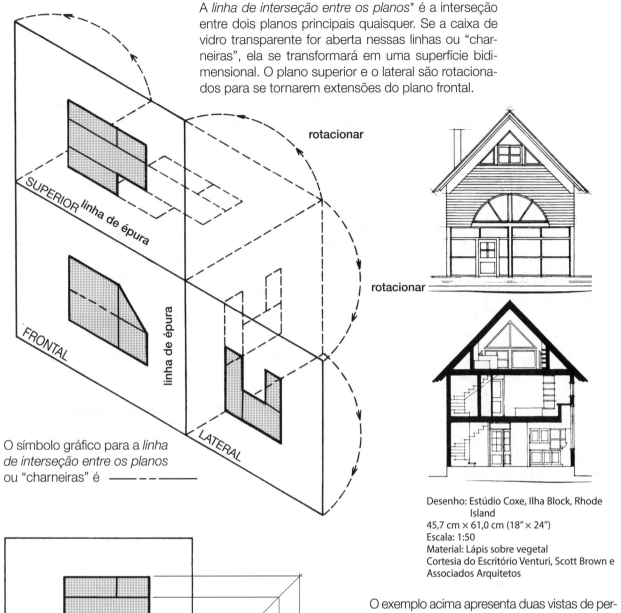

O símbolo gráfico para a *linha de interseção entre os planos* ou "charneiras" é ─ ─ ─ ─

Desenho: Estúdio Coxe, Ilha Block, Rhode Island
45,7 cm × 61,0 cm (18" × 24")
Escala: 1:50
Material: Lápis sobre vegetal
Cortesia do Escritório Venturi, Scott Brown e Associados Arquitetos

O exemplo acima apresenta duas vistas de perfil em verdadeira grandeza (vista e corte). Desenhos ortográficos são vistas em verdadeira grandeza e forma correlacionadas em uma superfície bidimensional. Quando dois planos são perpendiculares a um terceiro, qualquer ponto do espaço (como, por exemplo, **a**) será visto duas vezes com a mesma distância **K** por trás do terceiro plano, sendo **K** uma distância qualquer. Para construir as vistas ortográficas, empregue uma *linha diagonal auxiliar a 45°* a partir da interseção das charneiras. Dessa forma, as distâncias corretas podem ser transferidas por linhas projetadas a partir da vista superior ou horizontal para a lateral ou de perfil.

VISTAS ORTOGRÁFICAS

---

*A interseção mais comum entre planos é a do plano vertical com o plano horizontal; nesse caso, a interseção recebe o nome de linha de terra. (N.T.)

138 CAPÍTULO 4: MÉTODO E NOMENCLATURA DAS PROJEÇÕES ORTOGRÁFICAS

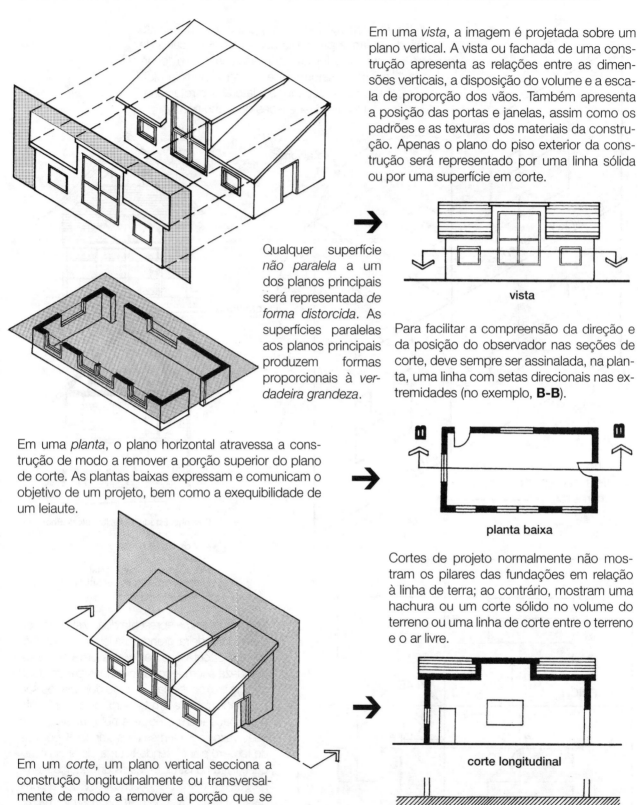

Em uma *vista*, a imagem é projetada sobre um plano vertical. A vista ou fachada de uma construção apresenta as relações entre as dimensões verticais, a disposição do volume e a escala de proporção dos vãos. Também apresenta a posição das portas e janelas, assim como os padrões e as texturas dos materiais da construção. Apenas o plano do piso exterior da construção será representado por uma linha sólida ou por uma superfície em corte.

vista

Qualquer superfície *não paralela* a um dos planos principais será representada *de forma distorcida*. As superfícies paralelas aos planos principais produzem formas proporcionais à *verdadeira grandeza*.

Para facilitar a compreensão da direção e da posição do observador nas seções de corte, deve sempre ser assinalada, na planta, uma linha com setas direcionais nas extremidades (no exemplo, **B-B**).

Em uma *planta*, o plano horizontal atravessa a construção de modo a remover a porção superior do plano de corte. As plantas baixas expressam e comunicam o objetivo de um projeto, bem como a exequibilidade de um leiaute.

planta baixa

Cortes de projeto normalmente não mostram os pilares das fundações em relação à linha de terra; ao contrário, mostram uma hachura ou um corte sólido no volume do terreno ou uma linha de corte entre o terreno e o ar livre.

corte longitudinal

Em um *corte*, um plano vertical secciona a construção longitudinalmente ou transversalmente de modo a remover a porção que se encontra na frente do plano secante.

Em essência, plantas, cortes e fachadas são aspectos mensuráveis de um projeto para ajudar o projetista e/ou profissional a compreender a verdadeira escala de um projeto. Essas projeções bidimensionais separadas muitas vezes são parte de uma colagem na página de apresentação para aumentar a sensação visual de comunicação gráfica. A experiência cognitiva de um objeto é tridimensional e dinâmica.

APLICAÇÕES **139**

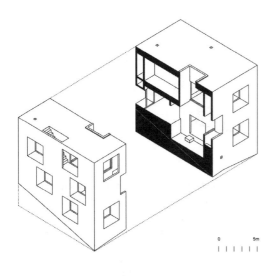

Desenho: Casa Poli, Columo, Chile
Material: Caneta e nanquim
Cortesia de Pezo von Ellrichshausen Arquitetos

No alto de um penhasco na borda do mundo, com vista impressionante do oceano, esse confortável refúgio de fim de semana construído economicamente proporciona um local ideal para estimular a mente criativa dos artistas. Esses cortes axonométricos em fatias feitos à mão são sempre maravilhosos.

© Cristobal Palma

Estes dois *cortes* revelam a estrutura do telhado, as paredes de sustentação e a linha de corte do piso (que pode ser representada por uma linha sólida ou uma área hachurada ou pintada). Cortes podem ser representados em preto sólido, com uma linha pesada de contorno ou com acabamento em tons de cinza ou hachuras. As linhas visíveis além dos cortes representam elementos do interior (portas, janelas, estrutura do telhado etc.).

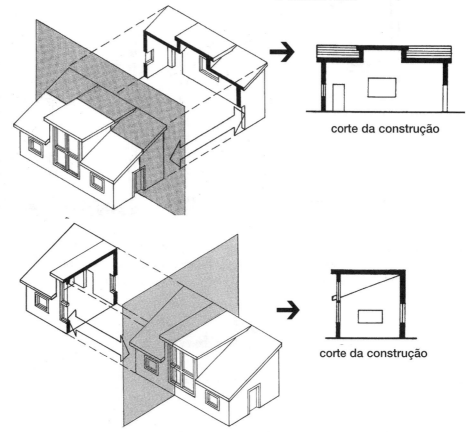

corte da construção

corte da construção

CORTES DE CONSTRUÇÕES

Um *corte* é análogo à planta (seção de corte horizontal) exceto pelo fato de que o plano de corte é *vertical*. A remoção da parte anterior ao plano de corte revela o espaço interno. Logicamente, as seções no desenho arquitetônico são feitas com maior frequência com planos paralelos à parede frontal ou às paredes laterais. Essas seções recebem anotações específicas, como foi explicado na página anterior. Outros tipos de cortes (como cortes excêntricos) tendem a ser mais complexos. A posição de um corte e a direção da visada são determinadas pelo bom senso do arquiteto/projetista. Tente ser o mais descritivo possível ao apresentar a configuração e a escala das relações espaciais interiores.

140 CAPÍTULO 4: MÉTODO E NOMENCLATURA DAS PROJEÇÕES ORTOGRÁFICAS

A linha que delimita onde o céu (ou o espaço acima) se encontra com o volume construído e o solo determina a configuração de qualquer *corte de terreno*. A função primordial de um corte de terreno é relacionar qualquer projeto construtivo ao seu *contexto ambiental*. É muito comum ver grandes seções de terreno que apresentam múltiplos cortes do complexo em construção combinadas com elevações da mesma obra.

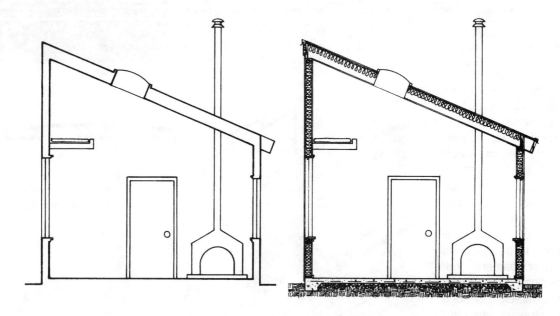

Um *corte de projeto* não mostra nenhum detalhe estrutural ou construtivo na área em corte. O perfil do corte é contornado com uma linha grossa para ajudar a definir os espaços internos e a forma global da construção. Um *corte geral* na fase de projeto executivo apresenta os detalhes necessários para construir a edificação.

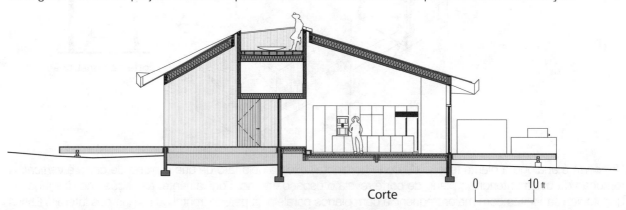

Corte

Esse refúgio de seis cômodos no deserto tem um telhado com espigão torcido, com uma calha de perímetro que canaliza a água para cisternas coletoras em dois cantos opostos da casa. Ele também possui um deque secreto no telhado para observar as estrelas.

Desenho: Lone Moutain Ranch House, Golden, Novo México
Material: AutoCAD 2006
Cortesia de Rick Joy Arquitetos

APLICAÇÕES 141

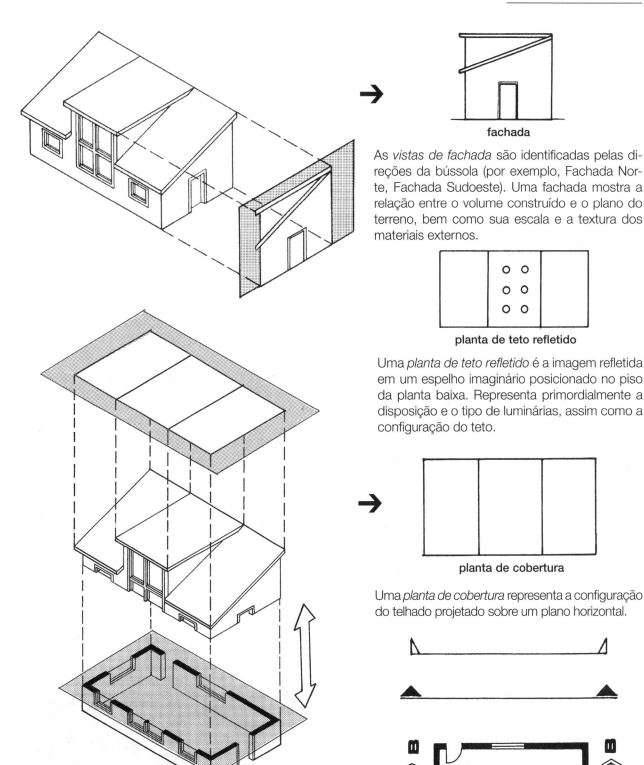

fachada

As *vistas de fachada* são identificadas pelas direções da bússola (por exemplo, Fachada Norte, Fachada Sudoeste). Uma fachada mostra a relação entre o volume construído e o plano do terreno, bem como sua escala e a textura dos materiais externos.

planta de teto refletido

Uma *planta de teto refletido* é a imagem refletida em um espelho imaginário posicionado no piso da planta baixa. Representa primordialmente a disposição e o tipo de luminárias, assim como a configuração do teto.

planta de cobertura

Uma *planta de cobertura* representa a configuração do telhado projetado sobre um plano horizontal.

planta baixa

As *setas de corte* indicam a direção de visada do observador ao olhar um corte na construção.

Uma *planta baixa* é mais bem representada quando o corte horizontal é definido por todos os vãos (como portas e janelas), bem como por elementos verticais importantes (como colunas). A posição do plano de corte pode variar, mas normalmente oscila entre 1,2 m e 1,8 m a partir do piso.*

*A norma brasileira recomenda a utilização de 1,5 m, admitindo algumas variações em função do projeto. (N.T.)

TIPOS DE FACHADAS E PLANTAS

142 CAPÍTULO 4: MÉTODO E NOMENCLATURA DAS PROJEÇÕES ORTOGRÁFICAS

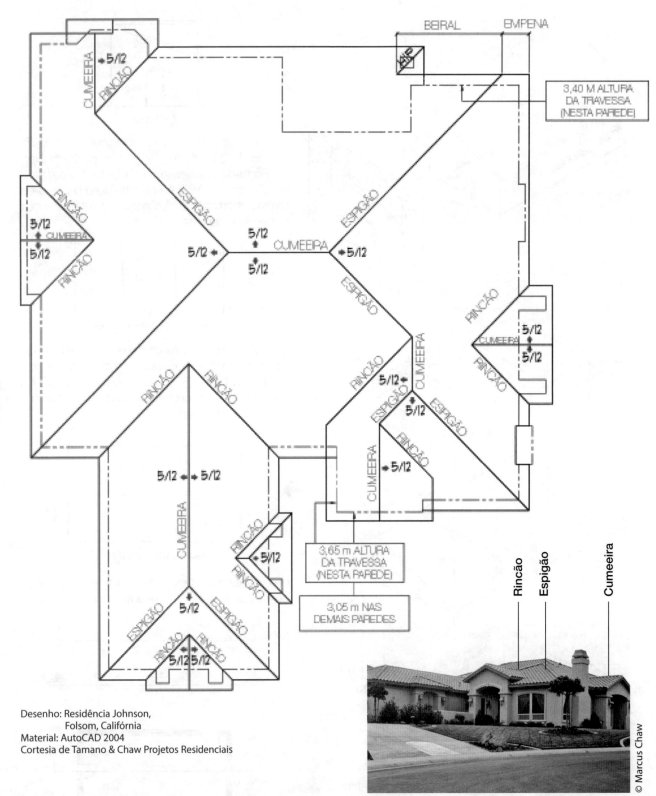

Desenho: Residência Johnson,
Folsom, Califórnia
Material: AutoCAD 2004
Cortesia de Tamano & Chaw Projetos Residenciais

© Marcus Chaw

Uma *planta de cobertura* apresenta a forma global e a configuração detalhada da estrutura do telhado. Nas plantas de cobertura de construções residenciais, as linhas características a serem representadas são cumeeira, rincão e espigão. A inclinação do telhado e as paredes abaixo também são indicadas. Em desenhos de projeto, a textura do material é representada por símbolos.

APLICAÇÕES 143

Desenho: Centro de Tecnologia e Gerenciamento, Edwardsville, Illinois
Material: AutoCAD
Wight & Cia/Fitch-Fitzgerald, Arquitetos/Engenheiros
Cortesia de Richard Klein, SIUE

Imagine colocar um espelho imenso sobre o piso mostrado acima que coincida com o formato do telhado. Você veria as luminárias de lâmpadas fluorescentes, as frestas de ventilação brancas, as luminárias embutidas e as placas brancas do forro, tudo refletido nesse espelho nas exatas posições em que se encontram no teto das salas de aula. Os tetos rebaixados de gesso nos banheiros e na área de almoxarifado seriam refletidos de modo semelhante. Uma *planta de teto refletido* normalmente apresenta os elementos do teto, como os painéis de iluminação e os *sprinklers*, com a mesma orientação que a planta baixa.

O *diagrama de componentes da cobertura* desenhado à direita é uma excelente variante da planta de teto refletido. Mais tridimensional que a planta de teto refletido, ele ilustra claramente os elementos da cobertura.

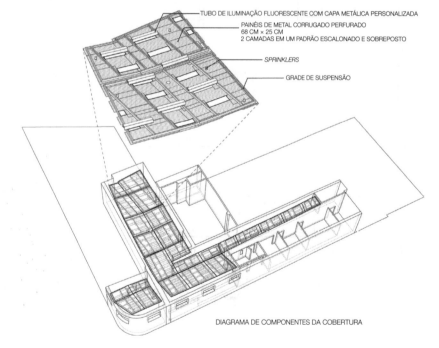

Desenho: Fine Arts Library do Harvard College, Cambridge, Massachusetts
Material: Rhino
Cortesia de Daly Genik Arquitetos

PLANTA DE TETO REFLETIDO

144 CAPÍTULO 4: MÉTODO E NOMENCLATURA DAS PROJEÇÕES ORTOGRÁFICAS

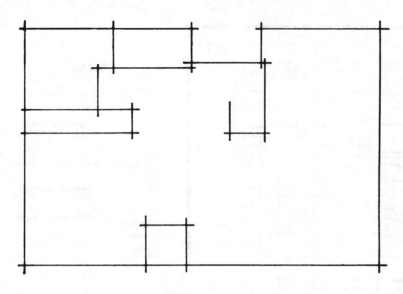

Essa página e a seguinte apresentam o passo a passo do processo de desenho de uma planta. De modo geral, o melhor procedimento é desenhar primeiro o perímetro da construção e depois os elementos ali contidos. Certifique-se de localizar as linhas de eixo de todas as janelas e portas.

1. Suavemente, desenhe o perímetro da edificação com uma linha simples. Novamente empregando linhas simples, represente as linhas de eixo das paredes internas.

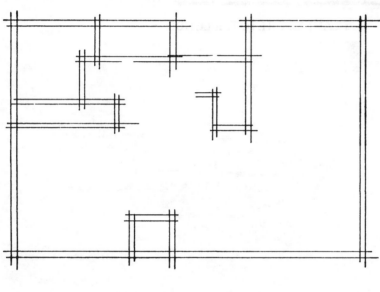

2. Acrescente espessura tanto nas paredes exteriores quanto nas interiores.

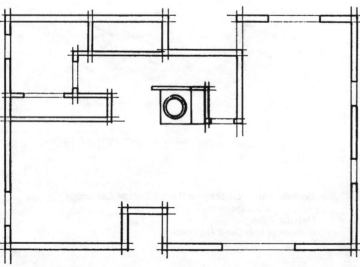

3. Localize e desenhe os vãos nas paredes como janelas, portas, lareiras e escadas.

O DESENHO DA PLANTA: PASSO A PASSO

APLICAÇÕES **145**

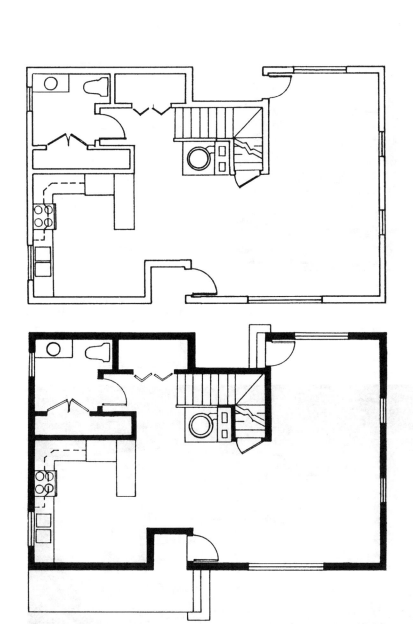

4. Localize e desenhe os acessórios de banheiro e cozinha, bem como os detalhes das portas e janelas.

5. Desenhe todas as seções indicativas das paredes com a convenção apropriada (veja a página seguinte). Neste exemplo, a parede foi representada com a cor preta sólida. Se for mantida em branco, a linha de contorno da parede deve ser engrossada para aumentar a legibilidade.

Plantas baixas ilustram a posição de paredes, portas, janelas e escadas, bem como de outros elementos abaixo do plano de corte (bancadas, vasos sanitários etc.). Plantas são vistas abstratas; ao nível do chão, não conseguimos discernir os objetos que elas representam.

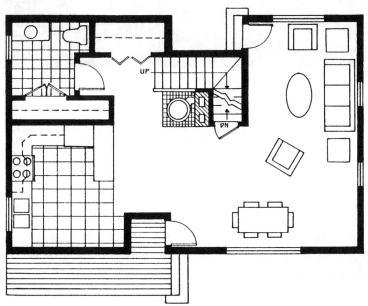

6. Desenhe o símbolo adequado dos materiais (tonalidade e textura) para os pisos de cada cômodo.

Este tutorial passo a passo se aplica ao desenho de plantas tanto à mão livre como com auxílio de instrumentos.

As plantas não retilíneas, como as plantas em ângulo (p. 147), também podem ser geradas dessa maneira; no entanto, as plantas com curvas mais dificilmente realizadas à mão livre devem ser feitas digitalmente. O principal objetivo de incluir o mobiliário e os elementos construídos (fogões, pias etc.) na planta é mostrar a funcionalidade e a escala. Para uma leitura exata, a planta, assim como todas as vistas ortográficas, deve possuir uma escala uniforme.

O DESENHO DA PLANTA: PASSO A PASSO

146 CAPÍTULO 4: MÉTODO E NOMENCLATURA DAS PROJEÇÕES ORTOGRÁFICAS

INDICAÇÃO DAS PAREDES NA PLANTA

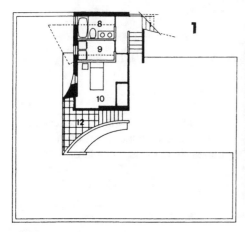

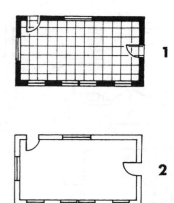

Desenho: Projeto da Villa Haia,
Haia, Holanda
20,3 cm × 25,4 cm (8" × 10"), escala: 1:50
Material: Caneta e nanquim
Cortesia de Hariri & Hariri Arquitetos

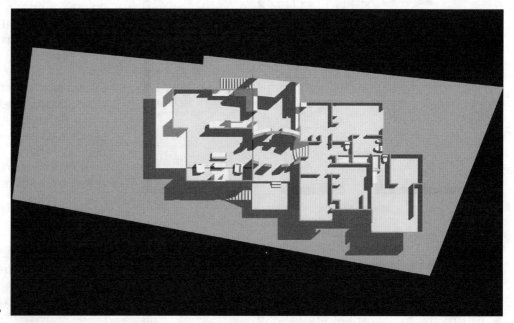

Imagem da planta de estudo: Residência Nomikos, Berkeley, Califórnia
Cortesia de Mark English Arquitetos

Este projeto envolveu a conexão de dois elementos construtivos existentes e a mudança do local de entrada. A entrada tem uma geometria diferente, com uma parede em curva, para enfatizar o seu papel fluido na ligação dos dois espaços previamente desconectados.
[RELATO DE UM ARQUITETO]

Nas indicações das paredes em planta baixa, podem ser atribuídos diferentes brilhos tonais. Em **1**, é desejado maior contraste com o revestimento do piso; assim, as paredes são representadas em um tom preto sólido. Em **2**, é necessário um contraste mínimo; assim, as paredes são deixadas sem nenhuma tonalidade ou linha de ênfase no contorno. Em **3**, foi empregada uma hachura para proporcionar um contraste médio (essa alternativa também pode ser utilizada para indicar o material construtivo). Em **4**, são agregadas sombras à planta para acentuar as paredes e aumentar o contraste. As sombras também fornecem indicativos da altura das paredes e de outros elementos verticais.

APLICAÇÕES **147**

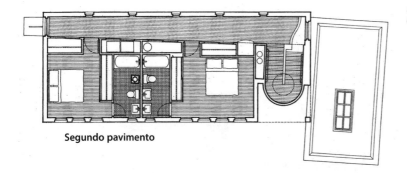
Segundo pavimento

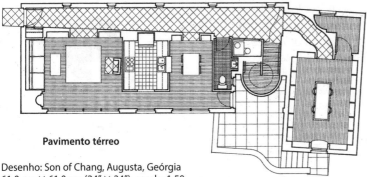
Pavimento térreo

Desenho: Son of Chang, Augusta, Geórgia
61,0 cm × 61,0 cm (24" × 24"), escala: 1:50
Material: Nanquim
Cortesia de Anthony Ames, Arquiteto

2 Os padrões, brilhos e cores para *indicar* o acabamento dos pisos é tão importante quanto a indicação das paredes na planta. No caso **2**, a linha de contorno do corte na planta foi escurecida para diferenciá-lo da textura do piso. No caso **3**, a representação em preto sólido cria um contraste inequívoco com os vários tipos de revestimentos do piso.

© Anthony Ames Arquiteto

Em construções multifuncionais, as plantas baixas dos pavimentos são frequentemente desenhadas em *alinhamento* vertical, com o pavimento mais baixo na base. As plantas também podem ser desenhadas em alinhamento horizontal, e, nesse caso, o pavimento inferior fica à esquerda.

3

Planta do primeiro pavimento

Desenho: Libeskind Villa Worldwide
Material: AutoCAD
Cortesia do Estúdio Daniel Libeskind

Este plano angular impressionante é de uma casa projetada exclusivamente e que emula um cristal se projetando a partir da rocha (ver p. 158). Três faixas arquitetônicas se integram para criar a forma angular envolvendo a villa. As janelas em ângulo do chão ao teto produzem no interior efeitos de luz e transparência de tirar o fôlego. Construída com materiais sustentáveis como madeira e alumínio, a fachada oferece um excelente isolamento térmico, resistência às intempéries e redução de ruído.

INDICAÇÕES DE PISO/ALINHAMENTO DAS PLANTAS DE PAVIMENTOS

148 CAPÍTULO 4: MÉTODO E NOMENCLATURA DAS PROJEÇÕES ORTOGRÁFICAS

SETAS INDICATIVAS DO NORTE/ESCALAS GRÁFICAS

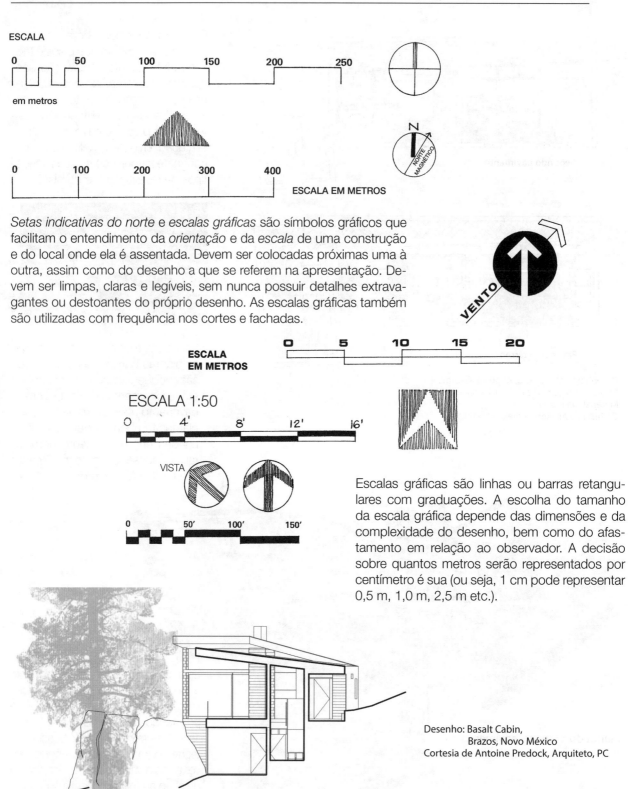

Setas indicativas do norte e *escalas gráficas* são símbolos gráficos que facilitam o entendimento da *orientação* e da *escala* de uma construção e do local onde ela é assentada. Devem ser colocadas próximas uma à outra, assim como do desenho a que se referem na apresentação. Devem ser limpas, claras e legíveis, sem nunca possuir detalhes extravagantes ou destoantes do próprio desenho. As escalas gráficas também são utilizadas com frequência nos cortes e fachadas.

Escalas gráficas são linhas ou barras retangulares com graduações. A escolha do tamanho da escala gráfica depende das dimensões e da complexidade do desenho, bem como do afastamento em relação ao observador. A decisão sobre quantos metros serão representados por centímetro é sua (ou seja, 1 cm pode representar 0,5 m, 1,0 m, 2,5 m etc.).

Desenho: Basalt Cabin,
Brazos, Novo México
Cortesia de Antoine Predock, Arquiteto, PC

Essa fachada em corte mostra uma escala gráfica simples, mas eficaz.

APLICAÇÕES   149

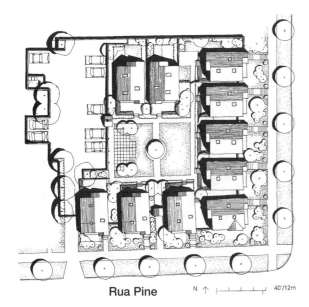

Rua Pine   N ↑ |⎯⎯⎯| 40'/12m

Desenho: Chalés da rua Pine, Seattle, Washington
Cia. Kucher/Rutherford, Empreiteira e Construtora
Cortesia de Marcia Gamble Hadley, Projetista

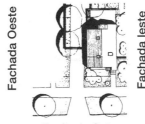

Fachada Norte

Fachada Oeste · Fachada Leste

Fachada Sul ou Fachada da Rua Pine

Se a frente da construção encontra-se virada para o norte, então a notação adequada é Fachada Norte e da mesma forma para as demais direções dos demais lados do terreno (por exemplo, Fachada Sudoeste). Uma característica importante do local, como uma rua principal ou um corpo d'água, pode ser empregada no lugar da direção.

Plantas de implantação mostram a orientação e a posição da construção (abaixo) ou do conjunto de construções (acima). Podem ser desenhos detalhados como os apresentados nesta página ou esquemáticos. Normalmente, são elaboradas na escala de 1:100, 1:200 ou 1:250. Os limites do terreno, que devem englobar todos os elementos do local, assim como o complexo construído, devem ser claramente identificados, como mostrado abaixo. Sombras ajudam a representar a altura da construção e sua forma global.

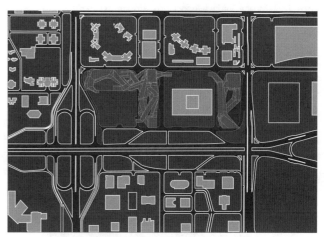

Desenho: Quatro Torres em Uma, Shenzhen, China
Material: Software personalizado, BIM e outras plataformas
Cortesia de Morphosis Arquitetos

Uma *planta de localização* é uma variante da planta de implantação que se estende para incluir um contexto mais amplo, regional, com feições urbanas importantes, como as principais vias de circulação, construções vizinhas e a topografia da região. Esses elementos ambientais costumam exercer um papel significativo, influenciando o projeto proposto para a construção.

Desenhos: Museu Riverside de Glasgow, Glasgow, Escócia
Material: Rhino, Maya e AutoCAD
Cortesia de Zaha Hadid Arquitetos

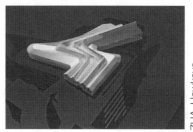

ZHA_Hawkeye_
Foto Aérea da Arcspace

A PLANTA DE IMPLANTAÇÃO

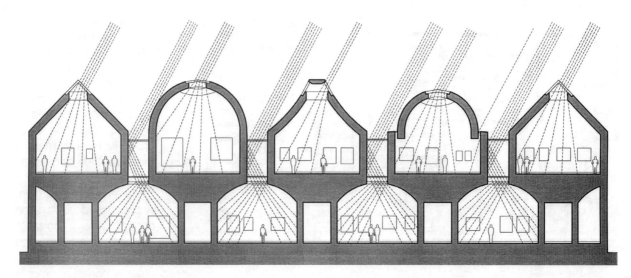

Desenho: Museu Peabody Essex, Salem, Massachusetts
Material: AutoCAD
Cortesia de Moshe Safdie e Associados, Arquitetos

Desenhos adicionais para esta construção estão disponíveis no *site* da LTC Editora (Capítulo 10).

Os cortes normalmente interceptam **(1)** aberturas de portas e janelas, **(2)** elementos de circulação com mudança de nível (por exemplo, escadas e rampas) e **(3)** aberturas no teto ou no telhado, como claraboias. Os elementos da fundação podem ou não ser apresentados, dependendo da sua relevância para o projeto como um todo. Os cortes nunca devem ser feitos através das colunas.

Corte através das galerias superiores e inferiores

Um *corte de projeto* deve revelar tanto quanto possível os objetivos do projeto. Com essa finalidade, os cortes são feitos através de sólidos e vãos importantes. Estudos de iluminação são frequentemente realizados para determinar como a luz solar incide através de janelas ou claraboias. Os arquitetos jogam com a forma com que a luz penetra nos espaços internos e com os efeitos que a textura e a estrutura do espaço arquitetônico nos causam. Figuras humanas também são incluídas para proporcionar escala aos desenhos.

Fotografia: Cortesia do Escritório de Gunnar Birkerts

Desenho: Residência Freeman, Grand Rapids, Michigan
76,2 cm × 50,8 cm (30" × 20"), escala: 1:100
Material: Nanquim sobre vegetal
Cortesia de Gunnar Birkerts e Associados, Arquitetos

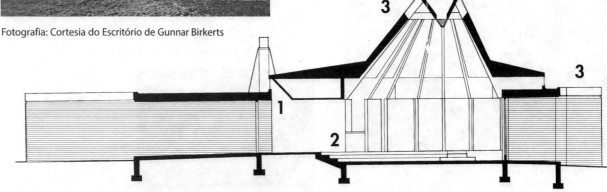

APLICAÇÕES 151

Corte longitudinal

Desenho: Residência Chen, Ventura, Califórnia
Material: Nanquim sobre vegetal
Cortesia de Edward R. Niles, FAIA

Essa casa apresenta uma galeria de arte com iluminação zenital e esculturas chinesas em 2D e 3D

Corte B

Um *corte com vistas* mostra as alturas por trás do corte. As superfícies em corte devem ser enfatizadas por meio de tons e hachuras. Linhas no corte longitudinal mostrando as elevações interiores, acima, possuem peso levemente distinto de modo a proporcionar maior senso de profundidade. O espaçamento desigual das linhas mais finas no interior denota uma distorção típica para representar uma superfície curva.

É comum observar uma hierarquia nas linhas de elevação em um corte de projeto. Os pesos dessas linhas diminuem de intensidade à medida que aumenta a distância do observador. Esse contraste no peso das linhas é um excelente indicador de profundidade.

© Estúdio Roberto Pisano

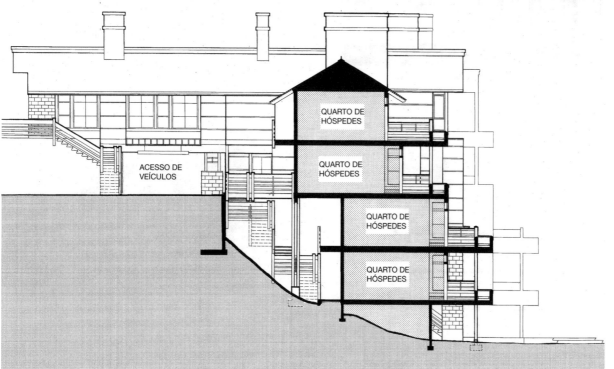

Desenho: Hotel em Langley, Whidbey Island, Washington
Cortesia de GGLO Arquitetura e Design de Interiores

CORTE COM VISTAS

152 CAPÍTULO 4: MÉTODO E NOMENCLATURA DAS PROJEÇÕES ORTOGRÁFICAS

IDENTIFICAÇÃO DE CORTES/FACHADAS

Desenho: Residência Marbled,
　　　　　Ahmedabad, Índia
Material: AutoCAD para os desenhos e Google SketchUp para as perspectivas
Cortesia de Matharoo Arquitetos Associados

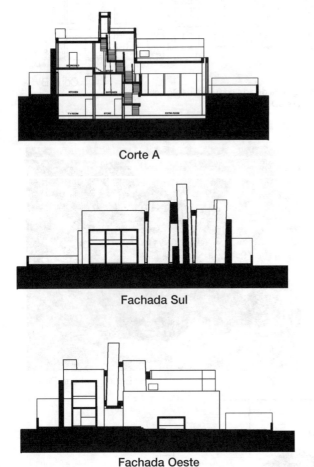

Corte A

Fachada Sul

Fachada Oeste

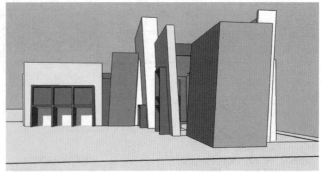

Na apresentação de cortes e fachadas da residência Marbled, as superfícies em corte foram representadas em preto sólido, o que permite ao observador perceber uma nítida relação entre o projeto da construção e o plano do terreno. O corte dos volumes pode ser apresentado acima do solo ou abaixo (ou seja, a partir do subsolo). Os desenhos devem ser convenientemente nomeados e identificados dentro da área hachurada do terreno ou adjacentes a ela. As fachadas são nomeadas com base nas direções das suas faces; na fachada sul, a face da construção encontra-se direcionada para o sul. A fachada oeste está voltada para o oeste. Assim como na residência Chen, na página anterior, a área da cobertura na residência Botta é exibida em dimensões reduzidas usando espaçamento não uniforme das linhas devido à sua curvatura.

Os desenhos contam com o auxílio de modelos de estudo e do software SketchUp 3D para facilitar a compreensão e o detalhamento subsequente. A casa é para um comerciante de pedras artesanais e foi inspirada nas várias lajes de pedra guardadas em seus depósitos. As paredes de pedra deram destino a uma grande quantidade de material desperdiçado e que dispensa manutenção.
[Relato de um arquiteto]

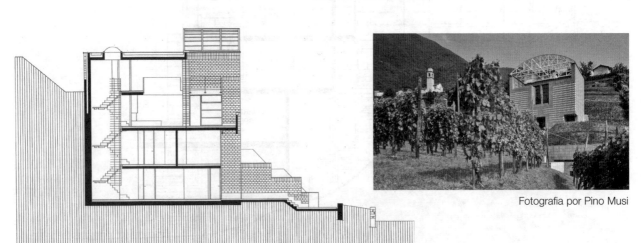

Fotografia por Pino Musi

Desenho: Residência unifamiliar, Daro, Bellinzona, Suíça
Desenho do Estúdio de Arquitetura Mario Botta
Cortesia de Mario Botta, Arquiteto, Lugano, Suíça

APLICAÇÕES **153**

Corte A-A

A Arena Stage (p.112–13) apresenta a identificação das seções dos seus cortes baseada na notação das seções indicativas. O CORTE A-A indica a posição do observador ao olhar a seção. Observe o uso de uma escala gráfica junto à visão do plano da arena. A residência Barnes, abaixo, utiliza uma linha de contorno para delimitar a linha de corte do piso entre as áreas circundantes e a casa. Veja (p. 551-65).

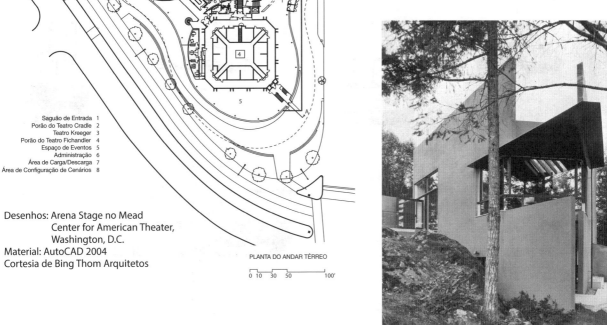

Saguão de Entrada 1
Porão do Teatro Cradle 2
Teatro Kreeger 3
Porão do Teatro Fichandler 4
Espaço de Eventos 5
Administração 6
Área de Carga/Descarga 7
Área de Configuração de Cenários 8

PLANTA DO ANDAR TÉRREO
0 10   30   50   100'

Desenhos: Arena Stage no Mead
          Center for American Theater,
          Washington, D.C.
Material: AutoCAD 2004
Cortesia de Bing Thom Arquitetos

© James Dow

Desenho: Residência Barnes, Nanaimo, Colúmbia Britânica, Canadá
45,7 × 91,4 cm (18" × 36"), escala: 1:50
Material: Nanquim sobre vegetal
Cortesia de Patkau Arquitetos

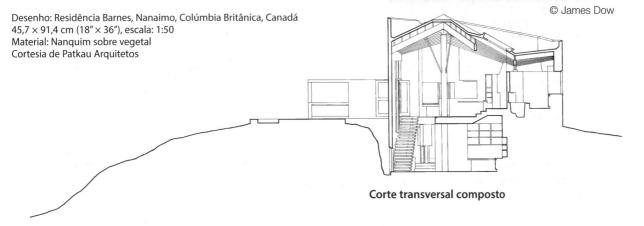

Corte transversal composto

IDENTIFICAÇÃO DE CORTES

154 CAPÍTULO 4: MÉTODO E NOMENCLATURA DAS PROJEÇÕES ORTOGRÁFICAS

COMPOSIÇÃO DE CORTES

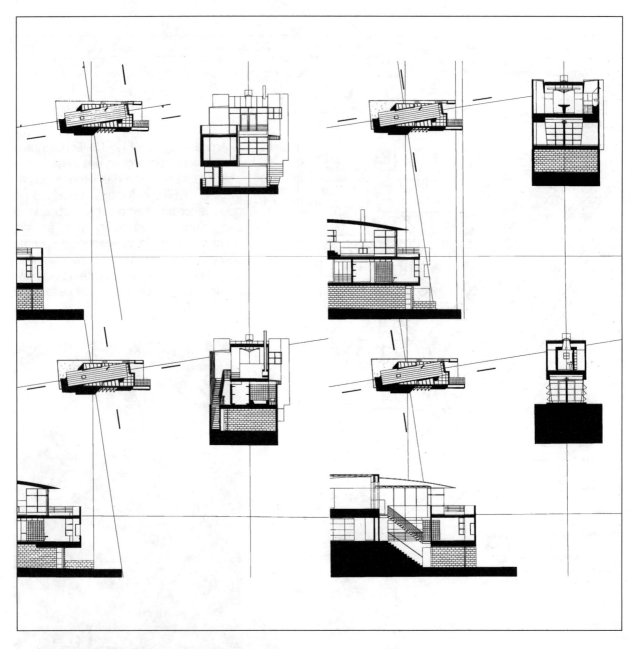

Desenhos (nesta e nas páginas seguintes): Residência Elliot, Hermosa Beach, Califórnia
Escala: 1:30
Material: Caneta e nanquim sobre poliéster
Cortesia de Dean Nota, Arquiteto

O *Dicionário Webster* define "composto" como algo que compreende certa quantidade de partes ou elementos (ver p. 382-401).

Como apresentado acima, o emprego de cortes compostos permite ao observador examinar várias seções de uma construção. Os cortes são tomados a intervalos selecionados e indicados nas vistas das plantas de cobertura. Com o advento dos desenhos produzidos em computador, os cortes podem ser prontamente observados a partir de uma quantidade infinita de posições. Essa geração de imagem instantânea é especialmente útil no projeto e na produção de estruturas curvas. Esse processo é análogo à tecnologia da tomografia computadorizada (TC) na área médica.

APLICAÇÕES **155**

Essa pequena residência composta de estuque, vidro e blocos de concreto está situada em uma vizinhança densamente habitada no limite da transformação — uma comunidade à beira-mar nos limites de Los Angeles. A principal preocupação era o desejo de abrir a casa para as vistas, mantendo ao mesmo tempo um grau de privacidade em relação às construções adjacentes. Vistas impressionantes estão disponíveis nas direções oeste e sudoeste. A geometria plana e a volumetria formal evoluíram de uma rotação do eixo dos espaços orientados para as vistas ao longo de um corredor de visualização definido pelas construções vizinhas que foram ou logo serão construídas no gabarito máximo de altura. A estrutura rotacionada é ainda mais articulada por um teto abobadado que emula o topo da colina. Cunhas de espaço intersticial se transformam em espaços internos iluminados para serviço e circulação.
[RELATO DE UM ARQUITETO]

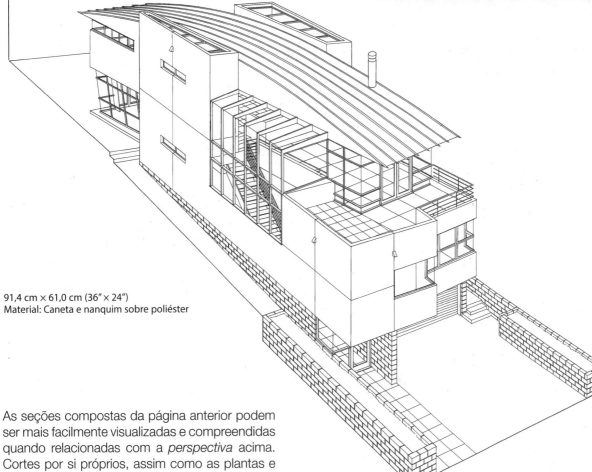

91,4 cm × 61,0 cm (36" × 24")
Material: Caneta e nanquim sobre poliéster

As seções compostas da página anterior podem ser mais facilmente visualizadas e compreendidas quando relacionadas com a *perspectiva* acima. Cortes por si próprios, assim como as plantas e as elevações, são meros fragmentos bidimensionais de um todo. O processo de projetar sempre envolve a visualização de como essas partes fragmentadas compõem o todo tridimensional e vice-versa.

PERSPECTIVAS PARA A COMPOSIÇÃO DE CORTES

156 CAPÍTULO 4: MÉTODO E NOMENCLATURA DAS PROJEÇÕES ORTOGRÁFICAS

ESCADAS

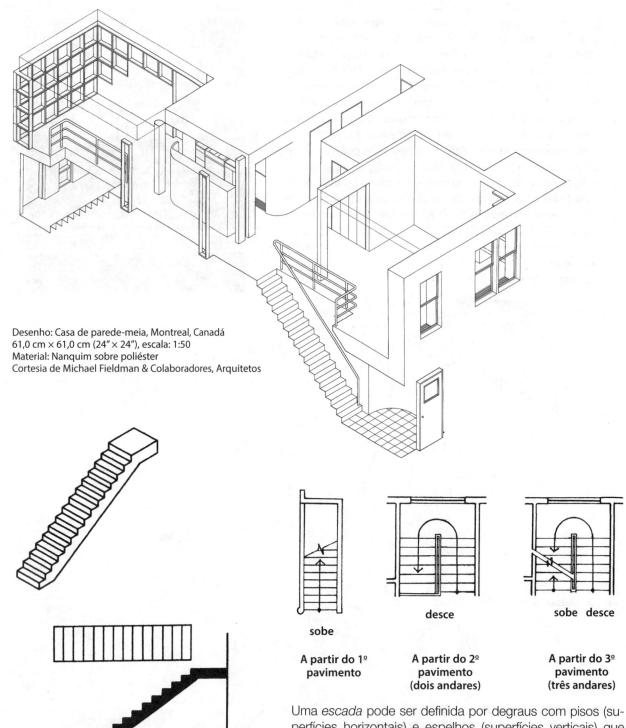

Desenho: Casa de parede-meia, Montreal, Canadá
61,0 cm × 61,0 cm (24" × 24"), escala: 1:50
Material: Nanquim sobre poliéster
Cortesia de Michael Fieldman & Colaboradores, Arquitetos

sobe

A partir do 1º pavimento

desce

A partir do 2º pavimento (dois andares)

sobe   desce

A partir do 3º pavimento (três andares)

Escada reta

Uma *escada* pode ser definida por degraus com pisos (superfícies horizontais) e espelhos (superfícies verticais) que conectam níveis diferentes. Utilize uma seta fina para indicar o movimento de circulação — sobe ou desce — a partir da planta baixa correspondente. Uma linha fina diagonal indica o plano de corte.

O uso de escadas de vidro como elemento de *design* pode ser bem instigante; veja o *link* relativo a esta página, disponível no *site* da LTC Editora.

APLICAÇÕES **157**

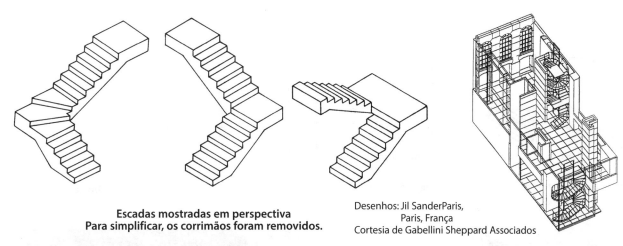

Escadas mostradas em perspectiva
Para simplificar, os corrimãos foram removidos.

Desenhos: Jil SanderParis,
Paris, França
Cortesia de Gabellini Sheppard Associados

Esse prédio de três andares em formato de pódio (esquerda), silencioso em suas formas, inclui dois níveis abaixo do solo. Os três níveis estão conectados por rampas circulares dentro de um pátio central elíptico.

Fotografia: Museu da Memória de Andaluzia,
Granada, Espanha
Cortesia de Alberto Campo Baeza, Arquiteto

© Paul Warchol

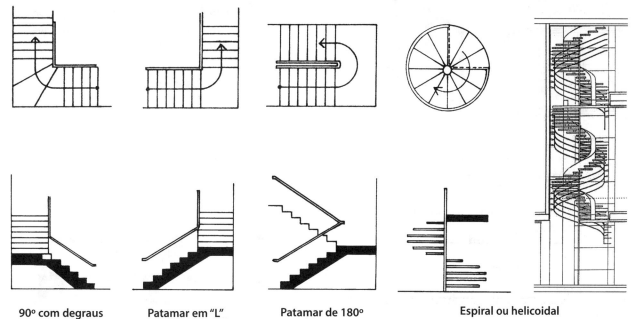

90° com degraus em leque   **Patamar em "L"**   **Patamar de 180° em "U"**   **Espiral ou helicoidal**

Escadas são sequências de degraus que conectam dois ou mais pavimentos de uma construção. Os quatro exemplos acima são representações típicas de escadas em planta e elevação. Escadas retas também são usuais. Uma rampa, como mostra a imagem do meio, à esquerda, é uma superfície inclinada que conecta dois ou mais níveis. Repare que a Lei Americana para Deficientes permite uma inclinação máxima em uma rampa de pedestres de 1:12; se a rampa ultrapassar 9 m, ela precisa ter uma plataforma intermediária.[*]

---

[*] A norma brasileira (NBR 9050, ABNT 1994) possui diferentes limites de inclinação máxima permitida, variando de forma inversamente proporcional ao desnível a ser vencido. Para a inclinação de 1:12, o desnível máximo permitido é 80 cm.

158 CAPÍTULO 4: MÉTODO E NOMENCLATURA DAS PROJEÇÕES ORTOGRÁFICAS

JANELAS

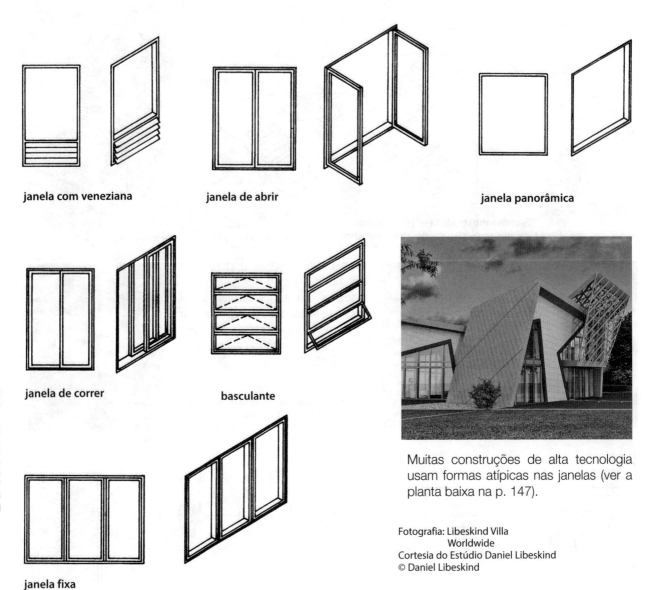

janela com veneziana

janela de abrir

janela panorâmica

janela de correr

basculante

janela fixa

Muitas construções de alta tecnologia usam formas atípicas nas janelas (ver a planta baixa na p. 147).

Fotografia: Libeskind Villa
Worldwide
Cortesia do Estúdio Daniel Libeskind
© Daniel Libeskind

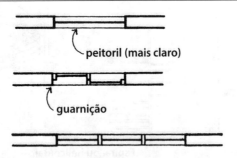

peitoril (mais claro)

guarnição

Uma janela em planta mostrando a largura da abertura é o resultado de um corte horizontal através do vidro da janela, seu caixonete (guarnição) e a parede em ambos os lados. O corte é sempre acima do peitoril, que é desenhado em cor mais clara do que o corte. Durante o projeto, considere outras formas não retilíneas (ver págs. 508-509).

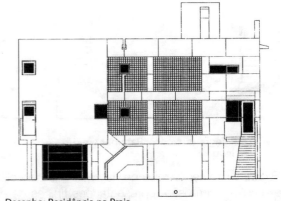

Desenho: Residência na Praia
Delray, Delray Beach, Flórida
Material: Nanquim sobre vegetal
Cortesia de Anthony Ames, Arquiteto

APLICAÇÕES **159**

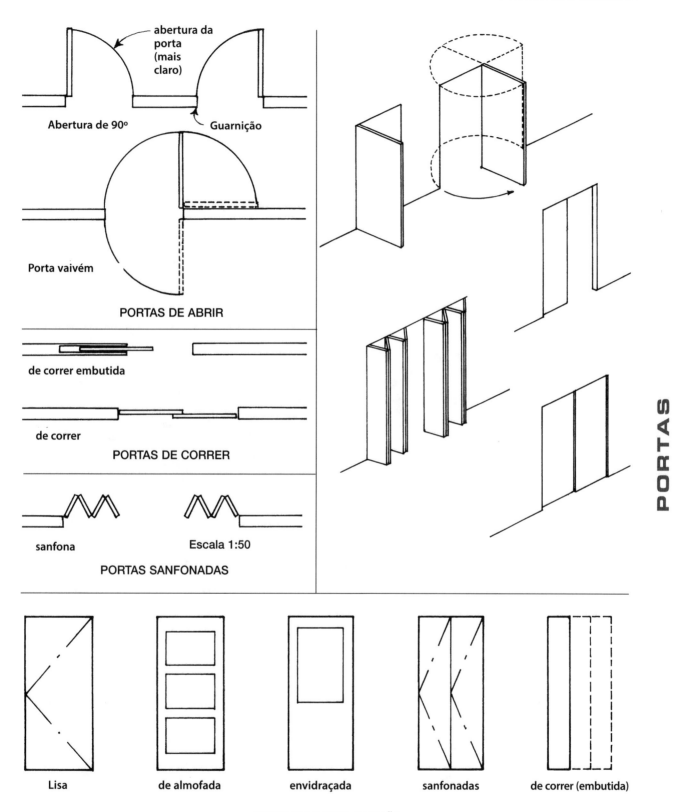

TIPOS DE PORTA PADRÃO

Seis tipos de janela padrão (p. 158) e cinco tipos de porta padrão são exibidos em elevação e perspectiva. As portas na planta baixa mostram a largura da abertura. A convenção tem qualquer tipo de porta de abrir desenhada perpendicular ao plano da parede.

5

Projeções Ortogonais e Paralelas

FUNDAMENTOS 163
APLICAÇÕES 184

É importante que os estudantes de projetos do ambiente desenvolvam a habilidade de visualizar e expressar graficamente formas e espaços em três dimensões. Com a exceção dos estudos de caso no Capítulo 3, que poderiam ser inspirados por tipos diferentes de narrativas e concebidos com a ajuda de *software* digital avançado, o processo projeto-desenho inicia-se com expressões bidimensionais na forma de croquis e projeções ortogonais. No vocabulário empregado por arquitetos e projetistas, essas múltiplas representações são a planta, a fachada e o corte. As múltiplas representações nos auxiliam a examinar de forma precisa as configurações geométricas, as relações espaciais, assim como a escala e as proporções do projeto. No entanto, de acordo com a teoria das projeções ortogonais, as múltiplas representações por si próprias não mostram a configuração tridimensional de um objeto ou construção. Para expressar a profundidade pictórica e a relação tridimensional exata, são necessários desenhos específicos denominados "projeções paralelas" e "perspectivas". As projeções paralelas, como o nome sugere, são

162 CAPÍTULO 5: PROJEÇÕES ORTOGONAIS E PARALELAS

caracterizadas por linhas paralelas, ao passo que as perspectivas se caracterizam por linhas convergentes.* As projeções paralelas representam formas volumétricas por meio da combinação dos parâmetros comprimento, largura e profundidade, enquanto unificam a planta, a fachada e o corte, simultaneamente, em uma única ilustração.

O objetivo deste capítulo é desenvolver sua habilidade de visualizar e comunicar formas e espaços correlacionando desenhos ortogonais bidimensionais com as projeções paralelas tridimensionais como as axonométricas e as oblíquas.

Alguns termos e conceitos importantes que você aprenderá são:

Projeção ortogonal	Perspectiva axonométrica	Perspectiva militar
Projeção paralela	Perspectiva isométrica	Perspectiva cavaleira
Vistas auxiliares	Vistas superiores	Vistas inferiores
Vistas explodidas	Vistas expandidas	Combinações multioblíquas

Projeções Ortogonais e Paralelas

TÓPICO: PROJEÇÕES ORTOGONAIS

Ching 2009, 28-31, 74-84.

Forseth 1980, 21-75.

TÓPICO: PROJEÇÕES PARALELAS (AXONOMÉTRICAS E OBLÍQUAS)

Ching 2009, 86-100.

Forseth 1980, 77-97.

Visão Geral do Capítulo

Após estudar este capítulo e fazer os exercícios propostos na seção final do livro, você saberá construir vistas ortogonais, perspectivas axonométricas e oblíquas. Para prosseguir nos estudos dos princípios tratados neste capítulo, recomenda-se a leitura de Uddin 1996.

---

* No Brasil, é comum a adoção do termo "perspectiva" tanto para as projeções paralelas quanto para as projeções cônicas (que utilizam linhas convergentes). (N.T.)

FUNDAMENTOS 163

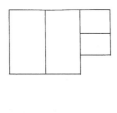
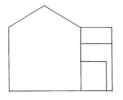

PROJEÇÕES ORTOGONAIS

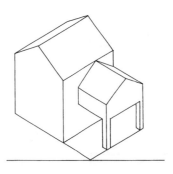

ISOMÉTRICA

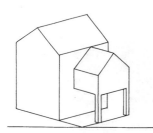
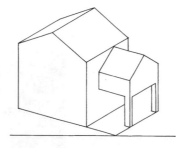
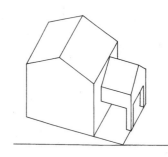

PARALELAS AXONOMÉTRICAS

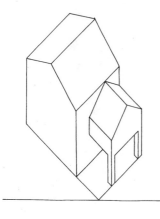
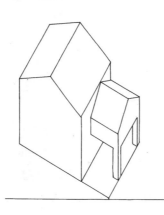
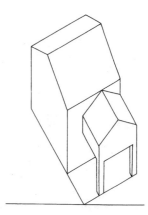

PARALELAS OBLÍQUAS

Plantas, fachadas e cortes são projeções (bidimensionais) *ortogonais* (múltiplas vistas). Nas projeções *paralelas* (vistas únicas), o conjunto das linhas é formado por paralelas que se encontram no infinito, proporcionando um aspecto tridimensional à imagem. O preparo adequado para o estudo das *projeções ortogonais e paralelas* consiste em uma comprovada proficiência na escrita (as legendas que acompanham os desenhos), qualidade de traçado e manuseio de ferramentas de desenho. Tais elementos, em conjunto com uma breve introdução às convenções de desenho, proporcionam a base essencial para um esboço desses tipos de desenhos pictóricos. A família das projeções *axonométricas* e *oblíquas* (que inclui a perspectiva *isométrica*) pode ser classificada como projeções *paralelas*. As paralelas axonométricas também são denominadas *dimétricas* e *trimétricas*.

164 CAPÍTULO 5: PROJEÇÕES ORTOGONAIS E PARALELAS

VERDADEIRA GRANDEZA E ENCURTAMENTO DE LINHAS

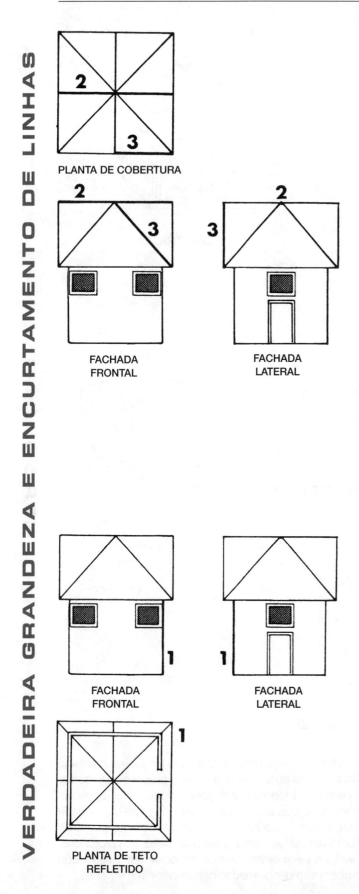

PLANTA DE COBERTURA

FACHADA FRONTAL

FACHADA LATERAL

FACHADA FRONTAL

FACHADA LATERAL

PLANTA DE TETO REFLETIDO

Qualquer forma construída é composta pelos elementos básicos: pontos, linhas e planos. Às vezes, nos questionamos intuitivamente por que um sólido tem a forma que tem. Contudo, é apenas a partir da compreensão de como esses elementos geométricos atuam nas projeções ortogonais que podemos entender plenamente o que observamos. O estudo dessa interação é denominado *geometria descritiva*.

Nas fachadas ou elevações, as formas da construção são representadas por linhas verticais em verdadeira grandeza (**1**), que podem aparecer nas vistas adjacentes tanto como um ponto quanto como uma linha em verdadeira grandeza. Da mesma maneira, linhas horizontais em verdadeira grandeza (**2**) também são representadas como pontos ou linhas em verdadeira grandeza nas demais vistas. Linhas inclinadas em verdadeira grandeza (**3**) possuem uma representação reduzida nas outras vistas adjacentes.

Fotografia: Ponte Sundial, Redding, Califórnia
Arquiteto: Santiago Calatrava

Sob tal ponto de vista, os 66 metros do pilar de sustentação estrutural dessa passarela de pedestres aparenta ser vertical, quando, de fato, ele forma um ângulo de aproximadamente 60° em relação ao piso (se observado a partir de um ponto de vista rotacionado em 90°). Seu comprimento real é visto encurtado nesta fotografia. Veja a situação descrita na fachada lateral (**3**).

No desenho localizado no canto inferior direito, observe que a vista de topo contém uma linha de comprimento real (linha de sofito externa) que é representada por um ponto. Um sofito é a face inferior de qualquer componente do teto de uma construção (arquitrave, arco, beiral, cornija etc.) Vistas superiores desse plano mostram-no em formato real nas vistas adjacentes. Os conceitos de *vista perpendicular* de uma linha de comprimento real, *vista de topo* (comprimento real como um ponto) e *forma real* (tamanho real) se tornam perceptíveis com a visualização da estrutura do telhado desta casa. Correlacione as vistas ortogonais com a imagem pictórica (a forma real corresponde à área hachurada).

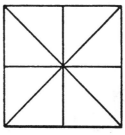

PLANTA DE COBERTURA — VISTA SUPERIOR

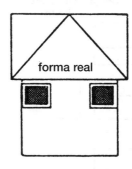

FACHADA FRONTAL

FACHADA LATERAL

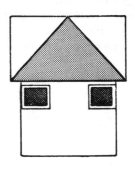

FACHADA FRONTAL

vista de cumeeira (comprimento real representado por um ponto)

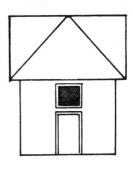

FACHADA LATERAL

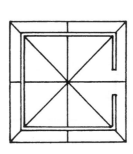

PLANTA DE TETO REFLETIDO

Veja as seções sobre formas geométricas básicas e princípios de geometria descritiva no Apêndice disponível no *site* da LTC Editora.

VISTA PERPENDICULAR/VISTA DE TOPO/FORMA REAL

166 CAPÍTULO 5: PROJEÇÕES ORTOGONAIS E PARALELAS

SEIS VISTAS/CROQUIS DE VISUALIZAÇÃO

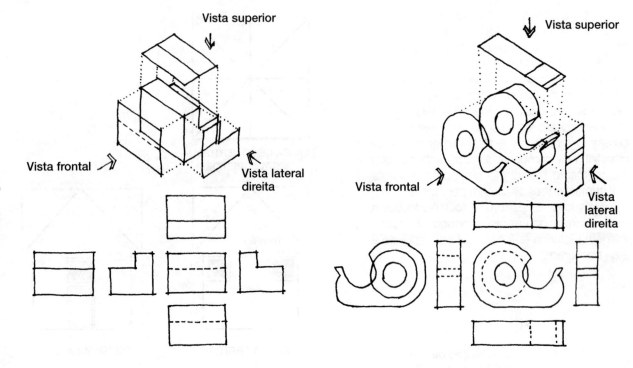

Como foi visto no Capítulo 4, arquitetos e projetistas representam construções tridimensionais por intermédio de vistas em ângulo reto ou ortogonais. Imagens em múltiplas vistas ortogonais nos permitem compreender a totalidade do projeto. Essas imagens são produzidas pela *visualização* do projeto e pela posterior construção dos croquis das formas observadas. O processo gráfico à mão livre começa com um croqui pictórico tridimensional, extraindo as imagens ortogonais bidimensionais a partir das diversas faces do objeto (ou forma construída) em estudo e transferindo essas imagens para uma projeção ortogonal bidimensional.

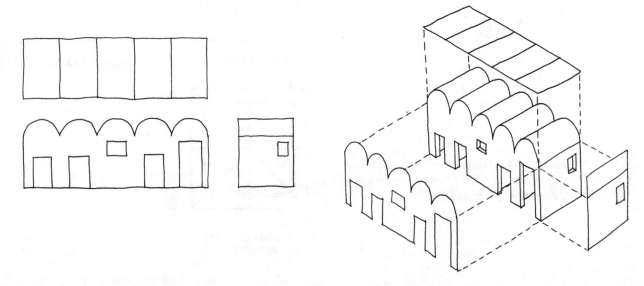

FUNDAMENTOS 167

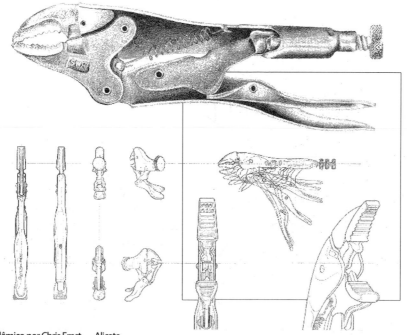

Desenho: Projeto acadêmico por Chris Ernst — Alicate de pressão
Material: Lápis
Cortesia da Escola de Arquitetura da Universidade do Texas em Austin

Ser confiante e competente no processo de produção de croquis de *visualização* requer muita prática. O processo de visualização mental pode começar com objetos que você possa segurar e rotacionar. Uma imagem ortogonal por si própria não consegue ser descritiva o suficiente para nos fornecer pistas a respeito da composição espacial do objeto tridimensional, porém, quando várias vistas ortogonais são relacionadas entre si, tornam-se uma poderosa ferramenta para descrever e decifrar o objeto em questão.

Antes que possa desenvolver suas habilidades na visualização de objetos existentes apenas na sua imaginação, você precisa aprimorar suas habilidades de visualizar objetos reais por diferentes direções.

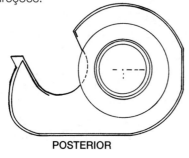
POSTERIOR

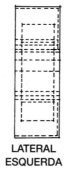
LATERAL ESQUERDA

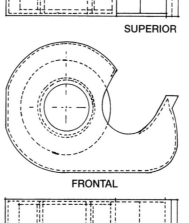
SUPERIOR
FRONTAL
INFERIOR

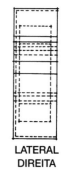
LATERAL DIREITA

Desenho: Projeto acadêmico por Jacquelyn Mujica — Suporte de fita adesiva
27,9 cm × 21,6 cm (11" × 8,5"), Escala: 1:15
Material: Lápis
Cortesia do Departamento de Arquitetura da Faculdade da Cidade de São Francisco

SEIS VISTAS/CROQUIS DE VISUALIZAÇÃO

168 CAPÍTULO 5: PROJEÇÕES ORTOGONAIS E PARALELAS

CROQUIS DE VISUALIZAÇÃO

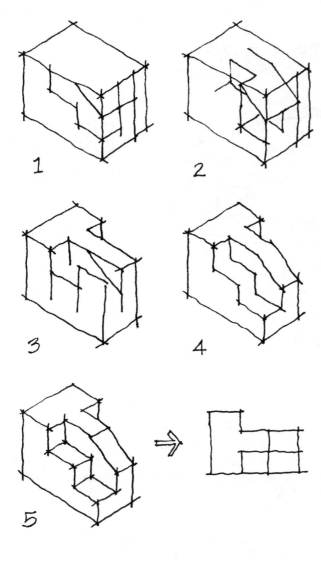

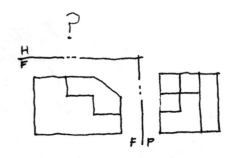

Projetistas frequentemente empregam croquis em projeção paralela, bem como os demais tipos, para auxiliar a visualização de seus projetos. A melhor forma de desenvolver suas habilidades de *visualização* é por meio da prática de observar as relações entre as projeções ortogonais e paralelas.

Neste exemplo, encontra-se ausente uma vista horizontal (superior). Para solucionar essa omissão, faça um croqui das vistas frontal e lateral como apresentado em **1**. Projete os pontos correspondentes para o interior da caixa envolvente. Comece pelas formas básicas ou brutas, como no croqui **2**. Continue com as partes mais detalhadas do objeto, como representado nos croquis **3**, **4** e **5**.

A habilidade para desenvolver *rascunhos à mão livre* no processo de conversão ortogonal-paralelo irá aprimorar a visualização. Quando ocorre um impasse para solução do problema, é muito melhor ser criativo do que rígido; isso ajuda a evitar inibições de comunicação no processo projeto-desenho que possam vir a surgir mais tarde.

Foto: Estação Charing Cross
Cortesia da Wikipedia

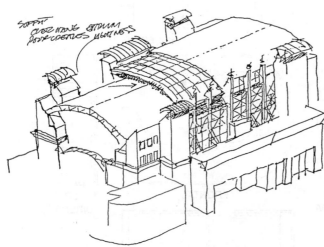

Croqui: A reformulação da Estação de Charing Cross,
Londres, Inglaterra
Material: Traçado com tinta preta e lápis de cor
Cortesia de Terry Farrell & Associados

Implantando uma concepção de uso misto em grande escala, usando uma "abordagem contextual", este projeto demonstrou a facilidade de Farrell na integração de projetos de engenharia e infraestrutura em ambientes urbanos importantes e difíceis.

FUNDAMENTOS 169

Aguçar sua capacidade de visualização com blocos simples irá aprimorar suas habilidades na compreensão das formas construídas mostradas no final deste capítulo.

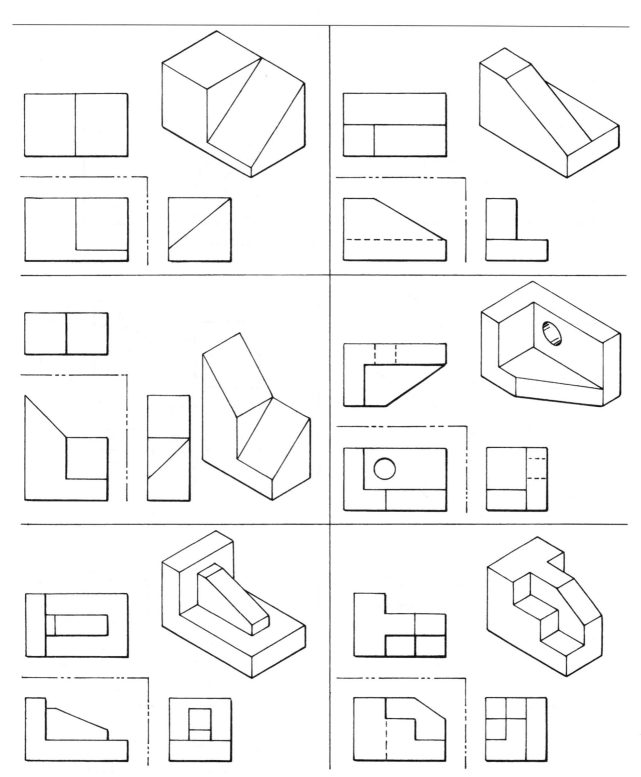

VISUALIZAÇÃO DE BLOCOS

170 CAPÍTULO 5: PROJEÇÕES ORTOGONAIS E PARALELAS

VISUALIZAÇÃO DE BLOCOS

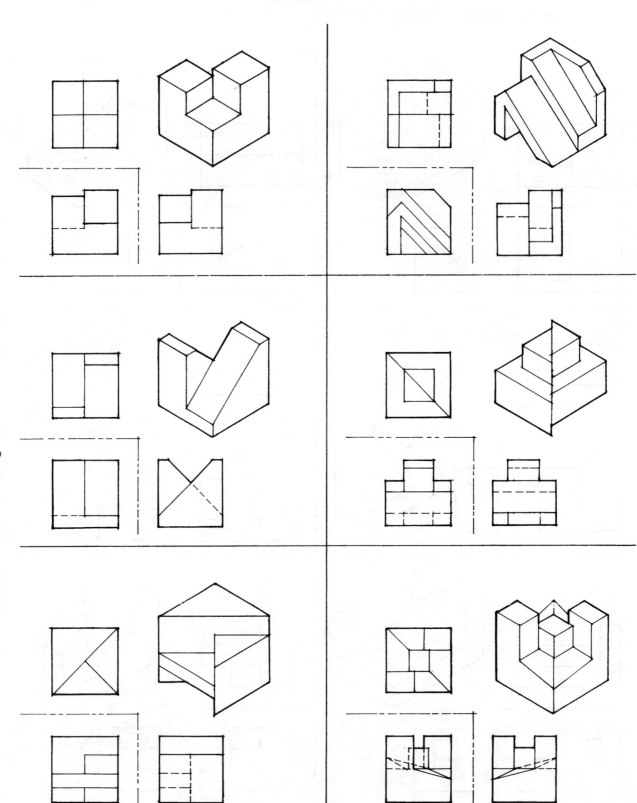

FUNDAMENTOS 171

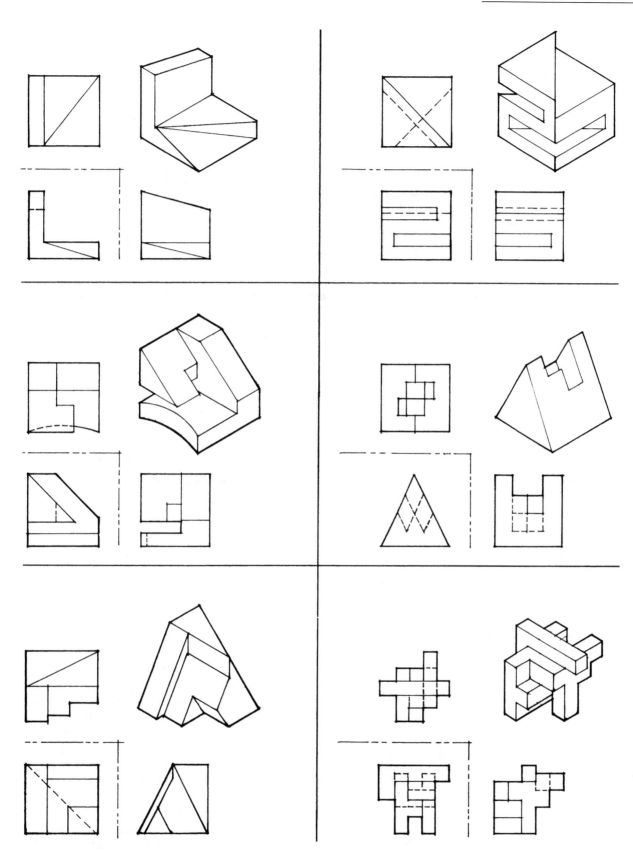

VISUALIZAÇÃO DE BLOCOS

172 CAPÍTULO 5: PROJEÇÕES ORTOGONAIS E PARALELAS

PROJEÇÃO EM SEIS VISTAS

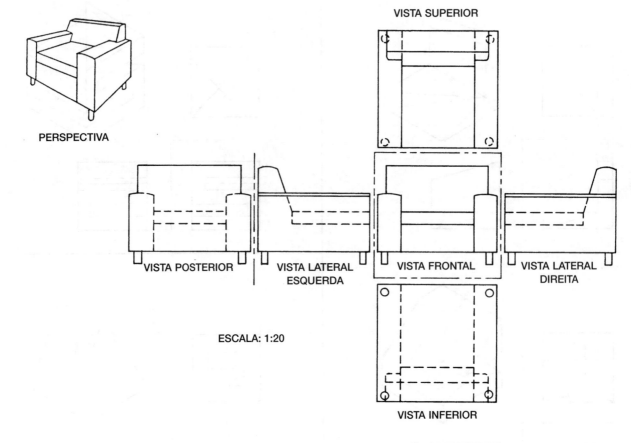

PERSPECTIVA

VISTA SUPERIOR

VISTA POSTERIOR — VISTA LATERAL ESQUERDA — VISTA FRONTAL — VISTA LATERAL DIREITA

VISTA INFERIOR

ESCALA: 1:20

PROJEÇÕES ORTOGONAIS

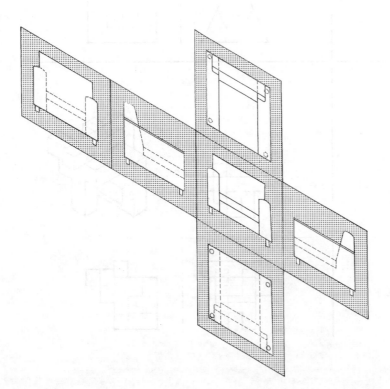

Perspectiva e projeções ortogonais:
Projeto acadêmico por Ellen Lew
Material: Lápis sobre vegetal
Cortesia do Departamento de Arquitetura da
Faculdade da Cidade de São Francisco

Após desenhar pequenos objetos manipuláveis, observe objetos maiores, como mobílias e pequenas construções, e desenhe-os em seis vistas ou menos, de acordo com a necessidade. O desenho à esquerda apresenta seis vistas de uma cadeira projetada nas faces (planos de quadro) de uma caixa de vidro aberta. Na projeção ortogonal, é utilizada uma linha de charneira para auxiliar na compreensão de como as seis vistas estão posicionadas umas em relação às outras. Daqui em diante, essa linha entre as vistas não será mais representada por não ser prática usual no desenho de arquitetura.

FUNDAMENTOS 173

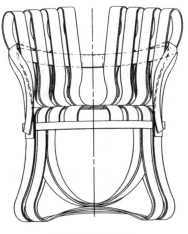
VISTA FRONTAL

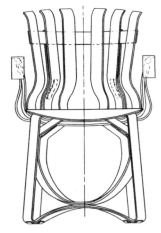
VISTA FRONTAL

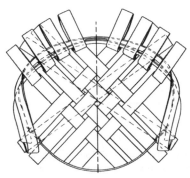
VISTA SUPERIOR

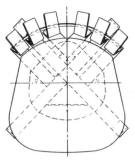
VISTA SUPERIOR

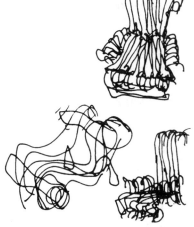

Fotografia: Bentwood Chair
Cortesia da Arcspace

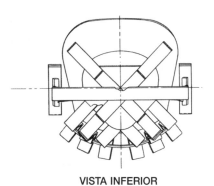
VISTA INFERIOR

QUANTIDADE DE VISTAS NECESSÁRIAS

Com apenas uma vista frontal e uma superior, você pode visualizar a forma da maioria das cadeiras e de outras peças de mobiliário. Com pequenos objetos como cadeiras, duas ou três vistas (superior, frontal e lateral) são suficientes. Para construções, é usual empregar quatro ou mais vistas. O arquiteto Frank Gehry brincava com cestas de alqueire quando criança. Isso o inspirou a criar móveis de madeira leves. Sua linha de cadeiras foi introduzida em 1992.

Croquis e desenhos conceituais:
  A coleção Frank Gehry Bentwood Cadeira de braço Crosscheck (*à esquerda*) 72,4 cm × 85,1 cm (28" × 33,5"), Escala: 1:15
  Cadeira de braço Hat trick (*à direita*) 59,4 cm × 85,1 cm (23,4" × 33,5"), Escala: 1:15
Material: Nanquim sobre papel
Cortesia de Knoll e da Frank Gehry Bentwood Collection

174 CAPÍTULO 5: PROJEÇÕES ORTOGONAIS E PARALELAS

COMPARAÇÃO ENTRE SISTEMAS DE PROJEÇÃO

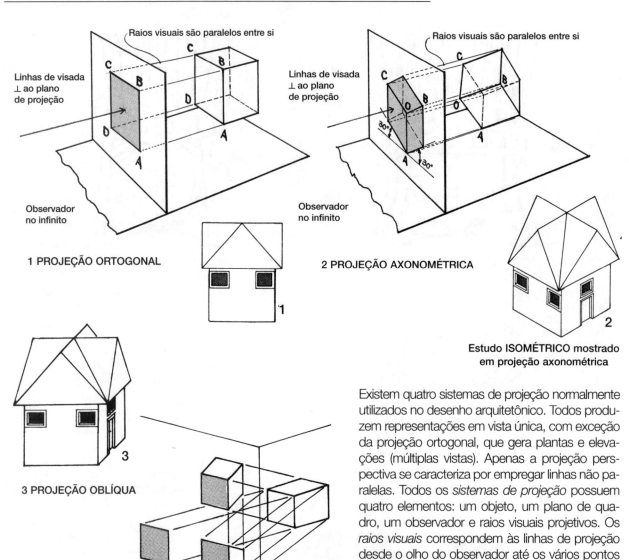

Estudo ISOMÉTRICO mostrado em projeção axonométrica

Existem quatro sistemas de projeção normalmente utilizados no desenho arquitetônico. Todos produzem representações em vista única, com exceção da projeção ortogonal, que gera plantas e elevações (múltiplas vistas). Apenas a projeção perspectiva se caracteriza por empregar linhas não paralelas. Todos os *sistemas de projeção* possuem quatro elementos: um objeto, um plano de quadro, um observador e raios visuais projetivos. Os *raios visuais* correspondem às linhas de projeção desde o olho do observador até os vários pontos do objeto ou cena visualizada. Por conveniência e economia de tempo, comprimentos levemente encurtados pela projeção axonométrica são representados em verdadeira grandeza em uma perspectiva axonométrica. Observe que ⊥ é o símbolo indicativo para perpendicular.

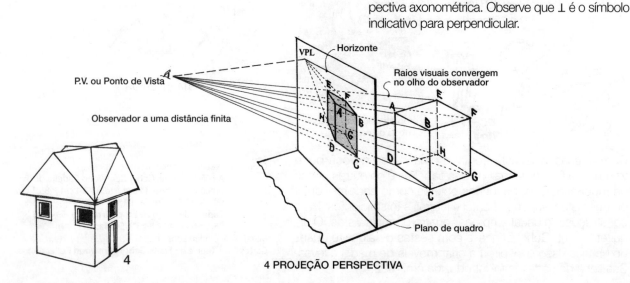

FUNDAMENTOS 175

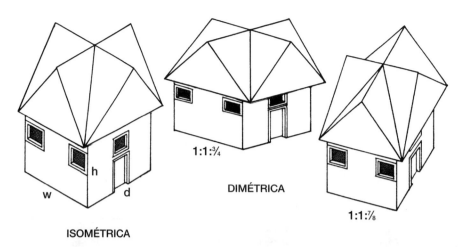

Isométrica: todos os três eixos principais são dispostos na mesma escala: 1:1:1.*

Dimétrica: dois dos três eixos principais são mantidos na mesma escala. A isométrica é um caso particular da perspectiva dimétrica.

Trimétrica: os três eixos principais são dispostos em escalas distintas. Duas vistas laterais formam ângulos diferentes em relação à horizontal.

*Razão entre as escalas para largura (l), profundidade (p) e altura (a) da construção.

As *perspectivas paralelas axonométricas* (do grego) ou *axiométricas* (do inglês) apresentam linhas projetantes *perpendiculares* ao plano do quadro e *paralelas* entre si. Apresentam uma aresta frontal vertical e planos laterais não convergentes.

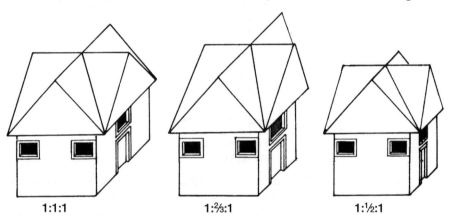

Estas são *perspectivas cavaleiras*: uma fachada é paralela ao plano do quadro e vista em verdadeira grandeza e forma. Normalmente, os planos recuados aparentam estar alongados em seus comprimentos reais. Na prática, são sempre encurtados em um terço ou metade para melhorar o conforto visual.

As *perspectivas paralelas oblíquas* (aqui representadas pela perspectiva cavaleira) apresentam linhas projetantes *oblíquas* em relação ao plano do quadro e *paralelas* entre si. Apresentam uma forma frontal plana em verdadeira grandeza e planos laterais não convergentes. Historicamente, são derivadas dos desenhos das antigas fortificações europeias.

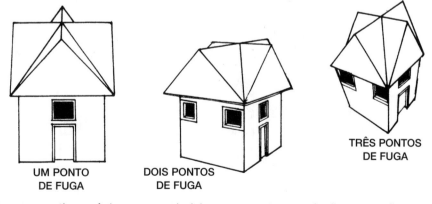

As *perspectivas cônicas*, que serão detalhadas no Capítulo 6, são representações de uma única vista que se aproximam da percepção óptica de um indivíduo. Nas perspectivas com dois ou três pontos de fuga, as diversas superfícies encontram-se em ângulos diferentes em relação ao plano do quadro, enquanto na perspectiva com um ponto de fuga uma superfície é paralela ao plano do quadro.

As *perspectivas cônicas* ou verdadeiras apresentam projeções com diversos ângulos em relação ao plano do quadro, além da característica de possuírem *pontos de fuga*. Apresentam planos laterais convergentes. Historicamente, são derivadas de desenhos da Renascença.

COMPARAÇÃO DOS TIPOS DE PROJEÇÕES

REPRESENTAÇÕES EM UMA E EM MÚLTIPLAS VISTAS

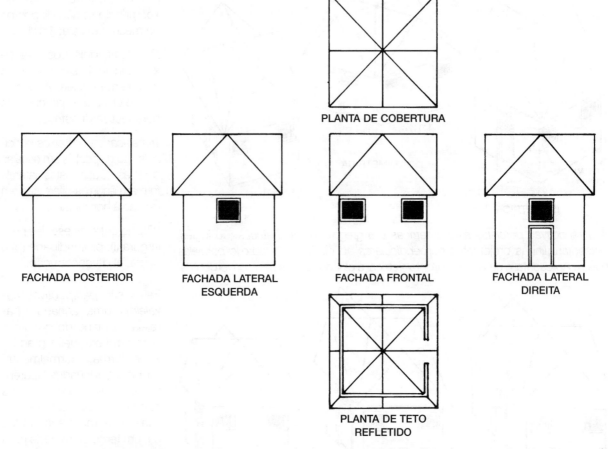

A representação acima apresenta seis vistas ortogonais de uma construção. Esta é uma representação em *múltiplas vistas*. Durante a fase de projeto, múltiplas vistas bidimensionais nos ajudam a imaginar e transmitir qual será a aparência tridimensional do objeto. De modo análogo, conhecendo a representação em três dimensões (veja abaixo), torna-se mais fácil perceber como as múltiplas vistas são geradas e como se relacionam umas com as outras.

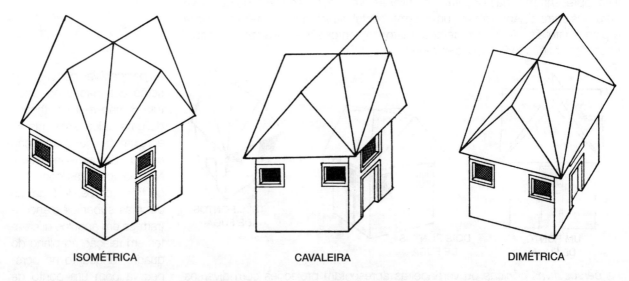

Isométrica, cavaleira e dimétrica são três tipos de representações *em vista única*. Ao contrário da perspectiva isométrica, a *dimétrica* possui a flexibilidade de permitir a ênfase de um ou dois dos planos fundamentais. Na parte inferior da página seguinte, veja um quarto tipo de representação em vista única: uma perspectiva cônica.

FUNDAMENTOS **177**

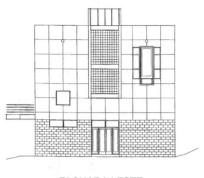

FACHADA LESTE

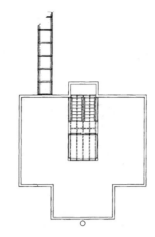

PLANTA DE COBERTURA

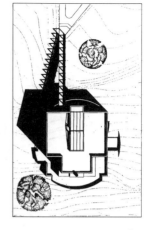

PLANTA DE IMPLANTAÇÃO

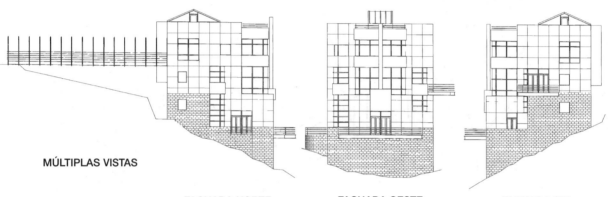

MÚLTIPLAS VISTAS

FACHADA NORTE   FACHADA OESTE   FACHADA SUL

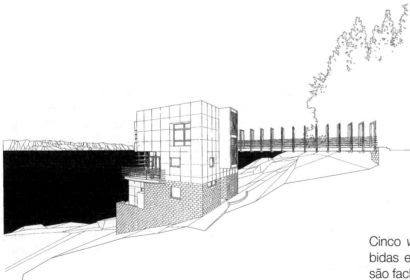

REPRESENTAÇÃO EM VISTA ÚNICA

Desenhos: Residência Robertson, Lago Flathead, Montana
Dimensões originais da perspectiva: 81,3 cm × 81,3 cm (32" × 32")
Escala das múltiplas vistas: 1:50
Material: Nanquim e caneta sobre poliéster
Cortesia do Arquiteto Dean Nota

Cinco *vistas ortogonais* principais são exibidas em desenhos arquitetônicos. Quatro são fachadas, que são paralelas às paredes da construção, e uma é a planta de implantação/planta baixa, que é paralela ao terreno. Qualquer vista que não seja paralela às paredes principais da construção é classificada como *vista auxiliar*.

REPRESENTAÇÕES EM UMA E EM MÚLTIPLAS VISTAS

178 CAPÍTULO 5: PROJEÇÕES ORTOGONAIS E PARALELAS

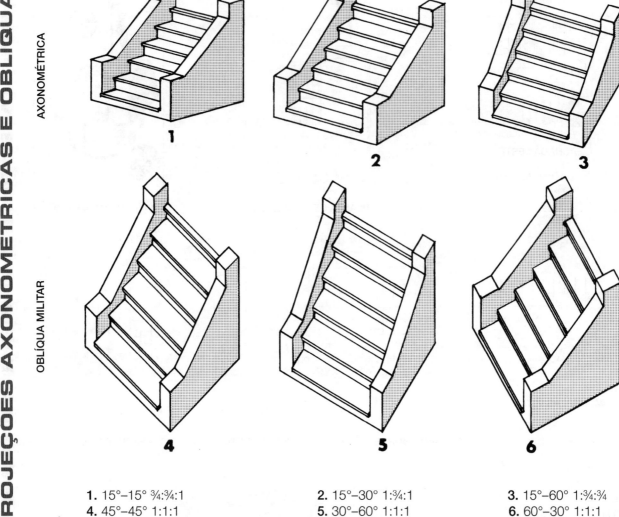

1. 15°–15° ¾:¾:1
4. 45°–45° 1:1:1
2. 15°–30° 1:¾:1
5. 30°–60° 1:1:1
3. 15°–60° 1:¾:¾
6. 60°–30° 1:1:1

Tanto a perspectiva *axonométrica* (medição em eixos) quanto a *oblíqua militar* permitem decidir, dentre uma grande variedade de opções, o melhor ponto de vista em que o objeto deve ser representado. As seis alternativas apresentadas são algumas das combinações mais empregadas de ângulos e escalas. Nas vistas oblíquas da escada, todas as superfícies horizontais, como os pisos (porção horizontal do degrau), são representadas em *verdadeira grandeza* e *verdadeira forma* (dimensões reais em planta). Uma pequena parte do espelho (porção vertical do degrau) fica visível na perspectiva oblíqua. Por outro lado, observe que nas vistas axonométricas o percentual de área do piso diminui à medida que a área do espelho fica mais aparente. Você deve inicialmente decidir o que é mais importante representar ou enfatizar antes de selecionar a combinação de ângulos e escalas que deseja. Esse processo de decisão ficará mais fácil à medida que você estudar os diversos exemplos até o final deste capítulo. Ao longo dos vários anos de atividade profissional, tornou-se usual classificar a "perspectiva militar" como "axonométrica". Em uma conceituação flexível, esses termos podem ser considerados sinônimos, embora sejam, tecnicamente falando, dois termos distintos com definições diferentes.

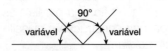

A perspectiva militar é muito flexível — os ângulos entre os eixos podem ter qualquer combinação que você deseje. Uma axonométrica como a isométrica (30°-30°) possui ângulos fixos.

FUNDAMENTOS **179**

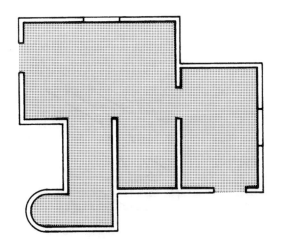

A *vista em planta* é essencial para criar tanto a perspectiva *isométrica* quanto a *militar* de espaços interiores. Na prática profissional, a planta encontra-se sempre disponível em escalas próximas a 1:50. Essa mesma escala deve ser empregada na perspectiva cavaleira. A planta se torna uma representação tridimensional a partir da inclusão das dimensões verticais. Uma vez que a planta pode ser desenhada fácil e rapidamente à mão livre, ela é especialmente útil para representações de interiores por paralelas oblíquas.

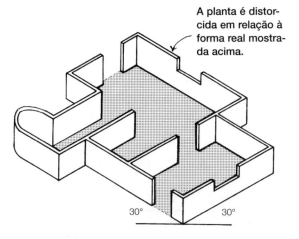

A planta é distorcida em relação à forma real mostrada acima.

Em uma isométrica 30°–30°, as divisões internas encobrem grande parte dos cômodos, tornando difícil observar o mobiliário, plantas, pessoas etc. As *isométricas* são mais usadas para *exteriores*, ao passo que os *interiores* são mais bem representados com a militar, como apresentado abaixo. O uso da isométrica com divisórias transparentes para interiores é uma exceção. Observe também que as paredes são mais perceptíveis na isométrica do que na perspectiva 45°–45° abaixo. Na perspectiva militar, o corte é normalmente adotado entre 50% e 80% do pé-direito.

As angulações de eixos como 45°–45° (veja exemplo à direita), 60°–30° e 75°–15° permitem que o observador obtenha um ponto de visada mais elevado do que na isométrica 30°–30°. Nos eixos com 45°, as divisórias encobrem menos os cômodos e a planta assume uma *forma verdadeira*. Essas vistas podem ser chamadas de *militar em forma real*; são simples variações das oblíquas gerais. Como um tipo de perspectiva, as militares proporcionam a melhor representação simultânea da planta e da fachada. Também fornecem uma excelente visão analítica da organização espacial da planta. Todas as projeções paralelas são ferramentas excelentes para avaliar as relações tridimensionais.

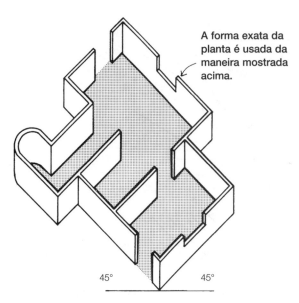

A forma exata da planta é usada da maneira mostrada acima.

Há décadas as perspectivas militares têm sido uma técnica popular para ilustrar a arquitetura, e ainda continuam a sê-lo. Uma vista oblíqua superior mostra o espaço em três dimensões. Podemos medir o espaço porque é o plano rotacionado, com a adição de informações sobre as outras dimensões. A perspectiva militar mostra uma série de detalhes sem a necessidade de construir um modelo físico. As paredes podem ser removidas graficamente e o plano pode ser rotacionado para ilustrar o projeto. Esse tipo de desenho pode ser esboçado ou preciso. A única limitação é que ele não é produzido digitalmente como na *modelagem de informações para construção* (BIM, do inglês *Building Information Modeling*), que se parece com um modelo físico que pode ser visualizado à medida que o modelo do projeto é rotacionado em qualquer ponto janela de visão (de *softwares* como AutoCAD) predefinida.

180 CAPÍTULO 5: PROJEÇÕES ORTOGONAIS E PARALELAS

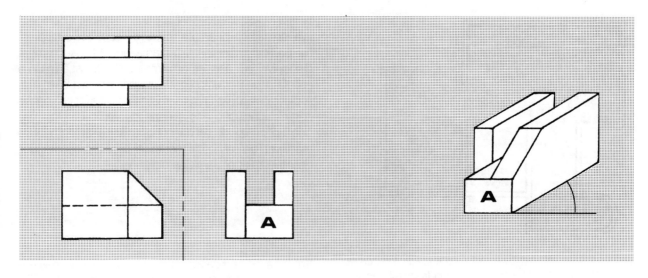

Em uma *perspectiva cavaleira*, uma determinada fachada é escolhida para ser representada em *verdadeiras grandeza e forma*. Neste exemplo, será considerada a fachada **A**. É fácil desenhar elementos como círculos e curvas em superfícies de forma real (**4** é igual a **2** com uma modificação na superfície). As linhas inclinadas normalmente são desenhadas com ângulos de 30°, 45° ou 60° em relação ao horizonte. Marque o ângulo de inclinação exatamente a partir da direção vertical. No exemplo **1**, seria 90° menos 30° = 60°. As outras anotações são as escalas de elevação e das linhas inclinadas. No exemplo **1**, seria 1:1.

1. 60° — 1:1   **2.** 45° — 1:1   **3.** 30° — 1:1   **4.** 45° — 1:1   **5.** 45° — 1:⅔   **6.** 45° — 1:½

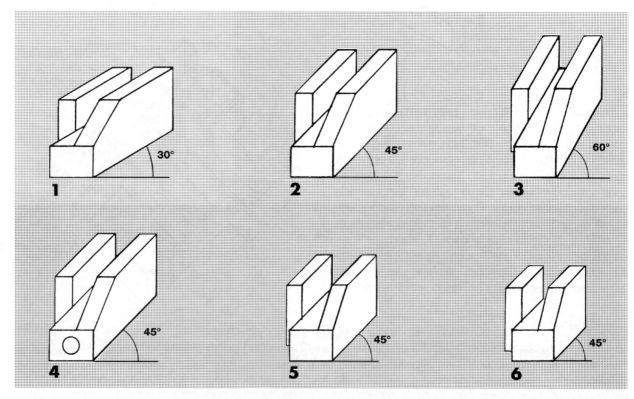

A PERSPECTIVA CAVALEIRA: UMA COMPARAÇÃO

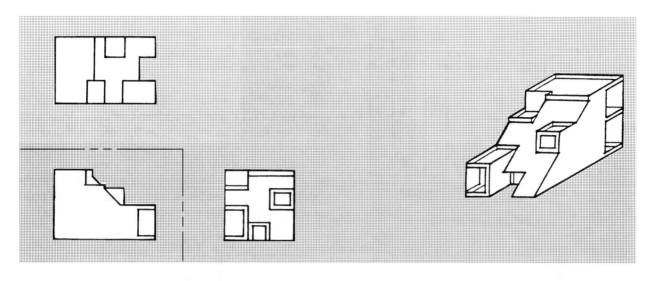

A forma da construção apresentada neste exemplo possui uma configuração geométrica semelhante à da página seguinte. Observe que todas as superfícies paralelas ao plano da fachada frontal mantêm seus comprimentos e formas reais e são perpendiculares à linha de visada. Na prática, é comum representar a fachada com a maior quantidade de formas irregulares como a fachada frontal. A direção das linhas inclinadas e a razão de escala de cada representação correspondem aos seis desenhos da página anterior. As linhas inclinadas podem ser traçadas sob qualquer ângulo.

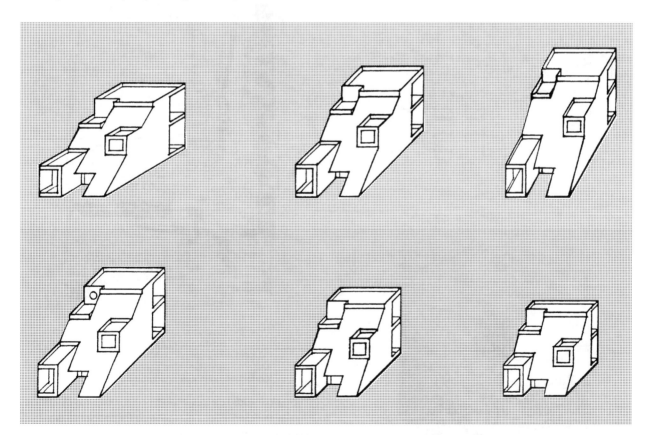

A PERSPECTIVA CAVALEIRA: UMA COMPARAÇÃO

182 CAPÍTULO 5: PROJEÇÕES ORTOGONAIS E PARALELAS

CAVALEIRA FRONTAL 0°–1:1

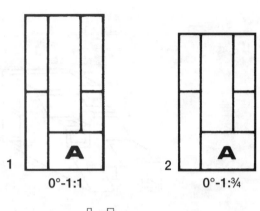

1   0°-1:1   2   0°-1:¾

Nos exemplos **1** e **2**, a fachada frontal é mantida em verdadeira grandeza. O exemplo **2** mostra que as dimensões da planta são, algumas vezes, reduzidas em seu tamanho real para gerar uma vista mais realística (encurtada). Essa redução pode variar desde muito pouco até 25%. Entretanto, a maioria dos arquitetos e projetistas tende a conservá-la em verdadeira grandeza. Ambos os exemplos abaixo, assim como os desenhos à esquerda, apresentam suas fachadas e plantas de cobertura em verdadeiras grandeza e forma. Essa variante incomum de uma perspectiva cavaleira surge quando a planta de cobertura ou a planta baixa (veja página seguinte) possui um dos seus lados paralelo ao plano do quadro.

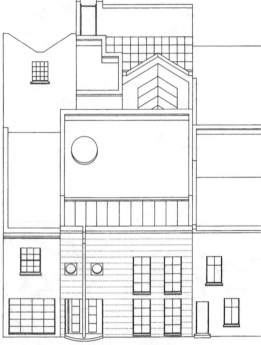

Desenho: Edifício Pond, Londres, Inglaterra
Material: Nanquim
Cortesia de Troughton McAslan Arquitetos

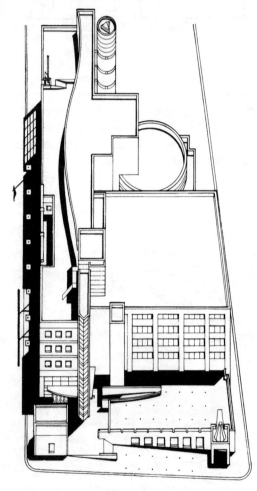

©Troughton McAslan Architects

Desenho: Faculdade Comunitária Eugenio Maria de Hostos, Nova York
50,8 cm × 76,2 cm (20" × 30"), Escala: 1:100
Material: Nanquim sobre poliéster
Cortesia de Bartholomew Voorsanger, FAIA

O edifício do estúdio de três andares com molduras de concreto e tijolos policromáticos na fachada foi concluído em 1989 e situa-se em uma área de preservação no oeste de Londres. Apesar de seu tamanho modesto de 300 m², ele se tornou um esquema controverso devido ao seu projeto modernista dentro de um ambiente tradicional. [RELATO DE UM ARQUITETO]

FUNDAMENTOS 183

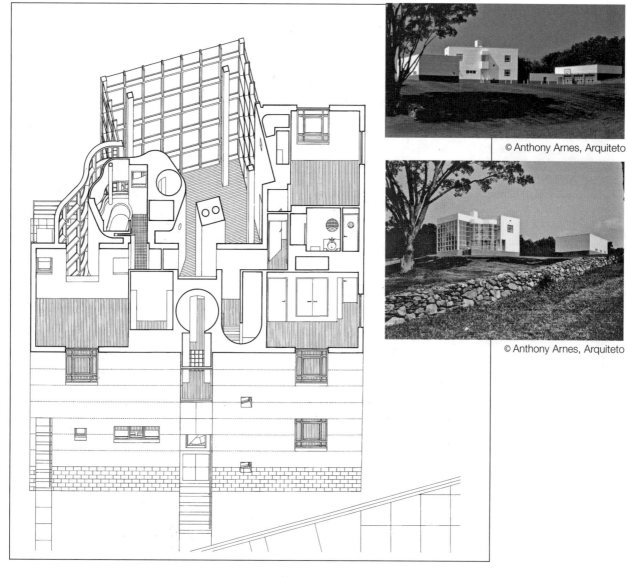

© Anthony Arnes, Arquiteto

© Anthony Arnes, Arquiteto

CAVALEIRA FRONTAL 0°–1:1

Desenho: Residência Martinelli, Roxbury, Connecticut, 1989
57,2 cm × 57,2 cm (22,5" × 22,5"), Escala: 1:50
Material: Nanquim
Cortesia de Anthony Ames, Arquiteto

A Residência Martinelli se baseia em uma coexistência conflituosa da frente e dos fundos, passiva e ativa, moderna e pré-moderna. A frente da residência tem uma relação formal, passiva e fechada com a rua; enquanto os fundos, na forma de um cubo envidraçado e rotacionado, têm uma relação informal, ativa e aberta com a ampla vista. A cobertura foi removida do prédio nesta perspectiva frontal axonométrica para ilustrar a localização dos cômodos do segundo pavimento, bem como suas ligações com a sala de pé-direito duplo e o espaço das refeições, com o elemento de forma irregular que circunda o banheiro principal.
[RELATO DE UM ARQUITETO]

Assim como com os desenhos da página anterior, esta perspectiva cavaleira frontal (também denominada 0° planimétrica) não cria a ilusão de terceira dimensão. Esse tipo de representação nos permite observar as dimensões verticais, os padrões de vãos e a configuração da estrutura da cobertura ou a disposição em planta simultaneamente.

184 CAPÍTULO 5: PROJEÇÕES ORTOGONAIS E PARALELAS

O termo *isométrico*, traduzido literalmente, significa "igualdade de medidas". Comprimentos reais paralelos a qualquer dos eixos ortogonais serão os mesmos na perspectiva isométrica. Uma perspectiva isométrica não é composta de ângulos verdadeiros, ao contrário da perspectiva militar. Vistas aéreas isométricas criam a ilusão de linhas paralelas, quando na realidade as linhas são convergentes. Seus olhos tendem a direcioná-lo para a quina do volume construído.

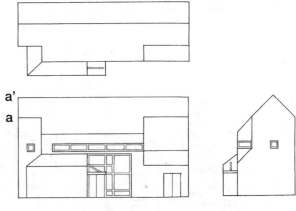

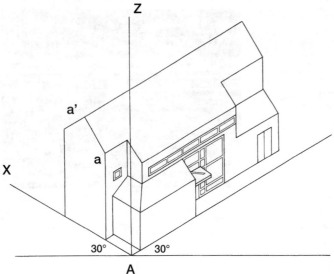

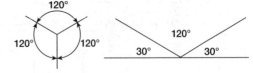

Quando projetados sobre o plano do quadro, os três eixos principais formam ângulos de 120° entre si. Por convenção e por simplificação, os dois eixos não verticais são construídos a 30° em relação às linhas horizontais.

A *perspectiva isométrica* é um dos mais importantes tipos de *perspectivas axonométricas*. Os princípios para sua construção são os seguintes:

- Os eixos (*AX* e *AY*) no plano do terreno são sempre desenhados com inclinação de 30° em relação ao horizonte.
- Meça todas as distâncias ortogonais na direção dos eixos principais *AX*, *AY* e *AZ*, e apenas nessas direções.
- Qualquer linha que não esteja na direção dos eixos isométricos (linhas inclinadas ou não axiais) deve ser posicionada e medida a partir da locação dos seus pontos extremos (veja ***a'-a***, acima). Essas medidas não serão as mesmas na vista isométrica e nas vistas ortogonais.
- Linhas paralelas em uma perspectiva ortogonal permanecem paralelas em sua correspondente perspectiva isométrica.
- Linhas verticais em uma perspectiva ortogonal permanecem verticais na perspectiva isométrica.
- Linhas ocultas normalmente não são traçadas em uma isométrica, mas podem ser utilizadas para auxiliar na visualização.
- Pontos nas quinas podem ser identificados em cada vista ortogonal e na vista isométrica para auxiliar na visualização da perspectiva isométrica.
- Uma desvantagem da isométrica é que não podem ser empregadas as vistas ortogonais na sua composição (planta/fachada).

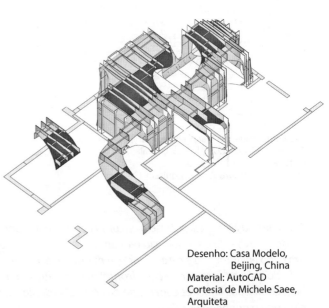

Desenho: Casa Modelo,
Beijing, China
Material: AutoCAD
Cortesia de Michele Saee,
Arquiteta

A ideia foi inserir uma camada protetora — como um casulo ou uma muda de roupas — dentro do revestimento duro da construção. [RELATO DE UM ARQUITETO]

Ver imagem em cores no Apêndice disponível no *site* da LTC Editora, p. A-8.

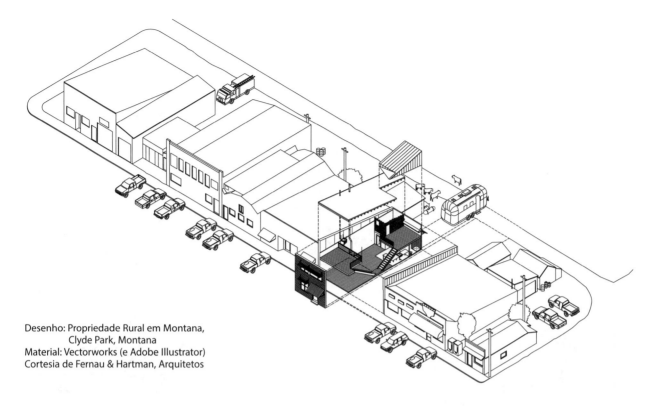

Desenho: Propriedade Rural em Montana,
Clyde Park, Montana
Material: Vectorworks (e Adobe Illustrator)
Cortesia de Fernau & Hartman, Arquitetos

A perspectiva isométrica apresenta um tipo de percepção mais artificial. A perspectiva cônica, que será estudada em um próximo capítulo, é muito mais próxima da percepção humana natural. De qualquer forma, as isométricas são utilizadas porque observar três faces não convergentes de um objeto ainda é interessante para compreender a sua forma. Em uma isométrica, o observador fica limitado à vista aérea. Devido ao seu amplo ângulo de visada (mais baixo do que em uma perspectiva militar), uma perspectiva isométrica só permite que o observador veja os espaços interiores se a cobertura e as paredes laterais forem removidas. Todos esses três elementos encontram-se ausentes nos exemplos acima. O exemplo abaixo mostra ampliações isométricas de detalhes salientes.

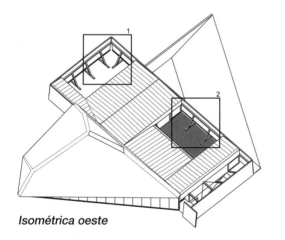

Isométrica oeste

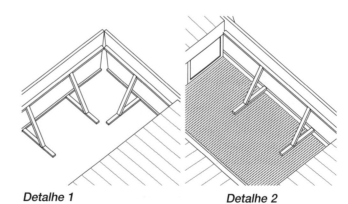

Detalhe 1   *Detalhe 2*

Desenhos: Vitra Children Workshop
Weil am Rhein, Alemanha
Material: SketchUp, Kerkythea e Photoshop
Cortesia de Alejandro Aravena, Arquiteto

186 CAPÍTULO 5: PROJEÇÕES ORTOGONAIS E PARALELAS

MEDIÇÕES EM PERSPECTIVAS MILITARES

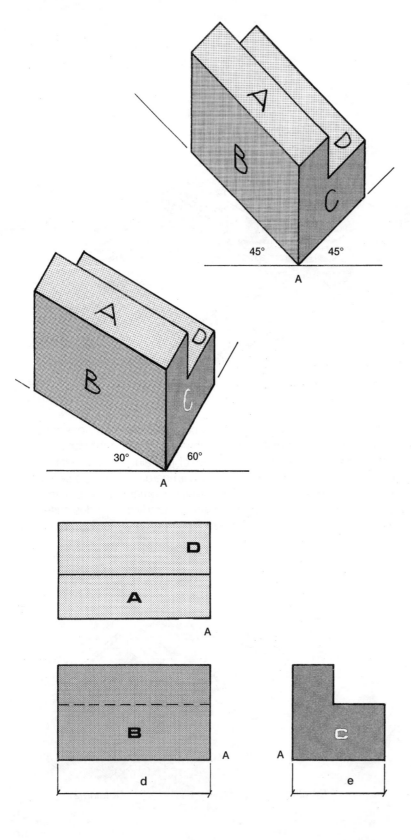

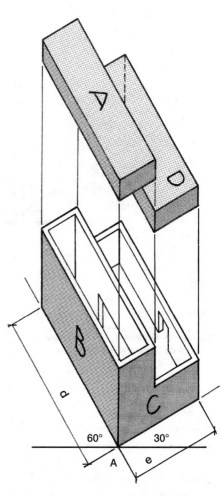

Os princípios para a construção de *perspectivas militares* são os mesmos que os das isométricas. Comprimentos ortogonais são medidos ao longo dos eixos orientados da perspectiva militar. Todas as linhas verticais nas vistas ortogonais (fachadas) permanecem verticais e paralelas ao eixo z da militar. A escala vertical (que pode ser reduzida caso aparente ser muito alongada) e a escala em planta são mantidas as mesmas. A escolha de um conjunto adequado de perspectivas militares ou de direções axonométricas depende de como o objeto será enfatizado. Com ângulos apropriados, essas representações se tornam ferramentas poderosas para mostrar a escala, o volume e a magnitude de um projeto.

APLICAÇÕES **187**

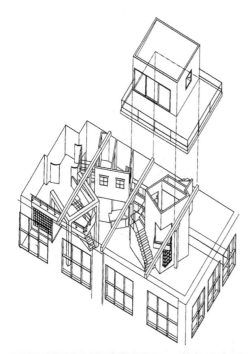

Com uma multiplicidade de elementos verticais e horizontais, é mais eficiente construir cada elemento separadamente. A despeito da complexidade da construção, siga os princípios básicos de projetar o desenho de elevação da planta para as alturas exatas. Isso resultará em um sólido com volume baseado na vista em planta.

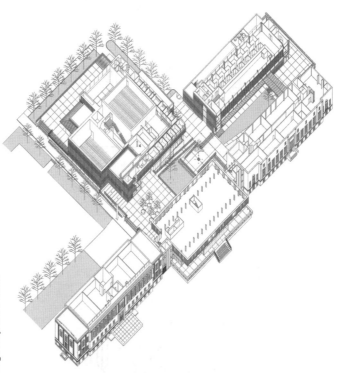

Desenho: *Lofts* Clybourne, Chicago, Illinois
76,2 cm × 101,6 cm (30" × 40"), Escala: 1:50
Material: Nanquim sobre poliéster
Cortesia do Escritório de Arquitetura Pappageorge Haymes Ltd., Chicago

Remover a cobertura de uma construção ajuda a revelar os espaços interiores representados de acordo com os eixos da perspectiva militar. A perspectiva militar (vista de cima ou de baixo) proporciona uma maneira artificial, mas informativa, de observar a arquitetura. Ela permite que as variações de altura e as características volumétricas sejam fáceis de compreender. Como regra metodológica, sempre construa as paredes ou o contorno da cobertura primeiro. Os dois projetos exibidos têm eixos em ângulos ligeiramente diferentes. Os elementos internos no projeto dos *Lofts* Clybourne estão distorcidos em diferentes conjuntos de ângulos em relação às paredes exteriores, mas podem ser vistos claramente junto com as escadas. E o projeto da Escola de Design e Artes Visuais Sam Fox delineia de forma clara todos os cômodos da edificação, que podem ser numerados para fins de identificação.

Arquiteto: Fumihiko Maki + Maki e Associados

Desenho: Escola de Design e Artes Visuais Sam Fox,
 Universidade de Washington em St. Louis
Material: AutoCAD
Cortesia de Maki e Arquitetos Associados

REVELANDO INTERIORES NA PERSPECTIVA MILITAR

188 CAPÍTULO 5: PROJEÇÕES ORTOGONAIS E PARALELAS

CONSTRUÇÃO DA PERSPECTIVA MILITAR

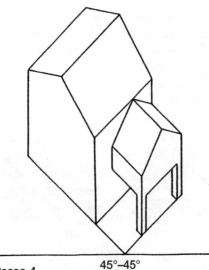
Passo 4   45°–45°

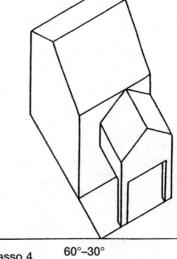
Passo 4   60°–30°

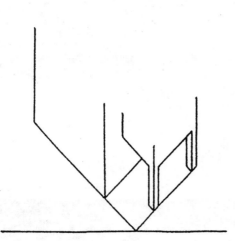
Passos 1, 2 e 3

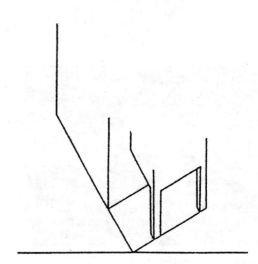
Passos 1, 2 e 3

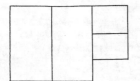
Planta de cobertura

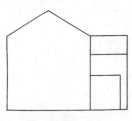
Fachada

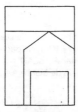
Fachada

Para formas de exteriores:

1. Consiga a configuração em planta (cobertura ou planta baixa) e uma ou duas fachadas, todas construídas na mesma escala.
2. Posicione e rotacione a planta para qualquer combinação de inclinações em relação aos eixos. Construa a planta em forma real (nos exemplos apresentados, são 45°–45° e 60°–30°). Em exteriores, alguns lados podem não ser visíveis.
3. A partir das fachadas, construa todas as linhas verticais em escala.
4. Conecte outras linhas horizontais em verdadeira grandeza e as que não atendem essa propriedade (definidas a partir de seus pontos extremos, como em alguns desenhos isométricos).

APLICAÇÕES **189**

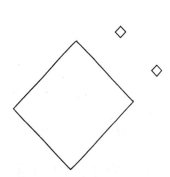

Trace a configuração global em planta (base) da vista inferior.

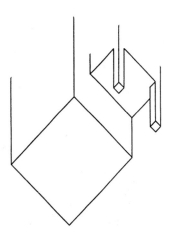

Desenhe as linhas verticais e as horizontais em verdadeira grandeza.

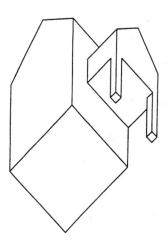

vista inferior oblíqua

Trace, então, as outras linhas que não estão em verdadeira grandeza.

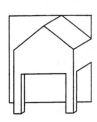

Desenhe a vista da fachada em forma real.

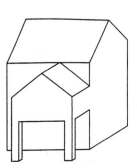

cavaleira

Desenhe, então, todas as paralelas recuadas e outras linhas não paralelas.

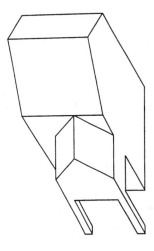

Oblíqua com eixo z não vertical

O procedimento é o mesmo que o das demais oblíquas: rotaciona-se o eixo vertical e, a partir dele, desenha-se para a esquerda ou para a direita.

A parte final deste capítulo irá apresentá-lo a três outros tipos de perspectivas relacionadas com a militar. Os processos de construção desses três casos são mostrados acima e conhecidos como inferior oblíqua, cavaleira e oblíqua com eixo z não vertical.

CONSTRUÇÃO DE OUTRAS PERSPECTIVAS OBLÍQUAS

CONSTRUÇÃO DE CÍRCULOS ISOMÉTRICOS

Nas perspectivas paralelas, todos os círculos são representados como elipses, exceto os círculos verdadeiros — aqueles representados nos planos paralelos ao plano do quadro. O método da elipse de quatro centros, abaixo, é o mais preciso para representar aproximações de elipses.

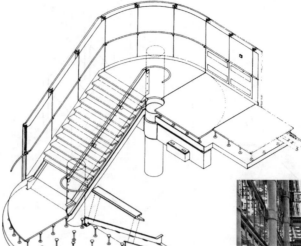

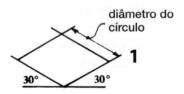

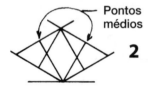

Desenho: Escada isométrica, Loyd's de Londres, Londres, Inglaterra
83,8 cm × 115,6 cm (33" × 45,5")
Material: Caneta Rottering sobre papel-manteiga
Cortesia do Escritório Richard Rogers, Arquitetos

Repare nas várias escadas rolantes no espaço do átrio central. Ver página 70.

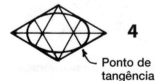

© 25 Anos do Prédio do Lloyd's, 2011, Cortesia do Lloyd's

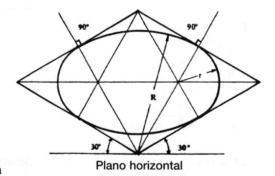

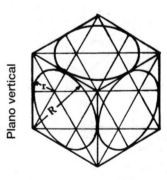

Método das Elipses de Quatro Centros

1. Desenhe um quadrado isométrico de lado igual ao diâmetro do círculo.
2. Marque os pontos médios dos lados adjacentes. O raio maior **R** possui dois centros nos vértices mais próximos do paralelogramo. As interseções das perpendiculares com os lados opostos do paralelogramo determinam as extremidades do arco.
3. Construa os arcos.
4. O raio menor **r** possui dois centros nas interseções internas das perpendiculares dentro do paralelogramo. Esses arcos menores se unem aos maiores para completar a elipse.

A construção completa pode ser obtida com o auxílio de uma régua-tê e um esquadro 30° × 60°. O mesmo procedimento se aplica aos círculos nos planos horizontais e verticais.

APLICAÇÕES **191**

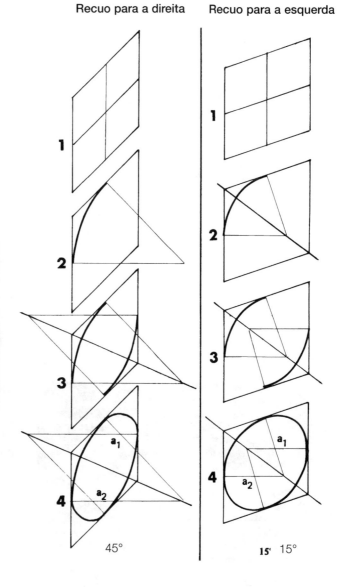

Recuo para a direita   Recuo para a esquerda

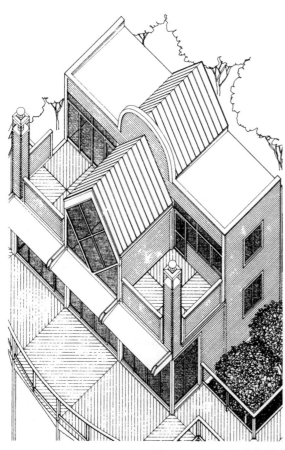

O semicírculo acima recua para a esquerda.

Desenho: Casa compacta,
Bayview, Lago Pend Oreille, Idaho
45,7 cm × 61,0 cm (18" × 24"), Escala: 1:50
Material: Nanquim sobre vegetal
Cortesia de David A. Harris, DHT[2] Arquitetos e Projetistas
Reproduzido de *New Compact House Designs*, editado por Don Metz, com permissão da Storey Communications/Editora Garden Way, Pownal, Vermont.

CONSTRUÇÃO DE CÍRCULOS AXONOMÉTRICOS

O método da elipse de quatro centros, apresentado na página anterior, se aplica aos círculos axonométricos com ângulos diferentes de 30°–30° somente em planos verticais, recuados tanto à esquerda quanto à direita. Observe que, no plano horizontal, os círculos encontram-se em sua forma real.

1. Desenhe um quadrado em projeção paralela.
2. Marque os pontos médios dos lados adjacentes e construa as perpendiculares que os interceptam. A interseção se torna o centro do arco.
3. Repita o processo para um arco na posição espelhada no lado oposto.
4. Empregando os pontos a_1 e a_2, complete os arcos menores de modo a concluir inteiramente a construção do círculo axonométrico.

PERSPECTIVA MILITAR EM AÇÃO

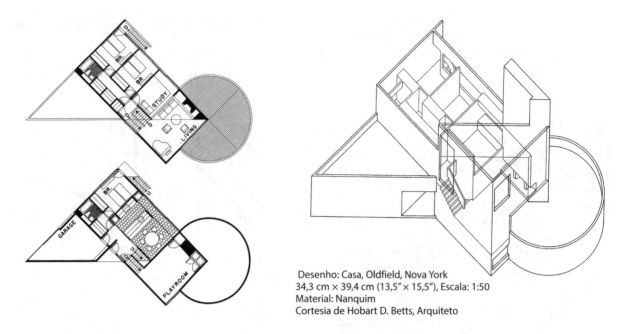

Desenho: Casa, Oldfield, Nova York
34,3 cm × 39,4 cm (13,5" × 15,5"), Escala: 1:50
Material: Nanquim
Cortesia de Hobart D. Betts, Arquiteto

A popularidade da perspectiva militar (também denominada axonométrica) deve-se à sua facilidade de construção. Todas as formas geométricas são transferidas em verdadeira grandeza (observe os triângulos, retângulos e círculos acima).

Uma tendência atual nas apresentações de competição é exibir desenhos digitais aproximando uma perspectiva isométrica ou dimétrica com um efeito de iluminação interior para aumentar a definição dos elementos e espaços internos.

Desenho: Protótipo do *Lounge* Yin Yang, Cidade de Nova York
Material: Rhino para modelagem, Maxwell para arte-final
Cortesia de Enrique Limon da LimonLab

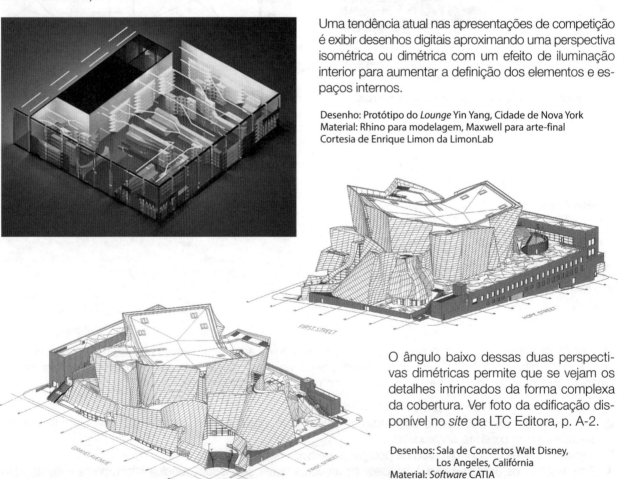

O ângulo baixo dessas duas perspectivas dimétricas permite que se vejam os detalhes intrincados da forma complexa da cobertura. Ver foto da edificação disponível no *site* da LTC Editora, p. A-2.

Desenhos: Sala de Concertos Walt Disney,
Los Angeles, Califórnia
Material: *Software* CATIA
Cortesia de Gehry Associados, LLP

APLICAÇÕES **193**

O conceito dessa edificação altamente sustentável foi projetar um revestimento externo transparente voltado para a Baía de Cardiff e além. A ventilação natural é viabilizada pelo uso de um capuz de telhado que gira para a direção do vento. As colunas de aço coletam água da chuva para abastecer os banheiros e lavar as janelas. Além disso, o solo é usado como fonte de calor. Essa edificação recebeu o prêmio de sustentabilidade de 2008 conferido pela BRE (Building Research Establishment).

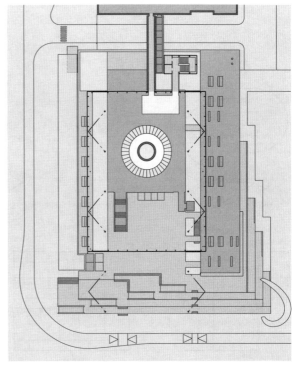

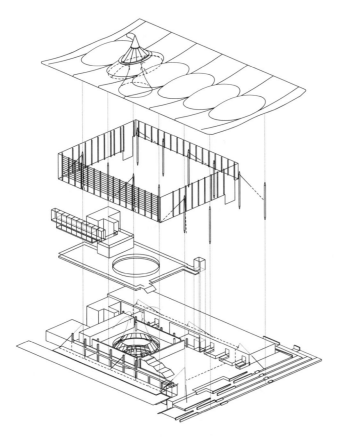

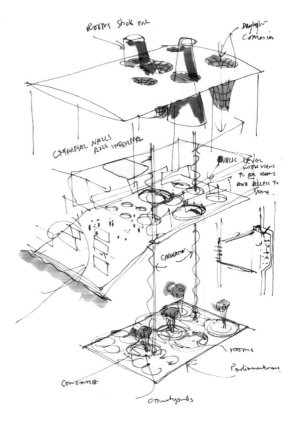

CÍRCULOS AXONOMÉTRICOS EM AÇÃO

Imagens: Assembleia Nacional do País de Gales, Cardiff, País de Gales
Superior esquerda: Planta Baixa da Ponte, Escala: 1:500
Superior direita: Axonométrica explodida
Material: Microstation 3D, renderização do modelo em "linha oculta"
Inferior esquerdo: Desenho conceitual — croqui arquitetônico para expor as ideias
Material: Marcador colorido com ponta de fibra
Cortesia de Rogers Stirk Harbour + Sócios

Os desenhos axonométricos, sejam isométricos ou dimétricos, são bem descritivos e popularmente utilizados. A edificação da Assembleia Nacional mostra vários círculos axonométricos no croqui conceitual. Repare que os círculos refinados nos croquis aparecem como formas elípticas.

194 CAPÍTULO 5: PROJEÇÕES ORTOGONAIS E PARALELAS

LINHAS AXIAIS E NÃO AXIAIS/INCLUINDO FORMAS NÃO LINEARES

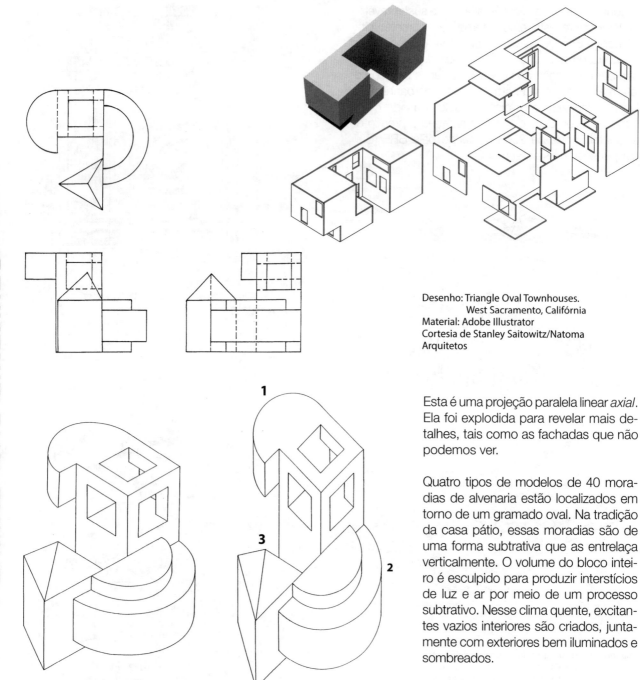

Desenho: Triangle Oval Townhouses.
West Sacramento, Califórnia
Material: Adobe Illustrator
Cortesia de Stanley Saitowitz/Natoma Arquitetos

Esta é uma projeção paralela linear *axial*. Ela foi explodida para revelar mais detalhes, tais como as fachadas que não podemos ver.

Quatro tipos de modelos de 40 moradias de alvenaria estão localizados em torno de um gramado oval. Na tradição da casa pátio, essas moradias são de uma forma subtrativa que as entrelaça verticalmente. O volume do bloco inteiro é esculpido para produzir interstícios de luz e ar por meio de um processo subtrativo. Nesse clima quente, excitantes vazios interiores são criados, juntamente com exteriores bem iluminados e sombreados.

Projeto acadêmico de Ema Egli e Joanna Hostetler
Cortesia do Departamento de Arquitetura da
Faculdade da Cidade de São Francisco

Em projeções paralelas de maior complexidade, a sequência de construção pode variar, mas, de um modo geral, formas derivadas como **1** e **2** são normalmente construídas como um adendo para a forma primária (elemento de formato quadrado). Observe que a forma piramidal **3** apresentada neste projeto possui três linhas não axiais. Veja se você consegue identificá-las. Linhas retas em perspectivas paralelas são *axiais* (paralelas a um dos três eixos principais) ou *não axiais* (não paralelas a nenhum dos três eixos principais). Quando existem elementos não lineares em um projeto, como formas circulares ou curvas, esses elementos são frequentemente construídos por último. Círculos e formas curvas, em perspectiva militar, são sempre projetados para cima até suas alturas reais.

APLICAÇÕES **195**

Desenho: Estúdio-residência Palms Boulevard,
Los Angeles (Venice), Califórnia
Material: PowerCADD
Cortesia de Dean Nota Arquiteto

A geometria da planta e a volumetria formal dessa edificação evoluem da interação das duas malhas de rua que cercam e conferem o formato triangular ao local.
[RELATO DE UM ARQUITETO]

Desenho: Residência, Austin, Texas
Material: Grafite
Cortesia de Kwok Gorran Tsui, arquiteto do curso de Pós-Graduação da Universidade do Texas em Austin

Em interiores:

1. Considere a vista em planta em escala.
2. Escolha os ângulos para eixos desejados.
3. Construa linhas verticais em escala até a altura escolhida que melhor revele os espaços interiores.
4. Construa as linhas horizontais em verdadeira grandeza.
5. Construa as demais formas não lineares.
6. Repita o mesmo procedimento para os eixos adicionais.

Quando os elementos sólidos de uma construção se interceptam em ângulos diferentes de 90°, obtém-se mais de um conjunto de orientações de eixos na perspectiva militar. Construa inicialmente o volume principal com um conjunto de eixos e depois os volumes secundários.

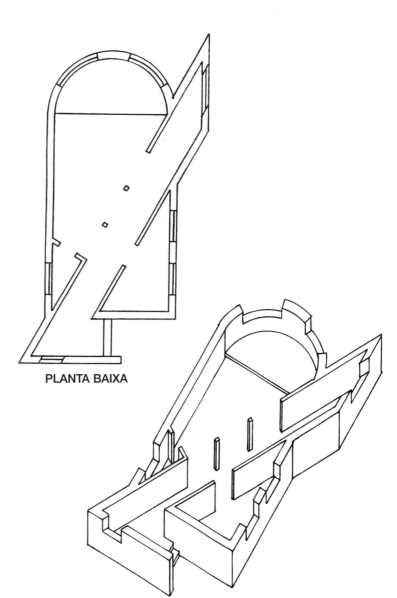

PLANTA BAIXA

INCLUSÃO DE EIXOS ADICIONAIS

196 CAPÍTULO 5: PROJEÇÕES ORTOGONAIS E PARALELAS

O espaço interno do museu é formado em torno de um espaço cúbico de oito metros, situado abaixo de uma praça no pátio externo. Cada espaço de exibição está conectado por escadarias que circundam essa praça. As paredes externas dessas escadarias são lavadas pela luz do dia para aliviar a sensação confinada de estar no subsolo.
[RELATO DE UM ARQUITETO]

Os ecos formais e geométricos e os contrapontos são a abóbada precisa e a montanha, o vidro e a pedra, o círculo e o quadrado, o solo e o céu. Eles conferem uma qualidade quase metafísica a esse espaço vazio, ordenado, contrastando de forma poderosa com a paisagem e o jogo lírico de luz, forma e arte que distingue os espaços internos do museu.
[RELATO DA "MUSEUM ARCHITECTURE"]

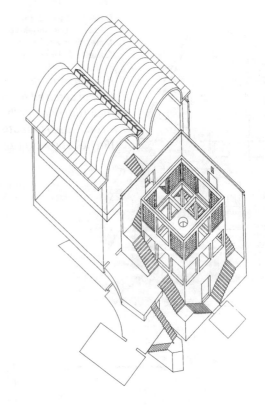

Desenho: Museu Whanki, Seul, Coreia
45,7 cm × 61,0 cm (18" × 24"), Escala: 1:500
Material: Nanquim sobre vegetal
Cortesia de Kyu Sung Woo, Arquiteto

A perspectiva militar é normalmente desenhada com ângulos entre eixos de 30°–60°, 60°–30° e 45°–45°. A planta em sua forma real pode ser rapidamente transferida para construir a perspectiva militar. O ponto de visada parece ser mais alto do que em uma perspectiva isométrica. Estas perspectivas militares utilizam eixos com ângulos de *45°–45°*. Detalhes da fachada se apresentam igualmente satisfatórios nos demais eixos recuados. As configurações da cobertura e os espaços interiores também são facilmente visualizados. Cortes parciais na cobertura ajudam a focar nos espaços interiores. Detalhes de uma fachada não linear serão particularmente bem representados. As militares não possuem a propriedade das perspectivas de reduzir tamanhos e por isso possuem a vantagem de manter dimensões, detalhes e informações.

Uma linha tracejada indica o volume removido na casa Dattelbaum. Uma linha com segmentos curtos ou uma linha muito fina são os recursos aceitáveis para representar o corte parcial das porções removidas.

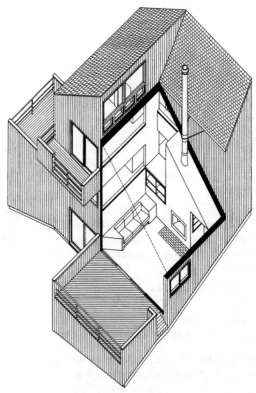

Desenho: Casa Dattelbaum,
Lago Kezar, Center Lovell, Maine
45,7 cm × 58,4 cm (18" × 23"), Escala: 1:50
Material: Nanquim sobre poliéster
Cortesia do escritório Solomon & Bauer Arquitetos

APLICAÇÕES **197**

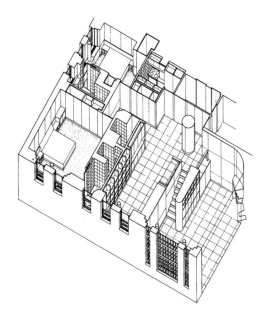

Desenho: *Pied-à-terre* em Manhattan, Nova York
61,0 cm × 91,4 cm (24" × 36"), Escala: 1:50
Material: Nanquim sobre poliéster
Cortesia de Gwathmey Siegel & Associados, Arquitetos

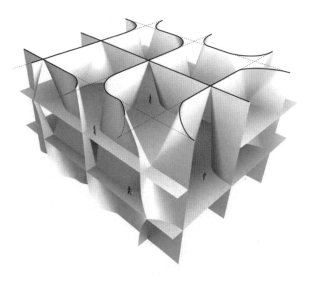

Desenho: Universidade da Califórnia, Museu de Artes de Berkeley
e Arquivo de Filmes do Pacífico,
Berkeley, Califórnia
Material: Maya
Cortesia de Toyo Ito & Associados, Arquitetos

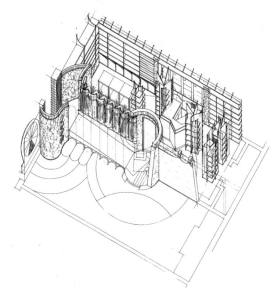

Desenho: Livraria e Galeria de Arte Contemporânea,
Cincinnati, Ohio
61,0 cm × 91,4 cm (24" × 36"), Escala: 1:25
Material: Lápis sobre vegetal
Cortesia de Terry Brown, Arquiteto

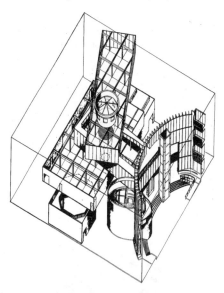

Desenho: Centro de Arte Contemporânea, Nova Orleans, Louisiana
76,2 cm × 101,6 cm (30" × 40"), Escala: 1:200
Material: Mina plástica sobre poliéster
Cortesia de Concordia Arquitetos, Nova Orleans, Louisiana

PERSPECTIVA MILITAR — EIXOS A 30°-60°

Com a exceção da perspectiva interior de três pontos na figura superior direita, essas perspectivas militares empregam ângulos de *30°–60°*. Essa orientação permite que o observador veja perfeitamente os espaços interiores ou a configuração da cobertura. Normalmente as fachadas com recuo de 30° recebem maior destaque. No entanto, se a fachada não é linear, como no caso do Centro de Artes de Nova Orleans, então o eixo com recuo de 60° pode mostrar a fachada com mais detalhes. O Centro de Artes de Cincinnati, acima, e o Museu Whanki, na página seguinte, mostram como a anatomia interna de uma construção pode ser revelada por meio da dissecação tanto horizontal quanto vertical — combinando dois ou mais cortes. O prédio de Cincinnati, assim como nos exemplos anteriores de cortes em isométricas, mostra como os cortes parciais nas perspectivas militares podem revelar uma parte da planta baixa. Repare que o projeto de Toyo Ito mostra menos detalhes internos, porém mais estrutura de fachada em comparação com as perspectivas militares.

198 CAPÍTULO 5: PROJEÇÕES ORTOGONAIS E PARALELAS

PERSPECTIVA MILITAR – EIXOS A 60°-30°

Estas perspectivas militares utilizam angulação dos eixos de 60°-30°. Normalmente as fachadas com recuo de 30° são enfatizadas. No entanto, uma grande quantidade de detalhes pode ser apresentada nas fachadas a 60° quando uma parte dela não é linear. Todas as peças do mobiliário fixo e removível mantêm a verticalidade e as alturas reais. A angulação 60°–30° permite que o observador veja claramente os espaços interiores quando a cobertura e partes de ambas as fachadas laterais são removidas.

Desenho: Residência Waldhauer, Woodside, Califórnia
50,8 cm × 121,9 cm (20" × 48"), Escala: 1:50
Material: Nanquim e aerógrafo sobre poliéster
Cortesia de House + House, Arquitetos,
Mark David English, Ilustrador

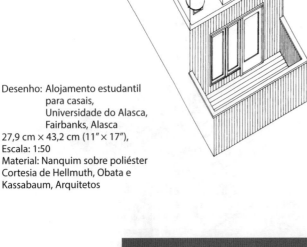

Desenho: Alojamento estudantil
        para casais,
        Universidade do Alasca,
        Fairbanks, Alasca
27,9 cm × 43,2 cm (11" × 17"),
Escala: 1:50
Material: Nanquim sobre poliéster
Cortesia de Hellmuth, Obata e
Kassabaum, Arquitetos

© Alan Weintraub, fotógrafo

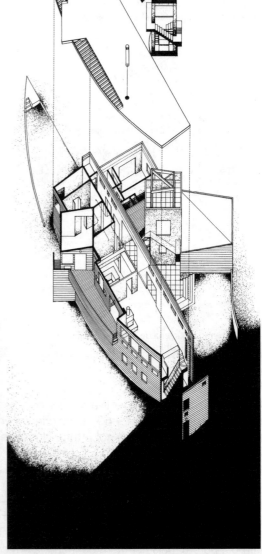

APLICAÇÕES **199**

© Ora Joubert, Arquiteta

© Ora Joubert, Arquiteta

Desenho: Estúdio, Villa Ivy, Pretória, África do Sul
40,0 cm × 30,0 cm (15,7" × 11,8"), Escala: 1:100
Material: CAD
Desenho de Ian Thompson
Cortesia de Ora Joubert, Arquiteta

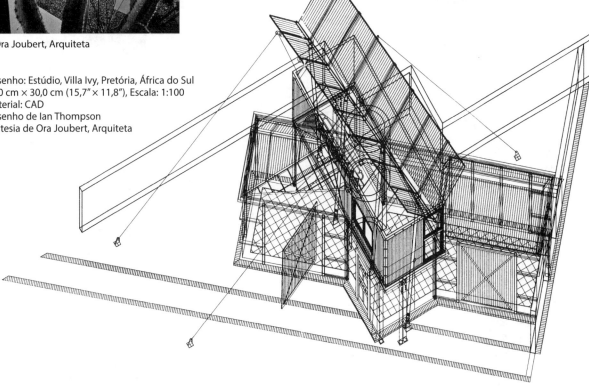

Esta perspectiva possui uma estrutura com eixos a 9°–81° e outra estrutura com eixos a 60°–30°. A interseção dos elementos sólidos irá sempre requerer dois (duplo) ou mais conjuntos de angulações entre os eixos da perspectiva militar. Observe que a estrutura com orientação 9°–81° mostra extremamente bem os detalhes nas fachadas a 9°, ao passo que as fachadas a 81° são muito pouco visíveis. Acima também são apresentados os cabos estruturais, que não se encontram em verdadeira grandeza na perspectiva militar. Todos os elementos representados possuem certa transparência. Nos projetos de construções com alta tecnologia, tornou-se usual o emprego de perspectivas com eixos duplos ou triplos.

A residência original, uma vila eclética construída logo após a Guerra Anglo-Bôer (ca. 1910), é um exemplo bem preservado do seu tipo. Os estábulos são uma estrutura em forma de balão feita de madeira e ferro corrugado, um exemplo digno da tecnologia de construção industrial do final do século XIX. O novo estúdio (1995) é uma reciclagem atenta dos estábulos centenários. O estúdio tem uma cobertura borboleta invertendo a inclinação do telhado dos estábulos. Essa cobertura invertida acentua a sua independência estrutural das paredes através de colunas de aço oblíquas (controladas por cabos), amplificando os diferentes meios de apoio e construção. [RELATO DE UM ARQUITETO]

ÂNGULOS EM EIXOS DUPLOS E TRIPLOS

200 CAPÍTULO 5: PROJEÇÕES ORTOGONAIS E PARALELAS

PERSPECTIVA MILITAR – ACRÉSCIMO DE ALTURA

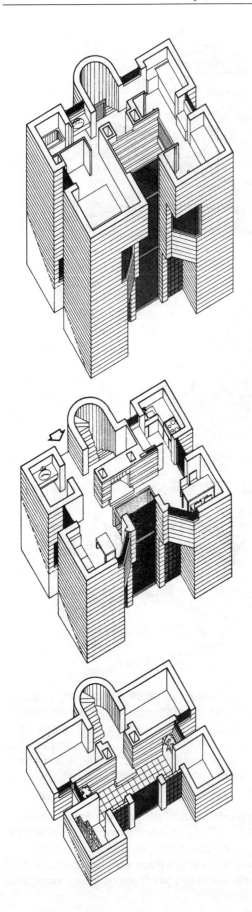

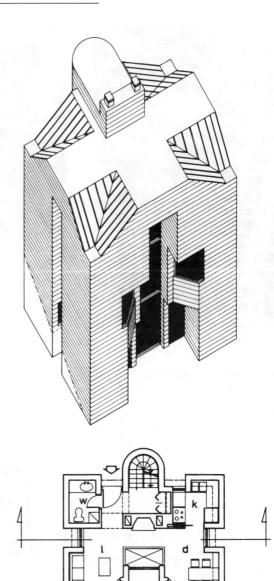

Em construções de vários andares, a perspectiva militar pode ser empregada para mostrar um *acréscimo de altura* (camadas) da sequência de pavimentos. O incremento pode se iniciar no primeiro pavimento, ao nível do solo, ou alguns metros acima deste, como nos exemplos nesta página e na seguinte. Estes desenhos se tornam meios visuais eficazes para transmitir como o revestimento externo construtivo se relaciona com os espaços internos.

Desenho: Protótipo de residência unifamiliar, Toronto, Ontário, Canadá
Cortesia de G. Nino Rico e Giancarlo Garofalo
Reproduzido de *The Compact House Book*, editado por Don Metz, com permissão da Storey Communications/Editora Garden Way, Pownal, Vermont

APLICAÇÕES **201**

Ao ilustrarem o acréscimo altura, as perspectivas militares podem facilitar a visualização dos detalhes nos cortes em planta tomados em diferentes posições. A angulação dos eixos em 45°−45° foi empregada no exemplo à direita, enquanto no exemplo da página anterior empregou-se 60°−30°.

Essa casa se caracteriza por uma forma geométrica global simples, construída com blocos de concreto locais, cujas aberturas foram detalhadas em vidro e aço. Há uma sensação de monumentalidade da paisagem artificial em relação à paisagem natural; a edificação é bem específica para o local. É um volume espacial bem trabalhado para a vida moderna que foi esculpido dentro de um exterior muito disciplinado.

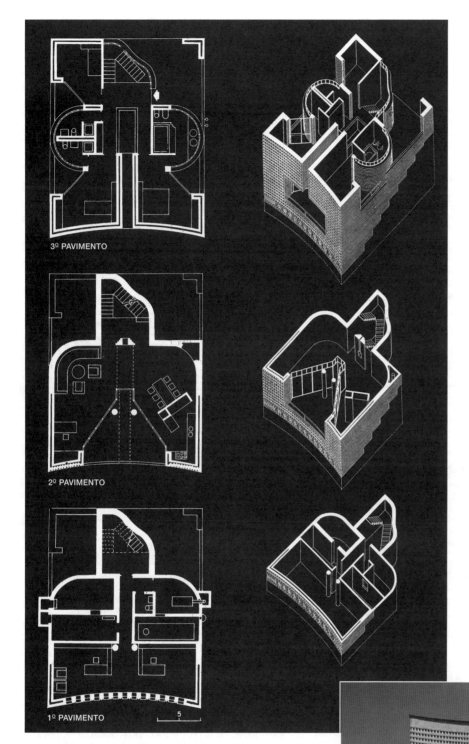

Desenho: Residência unifamiliar em Morbio Superiore, Suíça (1982-1983)
Fotógrafo: Alo Zanetta, Chiasso, Suíça
Arquiteto: Mario Botta, Lugano, Suíça

© Alo Zanetta

PERSPECTIVA MILITAR — ACRÉSCIMO DE ALTURA

202 CAPÍTULO 5: PROJEÇÕES ORTOGONAIS E PARALELAS

PERSPECTIVA MILITAR – NÃO VERTICALIDADE DO EIXO Z

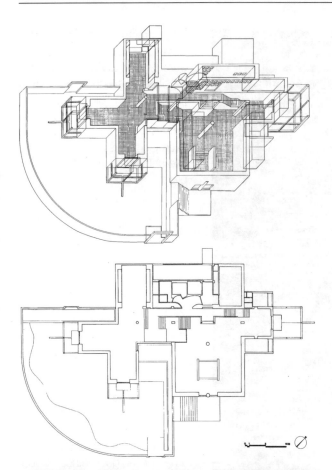

Arquiteto: Fumihiko Maki + Maki e Associados

Desenhos: Museu de Arte de Iwasaki, Residência Oficial de Kagoshima, Kyushu, Japão
Axonométrica: 59,0 cm × 43,0 cm (23,2" × 16,9")
Planta: 72,0 cm × 50,0 cm (28,3" × 19,7"), Escala: 1:100
Material: Nanquim sobre vegetal
Cortesia de Fumihiko Maki e Associados, Arquitetos

Situada no jardim de um hotel resort, essa edificação composta de três estruturas é concebida como um complexo similar a uma vila, com cada estrutura formando uma linguagem comum e uma expressão espacial comparável da arquitetura moderna tardia incorporando o claro e o escuro, bem como as imagens regionais mediterrânea e japonesa tradicional. Ela abriga uma sucessão de espaços de exibição tipo pavilhão, que são articulados por claraboias. [RELATO DO PROFESSOR HIRO HATA]

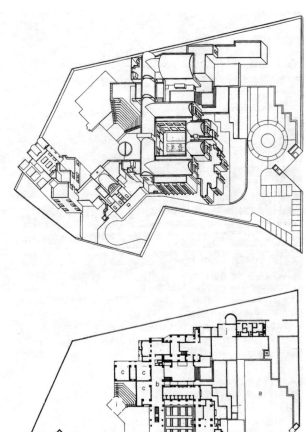

planta do pavimento térreo

Desenho: Instituto Gandhi do Trabalho, Ahmedabad, Gujarat, Índia 66,0 cm × 99,0 cm (26" × 39"), Escala: 1:200
Material: Nanquim sobre Gateway (papel-manteiga)
Cortesia de B.V. Doshi, Arquiteto

Uma variante da perspectiva militar típica ocorre quando o eixo z impulsiona os planos verticais para cima (normalmente a 45° ou 60°) do horizontal. Isso proporciona ao observador um ponto de visada semelhante ao da vista aérea. Esse método possui a vantagem de expor mais os principais planos horizontais. Entretanto, as distorções parecem ser maiores do que na militar tradicional. A perspectiva militar com um plano de corte (acima à esquerda) mantém mais adequadamente a configuração geométrica da planta do que no exemplo acima, que apresenta uma planta de implantação com a configuração da cobertura.

APLICAÇÕES **203**

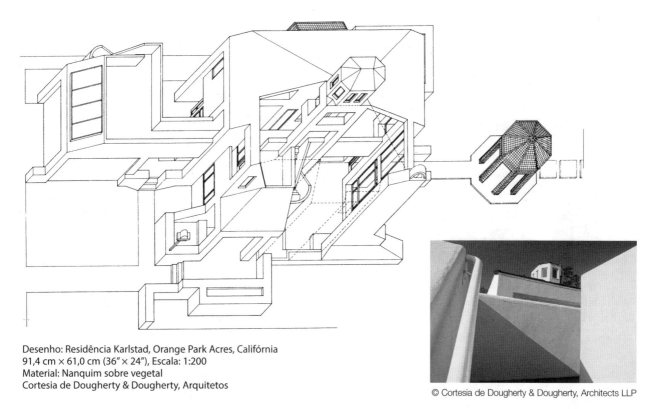

Desenho: Residência Karlstad, Orange Park Acres, Califórnia
91,4 cm × 61,0 cm (36" × 24"), Escala: 1:200
Material: Nanquim sobre vegetal
Cortesia de Dougherty & Dougherty, Arquitetos

© Cortesia de Dougherty & Dougherty, Architects LLP

Fundamentado em um forte plano axial que atinge a paisagem circundante, o projeto imagina uma série de cômodos internos e externos ligados a um elemento de circulação vertical central. Os espaços públicos e privados em camadas oferecem acesso aberto à luz, ar e ao terreno arborizado, proporcionando ao mesmo tempo privacidade e uma sensação de isolamento. As vistas em volume e linhas são utilizadas para expandir a planta compacta. [RELATO DE UM ARQUITETO]

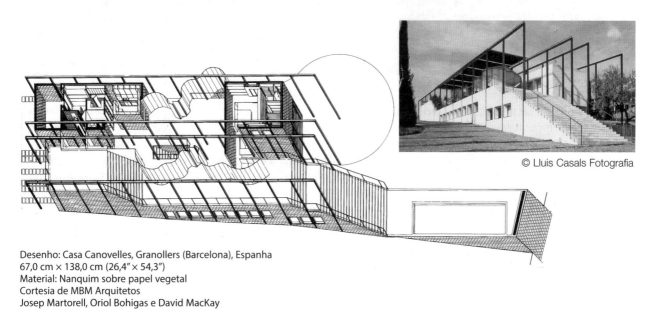

© Lluis Casals Fotografia

Desenho: Casa Canovelles, Granollers (Barcelona), Espanha
67,0 cm × 138,0 cm (26,4" × 54,3")
Material: Nanquim sobre papel vegetal
Cortesia de MBM Arquitetos
Josep Martorell, Oriol Bohigas e David MacKay

A não verticalidade do eixo z pode ocorrer tanto para a esquerda quanto para a direita da direção vertical. Estes exemplos mostram que o ponto de observação é igualmente eficiente em ambas as direções: a escolha é fundamentada na informação que deve ser transmitida.

PERSPECTIVA MILITAR – NÃO VERTICALIDADE DO EIXO Z

204 CAPÍTULO 5: PROJEÇÕES ORTOGONAIS E PARALELAS

EIXO Z NÃO VERTICAL

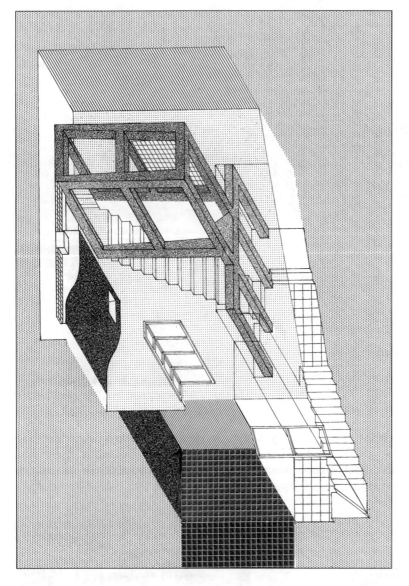

Desenho: Casa Curtis (1988),
São Francisco, Califórnia
27,0 cm × 38,1 cm (10,6" × 15"), Escala: 1:50
Material: Caneta, nanquim Rapidograph e película para sombreamento
Cortesia de James Shay, FAIA, Arquiteto

© Christopher Irion

O primeiro recurso de organização espacial nesta residência é o arcabouço escuro indicado no desenho por linhas e sombras. Os elementos construtivos secundários, como os planos e escadas sombreadas, são representados com linhas e películas para estabelecer um contexto. O desenho fala com as relações interiores e exteriores. As formas exteriores da Casa Curtis servem como uma introdução escalonada para uma fileira de residências simplificadas e semimodernas no Terraço Superior. Por trás delas, o leiaute interior responde ao desejo de criar espaços de circulação interessantes, reter o zoneamento de duas unidades da edificação no caso de os proprietários desejarem fazer uma segunda unidade no futuro, e orientar os espaços de modo hierárquico com relação às excelentes vistas da casa. Como o desenho indica, os espaços são delineados de maneira modernista, com planos paralelos e padrões de coluna. O desenho esclarece as relações para os arquitetos. Infelizmente, demorou muito até o cliente poder dar palpites. Então, durante o processo de projeto, o arquiteto usou perspectivas interiores mais convencionais e um modelo para mostrar ao cliente um pouco do que a edificação se tornaria.
[RELATO DE UM ARQUITETO]

Perspectivas paralelas, mais do que qualquer outro tipo de representação, podem ser utilizadas para explorar um grande número de pontos de vista. As perspectivas cônicas, embora ilustrem melhor as profundidades, não proporcionam tantas opções. Esta e a página seguinte, que apresenta camadas superpostas de plantas baixas, mostram apenas duas dentre as várias opções e variantes disponíveis para transmitir um projeto com vistas paralelas oblíquas.

APLICAÇÕES **205**

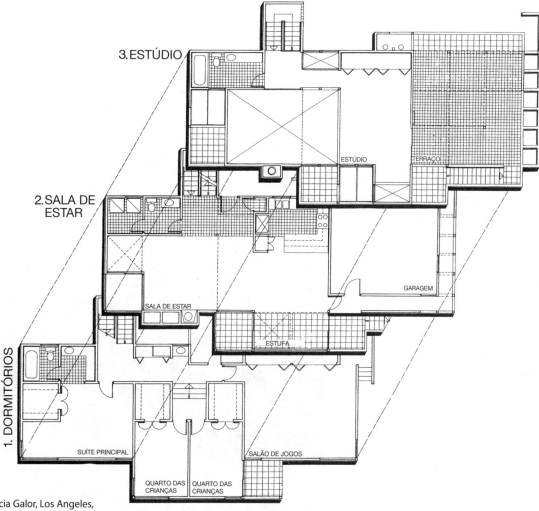

Desenho: Residência Galor, Los Angeles, Califórnia
71,1 cm × 71,1 cm (28" × 28"), Escala: 1:50
Material: Nanquim
Cortesia de John V. Mutlow, FAIA, Arquiteto

Esta residência na encosta é projetada em uma grade de caixotões de 6 × 6 m (20′ × 20′) com uma subgrade/módulo de 2 × 2 m (6′8″ × 6′8″). As plantas escalonadas e sobrepostas articulam a relação vertical entre a residência, os volumes verticais conectivos e o estúdio do artista no terceiro pavimento e o terraço no piso superior. A borda sombreada dos pisos reforça simultaneamente a borda da planta, criando ao mesmo tempo uma imagem tridimensional.
[RELATO DE UM ARQUITETO]

© John V. Mutlow FAIA

PLANTA EM CAMADAS COM EIXO Z NÃO VERTICAL

206 CAPÍTULO 5: PROJEÇÕES ORTOGONAIS E PARALELAS

PERSPECTIVA CAVALEIRA: EXEMPLOS DE CONSTRUÇÃO

Esta perspectiva cavaleira de uma casa recua para baixo e para a direita. O resultado é a visão da vista inferior. Observe que os detalhes do interior podem ser facilmente percebidos através da fachada em recuo. Essa casa no alto de uma encosta foi concebida como um pavilhão envidraçado com dois apartamentos perpendiculares flutuantes deslocados em sentidos opostos para explorar a vista panorâmica de Paris. Uma piscina na cobertura une os dois apartamentos.

Desenho: Quinta d'Ava, Paris, França
59,5 cm × 41,8 cm (23,4" × 16,5")
Material: Nanquim
Cortesia do Escritório Metropolitano de Arquitetura (OMA)

O desenho à direita é uma variação da perspectiva cavaleira em que as linhas de recuo não são paralelas. As linhas convergentes são vistas no desenho em perspectiva, que será discutido no Capítulo 6. Esse tipo de desenho, como as perspectivas cavaleiras, exibe muito mais informações do que uma fachada ou planta pura. Alguns arquitetos, como Tadao Ando, preferem esse tipo de desenho. Esse estúdio triangular faz parte de uma casa de praia, uma casa de hóspedes e um estúdio artístico, virados para o Oceano Pacífico mexicano. Ando queria criar uma atmosfera de vilarejo com vista para o mar a partir dos terraços.

Desenho: Estúdio no México
Material: Gráfico por computador, montagem fotográfica
Cortesia de Tadao Ando Arquiteto e Associados

Na maioria dos casos, a perspectiva cavaleira recua para cima e para a esquerda ou para a direita em um determinado ângulo. Formas curvas regulares ou irregulares normalmente são vistas na elevação em verdadeira grandeza. Às vezes, é necessário empregar um corte na parede ou uma transparência oblíqua para revelar os espaços interiores.

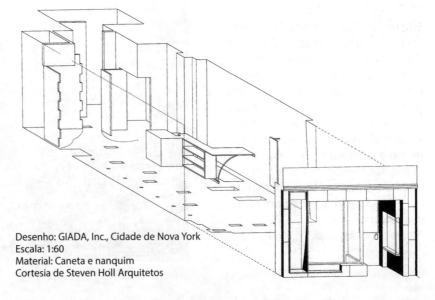

Desenho: GIADA, Inc., Cidade de Nova York
Escala: 1:60
Material: Caneta e nanquim
Cortesia de Steven Holl Arquitetos

APLICAÇÕES **207**

© Mark Mack

Perspectivas cavaleiras podem ser muito eficientes para mostrar como o projeto construtivo reage aos diversos parâmetros do projeto. Este exemplo apresenta uma forma simplificada repetida cinco vezes com um recuo superior em ângulo de 60° com o objetivo de mostrar alguns conceitos do projeto. Observe o emprego de tons de cinza e preto para expressar os parâmetros especificados. O diagrama maior apresenta os cômodos em volumes; neste desenho, os planos verticais são representados em preto ou cinza para acentuar as componentes da construção. Tonalidades artificiais podem proporcionar o contraste necessário entre planos para auxiliar na compreensão do projeto, particularmente nos casos em que a textura dos materiais é omitida ou não está aparente. Uma perspectiva cavaleira pode ser encurtada para evitar distorções, mas uma perspectiva militar nunca é encurtada.

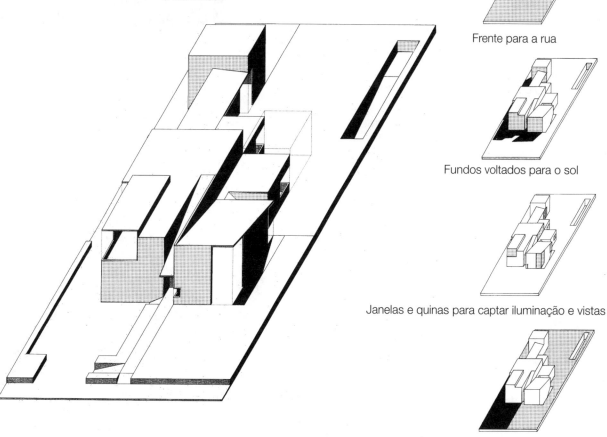

Desenho: Residências Adelman/Llanos, Santa Monica, Califórnia
Material: Nanquim
Cortesia de Mack Arquitetos; Mark Mack, diretor

Frente para a rua

Fundos voltados para o sol

Janelas e quinas para captar iluminação e vistas

Área de pedestres × estacionamento

Diagramas em perspectiva cavaleira

O USO DA PERSPECTIVA CAVALEIRA

208 CAPÍTULO 5: PROJEÇÕES ORTOGONAIS E PARALELAS

COMBINAÇÕES MULTIOBLÍQUAS

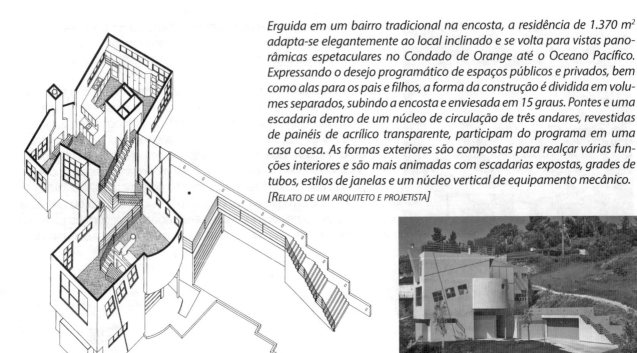

Erguida em um bairro tradicional na encosta, a residência de 1.370 m² adapta-se elegantemente ao local inclinado e se volta para vistas panorâmicas espetaculares no Condado de Orange até o Oceano Pacífico. Expressando o desejo programático de espaços públicos e privados, bem como alas para os pais e filhos, a forma da construção é dividida em volumes separados, subindo a encosta e enviesada em 15 graus. Pontes e uma escadaria dentro de um núcleo de circulação de três andares, revestidas de painéis de acrílico transparente, participam do programa em uma casa coesa. As formas exteriores são compostas para realçar várias funções interiores e são mais animadas com escadarias expostas, grades de tubos, estilos de janelas e um núcleo vertical de equipamento mecânico.
[RELATO DE UM ARQUITETO E PROJETISTA]

© David Lee VanHoy e George P. Elian

Desenho: Residência na Springwood Drive, Cowan Heights, Califórnia
91,4 cm × 91,4 cm (36" × 36"), Escala: 1:50
Material: Nanquim sobre poliéster
Cortesia de David Lee VanHoy, Arquiteto, e George P. Elian, Projetista

É muito comum encontrar várias configurações de construções que apresentam combinações *multioblíquas*. O acréscimo de sombras e tonalidades proporciona a percepção de profundidade na perspectiva. O exemplo acima com a cobertura removida combina dois eixos de 45°–45° e 30°–60°.

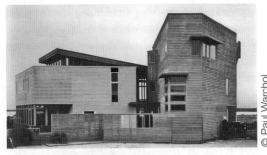

© Paul Warchol

Desenho: Complexo de verão, Barnegat Light, New Jersey
106,7 cm × 121,9 cm (42" × 48"), Escala: 1:50
Material: Nanquim sobre poliéster
Cortesia de Brian Healy Arquitetos

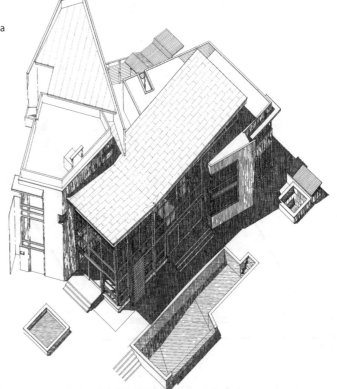

Esse projeto foi para três gerações de uma família. Três estruturas separadas compartilham uma área de estar comum. Cada família tem a sua própria habitação que pode funcionar de maneira autônoma, então foi empregada uma disposição tipo vilarejo para organizar o local. Um pavilhão comum aberto e envidraçado, com 231 m², está alinhado com o Farol Barnegat ao longe. [RELATO DE UM ARQUITETO]

APLICAÇÕES **209**

O acabamento foi feito com tinta sobre poliéster e representa as várias facetas do projeto atual. O emprego do nanquim levou a um delineamento nítido dos contornos e ângulos da construção. Inicialmente, a composição do desenho é por si só um veículo para visualizar os diversos elementos e geometrias da casa e, em um segundo momento, um dispositivo por meio do qual é dada ao observador uma noção de processo — o processo de projetar e o processo de experimentar. Foi acrescentado um fundo com aerógrafo para centralizar a representação no ponto inicial desse processo.

Esse acréscimo e reforma de um abrigo antiterremoto de 1906 transformou um minúsculo bangalô em uma residência radicalmente nova com espaços crescentes e um rico conjunto de materiais banhada por luz natural. A geometria cuidadosamente desviada permitiu que uma árvore existente fosse incorporada no centro da residência, emoldurada por uma grande grade de janelas. Uma escadaria em curva envolve o bar, definindo a cozinha e conectando uma ponte aberta que flutua acima do banheiro principal.
[Relato de um arquiteto]

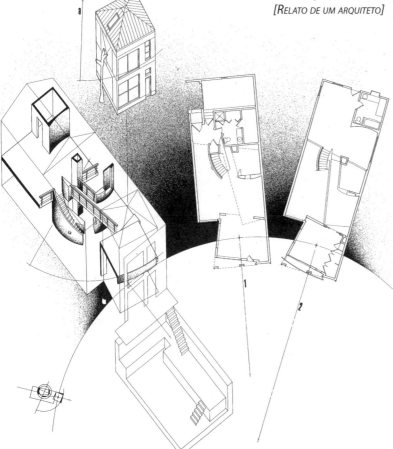

© Alan Geller, Fotógrafo

Desenho: Axonométrica explodida e planta composta, Residência Chasen, São Francisco, Califórnia
76,2 cm × 132,1 cm (30" × 52"), Escala: 1:300
Material: Nanquim sobre poliéster
Cortesia de House + House, Arquitetos, São Francisco
Michael Baushke, Ilustrador

COMBINAÇÕES MULTIOBLÍQUAS

210 CAPÍTULO 5: PROJEÇÕES ORTOGONAIS E PARALELAS

A VISTA EXPLODIDA

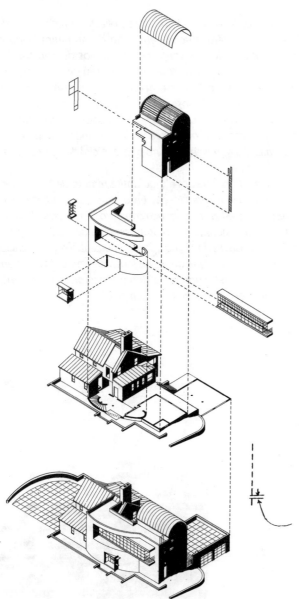

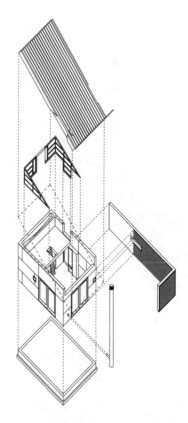

VISTA AXONOMÉTRICA EXPLODIDA

Desenho: Cabana C3,
Camano Island, Washington
Material: ArchiCAD
Cortesia de Vandeventer + Carlander Arquiteto

Desenhe com um espaço pequeno
nas linhas tracejadas da projeção

Perspectivas militares e isométricas podem ser muito poderosas e reveladoras quando as dimensões verticais e horizontais são expandidas com o emprego de linhas projetantes tracejadas ou sólidas. Estas *vistas explodidas* ilustram como os componentes estruturais se relacionam uns com os outros. Se possível, os elementos verticais e horizontais explodidos não devem se sobrepor. *Vistas expandidas* (na página seguinte) são vistas explodidas em uma única direção, como ilustrado nas inúmeras remoções de cobertura das páginas anteriores.

A distância do deslocamento entre os fragmentos da construção (os movimentos seguem eixos normalmente paralelos ou perpendiculares aos eixos da construção) depende da escolha da posição que melhor retrate a relação dos fragmentos entre si e com o todo. Observe que, na residência Gorman (à esquerda), os elementos dispersos parecem se encaixar facilmente para formar um todo coerente.

Desenho: Residência Gorman, New Canaan, Connecticut
61,0 cm × 91,4 cm (24" × 36"), Escala: 1:200
Material: Caneta e nanquim
Cortesia de Hariri & Hariri Design, Arquitetos

© Fotógrafo: John M. Hall

APLICAÇÕES **211**

© Rebecca L. Binder

© Rebecca L. Binder

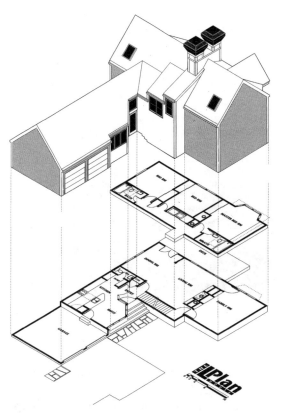

Desenho: Residência, Connecticut
21,6 cm × 27,9 cm (8,5" × 11")
Escala: 1:200; desenho original em 1:50
Material: *Software* PowerDraw em computador Macintosh
Cortesia de Robert T. Coolidge, AIA, Arquiteto

Esta residência foi projetada para a competição Inovações em Habitação de 1990 e foi um exercício de projeto para construção com a relativamente nova (à época) estrutura de viga em I. Ela explorou o que poderia ser feito com em um vão único de 6 metros e foi um exercício de desenho isométrico com o software PowerDraw (hoje PowerCADD). O Adobe Illustrator foi utilizado para finalizar o desenho recortando o texto para corresponder à isometria. Ele surgiu no AIA New England Regional Council Design Awards 1990 e também na revista Progressive Architecture. [RELATO DE UM ARQUITETO]

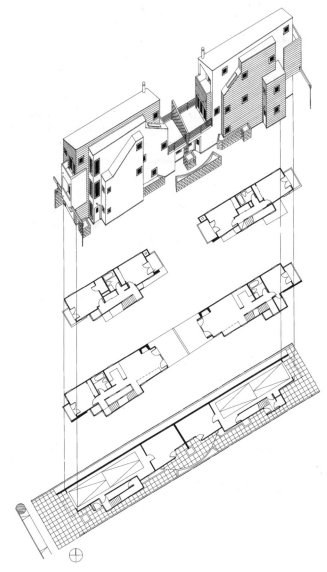

Desenho: Dúplex Armacost, Los Angeles, Califórnia
61,0 cm × 91,4 cm (24" × 36"), Escala: 1:100
Material: Lápis
Cortesia de Rebecca L. Binder, FAIA, Arquiteta

O conceito de vista expandida, tanto nas perspectivas cavaleiras quanto nas isométricas, é frequentemente aplicado em construções de dois ou mais pavimentos. Pavimentos superpostos normalmente exibem uma configuração geométrica semelhante. Estes exemplos ilustram como as plantas baixas podem ser removidas do contorno do prédio para ajudar a visualizar a relação vertical entre todos os níveis associados às formas externas. Tanto as vistas expandidas quanto as explodidas nos permitem ver o acabamento interno de uma construção. Nesse sentido, são muito semelhantes às vistas em corte.

A VISTA EXPANDIDA

212 CAPÍTULO 5: PROJEÇÕES ORTOGONAIS E PARALELAS

ISOMÉTRICAS EXPLODIDAS

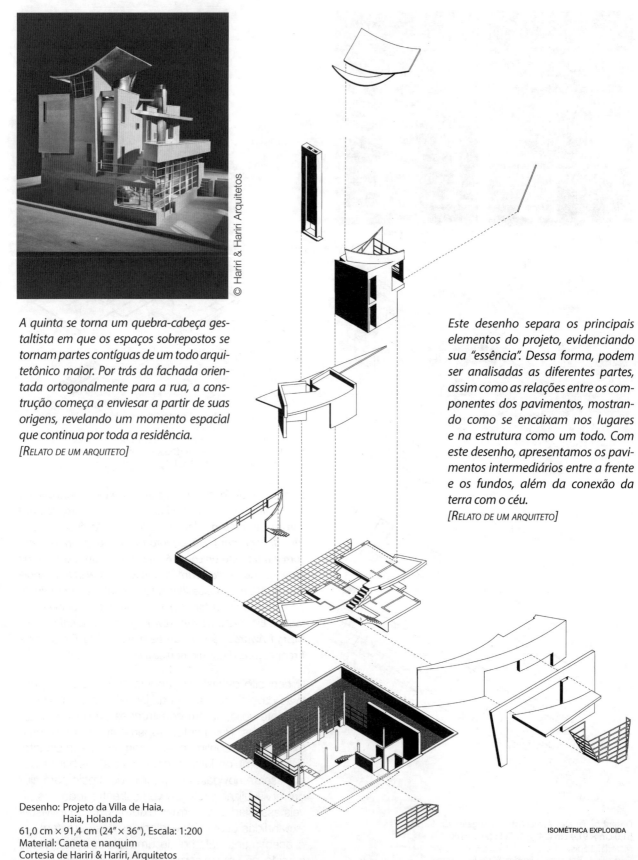

© Hariri & Hariri Arquitetos

A quinta se torna um quebra-cabeça gestaltista em que os espaços sobrepostos se tornam partes contíguas de um todo arquitetônico maior. Por trás da fachada orientada ortogonalmente para a rua, a construção começa a enviesar a partir de suas origens, revelando um momento espacial que continua por toda a residência.
[RELATO DE UM ARQUITETO]

Este desenho separa os principais elementos do projeto, evidenciando sua "essência". Dessa forma, podem ser analisadas as diferentes partes, assim como as relações entre os componentes dos pavimentos, mostrando como se encaixam nos lugares e na estrutura como um todo. Com este desenho, apresentamos os pavimentos intermediários entre a frente e os fundos, além da conexão da terra com o céu.
[RELATO DE UM ARQUITETO]

Desenho: Projeto da Villa de Haia,
Haia, Holanda
61,0 cm × 91,4 cm (24" × 36"), Escala: 1:200
Material: Caneta e nanquim
Cortesia de Hariri & Hariri, Arquitetos

ISOMÉTRICA EXPLODIDA

APLICAÇÕES 213

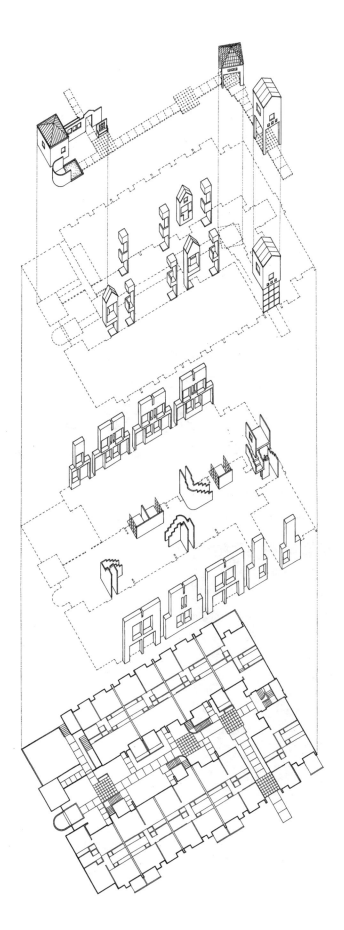

O princípio da perspectiva axonométrica é uma combinação dos elementos do projeto: a fachada da via pública, a fachada do pátio privativo, os eixos, a guarita e os elementos de circulação. A visualização da perspectiva considera as diferentes abordagens para o projeto e a relação entre o pátio privativo e a via pública, bem como a sequência de áreas de circulação que ligam a rua principal com o pátio interno através do pórtico da entrada da rua, estendendo-se pelo gazebo circular, pelos eixos e pela guarita. A planta baixa funciona como referência básica para ancorar a perspectiva. A identidade das fachadas públicas frontal e traseira do projeto do pátio interno se desenvolve dentro de um volume de armazenamento de 61 cm de profundidade, com elementos de escadaria acopláveis fornecendo identidade às fachadas do pátio privativo. Os elementos públicos são articulados e diferenciados como formas completas. [RELATO DE UM ARQUITETO]

Observe a maneira ordenada como os quatro elementos expandidos do projeto se encaixam. Dispostos verticalmente em uma direção uniforme, fica fácil visualizar o modo como os elementos poderiam ser reagrupados de maneira coesa em um todo.

© John V. Mutlow FAIA

Desenho: Conjunto multifamiliar Yorkshire, Los Angeles, Califórnia
86,4 cm × 106,7 cm (34″ × 42″), Escala: 1:100
Material: Nanquim
Cortesia de John V. Mutlow, FAIA, Arquitetos

PERSPECTIVA MILITAR EXPANDIDA

214 CAPÍTULO 5: PROJEÇÕES ORTOGONAIS E PARALELAS

PERSPECTIVA MILITAR/DIMÉTRICA EXPANDIDAS

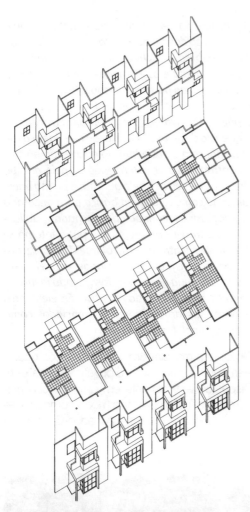

As vistas frontal e posterior abaixo e acima da planta baixa ajudam a projetar a riqueza tridimensional da fachada a partir da planta baixa bidimensional. A geometria de quadrados é o elemento básico de projeto, com o salão principal dimensionado de tal forma que todas as famílias de trabalhadores rurais possam se reunir em uma sala. Isso forma um eixo para uma série de espaços quadrados menores e duplos ordenados em um formato simétrico. [RELATO DE UM ARQUITETO]

Desenho: Vila Cabrillo, Saticoy, Califórnia
61,0 cm × 91,4 cm (24" × 36"), Escala: 1:100
Material: Nanquim
Cortesia de John V. Mutlow, FAIA, Arquitetos

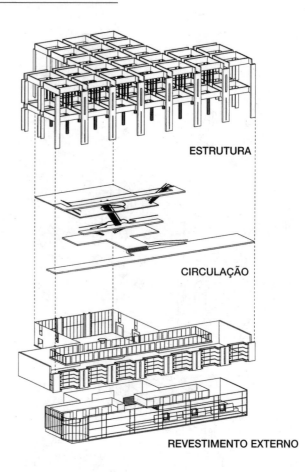

Desenho: Biblioteca, Toronto, Canadá
Material: Nanquim
Cortesia de A. J. Diamond, Donald Schmitt, Arquiteto

Esta vista expandida emprega a projeção axonométrica na forma de uma dimétrica. O ângulo de visada mais baixo permite observar as ligações dos elementos de circulação entre os pavimentos. As dimétricas são mais flexíveis do que as isométricas porque permitem uma variedade de posições de observação.

Fotografia do modelo: Estúdio Antigravidade e Residência Meguro, Tóquio, Japão
© Ateliê Tekuto
Cortesia do ATELIÊ.TEKUTO

O uso de uma lâmpada dentro do modelo e o ajuste do contraste e do brilho com o Photoshop criaram um forte efeito de iluminação no interior. Isso se transformou em uma abordagem da moda nos modelos de competição, especialmente nas vistas dimétricas, isométricas e em perspectiva.

APLICAÇÕES **215**

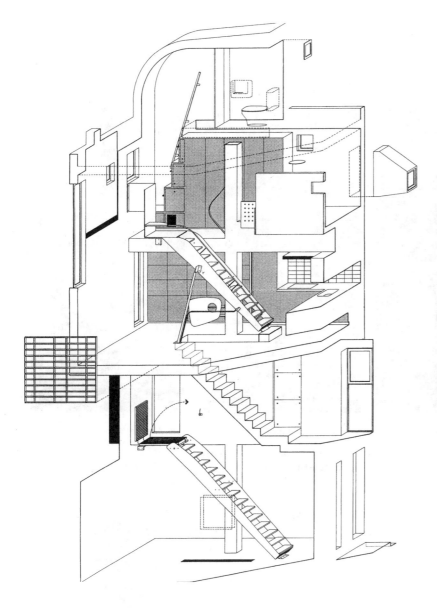

© BOLLES+WILSON

© BOLLES+WILSON

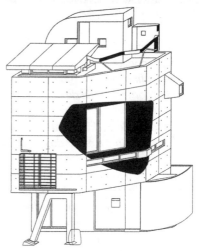

Desenho: Casa Suzuki, Tóquio, Japão
22,0 cm × 28,0 cm (8,7" × 11"), Escala: 1:30 (Escala japonesa)
Material: Nanquim sobre papel-manteiga
Cortesia de BOLLES+WILSON

PERSPECTIVA CAVALEIRA INTERIOR EXPLODIDA

A área da casa em todos os pavimentos é visível em uma única projeção. A escada central pode ser entendida como a sequência de ligação... como na pintura japonesa, o que não é mostrado é tão importante quanto o que é mostrado.
[RELATO DE UM ARQUITETO]

Tanto as vistas explodidas quanto as expandidas são excelentes ferramentas para analisar o modo como os detalhes são integrados, a despeito de serem pequenos componentes estruturais ou grandes elementos da construção. Esta é uma perspectiva cavaleira do interior com partes explodidas. A superposição de partes explodidas ou expandidas é permitida, desde que não oculte informações importantes. Dentro de um espaço muito pequeno na casa, esse projeto incute bastante ação através de uma escadaria bem posicionada que conecta verticalmente os volumes dos pisos.

216 CAPÍTULO 5: PROJEÇÕES ORTOGONAIS E PARALELAS

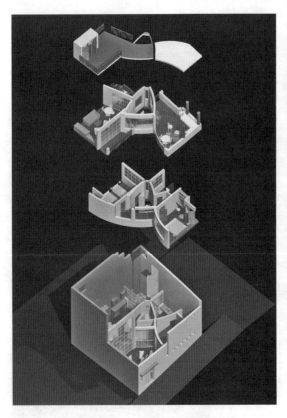

Desenho: Casa Joya, San Miguel de Allende, México, 20 × 28 cm (8½" × 11"), axonométrica explodida do ArchiCAD
Cortesia de House + House Arquitetos
Rafael de le Lama, Ilustrador

Desenho e fotografias: Casa Joya, San Miguel Allende, México, 18 × 18 cm (7" × 7"), perspectiva transparente do ArchiCAD
Cortesia de House + House Arquitetos
Rafael de le Lama, Ilustrador
Steven & Cathi House, fotógrafos

Esta perspectiva axonométrica explodida foi escolhida para descrever a forma e o volume dessa residência cúbica exclusiva de 10 × 10 m, situada no final de uma rua de pedestres no México. Os cômodos são definidos por uma série de paredes curvas, pátios, janelas do piso ao teto e terraços privativos. Uma ampla paleta de cores e uma geometria rígida são exibidas claramente à medida que os pisos superiores são puxados para cima e afastados para revelar a planta do piso térreo.

A forte forma geométrica é exibida claramente na renderização transparente. As paredes externas da divisória da propriedade desaparecem e permitem que o observador veja o interior com uma camada de paredes coloridas, pavimentação decorativa do pátio, colunas cilíndricas e janelas do piso ao teto.
[RELATO DE UM ARQUITETO]

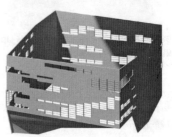

Esta escola não possui corredores, mas é organizada em torno de um grande átrio banhado por luz natural. O ambiente interior muda com o curso do sol e as estações do ano. A grande escadaria central conecta todos os cursos e disciplinas. [RELATO DE UM ARQUITETO]

Dimétrica expandida: Nova Escola de Música de Paris, Paris, França
Material: *Software* gráfico 3D
Cortesia de Serero Arquitetos

APLICAÇÕES 217

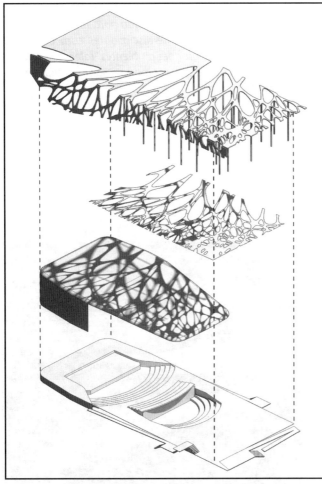

Axonométrica expandida: COBERTURA: Competição para o novo auditório e sala de exibição (VTHR), Saint Cyprien, França
Primeiro prêmio, Fase Esquemática do Projeto
Material: *Software* gráfico 3D
Cortesia de Serero Arquitetos

O ambiente natural inspirou o meu projeto do auditório. O grande guarda-sol com perfurações ovais protege o interior contra a luz do sol. A concha interna, de vidro e concreto, regula o calor e a ventilação.
[RELATO DE UM ARQUITETO]

A finalidade desse desenho é ilustrar a abertura e o rigor geométrico dessa moderna residência com pátio. A residência de dois pavimentos é apresentada como uma perspectiva axonométrica explodida para definir claramente os elementos geométricos coloridos que delineiam distintamente a massa e a forma. A parede dos limites da propriedade e o teto são afastados para mostrar os espaços internos que são articulados por escadas curvas, colunas, janelas do piso ao teto, lareiras e paredes.
[RELATO DE UM ARQUITETO]

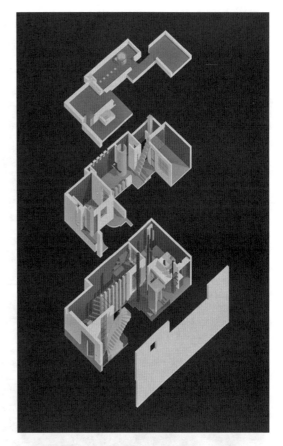

Desenhos e fotografia: Casa de las Estrellas, San Miguel Allende, México,
30 × 50 cm (12" × 20"), Axonométrica explodida do ArchiCAD
Cortesia de House + House Arquitetos
Kelly Condon, Ilustradora
Steven & Cathi House, fotógrafos

PERSPECTIVA CAVALEIRA E AXONOMÉTRICA EXPANDIDAS

218 CAPÍTULO 5: PROJEÇÕES ORTOGONAIS E PARALELAS

VARIAÇÕES DAS VISTAS EXPANDIDAS

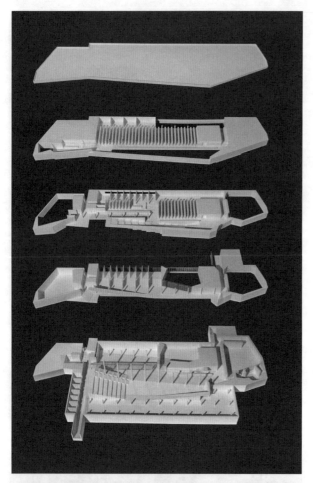

Fotografias do modelo: Centro de Música, Artes e Design,
Universidade de Manitoba, Canadá
Cortesia de Patkau Arquitetos

O Centro de Música, Artes e Design é uma instalação interdisciplinar. O projeto foi concebido para realizar objetivos funcionais e ambições interdisciplinares com economia, consistindo em seis "grandes ambientes" (além dos espaços de apoio associados) que acomodam várias atividades.
[RELATO DE UM ARQUITETO]

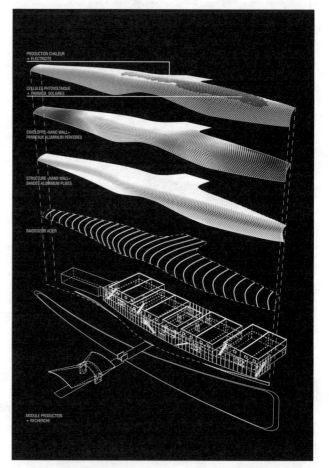

Desenho: Centro de Desenvolvimento de Química dos Materiais,
Mourenx, França
Material: *Software* gráfico 3D
Cortesia de Serero Arquitetos

Essas duas construções são apresentadas eficazmente usando variações da vista expandida. A construção de Patkau usa um efeito pictórico caracterizado por um ponto de observação e uma linha do horizonte variáveis. A linha do horizonte e o ponto de observação se movem para cima e para baixo. À medida que sobem, vemos uma perspectiva mais de cima, conforme é exibido na parte inferior das imagens no canto superior esquerdo da página. A construção de Serero é essencialmente uma vista expandida com um elemento de perspectiva exibindo ligeira convergência para um ponto de fuga abaixo.

Projetado para obter a prestigiosa acreditação LEED Platinum, essa estação espacial única no gênero se esforça para ser sensível ao seu ambiente imediato e sustentável ao mesmo tempo. A estrutura do teto em uma casca de concreto captura os ventos de oeste para ventilação e fornece proteção contra os duros extremos do clima no Novo México.

Vista Axonométrica

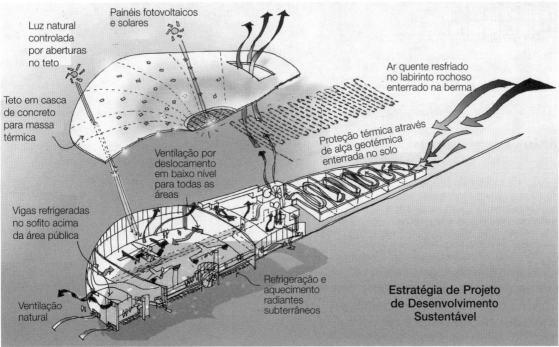

Desenho e diagrama: Spaceport America, Upham, Novo México
Material do desenho: Autodesk
Material do diagrama: Autodesk
Cortesia de Foster + Associados, Grant Brooker, Sócio Majoritário

Nesses desenhos, nem a vista axonométrica expandida e nem o croqui à mão livre expandido com a estratégia de projeto ambiental têm as linhas tracejadas expandidas normais que acompanham esse tipo de desenho. Repare na sobreposição das camadas na vista acima.

220 CAPÍTULO 5: PROJEÇÕES ORTOGONAIS E PARALELAS

VISTAS INFERIORES EM PERSPECTIVA/AXONOMÉTRICAS EXPLODIDAS

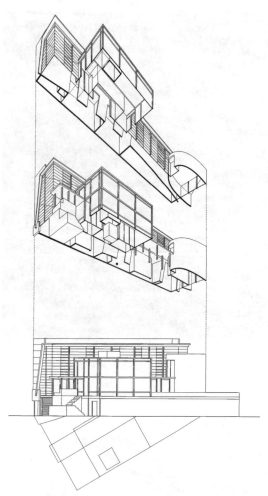

DIAGRAMA EM PERSPECTIVA

Desenhos: Agência Click & Flick, West Hollywood, Califórnia
Perspectiva: 50,8 × 76,2 cm (20" × 30"), Escala: 1:100
Axonométrica: 61 × 76,2 cm (24" × 30"), Escala: 1:100
Cortesia de Hodgetts + Fung Projeto e Arquitetura

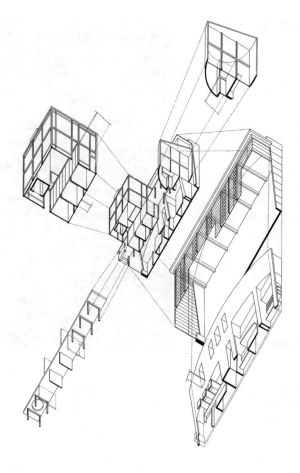

AXONOMÉTRICA EXPLODIDA

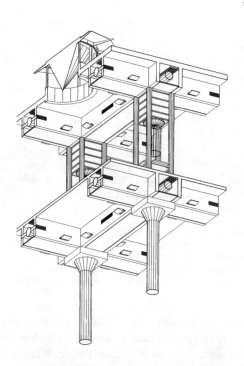

Desenho: Biblioteca Richmond Hill, Toronto, Canadá
Cortesia de A. J. Diamond, Donald Schmitt, Arquitetos

Essas vistas inferiores radicais permitem que o observador examine o interior das construções de baixo para cima. Esse método foi desenvolvido e utilizado pela primeira vez por August Choisy no século XIX. Nos desenhos de projeto, às vezes é necessário mostrar a relação entre o teto ou o sofito e as paredes (ver o desenho da Vila Cabrillo na p. 222). A vista axonométrica explodida no canto superior direito da página mostra que os elementos explodidos ou expandidos podem, por sua vez, ter suas próprias partes explodidas ou expandidas. As vistas inferiores axonométricas na forma de dimétricas ou isométricas mostram detalhes excelentes. Repare na clareza dos detalhes na Biblioteca Richmond Hill.

Esta perspectiva permite que sejam percebidas a forma da construção e sua organização ao mesmo tempo em que fornece indícios de como o projetista a concebeu: um arcabouço simples que se curva para harmonizar e estimular o movimento e a circulação; um verdadeiro cilindro no centro da construção como local de convergência; e uma cúpula cônica fechando o cilindro como uma imagem contrastante no centro de uma vila residencial com quatro módulos.
[Relato de um arquiteto]

Este desenho combina uma vista superior em perspectiva militar com uma inferior, também militar. Sua vantagem reside em permitir que a configuração geométrica completa de um projeto seja compreendida simultaneamente.

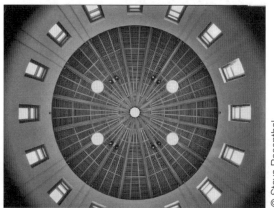

Fotos: Cortesia de William Rawn Associados

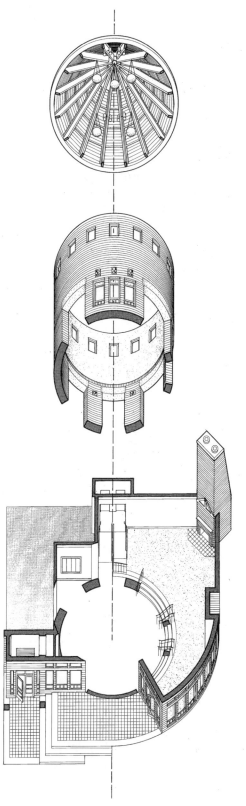

Desenho: Centro Social de Estudos da Faculdade Bates
(Projeto do Hall de Residências), Lewiston, Maine
30,5 cm × 76,2 cm (12" × 30"), Escala: 1:50
Material: Nanquim sobre poliéster
Cortesia de Cia. William Rawn Associados,
Arquitetos, Boston, Massachusetts

VISTAS INFERIORES E SUPERIORES SIMULTÂNEAS

222 CAPÍTULO 5: PROJEÇÕES ORTOGONAIS E PARALELAS

VISTAS INFERIORES E SUPERIORES DESCRITIVAS

As vistas axonométricas inferiores e superiores podem fornecer excelentes detalhes para visualizar espaços internos. Repare nos intrincados detalhes estruturais no desenho da Vila Cabrillo e também no detalhe espacial da vista expandida da Residência Rettig.

A Residência Rettig oferece um espaço complexo, embora compacto, para uma pessoa em um pequeno terreno de canto. O teto dobrado unifica os dois andares e oferece um gesto generoso para o público. O primeiro pavimento evolui em torno da escadaria central, que é o "coração" da residência.
[RELATO DE UM ARQUITETO]

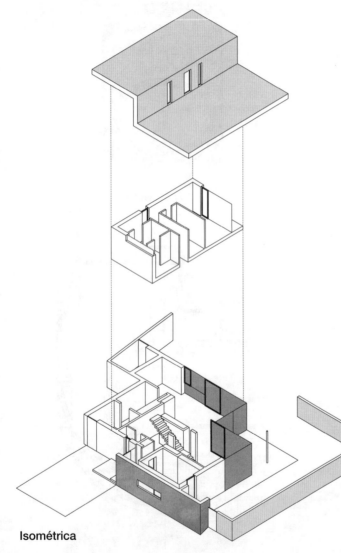

Isométrica

Desenho: Residência Rettig, Rheda, Alemanha
Material: Adobe Illustrator
Cortesia de Drewes + Strenge Arquitetos

Desenho: Axonométrica/planta baixa Vila Cabrillo, Saticoy, Califórnia
Material: Nanquim
Cortesia de John V. Mutlow, FAIA, Arquitetos

A perspectiva axonométrica em nanquim faz com que a vista por baixo destaque a estrutura da cobertura e permite visualizar os atributos das áreas inferiores. A planta baixa possibilita a compreensão das relações entre os espaços.
[RELATO DE UM ARQUITETO]

APLICAÇÕES 223

Relacionando-se com e se irradiando a partir da planta baixa, estas vistas rotacionadas e em sequência permitem que o observador experimente simultaneamente diferentes pontos de vista. Vistas simultâneas rotacionadas sequencialmente também são observadas com frequência em perspectivas militares que se irradiam a partir de uma planta baixa central. Observar várias vistas por diferentes pontos de observação (na mesma altura) de uma única vez proporciona uma rápida visão global de qualquer estrutura.

Demonstra-se aqui o emprego de vistas simultâneas rotacionadas sequencialmente para esmiuçar um determinado detalhe e ilustrar sua relação com o elemento construído. Todos os componentes novos e renovados foram integrados na cor geral e na paleta de materiais do campus existente de 1970, atualizando ao mesmo tempo o campus programaticamente, tecnologicamente, visualmente e sismicamente. Nossa equipe de projetos envolveu produtivamente os usuários e o distrito escolar para fornecer um produto que venha a atender a comunidade durante décadas.
[RELATO DE UM ARQUITETO]

Imagem: Prédio da Administração,
        Escola Secundária Kennedy,
        Granada Hills, Califórnia
Cortesia de Rebecca L. Binder, FAIA,
Arquitetura & Planejamento
Equipamento: PC
Programas: AutoCAD 14, 2000; Estúdio 3D

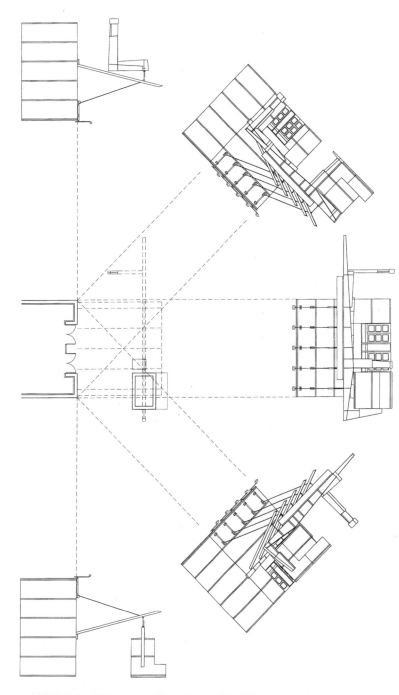

Fotografia de Timothy Young

PLANTA COM PERSPECTIVAS OBLÍQUAS EXPLODIDAS SIMULTÂNEAS

6

Perspectiva Linear

FUNDAMENTOS 227
APLICAÇÕES 256

Desenhos em perspectiva observados de um ponto de vista fixo criam vistas mais realistas do ambiente construído e da paisagem urbana. Sobre uma superfície bidimensional, vistas pictóricas das formas tridimensionais podem ser representadas de maneira fidedigna através de métodos caracterizados pela redução das dimensões e pela definição de linhas convergentes. Perspectivas de projetos preliminares ou croquis apresentam forma, escala, textura, iluminação, contorno, sombras e organização espacial. Os desenhos em arte-final aprofundam a caracterização desses elementos e afins. Como estágio final, podem ser refinados em perspectivas detalhadas para aprimorar a apresentação.

Durante os primeiros estágios de conceituação do projeto, quando todas as decisões estão em evolução, os modelos de estudo costumam ser empregados para verificar o resultado formal. No entanto, os modelos conceituais carecem de detalhes; esses objetos altamente abstratos não são imediatamente compreensíveis para um leigo ou cliente. É nesse estágio que as perspectivas são mais úteis. Como certa vez escreveu I. M. Pei, no prefácio do aclamado livro sobre acabamento de Paul Stevenson Oles (1987), "Os modelos funcionais são ferramentas úteis no estu-

226 CAPÍTULO 6: PERSPECTIVA LINEAR

do da forma e da justaposição das formas, mas somente os desenhos conseguem animar." Mais recentemente, a "prototipagem rápida" na impressão em 3D começou a ser uma ferramenta valiosa por permitir aos projetistas verem seus projetos como objetos manuais nos estágios iniciais do projeto. Talvez no futuro próximo uma combinação de desenho à mão livre e impressão 3D venha a reduzir o tempo de projeto.

O objetivo deste capítulo é introduzir a teoria e os métodos para a construção de perspectivas arquitetônicas. Ele destaca a importância da visualização das perspectivas paralelas (um ponto) ou inclinadas (dois pontos) a partir da planta e da elevação de um objeto. Isso, obviamente, é atingido com paciência, perseverança e, acima de tudo, prática.

Algumas habilidades, termos e conceitos importantes que você aprenderá são:

Como empregar perspectivas com um, dois ou três pontos

Como alterar um efeito pictórico mudando as variáveis das perspectivas

Ponto de vista	Linha de visada	Círculos em perspectiva
Ponto de fuga	Linhas inclinadas	Linha de terra
Método padrão	Linha de horizonte	Distorção
Quadro	Cone visual	Sistemas métricos

Perspectiva Linear

TÓPICO: CONE DE VISÃO
Ching 2009, 105.

TÓPICO: DIAGONAIS, EIXOS X, Y E Z, PONTO DE VISTA, PLANO DO QUADRO, LINHA DE HORIZONTE, PONTOS DE FUGA, PONTO PRINCIPAL, LINHA DE MEDIÇÃO VERTICAL, PONTO MÉDIO, CAMPO PERSPECTIVO, PONTO DE OBSERVAÇÃO, ESTRUTURA DA PERSPECTIVA
Hanks & Belliston 1992, 16-19; 21-23.

TÓPICO: PERSPECTIVA DE UM PONTO COM LINHAS DIAGONAIS
Ching 2009, 117-121.

TÓPICO: LINHAS DE FUGA VERTICAIS, LINHAS DIAGONAIS, LINHAS OBLÍQUAS, PONTOS DE FUGA OBLÍQUOS, PONTOS DE FUGA DIAGONAIS, PONTOS DE FUGA A 45°.
Forseth 1980, 154-58.

TÓPICO: MÉTODO PADRÃO PARA PERSPECTIVA DE UM PONTO, CORTE EM PERSPECTIVA, PERSPECTIVA DE PLANTA
Ching 2009, 116, 122.
Lin 1993, 116-20, 124-34.

TÓPICO: CÍRCULOS, CÍRCULOS E ELIPSES
Ching 2009, 137.
Forseth 1980, 168-69, 170.
Hanks & Belliston 1980, 122-23.

Visão Geral do Capítulo
Ao estudar este capítulo e fazer os exercícios propostos na seção final do livro, você irá aprender termos importantes da perspectiva, bem como construir perspectivas com um e dois pontos. Para a complementação do estudo sobre os princípios discutidos neste capítulo, veja Forseth 1980 e Ching 2009.

FUNDAMENTOS   227

Perspectiva é um método de representar a maneira como os objetos se apresentam ao olho humano em relação às suas posições e distâncias relativas. O mecanismo ótico de ver a paisagem urbana é realizado simultaneamente com ambos os olhos, e, como resultado, experimentamos a percepção tridimensional ou espacial dos objetos. O termo "perspectiva" tem origem no latim *perspectare*, que significa "ver através". A origem da teoria da perspectiva linear vem do Renascimento. O esquema perceptivo da filosofia e da civilização ocidentais valoriza um sistema representativo que reproduz logicamente as experiências visuais dos indivíduos. Assim, a perspectiva linear é considerada "correta" na medida em que valoriza a representação.

Arquitetos usam perspectivas tanto nos estágios iniciais quanto nos finais do projeto. Utilizam métodos tradicionais de desenho à mão livre e também programas de computador para gerar as almejadas vistas em perspectivas, a fim de auxiliar no andamento do projeto. Para apreciar integralmente um desenho em perspectiva, é importante compreender os procedimentos lentos de desenho à mão livre antes de embarcar nos métodos computacionais mais rápidos. Os métodos manuais de construção proporcionam a base de conhecimento para os programas de computador usados atualmente.

Nos estágios preliminares do projeto, rascunhos de perspectivas à mão livre são a regra. Nos estágios de apresentação final, as perspectivas são construídas com exatidão para atender aos objetivos do acabamento. Em 1949, Frank Lloyd Wright executou um croqui conceitual com acabamento para o famoso Museu Guggenheim da cidade de Nova York mostrando uma torre ao fundo que não foi construída na época. O sonho completo descrito na perspectiva finalmente tornou-se realidade com a conclusão da torre de Gwathmey Siegel e Associados em 1992.

INTRODUÇÃO

Frank Lloyd Wright
Museu Solomon R. Guggenheim (arte-final noturna), aproximadamente 1950-1951,
94,0 cm × 66,0 cm (37" × 26")
Material: Pintura a têmpera e tinta nanquim sobre prancha de composição
Coleção Peter Lawson-Johnston
Fotografia de David Heald © Fundação Solomon R. Guggenheim, Nova York

Tenha em mente que o desenho em perspectiva é a ferramenta básica para apresentar um ponto de vista em três dimensões a partir de uma posição em que você encontraria uma experiência de ponto de vista informativa e interessante antes de ela se materializar. É uma forma de desenhar o futuro.

© Marcus Chaw

REDUÇÃO E SUPERPOSIÇÃO

Fotografia: Píer principal, São Francisco, Califórnia
© Albert Lee

A despeito de estarmos observando o ambiente ou tentando representar realisticamente o que vemos em uma superfície plana bidimensional de desenho, percebemos quatro fenômenos principais: (1) redução, (2) superposição, (3) convergência e (4) encurtamento. A *redução* ocorre quando objetos de mesmas dimensões, como os postes de iluminação acima, aparentam diminuir de tamanho em função da distância. Isso pode ser observado na página a seguir, onde um observador parado nota as colunas e arcos de mesmas dimensões diminuírem com a distância. As fotografias requerem que o fotógrafo faça o enquadramento de uma posição fixa, muito semelhante à perspectiva de um único ponto de vista. Por tal motivo, as perspectivas possuem características fotográficas.

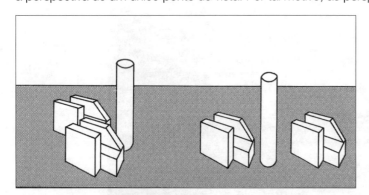

Duas das três torres na foto superior direita exibem uma condição de sobreposição com uma profundidade de campo visual, enquanto a torre mais à direita está isolada e proporciona menos noção de profundidade no espaço. Quando observamos objetos *superpostos*, adquirimos uma noção de profundidade e espaço. Objetos isolados proporcionam muito pouca percepção de profundidade espacial — ou nenhuma. Essas torres, que têm um peso conjunto de 350 toneladas, simbolizam poder e liberdade. São sinais gigantes visíveis durante o dia e esculturas vivazes sólidas e luminosas à noite. A vista noturna evoca uma noção de movimento devido aos efeitos de iluminação que animam os espaços que elas ocupam.

Fotografias: As Torres de Biel e Fórum de Arquitetura Aberta Arteplage Biel, Suíça
Arquiteto: Coop Himmelb(l)au
© Arcspace
Fotografias: © Gerald Zugmann

FUNDAMENTOS **229**

Pátio da Universidade Stanford, Palo Alto, Califórnia
Shepley, Rutan e Coolidge, Arquitetos

Essas duas fotografias de uma série de arcos foram tomadas a partir de dois pontos de vista. A tomada à esquerda é da fachada frontal do lado exterior da série de arcos, enquanto abaixo a tomada foi feita por trás. Em ambos os casos, ocorre a *convergência* das linhas paralelas: a linha tangente a todos os arcos "foge" em direção ao mesmo ponto como a linha que toca as bases de todas as colunas.

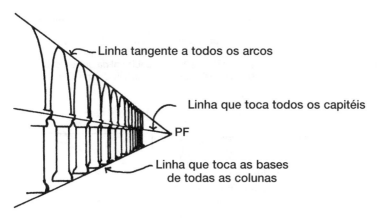

ARCOS ENCURTADOS

As três linhas que convergem acima devem ser paralelas se forem desenhadas em verdadeira grandeza.

ARCOS EM VERDADEIRA GRANDEZA

Em uma vista frontal, não há ilusão de perspectiva espacial porque não há evidências de convergência. Os arcos são observados em sua plenitude ou verdadeira grandeza. Sob um determinado ângulo, o tamanho do arco se torna *encurtado* uma vez que não se encontra mais em verdadeira grandeza. Os arcos semicirculares se tornam elípticos em qualquer posição inclinada. Na foto à direita, os elementos estruturais verticais nessa passarela exibem um encurtamento significativo, já que os elementos horizontais convergem para um ponto de fuga distante.

Fotografia: Centro de Ciências de Macau, Macau, China
Fotógrafo: L. C. Pei
© Pei Partnership Architects LLP

Os dicionários definem "sugestão" como ideia ou insinuação. Percebemos sugestões visuais o tempo todo. As sugestões podem não ser sempre exatamente iguais a como vemos o ambiente físico. De modo geral, o que vemos pode ser chamado de sugestão "perspectiva". Os mais eficientes e básicos tipos de desenhos sugestivos são aqueles que empregam linhas para indicar as arestas das superfícies da maneira como as percebemos na realidade. São chamadas de sugestões perspectivas porque representam as relações entre as arestas das superfícies a partir de um ponto específico no tempo e no espaço — uma perspectiva particular no mundo. As sugestões perspectivas são codificadas em três sistemas representativos: as *perspectivas lineares*, as *perspectivas paralelas* (aqui usadas para incluir os sistemas axonométrico e oblíquo) e as *perspectivas ortogonais* (desenhos em múltiplas vistas). Nenhuma delas corresponde exatamente ao que vemos no mundo o tempo todo. Cada uma representa uma determinada percepção e realidade cognitiva — uma combinação entre o que vemos e o que conhecemos sobre as coisas.

Sugestão em Perspectiva Linear

A perspectiva linear é mais facilmente perceptível em locais onde longas superfícies retangulares se iniciam próximas ao observador e diminuem com a distância, como rodovias longas e retas. A percepção essencial é que as linhas paralelas aparentam se unir ao longe. As arestas das superfícies são representadas por linhas que seguem as regras da perspectiva linear, e cada uma possui uma gramática linear. Perspectivas de um ponto possuem linhas verticais, horizontais e perspectivas (linhas que se encontram em pontos de fuga). Perspectivas de dois pontos possuem linhas verticais e perspectivas. Perspectivas de três pontos possuem apenas linhas perspectivas.

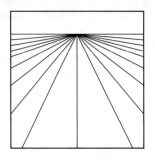 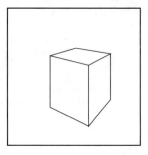

Diagramas e texto: Cortesia de William R. Benedict, Professor-Assistente
Faculdade de Arquitetura e Projeto Ambiental da Universidade Politécnica Estadual da Califórnia em San Luis Obispo, Califórnia

Sugestão em Perspectiva Paralela

O esquema perceptivo ocidental é tradicionalmente tendencioso em relação à perspectiva linear. Em outras culturas ou épocas, uma projeção paralela aparentava estar mais "correta" do que uma que empregasse a perspectiva linear. Quando os objetos são pequenos em relação ao nosso campo visual, suas arestas e superfícies tendem a manter as dimensões. O grau com que as arestas desaparecem é tão suave que nossa noção da semelhança dos comprimentos e ângulos pode facilmente ser mais significativa do que sua aderência à perspectiva linear. Sistemas paralelos representam essa visão da realidade. As arestas das superfícies são representadas por linhas que seguem as regras convencionais da projeção paralela. As arestas de superfícies paralelas permanecem paralelas e permitem relações diretas de medidas umas com as outras e com o objeto representado. As linhas verticais permanecem verticais, e os demais eixos se inclinam sob ângulos específicos.

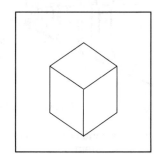

Sugestão em Perspectiva Ortogonal

A perspectiva ortogonal é menos aceitável para nossos olhos e requer treino em suas convenções para que se possa interpretá-la. Representa um único objeto com múltiplas vistas e requer habilidade para agrupá-las mentalmente. Nós percebemos as coisas em perspectiva ortogonal quando suas superfícies são relativamente planas e nos colocamos diretamente de frente para elas. À medida que nos distanciamos, nossa percepção corresponde mais proximamente a uma perspectiva ortogonal. As arestas das superfícies são representadas por linhas que seguem as regras da projeção ortogonal. As arestas paralelas permanecem paralelas e mantêm as relações diretas das medidas entre si e com o objeto representado. As linhas verticais permanecem verticais, as horizontais se mantêm horizontais, e o eixo da profundidade é representado por um ponto.

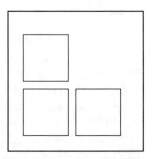

FUNDAMENTOS **231**

A *perspectiva linear* é uma ferramenta utilizada pelo projetista ou desenhista para compor uma representação razoavelmente exata de um objeto tridimensional sobre uma superfície bidimensional (a folha do desenho). Um desenho em perspectiva linear é uma imagem de um objeto projetado sobre determinado plano (o quadro ou Q) que é paralelo à face ou aos olhos do observador. Quando empregado como ferramenta de representação no processo projeto-desenho, é de suma importância não deturpar a aparência física da construção com uma representação perspectiva imprecisa. A seguir são apresentados os termos mais comuns do vocabulário técnico das projeções perspectivas.

TERMO	ABREVIATURA	DEFINIÇÃO
Ponto de Vista	(PV)	• Um ponto de observação para ver um objeto ou conjunto de objetos; a posição dos olhos do observador. As linhas de projeção do objeto (também denominadas raios visuais ou linhas de visada) convergem neste ponto.
Plano do Quadro	(PQ)	• Um plano ou "janela" estática e transparente, bidimensional e vertical. Essa janela recebe uma imagem em verdadeira grandeza a partir das linhas de projeção que convergem no ponto de vista. É perpendicular ao plano de terra e paralelo ao observador.
Visual Principal	(VP)	• Um eixo linear central imaginário projetado a partir dos olhos do observador (ponto de vista) que intercepta perpendicularmente o plano do quadro. É perpendicular ao observador.
Linha de Horizonte	(LH)	• A linha de horizonte representa o nível dos olhos do observador e é registrada no plano do quadro. É a linha de fuga para todas as linhas e planos horizontais.
Linha de Terra	(LT)	• A linha em que o plano do quadro e o terreno se interceptam. A linha de terra situa-se em um plano de terra a partir do qual são medidas as alturas.
Plano de Terra	(PT)	• O plano de referência no qual se encontra o observador. Pode estar a qualquer nível, dependendo do ponto de vista da perspectiva.
Ponto de Fuga	(PF)	• Um ponto na linha de horizonte para o qual qualquer grupo de linhas horizontais paralelas converge na perspectiva. Grupos de linhas paralelas oblíquas (inclinadas) desaparecem acima (aclive) ou abaixo (declive) da linha de horizonte. As linhas paralelas que são paralelas ao plano do quadro não convergem.
Linha de Medição Vertical	(LMV)	• Uma linha vertical no plano do quadro. As dimensões verticais de altura são transferidas de uma elevação para essa linha vertical em verdadeira grandeza de modo a serem projetadas na perspectiva.
Ponto Médio	(PM)	• Um ponto localizado na linha de horizonte que se situa a meio caminho entre os dois pontos de fuga em uma perspectiva de dois pontos.
Linha de Medição Horizontal	(LMH)	• Uma linha horizontal disposta no plano do quadro, sendo, portanto, uma linha em verdadeira grandeza.

GLOSSÁRIO DE PERSPECTIVA

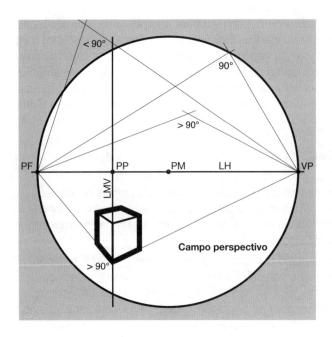
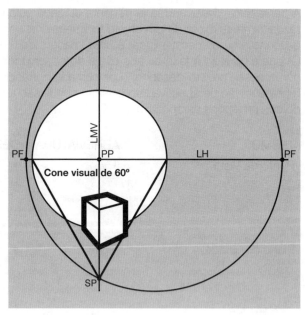

Distorção Aceitável

A perspectiva linear formaliza através da geometria um sistema que tenta representar a realidade tridimensional em uma superfície bidimensional — ou seja, tenta colocar no papel uma porção do campo visual. Por ser um sistema fechado que admite um observador fixo com visão monocular, possui limitações que devem ser respeitadas caso o objetivo seja representar exatamente a realidade visual percebida — para que o desenho "pareça correto". O cubo que é desenhado com sua aresta frontal coincidente com a linha de medição vertical (LMV — a linha desenhada pelo ponto principal) e centrado verticalmente na linha de horizonte é o cubo mais exato na perspectiva. À medida que é deslocado dessa posição, o cubo se torna progressivamente mais distorcido. O problema, portanto, é até que distância dessa posição uma perspectiva mantém exatidão suficiente sem ser visualmente deformada — quais são os limites em que a perspectiva parece correta?

Cone Visual

Para qualquer parametrização de uma dada perspectiva, existe uma área finita ao redor do ponto principal (PP), em torno do qual a perspectiva aparentará ser normal. Os limites dessa área são definidos por um *cone visual* (CV), com vértice no ponto de vista. O cone visual determina a forma como nossos olhos trabalham e controla a distorção em um sistema perspectivo. Um cone de 60° é aquele que se abre a 30° para ambos os lados da nossa linha de visada (distância principal). Esta ilustração apresenta simultaneamente um cone visual de 60° tanto em planta quanto em perspectiva. Em qualquer perspectiva pontual, o cone visual pode ser construído para estabelecer a área na qual a perspectiva terá a aparência "mais correta possível".

Diagramas e texto: Cortesia de William R. Benedict,
Professor-Assistente,
Faculdade de Arquitetura e Projeto Ambiental da Universidade Politécnica Estadual da Califórnia em San Luis Obispo, Califórnia

Campo Perspectivo/Ângulo Inscrito de 90°

O *campo perspectivo* é a área definida pelo círculo cujo centro é localizado no ponto médio (PM) e cuja circunferência intercepta os dois pontos de fuga horizontais em uma perspectiva de dois pontos. O campo perspectivo pode ser usado para ajustar os ângulos internos contíguos de retângulos horizontais a 90° ou maiores. Quando se torna menor do que 90°, o ângulo não adquire uma boa aparência. Quaisquer duas linhas que se interceptem sobre a circunferência do campo perspectivo formarão um ângulo reto. Aquelas que se interceptarem dentro da circunferência formarão ângulos menores que 90°, enquanto aquelas que se interceptarem dentro do campo perspectivo formarão ângulos maiores que 90°. Portanto, o campo perspectivo proporciona uma linha guia para estabelecer alguns limites no sistema de perspectiva linear.

FUNDAMENTOS 233

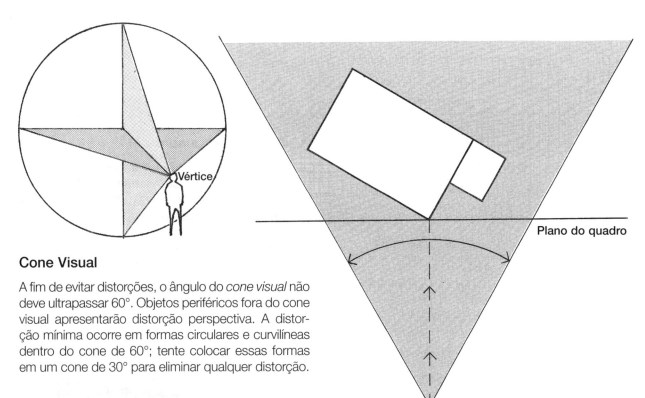

Cone Visual

A fim de evitar distorções, o ângulo do *cone visual* não deve ultrapassar 60°. Objetos periféricos fora do cone visual apresentarão distorção perspectiva. A distorção mínima ocorre em formas circulares e curvilíneas dentro do cone de 60°; tente colocar essas formas em um cone de 30° para eliminar qualquer distorção.

Imagine o *cone visual* tridimensional como sendo o que você é capaz de ver sem mover os olhos. A fronteira dessa vista é a superfície do cone. A área de visão não distorcida corresponde à base do cone (um círculo verdadeiro), que é perpendicular à linha de visada do observador. Essa área circular no plano do quadro pode ser vista com nitidez quando a abertura do cone é igual ou menor que 60°. A área observada aumenta de tamanho à medida que o plano do quadro se afasta dos olhos do observador. No entanto, se o observador se afastar de uma área de dimensões constantes, o ângulo de visão diminuirá.

Fotografia: Centro de Moda Labels 2, Berlim, Alemanha
Cortesia de HHF Arquitetos

A fachada desse prédio exibe duas curvas senoidais matemáticas cortadas de modos diferentes.

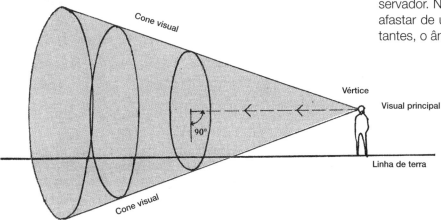

CONE VISUAL

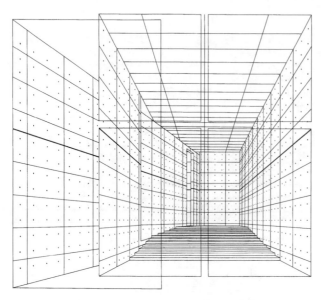

Desenho: Igreja da Luz, Ibaraki, Japão,
59,2 cm × 41,9 cm (23,3" × 16,5")
Material: Nanquim
Cortesia de Tadao Ando, Arquiteto

O Plano do Quadro

Esta perspectiva interior transparente mostra a parede com uma cruz vazada por trás do altar da igreja. A parede simula um plano de quadro vertical através do qual se pode capturar a vista perspectiva. Uma exceção ao plano de quadro bidimensional é o esferoidal (semelhante a uma esfera, porém não completamente redondo) empregado como uma vista de lente grande-angular olho de peixe.

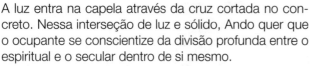

A luz entra na capela através da cruz cortada no concreto. Nessa interseção de luz e sólido, Ando quer que o ocupante se conscientize da divisão profunda entre o espiritual e o secular dentro de si mesmo.

Desenho: Projeto acadêmico por Corvin Matei,
Museu Vasari, Florença, Itália
25,4 cm × 20,3 cm (10" × 8")
Material: Nanquim sobre poliéster
Cortesia da Escola de Arquitetura da Universidade do Texas em Arlington

Uma janela é um plano vertical fixo. Quando olhamos através de uma janela, nossos olhos recebem imagens dos objetos tridimensionais que observamos. Essas imagens são projetadas em um plano bidimensional (a janela) em um número infinito de pontos quando nossas linhas de visada interceptam a janela. Assim, essa janela se torna o *plano do quadro*. Este desenho apresenta o ponto de vista de um observador olhando através da janela. Note que o lado do observador em relação à ampla dimensão da área central está sempre paralelo ao plano do quadro (janela).

FUNDAMENTOS 235

À direita encontra-se um exemplo de perspectiva paralela de um ponto. A imagem da construção é projetada sobre o plano de quadro por linhas de visada que o interceptam. Linhas horizontais e verticais na construção preservam a horizontalidade e a verticalidade na imagem. As linhas que não são paralelas ao plano do quadro convergem para um ponto de fuga. Uma vez que a construção se encontra atrás do plano do quadro, ela é projetada com dimensões menores do que a verdadeira grandeza do plano do quadro. Se estivesse na frente, seria projetada maior que a verdadeira grandeza. Uma perspectiva de um ponto sempre possui um plano paralelo ao plano do quadro. Qualquer plano perpendicular ao plano do quadro desaparece em um ponto. Uma perspectiva de dois pontos (abaixo) possui planos inclinados (não paralelos) em relação ao plano do quadro.

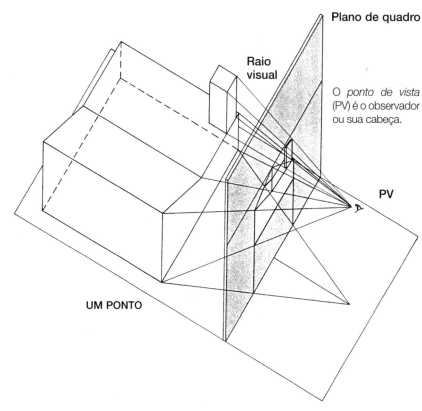

O *ponto de vista* (PV) é o observador ou sua cabeça.

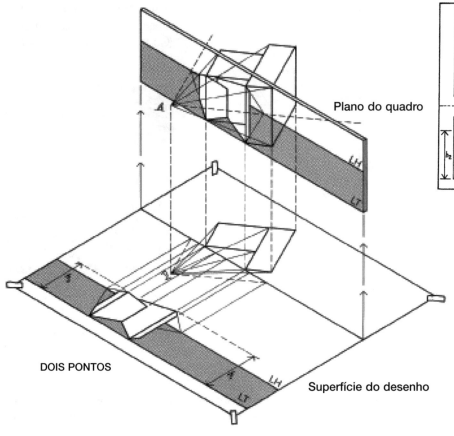

O *plano do quadro* é sempre perpendicular à superfície do desenho e à distância principal. É representado por uma linha no desenho. Também no desenho, o observador é reduzido a um ponto, e a construção, a uma vista em planta bidimensional. Alturas reais (h_1 e h_2) são sempre obtidas a partir de um conjunto de vistas ortogonais (plantas e fachadas). Elas são medidas verticalmente a partir da linha de terra.

O PLANO DO QUADRO

236 CAPÍTULO 6: PERSPECTIVA LINEAR

Você pode manipular uma imagem perspectiva mudando determinados parâmetros. Isso inclui o deslocamento do plano do quadro, mudança de orientação, mudança do ponto de vista em relação ao objeto e deslocamento da linha de horizonte para cima ou para baixo.

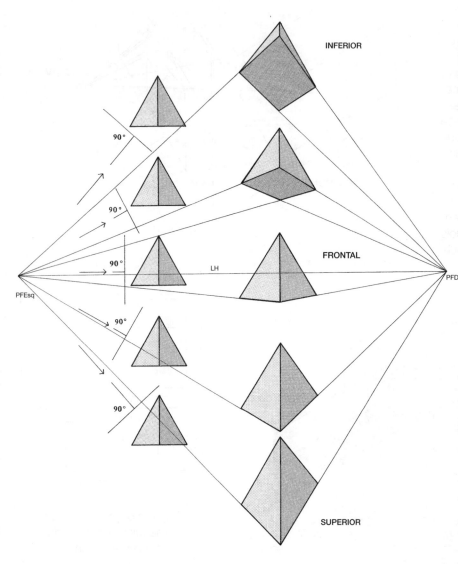

Fotografia: Centro Financeiro Mundial de Shangai, Park Hyatt, Shangai, China
Cortesia de Kohn Pedersen Fox Associados / H. G. Esch

A construção é um prisma quadrangular (representando a Terra), cortado por dois arcos cósmicos (representando os céus). Um portal quadrado para o céu é esculpido no topo. Melhor prédio alto do mundo em 2008 (Council on Tall Buildings and Urban Habitat).

Fotografia: Northeast Asia Trade Tower Songdo IBD, Incheon, Coreia do Sul
Cortesia de Kohn Pedersen Fox Associados

Efeito Pictórico

Neste exemplo, o plano do quadro e a orientação permanecem fixos. A linha do horizonte e o ponto de vista se deslocam para cima ou para baixo em relação ao plano de terra. À medida que eles sobem, uma vista superior ou aérea da pirâmide se torna aparente. À medida que abaixam, uma maior porção da parte inferior da vista se torna aparente.

Essa torre de 68 andares tem vidros de alto desempenho com dispositivos de sombreamento exterior. Limitando o ganho por aquecimento solar e reduzindo a demanda de refrigeração, é um modelo de estratégia de projeto sustentável.

FUNDAMENTOS **237**

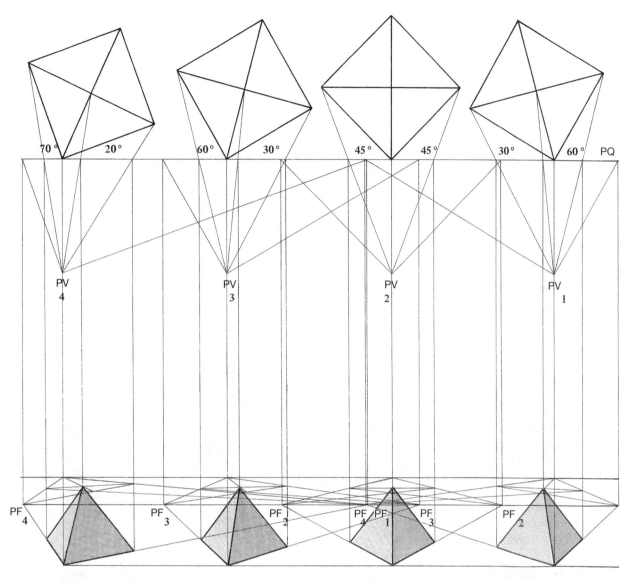

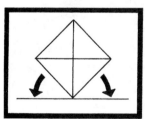

Cada mudança de *orientação* provoca um novo conjunto de ângulos em relação ao plano do quadro.

Neste exemplo, o plano do quadro, a posição do ponto de vista e a linha de horizonte permanecem fixos. O que muda é a orientação. À medida que os planos das laterais da pirâmide se afastam do plano do quadro, você vê menos de sua superfície. Em outras palavras, fica mais encurtado.

Esta foto é uma vista mais estática de um conjunto muito dinâmico consistindo principalmente em formas primárias. Essa não é uma pirâmide formal; contudo, a vista proporciona a ilusão de uma pirâmide colidindo com um bloco retangular.

Fotografia: Rock and Roll Hall of Fame, Cleveland, Ohio
Arquiteto: I. M. Pei & Sócios
Cortesia da Wikipédia

EFEITO PICTÓRICO: ORIENTAÇÃO VARIÁVEL

238 CAPÍTULO 6: PERSPECTIVA LINEAR

Observe que, aumentando a distância do plano do quadro em relação ao ponto de vista (**PQ₁** até **PQ₄**), ocorre um alargamento progressivo na imagem em perspectiva que possui uma projeção semelhante.

EFEITO PICTÓRICO: PLANO DE QUADRO VARIÁVEL

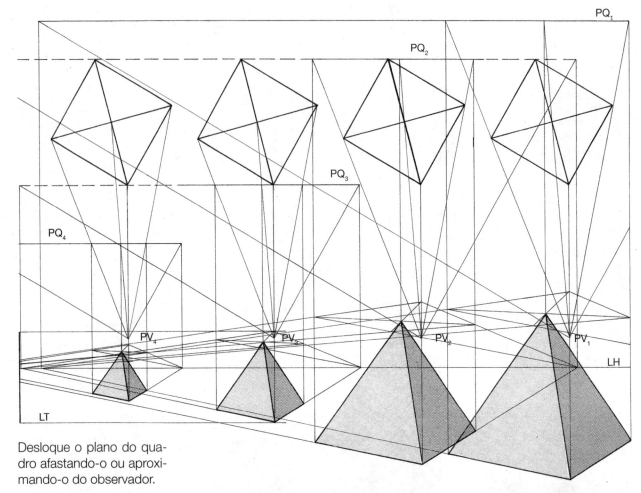

Desloque o plano do quadro afastando-o ou aproximando-o do observador.

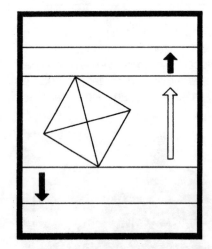

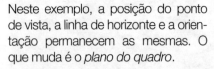

Neste exemplo, a posição do ponto de vista, a linha de horizonte e a orientação permanecem as mesmas. O que muda é o *plano do quadro*.

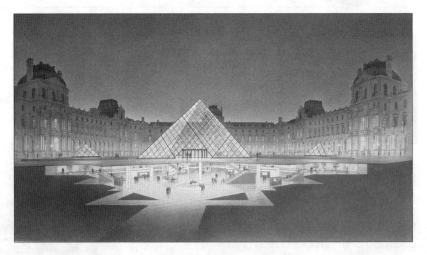

Desenho: A pirâmide no Grande Louvre, Paris, França
76,0 cm × 41,0 cm (30" × 16")
Material: Acrílico
Pei Cobb Freed & Colaboradores/Michel Macary Arquitetos
Cortesia de Lee Dunnette, Ilustrador

Observe que, aumentando a distância do ponto de vista ao objeto (**PV₄** até **PV₁**), ocorre a diminuição do encurtamento, pois os dois pontos de fuga afastam-se progressivamente um do outro.

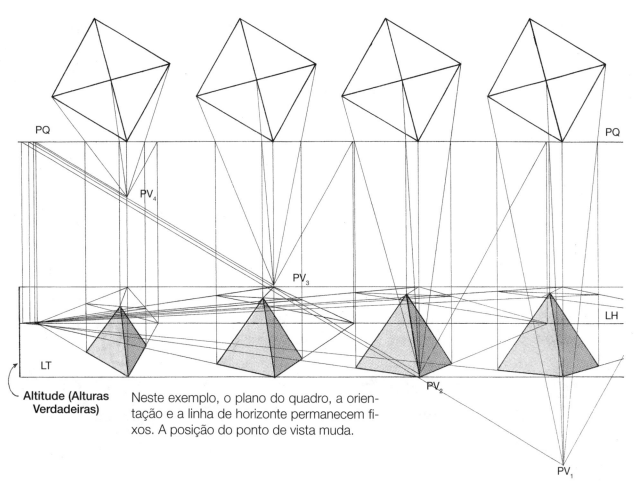

Neste exemplo, o plano do quadro, a orientação e a linha de horizonte permanecem fixos. A posição do ponto de vista muda.

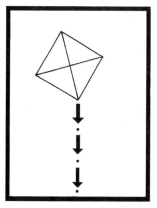

O observador se afasta do objeto observado.

EFEITO PICTÓRICO: PONTO DE VISTA VARIÁVEL

A grande ampliação desse museu histórico foi concebida como uma estrutura subterrânea para maximizar o espaço de exibição com iluminação controlada e conexões interiores para várias entradas de visitantes. Com apenas a pirâmide de vidro exposta para deixar entrar a luz natural na grande passagem, o arquiteto criou com destreza um diálogo entre um velho edifício ornamentado e uma versão moderna da pirâmide, que é uma das estruturas mais antigas da história. Apoiar o vidro com um conjunto de sistemas de treliça metálica fina atesta a atenção de Pei aos detalhes.

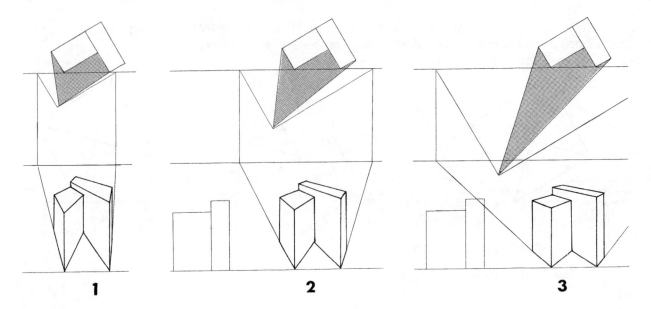

DISTORÇÃO

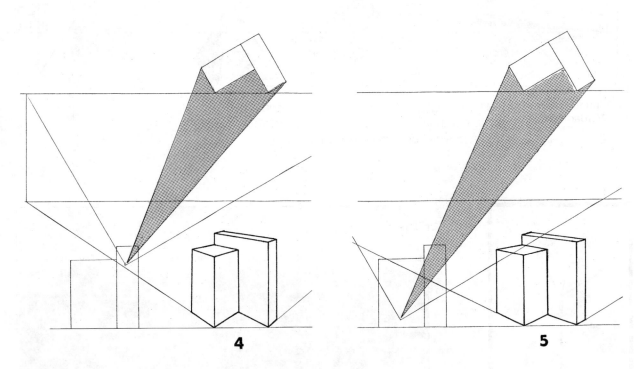

Distorção

A *distorção*, apresentada aqui em uma perspectiva de dois pontos, depende do espaçamento entre os pontos de fuga. Um ponto de vista muito próximo, com pontos de fuga próximos entre si, proporciona uma convergência acentuada com grande parcela de encurtamento (veja **1** e **2**). Um ponto de vista muito afastado acarreta convergência mínima, com muito pouco encurtamento. Uma vista pictórica mais natural pode ser obtida ao afastar os pontos de fuga (veja **4** e **5**). No entanto, não tente afastá-los excessivamente ou ocorrerá um achatamento. Uma boa distância entre o PV e o PQ é de três vezes a altura do objeto ou entre 1,8 e 2,4 vezes a largura da cena ou do objeto.

FUNDAMENTOS **241**

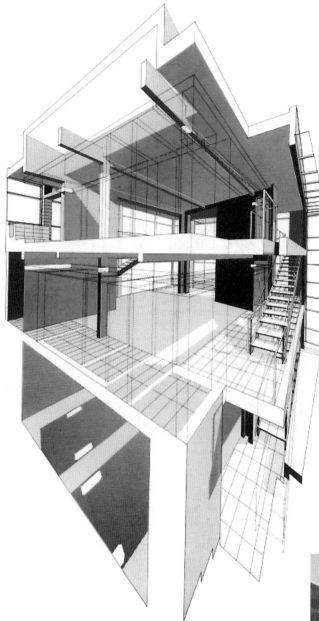

Desenho: Anexo da Residência Burnett,
Lago Oswego, Oregon
61,0 cm × 91,4 cm (24" × 36")
Material: Nanquim sobre poliéster com Zipatone
Cortesia de David Rockwood Arquitetos & Associados

O projeto foi um acréscimo a uma casa existente com um programa que duplicou os espaços existentes. O projeto do acréscimo se baseou primeiro em duplicar a casa em uma forma ligeiramente alterada e depois duplicar o acréscimo acrescentando uma forma contra a outra.
[RELATO DE UM ARQUITETO]

Distorção

Esta perspectiva de interior apresenta muito encurtamento em condições semelhantes às do exemplo **1** (página anterior). Existe uma posição em que os pontos de fuga se tornam muito próximos em relação à altura (relacionada com o cone visual). Isso acarreta uma vista distorcida.

Exemplo de uma convergência acentuada

Esta perspectiva de exterior apresenta menos encurtamento em condições semelhantes ao exemplo **5** na página anterior. Os pontos de fuga estão mais afastados.

Exemplo de uma vista pictórica próxima ao natural

Desenho: Casa Simples,
Stryn, Noruega
Material: ArchiCAD e Artlantis
Cortesia de Gudmundur Jonsson, Arquiteto

A magnífica vista para o Vale Stryn é capturada com a frente da casa agindo como uma ampla lente panorâmica absorvendo a beleza da natureza. A casa é praticamente uma varanda no teatro da mãe natureza.
[RELATO DE UM ARQUITETO]

DISTORÇÃO

242 CAPÍTULO 6: PERSPECTIVA LINEAR

PERSPECTIVA DE UM PONTO

Desenho: Capela do Parque Memorial de Rose Hills, Whittier, Califórnia
61,0 cm × 91,4 cm (24" × 36"), Escala 1:50
Material: Lápis e nanquim
Cortesia de Fay Jones & Maurice Jennings, Arquitetos
Desenhado por Barry McNeill/Jones & Jennings

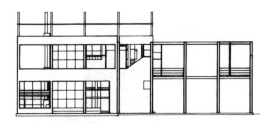

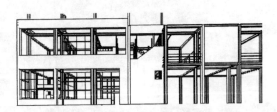

Desenhos: Projeto acadêmico por Lois McGinnis e Michael Patrick, Casa do Lago Shelby — Um projeto em CAD
Cortesia da Escola de Arquitetura da Universidade do Texas em Arlington

Perspectiva de Um Ponto

Acima, a perspectiva de um ponto de vista ao nível do solo é muito mais descritiva do que sua fachada bidimensional.

Os três tipos mais importantes de perspectiva são classificados com base nos principais pontos de fuga do desenho. Muitos desenhos possuem pontos de fuga secundários. Estes exemplos de construção mostram que todas as linhas horizontais que se afastam dos olhos do observador convergem para *um* ponto de fuga. Portanto, podem ser classificados como perspectivas de *um ponto*. Observe que, nos três casos, uma das fachadas do prédio é paralela ao plano do quadro.

O Aga Khan é uma perspectiva no sentido mais tradicional, com o plano do quadro paralelo à parede do fundo. O desenho segue claramente as regras de uma perspectiva de um ponto, com o espaçamento das colunas ficando uniformemente mais próximo à medida que nos afastamos do observador. O espaço expressa a noção de tranquilidade estacionária ao usar a transparência perceptual da materialidade variada do mármore.

Desenho: Museu Aga Khan, Toronto, Canadá
Material: V-Ray para acabamento e SketchUp para modelagem
Cortesia de Maki e Arquitetos Associados

Perspectiva de Dois Pontos

Estes exemplos de construções mostram suas fachadas principais convergindo nas laterais esquerda e direita para dois pontos de fuga em suas respectivas linhas de horizonte. Portanto, podem ser classificadas como perspectivas de *dois pontos*. Perspectivas de dois pontos, como nestes exemplos, possuem linhas paralelas e arestas da fachada principal não paralelas ao plano do quadro. Nas perspectivas de *três pontos* (tratadas no final deste capítulo), existe uma convergência característica para cima ou para baixo dos mesmos dois lados para um terceiro ponto de fuga.

Desenho: Projeto acadêmico por Bem Fasano
Material: Lápis
Cortesia de Lauren Karwoski Magee
Diretor de Instrução em Representação
Departamento de Arquitetura + Interiores
Programa de Arquitetura, Universidade Drexel, Filadélfia, PA

Esse "castelo moderno" de espaços entremeados de concreto branco e vidro está situado em um lindo local que exige o máximo de contato com a mãe natureza e a vista. A "ponte" superior se estica para alcançar a vista para as montanhas a leste. A abordagem de projeto se baseou na simplicidade, proporcionando complexidade nas experiências espaciais.
[Relato de um arquiteto]

Desenho: Casa Simples, Volda, Noruega
Material: ArchiCAD e Artlantis
Cortesia de Gudmundur Jonsson, Arquiteto

244 CAPÍTULO 6: PERSPECTIVA LINEAR

PERSPECTIVAS DE DOIS PONTOS E DE UM PONTO

Comparação entre as Perspectivas de Dois Pontos e de Um Ponto

Nas *vistas em perspectiva de dois pontos* apresentadas à esquerda, observe como os dois conjuntos de linhas paralelas horizontais convergem para a esquerda e para a direita. Na realidade, as linhas verticais permanecem verticais apenas na coluna ao centro, onde a linha de visada é horizontal. A visualização acima ou abaixo da linha de horizonte acarreta uma aparente convergência para cima ou para baixo das linhas verticais.

Observe caixas de papelão e tente visualizá-las se deslocando no espaço. Visualizar e desenhar um cubo em qualquer lugar do espaço, em qualquer orientação, e observar o destaque nos diferentes planos à medida que o cubo se desloca irá ampliar suas habilidades com desenhos de perspectivas. Outras formas geométricas podem ser desenhadas e derivadas a partir de formas cúbicas ou retilíneas: os sentidos humanos da visão e do tato nos permitem modelar experimentalmente todos os tipos de contornos.

© D. Finnen/Museu Americano de História Natural

Fotografia: Centro Rose sobre a Terra e o Espaço no Museu Americano de História Natural (Nova York) por Polshek e Associados Arquitetos

Em uma *perspectiva de um ponto*, o ponto de fuga encontra-se em uma linha perpendicular ao plano do quadro e intercepta o olho do observador (ponto de vista). O cubo de vidro suspenso de 29 m de altura do Centro Rose contém uma esfera de 2.000 toneladas, que é a estrutura do planetário. A parede cortina de vidro de grande magnitude está entre as primeiras construídas nos Estados Unidos.

FUNDAMENTOS 245

A casa isolada em um mar de montanhas tem dois espaços distintos, definidos pela borda da montanha, um volume principal com fachada envidraçada diante de uma vista e um espaço para reuniões, protegido e delimitado, voltado para o interior do terreno.
[RELATO DE UM ARQUITETO]

Desenho: SFX HOUSE,
São Francisco Xavier, SP, Brasil
Material: SketchUp
Cortesia de Nitsche Arquitetos

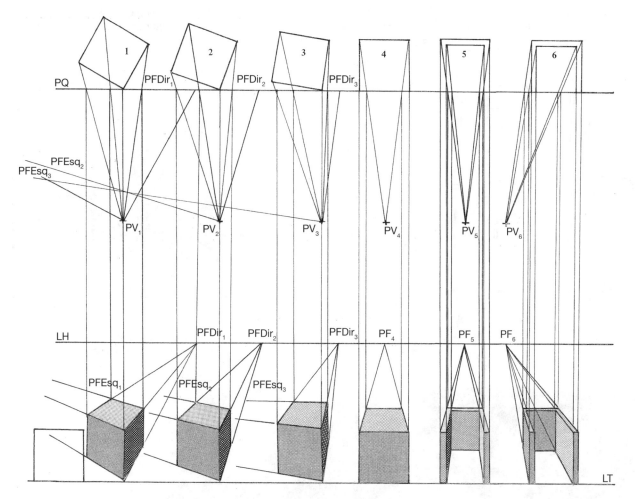

Compreender os conceitos de uma *perspectiva paralela de um ponto* irá facilitar o entendimento da construção de *perspectivas oblíquas de dois pontos*. Portanto, os métodos de construção das perspectivas de um ponto são apresentados antes dos métodos das perspectivas de dois pontos. Todas as linhas horizontais e verticais em uma perspectiva de um ponto são paralelas ao plano do quadro — daí o termo "perspectivas paralelas". No entanto, todas as linhas perpendiculares ao plano do quadro convergem para um único ponto de fuga (**4**, **5** e **6**). Observe como o cubo se transforma de uma perspectiva de dois pontos (**1-3**) para outra de um ponto (**4**). A ilustração ao alto apresenta características de perspectivas tanto de um ponto quanto de dois pontos. Observe as elipses inclinadas. Em ambos os casos, os métodos de construção que utilizam vistas ortogonais (plantas, fachadas e cortes) serão apresentados primeiro; eles serão seguidos pelos métodos que não empregam as vistas ortogonais, mas sim pontos de medição.

PERSPECTIVAS DE DOIS PONTOS E DE UM PONTO

Vistas Aérea, Frontal e Inferior

Considerando que várias pessoas não podem ocupar simultaneamente o mesmo espaço físico, elas verão o mesmo objeto sob diferentes ângulos caso todas o façam ao mesmo tempo. Uma vez que desocupamos um espaço físico, outra pessoa pode observar do mesmo ponto de vista. A linha do nível dos olhos irá mudar à medida que um observador se sente, levante ou suba em algum objeto para observar a cadeira ilustrada abaixo. Note o encurtamento das pernas da cadeira abaixo conforme o observador se desloca cada vez mais para o alto. A linha do nível dos olhos é sempre perpendicular à linha de visada e teoricamente localizada a uma distância infinita dos olhos. No processo de projeto-desenho, é importante estudar um projeto sob todos os pontos de vista imagináveis.

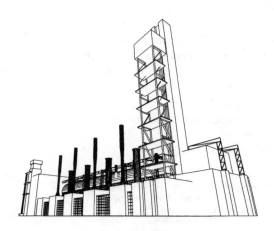

Vista inferior no nível do solo com convergência para o alto

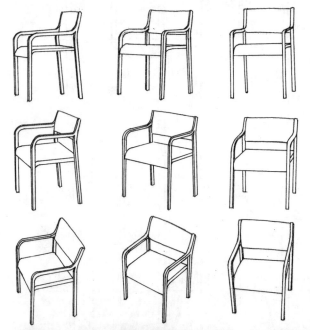

Desenhos de CAD (acima e abaixo):
Projeto acadêmico por Bradford Winkeljohn e Jordan Parnass
Extraído do compêndio da Faculdade de Planejamento e Preservação em Arquitetura da Universidade de Columbia (CSAPP)

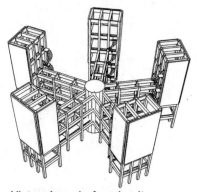

Vista aérea de ângulo alto com convergência para baixo

Vista frontal com convergência para o alto

Vista aérea capturando a paisagem circundante

Desenhos: Khanty Mansiysk, Sibéria, Rússia
Material: Autodesk
Cortesia de Foster + Sócios

Essa construção no alto de uma colina em uma área densamente arborizada com uma torre acima de dois pódios cortados como diamantes vai tirar proveito de várias estratégias de energia sustentável. A luz solar natural é refletida eficientemente e refratada para os átrios internos.

Fotografias: Freshwater House, Sydney, Austrália
Arquiteto: Chenchow Little
Fotógrafo: John Gollings
© Chenchow Little P/L

As duas imagens da Freshwater House são vistas das inteligentes opções de controle da luz solar nas janelas observadas da mesma posição. Acontece que os espaços de estar e jantar estão no segundo nível acima de uma garagem no nível térreo. Em relação aos espaços de estar principais no segundo nível, estamos olhando para a casa a partir de uma vista "inferior". A importância dessa posição de visualização é exibir o exterior surpreendente da forma da edificação a partir do nível da rua.

Desenho: Centro de Dança e Música, Haia, Holanda
Material: Rhino, Maya e AutoCAD
Cortesia de Zaha Hadid Arquitetos

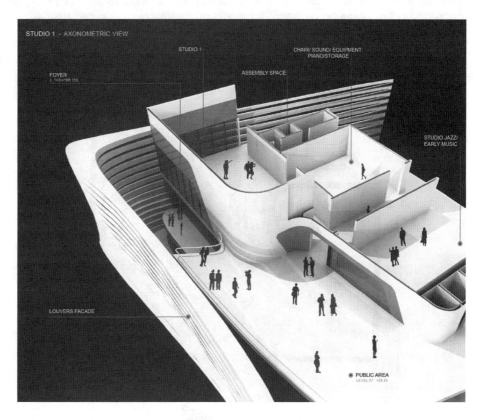

A imagem do Centro de Dança e Música apresenta uma vista acima do nível dos olhos, daí o nome vista "aérea", com o teto retirado para proporcionar uma perspectiva tridimensional de um leiaute parcial do piso. Isso poderia simplesmente ser um instantâneo fotográfico de um modelo portátil, comunicando de modo muito eficaz o leiaute funcional da planta de construção.

248 CAPÍTULO 6: PERSPECTIVA LINEAR

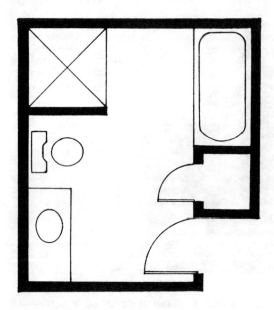

Um Ponto em Vista Superior

Uma variante incomum da *perspectiva de um ponto* é em vista aérea com a linha de visada perpendicular ao plano de terra. Essa variante, que pode ser obtida transpondo as posições em planta e elevação, é usualmente empregada para pequenos espaços interiores ou áreas externas de jardins.

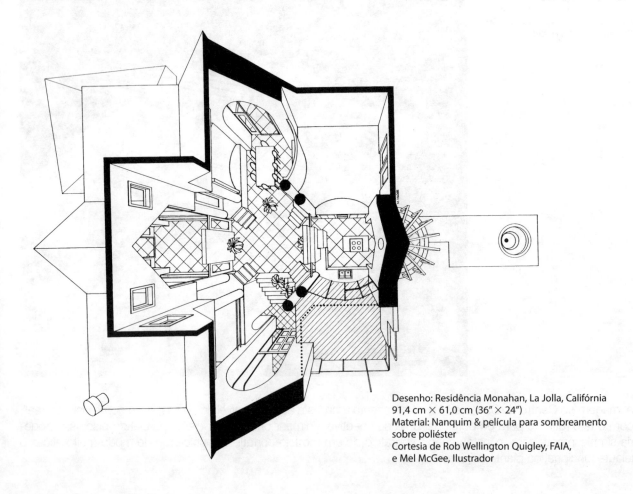

Desenho: Residência Monahan, La Jolla, Califórnia
91,4 cm × 61,0 cm (36" × 24")
Material: Nanquim & película para sombreamento sobre poliéster
Cortesia de Rob Wellington Quigley, FAIA, e Mel McGee, Ilustrador

FUNDAMENTOS **249**

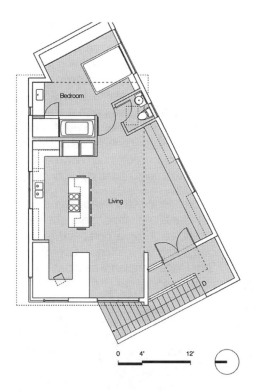

Desenhos: Posto de Saúde de Freeport, Kitchener, Ontário, Canadá
Cortesia de NORR Associados Ltda.
Grupo de Projeto NORR Health Care

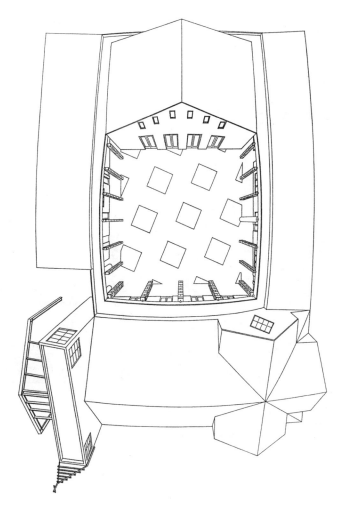

Desenho: Igreja da Nova Esperança, Duarte, Califórnia
61,0 cm × 91,4 cm (24" × 36")
Material: Nanquim sobre vegetal
Cortesia de Rebecca L. Binder, FAIA

Foto: Escada em espiral dupla no Museu do Vaticano

Um Ponto em Vista Superior

Vistas de interiores observadas de cima são muito descritivas e, portanto, muito informativas, especialmente para uma pessoa (cliente) que não compreende completamente uma planta arquitetônica. Na maioria dos casos, elas simulam uma vista em perspectiva de um ponto em um modelo em escala com remoção do telhado ou do teto. A vista pode ser construída rapidamente dispondo a planta baixa de modo que coincida com o plano do quadro. Linhas verticais de alturas são traçadas a partir dos cantos da planta convergindo para um ponto de fuga em uma posição relativamente central. As linhas de altura terminam onde for mais apropriado para a descrição (normalmente onde foi realizado o corte). Com a igreja acima e à direita, não existe seção de corte, e a curvatura dos elementos do telhado cria um efeito de lente grande-angular olho de peixe.

PERSPECTIVA DE UM PONTO EM VISTA SUPERIOR

250 CAPÍTULO 6: PERSPECTIVA LINEAR

Desenho: Star Place, Kaohsiung, Taiwan
Material: *Software* CAD: AutoCAD; modelagem 3D: Rhino, 3D Studio Max, Alias Maya Complete, Top Solid, V-Ray e T-Splines
Cortesia de UNStudio

Um Ponto em Vista Inferior

Um aspecto único no projeto dessa edificação é a escada rolante em espiral, que proporciona aos usuários um campo visual em constante mutação devido à fachada côncava curva e ao sistema de estrutura retorcida. Os efeitos de iluminação e cor controlados digitalmente acrescentam outra camada de fluidez ao revestimento externo da construção.

O Star Place, a Claraboia e a União Estudantil Ackerman exibem características de uma perspectiva de um ponto em vista inferior. O projeto do Star Place apresenta escadas rolantes girando sobre um eixo central.

Claraboia de Michelangelo na Basílica de São Pedro, Vaticano

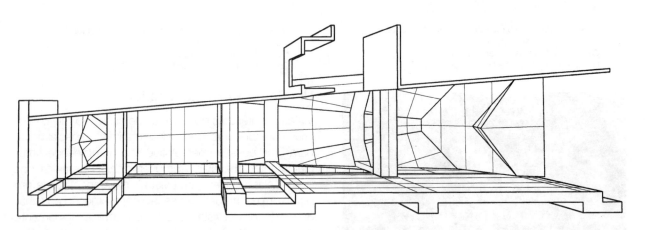

Desenho: União Estudantil Ackerman, Universidade da Califórnia/Los Angeles
Material: AutoCAD versão 12
Cortesia de Rebecca L. Binder, FAIA Arquitetura & Planejamento

Os elementos da entrada e circulação neste projeto de reforma/acréscimo são fundamentais para o estabelecimento de um "novo" vão. Os tetos são a essência do projeto, concebidos em compensado para acabamento. A perspectiva vista do chão oferece uma descrição clara desse elemento da entrada a nordeste.
[RELATO DE UM ARQUITETO]

Um Ponto em Vista Inferior

Esta é uma vista inferior de um ponto de fuga exatamente central com vista para o alto.

Este desenho ilustra o fato de a simetria ser um momento temporal, e não um lugar. Esta é uma simetria assimétrica vista de baixo para cima.
[Relato de um arquiteto]

Cinco armazéns malconservados e com sistemas estruturais diferentes se unem para formar uma edificação. Na unificação, foram criados espaços internos ricos, com grande claridade e variedade, um deles dos quais é a sala de conferências. Os espaços de trabalho desenvolvidos para clientes inovadores são verdadeiramente exclusivos. Essa edificação recebeu o Prêmio Nacional de Design de Interiores da AIA.

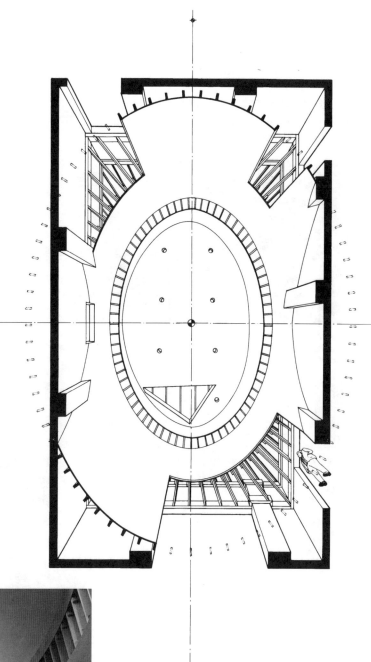

Desenho: Sala de Conferências, Boulevard Nacional nº 8522, Cidade de Culver, Califórnia
Material: Nanquim sobre poliéster
Cortesia de Eric Owen Moss, Arquiteto

PERSPECTIVA DE UM PONTO EM VISTA INFERIOR

Olhando para Baixo, em Frente e para Cima/em Aclive e em Declive

Na foto à direita, nosso ponto de vista resulta em vistas para baixo, em frente (horizontal) e para cima. Nas outras três imagens abaixo, temos perspectivas em aclive e declive, fora ou dentro da construção, caracterizadas por escadas, escadas rolantes ou rampas. Na página seguinte, vemos perspectivas em declive e aclive, como cenários urbanos.

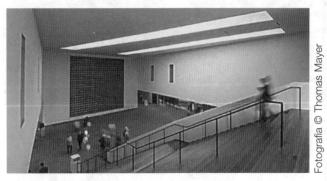

Fotografia: Museu De Young, São Francisco, Califórnia
Arquiteto: Herzog & DeMueron
Cortesia da Arcspace

Imagem: Cortesia de Polshek Partnership, Arquitetos/
Ralph Appelbaum Associados

Desenho: Newseum,
           Washington, D.C.
Arquitetos: Polshek Partnership, Arquitetos/
Ralph Appelbaum Associados
Cortesia da Arcspace

O projeto transparente da construção e a sua localização no coração da capital de notícias do mundo convidam permanentemente o visitante a relacionar a experiência de exibição dentro do local histórico e o mundo gerador de notícias do lado de fora.
[Relato de um arquiteto — Ralph Appelbaum]

Desenho: A Ala Sainsbury: Uma extensão da Galeria Nacional de Londres, Inglaterra
71,1 × 101,6 cm (28" × 40")
Material: Lápis sobre vegetal
Cortesia de Venturi, Scott Brown e Associados, Arquitetos

Foto: Escadarias da Praça da Espanha, no acesso à Igreja Trinità dei Monti, Roma, Itália

FUNDAMENTOS **253**

Desenho: Projeto acadêmico por Thanh Do,
Vistas em declive e em aclive de São Francisco,
10,2 cm × 15,2 cm (4" × 6")
Material: Nanquim sobre vegetal
Cortesia do Departamento de Arquitetura da Faculdade da Cidade de São Francisco

Olhando em Aclive e em Declive

Vistas em aclive e em declive geram falsas linhas de horizonte. A visão do observador é paralela aos aclives e declives. A verdadeira linha de horizonte (linhas frontais ao nível dos olhos) se situa no ponto de fuga em que todas as linhas horizontais das fachadas se encontram. As linhas horizontais do arruamento na vista em declive (no topo) desaparecem em um ponto sobre uma falsa linha de horizonte, abaixo da verdadeira. Da mesma maneira, na vista em aclive (à esquerda), existe uma falsa linha de horizonte acima da verdadeira. Nas duas situações, os diferentes pontos de fuga se alinham verticalmente acima ou abaixo uns dos outros.

OLHANDO EM ACLIVE E EM DECLIVE

254 CAPÍTULO 6: PERSPECTIVA LINEAR

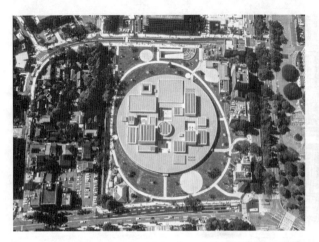

Fotografia: Museu de Arte Contemporânea do Século XXI,
Kanazawa, Japão
Cortesia da SANAA
Kazuyo Sejima + Ryue Nishizawa

Fotografia: Museu de Arte Contemporânea do Século XXI,
Kanazawa, Japão
Cortesia da SANAA
Kazuyo Sejima + Ryue Nishizawa

Perspectiva de Círculos

Círculos em perspectiva assumem a forma de *elipses*. Vemos essa forma não apenas em objetos arquitetônicos, mas também em itens do cotidiano, como mesas (veja abaixo), garrafas, louças, vasos, latas de lixo, moedas e rodas de automóveis.

Desenho: Centro do Desenvolvedor,
Oslo, Noruega
Material: ArchiCAD e Artlantis
Cortesia de Gudmundur Jonsson, Arquitetos

Fotografia: Centro de Ciências de Macau,
Macau, China
Fotógrafo: Kerun Ip
© Pei Partnership Architects LLP

Em arquitetura, os *círculos horizontais* são usualmente empregados em claraboias semicirculares ou circulares e formas cilíndricas horizontais semicirculares ou circulares (p. ex., rotundas). Eles também fazem parte de cones e cilindros, como se pode ver no Centro de Ciências de Macau. Os *círculos verticais* são usualmente empregados em arcos, janelas semicirculares e formas cilíndricas verticais.

O centro de ciências é composto de um romboide, uma cúpula e um cone inclinado. Em direção ao topo dessa construção revestida de alumínio brilhante há um deque de observação de 360° com vistas espetaculares da cidade. O Museu de Arte Contemporânea do Século XXI é um complexo de edificações em forma de círculo sem frente ou fundos no qual se pode entrar e explorar em todas as direções.

Visualize um círculo, como uma roda de bicicleta. A roda abaixo pode assumir a forma de um círculo *horizontal* à medida que é girada em torno de seu diâmetro horizontal. Esse diâmetro pode ser descrito como um eixo maior (máxima verdadeira grandeza). O diâmetro menor (eixo) é perpendicular e encurtado, tornando-se cada vez menor. Ou a roda pode assumir a forma de um círculo *vertical* à medida que é rotacionada em torno de seu diâmetro vertical. O diâmetro menor (eixo) é perpendicular e encurtado, tornando-se cada vez menor, como no primeiro caso.

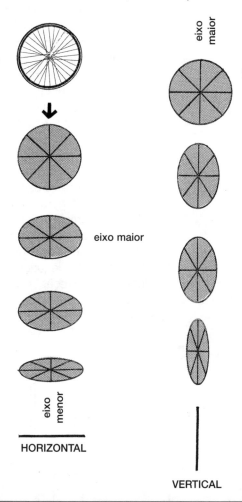

Fotografia: Centro de Ciências de Macau, Macau, China
Fotógrafo: Kerun Ip
© Per Partnership Architects LLP

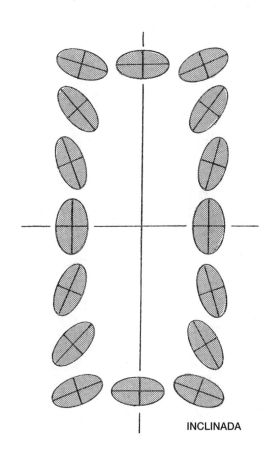

INCLINADA

Fotografia: Museu de Arte Contemporânea de Niterói, Niterói, Brasil
Arquiteto: Oscar Niemeyer
Fotografia: Cortesia da Wikipédia, © Wikipedia

O diagrama acima ilustra como um círculo visto em perspectiva como uma elipse mudará sua orientação de uma posição horizontal para uma vertical em relação ao eixo maior. As situações intermediárias resultam em elipses *inclinadas*, e o ângulo de cada uma depende da inclinação dos eixos em relação à posição do observador. Repare na elipse ligeiramente inclinada na fotografia acima.

CÍRCULOS EM PERSPECTIVA

256 CAPÍTULO 6: PERSPECTIVA LINEAR

Em uma perspectiva de um ponto, um grupo de linhas terá fuga em um ponto, e esse grupo não será paralelo ao plano do quadro. Todas as linhas verticais permanecem verticais, e todas as linhas horizontais permanecem horizontais na construção da perspectiva. A planta e a elevação do cômodo devem ser traçadas sempre para que se possa obter as dimensões exatas.

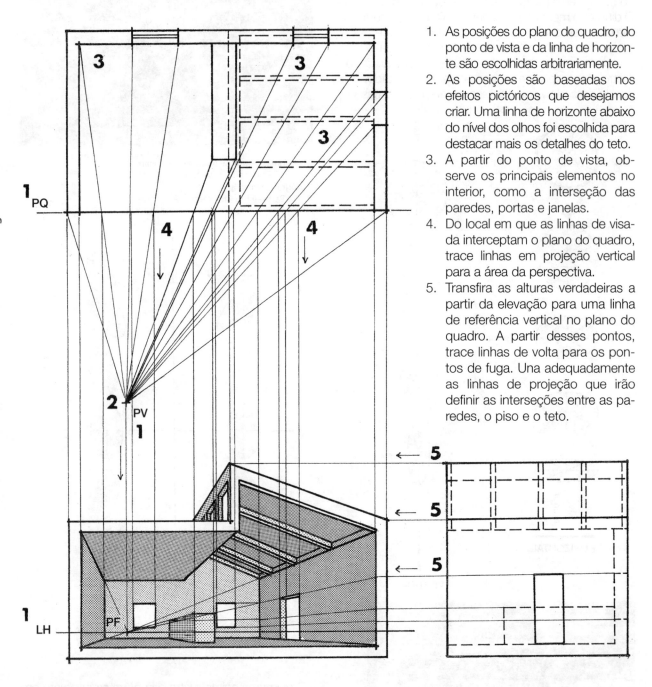

1. As posições do plano do quadro, do ponto de vista e da linha de horizonte são escolhidas arbitrariamente.
2. As posições são baseadas nos efeitos pictóricos que desejamos criar. Uma linha de horizonte abaixo do nível dos olhos foi escolhida para destacar mais os detalhes do teto.
3. A partir do ponto de vista, observe os principais elementos no interior, como a interseção das paredes, portas e janelas.
4. Do local em que as linhas de visada interceptam o plano do quadro, trace linhas em projeção vertical para a área da perspectiva.
5. Transfira as alturas verdadeiras a partir da elevação para uma linha de referência vertical no plano do quadro. A partir desses pontos, trace linhas de volta para os pontos de fuga. Una adequadamente as linhas de projeção que irão definir as interseções entre as paredes, o piso e o teto.

PERSPECTIVA DE UM PONTO/MÉTODO PADRÃO COM PLANTA E ELEVAÇÃO

Perspectiva de um Ponto em Interiores

Da mesma maneira que nas perspectivas de dois pontos (discutidas posteriormente), o *método padrão* ou *comum* é frequentemente empregado em perspectivas de um ponto. Nessas perspectivas, pelo menos um plano do objeto é sempre paralelo ao plano do quadro. Esse plano é sempre perpendicular à linha de visada do observador. Nas perspectivas de interiores, o plano do quadro forma uma seção de corte através da construção ou do objeto onde começa o espaço interno a ser representado.

APLICAÇÕES 257

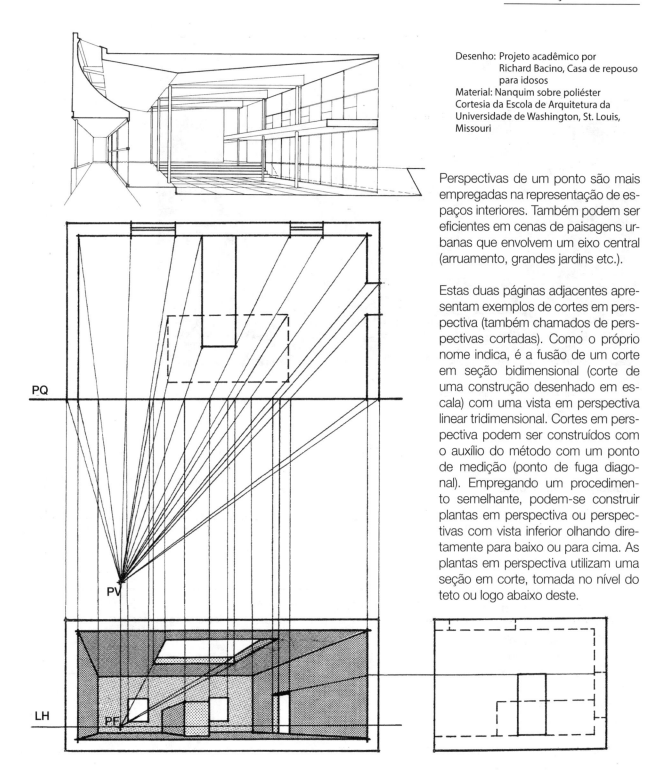

Desenho: Projeto acadêmico por Richard Bacino, Casa de repouso para idosos
Material: Nanquim sobre poliéster
Cortesia da Escola de Arquitetura da Universidade de Washington, St. Louis, Missouri

Perspectivas de um ponto são mais empregadas na representação de espaços interiores. Também podem ser eficientes em cenas de paisagens urbanas que envolvem um eixo central (arruamento, grandes jardins etc.).

Estas duas páginas adjacentes apresentam exemplos de cortes em perspectiva (também chamados de perspectivas cortadas). Como o próprio nome indica, é a fusão de um corte em seção bidimensional (corte de uma construção desenhado em escala) com uma vista em perspectiva linear tridimensional. Cortes em perspectiva podem ser construídos com o auxílio do método com um ponto de medição (ponto de fuga diagonal). Empregando um procedimento semelhante, podem-se construir plantas em perspectiva ou perspectivas com vista inferior olhando diretamente para baixo ou para cima. As plantas em perspectiva utilizam uma seção em corte, tomada no nível do teto ou logo abaixo deste.

PERSPECTIVA DE UM PONTO/MÉTODO – PADRÃO COM PLANTA E ELEVAÇÃO

O posicionamento do ponto de fuga irá determinar o que será visto no espaço interior. Se o ponto de fuga for alto, será mostrado pouco do teto, mas muito do piso. Se o ponto de fuga ficar próximo ao centro, quantidades iguais do teto e do piso serão mostradas. Se o ponto de fuga ficar baixo, serão apresentados muito do teto e pouco do piso. O deslocamento do ponto de fuga para a direita ou para a esquerda na parede do fundo produz um efeito semelhante em relação às paredes laterais — ou seja, se próximo da esquerda, mostrará mais da parede direita e, quando próximo da direita, mostrará mais da parede lateral esquerda.

258 CAPÍTULO 6: PERSPECTIVA LINEAR

O *New York Times* afirmou que a sala de concertos principal à esquerda tem uma "acústica quase perfeita".

Fotografia: Sala de Concertos Principal, Conservatório de Música de San Francisco, San Francisco, Califórnia
Cortesia de Perkins + Will, Arquitetos
Fotografia de Tim Griffith

Grade para um Ponto

Projetistas estudam o uso de espaços interiores. O *método ponto de fuga em diagonal* (ou *ponto de medida*) permite posicionar com exatidão os elementos do interior sobre uma grade plana. Diferentemente do método padrão, ele não necessita das vistas em planta e elevação; também permite que você inicie com qualquer tamanho de perspectiva que deseje. O objetivo primário desse método é dividir uma linha em perspectiva em partes iguais ou desiguais. As alturas verdadeiras são medidas no plano do quadro e projetadas de volta sobre as paredes. As verdadeiras larguras são projetadas de modo semelhante sobre o piso. O mobiliário e os elementos de iluminação podem ser posicionados rapidamente (veja acima e na página seguinte).

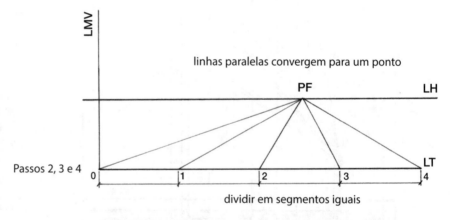

Passos 2, 3 e 4

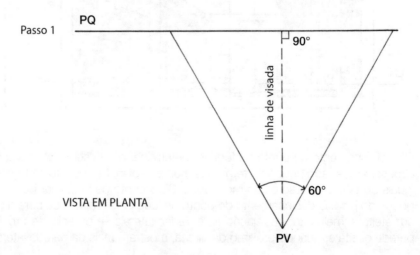

Passo 1

VISTA EM PLANTA

ESTRUTURAÇÃO DA GRADE NA PERSPECTIVA DE UM PONTO

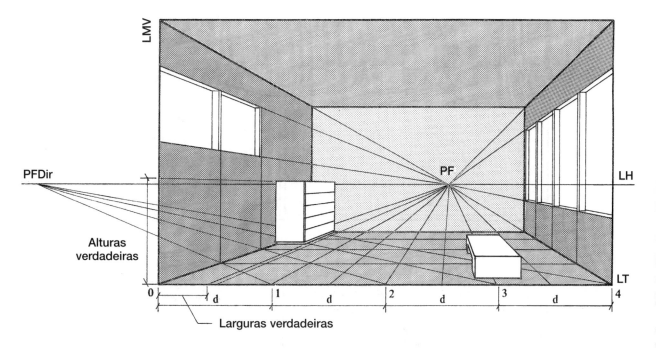

Método do Ponto de Fuga Diagonal

Estes passos explicam como construir uma grade em perspectiva paralela usando um *ponto de fuga em diagonal* logicamente posicionado. O exagerado encurtamento perspectivo ocorre se você deslocar o ponto de fuga diagonal para muito próximo do ponto de fuga sobre a linha de horizonte. Como regra geral, mantenha a largura do desenho menor do que a distância entre o ponto de fuga diagonal e o ponto de fuga. O desenho acima quebra um pouco essa regra, mas ainda se mantém dentro dos limites de uma perspectiva com encurtamentos corretos.

1. Decida onde ficará seu ponto de observação a fim de posicionar um ponto de vista sobre a planta e, na sequência, um ponto de fuga (**PF**) na perspectiva. A linha de terra (**LT**) e a linha de horizonte (**LH**) são consequentemente estabelecidas.
2. Trace a linha de terra horizontal passando pelo ponto **0**. A linha de horizonte (nível dos olhos do observador) encontra-se posicionada a uma altura verdadeira definida sobre uma linha de medição vertical (**LMV**) no plano do quadro, interceptando o ponto **0**.
3. Divida a linha de medição na **LT**, onde foi adotada a seção em corte, em *n* incrementos iguais (**d**), sendo *n* o número de mainéis ou qualquer outro elemento do interior que deva ser espaçado na perspectiva (neste caso, quatro).
4. Trace as linhas de fuga (paralelas na vista em planta) a partir dos pontos **1, 2, 3** e **4** até o ponto de fuga.
5. Escolha a localização das profundidades relativas dos elementos como os mainéis na perspectiva. Selecione um local para o ponto de fuga diagonal (**PFD**) na linha de horizonte e trace uma linha até o ponto **4**.
6. As linhas horizontais da grade podem ser traçadas nas interseções das linhas de fuga diagonais com a linha que une **0** e **PF**.
7. A linha diagonal de **0** ao **PF** também pode ser dividida irregularmente usando os mesmos procedimentos para posicionar o mobiliário e outros elementos do interior.

Nota: Para estabelecer as profundidades na frente do plano do quadro, trace uma linha diagonal desde o **PFD** passando por **0** e prossiga de modo semelhante.

CAPÍTULO 6: PERSPECTIVA LINEAR

A inclusão das espessuras das paredes, do piso e do teto no desenho da planta em grade irá criar uma seção em corte. O corte coincide com o plano do quadro, e esse plano engloba uma vista tridimensional pictórica do espaço que descreve um projeto de interior. A construção de *cortes em perspectiva* poupa tempo e espaço porque, como com o método dos pontos de medição, não há necessidade de gerar a planta baixa, e assim é necessário menos espaço para o desenho.

PONTO DE FUGA DIAGONAL PARA GRADE EM PERSPECTIVA DE UM PONTO

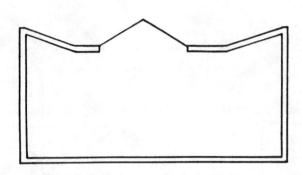

1. Defina onde será gerado o corte.

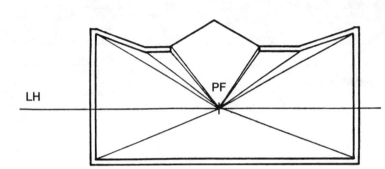

2. Estabeleça a posição da linha de horizonte e do ponto de fuga. Projete as linhas de fuga dos cantos a partir dos cantos do corte.

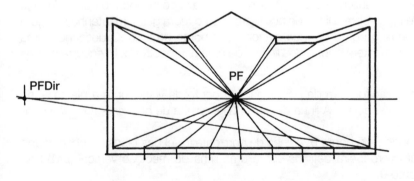

3. Marque incrementos iguais ao longo da linha de seção do piso. Selecione arbitrariamente um ponto de fuga diagonal (**PFD**). Quanto mais longe for posicionado o ponto de fuga diagonal em relação ao ponto de fuga, menor será a distorção. Trace uma linha diagonal a partir do ponto de fuga diagonal até o canto inferior mais afastado.

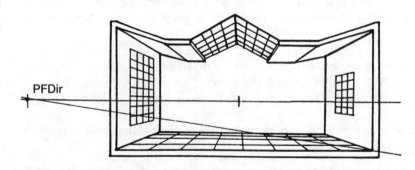

4. Na interseção da linha diagonal com as linhas recuadas do plano do piso, construa linhas horizontais para dividir o piso, as paredes e o teto na perspectiva.

Gerar uma perspectiva a partir de um corte da construção às vezes produz resultados exagerados nas dimensões dos espaços.

APLICAÇÕES **261**

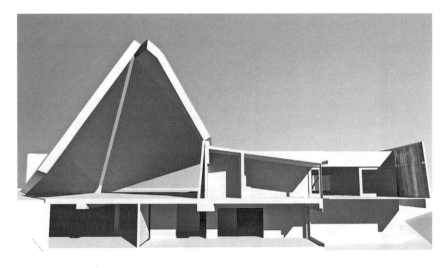

Desenho: Vitra Children Workshop,
Weil am Rhein, Alemanha
Material: SketchUp, Kerkythea e Photoshop
Cortesia de Alejandro Aravena, Arquiteto

Ao projetar esta construção, decidimos integrar o máximo possível de camadas de conhecimento acumuladas, substituindo a experimentação pela síntese. Foram avaliadas opiniões muito claras, de bom senso e pragmáticas. Foi um intercâmbio de fatos, não de ideias. As ideias são excessivamente valorizadas.
[RELATO DE UM ARQUITETO]

Vistas de Cortes em Perspectiva

A vista em perspectiva acima possui uma profundidade de campo pequena; a vista em perspectiva abaixo tem uma grande profundidade de campo. As vistas de cortes em perspectiva delineiam o perfil estrutural de uma construção. Se a finalidade do corte for exibir as relações espaciais, então mantenha os acessórios (pessoas, mobiliário etc.) em um nível mínimo. Os cortes perspectivos são úteis por reproduzirem os cortes, sempre difíceis de interpretar, de modo mais comunicativo. Note que o ponto de fuga está posicionado no espaço mais amplo. Evite colocar o ponto de fuga em espaços menores e secundários, como o subsolo mostrado abaixo. Um corte perspectivo acrescenta um efeito impressionante ao corte bidimensional. A terceira dimensão em recuo revela a qualidade pictórica dos espaços internos. A visualização simultânea de todos os espaços internos permite a rápida avaliação das qualidades espaciais. A qualidade de visualização pictórica ou "real" é um ponto forte do corte perspectivo; seu ponto fraco é que ele não transmite a organização geral dos espaços tão bem quanto uma perspectiva militar (axonométrica).

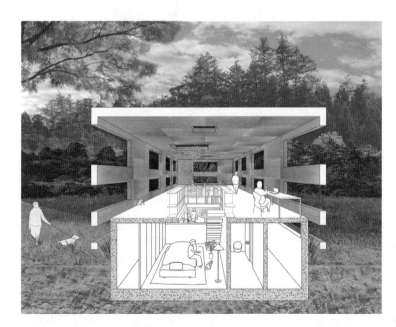

Desenho: NEST,
Onomichi, Hiroshima, Japão
Material: Vectorworks, Illustrator, Photoshop
Cortesia de Keisuke Maeda, Arquiteto

Esta é uma pequena casa com um único espaço, circundada por uma rica floresta, para uma família de três mulheres. Quis aproveitar o ambiente indivisível, de modo similar às criaturas da natureza que geram seus ninhos sob os elementos que cobrem o solo da floresta.
[RELATO DE UM ARQUITETO]

262 CAPÍTULO 6: PERSPECTIVA LINEAR

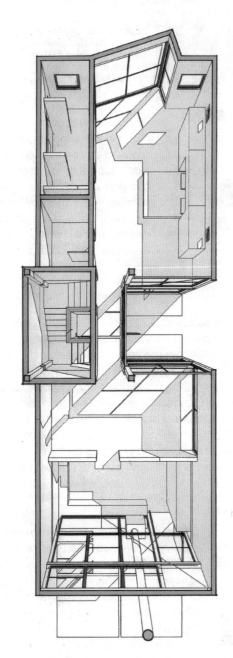

Planta do segundo pavimento

Imagens: Residência em Bernal Heights, São
  Francisco, Califórnia
Material: Gerado em computador
Gerência do projeto: Mark English
Ilustrações: Star Jennings
Cortesia de Mark English Arquitetos

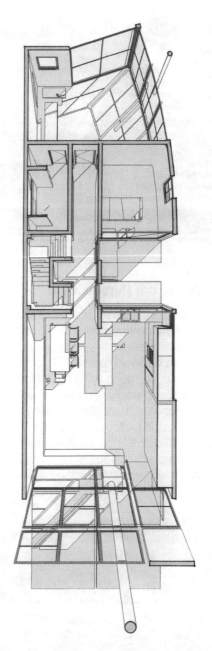

Planta do térreo

Imagens (página seguinte): Residência Devitt,
  Austin, Texas
Material: Gerado em computador
Gerência do projeto: Mark English
Ilustrações: Star Jennings
Cortesia de Mark English Arquitetos

Vistas de Plantas em Perspectiva

Vistas de plantas em perspectiva de um ponto são empregadas para mostrar o leiaute do piso com inclusão de informação volumétrica. Neste caso, o observador encontra-se suficientemente próximo para perceber alguns detalhes da janela e da fachada.
[RELATO DE UM ARQUITETO]

APLICAÇÕES **263**

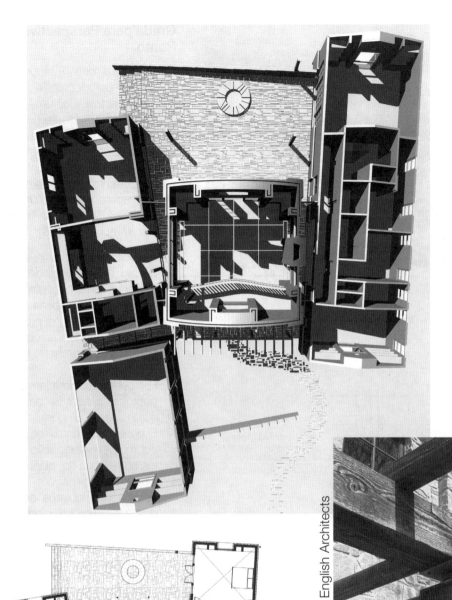

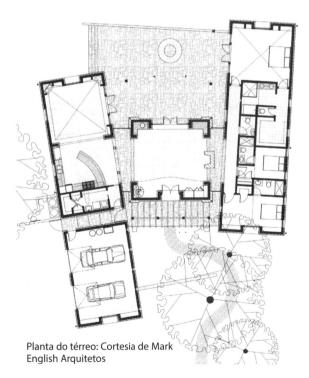

Planta do térreo: Cortesia de Mark English Arquitetos

Vistas de Plantas em Perspectiva

Mantendo-se as tradições da arquitetura vernacular, as duas alas desta residência são simples retângulos com telhados de duas águas. O arranjo dos elementos da construção está ancorado por um pátio pavimentado na fachada norte. Esta imagem é uma perspectiva de um ponto mostrando a construção e algumas feições da paisagem adjacente. Nossa intenção é descrever o leiaute do piso, bem como capturar as características volumétricas. Indicações do padrão e do material do piso foram fornecidas nos locais onde era requerida maior clareza.
[RELATO DE UM ARQUITETO]

VISTAS DE PLANTAS EM PERSPECTIVA DE UM PONTO

264 CAPÍTULO 6: PERSPECTIVA LINEAR

EXEMPLO DE GRADE PARA PERSPECTIVA EXTERIOR DE UM PONTO

Desenho conceitual: Restaurante Black n Bleu
Material: Marcadores sobre nanquim
Cortesia do Estúdio Wenjie

Grade para Perspectiva de um Ponto

Como vimos com interiores, uma grade em perspectiva paralela ou em perspectiva de um ponto é construída utilizando-se uma *planta* em conjunto com uma *elevação* ou com alturas. Neste exemplo de vista exterior, você se encontra de pé sobre lajotas retangulares e um lago circular representado em uma escala específica (a escala e as alturas não foram apresentadas).

1. Trace as grades tanto na planta quanto na perspectiva. Construa as linhas para o ponto de fuga para verificar como as linhas da planta convergem em perspectiva.
2. Descubra onde os objetos da planta interceptam o plano do quadro.
3. Estabeleça uma imagem da seção e projete-a através dos pontos críticos para o ponto de fuga. Encontre os cantos dos objetos por meio da visualização dos pontos homólogos em planta (**a**).
4. Complete a imagem da perspectiva dos objetos selecionados em primeiro plano (neste caso, as lajotas retangulares).

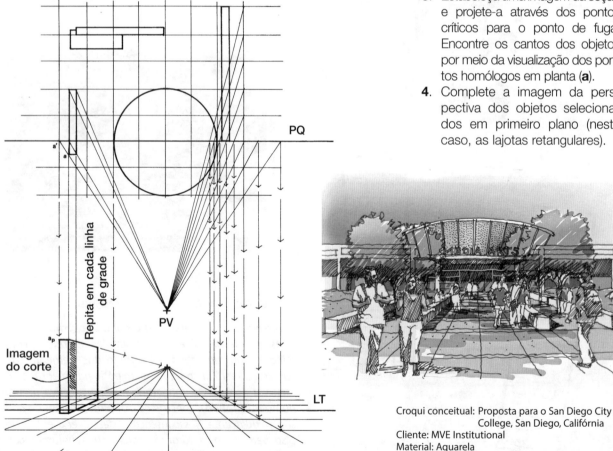

Croqui conceitual: Proposta para o San Diego City College, San Diego, Califórnia
Cliente: MVE Institutional
Material: Aquarela
Cortesia do Estúdio Wenjie

APLICAÇÕES 265

Desenho: SPA Center,
Comunidade Vikna, Noruega
Material: ArchiCAD e Artlantis
Cortesia de Gudmundur Jonsson, Arquiteto

Uma busca pela expressão de tranquilidade e silêncio na arquitetura. A montanha exercendo uma inspiração importante na criação dos volumes e espaços junto com a importância de nunca tocar o solo, a "mãe natureza" sendo louvada.
[RELATO DE UM ARQUITETO]

5. Repita os mesmos procedimentos para completar os outros objetos retilíneos na perspectiva.
6. Para o lago, inscreva o círculo em um quadrado. Divida o círculo em quadrantes. Observe os pontos críticos **k, l, m** e **n** e projete as interseções do plano do quadro na imagem em perspectiva desses mesmos pontos. Utilize uma curva francesa para construir o lago (ele assumirá a forma de uma elipse).

Grades desenhadas à mão são úteis na construção de perspectivas de um ou de dois pontos. Grades feitas à mão podem ser expandidas ou reduzidas para uma escala adequada, e os croquis de projeto podem ser sobrepostos a elas. Com o desenvolvimento de gráficos em perspectiva e especialmente dos desenhos digitais, as grades podem estar disponíveis ou ser disponibilizadas para uso imediato.

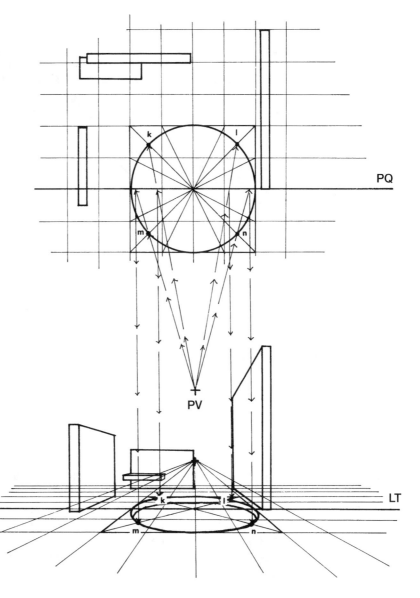

EXEMPLO DE GRADE PARA PERSPECTIVA EXTERIOR DE UM PONTO

266 CAPÍTULO 6: PERSPECTIVA LINEAR

Desenho: Projeto acadêmico por Howard Fineman,
Prefeitura de Augusta
Material: Nanquim sobre poliéster
Cortesia da Escola de Arquitetura da Universidade de
Washington, St. Louis, Missouri

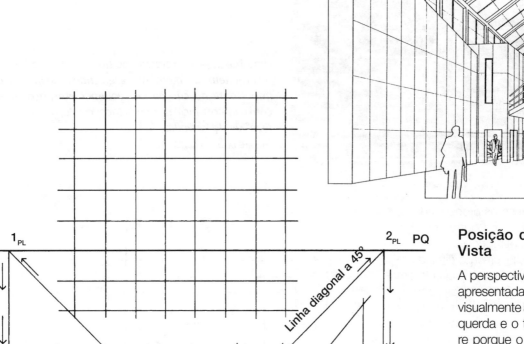

Posição do Ponto de Vista

A perspectiva de um ponto apresentada acima realça visualmente a parede da esquerda e o teto. Isso ocorre porque o observador se encontra mais próximo da parede direita. A posição da linha de horizonte pode ser manipulada para realçar tanto o piso quanto o teto. As zonas de manipulação variam na faixa entre 1,20 m e 1,80 m acima do piso. O destaque na profundidade é alcançado com a inclusão de figuras em escala.

Legenda para o diagrama (à esquerda):

1$_{PL}$: ponto 1 na vista em planta
2$_{PL}$: ponto 2 na vista em planta
1$_P$: ponto 1 na vista em perspectiva
2$_P$: ponto 2 na vista em perspectiva

Os pontos (**1$_P$** e **2$_P$**) são os *pontos de medição* ou *pontos de fuga diagonais (PFD)*.

Linhas Diagonais a 45° em Planta

Esse procedimento rápido simplesmente emprega linhas diagonais a 45°, em planta, a partir do ponto de vista, o que resulta em um triângulo isósceles (45°). O comprimento da bissetriz a partir do ponto de vista será sempre igual à distância dos pontos **1** ou **2** ao ponto de interseção com o plano do quadro. A linha diagonal na perspectiva passa pelo canto inferior à esquerda ou à direita do plano do quadro. Sua interseção com as linhas de fuga convergentes no plano de terra produz todas as linhas horizontais da grade necessárias para a perspectiva.

APLICAÇÕES **267**

Croqui de competição: Estação Central de Roterdã
Cambridge, Massachusetts
Material: Nanquim sobre papel e Photoshop
Cortesia de Rafael Viñoly Arquitetos, P.C.

Esta perspectiva de um ponto possui um excelente campo de visão. Não tenha medo de se afastar ao tentar representar um espaço interior; a maior parte dos problemas de distorção advém da grande proximidade com o plano do quadro. Na perspectiva de um ponto em interiores, é essencial criar a noção de que você faz parte do espaço visualizado. Isso requer uma boa escolha do corte das feições do interior no plano de terra. Fazer um corte é permitir que parte do objeto do quadro seja removida.

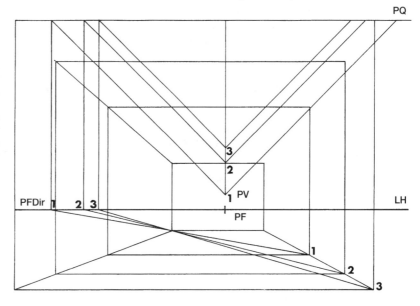

Grupo Freelon de Arquitetos
© Mark Herboth Photography
Fotografia: Centro e Museu Internacional de Direitos
    Humanos, Greensboro, Carolina do Norte
Cortesia de Mark Herboth, Fotógrafo

Deslocamento de Ponto de Vista

Ao empregar linhas diagonais a 45° em planta, o que acontecerá quando o ponto de vista (**PV**) for deslocado ao longo da linha de visada? A posição do ponto de vista afetará a posição correspondente na linha de horizonte (e, portanto, no plano do quadro). O posicionamento dos pontos **1**, **2** e **3** ao longo da linha de horizonte controla a distorção da grade na perspectiva. Quanto mais o ponto se afastar do ponto de fuga (e, portanto, do plano do quadro), menor será a distorção. O campo de visão também muda à medida que o observador se afasta. A vista cobre uma área muito maior, e, assim, o cone visual também é maior. Ainda que o PF a 45° seja uma função direta da distância do ponto de vista ao plano do quadro, ele pode, apesar disso, ser variável na perspectiva de um ponto. Repare no campo de visão profundo, que é acentuado por uma parede de ardósia com iluminação horizontal inserida na imagem do museu acima.

PV VARIÁVEL EM PERSPECTIVA DE UM PONTO

268 CAPÍTULO 6: PERSPECTIVA LINEAR

Esse é um método *simplificado* que permite a construção rápida, porém precisa, de uma *perspectiva de um ponto*. É baseado nos princípios do método projetivo de perspectiva, mas é vantajoso pelo fato de a profundidade poder ser definida a partir de uma largura com o auxílio de uma diagonal ou ângulo de 45°. Nesse método, os elementos ou objetos podem ser construídos ou posicionados diretamente na vista em perspectiva sem o auxílio das projeções a partir da planta baixa.

Você construirá um objeto com uma base de 1,2 m x 1,5 m e alturas nos lados opostos de 1,2 m e 3,0 m, posicionando-o 1,8 m à direita do observador e a 2,4 m do fundo ou plano de projeção. Os pontos na base serão chamados de (**a**), (**b**), (**c**) e (**d**).

Na perspectiva projetada, as imagens são projetadas sobre um plano de quadro (de medição ou projeção). Toda linha que é projetada nesse plano está em verdadeira grandeza desde que ela mesma pertença ao plano. Portanto, nesse método, todas as medições serão realizadas no plano do quadro, que pode ser posicionado em qualquer local que melhor se adapte aos objetivos. Por exemplo, pode ser uma parede em um espaço, uma linha definindo um plano para vários objetos ou uma fachada de rua em uma cena urbana.

1. PREPARO DA PERSPECTIVA E AVALIAÇÃO DA DISTÂNCIA

A LINHA DE HORIZONTE é uma linha ao nível dos olhos. A LINHA DE BASE (linha de terra) é a linha em que o plano do quadro intercepta o plano da base (de terra).

Defina a posição de uma linha 1,8 m à direita de onde se encontra o observador. Os pontos (**a**) e (**b**) estão situados sobre essa linha.

2. AVALIAÇÃO DA PROFUNDIDADE

Posicione (**a**) a 2,4 m a partir do plano de fundo e (**b**) a 3,6 m.

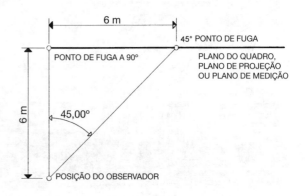

CONCEITO

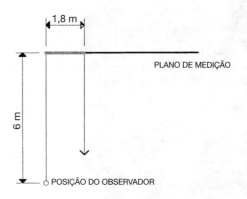

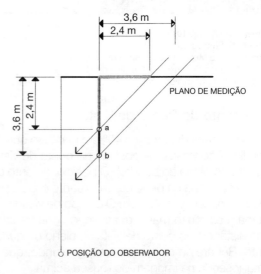

Diagramas e texto (ambas as páginas):
Cortesia do Professor Arpad Daniel Ronaszegi
Faculdade de Arte e Projetos de Savannah

CROQUI CONCEITUAL

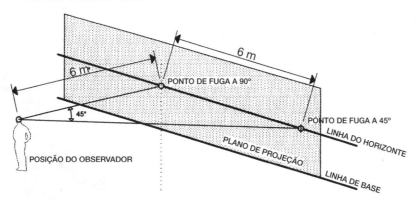

Desenhos da Perspectiva

Defina a posição da LINHA DE HORIZONTE e da LINHA DE BASE. Marque uma distância de 1,8 m atrás do plano de projeção, onde as medidas estão em verdadeira grandeza. Essa distância será projetada para além do espaço da perspectiva a partir do ponto de fuga (PF) de 90°. A linha resultante encontra-se 1,8 m à direita do observador.

Considere o fato de que a profundidade e a largura dos lados adjacentes em uma diagonal a 45° definem de forma idêntica o ponto (**a**), que se encontra a 2,4 m do plano de fundo (profundidade). Marque uma distância de 2,4 m no plano de fundo. Projete esse ponto para o PF a 45°. A interseção desse ponto com a linha que está 1,8 m à direita é o ponto (**a**), que está a 2,4 m do plano do fundo. Repita o mesmo procedimento com uma profundidade de 3,6 m para gerar o ponto (**b**).

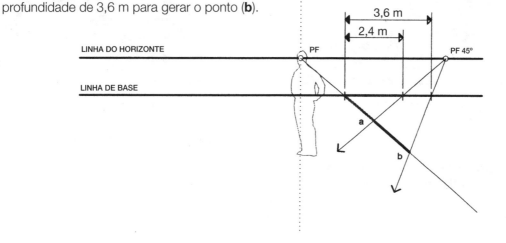

270 CAPÍTULO 6: PERSPECTIVA LINEAR

PERSPECTIVA SIMPLIFICADA DE UM PONTO

3. MEDIÇÃO DA LARGURA

Marque os pontos (**c**) e (**d**) 1,5 m à direita da linha (**ab**).

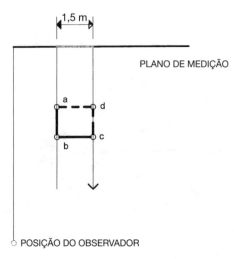

4. MEDIÇÃO DA ALTURA

Marque uma altura de 1,2 m sobre a linha (**ab**) e uma altura de 3,0 m sobre a linha (**cd**).

As alturas serão medidas verticalmente sobre o plano de fundo e depois projetadas aos pontos homólogos.

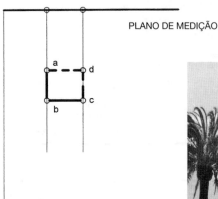

Diagramas e texto (ambas as páginas): Cortesia do Professor Arpad Daniel Ronaszegi Faculdade de Arte e Projetos de Savannah

Fotografias: Detalhe da fachada, fachada e torre, Museu De Young, São Francisco, Califórnia
Arquiteto: Herzog & DeMueron

De modo semelhante à perspectiva da página seguinte, essa construção possui linhas que recuam para um ponto de fuga.

O uso de um revestimento de cobre perfurado e texturizado que reproduz a fotografia "pixelada" da luz sendo filtrada através da copa da árvore circundante cria uma fachada impressionante com endentações. Quando anos mais tarde o cobre ficar verde em decorrência da oxidação, a cor da edificação vai se misturar à paisagem de vegetação circundante.

5. FINALIZAÇÃO DO OBJETO

Para definir os pontos (**c**) e (**d**), que se encontram a 1,5 m da linha (**ab**), marque 1,5 m sobre o plano de fundo. Projete uma linha através do PF. As interseções dessa linha com as linhas projetadas horizontalmente a partir dos pontos (**a**) e (**b**) definirão os pontos (**c**) e (**d**).

As alturas também são medidas no plano de fundo ou de projeção. Marque 1,2 m a partir do ponto em que a linha (**ab**) intercepta o plano de fundo. Projete o ponto do topo sobre o PF. As interseções dessa linha com as linhas projetadas a partir dos pontos (**a**) e (**b**) definem os cantos superiores do objeto sobre esse lado. Repita o procedimento para o lado com 3,0 m de altura.

Complete o objeto unindo os pontos restantes.

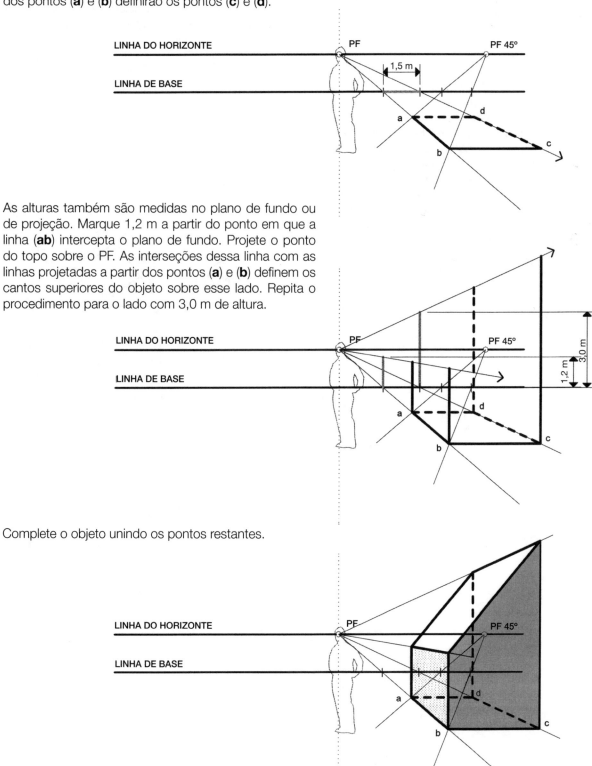

272 CAPÍTULO 6: PERSPECTIVA LINEAR

O Método Padrão

O *método padrão*, *comum* ou *de projeção da planta* é tradicional para a construção de uma perspectiva de dois pontos exata. Ambos os conjuntos de linhas horizontais são inclinados em relação ao plano do quadro (daí o termo "perspectiva angular" para o sistema de dois pontos). Ele depende das escalas tanto da *planta* quanto da *elevação*.

1. Na vista superior ou vista em planta, trace o contorno do objeto ou dos objetos (construções) sob um ângulo arbitrário θ (com base na vista desejada).
2. Também de forma arbitrária, posicione o plano do quadro e o ponto de vista na planta de modo a criar uma vista livre de distorção. É vantajoso manter um canto do objeto tocando o plano do quadro; isso permite estabelecer uma prática linha de medição vertical.
3. Se necessário, ajuste a posição do ponto de vista. Sua localização controla o cone visual e as distorções. Posicionar-se muito próximo ou muito afastado pode acarretar distorção excessiva. Para minimizar a distorção, tente estabelecer um cone visual maior que 30°, mas menor que 60°. A linha de visada do observador deve apontar para o centro de interesse da imagem.

Nota: Em um desenho preliminar de projeto, uma transparência com a planta baixa ou a planta de cobertura e com a elevação deve ser feita em papel-manteiga. Posicione a planta e a elevação de modo a proporcionar espaço adequado para a vista em perspectiva. Quando o espaço for suficiente, posicione a planta e a elevação o mais próximo possível, mantendo as linhas verticais e horizontais alinhadas.

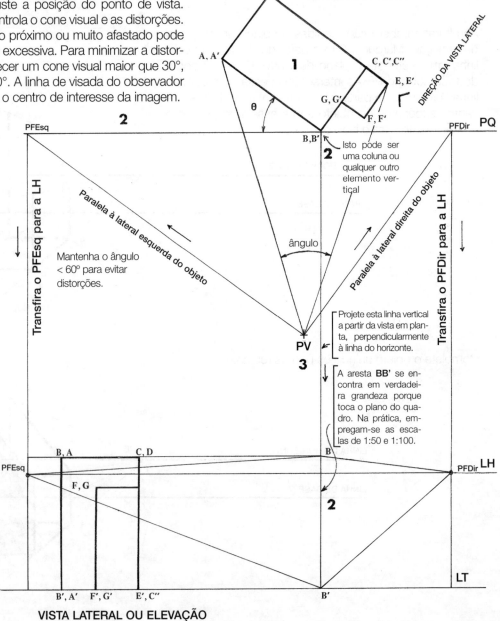

4. Trace linhas paralelas às laterais do objeto a partir do ponto de vista até interceptarem o plano do quadro. A partir desses pontos, desça linhas verticais até interceptarem a linha de horizonte estabelecida para a perspectiva. Os pontos de interseção vão se tornar os pontos de fuga da perspectiva.
5. A partir do ponto de vista, observe todos os cantos, como **A, A'**, e observe onde a linha de visada intercepta o plano do quadro. A partir desse ponto, projete uma linha vertical na perspectiva para posicionar o comprimento encurtado **A, A'**.

Nota: Observe os conjuntos de linhas paralelas da sua construção ou objeto e perceba para onde esses conjuntos convergem. A convergência se refere ao fenômeno ótico dos feixes de paralelas desaparecendo em um ponto situado no infinito.

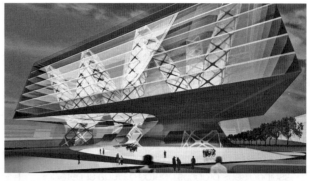

Desenho: Biblioteca Pública do Estado de Jalisco, Guadalajara, México
Material: Maxwell Render, VRay, Maya, Rhino, Photoshop
Cortesia da Asymptote: Hani Rashid + Lise Anne Couture

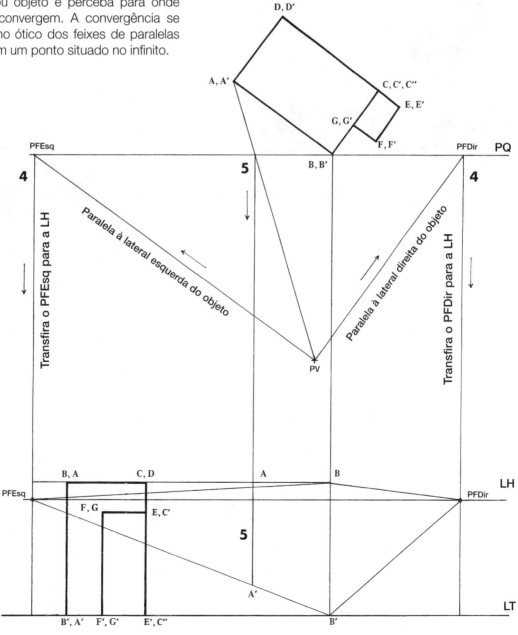

PERSPECTIVA DE DOIS PONTOS/MÉTODO PADRÃO COM PLANTA E ELEVAÇÃO

274 CAPÍTULO 6: PERSPECTIVA LINEAR

6. Projete todos os pontos de interseção das visadas com o plano do quadro para a perspectiva, de modo a concluir a imagem do objeto. As linhas ocultas são opcionais.

Esta página e as duas anteriores apresentam a sequência passo a passo para a construção de uma perspectiva de dois pontos quando a planta e a elevação são projetadas na mesma escala. A perspectiva angular (dois pontos) é caracterizada pelos planos inclinados (em ângulo com o plano do quadro) possuindo seus próprios pontos de fuga separados. Todas as linhas verticais permanecem verticais.

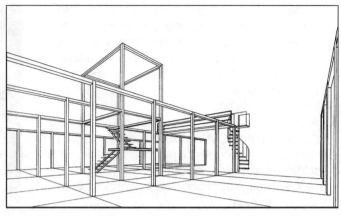

Desenho: Residência T, Hayama, Kanagawa, Japão
Cortesia do Estúdio Iida Archiship

Fotografia: Residência T
Cortesia do Estúdio Iida Archiship
© Hiroaki Tanaka

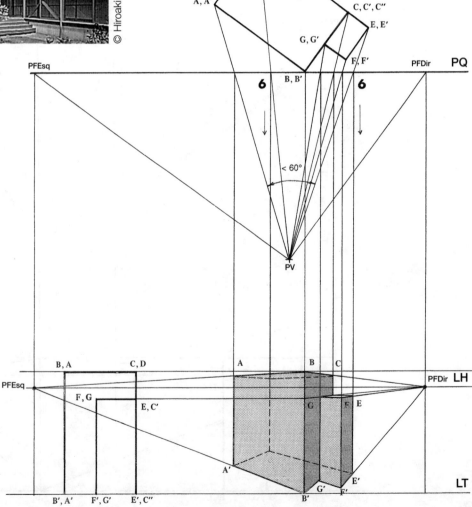

APLICAÇÕES   275

Desenho: Casa de Modas Bogner, Munique, Alemanha
Material: Nanquim
Cortesia de MACK — Mark Mack, Arquiteto
Heino Stamm Planungsbüro; Bruckner & Sócio,
Arquitetos Associados

Aplicação da Perspectiva de Dois Pontos

Esta incomparável perspectiva de dois pontos de uma seção em corte possui linhas que se dirigem para dois pontos de fuga sobre a linha de horizonte. Observe que o subsolo apresenta uma vista parcial da planta em perspectiva. Os dois pontos de fuga da página anterior estão mais equilibradamente distribuídos em relação à linha de visada do observador e ao cone visual do que os pontos de fuga apresentados acima. Isso acontece porque a linha de visada do observador está quase exatamente na quina do objeto. No desenho acima, os pontos de fuga estão menos separados porque a fachada frontal é quase paralela à face do observador, e a superfície da seção em corte é praticamente perpendicular à face do observador (encurtamento).

MÉTODO PADRÃO – MÚLTIPLOS PONTOS DE FUGA

Múltiplos Pontos de Fuga

1. Identifique cada elemento da composição e encontre o ponto de fuga para cada um. Este exemplo em particular possui seis pontos de fuga.
2. Baixe linhas de verdadeira grandeza em altura (pontos assinalados com um círculo) desde onde o objeto toca o plano do quadro. Transfira as alturas reais homólogas a partir da elevação.
3. Trace linhas a partir do topo e da base das linhas de altura em verdadeira grandeza até os pontos de fuga correspondentes.
4. A partir do ponto de vista, observe todos os cantos do objeto e siga os procedimentos adequados para completar a vista em perspectiva.

Fotografia: Museu Natural Peggy Notebaert, Chicago, Illinois
Cortesia de Perkins + Will Arquitetos
© James Steinkamp, Steinkamp Photography

Vencedor do Prêmio Americano de Arquitetura, esse museu enfatiza a interdependência dos ambientes artificial e natural. Cada detalhe do projeto nos remete à conexão humana única com o ambiente natural. Os 223 m² da cobertura são um telhado-jardim de demonstração.

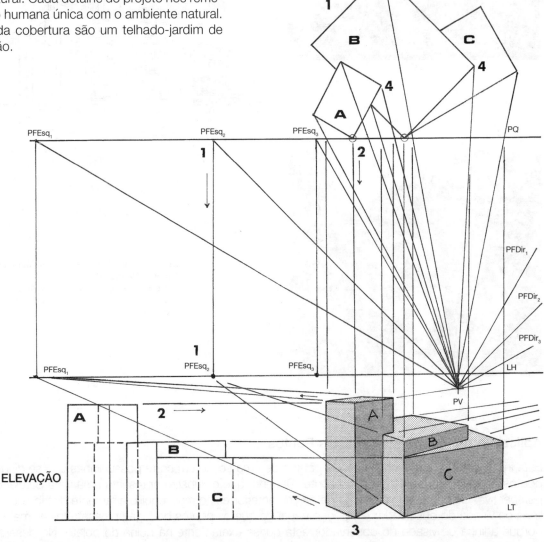

A quantidade total de pontos de fuga depende de quantos feixes de linhas paralelas existirem.

APLICAÇÕES **277**

Desenho: Mocape Shenzhen, Shenzhen, China
Material: *Software* gráfico 3D
Cortesia de Serero Arquitetos

Desenho: Mocape Shenzhen: vista do pátio interno, Shenzhen, China
Material: *Software* gráfico 3D
Cortesia de Serero Arquitetos

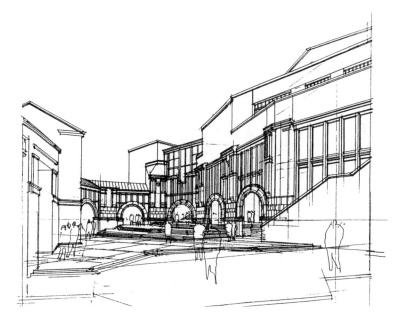

Desenho: Centro de Artes da Califórnia, Escondido, Califórnia Moore Ruble Yudell Arquitetos 43,0 cm × 36,0 cm (17" × 14")
Esboço antes da arte-final com o emprego de aquarela
Cortesia de Al Forster, Ilustrador

A praça de entrada do Centro de Artes da Califórnia é envolvida parcialmente por planos verticais com muitos pontos de fuga na linha do horizonte. Do mesmo modo, o pátio do Mocape Shenzhen exibe planos com vários pontos de fuga.

O Mocape é concebido como uma rocha, não como uma construção, formatada e esculpida pelo programa e pelo ambiente circundante. A fachada é envolvida por uma superfície contínua de vidro e aço, composta de painéis triangulares e quadrados similares ao antigo enigma chinês, o Tangram. A quantidade de luz que penetra nos espaços do museu e que filtra as vistas do pátio interno muda constantemente.

Múltiplos Pontos de Fuga

A composição começou como se houvesse apenas o plano de terra. Os níveis da praça foram incluídos ou (assim como o fundo) suprimidos do plano de terra, e na arte-final as pessoas foram posicionadas acima ou abaixo da linha de horizonte em seus respectivos lugares nos níveis da praça. Em um desenho complexo como esse, com vários níveis, pontos de fuga e detalhes, é mais fácil disfarçar certos erros inevitáveis do que em um desenho mais simples.
[Relato de um ilustrador]

CAPÍTULO 6: PERSPECTIVA LINEAR

1. Projete as linhas de extensão das laterais esquerda e direita do objeto para o plano do quadro e desça-as verticalmente até a linha de terra.

Fotografia: Novo Museu de Arte Contemporânea de Nova York, Nova York
Arquiteto: SANAA
© Arcspace

Essa construção transparente, concluída em 2007, é composta de uma pilha de caixas retangulares deslocadas em relação ao eixo em várias direções. Projetado de dentro para fora, o espaço de exibições sem colunas é envolto por um revestimento zincado galvanizado prateado, pontuado por claraboias e janelas para vistas deslumbrantes.

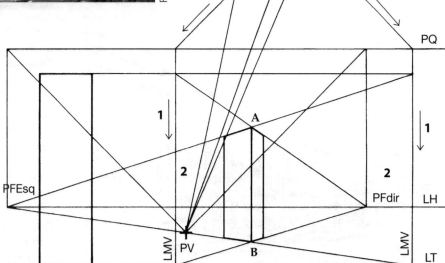

ELEVAÇÃO

A altura da aresta AB da construção é definida pela interseção dos planos perspectivos.

2. Projete os planos perspectivos de volta para o PFEsq e PFDir em ambos os lados.

Relação entre o Objeto e o Plano do Quadro

Objetos posicionados atrás do plano do quadro costumam ficar inteiramente posicionados dentro do cone visual e não apresentam distorção. A ilustração do arranha-céu foi desenhada com um ângulo de convergência maior para o ponto de fuga da esquerda do que no diagrama do exemplo à direita. De qualquer forma, a vista está inteiramente dentro do cone visual. Para encontrar todos os pontos de fuga quando o objeto não toca o plano do quadro, sempre construa (ou trace) a vista em planta e observe todos os elementos planos e seus respectivos ângulos em relação ao plano do quadro. Trace linhas auxiliares leves paralelas a todos esses elementos planos, independentemente de elas se encontrarem na lateral esquerda ou direita da construção. Desça essas linhas verticalmente desde o plano do quadro até a linha de horizonte. Tomando como referência o ponto de vista, todos os elementos planos da esquerda vão para o ponto de fuga esquerdo e todos os elementos planos da direita vão para o ponto de fuga direito.

APLICAÇÕES **279**

Fotografia: Igreja de Vikki,
Helsinque, Finlândia
Arquitetos: JKMM Arquitetos
© Arcspace

A igreja pré-fabricada, construída a partir de componentes pré-moldados, combina métodos de construção modernos e antigos. A ideia era criar uma sucessora moderna das tradicionais igrejas finlandesas de madeira. Ela respeita e colabora com as ideias ecológicas e critérios de sustentabilidade em toda a área de Vikki.

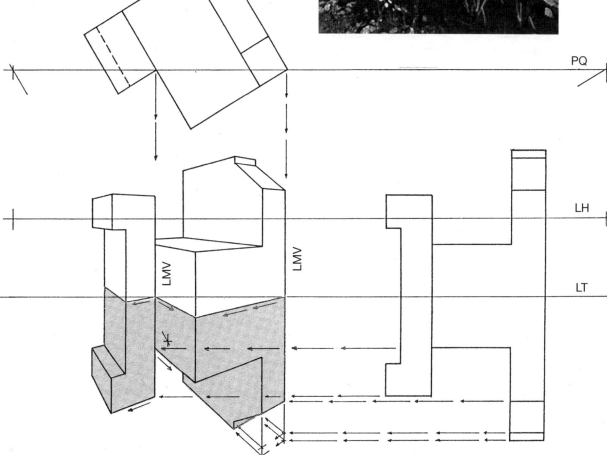

Relação entre o Objeto e o Plano do Quadro

Objetos inteiramente à frente do plano do quadro possuem imagens distorcidas em perspectiva porque começam a cair para fora do cone visual. Entretanto, a penetração parcial do objeto no plano do quadro costuma ser visualmente aceitável, como mostrado acima. Empregue todas as *linhas de medição vertical (LMV)* que tocam o plano do quadro para projetar as linhas auxiliares no volume à frente dele. Quando a penetração parcial é minimizada, a imagem resultante mostra pouca ou nenhuma distorção, como na fotografia acima.

MÉTODO PADRÃO – RELAÇÃO ENTRE O OBJETO E O PQ

280 CAPÍTULO 6: PERSPECTIVA LINEAR

Desenho: Projeto acadêmico por Jennifer Kinkead, Fábrica de bicicletas,
México, Extraído de compêndio
Material: Nanquim sobre poliéster
Faculdade de Planejamento e Preservação em Arquitetura da
Universidade de Columbia

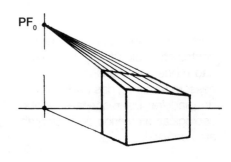

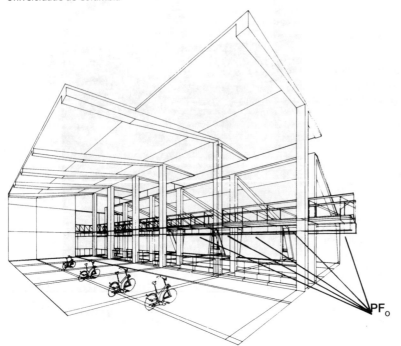

Pontos de Fuga Oblíquos

É muito comum encontrar uma série de arestas *oblíquas* (também denominadas "em declive" e "inclinadas") que são paralelas nas formas da construção. Nesses casos, um ponto de fuga oblíquo (PF_O) guiará a construção da perspectiva.

PF_O = ponto de fuga oblíquo

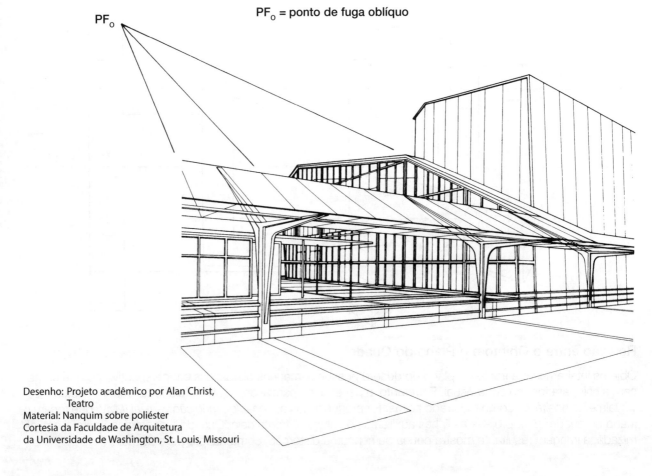

Desenho: Projeto acadêmico por Alan Christ,
Teatro
Material: Nanquim sobre poliéster
Cortesia da Faculdade de Arquitetura
da Universidade de Washington, St. Louis, Missouri

PONTOS DE FUGA OBLÍQUOS

APLICAÇÕES **281**

Desenho: Residência Glass-Kline, New Paltz, Nova York
35,6 cm × 43,2 cm (14" × 17")
Material: Nanquim sobre vegetal
Cortesia de Taeg Nishimoto & Allied Arquitetos

© Taeg Nishimoto & Allied Architects

Pontos de Fuga Oblíquos

Esta perspectiva de interior possui elementos estruturais do teto com pontos de fuga oblíquos para baixo tanto à esquerda quanto à direita.

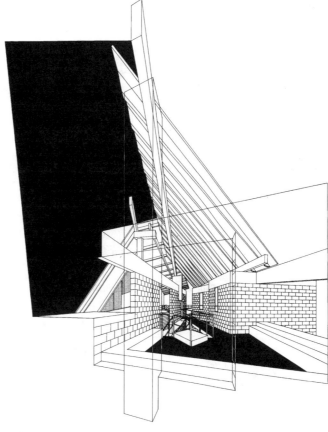

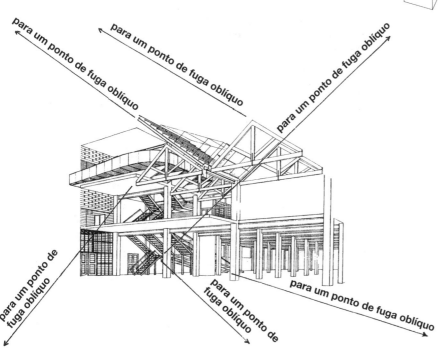

Desenho: Escola La Llauna, Badalona, Espanha
Material: Nanquim sobre poliéster
Cortesia de Enric Miralles & Carme Piños, Arquitetos

Em um plano inclinado, as arestas *paralelas* convergem para um ponto de fuga *comum*. Esse ponto de fuga não se situa na linha do nível dos olhos. O ponto de fuga das linhas *oblíquas* de uma construção se situa acima ou abaixo dos pontos de fuga do nível dos olhos. O procedimento para determinar as corretas orientações é tratado nas duas próximas páginas. A perspectiva desta construção possui inúmeros planos e linhas inclinadas e, consequentemente, muitos pontos de fuga oblíquos. Linhas inclinadas em perspectiva ocorrem com muita frequência em escadas e rampas.

PONTOS DE FUGA OBLÍQUOS

282 CAPÍTULO 6: PERSPECTIVA LINEAR

PONTOS DE FUGA OBLÍQUOS: LADO ESQUERDO

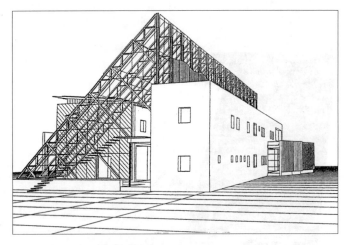

Desenho: Jardim de Infância Griesheim, Frankfurt-Griesheim, Alemanha, 41,8 cm × 29,7 cm (16,5" × 11,7")
Material: CAD
Cortesia de fs-architekten, Paul Schroder Arquiteto BDA

Fotografia: Jardim de Infância Griesheim, Frankfurt-Griesheim
Cortesia de fs-architekten, Paul Schroder Arquiteto BDA

Pontos de Fuga Oblíquos

Se uma construção possuir arestas paralelas inclinadas (oblíquas) que não são horizontais nem verticais, como observado na vista da planta abaixo, suas linhas de fuga irão convergir para um ponto de fuga oblíquo situado acima ou abaixo do ponto de fuga das linhas horizontais. Os traços dessas linhas estão todos situados no mesmo plano ou em planos paralelos.

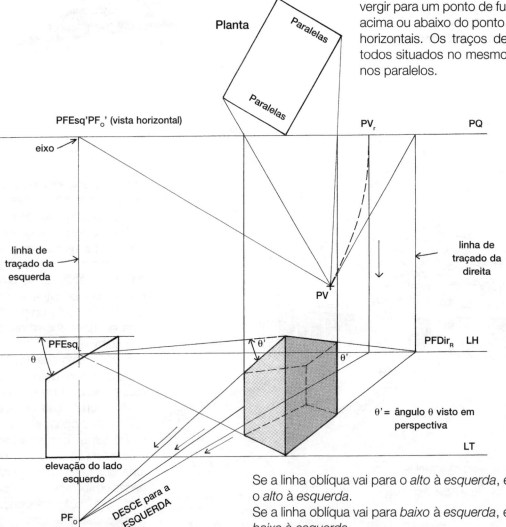

Se a linha oblíqua vai para o *alto* à *esquerda*, então o PF_O é para o *alto* à *esquerda*.
Se a linha oblíqua vai para *baixo* à *esquerda*, então o PF_O é para *baixo* à *esquerda*.

APLICAÇÕES **283**

ΔABC é proporcional ao **ΔPV$_r$ PFDir' PF$_o$'**, no qual r significa rotacionado.

Fotografia: Jardim de Infância Griesheim, Frankfurt-Griesheim
Cortesia de fs-architekten, Paul Schroder Arquiteto BDA

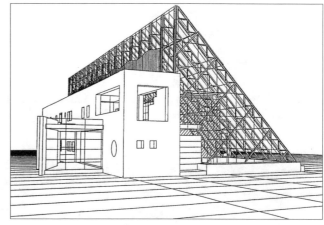

Desenho: Jardim de Infância Griesheim, Frankfurt-Griesheim, Alemanha
41,8 cm × 29,7 cm (16,5" × 11,7")
Material: CAD
Cortesia de fs-architekten, Paul Schroder Arquiteto BDA

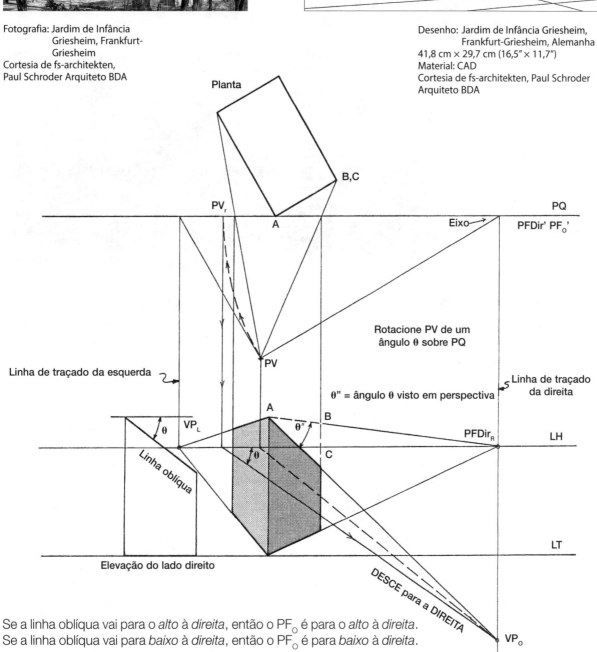

Se a linha oblíqua vai para o *alto* à *direita*, então o PF$_O$ é para o *alto* à *direita*.
Se a linha oblíqua vai para *baixo* à *direita*, então o PF$_O$ é para *baixo* à *direita*.

PONTOS DE FUGA OBLÍQUOS: LADO DIREITO

CAPÍTULO 6: PERSPECTIVA LINEAR

Fotografias: Centro August Wilson para a Cultura Afro-Americana, Pittsburgh, Pensilvânia
© 2009 James Steinkamp, Steinkamp Photography
Cortesia de Perkins + Will Arquitetos

A colisão de duas formas — uma retilínea e uma parcialmente cilíndrica — é um uso poderoso do contraste para chamar a atenção para a elevação da fachada frontal. Não há dúvida de que onde as duas formas se encontram algo especial acontece na interseção. Esta construção ganhou o AIA Pittsburgh Design Honor Award.

Multiplicação, Divisão e Transferência

O método da planta/elevação (tanto para dois pontos quanto para um ponto) é apenas um dentre tantos meios para gerar desenhos em perspectiva mecanicamente. No futuro, novos métodos surgirão, e é importante não ter receio de experimentá-los. O restante deste capítulo irá, em sua maior parte, discutir outros métodos.

Uma vez que um cubo inicial tenha sido construído, os conceitos e as técnicas de *multiplicação*, *divisão* e *transferência* de dimensões no espaço da perspectiva podem ser implementados. Essas técnicas sustentam o desenvolvimento de uma perspectiva sem a necessidade de incluir sua estrutura construtiva. Elas constroem e reforçam uma compreensão da estrutura perspectiva e das relações entre os elementos nela integrados, independentemente do método empregado na geração da perspectiva. Não exigem espaço de desenho além da própria perspectiva e podem ser aplicadas a qualquer parte de uma perspectiva existente. De posse desse conjunto de conceitos e estratégias para empregá-los, qualquer coisa pode ser desenhada em perspectiva com exatidão.

A aplicação das técnicas de multiplicação, divisão e transferência é de fundamental importância porque proporciona os meios para vincular a confecção de croquis feitos à mão com os computadores. A habilidade de elaborar croquis com precisão rapidamente a partir de ambientes computacionais para a geração de perspectivas sustenta a exploração de alternativas e o desenvolvimento de desenhos finais. Permite que sejam utilizados programas de modelagem tridimensional para criar modelos volumétricos mais simples e mais eficientes na geração de estruturas perspectivas que também podem ser elaboradas à mão.

Diagrama (página seguinte) e texto:
Cortesia de William R. Benedict, Professor-Assistente
Faculdade de Arquitetura da Universidade Politécnica Estadual
da Califórnia em San Luis Obispo, Califórnia

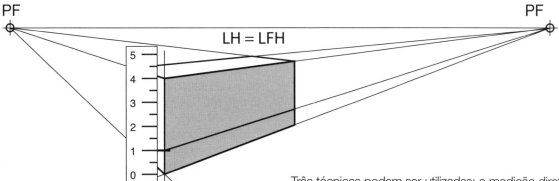

Eixos X, Y e Z

Os eixos x, y e z são os eixos de um sistema de coordenadas cartesiano que são paralelos a três feixes de arestas paralelas de um cubo ou a qualquer objeto retangular ou espaço retangular. O deslocamento no espaço perspectivo pode ser visualizado como sucessivos movimentos ao longo dos eixos até se atingir a posição desejada. O eixo z é paralelo ao plano do quadro; portanto, todas as linhas paralelas a ele preservam sua real orientação — ou seja, serão representadas como linhas verticais.

Divisão de Medidas

Uma necessidade frequente em desenhos é fornecer uma escala às linhas e estabelecer dimensões sobre elas. Você pode dispor de uma linha com determinado comprimento e desejar forçar uma dimensão específica (estabelecer uma determinada escala), como, por exemplo, 1,2 m, e então marcar um ponto sobre essa linha que esteja a 0,3 m de uma de suas extremidades.

Três técnicas podem ser utilizadas: a medição direta, a transferência de fuga e a transferência paralela. Todas as três técnicas sugerem a determinação de uma linha em escala e a implantação das dimensões especificadas. Uma vez que isso tenha sido feito, outras técnicas devem ser utilizadas para deslocar as dimensões no desenho. Técnicas como a medição direta, a transferência paralela e uma variante da transferência paralela com linhas verticais e horizontais serão apresentadas.

Medição Direta

Essa técnica envolve a medição direta da linha. É usada para estabelecer dimensões por meio da estimativa visual ou medição direta com um escalímetro. A medição direta a olho nu pressupõe avaliações visuais para dividir a linha proporcionalmente. Por exemplo, ao assumir que a linha possui 1,2 m de comprimento e é necessário um incremento de 0,3 m, você pode visualmente dividir a linha ao meio e então novamente ao meio para demarcar os 0,3 m. Esse método é satisfatório porque podemos avaliar com exatidão a metade das coisas. Com a prática, você também poderá dividir uma linha em terços ou quintos. Ao combinar a avaliação de metades, terços e quintos, você poderá usar os seus olhos facilmente e com precisão para estabelecer dimensões em um desenho.

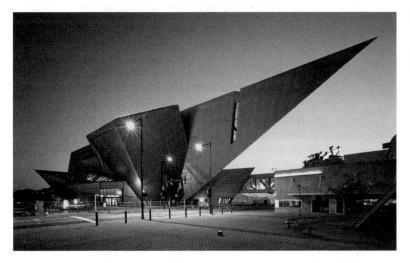

Fotografia: Extensão do Museu de Arte de Denver, Prédio Frederic C. Hamilton, Denver, Colorado
© Estúdio Daniel Libeskind
Fotografia de Bitter Bred

Essa construção, que possui múltiplos pontos de fuga e muitos planos não paralelos, é a antítese do sistema de coordenadas cartesianas desenvolvido na Renascença por Brunelleschi. A ideia de Libeskind era duas linhas que não se tocam dobradas uma sobre a outra em uma dança espacial, resultando em muitos tetos inclinados para o céu.

286 CAPÍTULO 6: PERSPECTIVA LINEAR

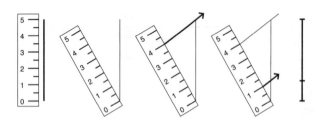

Escolha uma escala razoavelmente próxima do comprimento real da linha. Ajuste a marca de zero do escalímetro em uma das extremidades da linha que deve ser dimensionada. Incline o escalímetro em relação à linha. Marque a dimensão desejada ao longo do escalímetro, incluindo aquela que define o comprimento total da linha.

Trace uma linha desde o comprimento total até a extremidade da linha que você deseja dimensionar. A inclinação dessa linha será usada para transferir todas as demais dimensões do escalímetro para a linha. Trace paralelas à linha criada no passo anterior para todas as dimensões que você deseja assinalar (p. ex., 0,3 m). Você agora dimensionou proporcionalmente a linha base e pode prosseguir utilizando outras técnicas.

Transferência por Paralela

Suponha que a linha dada possua uma dimensão não exatamente divisível por quatro. Identifique a linha paralela ao plano do quadro que você deseja tornar igual àquela dimensão.

TRANSFERÊNCIA POR PARALELA

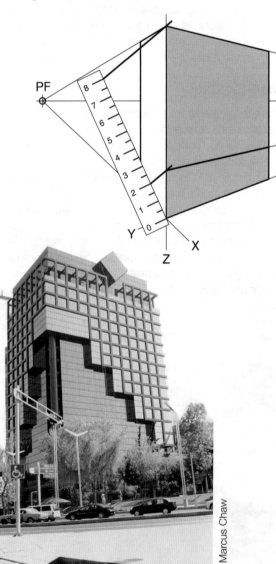

Prédio na Rua Reforma, 164, Cidade do México, México

Linhas Verticais e Horizontais

A técnica de transferência paralela transporta proporções diretamente para qualquer linha que seja paralela ao plano do quadro, como as verticais e as horizontais. O exemplo de perspectiva acima mostra essa técnica sendo utilizada em uma aresta vertical — uma condição que ocorre tanto nas perspectivas de um ponto quanto nas de dois pontos.

Nota: A foto deste arranha-céu de dezoito andares apresenta linhas paralelas verticais que parecem convergir para o alto quando vistas por um observador ao nível do terreno. Essa fotografia foi tirada sem uma lente de correção de perspectiva; com uma lente de correção de perspectiva, todas as linhas seriam verticais e não convergentes.

Diagramas e texto (págs. 285-287):
Cortesia de William R. Benedict, Professor-Assistente
Faculdade de Arquitetura da Universidade Politécnica Estadual da Califórnia em San Luis Obispo, Califórnia

Multiplicação por Medida

Pressupõe-se que você dispõe de um quadrado visual e proporcionalmente correto a partir do qual deseja gerar quadrados adicionais acima ou abaixo.

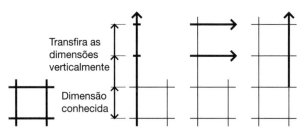

Princípio: Tanto na perspectiva de um quanto na de dois pontos, conjuntos de linhas paralelas horizontais que não são paralelas ao plano do quadro desaparecem em um ponto de fuga comum na linha de horizonte. Isso significa que as dimensões podem ser transferidas horizontalmente entre as linhas verticais do mesmo plano por meio de um ponto de fuga para as linhas horizontais daquele plano.

Prolongue as demais arestas verticais para completar os outros quadrados.

Trace ou identifique o quadrado base cujas arestas verticais sejam paralelas ao plano do quadro. Todas as arestas são paralelas nas vistas ortogonais.

Prolongue uma aresta vertical do quadrado base para servir como linha de medição. Transfira a altura do quadrado base (dimensão conhecida) ao longo dessa aresta. Você pode transportar dimensões acima e/ou abaixo do quadrado base o quanto for necessário.

Princípio: Tanto na perspectiva de um quanto na de dois pontos, as linhas verticais representam arestas que são paralelas ao plano do quadro — não desaparecem no ponto de fuga. Isso significa que uma dimensão ou parte da dimensão (½, ¼ etc.) definida sobre qualquer linha vertical na perspectiva pode ser transferida verticalmente ao longo da linha.

Trace linhas horizontais por esses pontos (ortogonais) ou linhas que vão para o ponto de fuga do plano (perspectiva).

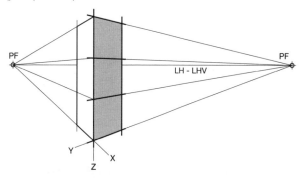

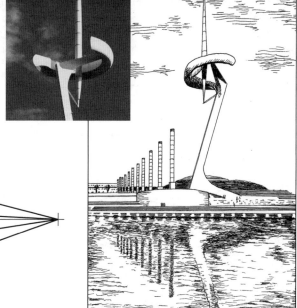

Essa torre, popularmente conhecida como "Torre Calatrava", pode funcionar como um relógio de sol gigante devido à sua orientação. Para estabelecer uma composição equilibrada e ampliar o impacto da forma escultural, Calatrava criou um conjunto linear de colunas verticais ao longe.

Desenho: Torre de Telecomunicações de Montjuïc, Barcelona, Espanha, 1992
Santiago Calatrava, Arquiteto e Engenheiro
11,4 cm × 17,8 cm (4,5" × 7")
Material: Nanquim sobre vegetal
Desenho por Kwok Gorran Tsui, Pós-graduação em arquitetura, Universidade do Texas, em Austin

Fotografia: © Palladium Photodesign-Oliver Schuh/Barbara Burg

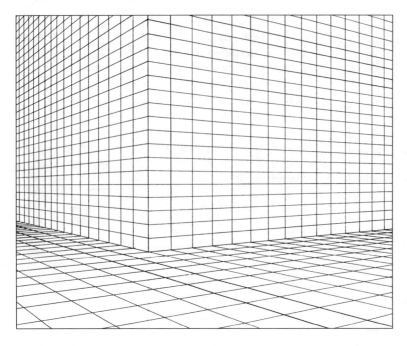

Este desenho é parte de um diagrama de grade de uma típica perspectiva de dois pontos. Grades para exteriores e interiores são inclinadas em ângulos determinados (30°, 45° etc.) no plano do quadro para proporcionar diferentes vistas. Empregando métodos manuais, uma perspectiva em planta pode ser construída para simular um diagrama de grade (veja abaixo). Uma vez construídas, as grades devem ser guardadas para uso futuro. As grades são ideais para locar pontos sobre eixos ou planos fundamentais a fim de facilitar o desenho das vistas externas ou internas. A escala escolhida pode estar em qualquer unidade de comprimento.

Diagramas de Grades em Perspectiva (Prós, Contras e Desenvolvimento das Vistas)

Diagramas em perspectiva (como os de Lawson, que incluem propriedades métricas) estão comercialmente disponíveis. Eles economizam tempo quando você precisa gerar muitas imagens semelhantes; também economizam espaço, especialmente quando um grande leiaute for solicitado (por exemplo, o leiaute de residências pode precisar de pelo menos 1,5 m). A escala das linhas da grade nos diagramas em perspectiva é flexível, e a posição do observador em relação à linha de horizonte (aérea, inferior, frontal etc.) sempre pode ser ajustada. No entanto, diagramas em perspectiva restringem o posicionamento do PV e do PQ e possuem ângulos de visada limitados. Os diagramas produzidos para perspectivas de um e de dois pontos dividem-se em duas categorias: aqueles com uma LH relativamente alta e aqueles com a LH baixa. Embora sejam práticos para estudos rápidos, os diagramas em perspectiva estão se tornando obsoletos com a tecnologia digital.

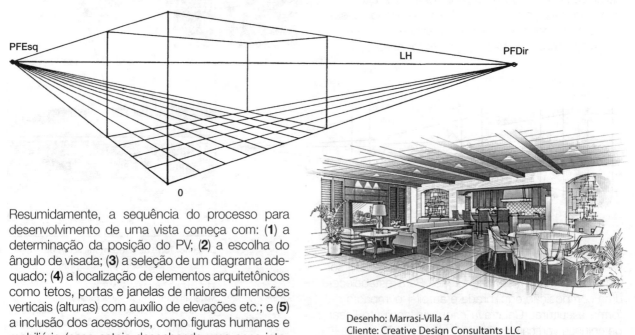

Resumidamente, a sequência do processo para desenvolvimento de uma vista começa com: (**1**) a determinação da posição do PV; (**2**) a escolha do ângulo de visada; (**3**) a seleção de um diagrama adequado; (**4**) a localização de elementos arquitetônicos como tetos, portas e janelas de maiores dimensões verticais (alturas) com auxílio de elevações etc.; e (**5**) a inclusão dos acessórios, como figuras humanas e mobiliário (caso esteja desenhando uma cena interior), em suas exatas posições relativas.

Desenho: Marrasi-Villa 4
Cliente: Creative Design Consultants LLC
Material: Marcadores sobre nanquim
Cortesia do Estúdio Wenjie

Exemplos de Diagramas em Perspectiva

Diagramas em perspectiva são excelentes para o desenvolvimento rápido de croquis. O conjunto de mapas perspectivos de Lawson compreende oito diagramas de fácil emprego. Os diagramas 1 até 4 são mais adequados para o desenho de interiores e elementos nos espaços interiores, como o mobiliário. Os diagramas 5 até 8 são normalmente empregados para vistas exteriores ou objetos de grandes dimensões. O diagrama em perspectiva de dois pontos a 45° aqui apresentado se presta para vistas interiores mostrando duas paredes com igual realce. O diagrama para perspectiva de um ponto apresentado abaixo enfatiza um lado importante (paralelo), com dois outros lados de importância secundária.

Utilize as linhas de medição verticais em negrito fornecidas em todos os diagramas para traçar e projetar alturas reais. Estas são então projetadas nos eixos ao longo da grade nos planos de altura real e finalmente na vista em perspectiva. Círculos e curvas não circulares podem ser construídos por meio de pontos locados na grade. No sistema métrico, o valor mais comum utilizado para trabalhos em geral é de 15 cm (6″) por unidade; para desenhos de interiores, é 12,5 cm (5″) por unidade. Utilize unidades menores (5 cm ou 3″ por unidade etc.) para pequenos objetos do mobiliário.

Diagramas perspectivos de Lawson: Cortesia de Margaret Cummins, editora-chefe da John Wiley & Sons

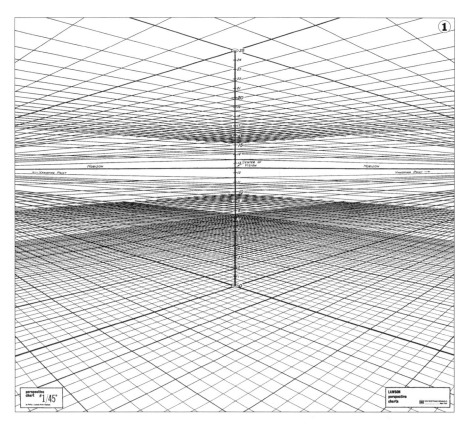

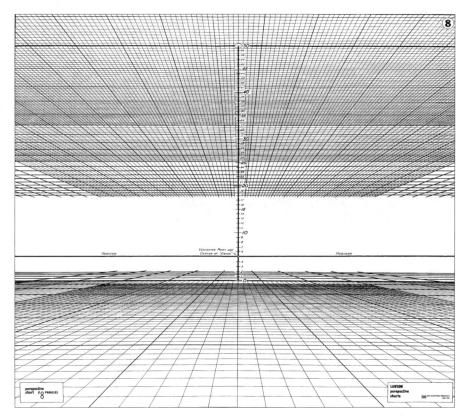

CAPÍTULO 6: PERSPECTIVA LINEAR

Transferência através da Diagonal

Suponha que você dispõe de um quadrado visual e proporcionalmente correto com as dimensões marcadas sobre um lado que deseja transferir para um lado adjacente.

Diagramas e texto (ambas as páginas): Cortesia de William R. Benedict, Professor-Assistente Faculdade de Arquitetura e Projeto Ambiental da Universidade Politécnica Estadual da Califórnia em San Luis Obispo, Califórnia

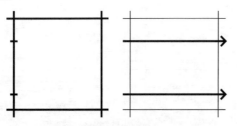

Trace ou identifique o quadrado base e as dimensões. As arestas verticais são paralelas ao plano do quadro. Todas as arestas são paralelas nas vistas ortogonais. Prolongue as dimensões através do quadrado. Trace uma das diagonais. Trace linhas que interceptem os lados do quadrado através das interseções da diagonal com a linha de medição.

Princípio: Uma linha traçada a 45° passando pela interseção de duas linhas perpendiculares permitirá transferir dimensões de uma linha para a outra. A diagonal escolhida controlará o lado sobre o qual a dimensão será transferida. Quando empregada em um quadrado, essa técnica produz resultados ligeiramente diferentes de quando usada em outros paralelogramos, como ilustrado. A diagonal de um quadrado transferirá as dimensões exatas (2,0 m para 2,0 m), ao passo que a diagonal de um retângulo irá transferir apenas proporções (¼ para ¼)

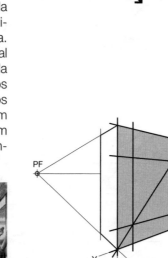

Desenho: Centro Goldring para Esportes de Alta Performance, Toronto, Canadá
Material: Photoshop
Acabamento por LUXIGON
Cortesia de Patkau Arquitetos

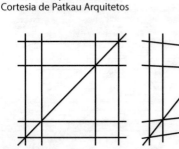 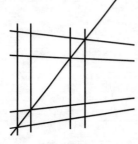 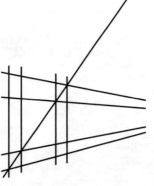 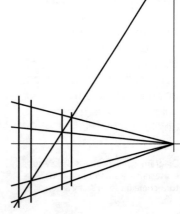

Multiplicação por Medida Acrescentando a Diagonal

Suponha que você dispõe de um quadrado visual e proporcionalmente correto e deseja gerar quadrados adicionais a um ou mais lados. A estratégia associa a transferência vertical de dimensões apresentada na Multiplicação de Medidas com a transferência por meio da diagonal de um quadrado.

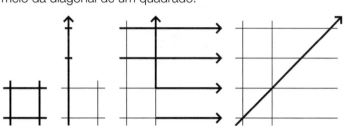

Trace ou identifique o quadrado base cujas arestas verticais são paralelas ao plano do quadro. Todas as arestas são paralelas nas vistas ortogonais. Prolongue uma aresta vertical e transfira as dimensões ao longo dela. Trace linhas horizontais por esses pontos (ortogonais) ou linhas que vão do plano para o ponto de fuga (perspectiva). Prolongue as demais arestas verticais. Trace a diagonal do quadrado original e prolongue-a para interceptar todas as linhas horizontais e de fuga.

Princípio: Uma linha diagonal cruzando um conjunto de linhas paralelas uniformemente espaçadas produz interseções que podem ser utilizadas para definir outro conjunto de paralelas com espaçamentos constantes. Caso a diagonal seja a 45° e os conjuntos de linhas sejam perpendiculares entre si, é gerada uma grade quadriculada como mostrado nas ilustrações. Trace linhas verticais passando por cada interseção da diagonal com uma linha horizontal ou uma linha de fuga para completar os demais quadrados.

Com um teatro principal visualmente impressionante, esse centro de artes tem uma plataforma flutuante que funciona como uma camada horizontal contínua ligando as disciplinas acadêmicas conectivas. Mais complexo do que os diagramas de multiplicação exibidos, os usuários apreciam visualmente a interação uns com os outros e a criação da percepção de movimento constante. Repare na ruga diagonal na fachada.

Como mostrado nas ilustrações, a diagonal pode ser prolongada ainda mais até interceptar uma linha vertical (**LFV**) traçada pelo ponto de fuga (**PF**) das linhas horizontais. Isso criará um ponto de fuga diagonal (**PFD**) para o qual todas as linhas inclinadas irão convergir. Você não precisa criar o ponto de fuga diagonal para utilizar essa técnica. Os pontos de fuga diagonais podem estar acima, abaixo ou de ambos os lados de um PF.

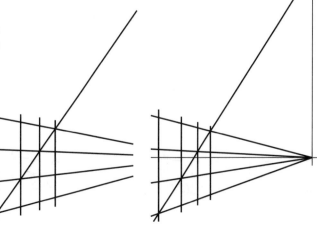

Desenho: Centro de Artes Cênicas Mashout, Universidade Estadual de São Francisco, São Francisco, Califórnia
Material: V-Ray para Rhino e Photoshop
Cortesia de Michael Maltzan Arquitetura

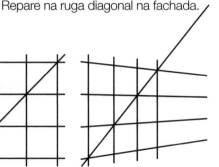

292 CAPÍTULO 6: PERSPECTIVA LINEAR

Multiplicação com a Diagonal

Suponha que você dispõe de um quadrado visual e proporcionalmente correto e deseja gerar quadrados adicionais a um dos lados adjacentes, acima ou abaixo.

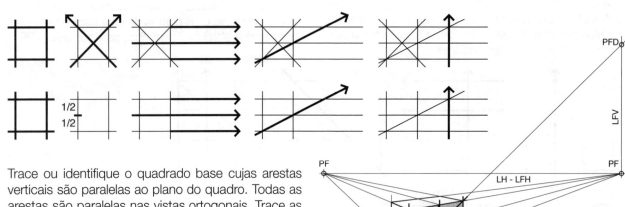

Trace ou identifique o quadrado base cujas arestas verticais são paralelas ao plano do quadro. Todas as arestas são paralelas nas vistas ortogonais. Trace as diagonais do quadrado (ilustração ao alto).

Princípio: A interseção das diagonais de um quadrado ocorre no centro.

Prolongue as arestas adequadas a partir do quadrado base.

Trace uma linha passando pelo centro do quadrado (interseção das diagonais) que seja paralela às arestas prolongadas.

Princípio: Uma linha traçada pelo centro de um quadrado que seja paralela a dois de seus lados será a mediatriz dos outros dois lados.

Alternativa (ilustração abaixo): Às vezes é mais rápido dividir uma aresta vertical com o escalímetro ou visualmente. Nesse caso, trace uma linha passando pelo centro do lado que seja paralela aos lados prolongados.

Trace uma linha a partir de um dos cantos do quadrado passando pelo centro de um lado oposto. Prolongue a linha até interceptar um dos lados prolongados. Essa linha é agora a diagonal de um retângulo cuja largura é o dobro da do quadrado original.

Trace uma linha passando pela interseção dessa última linha com o lado do quadrado para definir o novo quadrado.

Como mostram as ilustrações, a diagonal do retângulo com o dobro da largura pode ser prolongada

Fotografia do modelo: Residência em Dillon Beach, Condado de Marin, Califórnia
Material: Madeira de balsa e papelão pintado
Cortesia de Brian Healy Arquitetos

adiante até interceptar uma linha vertical (**LFV**) traçada das linhas horizontais para o ponto de fuga. Isso irá gerar um ponto de fuga diagonal (**PFD**) para o qual todas as diagonais semelhantes convergirão. Você não precisa criar o ponto de fuga diagonal para empregar essa técnica.

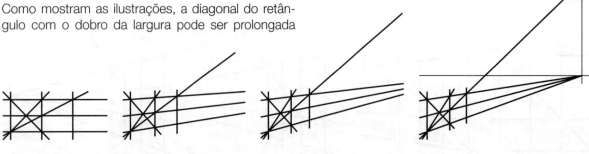

Divisão com a Diagonal

Uma boa estratégia é traçar a maior forma abrangente possível como o primeiro passo na construção de uma perspectiva e depois subdividi-la para posicionar os elementos menores. Essa técnica pressupõe que você tem um quadrado visual e proporcionalmente correto e deseja dividi-lo em metades, quartos, oitavos etc.

Como apresentado na ilustração, as diagonais podem ser prolongadas ainda mais até interceptarem uma linha vertical (**LFV**) traçada pelo ponto de fuga (**PF**) das linhas horizontais. Isso irá gerar um ponto de fuga diagonal (**PFD**). Você não precisa criar o ponto de fuga diagonal para utilizar essa técnica. O ponto de fuga diagonal pode estar acima, abaixo ou em ambos os lados do PF.

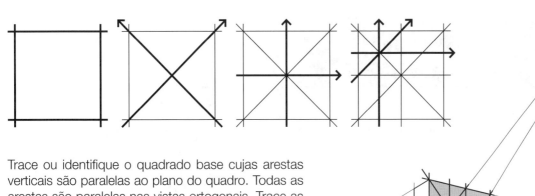

Trace ou identifique o quadrado base cujas arestas verticais são paralelas ao plano do quadro. Todas as arestas são paralelas nas vistas ortogonais. Trace as diagonais do quadrado.

Princípio: As diagonais do quadrado se interceptam no seu centro.

Trace uma linha vertical e uma horizontal passando pela interseção das diagonais. Na perspectiva, a linha horizontal desaparece no ponto de fuga das linhas horizontais sobre aquela superfície.

Princípio: Uma linha traçada pelo centro de um quadrado que seja paralela a dois lados será a mediatriz dos outros dois lados.

As linhas verticais e horizontais definiram quatro quadrados menores que têm as mesmas proporções em relação ao original, mas possuem um quarto da sua área. Esse processo pode ser repetido com cada quadrado progressivamente menor até se gerar um quadrado com a subdivisão desejada. Cada subdivisão reduz o lado do quadrado à metade (p. ex., um quadrado de 12 cm de lado torna-se quatro de 6 cm).

Fotografia: Museu Mimesis, Paju Book City, Coreia do Sul
Arquiteto: Alvaro Siza

Diagramas e texto (ambas as páginas): Cortesia de
William R. Benedict, Professor-Assistente
Faculdade de Arquitetura e Projeto Ambiental da
Universidade Politécnica Estadual da Califórnia em
San Luis Obispo, Califórnia

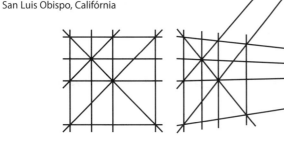
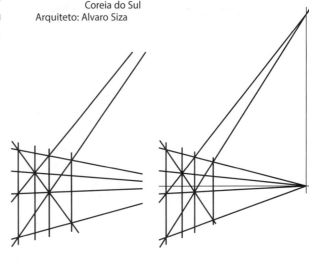

294 CAPÍTULO 6: PERSPECTIVA LINEAR

Desenho: Museu Aga Khan,
Toronto, Canadá
Material: V-Ray para acabamento e SketchUp para modelagem
Cortesia de Maki e Arquitetos Associados

Tente contar os planos de parede com ponto de fuga para a mesma linha do horizonte nessa bela imagem de interior. A vista é mais dinâmica do que a de um ponto estático exibida anteriormente. Normalmente, os desenhos e modelos exigem que retiremos paredes para que possamos ter uma verdadeira experiência do "espaço real".

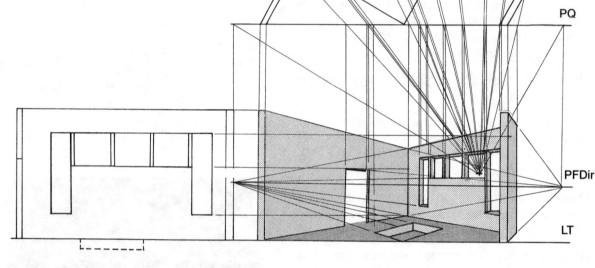

Perspectiva de Interiores com Dois Pontos

Vamos examinar o método padrão de perspectiva de dois pontos com *planta* e *elevação* novamente. Essas perspectivas normalmente são construídas tanto para exteriores quanto para interiores. O método é basicamente o mesmo em ambos os casos, podendo também ser aplicado a perspectivas de um ponto para interiores e exteriores. Escolha um ponto de vista que melhor descreva os elementos interiores importantes e as impressões que você deseja transmitir. Frank Loyd Wright privilegiou as vistas de interiores de dois pontos, que são essencialmente as de um ponto construídas com uma leve inclinação em relação ao plano do quadro, resultando em um segundo ponto de vista muito afastado. Evite posicionar a linha de horizonte do nível dos olhos em um lugar que coincida com algum elemento estrutural horizontal (p. ex., o peitoril da janela mostrado acima).

1. Escolha a posição do **PV, LH** e **PQ** com base na perspectiva desejada.
2. Escolha um **PQ** que corte ambas as paredes do espaço interno e intercepte os cantos dos maiores ou mais importantes elementos interiores.
3. Construa as linhas paralelas adequadas para determinar os pontos de fuga.
4. Transfira as alturas reais das vistas de elevações para os traçados verticais das interseções das paredes interiores.
5. Convirja os planos das paredes para seus pontos de fuga e então construa os elementos do espaço interior.

Compare esse método com o procedimento padrão para perspectiva de um ponto.

Ao reconhecer a natureza densa, pública do local, desenvolveu-se uma solução de pátio interiormente focada. As elevações da rua e do beco são composições assimétricas de estuque, vidro, metal e bloco de concreto, enquanto as aberturas basicamente envidraçadas são orientadas internamente para o pátio. A partir do pátio, o acesso é possível para qualquer um dos espaços públicos ou privativos internos da construção.
[RELATO DE UM ARQUITETO]

Desenho: Estúdio-Residência Marsh 2, Hermosa Beach, Los Angeles, Califórnia
Modelo digital: 3D Studio Max por Robert Sweet
Cortesia de Dean Nota, Arquiteto

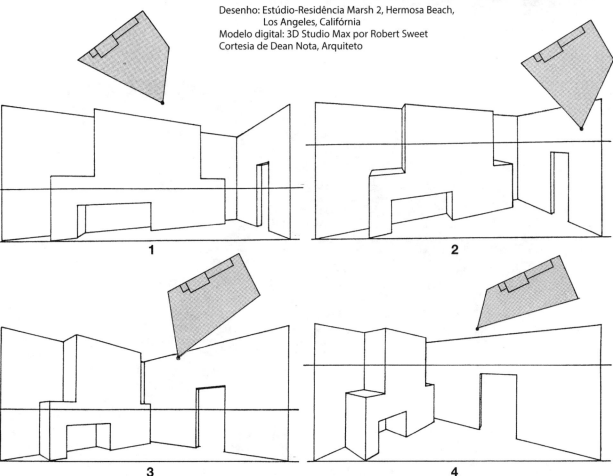

Em qualquer perspectiva de interiores, o realce visual na parede da esquerda ou da direita é estabelecido pelo *ponto de vista variável*. O ponto de vista também determina se os pontos de fuga das paredes cairão dentro ou fora do desenho. Note como as imagens da lareira e da porta se alteram à medida que o observador se desloca para perto da parede onde está a porta (**1**) ou para perto da parede da lareira (**4**). Observe também que a linha de horizonte mais alta em **2** e em **4** permite que o observador veja mais piso e menos teto (acima da vista ao nível dos olhos).

PERSPECTIVA DE INTERIORES COM DOIS PONTOS — EFEITO PICTÓRICO

296 CAPÍTULO 6: PERSPECTIVA LINEAR

Desenhos: Museu Canadense de Direitos Humanos, Winnipeg, Manitoba, Canadá
Material: Vectorworks, Form-Z, InDesign e Photoshop
Área: 23.200 m²
Cortesia de Antoine Predock, Arquiteto

Estas belas perspectivas de interiores, que fazem parte de um conjunto vencedor de uma competição de projetos, transmitem maior noção de recinto fechado do que as da página anterior, simplesmente porque foi incluída uma terceira parede ou um terceiro lado. Esse terceiro elemento possui seu próprio ponto de fuga.

Este museu está enraizado na humanidade, tornando visível na arquitetura a semelhança fundamental do gênero humano — uma aparição simbólica de gelo, nuvens e pedra definidos em um campo de erva-doce. Esculpidas na terra e dissolvendo no céu, as asas efêmeras e abstratas de uma pomba branca abraçam uma montanha mítica de pedra calcária na criação de um marco unificador e atemporal para todas as nações e culturas do mundo.
[RELATO DE UM ARQUITETO]

PERSPECTIVA DE INTERIORES COM DOIS PONTOS – EXEMPLOS

APLICAÇÕES **297**

Desenho: Nova Escola de Música de Paris,
Paris, França
Material: Software gráfico 3D
Cortesia de Serero Arquitetos

O interior à esquerda é antes de tudo uma perspectiva de dois pontos com um longo ponto de fuga à esquerda. A escadaria em curva tem a sua própria série de pontos de fuga oblíquos. A biblioteca abaixo tem basicamente apenas um ponto de fuga com um elemento vertical (parede) adicional que possui o seu próprio ponto de fuga. Estes desenhos podem ser classificados como sendo de *um ponto modificado*, no sentido de possuírem apenas um ponto de fuga na área da figura, ainda que na imagem global sejam perspectivas multiponto.

Este elegante projeto é um volume arquitetônico mínimo suspenso acima de uma vibrante nova praça de entrada. A construção é apoiada por "árvores" estruturais luminescentes envoltas por vidro que unem as alas norte e sul, os dois componentes principais da biblioteca. [Relato de um arquiteto]

Desenho: Biblioteca Pública do Estado de Jalisco,
Guadalajara, México
Material: Maxwell Render, V-Ray, Maya, Rhino, Photoshop
Cortesia da Asymptote: Hani Rashid + Lise Anne Couture

EXEMPLOS DE INTERIORES

Perspectivas aéreas

Tecnicamente, os termos *olho de pássaro* e *aérea* são sinônimos.

O procedimento da grade em perspectivas aéreas é vantajoso quando o complexo construído ou a paisagem urbana se encontra em um arranjo predominantemente regular. Após transportar os elementos da grade da planta para a da perspectiva, as formas estruturais podem ser observadas e compostas empregando-se as alturas apropriadas. As grades da planta e da perspectiva podem estar em escalas diferentes, mas a quantidade total de linhas das grades deve ser igual. Compare a planta apresentada à esquerda com a vista em perspectiva aérea escolhida abaixo. Observe que as oito (**0** a **7**) linhas da grade possuem correspondência.

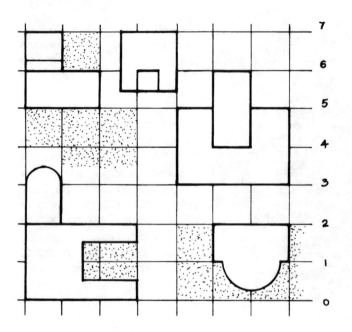

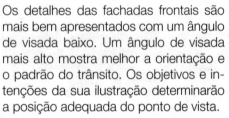

Os detalhes das fachadas frontais são mais bem apresentados com um ângulo de visada baixo. Um ângulo de visada mais alto mostra melhor a orientação e o padrão do trânsito. Os objetivos e intenções da sua ilustração determinarão a posição adequada do ponto de vista.

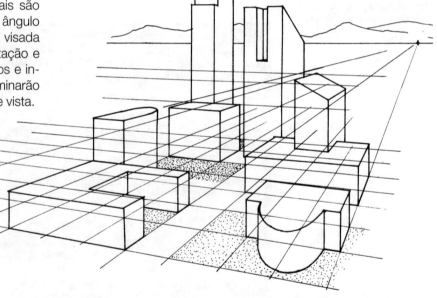

Este projeto compreende novas áreas verdes que podem proporcionar um sistema de ligação através do Distrito Civil de Colégio e três novas torres que criam uma conexão entre os prédios institucionais e governamentais.
[Relato de um arquiteto]

Desenho: Plano Principal para o Centro da Cidade de Monterrey, Monterrey, México
Material: Maxwell Render, V-Ray, Maya, Rhino, Photoshop
Cortesia da Asymptote: Hani Rashid + Lise Anne Couture

APLICAÇÕES 299

Desenho: Vila Cóptica Canadense de São Marcos, Ontário, Canadá
Material: Vectorworks
Cortesia de Hariri & Hariri Arquitetura

A maioria das perspectivas aéreas que se encontram ligeiramente acima do nível do teto é caracterizada por uma linha do horizonte na faixa de 15 a 61 m acima do plano de terra. Ao contrário da perspectiva ao nível dos olhos, uma perspectiva aérea revela a paisagem circundante (árvores, grupos de prédios, paisagem urbana etc.), bem como detalhes inesperados da linha do telhado.

Desenho: Centro de Dança e Música, Haia, Holanda
Material: Rhino, Maya e AutoCAD
Cortesia de Zaha Hadid Arquitetos

O mais notável a respeito do Centro de Dança e Música são as fachadas, compostas basicamente de faixas horizontais ondulantes. Algumas faixas permitem vistas intermináveis e grandes interações visuais com o ambiente. Outras faixas mais sólidas e opacas viabilizam mais privacidade interna.

EXEMPLOS DE VISTAS AÉREAS

300 CAPÍTULO 6: PERSPECTIVA LINEAR

Desenho: Nova Cidade de Dongtan, Dongtan, China
Material: Criado 100% digitalmente por SWA e Chrystal Stone (3D Estúdio chinês)
Cortesia do Grupo SWA

Desenho: Estação Ferroviária Intermunicipal de Huaqiao, Huaqiao, China
Material: Criado 100% digitalmente usando *software* 3D para construir o modelo e depois o Photoshop para acrescentar árvores e pessoas
Cortesia do Grupo SWA

Perspectiva Aérea

Vistas aéreas em grande escala são empregadas com frequência, não apenas por arquitetos como também por planejadores urbanos, urbanistas, analistas ambientais, paisagistas e engenheiros urbanos. Esses profissionais de projetos necessitam tanto de acabamentos precisos quanto de estudos conceituais de visualização ou vistas urbanas aéreas. Vistas urbanas são mais informativas quando a inclinação do ponto de vista se aproxima dos 60° ou 75° em relação ao plano do terreno. Esses profissionais estão antevendo um objetivo global para o planeta Terra no século XXI, no qual as cidades serão concebidas para pessoas e não para automóveis. Deve-se colocar mais ênfase nos sistemas ferroviários de alta velocidade intermunicipais. Cidades deveriam ser planejadas para conservação ambiental e reestruturação econômica, de tal modo que elas utilizem energia renovável em grande escala, como a energia solar, eólica e geotérmica.

APLICAÇÕES **301**

Desenho: Ilha Hengqin, Hengqin, China
Material: Modelo digital em 3D com sobreposição de aquarela à mão livre; modelo digital em 3D pela SWA; aquarela por Ronghue Li
Cortesia do Grupo SWA

Desenho: Parque Cívico Chenghua, Chenghua, China
Material: Criado 100% digitalmente por SWA
Cortesia do Grupo SWA

Ilustrar desenhos em 3D usando ferramentas criadas digitalmente é fácil, e os programas estão prontamente disponíveis. Com outras técnicas em Photoshop e renderização de cores, os desenhos acabados podem ser exibidos em muitos estilos diferentes, em quaisquer ângulos de visada escolhidos e com um tempo de resposta rápido. No SWA, muitos projetistas usam essas ferramentas disponíveis para desenvolver o projeto, e, às vezes, ainda mantemos o método de croqui tradicional para pesquisar, explorar e testar o refinamento de uma ideia.
[Relato de um paisagista]

PERSPECTIVA AÉREA URBANA

302 CAPÍTULO 6: PERSPECTIVA LINEAR

VISTAS PERSPECTIVAS SUBTERRÂNEAS

Essa estrutura ergue-se acima do solo para dar uma noção de porosidade e transparência no nível do solo. Essa noção é aumentada por uma paisagem artificial dinâmica ondulante de vales e montanhas aparentemente misteriosos. Os visitantes e funcionários experimentam vistas perspectivas surpreendentes à medida que navegam e exploram o mundo da ciência natural e da tecnologia.

Desenho: Centro Científico Phaeno,
Wolfsburg, Alemanha
Material: Gerado em computador
Cortesia de Zaha M. Hadid Arquitetos

Na *vista subterrânea*, o observador olha para o alto; o ponto de vista dele encontra-se no subsolo. Isso cria um efeito semelhante ao da vista paralela inferior.

APLICAÇÕES **303**

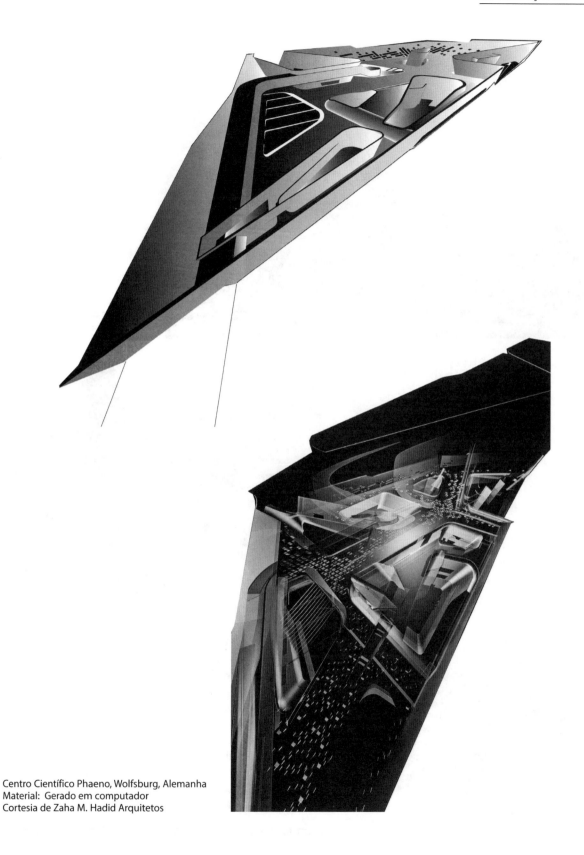

Centro Científico Phaeno, Wolfsburg, Alemanha
Material: Gerado em computador
Cortesia de Zaha M. Hadid Arquitetos

PERSPECTIVAS SUBTERRÂNEAS E AÉREAS

Assim como na vista inferior, esse corte em perspectiva com vista subterrânea permite um acabamento muito dramático do interior da construção. A vista aérea do interior com ângulo baixo cria uma sensação semelhante.

304 CAPÍTULO 6: PERSPECTIVA LINEAR

CONVERGÊNCIA PARA O ALTO

Desenho: Torre Phare, Paris, França
Material: *Software* personalizado, BIM e outras plataformas
Cortesia de Morphosis Arquitetos

Desenho: Estação de esqui, Avoriaz, França
Cortesia de Jacques Labro e Jean-Jacques Orzoni, Arquitetos

Fotografia: Duomo de Florença e Torre do Campanário, Florença, Itália

Convergência para o Alto

Olhar para cima resulta em uma *convergência para o alto* das linhas verticais. A estação de esqui e a catedral Duomo são caracterizadas por linhas projetivas, que são extensões das linhas verticais nos prédios que convergem para o alto até um ponto de fuga vertical (PFV) (ver pág. 58). A Torre Phare do século XXI também provoca essa sensação de convergência para o alto com sua estrutura orgânica não linear. O saguão de 40 m também funciona como uma grande praça para o público.

Essa torre captura o vento para a produção de energia e minimiza o ganho solar, proporcionando ao mesmo tempo a luz do dia sem ofuscar. O acabamento da construção é transformativo pelo poder de ser opaco, transparente ou translúcido de acordo com vários pontos de vista.

O desenho e a foto são de pontos de vista ligeiramente diferentes do mesmo Pico Victoria. Mostram que o ilustrador tomou a liberdade de exagerar as linhas de convergência para baixo a partir do que era realmente visto.

Desenho: Ponto de observação do Pico Victoria, vista aérea de Hong Kong, China
Papel-manteiga A3 — 41,9 cm × 29,2 cm (16,5" × 11,5")
Material: Lápis de cor com marcador preto e realces a tinta (à base de álcool)
Cortesia de Peter Edgeley, Ilustrador

© Monika Waronska

Convergência para Baixo

Olhar para baixo resulta em uma *convergência para baixo* das linhas verticais. Uma vista com convergência para o alto ou para baixo tem a característica de um plano de quadro oblíquo ou inclinado. O plano do quadro é inclinado em um ângulo como o plano de terra — não perpendicular a ele, como ocorre nas perspectivas de um e dois pontos. Portanto, os três planos típicos (horizontal, frontal e perfil) não são paralelos ao plano do quadro. Os pontos de fuga verticais acima e abaixo normalmente estão posicionados mais próximos do plano de terra do que estariam normalmente para exagerar o efeito de subida ou mergulho.

Este é um exemplo de um ponto de observação muito alto com visada e muita convergência para baixo. Arquitetos e ilustradores utilizam esse ponto de vista para aumentar o efeito dramático de acabamento. Podem usar diagramas de grades para perspectivas de três pontos em que o terceiro ponto de fuga já foi estabelecido para adicionar rapidamente os detalhes e criar vistas de baixo ou de cima. Semelhantemente aos métodos digitais de quadro aramado, os diagramas são mais rápidos do que o método rigoroso de projeção da planta-elevação para construir uma perspectiva de três pontos.

306 CAPÍTULO 6: PERSPECTIVA LINEAR

PERSPECTIVA DE TRÊS PONTOS

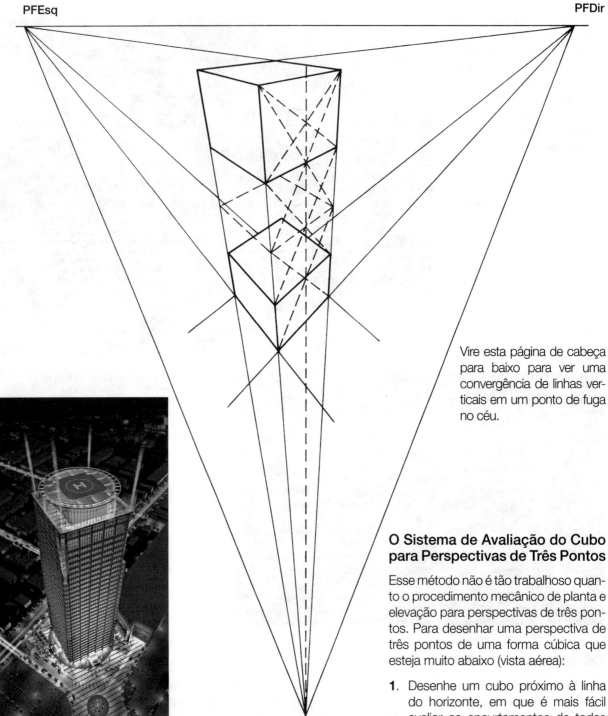

Vire esta página de cabeça para baixo para ver uma convergência de linhas verticais em um ponto de fuga no céu.

ponto de fuga inferior (ou de baixo) é posicionado arbitrariamente.

Desenho digital: Praça Broadway, nº 1, Santa Ana, Califórnia
Arquiteto: Carrier Johnson
Material: 3DStudio Max e Photoshop
Cortesia do Estúdio Wenjie

Diagrama e texto: Cortesia de Dik Vrooman, Professor da Universidade do Texas A&M
Departamento de Arquitetura

O Sistema de Avaliação do Cubo para Perspectivas de Três Pontos

Esse método não é tão trabalhoso quanto o procedimento mecânico de planta e elevação para perspectivas de três pontos. Para desenhar uma perspectiva de três pontos de uma forma cúbica que esteja muito abaixo (vista aérea):

1. Desenhe um cubo próximo à linha do horizonte, em que é mais fácil avaliar os encurtamentos de todas as três faces visíveis.
2. Usando as diagonais, prolongue os módulos do cubo para baixo de modo a desenhar a perspectiva correta do cubo sobre o terreno.
3. Empregando ainda as diagonais, prolongue esse sistema lateralmente.
4. As formas da construção diferentes de cubos são medidas a partir deles.

APLICAÇÕES **307**

PFEsq   Para o PFDir

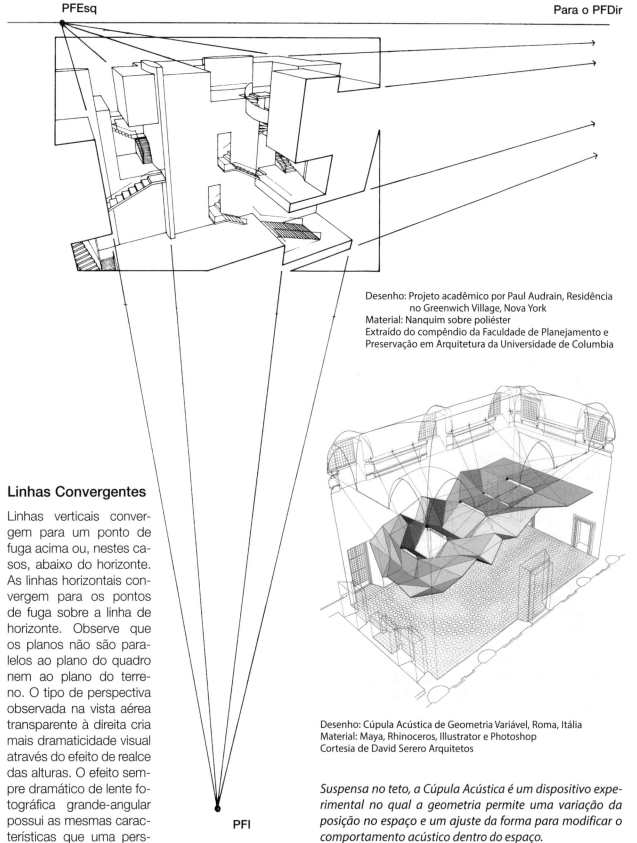

Desenho: Projeto acadêmico por Paul Audrain, Residência no Greenwich Village, Nova York
Material: Nanquim sobre poliéster
Extraído do compêndio da Faculdade de Planejamento e Preservação em Arquitetura da Universidade de Columbia

Linhas Convergentes

Linhas verticais convergem para um ponto de fuga acima ou, nestes casos, abaixo do horizonte. As linhas horizontais convergem para os pontos de fuga sobre a linha de horizonte. Observe que os planos não são paralelos ao plano do quadro nem ao plano do terreno. O tipo de perspectiva observada na vista aérea transparente à direita cria mais dramaticidade visual através do efeito de realce das alturas. O efeito sempre dramático de lente fotográfica grande-angular possui as mesmas características que uma perspectiva de três pontos.

PFI

Desenho: Cúpula Acústica de Geometria Variável, Roma, Itália
Material: Maya, Rhinoceros, Illustrator e Photoshop
Cortesia de David Serero Arquitetos

Suspensa no teto, a Cúpula Acústica é um dispositivo experimental no qual a geometria permite uma variação da posição no espaço e um ajuste da forma para modificar o comportamento acústico dentro do espaço.
[R*ELATO DE UM ARQUITETO*]

PERSPECTIVA DE TRÊS PONTOS

PERSPECTIVA DE TRÊS PONTOS

Esse método de construção produz um desenho preciso de *perspectiva de três pontos*. O princípio está fundamentado no método de medição das perspectivas de dois pontos: a imagem é gerada no plano do quadro por linhas projetadas a partir do objeto para um único ponto de vista. Na perspectiva de três pontos, o plano do quadro será inclinado de um ângulo, como se uma câmera fotográfica fosse inclinada para fotografar um objeto alto. Quando o plano do quadro (e a câmera) são inclinados, as linhas na direção vertical irão convergir da mesma forma. O princípio é ilustrado no diagrama à direita. O uso de uma escala para o leiaute da perspectiva possibilita o domínio da imagem. No exemplo, foi empregada uma escala de 1:600.

1. Determine a distância do observador (E) ao plano do quadro. Uma distância maior produzirá uma imagem menor, porém menos distorcida. Essa distância é o raio do círculo desenhado.
2. Para gerar o ponto de fuga das linhas verticais (**PFV**), a posição (E) deve ser rotacionada em torno da linha de centro (**LC**) a partir do centro do círculo (**c**) para a superfície do plano do quadro. O ponto gerado (**EV**) será usado para determinar as medições na direção vertical.
3. Determine a inclinação do plano do quadro. Quanto maior o ângulo, mais próximo será o ponto de fuga. No exemplo, o ângulo é de 20°. Trace uma linha (**h**) com esse ângulo a partir de **EV**. A interseção com a linha de centro (**LC**) fornece a posição da linha do horizonte. Trace uma linha (**v**) perpendicular à linha (**h**). A interseção com a linha de centro (**LC**) determinará o ponto de fuga das linhas verticais (**PFV**). Observe que o plano do quadro inclinado é a superfície do papel; portanto, as linhas horizontal e vertical (**h** e **v**) devem ser traçadas com inclinação.
4. Rebata o ponto **EV** em torno do ponto **H** sobre a linha de centro (**LC**) para gerar o ponto (**EH**). Esse ponto será usado para construir a perspectiva na direção horizontal.
5. Determine a distância do plano base até o plano horizontal. No exemplo é 18 m. Nesta perspectiva, optou-se pelo plano base no topo do objeto para diminuir o tamanho do desenho. A linha base (**LB**) — interseção do plano base com o plano do quadro — é traçada em escala 18 m abaixo da linha do horizonte (**LH**).
6. Posicione a planta sobre o plano base. Aqui, o objeto foi posicionado por trás do plano do quadro com uma quina encostando nele. A partir de **EH**, você pode construir o ponto de fuga (**PFH**) traçando linhas paralelas aos lados correspondentes e interceptando com a linha de horizonte (**LH**).

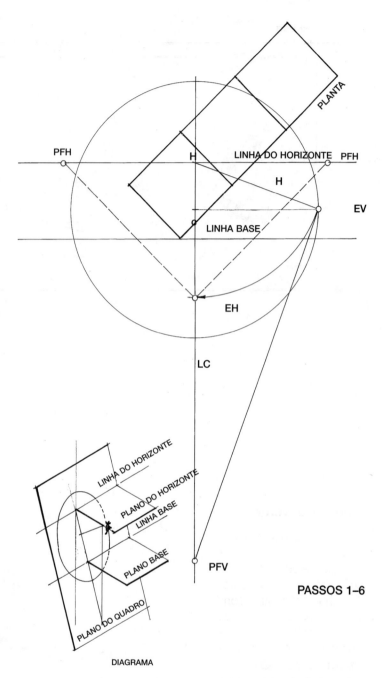

PASSOS 1–6

Texto e diagrama: Cortesia de Arpad Daniel Ronaszegi, Professor-Assistente, Divisão de Arquitetura da Universidade Andrews

APLICAÇÕES **309**

7. Construa a imagem da planta em perspectiva conectando as linhas aos pontos de fuga horizontais apropriados (**PFH**). O comprimento das linhas será medido unindo os pontos ao **EH** e fazendo as interseções deles com as respectivas linhas.
8. A imagem das linhas verticais pode ser construída unindo-se os pontos do plano do quadro ao ponto de fuga vertical (**PFV**).

9. As alturas na direção vertical serão geradas a partir da linha de medição vertical (**LMV**). Trace uma linha paralela à linha **v**, iniciando no ponto em que a planta toca o plano do quadro (**LB** no desenho). As alturas reais podem ser transpostas para a linha gerada (**lmv**). Neste exemplo, a elevação é desenhada ortogonalmente à **LMV** e depois projetada.

Desenho: Torre Pearl River, Guangzhou, China
Material: Gerado em computador
Cortesia de Skidmore Owings & Merrill Arquitetos
© SOM/Crystal CG

Este lindo desenho de um arranha-céu mostra os elementos estruturais nos lados convergindo para um ponto de fuga vertical no contexto de uma perspectiva de três pontos.

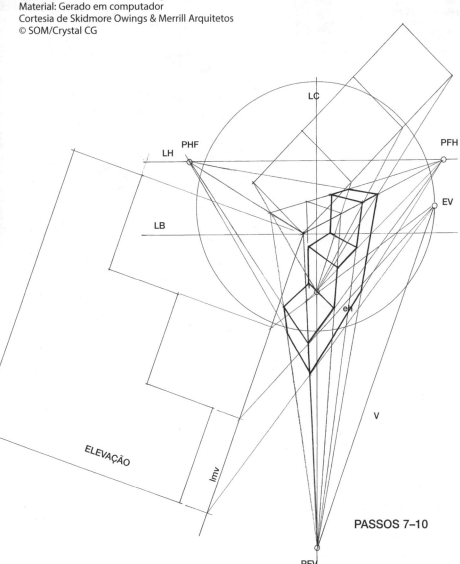

PASSOS 7–10

PERSPECTIVA DE TRÊS PONTOS

10. Una cada ponto da linha de medição vertical (**LMV**) ao ponto (**EV**). A interseção com a aresta de canto do objeto fornece os pontos para as alturas na perspectiva. Esses pontos podem ser conectados ao **PFH** correspondente para finalizar a construção da imagem.

Texto e diagrama: Cortesia de Arpad Daniel Ronaszegi, Professor-Assistente, Divisão de Arquitetura da Universidade Andrews

310 CAPÍTULO 6: PERSPECTIVA LINEAR

PERSPECTIVA EXPLODIDA

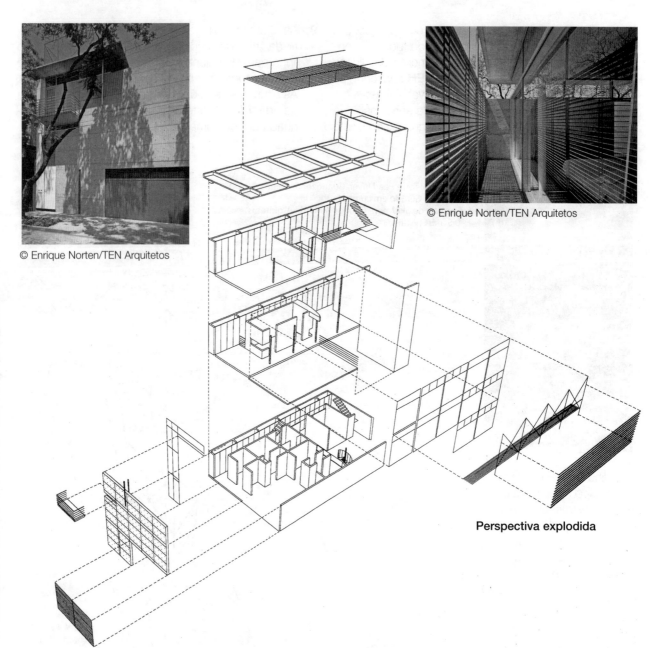

© Enrique Norten/TEN Arquitetos

© Enrique Norten/TEN Arquitetos

Perspectiva explodida

Desenho: CASA LE, Colônia Condesa, Cidade do México, México
Cortesia de TEN Arquitetos — Enrique Norten, Bernardo Gomez-Pimienta, Carlos Ordoñez, coordenadores do projeto

Perspectiva Explodida

Cada camada nesta perspectiva explodida proporciona uma vista desimpedida dos detalhes do interior e do exterior da casa. As camadas individuais (horizontal e vertical) devem estar afastadas o suficiente para que possam ser distinguidas, porém próximas o bastante para serem interpretadas como um todo coerente. A vista explodida é empregada com êxito para ilustrar os componentes construtivos padronizados de uma possível residência produzida em massa. Os interiores quadrados exibidos por essa unidade habitacional e pela da página seguinte possuem uma disciplina e um sentimento similares aos das residências do pós-guerra construídas em Los Angeles. O objetivo naquela época era construir casas modelos eficientes e baratas.

APLICAÇÕES 311

© Jones, Partners: Architecture

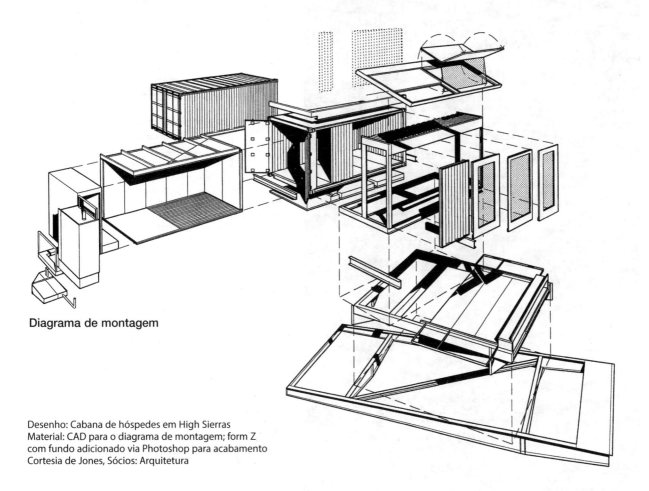

Diagrama de montagem

Desenho: Cabana de hóspedes em High Sierras
Material: CAD para o diagrama de montagem; form Z
com fundo adicionado via Photoshop para acabamento
Cortesia de Jones, Sócios: Arquitetura

Desenhos Explodidos Agrupados

O uso de vistas explodidas realça a natureza desta estrutura como um agrupamento de partes padronizadas e mostra a gênese do módulo primário da construção em um contêiner padrão de 6,0 m. O conjunto modular primário ocupa o plano horizontal estabelecido pelo contêiner ao fundo, enquanto os elementos acessórios são, onde é possível, explodidos ao longo do eixo vertical. O aço corrugado removido do contêiner é mostrado com um padrão pontilhado.
[RELATO DE UM ARQUITETO]

DESENHOS HÍBRIDOS

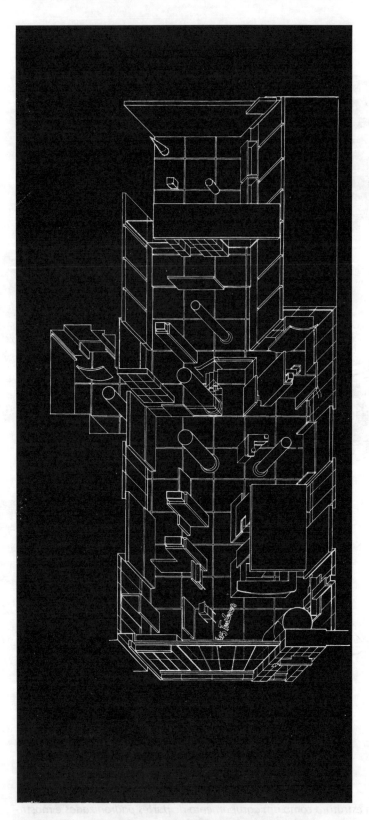

Desenho: A WEB (Workstations in Evans Basement - Estações de trabalho no porão de Evans) Universidade da Califórnia, Berkeley
30,5 cm × 45,7 cm (12" × 18"), Escala 1:100
Material: Nanquim sobre poliéster
Cortesia de Sam Davis, FAIA, da Davis & Joyce Arquitetos

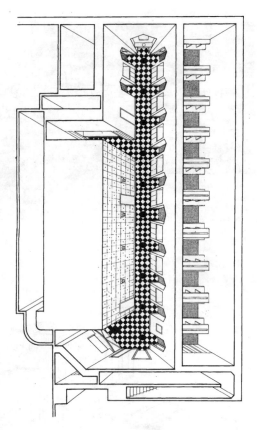

Desenho: Restaurante Les Tuileries, Nova York 5
0,8 cm × 76,2 cm (20" × 30"), Escala 1:50
Material: Nanquim sobre poliéster
Cortesia de Diane Lewis, Peter Mickle e Christopher Compton, R.A., Projetistas

Uma perspectiva aérea de um ponto mostra a disposição de vários cômodos em uma única planta, ao mesmo tempo em que mostra as relações volumétricas dos espaços. Determinadas liberdades são necessárias na construção de desenhos desse tipo, mas é sempre valioso revelar tanta informação conceitual com um único olhar.
[RELATO DE UM ARQUITETO]

Desenhos Híbridos

Quando tipos de desenhos são sobrepostos, o resultado é um *desenho híbrido*. Estes dois desenhos híbridos com vistas incomuns combinam os princípios da projeção paralela e da perspectiva. À primeira vista, aparentam ser superposições de perspectivas de um ponto. Examinando mais de perto, no entanto, podem-se notar muitos elementos estruturais internos com infinitas linhas paralelas. Hoje, é muito comum ver a interface dos métodos manuais e digitais para produzir desenhos híbridos.

APLICAÇÕES **313**

Desenho: Estúdio no México,
Material: Gráfico por computador, fotomontagem
Cortesia de Tadao Ando Arquiteto e Associados

Desenhos Híbridos

O desenho acima é um híbrido no sentido de que tem linhas perspectivas convergentes a partir de uma estrutura em plano de elevação. Essa é a abordagem favorita de alguns arquitetos, como Tadao Ando.

Este desenho híbrido (direita) combina uma perspectiva de um ponto com uma militar expandida verticalmente. Observe que a convergência da perspectiva resulta na ampliação da planta, permitindo uma visão mais clara de muitos detalhes.

Este desenho foi feito para ilustrar uma relação entre uma planta (neste caso, uma planta baixa) e determinados elementos tridimensionais nela contidos. A planta foi construída no estilo figura/fundo no qual o espaço central vazio do escritório é realçado. As partes tridimensionais são desenhadas em uma projeção axonométrica para fora no espaço vazio.
[RELATO DE UM ARQUITETO]

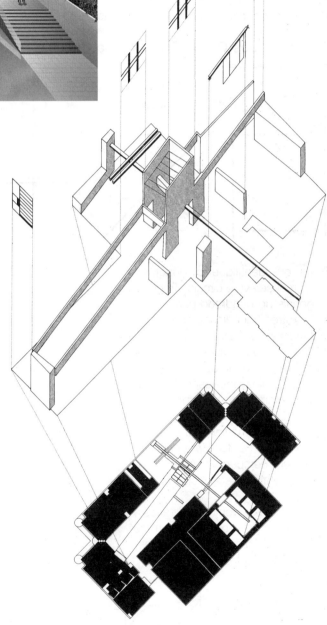

Desenho: Escritório do Centro Executivo de Finanças Mundiais, Oakland, Califórnia
35,6 cm × 66,0 cm (14" × 26"), Escala 1:100
Material: Nanquim sobre vegetal
Cortesia de Jim Jennings, Arquiteto, da Jennings + Stout Arquitetos
Desenho de Jim Jennings

CÍRCULOS VERTICAIS EM PERSPECTIVA

Desenhando Círculos em Perspectiva

Para desenhar um círculo ou parte dele em perspectiva com exatidão você precisa primeiro traçar o quadrado que o circunscreve. Com experiência e prática, você será capaz de extrair do quadrado todas as referências necessárias para croquis rápidos. Entretanto, à medida que a demanda por exatidão e o tamanho do círculo aumentam, surge a necessidade de construir pontos adicionais para representá-lo. As seções a seguir descrevem as técnicas de quatro, oito e doze pontos para construir círculos em perspectiva.

O Método dos Quatro Pontos para Círculos em Perspectiva

A técnica dos quatro pontos determina os pontos de tangência entre o círculo e o quadrado.

Fotografia: Catedral de São Marcos, Veneza, Itália
© Marcus Chaw

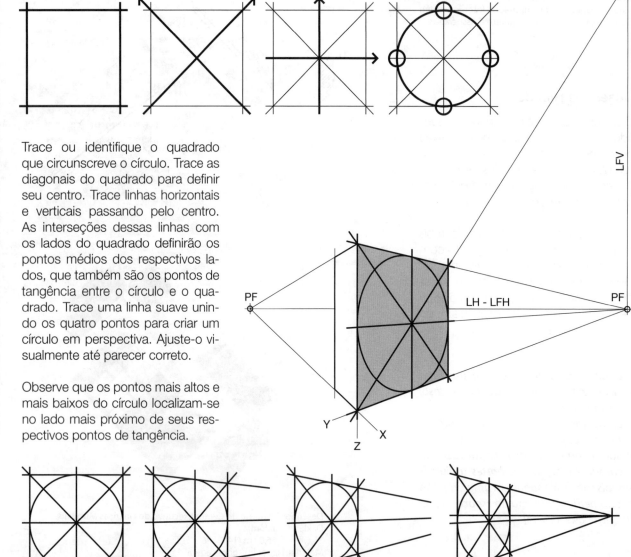

Trace ou identifique o quadrado que circunscreve o círculo. Trace as diagonais do quadrado para definir seu centro. Trace linhas horizontais e verticais passando pelo centro. As interseções dessas linhas com os lados do quadrado definirão os pontos médios dos respectivos lados, que também são os pontos de tangência entre o círculo e o quadrado. Trace uma linha suave unindo os quatro pontos para criar um círculo em perspectiva. Ajuste-o visualmente até parecer correto.

Observe que os pontos mais altos e mais baixos do círculo localizam-se no lado mais próximo de seus respectivos pontos de tangência.

O Método dos Oito Pontos para Círculos em Perspectiva

A técnica dos oito pontos é derivada diretamente da técnica dos quatro pontos, com uma semelhança visual que estabelece quatro pontos extras.

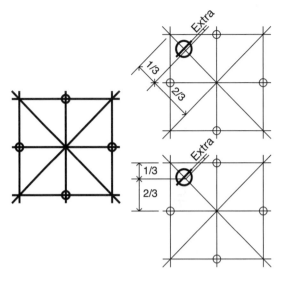
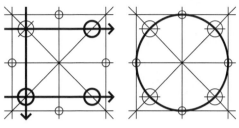

Siga o procedimento dos quatro pontos para posicionar os quatro primeiros. As diagonais utilizadas nesse processo serão agora divididas para posicionar os quatro pontos adicionais.

Divida a metade próxima de uma das diagonais em terços para marcar o ponto a dois terços, como mostrado. Isso pode ser feito diretamente ao longo da diagonal ou sobre a metade do lado correspondente do quadrado. Se você utilizar o lado do quadrado, deverá rebater a marca de dois terços para a diagonal.

Assinale um ponto exatamente sobre os dois terços da diagonal. Esse ponto representa a interseção do círculo com a diagonal.

Transfira o ponto para as outras diagonais por meio de linhas paralelas aos respectivos lados. Tal procedimento determinará os outros três pontos, fornecendo-lhe oito pontos guia para construir o círculo.

Trace uma curva suave que una os oito pontos para criar um círculo. Ajuste-o visualmente até parecer correto.

Essa é a maior estufa vitoriana nos Estados Unidos. Ela foi restaurada em 1997.

Fotografia: Estufa Enid A. Haupt, Jardim Botânico de Nova York, Cidade de Nova York, Nova York
Arquiteto: Beyer Blinder Belle
© Arcspace

CÍRCULOS VERTICAIS EM PERSPECTIVA

316 CAPÍTULO 6: PERSPECTIVA LINEAR

CÍRCULOS VERTICAIS EM PERSPECTIVA

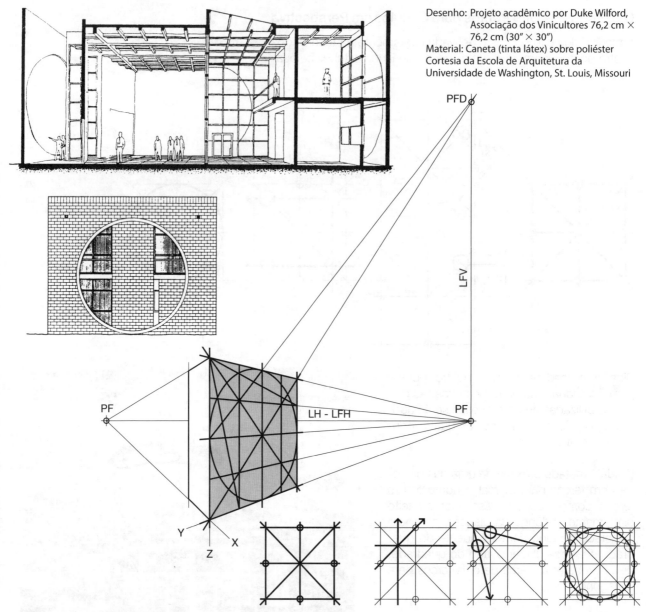

Desenho: Projeto acadêmico por Duke Wilford, Associação dos Vinicultores 76,2 cm × 76,2 cm (30″ × 30″)
Material: Caneta (tinta látex) sobre poliéster
Cortesia da Escola de Arquitetura da Universidade de Washington, St. Louis, Missouri

O Método dos 12 Pontos para Círculos em Perspectiva

Siga o método dos quatro pontos para posicionar os primeiros quatro pontos.

Trace uma diagonal através do quadrante mais próximo do quadrado original para determinar seu centro. Trace uma linha vertical e uma horizontal por esse ponto.

Trace linhas desde o canto do quadrado original até os pontos situados a um quarto dos lados opostos, como mostrado. As interseções dessas linhas com a horizontal e a vertical mais próximas a um quarto do lado definem dois novos pontos do círculo.

Empregue as técnicas de transferência para criar as demais linhas horizontais e verticais para então transferir a posição dos novos pontos para as respectivas linhas. Isso irá posicionar os demais seis novos pontos e proporcionar os 12 pontos necessários para guiá-lo na construção do círculo. Trace uma curva suave que una os 12 pontos para criar um círculo. Ajuste-o visualmente até parecer correto.

Diagramas e texto: Cortesia de William R. Benedict, Professor-Assistente,
Faculdade de Arquitetura da Universidade Politécnica Estadual da
Califórnia em San Luis Obispo, Califórnia

APLICAÇÕES **317**

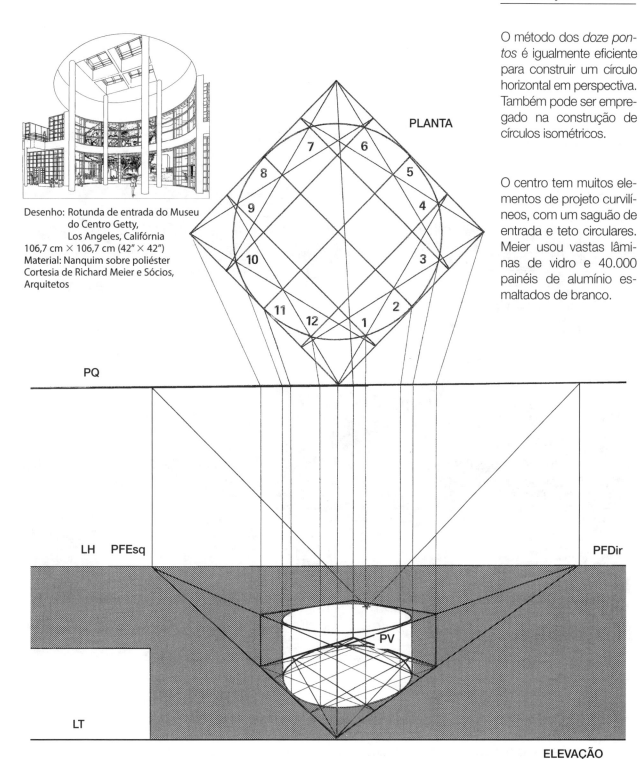

Desenho: Rotunda de entrada do Museu do Centro Getty, Los Angeles, Califórnia
106,7 cm × 106,7 cm (42" × 42")
Material: Nanquim sobre poliéster
Cortesia de Richard Meier e Sócios, Arquitetos

O método dos *doze pontos* é igualmente eficiente para construir um círculo horizontal em perspectiva. Também pode ser empregado na construção de círculos isométricos.

O centro tem muitos elementos de projeto curvilíneos, com um saguão de entrada e teto circulares. Meier usou vastas lâminas de vidro e 40.000 painéis de alumínio esmaltados de branco.

CÍRCULOS HORIZONTAIS EM PERSPECTIVA

O Método dos 12 Pontos para Círculos em Perspectiva

1. Divida o quadrado circunscrito em 16 quadrados de tamanhos iguais.
2. Projete linhas a partir dos quatro cantos principais até os cantos mais afastados de cada quadrado menor.
3. Os pontos de interseção (8) ao círculo ocorrem na interseção da linha dos cantos principais com o lado oposto do primeiro dentre os quadrados menores.
4. Os outros quatro pontos são os pontos de tangência. Trace cuidadosamente um arco de elipse unindo os 12 pontos.

CURVAS NÃO CIRCULARES EM PERSPECTIVA

O teatro de 1.200 lugares acomoda uma gama de eventos, incluindo música, teatro, ópera e dança, servindo também como espaço para debates públicos e mesas-redondas. A forma dinâmica das sacadas do teatro fomenta uma sensação de intimidade individual, tecendo ao mesmo tempo uma ligação entre a audiência e ator/cantor/músico.
[Relato de um arquiteto]

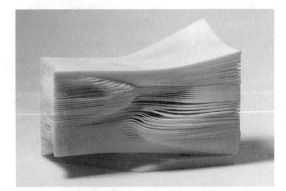

Foto do modelo: Cortesia de Marsel Loermans

Desenho: Teatro de 1.200 lugares, vista do palco, Universidade Estadual de São Francisco, São Francisco, Califórnia
Material: V-Ray para Rhino + Photoshop
Cortesia de Michael Maltzan Arquitetura

Desenho e foto do modelo: Centro de Dança e Música, Haia, Holanda
Material: Rhino, Maya e AutoCAD
Cortesia de Zaha Hadid Arquitetos

Fotografia: Centro de Artes Cênicas Weiwuying, Kaohsiung, Taiwan
Cortesia de Kris Yao/ARTECH Arquitetos
Conselho de Assuntos Culturais,
República da China (Taiwan)

Formas curvilíneas não circulares em arquitetura podem ser elípticas ou onduladas (um *continuum* em forma de onda), como visto no trabalho de Alvar Aalto. *Formas curvilíneas não circulares* horizontais ou verticais podem ser traçadas de modo similar através das técnicas ponto a ponto, como mostrado com a perspectiva de círculos. Estratégias gráficas atuais determinam que a eficiência de um traçado preciso pode se dar por meio computacional ou ser visualmente aproximado através de técnicas à mão livre. Repare nas belas curvas não circulares nessas quatro imagens. O Centro de Dança e Música de Hadid tem faixas horizontais que se movem visualmente quando atingidas por luz e sombra. Isso lembra um campo de força fluido ondulante e dinâmico. A edificação culmina com um belo teto curvo. O curvilíneo centro de artes de Taiwan foi projetado com a integração sem emendas da paisagem circundante em mente. O grande teto proporciona proteção contra o clima tropical e permite que os visitantes passeiem, relaxem, meditem e pratiquem *tai chi*.

Desenhos: Centro do Desenvolvedor, Oslo, Noruega
Material: ArchiCAD e Artlantis
Cortesia de Gudmundur Jonsson, Arquiteto

Meu método de desenho é simples. Faço os desenhos arquitetônicos originais no programa ArchiCAD baseado em 3D. Depois faço uma perspectiva em 3D no ArchiCAD e a converto em um arquivo de renderização do Artlantis Studio 3. Essa etapa é seguida pelo uso do arquivo do Artlantis para continuar a aperfeiçoar a imagem, acrescentando luz, mudando as vistas, acrescentando texturas e cores e também as modificando. Quando terminada, a imagem real é renderizada. [RELATO DE UM ARQUITETO]

320 CAPÍTULO 6: PERSPECTIVA LINEAR

Estrutura do lago do Museu de Oakland, Oakland, Califórnia
Museu de Oakland
Kevin Roche, John Dinkeloo e Arquitetos Associados

Reflexos

Na maioria dos casos, uma superfície refletora proporciona um fenômeno visualmente interessante e atraente. Os reflexos na arquitetura estão associados a água, painéis de janelas espelhadas, espelhos de vidro, pavimento molhado e materiais com superfícies brilhantes, como granito polido. A luz ocasiona o fenômeno das reflexões. Uma *superfície refletora* acarreta um prolongamento de qualquer vista em perspectiva. O acabamento de reflexos aumenta a compreensão de uma construção em seu contexto ambiental. O desenho analítico de uma escultura e seu reflexo retrata o caso ideal de um objeto com reflexo invertido de tamanho idêntico ao próprio objeto. Na realidade, um objeto refletido horizontalmente não cria uma imagem espelhada exata na perspectiva refletida, porque o nível dos olhos do observador está sempre acima da linha de terra (superfície refletora). Isso acarreta distâncias diferentes entre o olho e qualquer ponto, bem como seu ponto correspondente na imagem invertida.

A FÍSICA DOS REFLEXOS

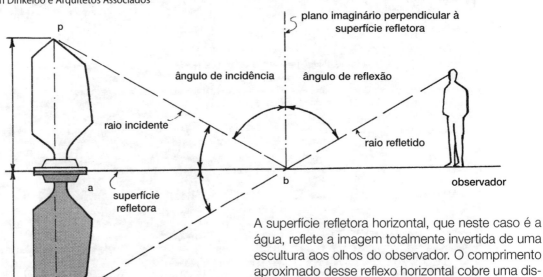

A superfície refletora horizontal, que neste caso é a água, reflete a imagem totalmente invertida de uma escultura aos olhos do observador. O comprimento aproximado desse reflexo horizontal cobre uma distância de **a** até **b**, como apresentado no diagrama.

Fotografia: Museu de Arte Xixi Wetland,
   Hangzhou, China
© Studio Pei-Zhu Arquitetos
Cortesia da Arcspace

O conceito do projeto brota da interação entre a construção e a natureza. À medida que caem das árvores, as folhas chegam naturalmente ao solo, criando um abrigo contra a Terra.
[RELATO DE UM ARQUITETO DA ARCSPACE]

Prédio Tocando a Superfície Refletora

1. Construa a perspectiva do prédio.
2. Prolongue todas as linhas verticais para o reflexo. Os comprimentos refletidos serão iguais às verticais do prédio (aa' = aa").
3. As linhas horizontais refletidas desaparecem no mesmo ponto de fuga de suas linhas homólogas no prédio.

Desenho: The Cine, Nova York, Nova York
Material: Vectorworks
Cortesia de Hariri & Hariri Arquitetura

A proposta deste projeto ficará em um píer embaixo da Ponte do Brooklyn, com uma vista impressionante da linha do horizonte de Manhattan. A data de conclusão do projeto é 2020.

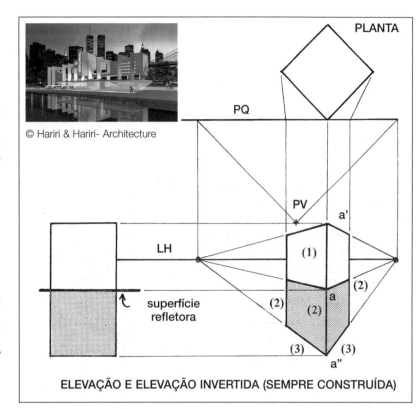

Prédio sem Tocar a Superfície Refletora

1. Construa a perspectiva do prédio.
2. A superfície refletora não se prolonga sob o prédio; portanto, partes do reflexo serão omitidas. Construa a projeção do prédio sobre o plano da superfície refletora. As verticais serão medidas em relação a esse mesmo plano.
3. Essas distâncias verticais serão duplicadas para construir o reflexo.

Foto: Hotéis para Convenções Dolphin e Swan, Orlando, Flórida
Foto de Bill Whitehurst
Cortesia de Michael Graves, Arquiteto
Cortesia da Cia. Tishman Realty & Construction

Um projeto muito lúdico, as esculturas de peixe e cisne representam símbolos de água contemporâneos e clássicos. O conceito foi trazer uma personalidade e senso de diversão aos hotéis.

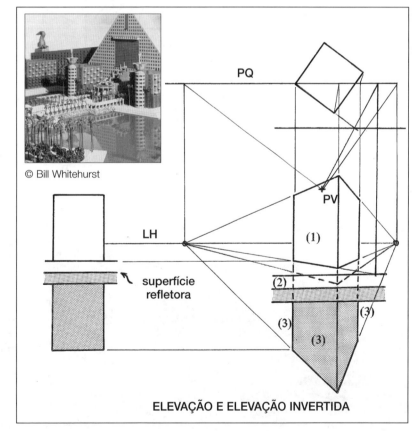

322 CAPÍTULO 6: PERSPECTIVA LINEAR

Se uma construção possui arestas inclinadas paralelas, como mostrado na vista em planta à direita, as linhas de fuga convergirão para um ponto de fuga oblíquo acima ou abaixo do ponto de fuga das linhas horizontais. Estas linhas traçadas são todas posicionadas no mesmo plano ou em planos paralelos.

A linha **AB** é parte de uma superfície inclinada que possui seu próprio ponto de fuga oblíquo. Sua imagem refletida (**A'B'**) possui um ponto de fuga oblíquo posicionado a igual distância acima da **LH** em relação a seu homólogo **PF$_o$** situado abaixo.

Reflexos horizontais em perspectivas são sempre observados com a linha de horizonte mais alta do que a linha da superfície refletora, acarretando uma inclinação das linhas refletidas sempre com um ângulo mais acentuado do que os do prédio em si.

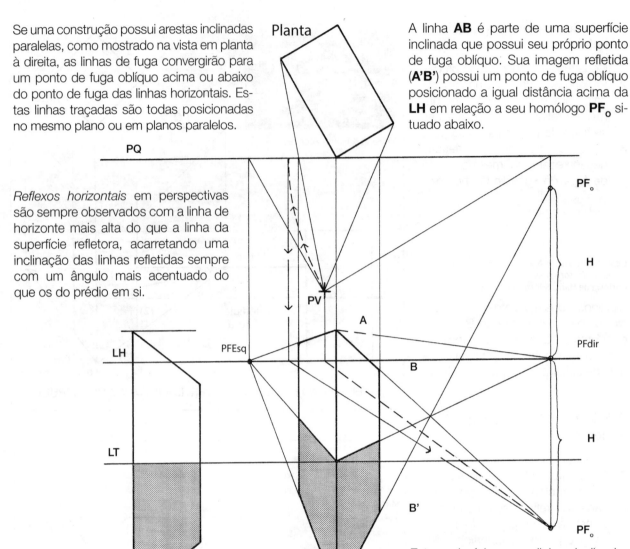

Estes princípios para linhas inclinadas refletidas de prédios podem ser aplicados em situações análogas com linhas inclinadas a um mesmo ângulo em relação à horizontal, como os corrimões de escadas.

SUPERFÍCIES REFLETORAS HORIZONTAIS

Desenhos: Centro de Desenvolvimento de Química dos Materiais, Mourenx, França
Material: *Software* gráfico 3D
Cortesia de Serero Arquitetos

APLICAÇÕES 323

Fotografia: Museu de Arte Nelson-Atkins,
Kansas City, Missouri
Arquiteto: Steven Holl Arquitetos
Cortesia da Arcspace

Fotografia: Museu De Young,
São Francisco, Califórnia
Arquiteto: Herzog e DeMueron
Cortesia da Arcspace

A construção de Holl (acima e abaixo do solo), com um espelho d'água como o do Museu De Young, é uma série de "lanternas" simples descendo pela paisagem em rampas, espaços de circulação e galerias que se ligam umas às outras para estabelecer um diálogo contemporâneo com a construção clássica existente e a paisagem natural.

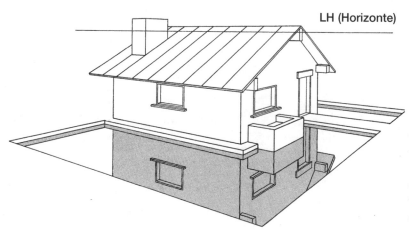

O plano de reflexão horizontal é definido pela *linha d'água*. As linhas *horizontais* tanto no objeto quanto no reflexo convergem para o mesmo ponto de fuga. As linhas *verticais* do objeto se prolongam e permanecem *verticais* no reflexo.

Os *reflexos em lagos artificiais* normalmente exibem imagens *parciais* devido aos contornos que os delimitam. Corpos d'água naturais mostram praticamente reflexos inteiros. A borda do espelho d'água na construção de Holl no diagrama acima corta o topo das imagens refletidas das construções.

A luz suave de um final de tarde de outono estabeleceu a melancolia desta fotografia. A escolha de um ponto de vista baixo captou um reflexo quase completo da casa e realçou a geometria marcante do projeto. Foi feito um esforço consciente para estabelecer a relação agradável do local da casa com as folhas recém-caídas ao redor e na superfície da piscina. Muitos fotógrafos teriam limpado a cena, produzindo um resultado sem graça e mais formal. Reconhecer e tirar vantagem de circunstâncias imprevisíveis como as apresentadas aqui pode proporcionar imagens tanto estéticas quanto informativas. Para tirar esta fotografia, foi usada uma câmera 4" × 5" com lente grande-angular.
[RELATO DE UM FOTÓGRAFO]

Foto: Casa Sklar, Condado de Westchester, Nova York
Cortesia de Christopher H. L. Owen, Arquiteto, e
Norman McGrath, Fotógrafo

REFLEXOS NA ÁGUA

324 CAPÍTULO 6: PERSPECTIVA LINEAR

SUPERFÍCIES REFLETORAS VERTICAIS

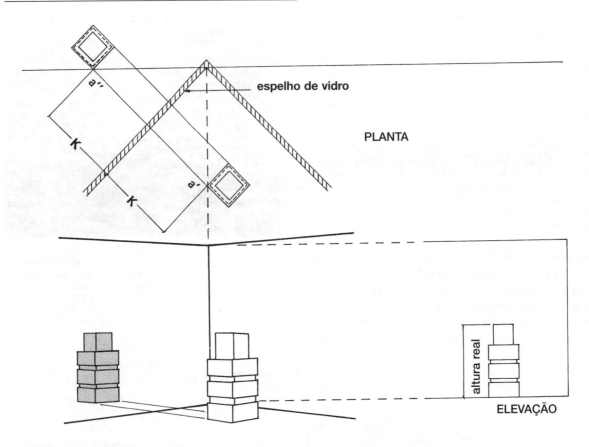

Desenho: The Azzano, Complexo de San Paolo, Bergamo, Itália
Material: Maxwell Render, VRay, Maya, Rhino, Photoshop
Cortesia da Asymptote: Hani Rashid + Lise Anne Couture

O esquema do projeto pede trabalhos arquitetônicos poderosos e sutis colocados sobre um pedestal urbano. Ele persegue uma noção quase urbana de ocupação, em que os espaços externos e internos são fluidos e transicionais uns dos outros.
[RELATO DE UM ARQUITETO]

É muito comum, tanto nas vistas de perspectivas de *interiores* quanto nas de *paisagens urbanas*, vistas nas quais as superfícies refletoras verticais (como um espelho neste caso e uma fachada de um prédio no caso do estudo na página seguinte) proporcionam uma dimensão adicional à perspectiva. Tal dimensão adicional para um espelho é o prolongamento ótico de um pequeno espaço interior. Essa ampliação vista no espelho normalmente mostra partes do cômodo que não são observadas do ponto de vista da perspectiva. Nos reflexos verticais, os princípios mais importantes a lembrar são:

- Um ponto como **a'** na frente de uma superfície refletora é espelhado a uma distância igual (**K**) à sua imagem refletida **a"**.
- Um ponto **a'** e sua correspondente imagem refletida **a"** sempre se situam sobre uma linha perpendicular à superfície refletora.
- O objeto e sua imagem refletida seguem as mesmas regras para a construção da perspectiva.

APLICAÇÕES 325

Fotografia: Largo One Jackson, Nova York, Nova York
Cortesia de Raimund Koch
Cortesia de Kohn Pedersen Fox Associados

Esta foto mostra um excelente exemplo de modulação da superfície refletora para proporcionar uma característica refletora única para o projeto.

Devido a todas as suas facetas, a parede de vidro se torna uma reprodução caleidoscópica de tudo que a circunda. Uma parede de vidro comum apenas reflete o seu contexto o tanto quanto você o vê. Essa parede o transforma.
[RELATO DE UM ARQUITETO]

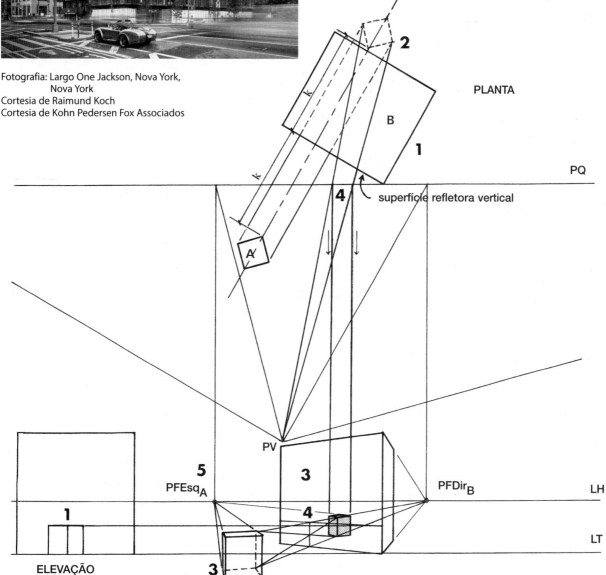

SUPERFÍCIES REFLETORAS VERTICAIS

1. Construa as vistas em planta e em elevação dos prédios (**A** e **B**) envolvidos.
2. Construa a vista em planta do prédio (**A**) refletida em imagem invertida, equidistante (**k**) por trás da superfície refletora.
3. Construa uma perspectiva de dois pontos da superfície refletora com o prédio (**B**) sendo refletido.
4. Construa a imagem inversa refletida encontrando, inicialmente, uma altura da imagem sobre a superfície refletora e então projetando raios a partir do **PV** através do **PQ** e para baixo na vista em perspectiva.
5. A imagem inversa refletida emprega o mesmo conjunto de pontos de fuga do prédio propriamente dito.

326 CAPÍTULO 6: PERSPECTIVA LINEAR

DESENVOLVIMENTO DAS VISTAS

Passo 1

Passo 2

Uma vez que você compreenda o desenho da perspectiva linear, poderá desenvolver vistas em perspectiva — do esboço preliminar até a forma final. Para a profissão de ilustrador de arquitetura, isso requer o entendimento da concepção do projeto que será ilustrado, assim como o domínio de habilidades para equilibrar, compor e organizar os vários elementos do desenho. Estes desenhos representam o processo, desde o rascunho do leiaute, passando por um traçado de linhas, até o desenho detalhado. O ilustrador deve decidir qual a melhor forma de representar um projeto que leve à aceitação do seu conceito pelo cliente.

O local do projeto era uma rua/alameda estreita. O rascunho preliminar foi realizado para determinar a vista e as relações com as construções ao fundo. A vista com as linhas transferidas foi feita a partir de uma fotografia cedida pelo cliente a cada concorrente de modo que todos os esquemas pudessem ser comparados a partir do mesmo ponto de vista. Observe a real quantidade de construções ao fundo em relação à quantidade percebida no rascunho inicial.
[RELATO DE UM ILUSTRADOR]

Desenhos: Vencedor do concurso para a Loja de Departamentos
Peek & Cloppenburg, Leipzig, Alemanha
35,6 cm × 43,2 cm (14" × 17")
Material: Preenchimento em aquarela sobre traçado transferido a lápis
Moore Ruble Yudell, Arquitetos
Cortesia de Al Forster, Ilustrador

Passo 3

Desenvolvimento da Vista

Passo 1: Para o delineamento grosseiro, as formas de figuras humanas, automóveis e árvores são esboçadas em escala, profundidade e posições possíveis (ou reais).

Passo 2: A superposição da entourage em papel-manteiga é usada para limpar as figuras, automóveis etc. Isso pode ser feito diretamente sobre o esboço delineado no Passo 1.

Passo 3: Um croqui final de linhas ou transferências a lápis reúne as construções e a entourage. São adicionados mais detalhes das árvores, bem como figuras pequenas, mais distantes e feitas à mão, que não necessariamente se encontravam na camada de papel-manteiga.

[RELATO DE UM ILUSTRADOR]

Passo 1

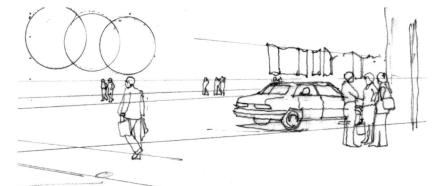

Passo 2

Desenhos: Rua do Campus de Sybase Hollis, São Francisco, Califórnia
45,7 cm × 30,5 cm 18" Desenhos: Rua do Campus de Sybase Hollis, São Francisco, Califórnia
45,7 cm × 30,5 cm (18" × 12")
Material: Croqui em aquarela sobre apresentação montada com cópia preto e branco de desenho a lápis.
Robinson Mills & Williams, Arquitetos
Cortesia de Al Forster, Ilustrador

A vantagem de construir um rascunho da perspectiva é que antes da finalização com cores e tonalidades o ilustrador pode experimentar a inclusão, eliminação ou correção de distorções aparentes. Empregando camadas superpostas, as tonalidades e cores também podem ser aplicadas em graus diferenciados para ajudar na decisão sobre como finalizar o acabamento.

Passo 3

7

Luzes e Sombras

FUNDAMENTOS 331
APLICAÇÕES 350

A luz nos permite a visão. Com a luz, podemos estruturar e estabelecer ordem ao ambiente. Ela amplia nossa noção de percepção da arquitetura à medida que nos deslocamos no espaço em um intervalo de tempo. A percepção da tridimensiona-lidade ou a definição escultural de uma construção dependem muito da direção com que os raios solares incidem em suas superfícies. Uma construção ou espaço ganha vida quando a luz natural ilumina sua arquitetura, em resposta às sempre mutáveis qualidades da luz do sol. Sua consciência desse fato irá auxiliar nas deci-sões de projeto. Um completo conhecimento e a compreensão da luz, bem como das aplicações de sombras nas apresentações do ambiente construído, ajudam nas relações cliente-arquiteto durante a fase de projeto. Sombras realçam as vistas ortogonais (especialmente as fachadas e as plantas de implantação), as projeções paralelas e as perspectivas, adicionando uma noção de clareza e materialidade às formas representadas.

O objetivo deste capítulo é desenvolver sua habilidade de representar e construir sombras e áreas não iluminadas no desenho de vistas em planta, em elevação e em projeções paralelas. Durante a sua jornada em busca do domínio dessa habilidade

330 CAPÍTULO 7: LUZES E SOMBRAS

através do exercício, da prática e observação constantes, você vai acabar adquirindo o "dom da luz", como o arquiteto Louis Kahn se referia.

Alguns termos e conceitos importantes que você aprenderá são:

Como construir sombras e áreas não iluminadas em plantas, elevações, projeções axonométricas e projeções oblíquas e perspectivas.

Luz	Sombra projetada	Altura solar	Plano de sombras
Área não iluminada	Aresta de lançamento	Azimute	Sombras paralelas

Luzes e Sombras

TÓPICOS: ARESTA DE LANÇAMENTO, ARESTA VERTICAL DE LANÇAMENTO, ALTURA SOLAR E AZIMUTE, TRIÂNGULO DOS RAIOS SOLARES, ARESTA HORIZONTAL DE LANÇAMENTO, SOMBRAS EM PLANTA, SOMBRAS EM FACHADA, SOMBRAS NAS PERSPECTIVAS PARALELAS

Ching 2009, 164-178.

Visão Geral do Capítulo

Ao estudar este capítulo e fazer os exercícios propostos na seção final do livro, você irá aprender como lançar sombras em plantas, em elevações e projeções paralelas. Para aprimorar os estudos veja os trabalhos de Forseth, *Projetos em Arquitetura,* e Lockard, *Design Drawing.*

FUNDAMENTOS 331

Fotografia: Gateway Center & Plaza, Universidade de Minnesota
Arquiteto: Antoine Predock
Cortesia de Timothy Hursley, Fotógrafo

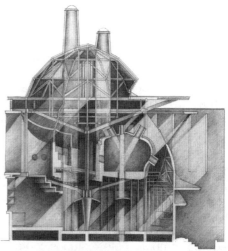

Desenho: Residência Tenchi, Nagoya, Japão
Material: Lápis H
Cortesia de Takasaki Arquitetos

Desenho: Urbanismo Elástico, Bodo, Noruega
Material: Rhino e finalizado em VRay
Cortesia de Enrique Limon do LimonLab

O urbanismo elástico é uma superfície sintetizadora que aumenta os nós cívicos da base cultural de Bodo, desenvolvendo uma superfície única que incorpora o programa como o principal gerador, criando uma estratégia urbana formal. Um conjunto de eixos existentes em uma escala macro do local produziu conectividade espacial e a colocação de três instituições culturais — uma biblioteca, um cinema e o Museu Slooping.
[Relato de um arquiteto]

Fotografia: Grande Muralha da China, perto de Beijing, China

INTRODUÇÃO

Durante o dia, nossas sombras são uma companhia constante, quer nos preocupemos com elas ou não. Também existem áreas constantemente não iluminadas de nossos corpos, fora da iluminação direta. Percebemos sombras tanto nos objetos vivos quanto nos inanimados. Por experiência, a maioria das pessoas pode perceber por que a sombra de um objeto assume determinada configuração geométrica. No entanto, os ilustradores e arquitetos precisam estudar cuidadosamente como a luz penetra nos espaços internos, como no Centro Gateway e a Residência Tenchi acima, e como a luz produz áreas não iluminadas e sombras em todas as formas durante o processo de projeto.

332 CAPÍTULO 7: LUZES E SOMBRAS

Quatro termos podem descrever de modo apropriado nossa resposta atemporal às sombras e à sua interpretação: (1) mistério, (2) incerteza, (3) dramaticidade e (4) dimensão. "Dimensão" se refere à propriedade exclusiva de uma sombra de delinear formas e escalas na paisagem urbana. Durante os primórdios da arquitetura, as áreas de sombra foram de suma importância para proporcionar profundidade às fachadas ou elevações frontais. A inclusão da ilusão de profundidade foi esteticamente prazerosa. Facilitou, para os leigos, a percepção de elementos superpostos nas fachadas. Saber como definir e representar sombras nos auxilia a melhor compreender os conceitos espaciais dos nossos projetos. A *ciografia* é a ciência da representação gráfica das sombras e uma ferramenta indispensável para o arquiteto, o projetista e o arte-finalista. A ciografia proporciona uma ferramenta para se obter uma aparência acabada e realista em qualquer desenho.

A ilustração abaixo à esquerda simula o trabalho do falecido arte-finalista Hugh Ferriss. Foi finalizada de modo a dar forma a uma iluminação que possui mistério e dramaticidade. A outra ilustração exemplifica a técnica de delineamento meticuloso proposta, no século XIX, pela Escola de Belas-Artes francesa. Luzes e sombras são equacionadas propositalmente para criar efeitos artificiais de iluminação na composição de detalhes clássicos. As sombras exercem um papel importante nos estágios conceituais de projeto das estratégias gráficas contemporâneas. Padrões de fenestração em elevações conceituais são visualmente equacionados e enfatizados com o emprego de sombras. Estes estudos sobre a relação entre sólidos, vazios e planos inclinados proporcionam uma modulação das superfícies, permitindo que o relacionamento entre as partes seja compreendido.

IMPORTÂNCIA HISTÓRICA

Desenho: Projeto acadêmico por Ed Yeomans, Torre Rudder
45,7 cm × 61,0 cm (18" × 24")
Material: Carvão
Cortesia do Departamento de Arquitetura da Universidade do Texas A&M

Desenho: Projeto acadêmico por Eberhard Lenz, Detalhes clássicos
47,0 cm × 64,8 cm (18,5" × 25,5")
Material: Aguada de nanquim
Cortesia da Escola de Arquitetura da Universidade de Washington, St. Louis, Missouri

Desenho: Supertorre Lotte, Seoul, Coreia
Material: Gerado por computador
Cortesia de Kohn Pedersen Fox Associados

Desenho: Museu Nacional Americano da Escravidão, Fredericksburg, Virginia
Material: Gerado por computador
Cortesia de Pei Partnership LLP

Hoje, a luz, a área mal-iluminada e a sombra desempenham um papel vital não só no projeto das formas exteriores, mas também na criação de espaços internos maravilhosos e instigantes, como se pode ver nesses dois exemplos de um saguão e um átrio. É interessante ver nas duas construções os padrões de sombra da malha das esquadrias lançados nos planos verticais das paredes que são diametricamente opostos às paredes de vidro (vidro curvo em parede reta e vidro reto em paredes curvas).

A aplicação da ciografia é de grande importância para os projetistas. Luzes e sombras definem formas e espaços. Uma *sombra projetada** indica a forma do objeto que a delineia e pode, de diversos modos, fornecer indicativos da textura da superfície sobre a qual é lançada. Quando os *raios luminosos* são interceptados por um objeto, a parte do objeto voltada para o lado da fonte fica iluminada, enquanto a parte oposta fica protegida dos raios de luz. Essa porção protegida pode ser definida como *área não iluminada*. O limite que separa as áreas iluminada e de sombra determina a linha de sombra projetada na superfície na qual é gerada. A borda da *linha de sombra* determina a área escura lançada sobre a superfície na qual se encontra o objeto que lança a *sombra*. Para produzir sombras, são necessárias três condições:

1. Uma *fonte de iluminação*
2. Um *objeto* para determinar a linha de sombra ou interceptar os raios luminosos
3. Uma *superfície* sobre a qual a sombra e a linha de sombra são lançadas

Fotografia: Museu Paula Rego
Cascais, Portugal
Arquiteto: Eduardo Souto de Moura
Cortesia de Wikipédia

A estrutura prismática da cobertura mostra uma demarcação clara entre o lado iluminado e o lado sombreado. Em vez da transição gradual observada em uma forma esférica, observa-se uma borda ou linha como fronteira. Souto de Moura tem sido elogiado pelo uso dos materiais naturais em suas construções.

Se a fonte de iluminação estiver atrás do observador, enxerga-se muito pouca área não iluminada no objeto.

Conceitos Básicos sobre Sombras

Devido à enorme distância entre a Terra e o Sol, os raios solares são considerados paralelos entre si (na verdade, são divergentes). Essa situação pode ser confrontada com a iluminação artificial, que produz raios divergentes devido à maior proximidade da fonte de iluminação. A fotografia do sólido esférico acima mostra que os seres humanos percebem as áreas não iluminadas e as sombras projetadas com aproximadamente a mesma intensidade de tom ou escuridão. Ao se desenhar um croqui, a transição gradual de tonalidade entre as áreas iluminada e não iluminada observadas na fotografia é definida como a área de "borda suave". A linha bem-definida pela sombra projetada é denominada "borda nítida". No desenho arquitetônico, as sombras projetadas normalmente são representadas com tonalidades mais escuras do que as áreas não iluminadas, independentemente do material usado para o croqui ou a finalização.

---

*Em inglês, é feita a distinção entre a área não iluminada do objeto, na qual não há incidência direta da luz (*shade*), e a área delineada sobre a superfície, que traduz a forma geométrica do objeto que obstrui a luz (*shadow*). Em português, o termo sombra é empregado indistintamente. Ao longo do texto, quando pertinente a uma melhor compreensão, serão empregados, respectivamente, os termos área não iluminada e sombra projetada. (N.T.)

CAPÍTULO 7: LUZES E SOMBRAS

A direção dos raios solares é expressa por dois ângulos denominados *rumo solar* e *azimute solar*.* Ambos são medidos apenas na vista em planta. O rumo de uma linha inclinada é sempre medido em graus.

A *altura solar* representa a inclinação da posição do Sol em sua órbita com relação ao plano do horizonte em uma determinada latitude.

Exemplo

N 45° O ou 45° NO representam um rumo igual a um azimute de 315°

Os raios luminosos são assinalados por seus rumos em relação à linha norte-sul ou por seus azimutes, medidos em sentido horário a partir do norte.

Azimute é o ângulo entre a linha norte-sul e a direção do raio solar, ambos projetados no plano de horizonte.

Latitude é a distância angular para o norte ou para o sul medida em graus sobre o meridiano do lugar a partir do plano do equador.

Longitude é a distância angular para o leste ou o oeste, expressa em graus, entre o meridiano do lugar e o meridiano de Greenwich, na Inglaterra.

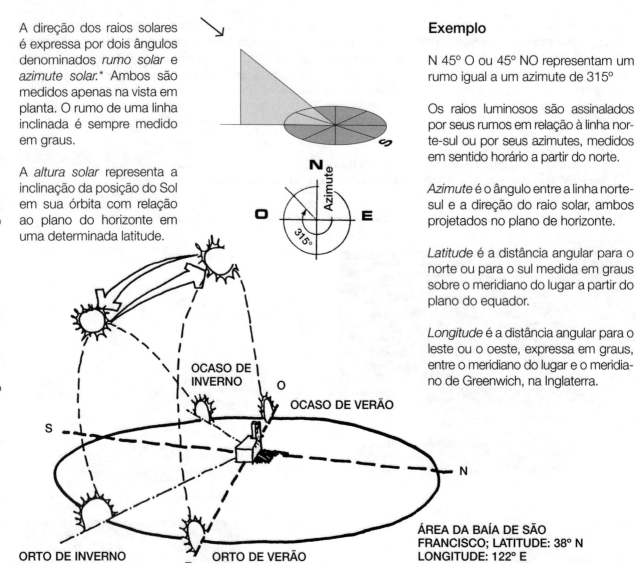

Diagrama da trajetória solar: Cortesia de Thomas L. Turman, Professor
27,9 cm × 21,6 cm (11" × 8,5")
Material: Nanquim (à mão livre)
Departamento de Arquitetura da Faculdade Laney

Diagramas de Insolação/Definições

Um dos fatores mais importantes no projeto arquitetônico é a luz solar natural. O deslocamento do sol através do céu em regiões geográficas distintas afeta os projetos de arquitetura em cada local, porque os arquitetos se preocupam com a energia térmica irradiada e com o projeto das áreas sombreadas nas construções.

O *solstício* é definido como um dos dois instantes ao longo do ano em que o Sol atinge as maiores distâncias em relação ao equador celeste. O solstício de inverno** ocorre por volta de 21 de junho, e o solstício de verão, em torno de 21 de dezembro. Na América do Sul, que se encontra no hemisfério sul, o dia 21 de junho assinala o ponto mais baixo do Sol e, portanto, o dia solar mais curto, enquanto o dia 21 de dezembro assinala o ponto mais alto e, portanto, o dia solar mais longo. Um dia solar é contado desde o meio-dia de uma data até o meio-dia seguinte. O diagrama simplificado acima foi feito para a área da Baía de São Francisco, nos Estados Unidos.

---

*No Brasil, o azimute é mais utilizado do que o rumo, para efeito da determinação da direção dos raios solares. (N.R.)
**Lembre-se da inversão das estações entre os hemisférios. Em 21 de junho, ocorrem o solstício de inverno para o hemisfério sul e o de verão para o hemisfério norte; 21 de dezembro corresponde ao solstício de verão para o hemisfério sul e ao de inverno para o hemisfério norte. (N.T.)

Uma característica interessante é o efeito de filtragem do revestimento do prédio, similar a uma peneira, ao contrário de uma fachada vedada. A orientação do prédio dita o revestimento de vidro e o sombreamento proporcionado por venezianas e brises. Isso permite a redução ou aumento do ganho solar. Paredes de cortina inteiriças são fornecidas para as inserções de jardins profundos nas faces norte e sul visando a proteção contra a trajetória do sol tropical acima do prédio.

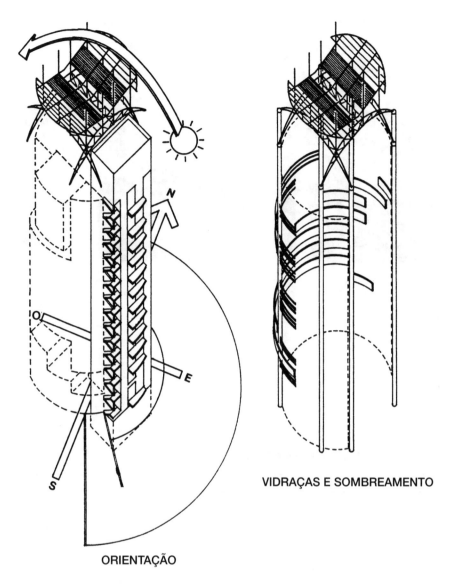

VIDRAÇAS E SOMBREAMENTO

ORIENTAÇÃO

Desenho: Menara Mesiniaga (Torre IBM),
Selangor, Malásia
T. R. Hamzah & Yeang, Arquitetos

Diagramas de Insolação

Prédios altos são mais expostos à incidência do Sol e ao aquecimento do que as estruturas baixas. As torres de escritórios ao redor do mundo não são adaptadas ao clima local; lutam contra ele com o auxílio de um arsenal de sistemas mecânicos do século XX, como ar-condicionado, iluminação artificial e calefação.
[RELATO DE UM ARQUITETO]

Diagramas de insolação perspectiva são os diagramas de sombras mais difíceis e complexos para os iniciantes. Por tal motivo, este capítulo irá progressivamente examinar a construção de sombras, iniciando pelos prismas em vistas ortogonais. Depois irá se concentrar nas situações corriqueiras da construção de elevações, como marquises, toldos, colunatas, arcadas, escadas, nichos, águas-furtadas e rampas. Na sequência, serão estudadas as construções de sombras em projeções paralelas.

CAPÍTULO 7: LUZES E SOMBRAS

Como uma alternativa aos blocos enormes de unidades sem rosto, esse projeto explora um modelo social radicalmente diferente que integra topologias de paisagem e vila. Esse projeto idílico traz o espaço aberto verde para um ambiente urbano denso. A topologia idiossincrática cria um tecido social voltado para a comunidade e desafia a ordem social urbana prevalente.
[RELATO DE UM ARQUITETO]

Fotografias: Habitação em Madri,
Madri, Espanha
Arquiteto: Morphosis Arquitetos
Cortesia de Nic Lehoux, Fotógrafo
© Nic Lehoux

PRINCÍPIOS DE SOMBREAMENTO

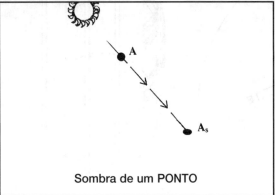
Sombra de um PONTO

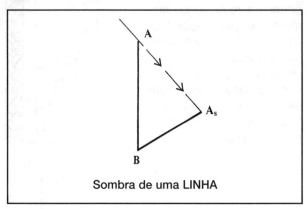
Sombra de uma LINHA

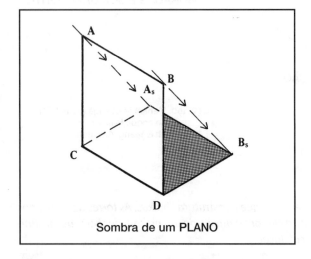
Sombra de um PLANO

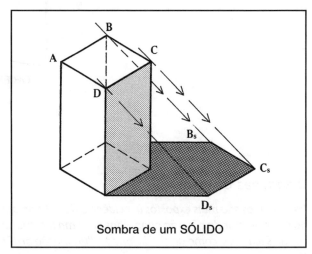
Sombra de um SÓLIDO

O desenvolvimento das sombras pode ser analisado estudando-se a progressão das sombras a partir de pontos, passando pelas linhas e planos, até finalmente os sólidos. Inicie o estudo com a sombra de pontos, pois uma série finita de pontos irá afinal:

1. Determinar sombras de *linhas* (linhas sendo compostas por pontos)
2. Determinar sombras de *planos* (planos sendo compostos por linhas)
3. Determinar sombras de *sólidos* (sólidos sendo compostos por planos)

A sombra de uma linha, um plano ou um sólido fica determinada de modo mais eficiente a partir do posicionamento dos pontos críticos da linha, do plano ou do sólido.

Desenho: Planta de implantação de uma residência no Parque
Shakujii, Tóquio, Japão
Material: Nanquim sobre poliéster
Cortesia de Shigeru Ban Arquitetos

© Hiroyuki Hirai

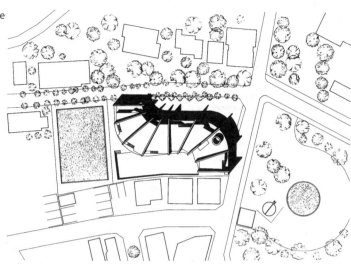

Princípios de Sombreamento

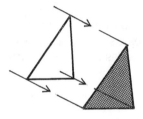
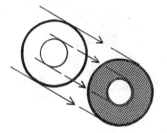
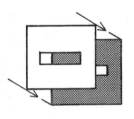

A sombra de uma figura plana em um plano paralelo é idêntica à figura em tamanho, forma e orientação. Quanto mais distante estiver o plano paralelo (triângulo e círculo vazado), mais sombra será mostrada.

Para desenhos arquitetônicos, convencionou-se utilizar um raio luminoso com direção de 45° à esquerda em planta e em elevação. Em formas cúbicas, isso pode ser representado pela diagonal do cubo com uma inclinação de 35° 15' 52" (θ). Outro valor normalmente empregado para a direção do raio luminoso é o ângulo de 45° à direita. Observe que o ângulo de *inclinação* dos raios luminosos corresponde à inclinação em relação ao plano horizontal.

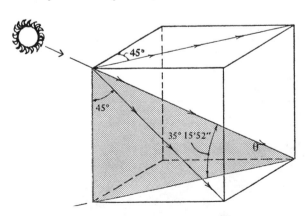
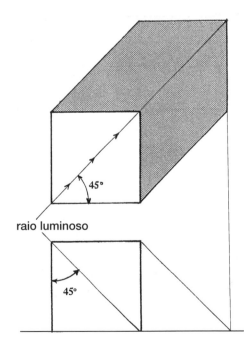

raio luminoso

338 CAPÍTULO 7: LUZES E SOMBRAS

Desenho: Casa Erectheum, São Francisco, Califórnia
30,5 cm × 50,8 cm (12" × 20"), Escala: 1:50
Material: Lápis, Prismacolor, giz pastel, Zipatone
Cortesia de Kotas/Pantaleoni, Arquitetos
Jeremy Kotas

Esta construção é basicamente uma caixa simples pontuada por sacadas tradicionais e projeções de janelas. Os tratamentos do apoio das sacadas e das várias luzes divididas da janela são utilizados com frequência em conjunto com a introdução de faixas coloridas nas superfície da caixa.

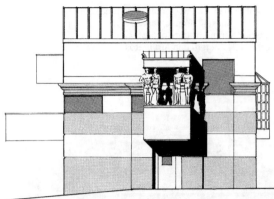

FORMAS RETILÍNEAS

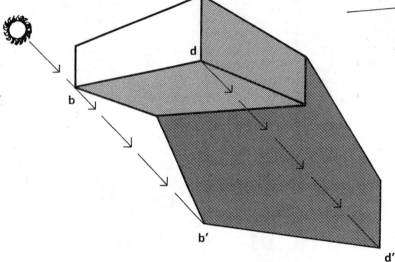

Formas Retilíneas

O diagrama em perspectiva está relacionado — assim como as letras correspondentes — à sequência, passo a passo, das vistas ortogonais apresentadas abaixo. A vista superior determina onde os raios luminosos atingem a parede; essas posições são depois transferidas para a vista frontal.

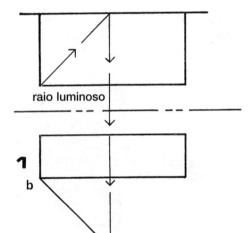

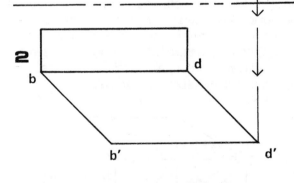

LINHA DA PAREDE

raio luminoso

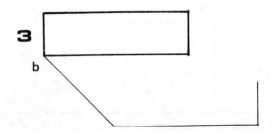

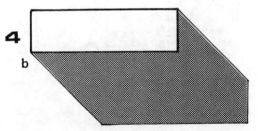

Essa estratégia de projeto pós-moderno foi empregada no passado para proporcionar escala à severidade formal de um prédio moderno muito exigida pela psique humana.

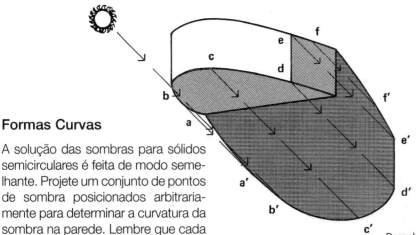

Formas Curvas

A solução das sombras para sólidos semicirculares é feita de modo semelhante. Projete um conjunto de pontos de sombra posicionados arbitrariamente para determinar a curvatura da sombra na parede. Lembre que cada ponto na linha que separa a luz das áreas não iluminadas (*linha da área não iluminada*) irá lançar um ponto sobre a *linha de sombra projetada*.

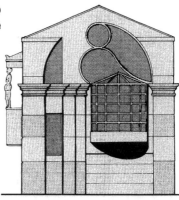

Essa janela saliente lança uma sombra *curvilínea* sobre uma superfície plana.

Desenho: Casa Erectheum, São Francisco, Califórnia
30,5 cm × 50,8 cm (12" × 20"), Escala: 1:50
Material: Lápis, Prismacolor, giz pastel, Zipatone
Cortesia de Kotas/Pantaleoni, Arquitetos Jeremy Kotas

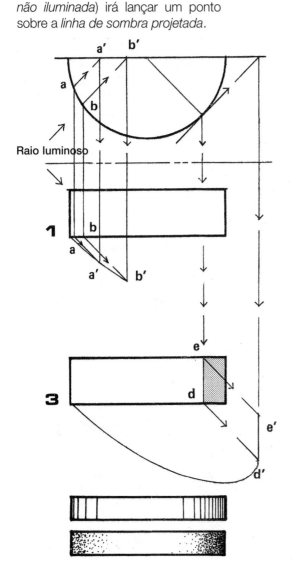

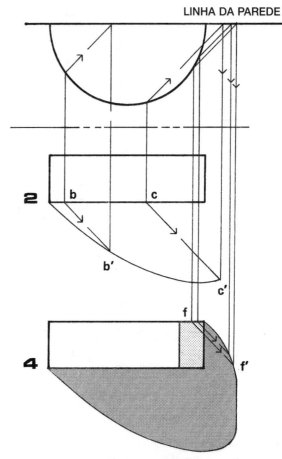

Uma superfície cilíndrica ou curvilínea sempre aparenta ser plana na fachada frontal. Empregue uma série de linhas finas desigualmente espaçadas ou pontos com densidade diferenciada, em vez de um sombreamento uniforme, para criar uma sensação de profundidade.

FORMAS CURVILÍNEAS

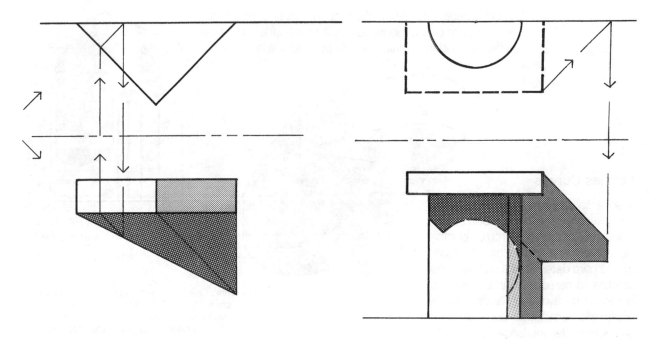

Sombras em Vistas Frontais

O estudo das condições de sombreamento em paredes, considerando várias formas geométricas, como as retilíneas e curvilíneas descritas anteriormente e a variedade apresentada nesta página, proporciona o arcabouço necessário para situações análogas encontradas nas plantas de implantação e de cobertura. Essa analogia se torna aparente por meio da inversão das condições de desenho de qualquer parede: a "linha de parede" se tornará a "linha de terra", e o "objeto parede" se tornará o objeto observado na vista em planta.

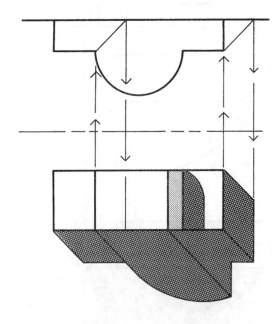

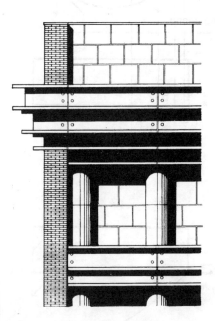

Aldo Rossi projetou este prédio pós-moderno em 1989 para mostrar uma reinterpretação das ordens clássicas com o uso de vergas de aço de muita expressão que lançam sombras afiadas, nítidas na fachada de alvenaria. A impressionante fachada de cedro vermelho não tem janelas e é acentuada por suas colunas de mármore rosa.

Fachada parcial: Hotel Il Palazzo, Fukuoka, Japão
45,7 cm × 61,0 cm (18" × 24"), Escala: 1:50
Material: Nanquim preto sobre poliéster
Cortesia de Aldo Rossi, Arquiteto, Studio di Architettura, Nova York

FUNDAMENTOS **341**

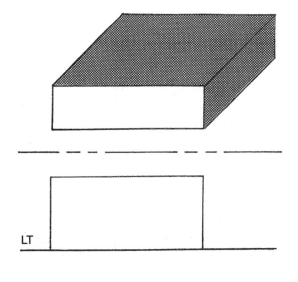

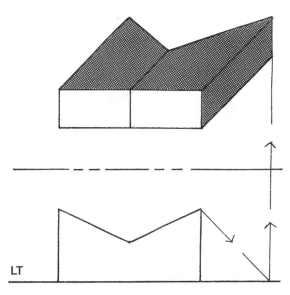

Sombras nas Vistas em Planta

Estes desenhos ilustram a analogia entre as sombras nas elevações das paredes e as sombras em plantas de implantação e de cobertura. A altura das formas sólidas acima da "linha de terra" determina o comprimento da sombra projetada na vista em planta. Observe que a simples inversão do desenho de baixo para cima e a troca da vista em planta pela de elevação resultam nas condições de sombreamento das paredes.

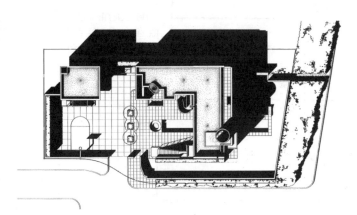

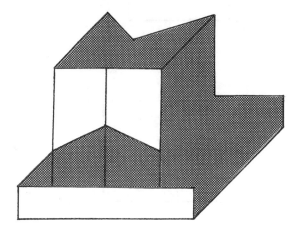

Desenho: Casa em Delray Beach, Delray Beach, Flórida
Material: Nanquim sobre vegetal
Cortesia de Anthony Ames, arquiteto
© Anthony Ames, Architect

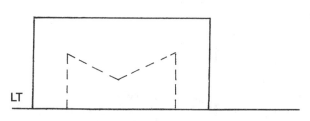

A residência em Delray Beach é um volume contendo os principais espaços formais erguidos sobre pilotis sobre uma piscina olímpica de frente para a rua e com vista para o Oceano Atlântico. [Relato de um arquiteto]

Combinação de Formas Singulares

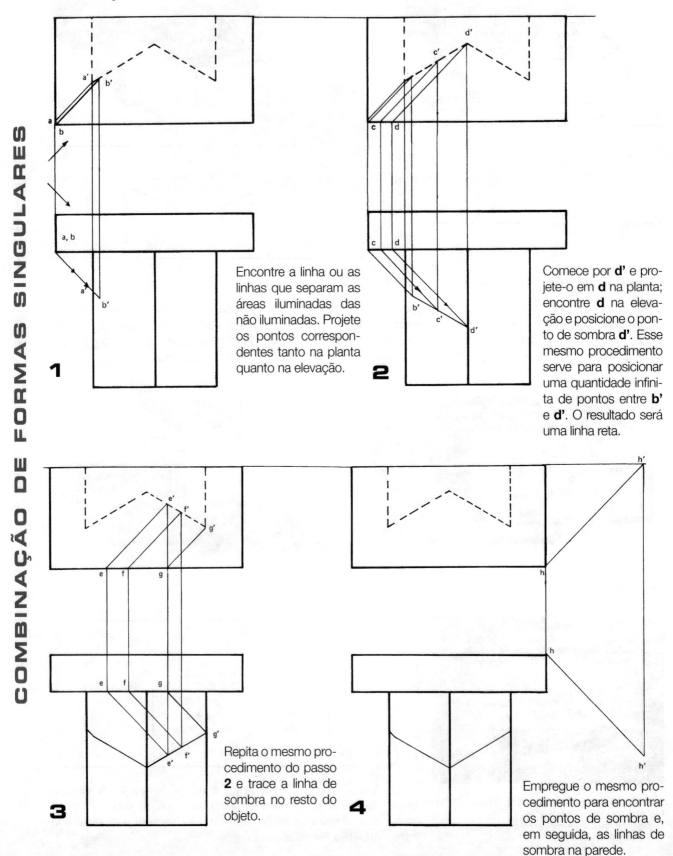

1. Encontre a linha ou as linhas que separam as áreas iluminadas das não iluminadas. Projete os pontos correspondentes tanto na planta quanto na elevação.

2. Comece por **d'** e projete-o em **d** na planta; encontre **d** na elevação e posicione o ponto de sombra **d'**. Esse mesmo procedimento serve para posicionar uma quantidade infinita de pontos entre **b'** e **d'**. O resultado será uma linha reta.

3. Repita o mesmo procedimento do passo **2** e trace a linha de sombra no resto do objeto.

4. Empregue o mesmo procedimento para encontrar os pontos de sombra e, em seguida, as linhas de sombra na parede.

FUNDAMENTOS 343

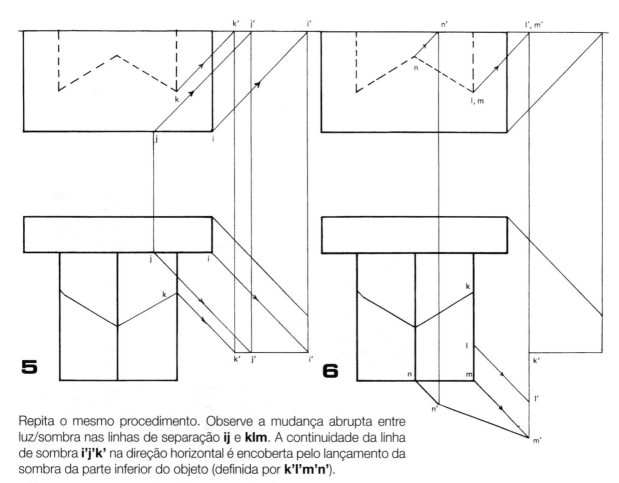

5 **6**

Repita o mesmo procedimento. Observe a mudança abrupta entre luz/sombra nas linhas de separação **ij** e **klm**. A continuidade da linha de sombra **i'j'k'** na direção horizontal é encoberta pelo lançamento da sombra da parte inferior do objeto (definida por **k'l'm'n'**).

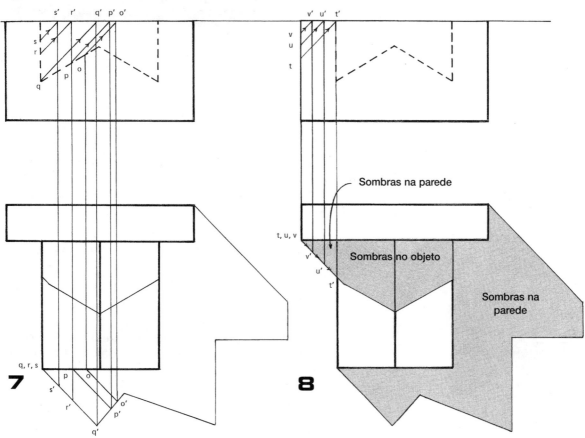

7 **8**

COMBINAÇÃO DE FORMAS SINGULARES

344 CAPÍTULO 7: LUZES E SOMBRAS

VISUALIZAÇÃO DE SOMBRAS/SOMBRAS EM ZIGUE-ZAGUE

tratamento de paredes

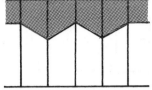

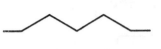

Zigue-zague a 30°

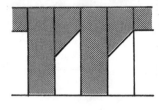

Zigue-zague a 45°

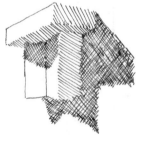

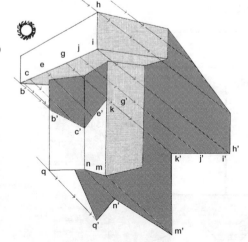

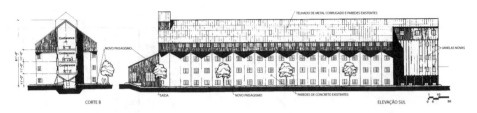

Desenho: Hotel Old Town Granary,
Irvine, Califórnia
Material: Nanquim
Cortesia de Thirtieth Street Arquitetos

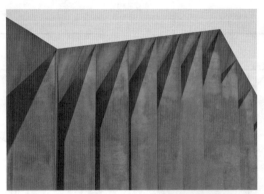

Desenhos: Igreja da Paróquia de Nossa Senhora da Assunção, Port Coquitlam, Colúmbia Britânica, Canadá
Material: Maxwell Render, Google SketchUp
Arte-final por LUXIGON
Cortesia de Patkau Arquitetos

Essa igreja exibe uma variação estrutural bonita e complexa no padrão de zigue-zague no modelo acima.

A geometria dobrada anima o exterior e o interior, evocando a profundidade e o ritmo de uma nave tradicional com arcadas e colunas. Os volumes interiores são baixos nas entradas da igreja e da capela. O volume aumenta lentamente, abrindo espaço para a luz no santuário. A luz da claraboia sobre o santuário cede às sombras e obscurecimentos à medida que modela o interior e revela a ordem, o espaço e a forma da igreja. [RELATO DE UM ARQUITETO]

Visualização de Sombras/Sombras em Zigue-zague

Para visualizar problemas com sombras, faça um croqui expedito do objeto em perspectiva tridimensional. Podem ser necessários vários desses croquis preliminares para solucionar o problema das sombras. A sequência de desenhos nas páginas anteriores pode ser mais facilmente entendida com o auxílio de um croqui (à esquerda) e verificada com a análise dos pontos (acima). Identificar os pontos correspondentes na perspectiva irá aumentar seu entendimento a respeito da configuração de qualquer sombra.

FUNDAMENTOS **345**

© Iwan Baan

Croqui Conceitual

© Iwan Baan

Croqui da Vista Externa

Imagens: Museu de Arte
Contemporânea de
Herning, Herning,
Dinamarca
Material: Croquis-aquarela
Cortesia de Steven Holl,
Arquiteto

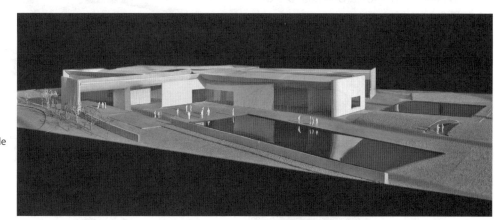
Vista de sudoeste

O arquiteto Steven Holl, como Santiago Calatrava, usa aquarela como material para seus croquis conceituais. A construção consiste em alguns volumes curvos sutilmente diferenciados dentro de uma área de ocupação orgânica maior. Esses volumes se expressam linearmente em três dimensões. Holl usa tons claros de aquarela com bastante eficácia para mostrar as faixas volumétricas no croqui da planta de cobertura. O desenho em perspectiva e o modelo de estudo que acompanham o croqui levam o conceito a uma arte-final mais desenvolvida. Veja mais croquis em aquarela de Holl no Capítulo 10 disponível no *site* da LTC Editora.

SOMBRAS EM CROQUIS CONCEITUAIS

346 CAPÍTULO 7: LUZES E SOMBRAS

Condição dos raios a 45°: As características da projeção paralela exibem os raios luminosos paralelos ao plano do quadro.

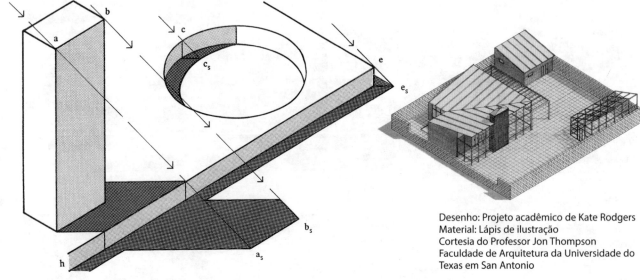

Desenho: Projeto acadêmico de Kate Rodgers
Material: Lápis de ilustração
Cortesia do Professor Jon Thompson
Faculdade de Arquitetura da Universidade do Texas em San Antonio

Sombras em Projeção Isométrica

Pontos de sombra críticos em projeções paralelas são determinados pela construção de planos triangulares e paralelos ao plano do quadro. Uma elevação ou um abaixamento vertical (**h**) da superfície horizontal une as sombras de diferentes superfícies horizontais paralelamente. Um abaixamento de uma superfície horizontal recuada sempre acarreta sombras mais longas. Uma elevação de uma superfície horizontal recuada sempre acarreta sombras mais curtas.

Sombras de formas cilíndricas em projeções paralelas podem ser encontradas por meio da determinação e do traçado de uma série de pontos arbitrários (**c** e **d**) na fronteira luz/sombra.

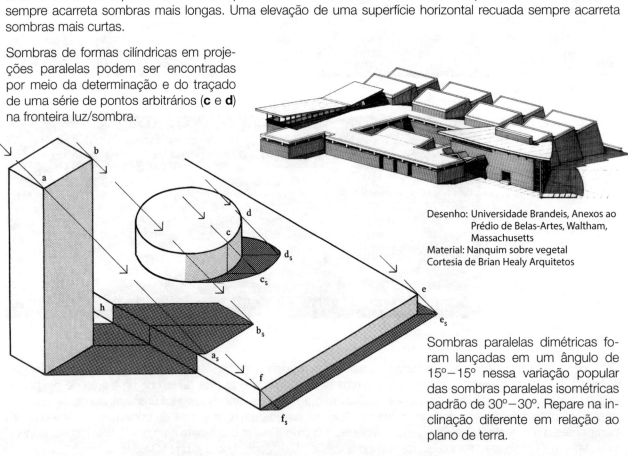

Desenho: Universidade Brandeis, Anexos ao Prédio de Belas-Artes, Waltham, Massachusetts
Material: Nanquim sobre vegetal
Cortesia de Brian Healy Arquitetos

Sombras paralelas dimétricas foram lançadas em um ângulo de 15°–15° nessa variação popular das sombras paralelas isométricas padrão de 30°–30°. Repare na inclinação diferente em relação ao plano de terra.

FUNDAMENTOS **347**

Desenho: Pavilhão de Música de Chicago
Material: Google SketchUp
Cortesia do aluno Damian Rozkuska
Faculdade DuPage
Departamento de Arquitetura

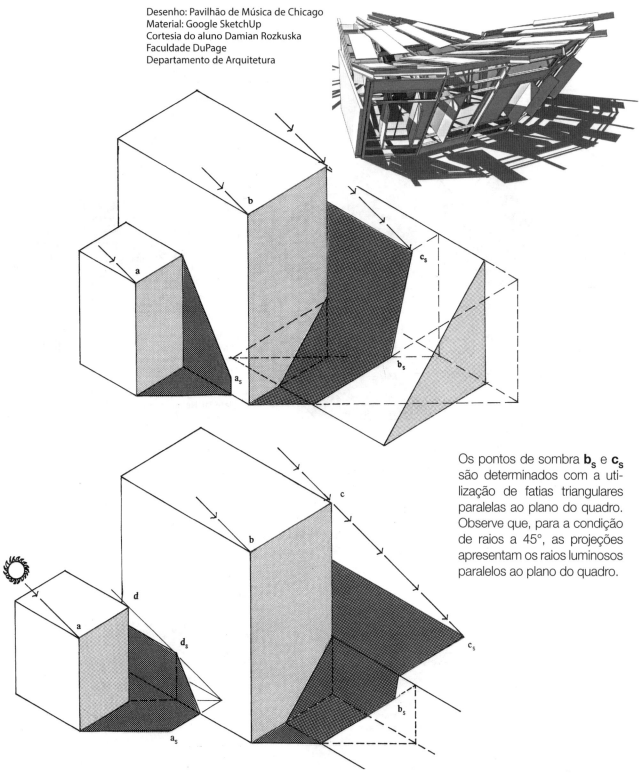

Os pontos de sombra **b$_s$** e **c$_s$** são determinados com a utilização de fatias triangulares paralelas ao plano do quadro. Observe que, para a condição de raios a 45°, as projeções apresentam os raios luminosos paralelos ao plano do quadro.

SOMBRAS EM PROJEÇÃO ISOMÉTRICA

Para determinar a sombra nas paredes verticais acima, lance uma sombra no terreno como se não houvesse parede alguma. Depois projete linhas auxiliares verticais e horizontais até interceptarem a direção dos raios luminosos. Em seus desenhos de projetos, sempre pondere os métodos alternativos para exibir sombras. Por exemplo, uma vista em perspectiva aérea (no alto à direita) é similar a uma vista isométrica, mas a sombra lançadapode dar uma sensação diferente ao seu projeto.

348 CAPÍTULO 7: LUZES E SOMBRAS

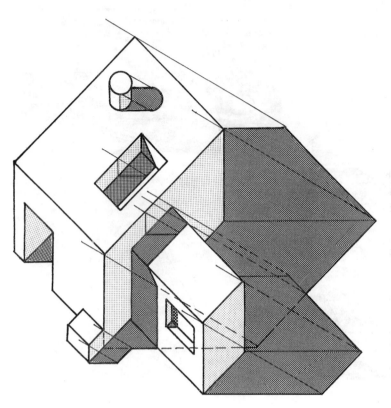

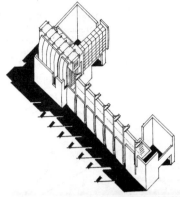

Desenho e modelo da foto: Estúdio particular, Venice, Califórnia
45,7 cm × 61,0 cm (18" × 24"), Escala: 1:100
Material: Nanquim sobre vegetal
Cortesia de William Adams Arquitetos

Sombras em Perspectiva Militar

Estes desenhos em perspectiva militar (45°–45°) exibem sombras lançadas a partir de raios luminosos paralelos ao plano do quadro. Pontos de sombra críticos sobre o terreno são determinados pela interseção dos raios luminosos inclinados passando por uma aresta (altura ou altitude) e da projeção dos raios sobre o terreno. No exemplo acima, os pequenos elementos da construção interceptam os raios luminosos lançados pelas arestas verticais e horizontais do elemento maior. Isso resulta em uma linha de sombra que sobe nos elementos menores. A perspectiva aérea (abaixo à direita) mostra as sombras lançadas que se aproximam de condições paralelas.

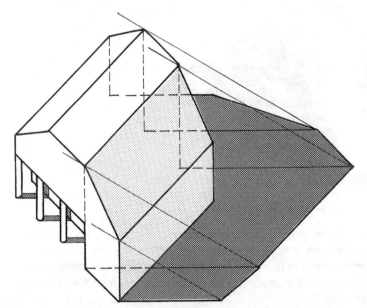

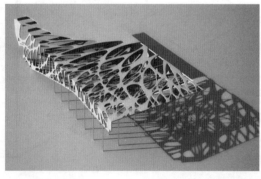

Desenho: COBERTURA: Competição pelo novo auditório e sala de exibição (VTHR), Saint Cyprien, França
Material: *Software* gráfico 3D
Cortesia de Serero Arquitetos

FUNDAMENTOS 349

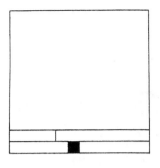

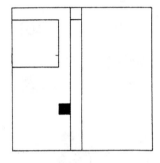

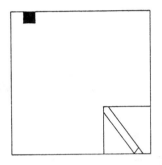

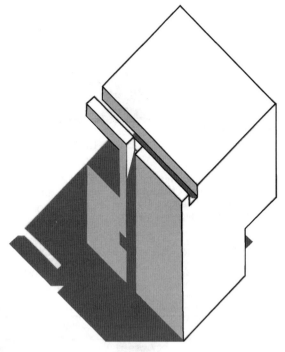

Desenho: Projeto acadêmico por Andrew Von Mauer, Investigação das relações entre sólidos e vazios
43,2 cm × 27,9 cm (17" × 11"), Escala: 1:1 após a construção do modelo
Material: Nanquim sobre poliéster
Cortesia da Divisão de Arquitetura da Universidade Andrews, primeiro ano no Estúdio Gráfico

Essas duas perspectivas militares são desenhadas em ângulos de diferentes eixos, mas o bom uso da sombra paralela ajuda a definir claramente o objeto acima e a construção abaixo. Escolha sempre uma direção da sombra que vá ajudar a articular o volume.

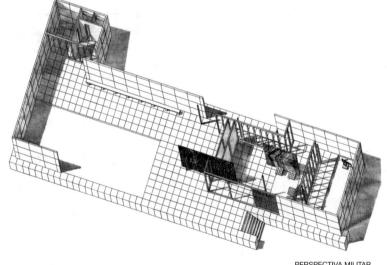

PERSPECTIVA MILITAR

O Pavilhão Barcelona (ca. 1929) e a Cadeira Barcelona foram obras-primas do movimento moderno na arquitetura (ver também p. 369). Os atuais proponentes desse tipo de arquitetura minimalista são Fumihiko Maki e SANAA.

PERSPECTIVA — Cadeira e pufe Barcelona — 06

Desenhos: Pavilhão Barcelona, Barcelona, Espanha
Material: Nanquim e lápis sobre vegetal
Arquiteto: Ludwig Mies van der Rohe
Cortesia do aluno Geunho Song
Faculdade DuPage
Departamento de Arquitetura

SOMBRAS EM PERSPECTIVA MILITAR

350 CAPÍTULO 7: LUZES E SOMBRAS

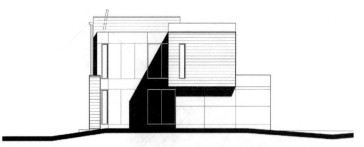

Fachada leste

Desenho: Casa Óptica (ver pág. 364), Bennington, Nebrasca
Material: Adobe Illustrator e AutoCAD
Cortesia de Randy Brown, Arquiteto

Esta casa foi projetada para ser um dispositivo de visualização na direção de um lindo lago e seu ambiente circundante. O cliente, um projetista de óculos, queria ter uma solução que usasse a linguagem tectônica de dobragem, enquadramento e transparência. O projeto tinha que equilibrar a criação de vistas de tirar o fôlego com o brilho e exposição do lago à luz solar proveniente do oeste.

© Assassi Productions

SOMBRAS DE MARQUISES

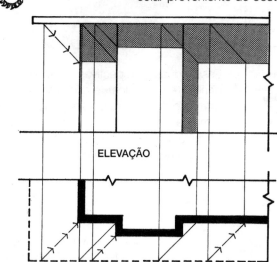

ELEVAÇÃO

PLANTA
Marquise plana paralela à parede

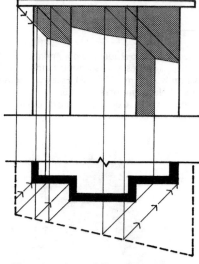

Marquise plana oblíqua à parede

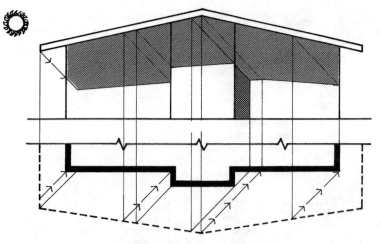

Marquise inclinada oblíqua à parede

Sombras de Marquises

É comum encontrar construções que possuem marquises planas ou inclinadas. A aresta de projeção da linha de sombra na parede vertical pode ser paralela ou oblíqua a essa parede. Os princípios de lançamento de sombras de objetos em paredes verticais explicados anteriormente também se aplicam às marquises. Utilize a vista em planta para transferir os pontos críticos para a vista em elevação. À medida que o ângulo dos raios luminosos em relação à linha de terra se torna acentuado, a sombra resultante se torna mais longa.

APLICAÇÕES 351

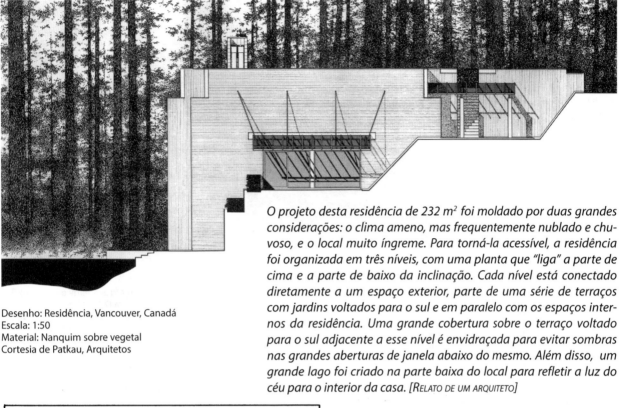

Desenho: Residência, Vancouver, Canadá
Escala: 1:50
Material: Nanquim sobre vegetal
Cortesia de Patkau, Arquitetos

O projeto desta residência de 232 m² foi moldado por duas grandes considerações: o clima ameno, mas frequentemente nublado e chuvoso, e o local muito íngreme. Para torná-la acessível, a residência foi organizada em três níveis, com uma planta que "liga" a parte de cima e a parte de baixo da inclinação. Cada nível está conectado diretamente a um espaço exterior, parte de uma série de terraços com jardins voltados para o sul e em paralelo com os espaços internos da residência. Uma grande cobertura sobre o terraço voltado para o sul adjacente a esse nível é envidraçada para evitar sombras nas grandes aberturas de janela abaixo do mesmo. Além disso, um grande lago foi criado na parte baixa do local para refletir a luz do céu para o interior da casa. [RELATO DE UM ARQUITETO]

Sombras de Marquises Vazadas

Esse tipo de marquise é caracterizado por aberturas ou perfurações. Para lançar a sombra na vista em elevação, construa a planta, a elevação e um corte da elevação em perfil. Os pontos críticos da sombra são posicionados por transferência dos pontos correspondentes entre as vistas.

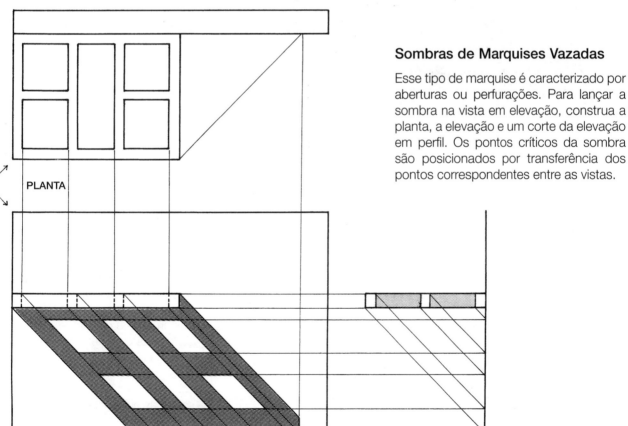

PLANTA

ELEVAÇÃO

SOMBRAS DE MARQUISES VAZADAS

352 CAPÍTULO 7: LUZES E SOMBRAS

Este prédio moderno e de alta tecnologia utiliza venezianas sensuais e elegantes para sombrear inteiramente as galerias com teto de vidro. Uma sensação de movimento e luminosidade confere às galerias a impressão de serem maiores do que realmente são. Piano começa com croquis de "guardanapo" contendo detalhes que ele carrega para todo lado. Com os croquis em mãos, ele sempre tenta compreender os motivos ideológicos de um projeto, como seus aspectos inovadores formais e sociais. Piano foi agraciado com o Prêmio Pritzker em 1998.

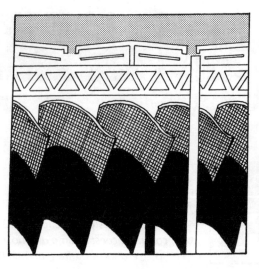

© Kwok Tsui

SOMBRAS DE TOLDOS

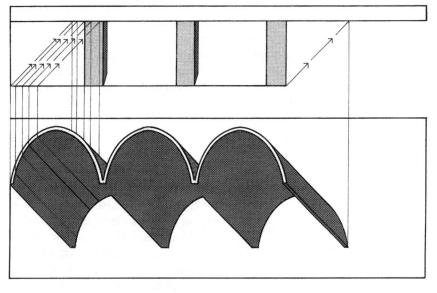

Desenho: Projeto acadêmico por Kwok Tsui
6,4 cm × 6,4 cm (2,5" × 2,5")
Material: Nanquim e Zipatone sobre vegetal
O Museu da Coleção Menil, Houston, Texas
Cortesia de Renzo Piano, Arquiteto, Piano & Fitzgerald, Houston, e do Departamento de Arquitetura da Faculdade da Cidade de São Francisco
Consultor de estrutura: Ove Arup

Sombras de Toldos, Colunatas e Arcadas

Os meios através dos quais uma figura plana lança uma sombra em um plano paralelo são demonstrados nestas duas páginas adjacentes. As arestas inferiores dos toldos geram uma linha de sombra na parede com a mesma orientação e configuração que as formas do toldo. De maneira idêntica, as formas geométricas das arcadas e colunatas são lançadas nas sombras das paredes recuadas. Em todos os casos, a repetição das formas geométricas cria uma sombra compassada nas superfícies em que são elas formadas. Observe a sombra na parte inferior do toldo de curvas sinuosas (alto, à esquerda).

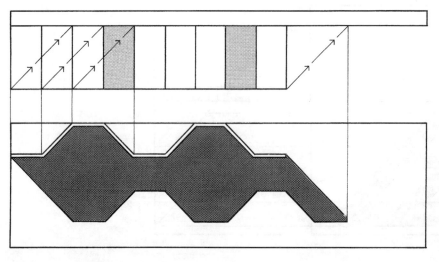

APLICAÇÕES **353**

Desenho: Escola Waldorf de São Francisco
91,4 cm × 61,0 cm (36" × 24"),
Escala: 1:50
Material: Nanquim sobre poliéster
Cortesia de Tanner Leddy Maytum Stacy, Arquitetos

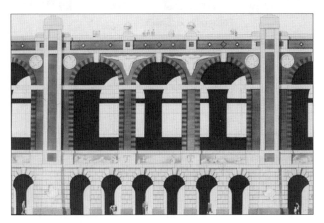

Desenho: Estádio dos Texas Rangers, Arlington, Texas
61,0 cm × 45,7 cm (24" × 18"), Escala: 1:50
Material: Aquarela e lápis sobre papel Bristol
Cortesia de David M. Schwarz/Serviços de Arquitetura

Os espaços internos desse anexo e reforma de uma escola existente foram projetados para lembrar uma vila medieval, com vistas panorâmicas, pontes, campanários e praça.

Os clientes desejavam uma sensação nostálgica que recordasse um estilo de estádio de anos anteriores. A faixa decorativa em volta do andar superior é de aço branco e uma cópia do Yankee Stadium em Nova York anterior a 1973. Igualmente exclusivo é um prédio de escritórios de quatro andares que ajuda a envolver o estádio.

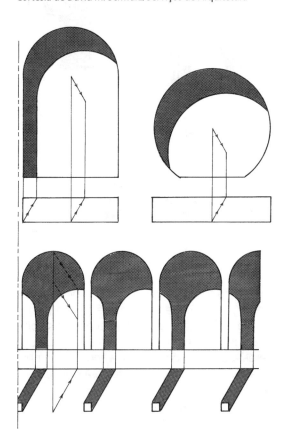

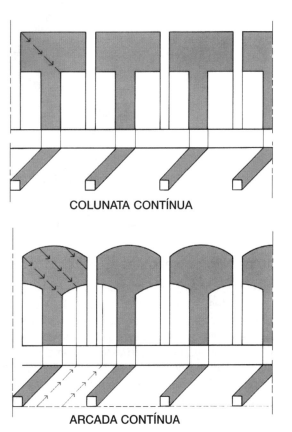

COLUNATA CONTÍNUA

ARCADA CONTÍNUA

SOMBRAS DE COLUNATAS E ARCADAS

SOMBRAS NÃO SOBREPOSTAS

Desenho: Museu de Arte Contemporânea, Barcelona, Espanha
91,4 cm × 121,9 cm (36" × 48")
Material: Nanquim sobre poliéster
Cortesia de Richard Meier & Sócios, Arquitetos

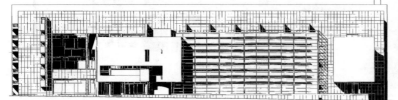

Fotografia: arcSPACE

Meier animou a rampa-saguão desse museu com venezianas horizontais e a filtragem da luz natural. A construção respeita o fato de que as obras de arte, sejam pequenas ou grandes e precisem ou não de luz, sempre têm escalas diferentes em momentos diferentes.

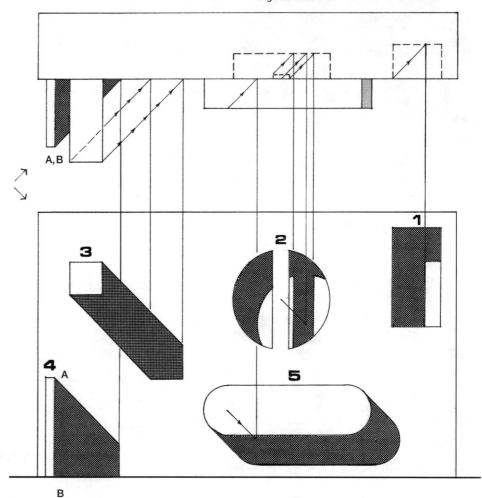

Sombras Não Sobrepostas

Na parede de sombras mostrada acima, a fonte luminosa está posicionada à esquerda a 45° (veja a direção das setas nas vistas em elevação e em planta). Quando é aplicada a regra geral de que sombras de figuras planas em planos paralelos lançam sombras de mesmos tamanho, formato e orientação, as configurações das sombras observadas nas situações **1** e **2** se tornam muito perceptíveis e fáceis de entender. Quando as arestas são perpendiculares a uma parede vertical, como na situação **3** e na aresta de topo do caso **4**, a linha de sombra produzida encontra-se na mesma direção do rumo dos raios solares. Do mesmo modo, a aresta **AB** é perpendicular à superfície horizontal do terreno, e a linha de sombra produzida no terreno encontra-se no mesmo rumo dos raios solares (vista em planta), bem como paralela à aresta **AB**, quando é interceptada pela parede vertical (vista em elevação). O caso **5** segue as regras antes mencionadas.

© Markova Nadine, fotógrafa

Desenho: Fábrica da Renault (fachada parcial), Gómez Palacio, Durango, MéxicoCortesia de Legorreta Arquitectos: Ricardo Legorreta, Victor Legorreta, Noé Castro

Esta fotografia foi tirada de manhã cedo a fim de obter sombras intensas. Os detalhes da fachada foram tomados com uma teleobjetiva de 200 mm. Utilizei uma câmera Minolta com filtro polarizador.
[RELATO DE UMA FOTÓGRAFA]

Ricardo Legorreta, um discípulo do famoso arquiteto mexicano Luis Barragan, é conhecido por utilizar cores primárias vivas, por brincar com luz e sombra e pelo uso das formas geométricas platônicas. A Fábrica da Renault é um de seus melhores exemplos de uso de um plano de parede. Esse edifício é dominado pelo exterior vermelho terracota da parede de pedra. O uso de um gramado de pedra para fazer a transição entre a construção e o enorme deserto também demonstra o seu domínio da paisagem.

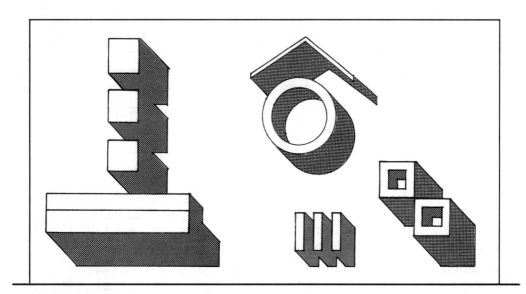

Desenho: Projeto acadêmico por William Xie e Daniel Orona, Projeto de uma parede escultural de sombras
Professor do estúdio: Pershing C. Lin
Cortesia do Departamento de Arquitetura da Faculdade da Cidade de São Francisco

Sombras Sobrepostas

Quando são lançadas sombras de elementos protuberantes que estão muito próximos uns dos outros, é comum encontrar sombras interrompidas antes que atinjam a principal superfície sombreada. As linhas de sombras que não conseguimos observar se esgueiram através da superfície iluminada mais próxima ao seu redor.

SOMBRAS DE ESCADAS

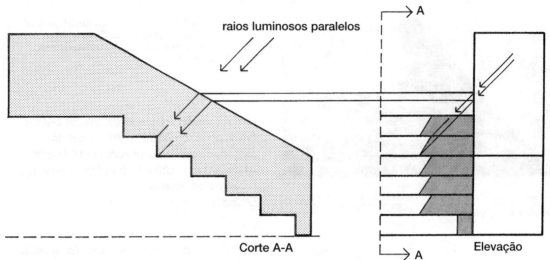

Sombras de Escadas

Projete os pontos correspondentes para encontrar a linha de sombra de uma linha oblíqua sobre os degraus acima. Os raios luminosos mantêm uma condição de paralelismo a despeito da configuração geométrica da superfície recuada. Veja a situação **A** tanto na elevação quanto na planta abaixo. Uma aresta horizontal é vista como um ponto na elevação **1**. Ela permite que a linha de sombra **A** seja vista na elevação.

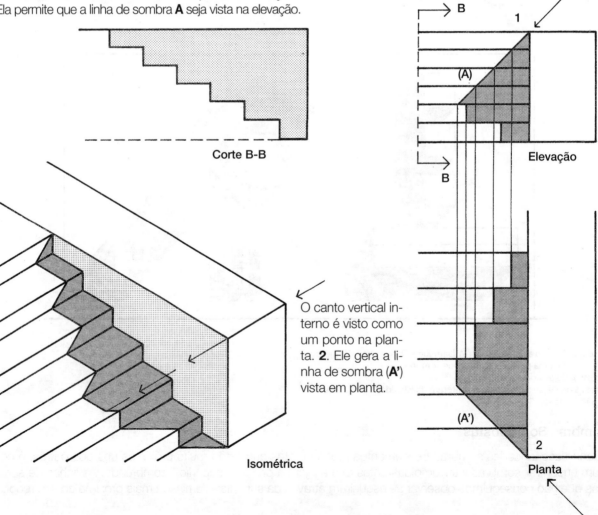

O canto vertical interno é visto como um ponto na planta. **2**. Ele gera a linha de sombra (**A'**) vista em planta.

Em uma encosta de 30°, a fachada interessante desta residência, caracterizada pela ordem e pela simetria, é orientada para o sudoeste e o mar Mediterrâneo. É um espaço simultaneamente público e privado. A luz forte do dia lança sombras vívidas e claras em sua fachada, enquanto uma inversão da luz é vista emanando à noite quando os músicos tocam. Assim como os músicos expressam uma determinada atmosfera com suas peças musicais, da mesma maneira essa residência exibe um forte individualismo em seu caráter. É do conhecimento geral que os músicos apreciam tanto o reconhecimento do público quanto a reclusão. Aqui, quando tocam para as outras pessoas, eles projetam sua música para a encosta e o mar; quando praticam, usufruem a contemplação e a reclusão. Do mesmo modo, algumas vistas são abertas e expansivas, enquanto outras são bem limitadas e minimizadas.

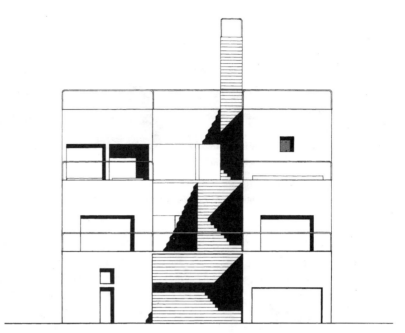

Desenho: Les Echelles,
    Casa para um músico,
    Mallorca, Espanha
30,5 cm × 30,5 cm (12" × 12")
Material: Nanquim sobre poliéster
Cortesia de Diana Agrest, Arquiteta

Sombras de Escadas

Três linhas de sombras inclinadas e paralelas são lançadas nos elementos da construção acima. As três arestas horizontais que lançam essas linhas são representadas como pontos (veja **1** na página seguinte). Tal fato nos ajuda a compreender que cada pavimento deve se encontrar mais recuado e que não estamos observando uma fachada vertical contínua. As sombras modelam o formato de uma construção e nos dão pistas sobre sua forma e disposição. Observe que as sombras na elevação da escadaria assumem a mesma configuração (veja página seguinte) independentemente da direção dos raios solares. Às vezes, a configuração projeta a escada para fora da superfície vertical (veja abaixo, à esquerda).

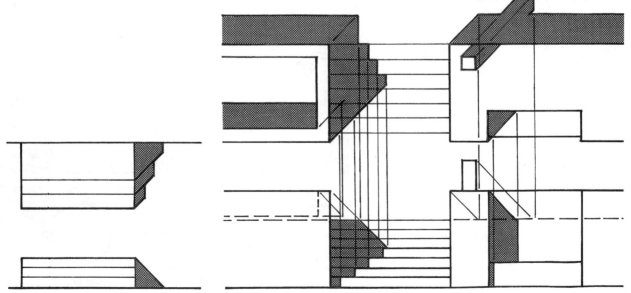

CAPÍTULO 7: LUZES E SOMBRAS

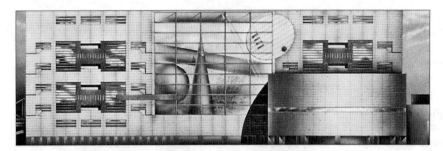

Desenho: Kunibiki Messe, Matsue, Shimane, Japão
118,9 cm × 84,1 cm (48,6" × 33,1")
Material: Aerógrafo
Cortesia de Shin Takamatsu Arquiteto & Associados, Kyoto

Sombras de Formas Cilíndricas e Nichos

Nichos triangulares e trapezoidais, assim como formas cilíndricas, produzem sombras interessantes. Os elementos protuberantes nesta fachada são ligeiramente maiores do que um semicilindro, produzindo uma sombra que se inicia em uma posição oculta, como observado na fachada frontal.

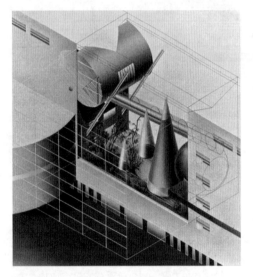

Projeto de sombras (duas páginas adjacentes):
Cortesia de Ann Cederna, Professora-Associada
21,6 cm × 27,9 cm (8,5" × 11")
Material original: Lápis
Escola de Arquitetura e Planejamento da
Universidade Católica da América

Muitos dos projetos de Takamatsu, como este centro de convenções, apresentam formas geométricas platônicas como cones, cilindros e esferas. Seus projetos são bem conhecidos pelas imagens mecânicas e antropomórficas (atribuindo formas ou atributos humanos a uma coisa) que conferem um visual futurista aos seus prédios.

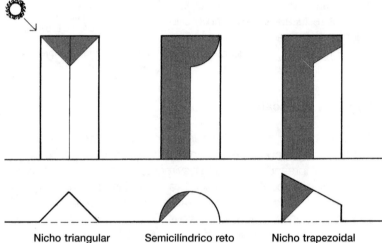

Nicho triangular   Semicilíndrico reto   Nicho trapezoidal

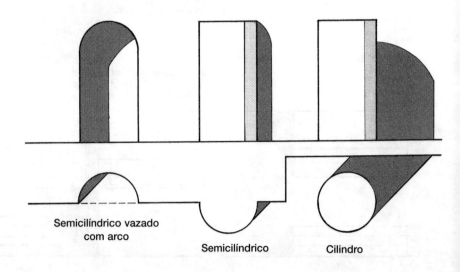

Semicilíndrico vazado com arco   Semicilíndrico   Cilindro

FORMAS CILÍNDRICAS E NICHOS

APLICAÇÕES **359**

Sombras em Nichos, Recuos e Protuberâncias

Podemos observar marquises e nichos primeiramente como vistas em elevação. As sombras por eles lançadas nos dão pistas sobre a profundidade das marquises e o montante de recuo.

Nichos e marquises retilíneos também produzem sombras interessantes. As marquises neste exemplo lançam sombras em superfícies planas e curvilíneas. A forma curva abaixo da fachada plana resulta em uma linha de sombra curvilínea.

A Casa Tract foi projetada como um protótipo flexível para a duplicação em uma área de terrenos não diferenciados. Ela se destinou a ser um novo exemplo de projeto que criticava a antiga tendência dos conjuntos habitacionais que fomentava o conceito de valor máximo igual a volume máximo.

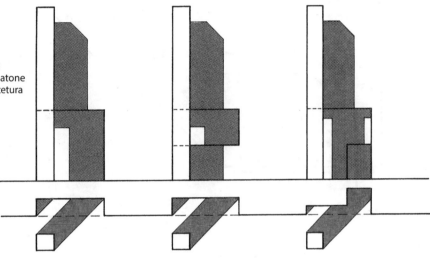

Desenho: Casa Tract,
    Praia de Manhattan, Califórnia
27,9 cm × 27,9 cm (11" × 11"), Escala: 1:50
Material: Nanquim sobre poliéster com Zipatone
Cortesia de Holt Hinshaw Pfau Jones, Arquitetura

Colunas retas lançando sombras em nichos retos

© Charles Yim

As condições de sombreamento nas construções destas páginas adjacentes são combinadas nesta fotografia e mostradas como sombras entrecruzadas.

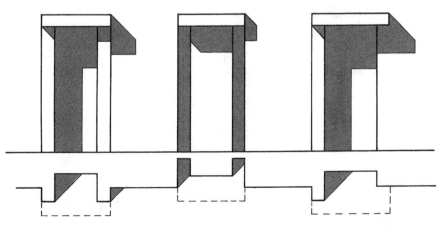

Marquises lançando sombras em recuos e protuberâncias retas das paredes.

NICHOS, RECUOS E PROTUBERÂNCIAS

360 CAPÍTULO 7: LUZES E SOMBRAS

PROJEÇÃO UTILIZANDO PONTOS CORRESPONDENTES

Projeção Utilizando Pontos Correspondentes

Uma vez que você tenha compreendido os princípios básicos do lançamento de sombras em planta e em elevação utilizando com precisão métodos de correspondência ponto a ponto, torna-se simples construir linhas de sombra para qualquer construção complexa em estudos em planta ou elevação. A configuração global das sombras nada mais é do que a composição de sombras de formas geométricas simples que produzem formas mais complexas (veja página seguinte).

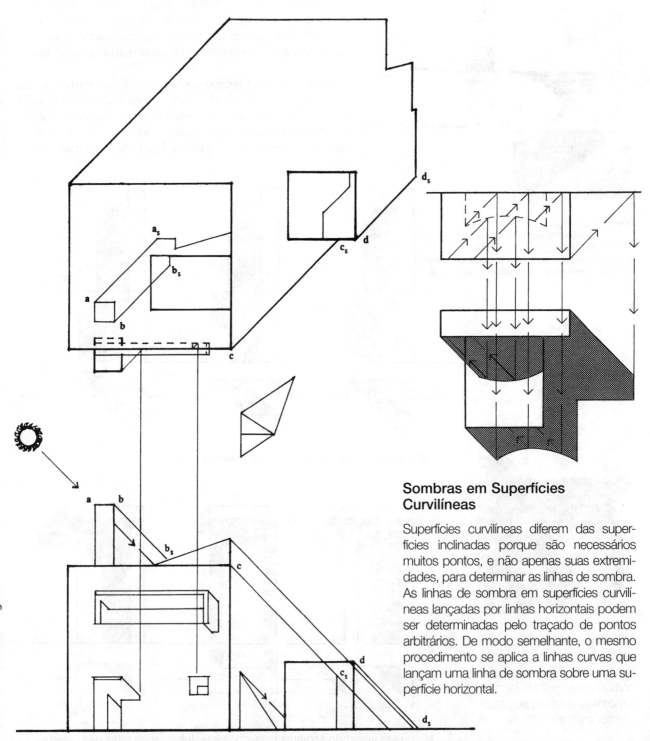

Sombras em Superfícies Curvilíneas

Superfícies curvilíneas diferem das superfícies inclinadas porque são necessários muitos pontos, e não apenas suas extremidades, para determinar as linhas de sombra. As linhas de sombra em superfícies curvilíneas lançadas por linhas horizontais podem ser determinadas pelo traçado de pontos arbitrários. De modo semelhante, o mesmo procedimento se aplica a linhas curvas que lançam uma linha de sombra sobre uma superfície horizontal.

APLICAÇÕES **361**

Desenho: Residência no Mississippi, Laurel, Mississippi
61,0 cm × 61,0 cm (24" × 24"), Escala: 1:50
Material: Nanquim sobre vegetal
Cortesia de Anthony Ames, Arquiteto

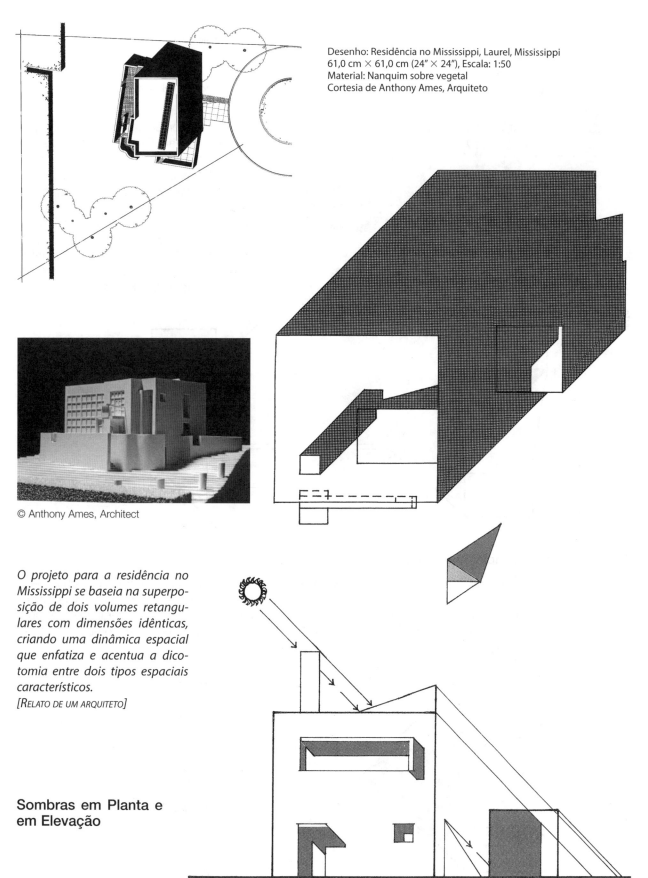

© Anthony Ames, Architect

O projeto para a residência no Mississippi se baseia na superposição de dois volumes retangulares com dimensões idênticas, criando uma dinâmica espacial que enfatiza e acentua a dicotomia entre dois tipos espaciais característicos.
[RELATO DE UM ARQUITETO]

Sombras em Planta e em Elevação

SOMBRAS EM PLANTA E EM ELEVAÇÃO

362 CAPÍTULO 7: LUZES E SOMBRAS

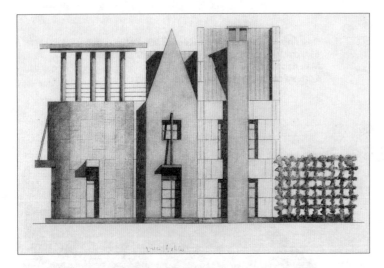

Desenho: Vila Gables, Meersbusch, próximo a Dusseldorf, Alemanha, Fachada sudoeste
38,1 cm × 22,9 cm (15″ × 9″), Escala: 1:50
Material: Lápis de cor sobre papel-manteiga amarelo
Cortesia de Michael Graves, Arquiteto
Crédito da foto: Marek Bulaj

O estilo de representação empregado pelo arquiteto Michael Graves em seu desenho suave feito com lápis de cor é caracterizado pela predominância de vistas frontais tais como fachadas. Em seus trabalhos, ele usa cores derivadas da natureza, como terracota, que representa a Terra, e o azul, que é utilizado frequentemente como uma metáfora do céu, especialmente em seus tetos. Seus croquis exibem os desenhos arquitetônicos como obras de arte.

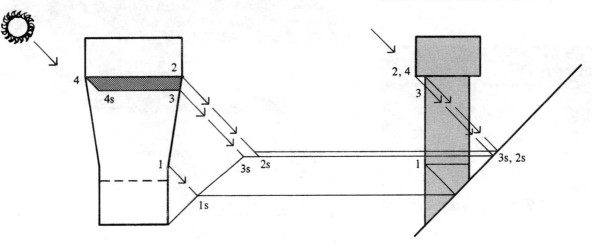

Sombras em Superfícies Inclinadas

Chaminés normalmente lançam sombras no plano inclinado do telhado. A maioria das formas das chaminés é retilínea; este exemplo apresenta uma pequena variação. Com duas ou mais vistas em elevação, você pode projetar linhas de sombra construídas de uma para as outras de modo a determinar a real configuração da sombra. Sempre identifique os pontos críticos em todas as vistas e seja sistemático em suas convenções.

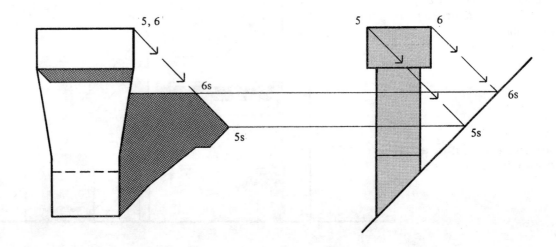

APLICAÇÕES **363**

Desenho: Vila Gables, Meersbusch, próximo a
           Dusseldorf, Alemanha, Fachada noroeste
35,6 cm × 22,9 cm (14" × 9"), Escala: 1:50
Material: Lápis de cor sobre papel-manteiga amarelo
Cortesia de Michael Graves, Arquiteto
Crédito da foto: Marek Bulaj

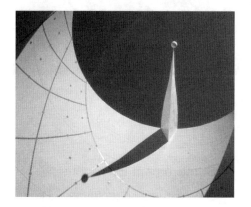

Fotografia: Gnômon no pátio que funciona
            como um relógio de sol, Team Disney
            Building, Lake Buena Vista, Flórida
Cortesia de Arata Isozaki e Associados, Arquitetos
© Yasuhiro Ishimoto, Photographer

Com uma superfície curva inclinada, como se pode ver na sombra do gnômon, é muito mais rápido gerar a sombra projetada usando métodos digitais.

Sombras em Superfícies Inclinadas

Uma água-furtada se caracteriza por uma projeção que se prolonga acima da parede e intercepta um telhado inclinado. Janelas em sua fachada vertical proporcionam iluminação e ventilação e espaço para o sótão. Estes dois exemplos mostram situações típicas de sombreamento.

As águas-furtadas exibem uma combinação de sombras em superfícies verticais e inclinadas observadas na vista em elevação. O perfil da vista lateral da água-furtada observado sem iluminação irá lançar pontos críticos no telhado inclinado. Esses pontos são projetados horizontalmente de volta na vista frontal de modo a posicionar os mesmos pontos críticos observados naquela vista.

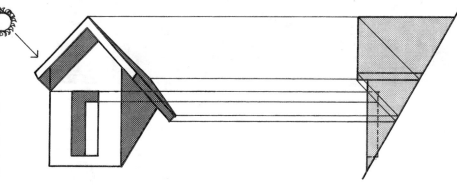

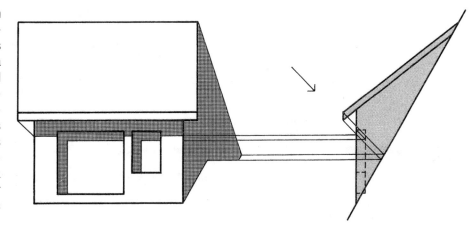

SOMBRAS EM SUPERFÍCIES INCLINADAS

364 CAPÍTULO 7: LUZES E SOMBRAS

SOMBRAS EM ELEVAÇÕES – EXEMPLOS EM CONSTRUÇÕES

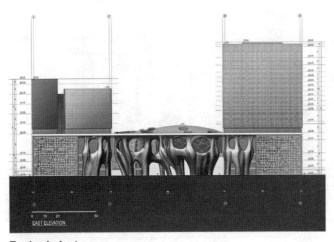

Fachada leste

Desenhos: Shanghai Zendai Himalayas Art Center, Pudong, Shanghai, China
Material: Arte-final digital em 3D
Cortesia de Arata Isozaki & Associados

Fachada Conceitual: Bedrosian
Cliente: Ware Malcomb
Material: Marcadores sobre nanquim
Cortesia de Estúdio Wenjie

© Assassi Productions

Fachada oeste

Desenho: Casa Óptica (ver pág. 350)
Bennington, Nebraska.
Material: Adobe Illustrator e AutoCAD
Cortesia de Randy Brown, Arquiteto

Sombras em Elevações

O deslocamento da forma e a composição da fenestração nas fachadas dos prédios, sejam lineares ou curvas (ver acima), não podem ser representados sem sombras. Independentemente dea elevação ser precisa ou conceitual (esquerda), as sombras vão acentuar a fachada.

As sombras proporcionam pistas sobre como a fachada foi planejada. Por exemplo, quanto mais larga for a sombra sobre uma superfície recuada, mais protuberante é o elemento que a lançou. Sombras em elevações são um meio eficaz de mostrar o volume e as características de elementos protuberantes ou recuados. Todos estes exemplos possuem sombras intensas; eles ilustram como se pode proporcionar percepção de nitidez e tridimensionalidade às elevações bidimensionais.

O objetivo das sombras em elevações nas apresentações finais é proporcionar contraste de modo a sugerir a terceira dimensão. Na prática, o projetista ou arte-finalista está livre para escolher a direção dos raios solares, não sendo necessário seguir as convenções: um raio luminoso vindo por trás do ombro esquerdo do observador em um ângulo de 45°. Selecione a posição do sol que melhor realce o projeto arquitetônico.

APLICAÇÕES **365**

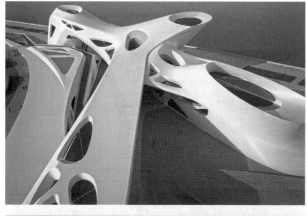
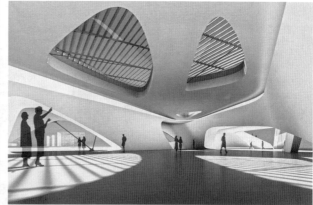
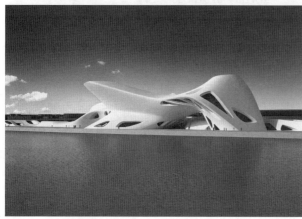
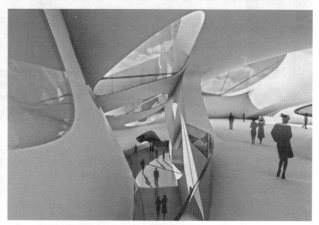

Fachada noroeste

Fachada sudoeste

Desenho: Nuragic and Contemporary Art Museum, Cagliari, Itália
Material: Rhino, Maya e AutoCAD
Cortesia de Zaha Hadid Arquitetos

Este museu assimila o terreno, criando uma nova paisagem. Ele também adquire uma forte massa que define a nova linha do horizonte. A qualidade aberta e dinâmica da forma também é perseguida dentro do prédio, onde a circulação dos visitantes determina a geometria dos espaços.
[Relato de um arquiteto]

O formalismo biomórfico do projeto de Hadid só pode ser criado com um computador. Com software versátil disponível no mercado, o projetista e o cliente podem observar o realismo da luz natural lançando áreas de baixa iluminação e sombras em qualquer época do ano. As quatro imagens no topo da página mostram que o software digital também nos permite criar um sobrevoo simulado ou um "passeio" pelo prédio.

SOMBRAS EM ELEVAÇÕES – EXEMPLOS EM CONSTRUÇÕES

366 CAPÍTULO 7: LUZES E SOMBRAS

SOMBRAS EM PLANTAS DE IMPLANTAÇÃO E DE COBERTURA

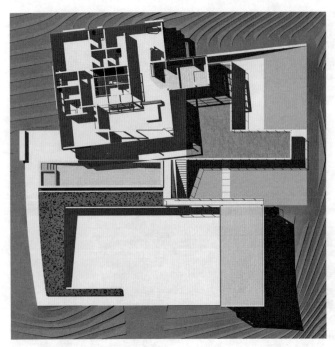

Desenho: TR + 2 STUDIOHOUSE, Pacific
   Palisades, Califórnia
Material: Arte-final digital
Cortesia de Cigolle & Coleman Arquitetos

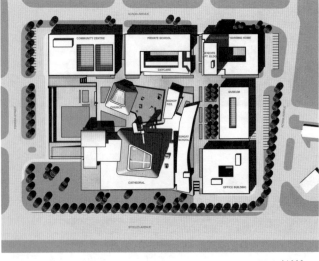

Desenho: St. Marks Coptic Canadian Village,
   Cidade de Markham (norte de Toronto), Canadá
Material: Vectorworks
Cortesia de Hariri & Hariri Arquitetos

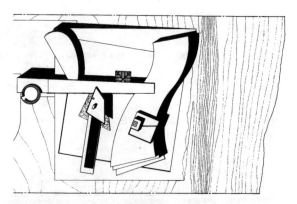

Desenho: Residência Worrel, Hillsborough, Flórida
91,4 cm × 61,0 cm (36" × 24")
Material: Nanquim sobre vegetal
Cortesia da Corporação Arquitetônica Internacional

Sombras em Plantas de Implantação e de Cobertura

Quando uma planta de implantação contém muitos elementos, como nestes exemplos, a solução dos reais comprimentos das sombras necessitará tanto da planta quanto da elevação (altura) de cada elemento. Esse procedimento é análogo à solução do comprimento das sombras em elementos de parede vistos em elevação. Observe que as sombras lançadas pelas estruturas acima imitam o tamanho, a forma e a orientação das linhas estruturais da cobertura.

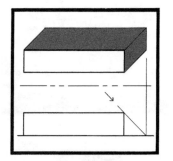

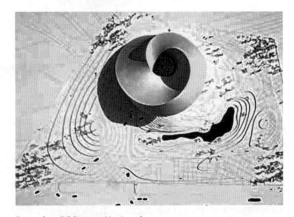

Desenho: Biblioteca Nacional,
   Astana, Cazaquistão
Arquiteto: Bjarke Ingels Group (BIG)
Cortesia da Arcspace

APLICAÇÕES **367**

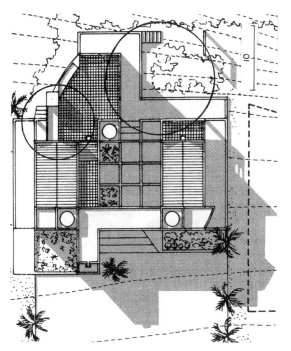

Desenho: Casa Lohmann,
　　　　　Akumal, Yucatán, México
40,6 cm × 61,0 cm (16" × 24"), Escala: 1:100
Material: Nanquim e Zipatone
Cortesia de George C. T. Woo, Arquiteto, FAIA

Desenho: Nuragic and Contemporary Art Museum,
　　　　　Cagliari, Itália
Material: Rhino, Maya e AutoCAD
Cortesia de Zaha Hadid Arquitetos

Com sombras de formas curvas, que poderiam ser geradas por computador, examine as formas para obter pistas relativas ao formato do prédio. Vejas as fachadas curvilíneas desse prédio na pág. 365.

As situações assinaladas com círculos na planta de implantação acima à esquerda obedecem aos seguintes princípios: na vista em planta, raios luminosos e linhas de sombra lançadas por linhas de luz/sombra verticais se mantêm paralelos independentemente da configuração geométrica da superfície em que incidem. A linha de sombra retém a continuidade em uma linha reta ao atingir as formas geométricas. As sombras de todos os postes no desenho à direita são paralelas entre si e em relação às sombras dos demais elementos estruturais (postes, arestas verticais de paredes etc.), seguindo o mesmo princípio.

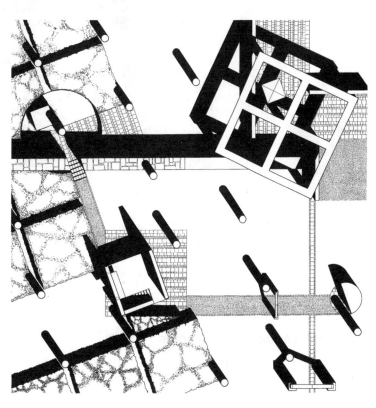

Desenho: Projeto acadêmico por Stephen
　　　　　Roberts e Doug Lincer,
　　　　　Intervenção em jardim
Material: Nanquim sobre poliéster
Cortesia da Escola de Arquitetura da
Universidade do Texas em Arlington

SOMBRAS EM PLANTAS DE IMPLANTAÇÃO E DE COBERTURA

368 CAPÍTULO 7: LUZES E SOMBRAS

SOMBRAS LANÇADAS EM PLANTAS

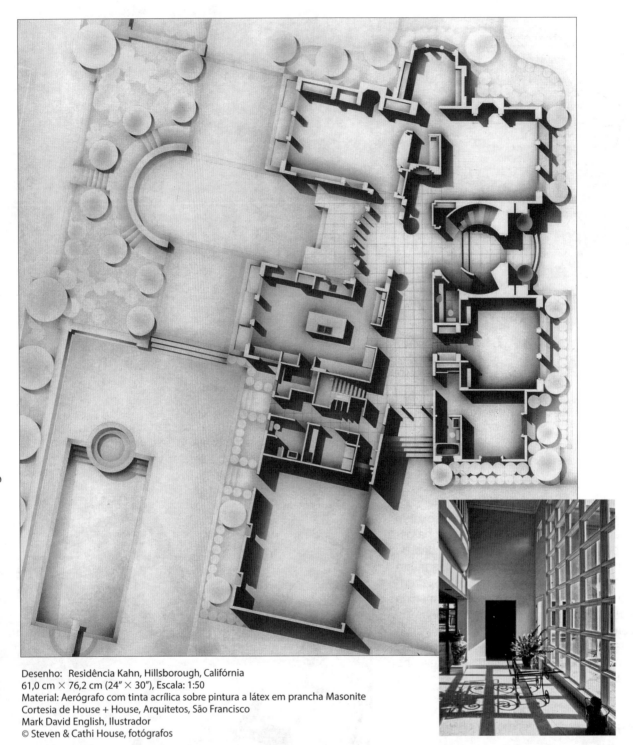

Desenho: Residência Kahn, Hillsborough, Califórnia
61,0 cm × 76,2 cm (24" × 30"), Escala: 1:50
Material: Aerógrafo com tinta acrílica sobre pintura a látex em prancha Masonite
Cortesia de House + House, Arquitetos, São Francisco
Mark David English, Ilustrador
© Steven & Cathi House, fotógrafos

Em uma vizinhança influente ao sul de São Francisco, esta residência senhorial fornece uma fachada formal e articulada para a rua. Incorporando elementos de simetria, ordem, geometria e axialidade, essa residência foi projetada como uma interpretação da mansão clássica tradicional com uma forte relação com o exterior. [Relato de um arquiteto]

Sombras Lançadas em Plantas

Este desenho mostra sombras lançadas na vista em planta por elementos verticais em corte. O objetivo é fazer com que o desenho seja lido mais facilmente por meio do realce da altura dos elementos (paredes, colunas etc.). Isso cria maior sensação de profundidade e elimina o aspecto plano da vista em planta.

APLICAÇÕES **369**

Um projeto do interior de um apartamento, de 1992, no topo do clássico arranha-céu de aço e vidro de Mies, um marco de 1951, com vista para o lago Michigan e Chicago, com vistas deslumbrantes das escadas descendentes. O cliente queria espaços dinamicamente detalhados que refletissem e ampliassem o projeto clássico do prédio. Os arranha-céus de Mies eram um exemplo de arquitetura leve, delicada e no estilo "menos é mais", que teve um profundo impacto em seus contemporâneos americanos.

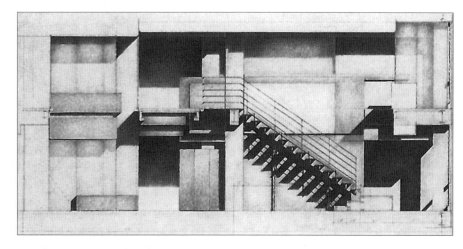

Desenho: Apartamento de Aço Inoxidável, Chicago, Illinois
91,4 cm × 61,0 cm (36" × 24"), Escala: 1:25
Material: Lápis de cor
Cortesia de Krueck & Sexton, Arquitetos, e Ludwig Mies van der Rohe, Arquiteto

Desenho: Galeria I, Tóquio, Japão
42,9 cm × 29,7 cm (16,9" × 11,7"), Escala: 1:100
Material: Lápis de cor sobre cópia do desenho a nanquim
Cortesia de Tadao Ando, Arquiteto

Sombras Lançadas em Cortes

Estes desenhos apresentam sombras lançadas sobre uma seção em corte. Todos os elementos protuberantes (paredes, piso, cobertura, escadas, mobiliário construído etc.) lançam sombras, o que permite que uma seção bidimensional normalmente plana "salte" à vista. No desenho da galeria, observe a mudança gradual no valor da tonalidade das sombras. Essa técnica de acabamento ajuda a definir mais claramente os espaços interiores. Arquitetos e projetistas utilizam sombras para ajudar a realçar e equacionar suas ideias e objetivos de projetos.

© Tadao Ando, Architect

370 CAPÍTULO 7: LUZES E SOMBRAS

SOMBRAS EM PROJEÇÕES PARALELAS

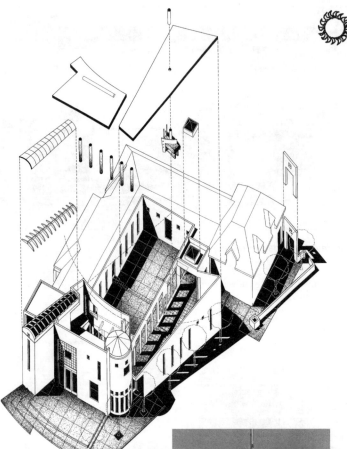

Desenho: Residência Shamash,
Hillsborough, Califórnia
50,8 cm × 71,1 cm (20" × 28"),
Escala: 1:100
Material: Caneta, nanquim e
aerógrafo sobre poliéster
Cortesia de Steven House,
Arquiteto

O meio mais rápido de construir sombras em projeções paralelas é empregar triângulos de raios luminosos em forma real que sejam paralelos ao plano do quadro e perpendiculares à visual principal. Use os triângulos convencionais de 60°, 45° e 30°.

Às vezes, é vantajoso não possuir um triângulo de raios luminosos em forma real, como na projeção paralela abaixo. Nesse caso, a direção dos raios luminosos não é paralela ao plano do quadro.

© Christopher Irion, photographer

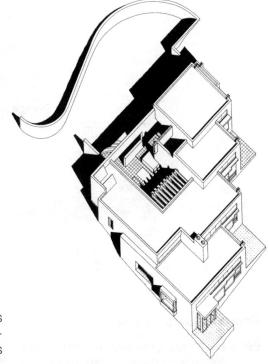

Desenho: Residência Kress,
Albuquerque, Novo México
50,8 cm × 76,2 cm (20" × 30"), Escala: 1:50
Material: Nanquim sobre vegetal
Cortesia de Robert W. Peters, FAIA, Alianza
Arquitectos/Uma Aliança de Arquitetos

Sombras Lançadas em Projeções Paralelas

Sombras em construções representadas em projeções paralelas criam uma forte sensação de tridimensionalidade, como apresentado nestes exemplos. Uma projeção paralela sem sombras é relativamente plana. Quando os detalhes da fenestragem devem ser evidenciados, é permitida a ausência de acabamento ou uma sombra de acabamento leve nos seus planos (veja acima). Escolha sempre ângulos convenientes (45° ou 60°) e direções para os raios luminosos inclinados. Configurações complexas podem ser mais bem solucionadas por uma série de triângulos com pontos lançadores de sombras.

APLICAÇÕES 371

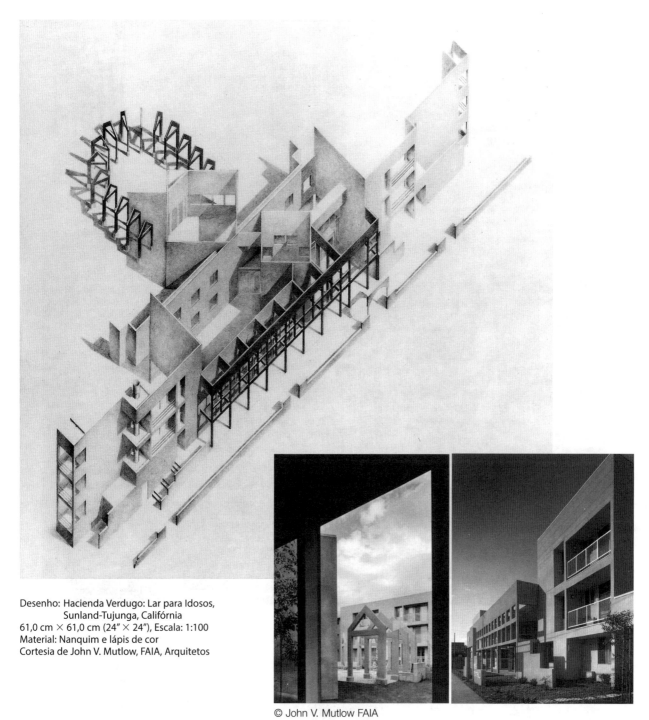

Desenho: Hacienda Verdugo: Lar para Idosos,
Sunland-Tujunga, Califórnia
61,0 cm × 61,0 cm (24" × 24"), Escala: 1:100
Material: Nanquim e lápis de cor
Cortesia de John V. Mutlow, FAIA, Arquitetos

© John V. Mutlow FAIA

SOMBRAS EM PROJEÇÕES PARALELAS

A premissa básica desta ilustração foi delinear uma série de elementos interconectados — a fachada frontal simétrica, os espaços comuns da edificação, o brise-soleil e a varanda no centro do pátio. O tamanho do cômodo comunitário principal necessitou de uma entrada principal fora do centro, que os dois volumes circulares conectam o interior com o pátio axial e a área externa. As colunatas da varanda e do brise-soleil, que fazem sombra nessa fachada frontal voltada para o sul, ganharam cores para diferenciar os volumes externos dos espaços internos. As sombras foram lançadas para articular a sequência da forma e do movimento da edificação.
[RELATO DE UM ARQUITETO]

372 CAPÍTULO 7: LUZES E SOMBRAS

SOMBRAS EM PERSPECTIVAS/IMAGENS DIGITAIS

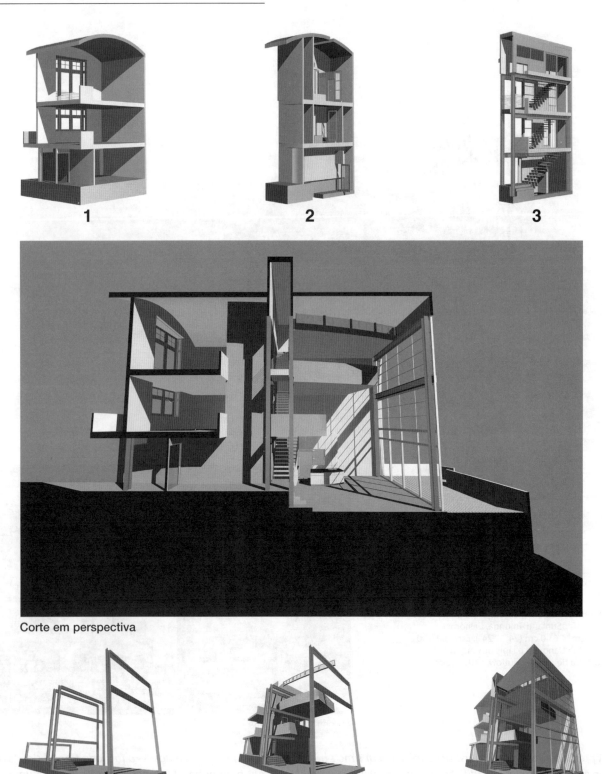

Corte em perspectiva

A linha superior destas duas páginas seguintes mostra uma sequência de bons exemplos de cortes em perspectiva de dois pontos (**1** a **6**) para revelar um modelo dissecado da residência e detalhes importantes dos espaços interiores. A linha inferior desta página apresenta uma perspectiva de três pontos usada na sequência (**1** a **3**) de perspectivas analíticas. Observe ainda o belo uso de sombras geradas em computador no corte em perspectiva de um ponto (com uma suave convergência em aclive).

APLICAÇÕES **373**

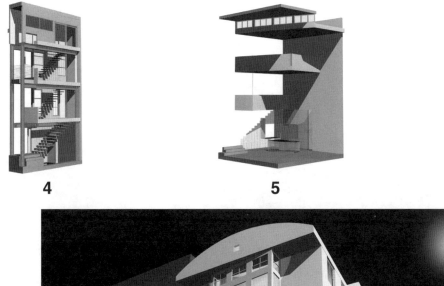

4 5 6

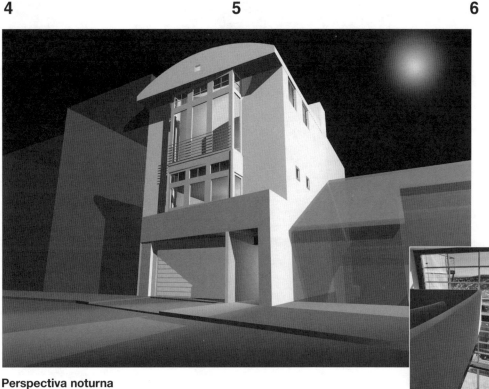

Perspectiva noturna

Imagens: Residência Buena Vista, São Francisco, Califórnia
Gerente de projeto: Mark English
Ilustrações arquitetônicas: Star Jennings
Cortesia de Mark English Arquitetos

© Mark English Architects

Todos os projetos e documentos da construção produzidos no escritório são criados ou manipulados digitalmente. O programa CAD utilizado na criação dos desenhos tridimensionais é o ArchiCad 6.0, em conjunto com o Artlantis Renderer e o Photoshop. Os equipamentos utilizados são um Macintosh G4, um escâner Umax 1200s e uma impressora Epson Stylus Photo 1200.

Mark English Arquitetos é uma jovem firma de projetos localizada no Distrito da Praça Jackson, em São Francisco. A empresa é dedicada à arquitetura de luxo residencial, comercial ou civil e projetos de interiores. Mark English e seus associados Star Jennings, Alessandro Miramare e Ani Balarezo seguem uma abordagem de equipe nos projetos em que construtores talentosos e artesãos são envolvidos como colaboradores desde o início do processo de projeto e durante toda a construção. [RELATO DE UM ARQUITETO]

Os rigorosos métodos manuais para gerar áreas de baixa luminosidade e sombras são muito demorados e não são mais utilizados, já que os procedimentos digitais instantâneos alcançam os mesmos resultados. No entanto, os métodos manuais para produzir áreas de baixa luminosidade e sombras proporcionam aos alunos uma compreensão profunda da geometria.

8

Formatos de Apresentação

FUNDAMENTOS 377
APLICAÇÕES 388

Um conjunto bem montado de desenhos de apresentação com o objetivo de comunicação gráfica possui valor inestimável nas relações arquiteto-cliente ou projetista-cliente. Uma apresentação de desenhos arquitetônicos normalmente inclui diagramas ou croquis conceituais, uma planta de implantação, plantas baixas, fachadas externas, cortes do terreno, cortes da construção, desenhos em projeção axonométrica, desenhos em projeção oblíqua e perspectivas. O estágio inicial do processo desenho-projeto envolve diagramas e desenhos conceituais. À medida que o conceito do projeto evolui, mais métodos formais de apresentação se tornam necessários. Esses formatos de apresentação, com abordagens convencionais ou avançadas, devem transmitir as ideias de modo eficiente para o público-alvo.

Desenhos são dados visuais, cuja escolha e composição comunicam o espírito do projeto. É muito eficaz apresentar qualquer objeto ou espaço tridimensional como

375

376 CAPÍTULO 8: FORMATOS DE APRESENTAÇÃO

uma característica muito importante em um mural. Outros elementos bidimensionais — como a planta de situação, planta baixa, cortes e fachadas — devem desempenhar um papel de apoio em grande proximidade com o projeto em 3D apresentado. Essa abordagem para a apresentação foi bem documentada nos belos desenhos de Frank Lloyd Wright e Otto Wagner no início do século XX. Assim como em alguns estudos de caso no Capítulo 3, a arquitetura não retilínea construída nos últimos anos aproveitou o *software* digital avançado hoje disponível para customizar cada imagem quanto ao seu tamanho, cor, texto e atributos de exibição e para manipular visualmente essas imagens para se adequarem a qualquer composição. Hoje, a formatação da apresentação se limita apenas à imaginação do projetista.

O objetivo deste capítulo é ilustrar os vários formatos de apresentação, das apresentações tradicionais em murais até as apresentações digitais *online*.

A seguir são listados alguns termos e conceitos importantes que você aprenderá:

Formatos de apresentação
Transmétrica
Apresentações padrão em murais *versus* apresentações digitais *online*

Transparalela
Desenhos compostos

Transoblíqua
Painéis de concurso

Analisando muitos desenhos de concursos profissionais, você desenvolverá novas ideias de como lidar com suas próprias apresentações.

Formatos de Apresentação

TÓPICO: APRESENTAÇÕES ARQUITETÔNICAS

CHING 2009, 195-210

TÓPICO: APRESENTAÇÕES DE CONCURSOS ARQUITETÔNICOS (EXEMPLOS)

Revista *Architecture Competitions* (www.argfuture.com)

Visão Geral do Capítulo

Ao estudar este capítulo, você irá compreender como são montadas as apresentações em murais. Você irá aprender sobre composição de apresentações integradas. Será capaz de concatenar ideias para organizar suas próprias apresentações de um ou múltiplos painéis. Para aprimorar os estudos, veja Ching 2009.

FUNDAMENTOS 377

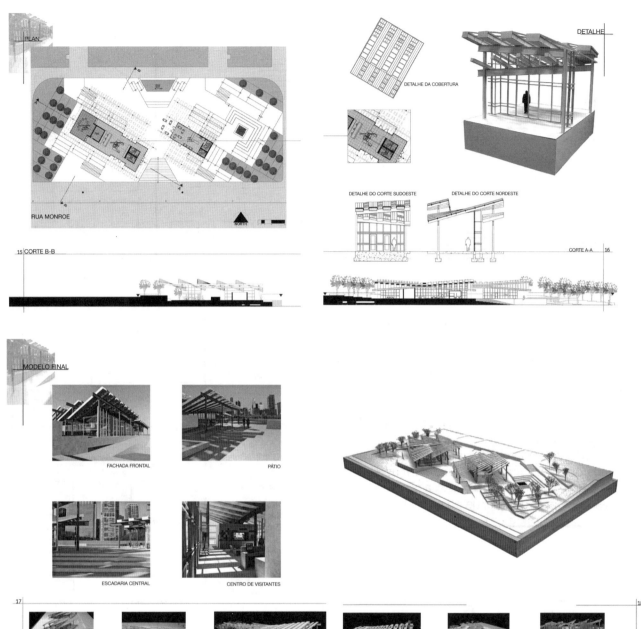

Imagens de Apresentação: Pavilhão do Centro de Visitantes de Chicago, Chicago, Illinois
Material: Desenhos — AutoCAD c/ Photoshop cor; Arte-final — Google SketchUp e 3ds max design;
Modelos — placa do museu e madeira de balsa;
Páginas do portfólio — Adobe InDesign
Cortesia do aluno Geunho Song
College of DuPage
Departamento de Arquitetura

O objetivo primordial de uma apresentação arquitetônica é apresentar eficientemente os conceitos do projeto. Os conceitos implementados no projeto devem ser desenhados e organizados em um *formato* ordenado e formalmente estruturado. Ao longo dos anos, arquitetos e projetistas utilizaram vários formatos diferentes, sempre com o mesmo objetivo. Repare no uso de muitos tipos de desenhos e estratégias de apresentação (fotos de modelo etc.) na apresentação acima.

378 CAPÍTULO 8: FORMATOS DE APRESENTAÇÃO

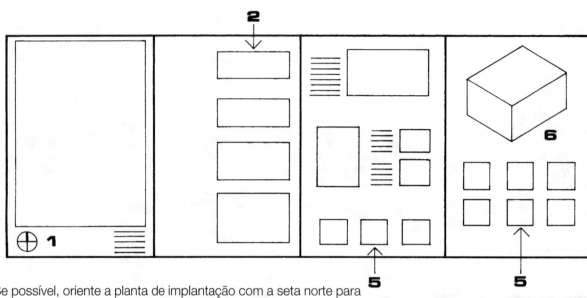

- Se possível, oriente a planta de implantação com a seta norte para o alto* (**1**).
- Com um espaço vertical adequado, oriente as plantas baixas e elevações de modo que se encaixem em uma ordenação vertical (**2**).
- De modo semelhante, as plantas baixas e elevações podem se relacionar horizontalmente caso haja espaço horizontal adequado (**3**).
- Os cortes da construção devem se relacionar vertical ou horizontalmente com as plantas baixas e elevações em uma sequência alinhada (**4**).
- Detalhes e notas devem ser agrupados de modo visualmente organizado (**5**).
- As projeções paralelas e perspectivas dão coesão e integração aos desenhos e ajudam a unificar a apresentação (**6**).
- A organização normalmente aceita para a exibição de desenhos é da esquerda para a direita, de cima para baixo.

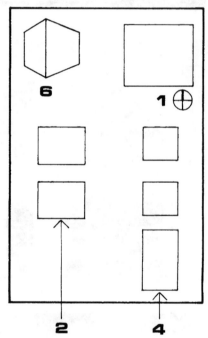

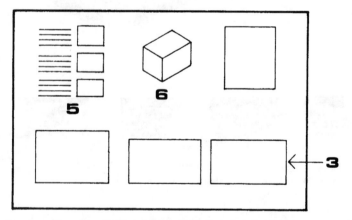

Os desenhos arquitetônicos primários foram introduzidos na seção sobre terminologia convencional das vistas ortogonais. Individualmente, esses desenhos possuem pouca importância. Entretanto, quando combinados no conjunto de uma *apresentação*, se tornam uma poderosa *ferramenta de comunicação*. As apresentações arquitetônicas são normalmente criadas em folhas ou pranchas sequenciais. A organização e a composição dos elementos do desenho são flexíveis desde que haja um compromisso de continuidade e unidade, assim como um enfoque conceitual.

---

*Sendo a Terra esférica, não existe o lado de cima nem o lado de baixo. Essa é uma visão de mundo norte-americana e europeia — o norte para o alto, superior e acima do resto do mundo. Uma seta com a orientação do desenho é fundamental, mas não obrigatoriamente indicando a direção norte voltada para cima. (N.T.)

FUNDAMENTOS 379

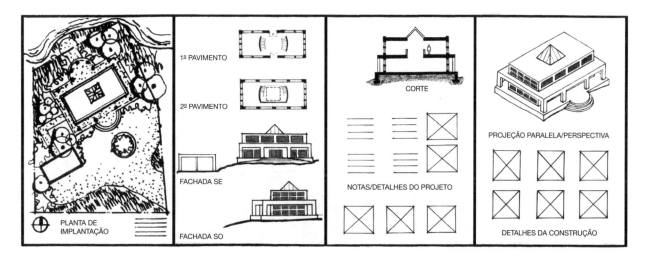

Murais de apresentação possuem a vantagem de permitir que uma grande plateia veja todos os desenhos em contexto com os demais. Os componentes primários em uma apresentação arquitetônica são a planta de implantação, as plantas baixas, as fachadas, os cortes e as projeções paralelas/perspectivas. Uma apresentação eficiente que unifique esses elementos geralmente requer consistência de escala, orientação e meios/técnicas de apresentação. O tamanho da plateia e a distância de visualização normalmente são fatores determinantes para a escolha da escala e do tipo de material empregado.

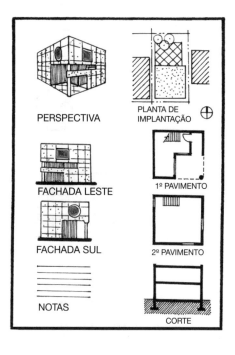

Formatos de apresentações arquitetônicas em murais são mais eficientes quando organizados horizontal ou verticalmente. Os exemplos apresentados são (1) a orientação vertical das pranchas ou folhas com fluxo de leitura horizontal (ao alto); (2) uma apresentação em prancha ou folha horizontal que pode ser lida como uma composição completa (à esquerda); e (3) uma apresentação em prancha ou folha orientada verticalmente que pode ser lida como uma composição completa (à direita). Costuma ser útil orientar a planta de implantação e as plantas baixas na mesma direção. A apresentação em mural é normalmente complementada com modelos em escala, *slides*, relatórios e Internet (para escolas, escritórios particulares e o público leigo).

FORMATOS DE APRESENTAÇÃO

380 CAPÍTULO 8: FORMATOS DE APRESENTAÇÃO

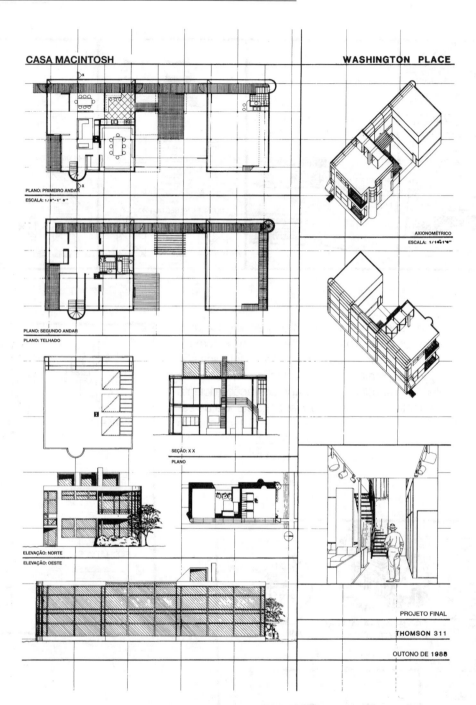

Desenho: Projeto acadêmico por Vaughn Dierks,
Casa Macintosh, St. Louis, Missouri
Cortesia da Washington University School of Architecture, St. Louis, Missouri

Esta apresentação foi eficientemente organizada com auxílio de uma *grade* de apresentação. A grade é extremamente eficiente no auxílio da organização global dos desenhos e dos fragmentos de informação que são incorporados em uma apresentação abrangente. Grades oferecem um senso organizado para imagens múltiplas. A maioria das grades é criada usando quadrados, mas retângulos também podem ser utilizados. Desenhos e texto podem ser posicionados através ou no interior das linhas de grade. A grade deve ser desenhada de leve. A quantidade de espaço negativo entre os desenhos é extremamente importante. Muitos espaços vagos resultam em desenhos que "flutuam"; poucos geram um leiaute congestionado. Como em qualquer composição artística, um equilíbrio figura-fundo adequado é crucial para que todos os desenhos coexistam em harmonia.

FUNDAMENTOS 381

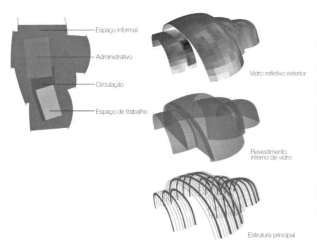

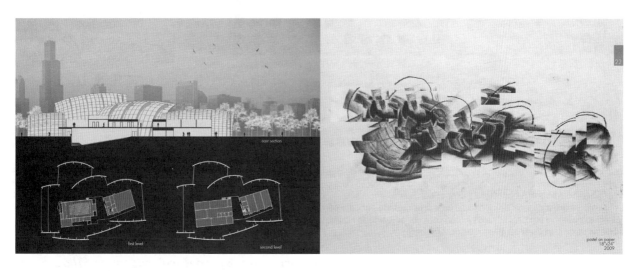

Respondendo à natureza das instituições arquitetônicas de Chicago que se fundem em uma construção, criei uma "esponja arquitetônica" que consegue absorver através de sua natureza porosa a cidade e a iluminação circundantes, cumprindo ao mesmo tempo um programa específico. A esponja é concebida para permanecer firme e forte dentro da paisagem, representando a estabilidade e a natureza crescente da arquitetura de Chicago. A construção cria um senso definido de presença e força em vez de simplesmente ser uma bolha idiossincrática.
[RELATO DE UM ALUNO]

Imagens: Esponja (extraídas do portfólio do aluno), Chicago, Illinois
Material: Desenhos lineares — AutoCAD & Adobe Illustrator; Modelagem — Rhino e Google SketchUp; Arte-final — Kerkythea; Pós-produção de acabamento — Adobe Photoshop
Cortesia do aluno Matthew Buyer
Bowling Green State University, Departamento de Arquitetura

Ver o *link* para esse portfólio na segunda página do capítulo sobre portfólio.

FORMATOS SEM GRADE

Muitos formatos de apresentação são organizados de outras maneiras e por outros meios sem se basear em um sistema de grades. Por exemplo, você pode usar quadrantes e organizar dentro de cada quadrante. Ou você pode simplesmente usar o bom senso visual para equilibrar todos os elementos.

382 CAPÍTULO 8: FORMATOS DE APRESENTAÇÃO

DESENHOS COMPOSTOS

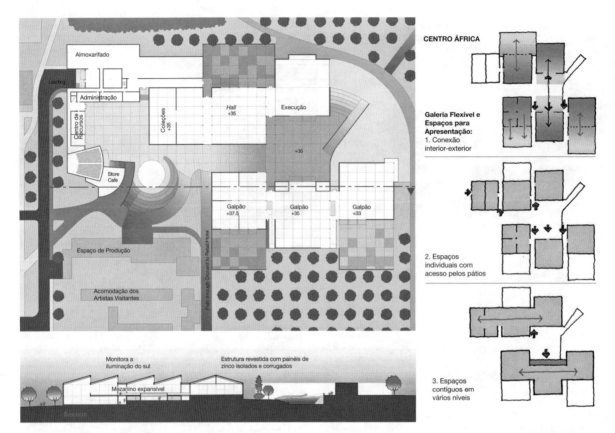

Imagem de competição #2 (parte de uma apresentação *online* de dez imagens)
Planta e diagramas compostos do principal espaço de exibição para o projeto,
a Art Shed Southbank Architectural Competition, 2006
Uma colônia artística a ser adicionada a uma propriedade agrícola perto da Cidade do Cabo, África do Sul
Material: Desenho em CAD e traços à mão com cor adicionada no Photoshop
Cortesia de Santos Prescott e Associados, Arquitetos

Hoje, muitas competições exigem o envio de documentos pela Internet, com os jurados analisando pela tela do computador. Esse modo de apresentação online *requer uma abordagem ao projeto da apresentação que reconheça o desenrolar da trama à medida que os jurados navegam pelas imagens. Esse modo diferente de projeto também precisa acomodar a baixa resolução da tela do computador. [RELATO DE UM ARQUITETO]*

Por algumas décadas antes de 1980, era comum a prática de exibir um conjunto típico de desenhos de apresentação (planta, fachada, corte etc.) montados como páginas diferentes em painéis separados (também denominados folhas ou pranchas). Os anos 1980 viram um movimento que tendia a combinar vários tipos de desenhos em uma única apresentação. Desde essa época e no século XXI, os concursos de projetos se tornaram mais restritivos nos requisitos de tamanhos. Isso levou muitos competidores a experimentar novos formatos inovadores. Quando diversos tipos de desenhos são combinados em um único painel, ele é denominado *desenho composto*.

O corpo das fontes nos títulos ou legendas, e em qualquer texto para apresentações arquitetônicas, depende de como os desenhos serão vistos e manipulados. Um júri de projeto (um grupo de professores, estudantes ou profissionais que fazem o julgamento do material apresentado) ou um cliente reagem ao texto de pontos de vista e distâncias diferentes, em função do objetivo da informação. Idealmente, os desenhos devem falar por si próprios; a inclusão de textos deve ser minimizada o máximo possível. Como regra geral, utilize o menor tamanho de letra e o estilo mais simples que seja legível da distância desejada. Nas apresentações em múltiplos painéis, tente manter coerência no formato, tamanho, forma, orientação e estilo das imagens dos desenhos. A continuidade entre os painéis em relação ao material utilizado também pode ajudar a manter a unidade da apresentação. A parte final deste capítulo mostrará várias apresentações profissionais com múltiplos painéis de desenhos de concurso.

FUNDAMENTOS 383

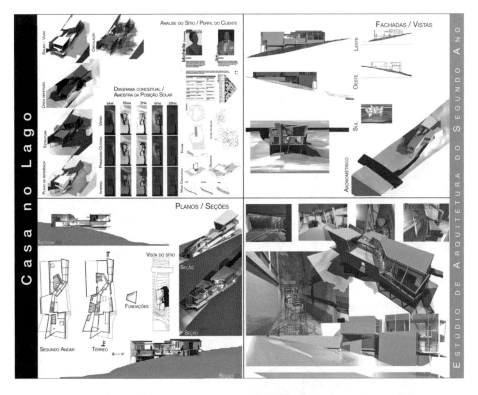

Imagens: Casa no Lago, Marietta, Georgia
Material: Plantas baixas desenhadas à mão; modelos computadorizados em form·Z para os diagramas analíticos e conceituais, cortes em 3D e vistas em perspectiva
Projeto acadêmico de Neil Patel
Cortesia do Professor de Estúdio
Dr. Saleh Uddin
Departamento de Arquitetura
Southern Polytechnic State University

DESENHOS COMPOSTOS

O formato da apresentação foi criado em quatro quadrantes iguais (topo). Começando com os diagramas analíticos do local, perfil do cliente e condições ambientais no primeiro quadrante, a apresentação flui para o ambiente da construção e seus interiores nos quadrantes restantes. O quarto quadrante ampliado mostra diagramas computadorizados do ponto de referência, da estrutura e das relações entre sólidos/vazios da construção. [Relato de um professor]

Neste desenho composto, a planta e a fachada foram dispostas como uma apresentação. Deve-se tomar cuidado para que cada desenho possa ser lido sem perda de clareza. Novas formas de compor desenhos utilizando uma combinação de desenhos com transparência, desenhos superpostos ou híbridos estão se tornando comuns em concursos.

384 CAPÍTULO 8: FORMATOS DE APRESENTAÇÃO

DESENHOS COMPOSTOS

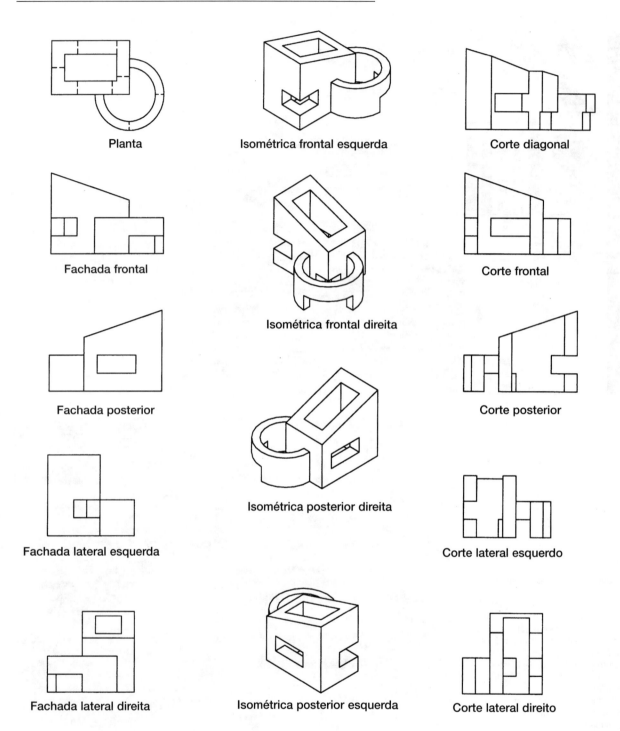

Desenhos e subsequente projeto de composição por Kwok Gorran Tsui, arquiteto diplomado na University of Texas em Austin.
Escala: 1:130

Nas três páginas a seguir, são apresentados três métodos de organização para uma composição de desenhos utilizando os elementos geométricos mostrados nesta página. Antes de projetar leiautes esquemáticos em desenhos compostos, assegure-se de ter reunido todos os elementos do desenho e o texto para a composição. Defina também se haverá um centro de foco primário e se todos os outros desenhos terão igual importância. Avalie se haverá alguma variação de escala nos desenhos. Pense em como utilizar os espaços negativos ou o plano de fundo, assim como os elementos de enquadramento para estabelecer limites (reais ou implícitos).

FUNDAMENTOS **385**

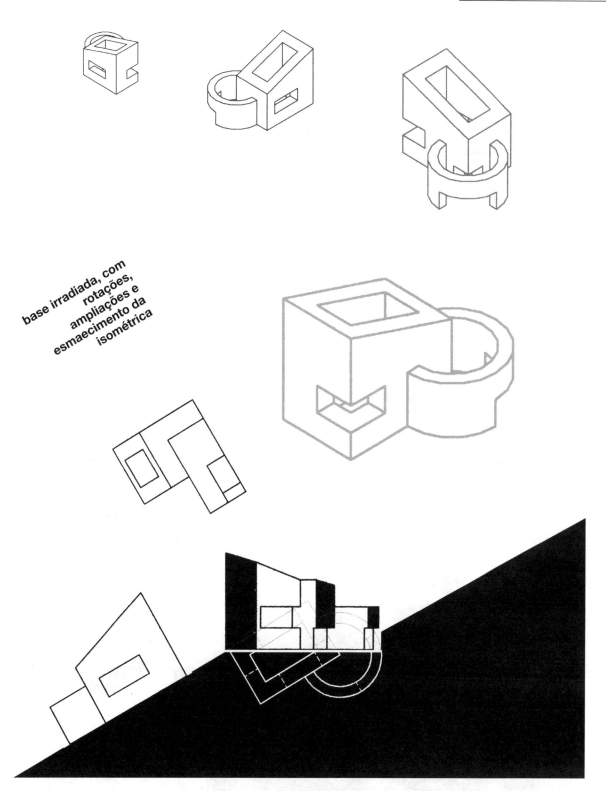

base irradiada, com rotações, ampliações e esmaecimento da isométrica

DESENHOS COMPOSTOS

Projeções paralelas como as isométricas aqui apresentadas são extremamente eficientes em apresentações compostas integradas. São de fácil referência e se relacionam bem com múltiplas vistas ortogonais. Os desenhos de perspectivas também se relacionam adequadamente com múltiplos desenhos, mas tendem a ser mais independentes. No desenho acima, os vários desenhos isométricos em 3D giram no sentido anti-horário, de trás para um foco central, onde a planta baixa, o corte e as fachadas direita e traseira estão situadas. A linha de base inclinada do leiaute ecoa a inclinação no topo da estrutura.

386 CAPÍTULO 8: FORMATOS DE APRESENTAÇÃO

DESENHOS COMPOSTOS

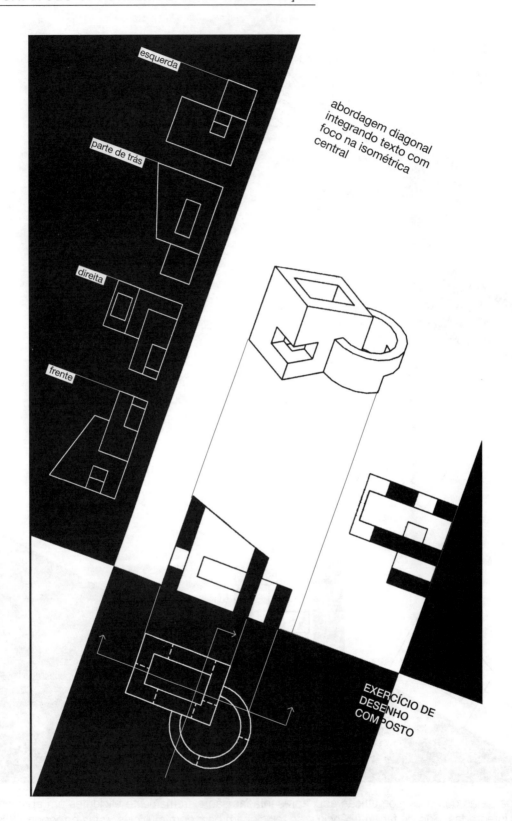

Neste exemplo, a espessura da parede da construção abstrata foi exagerada. O leiaute diagonal reflete a forma dinâmica e interessante da estrutura. O centro de interesse é a planta baixa, o corte e a isométrica no segmento intermediário, enquanto os elementos de desenho de apoio são colocados nas laterais. Os desenhos e textos se entrelaçam dentro dos espaços positivos e negativos que definem o leiaute do projeto.

FUNDAMENTOS **387**

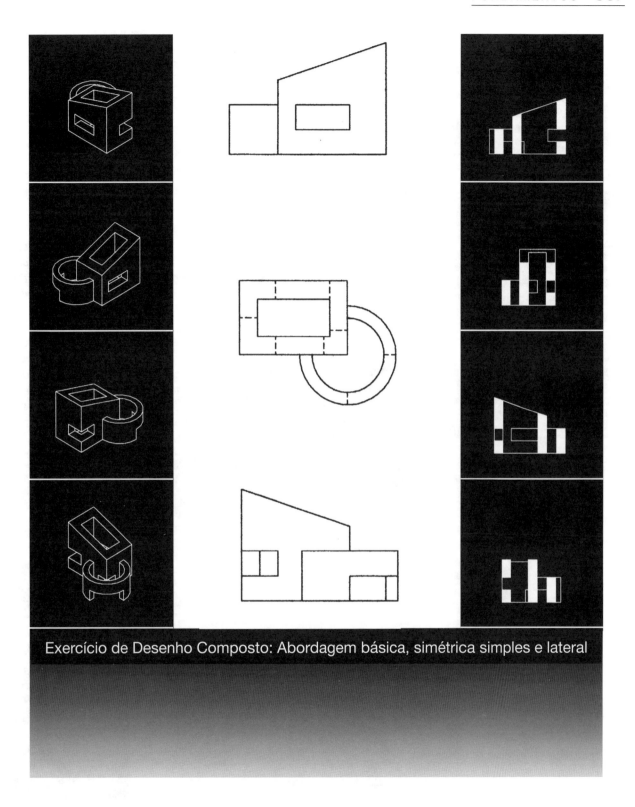

Exercício de Desenho Composto: Abordagem básica, simétrica simples e lateral

Ao formular o leiaute para uma composição de qualquer projeto, tente ser criativo no equilíbrio e arranjo dos elementos na área do desenho. Um campo escuro ou contrastante, com ou sem mudança de tonalidade, pode servir como área da base ou do terreno onde uma construção será assentada na forma de fachada, corte, perspectiva etc. Um campo escuro também pode funcionar como espaço negativo para texto ou linhas de desenho em branco ou como borda para organizar desenhos específicos em seus relacionamentos com os demais.

388 CAPÍTULO 8: FORMATOS DE APRESENTAÇÃO

DESENHOS COMPOSTOS

Desenho composto: Projeto de uma parada de ônibus
Projeto acadêmico de Shehreen Saleh
Departamento de Estudos Arquitetônicos
Universidade do Missouri-Colúmbia
Cortesia do Professor Dr. Saleh Uddin

Imagem
Superior: Leiaute de mural composto com alocação de blocos retangulares para cada imagem contendo planta, fachada, montagem, colagem de fotos do local e texto explicativo.

Inferior: Leiaute de mural composto com alocação de blocos retangulares sem bordas na periferia para cada imagem contendo a maquete e vistas em 3D computadorizadas feitas com AutoCAD, 3D Studio Max e Photoshop.

Projeto: *A tarefa pede um projeto de parada de ônibus em um determinado local usando componentes pré-fabricados. O programa pede uma estrutura com um tamanho máximo de 6 m × 6 m a ser posicionada ao longo da rota do Sistema de Transporte Público do Condado de Georgia Cobb. A estrutura deve fornecer proteção contra os elementos, mas deve ser conveniente para esperar e embarcar em um ônibus. A introdução de princípios estruturais básicos como um determinante para a linguagem do projeto e as explorações da montagem dos materiais são objetivos primários desse projeto.* [Relato de um professor]

APLICAÇÕES 389

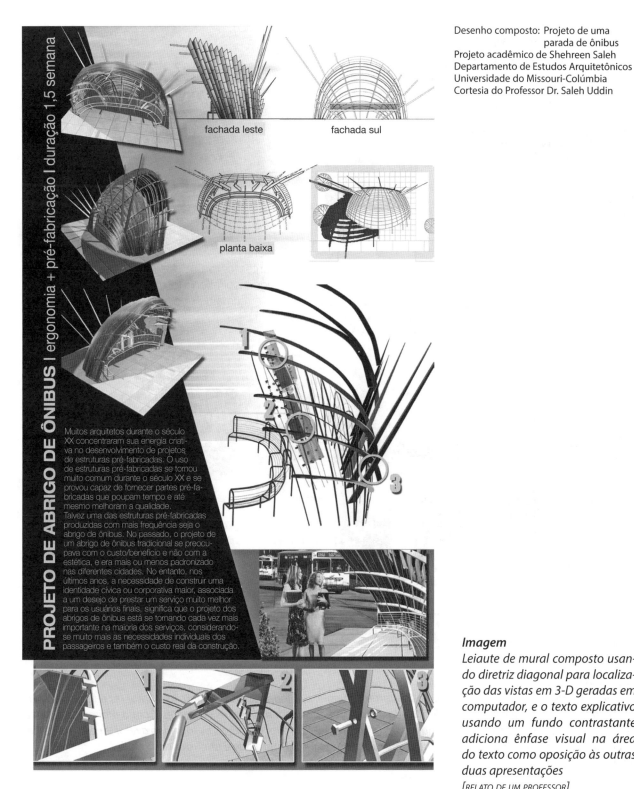

Desenho composto: Projeto de uma parada de ônibus
Projeto acadêmico de Shehreen Saleh
Departamento de Estudos Arquitetônicos
Universidade do Missouri-Colúmbia
Cortesia do Professor Dr. Saleh Uddin

Imagem
Leiaute de mural composto usando diretriz diagonal para localização das vistas em 3-D geradas em computador, e o texto explicativo usando um fundo contrastante adiciona ênfase visual na área do texto como oposição às outras duas apresentações
[RELATO DE UM PROFESSOR]

Essas duas páginas ilustram três abordagens de leiaute da maquete de um mesmo projeto.

DESENHOS COMPOSTOS

390 CAPÍTULO 8: FORMATOS DE APRESENTAÇÃO

DESENHOS COMPOSTOS NOS PORTFÓLIOS DOS ALUNOS

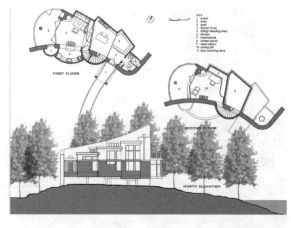

Imagens (acima): Cabana do Escritor
Cortesia do aluno Mario Walker
Universidade de Memphis
Departamento de Arquitetura

Imagens (abaixo): Chicago Inspiration
Cortesia do aluno Geunho Song
College of DuPage
Departamento e Arquitetura

A Cabana do Escritor exibe uma boa justaposição de plantas com um desenho em corte do local. Chicago Inspiration mostra o uso excelente da colagem em uma composição composta.

Cabana do Escritor
Com um programa simples, ainda que com um caráter complexo, a formação da cabana do escritor fez referência à personalidade do cliente, que é estruturada e ainda assim caprichosa em momentos diferentes. Com o projeto da cabana expressando essa teoria da "dupla personalidade", foi importante compor os murais de tal modo a reforçar o conceito. Em resposta, os dois murais compostos alternam entre um leiaute mais controlado e um "caos controlado".
[Relato de um aluno]

Chicago Inspiration
O objetivo desse projeto foi criar uma colagem tridimensional de fotografias e croquis da cidade de Chicago. O processo de projeto envolveu as fragmentações das imagens e formas tridimensionais para criar uma composição unificada da forma, foto e croqui. A colagem é uma exploração das formas repetitivas em camadas que servem para enquadrar e misturar as imagens em uma colagem coesa.
[Relato de um aluno]

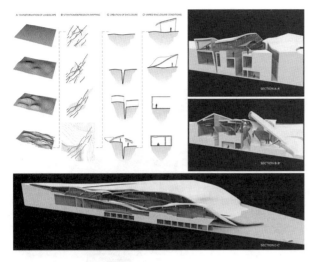
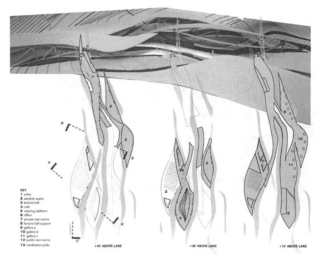

Imagens: Refúgio de Bass Island, South Bass Island, Ohio
Material: Rhino e Flamingo
Cortesia do aluno Drew Cowdrey
Departamento de Arquitetura da Bowling Green State University
Professores Scot MacPherson e Andreas Luescher

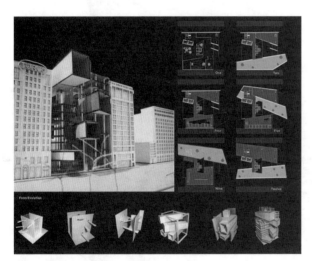

Imagens: Expansão Orgânica, Chicago, Illinois
Material: SketchUp e Kirkythea
Cortesia do aluno Drew Cowdrey
Departamento de Arquitetura da Bowling Green State University
Professores Stan Guidera e Jon Stevens

Refúgio de Bass Island
Com seu programa exclusivo e ausência de contexto construído, a diagramação das transformações formais proporcionou uma maneira de desenvolver o projeto. O uso de uma série de diagramas bidimensionais reduziu o fardo de racionalizar uma forma complexa e, em vez disso, permitiu uma compreensão de como a forma se desenvolveu.

Expansão Orgânica
Esse projeto de construção de prédios novos, uma parede urbana histórica e intocada na Avenida Michigan em Chicago, prescreveu uma intervenção um tanto estrita na superfície. O resultado foi que utilizei uma série de modelos espaciais cada vez menos abstratos que permitiram que o projeto evoluísse do pensamento sobre uma superfície para o pensamento sobre a interação de uma superfície com o conteúdo a ela subjacente.
[Relato de um aluno]

392 CAPÍTULO 8: FORMATOS DE APRESENTAÇÃO

COMPOSIÇÕES COM DESENHOS TRANSOBLÍQUOS

© Michael French, fotógrafo

A arte-final é uma composição de desenhos dispostos graficamente em volta da geometria do plano e inter-relacionados através de um sistema de linhas de regulação. Usando várias imagens, é possível compreender a planta da construção e as características espaciais dentro do arcabouço de um único desenho. A precisão da caneta nanquim foi necessária para permitir a leitura clara das características mais finas.

Projeto: Uma parede curva maciça ancorada em falésias de lava circunda e protege um refúgio tropical na ilha Maui. Virada de costas para o sol intenso que vem do sul e do oeste, a casa atende aos clientes, que desejavam uma casa adaptada ao local e que utiliza o caráter e o estilo de vida únicos da ilha tropical. Os espaços internos e externos estão inseparavelmente ligados pela ausência de paredes que abrem cada cômodo para as varandas externas. Telas intrincadas lançam padrões reluzentes de luz e sombras enquanto acompanham a trajetória do sol, ao passo que a vegetação tropical desce pelas falésias de lava e se derrama dentro da residência, vinculando a sensação nessa casa à natureza exuberante do local. Uma torre de ligação oferece vistas distantes para o vulcão de Haleakala e o Oceano Pacífico além.
[Relato de um arquiteto]

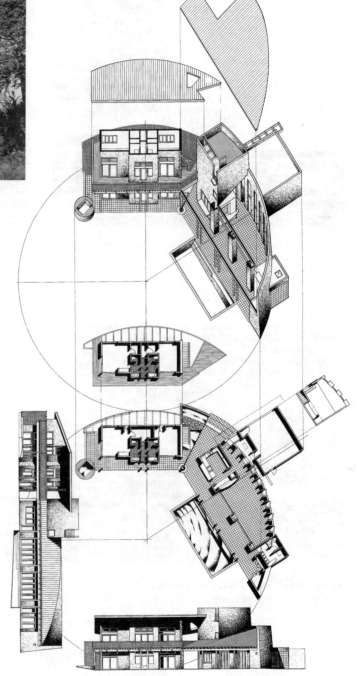

Desenho: Residência Ka Hale Kakuna, Maui, Havaí, Composição com perspectiva militar, planta e fachada,
66 × 121,9 cm (26" × 48")
Material: Nanquim com aerógrafo em poliéster
Cortesia de House + House Arquitetos, San Francisco;
David Haun, Ilustrador

Os desenhos de *perspectivas paralelas* podem ser *transmétricos* (mostrando dois lados encurtados) ou *transoblíquos* (mostrando um lado em verdadeira grandeza e o outro encurtado ou em verdadeira grandeza). As duas fachadas exibidas aqui são perspectivas *transoblíquas*.

APLICAÇÕES **393**

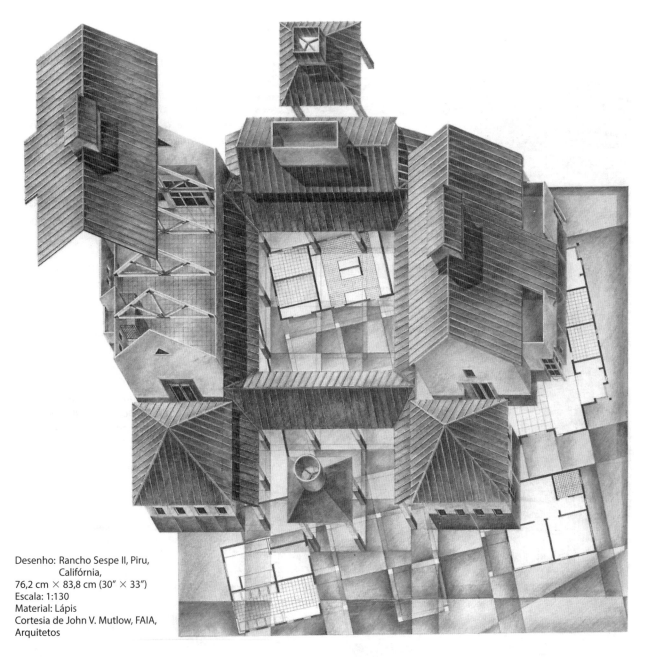

Desenho: Rancho Sespe II, Piru, Califórnia,
76,2 cm × 83,8 cm (30" × 33")
Escala: 1:130
Material: Lápis
Cortesia de John V. Mutlow, FAIA, Arquitetos

COMPOSIÇÃO COM EIXO Z NÃO VERTICAL

A intenção do projeto é montar três tipos de unidades básicas — uma residência de dois, três e quatro quartos — em uma série de edificações com três, quatro e cinco unidades vinculadas. Usando os formatos de habitação lado a lado e geminada, podem ser desenvolvidos tipos de construções diferentes, resultando na diferenciação e identificação dessas edificações em relação à repetição econômica das unidades. Esta ilustração mostra oito tipos de edificação desenvolvidos. O acabamento em lápis 6B de uma fachada bidimensional combinada com a planta baixa da residência ajuda a compreender a qualidade tridimensional da fachada e a diferenciação dos tipos de edificação.

[RELATO DE UM ARQUITETO]

© John V. Mutlow, FAIA

394 CAPÍTULO 8: FORMATOS DE APRESENTAÇÃO

COMPOSIÇÃO AXIOMÉTRICA COM DETALHES

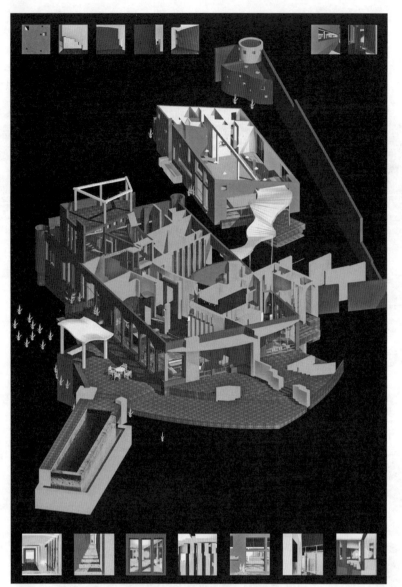

Esta arte-final axonométrica de uma antiga fábrica remodelada em uma nova residência e galeria de arte popular ilustra a complexidade desse projeto único no México central. Ao remover a cobertura, pode-se ver claramente o leiaute de cada cômodo e a sua relação com as diversas varandas exteriores. O uso corajoso das cores foi um elemento importante no projeto e é apresentado claramente nesse desenho. Detalhes cuidadosamente escolhidos foram desenhados como uma série de quadrados situados nas partes superior e inferior da arte-final.

Um caminho tortuoso leva às portas de entrada envidraçadas situadas bem no centro da residência, na interseção das linhas cósmicas, ladeadas por fogo e água. Um teto curvilíneo cor de manga liga a residência ao estúdio. Linhas fluidas continuam nas janelas, tetos, varandas, grades e murais de azulejos, todas suavizando a forma retilínea simples original. Ramos antigos de algarobeira arqueiam sobre a piscina olímpica enquanto se elevam pela paisagem.
[RELATO DE UM ARQUITETO]

Desenho e fotos: Casa Renacimiento,
Atotonilco, México,
13" × 19" axonométrica com detalhes no ArchiCAD
Cortesia de House + House Arquitetos
Rafael de le Lama, Ilustrador
© Steven e Cathi House, Fotógrafos

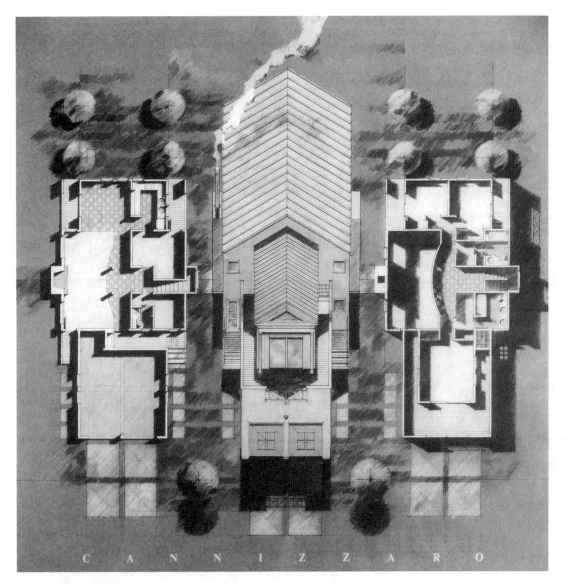

Desenho (composição com perspectivas militar e cavaleira): Residência Cannizzaro, Montara, Califórnia,
91,4 cm × 91,4 cm (36" × 36"), Escala: 1:50
Material: Lápis, Prismacolor e tinta em *spray* sobre vegetal
Cortesia de House + House Arquitetos
James Cathcart, Ilustrador

© Gerald Ratto, fotógrafo

Esta técnica de acabamento foi escolhida para enfatizar a disposição formal da planta e a natureza simétrica da fachada frontal. Após finalizar o trabalho básico com lápis, pintou-se o verso do vegetal com tinta preta em spray *para gerar um fundo cinza. O Prismacolor foi empregado atrás e na frente para criar um efeito suave de pastel na residência e também para realçar os elementos da paisagem na frente.*

Essa residência modesta em uma vizinhança tradicional apresenta uma fachada formal para a rua. As laterais cor de pêssego e cinza com amplas aberturas quebram a massa da edificação em composições altamente controladas. A ponte curva no segundo pavimento proporciona uma visão geral excepcional da sala de estar abaixo. Formas simétricas puras se misturam com uma forte geometria axial, criando uma residência contemporânea de proporções clássicas. [Relato de um arquiteto]

CAPÍTULO 8: FORMATOS DE APRESENTAÇÃO

COMPOSIÇÕES COM PLANTA, FACHADA E CORTE

Residência Gersch, Hillsborough, Califórnia
Composição com planta, fachada e corte,
91 cm × 91 cm (36" x 36"), Escala: 1:50
Material: Lápis e grafite sobre vegetal
Cortesia de House + House Arquitetos
James Cathcart, Ilustrador
© Gerald Ratto, fotógrafo

Esse desenho complexo ilustra a formalidade de uma mansão paladiana moderna construída no norte da Califórnia por meio de uma composição cuidadosamente integrada de elementos definidores. A planta baixa e a fachada frontal dominam o desenho e expressam a formalidade global do projeto da residência. Os cortes da edificação são posicionados em volta da planta para revelar a clareza e os detalhes dos espaços internos. O lápis sobre vegetal foi escolhido por ser uma técnica atemporal, clássica, e para ilustrar a composição formal da residência.

Simetria, axialidade, progressão — elementos de uma mansão moderna clássica que extrai suas proporções e referências estilísticas do norte da Itália, contudo é uma residência contemporânea do Norte da Califórnia com um foco primário na vida interior-exterior. Os cômodos se derramam em varandas encharcadas de sol, piscinas e spa, e jardins cercados por árvores maduras. O jogo de luz e sombras nas paredes espessas confere solidez e uma qualidade escultural, que é aumentada pelas alturas variadas dos tetos, detalhes de pedra calcária e gesso aplicado à mão. [RELATO DE UM ARQUITETO]

A composição global deste desenho apresenta a forma e o leiaute dessa nova residência que foi construída para substituir uma destruída pelo trágico incêndio em Oakland, Califórnia. A planta do pavimento térreo ancora o desenho e é circundada por cortes e uma fachada externa. Os vários elementos do projeto são cuidadosamente representados para expressar a massa e a forma da edificação. São utilizados lápis Prismacolor na frente e atrás do vegetal para conferir uma paleta de cores ampla por toda a casa.

As alas dessa residência moderna se cruzam e dividem os jardins públicos e privados, com cada cômodo inundado por luz natural. O revestimento exterior em réguas de cedro colorido de turquesa transparente complementa os suportes de aço revestido de cobre e as marchetarias de cobre no piso. Varandas e balcões de concreto colorido refletem o telhado de telha de barro. Os tetos altos e as janelas e claraboias cuidadosamente posicionadas convidam padrões de iluminação que mudam no decorrer do dia. Compartimentos salientes articulam a massa da edificação, enquanto os detalhes em madeira, estuque e cobre respeitam a história e o caráter tradicional da vizinhança. [RELATO DE UM ARQUITETO]

Composição de planta, fachada e corte: Residência Langmaid, Oakland, Califórnia, 76 cm × 76 cm (30" × 30"), Escala: 1:50
Material: Lápis de cor e grafite sobre vegetal
Cortesia de House + House Arquitetos
David Haun, Ilustrador
© Mark Darley, fotógrafo

398 CAPÍTULO 8: FORMATOS DE APRESENTAÇÃO

COMPOSIÇÃO DE DESENHOS SUPERPOSTOS

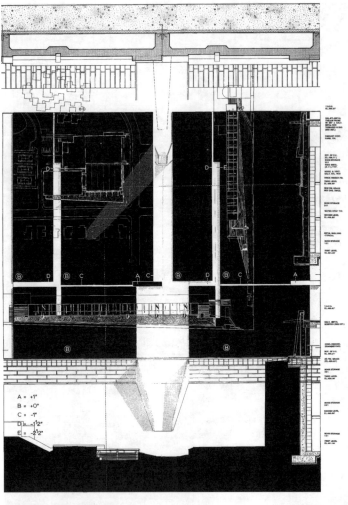

Composições com desenhos superpostos podem ter a aparência de belas composições artísticas abstratas. O inconveniente é que a miríade de linhas e formas pode se tornar confusa — às vezes apenas o autor consegue compreendê-las. Entretanto, quando postas juntas com muita clareza e pouca ambiguidade, as composições híbridas forçam o observador a examinar o projeto como uma apresentação integrada. Composições podem combinar diferentes técnicas e tipos de desenho, assim como diferentes ferramentas. Por exemplo, você pode fundir as técnicas manual e digital. Você pode até mesmo superpor e combinar ideias diferentes.

Desenho: University of California — Los Angeles, Biblioteca Regional Sul, Los Angeles, Califórnia,
76,2 cm × 101,6 cm (30" × 40"), Escala: 1:100
Material: Nanquim sobre impressão invertida
Cortesia de Franklin D. Israel Projetistas Associados, Arquitetos

A superposição de diferentes tipos de desenhos permite a maximização das informações em um espaço limitado. As composições podem retratar uma grande quantidade de informações gerais de modo compreensível em um único espaço. Elas não devem reproduzir as informações dos desenhos convencionais (como plantas, implantações, fachadas, cortes etc.) em espaços adjacentes, porém separados.

Desenho: Residência Blades, Goleta, Califórnia
Material: Grafite sobre poliéster
Cortesia de Morphosis e Thom Mayne com Sarah Allan, Arquitetos

Casa em Calderara

Desenho (acima): Composição de programação espacial e croqui
Cortesia do aluno Jerome Elder
Savannah College of Art and Design
Departamento de Arquitetura

Desenho (esquerda): Casa em Calderara, Imperia, Itália
Material: Lápis
Cortesia do Professor George S. Loli
Departamento de Arquitetura
Universidade de Louisiana-Lafayette

Os desenhos ilustram a interpretação emotiva e o uso da cor na representação e exploração do espaço, circulação e adjacência. A aquarela foi utilizada para expressar livremente o movimento a acrescentar ênfase a esses aspectos do projeto. Essa exploração informou ainda mais o corte através do qual a edificação tomou forma tridimensional. O corte longitudinal foi uma iteração final da forma e sua relação com o ambiente durante a fase de projeto esquemático.
[Relato de um aluno]

Esta composição de croqui de projeto mostra uma casa abandonada passando por uma reforma onde as vistas e consequentemente os terraços se tornam importantes pontos do projeto. Este desenho documenta o diálogo cliente-projetista, no qual são discutidas as oportunidades iniciais do projeto. [Relato de um professor]

Composições superpostas podem ser linhas nítidas bem marcadas ou croquis conceituais à mão livre, como os dois acima: a Casa em Calderara e o croqui de análise espacial do programa. Composições, particularmente os croquis, forçam o observador a focalizar mais os inter-relacionamentos entre os tipos de desenhos. Isso evita a tendência, especialmente entre iniciantes, de pensar em desenhos como informações individuais e isoladas.

400 CAPÍTULO 8: FORMATOS DE APRESENTAÇÃO

DESENHOS COMPOSTOS

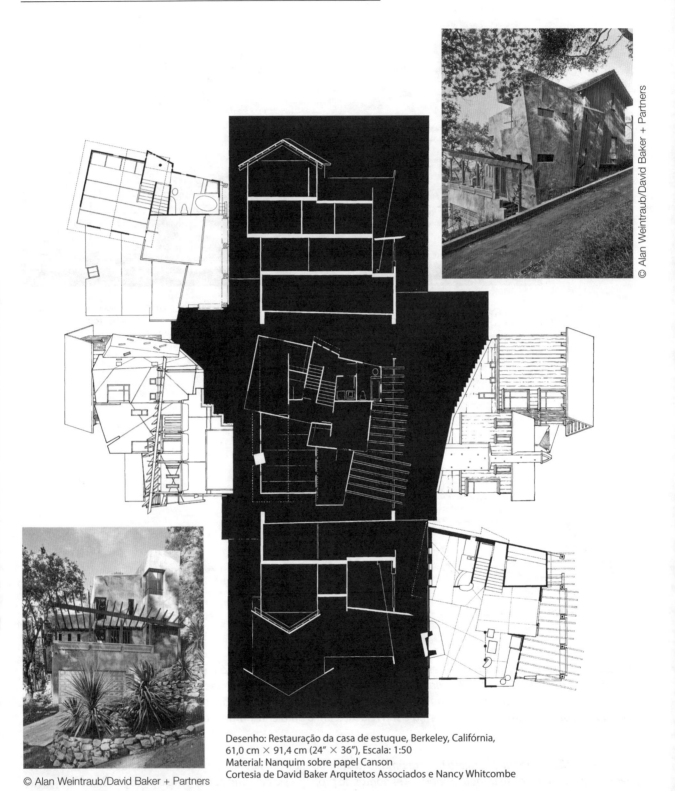

Desenho: Restauração da casa de estuque, Berkeley, Califórnia,
61,0 cm × 91,4 cm (24" × 36"), Escala: 1:50
Material: Nanquim sobre papel Canson
Cortesia de David Baker Arquitetos Associados e Nancy Whitcombe

© Alan Weintraub/David Baker + Partners

A casa representada por este desenho é complexa, uma colagem de ideias e estratégias arquitetônicas isoladas. A complexidade do desenho é compatível com a do projeto: simples plantas, fachadas e cortes isolados não iriam relatar o conteúdo emocional subjacente ao projeto. A intenção subliminar do projeto descrita intuitivamente nesta composição é maior do que a soma das informações lineares contidas nos diferentes desenhos técnicos que a compõem.
[Relato de um arquiteto]

APLICAÇÕES 401

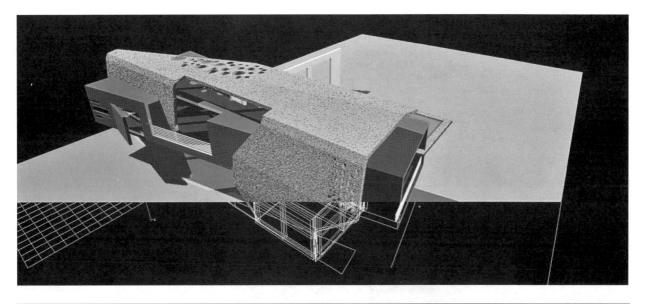

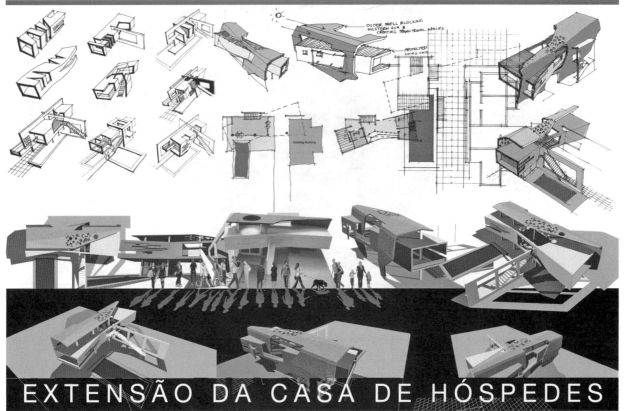

EXTENSÃO DA CASA DE HÓSPEDES

Imagens: Extensão da Casa de Hóspedes, Jabbar Jute Mill, Bhairab, Dhaka, Bangladesh
Material: Croquis à mão livre com caneta nanquim, croquis escaneados e colorizados no Photoshop, modelo de papelão e modelo 3D no computador em form·Z
Cortesia do Professor Dr. Saleh Uddin, Departamento de Arquitetura, Southern Polythecnic State University, Georgia

Alto: Estudo de forma e estrutura usando modelo computadorizado em 3D com form·Z
Abaixo: Imagens mostrando o uso de vários materiais e técnicas para visualizar e representar ideias para esse projeto durante o seu estágio de desenvolvimento. Croquis conceituais à mão, maquetes em escala e um modelo 3D computadorizado foram usados para comparar vários aspectos do projeto, incluindo a massa, a relação sólidos-vazios, materiais, proporções e escala. [RELATO DE UM PROFESSOR]

DESENHOS COMPOSTOS

402 CAPÍTULO 8: FORMATOS DE APRESENTAÇÃO

APRESENTAÇÃO EM PAINEL ÚNICO

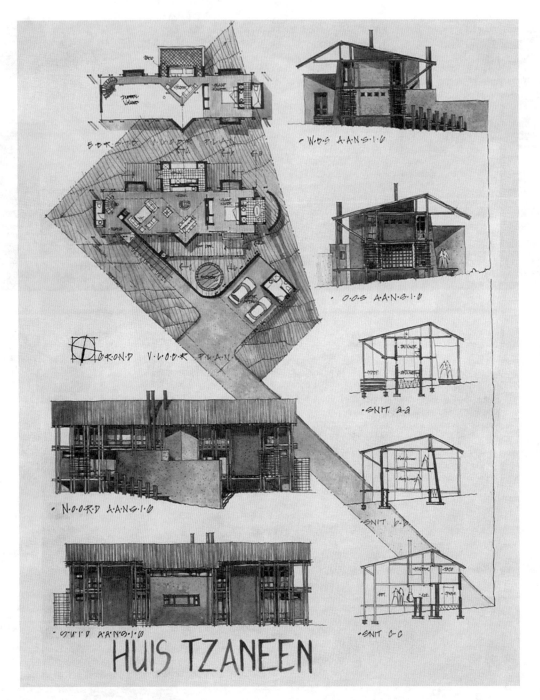

Desenho: Casa Notnhagel-Deiner, Tzaneen, África do Sul
Material: Aquarela e nanquim
Equipe de projeto: 'Ora Joubert e Thomas Gouws
Cortesia de 'Ora Joubert Arquitetos, Pretória, África do Sul

Desenho (página seguinte): Casa Bergh, Cidade do Cabo, África do Sul
Material: Aquarela e nanquim
Equipe de projeto: 'Ora Joubert

Em resumo, a Casa Notnhagel-Deiner (Tzaneen) é parte de uma genealogia de projetos que buscam uma síntese entre as premissas teóricas eurocêntricas e as particularidades socioeconômicas e ambientais do sul da África. Para que tivesse efeito, fez-se um esforço concentrado para adequar as circunstâncias locais por meio do uso de materiais disponíveis, técnicas de construção locais e impressão sobre o comportamento climático, através do respeito à integridade espacial e ao formalismo abstrato do modernismo ortodoxo.
[Relato de um arquiteto]

APLICAÇÕES 403

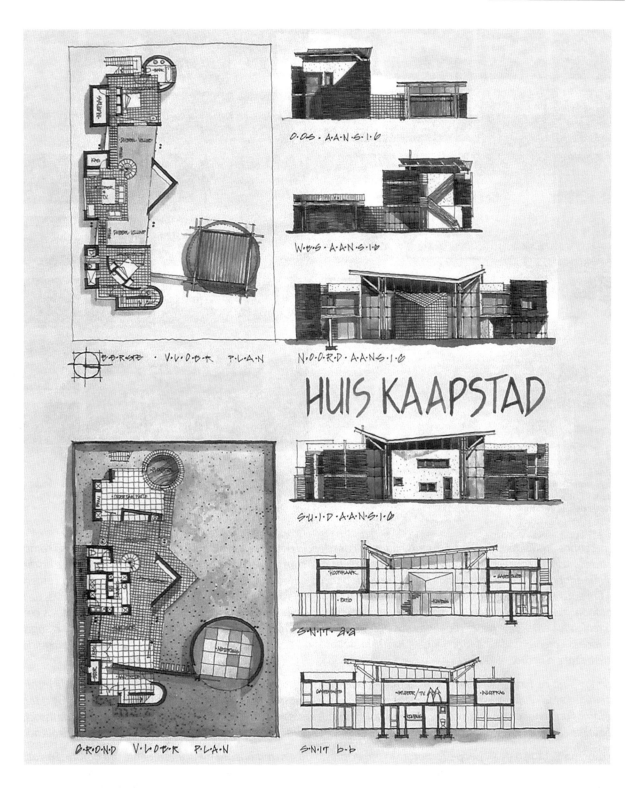

APRESENTAÇÃO EM PAINEL ÚNICO

De um ponto de vista conceitual, a Casa Bergh (Cidade do Cabo) explora o significado universal do espaço, combinado com um interesse sustentado pela dinâmica gerada pela colisão de geometrias. Uma vez que a casa está situada próxima ao litoral, em um terreno plano e arenoso, a superfície levemente elevada do piso objetiva deixar uma impressão delicada na areia. A escolha dos materiais — telhado e teto em alumínio, paredes brancas de acabamento rústico alternadas com tijolos recobertos com reboco de juntas alinhadas, bem como assoalho em ardósia negra e paredes azulejadas — realça a integração dos diferentes componentes formais na composição do conjunto. [RELATO DE UM ARQUITETO]

404 CAPÍTULO 8: FORMATOS DE APRESENTAÇÃO

APRESENTAÇÃO EM PAINEL ÚNICO

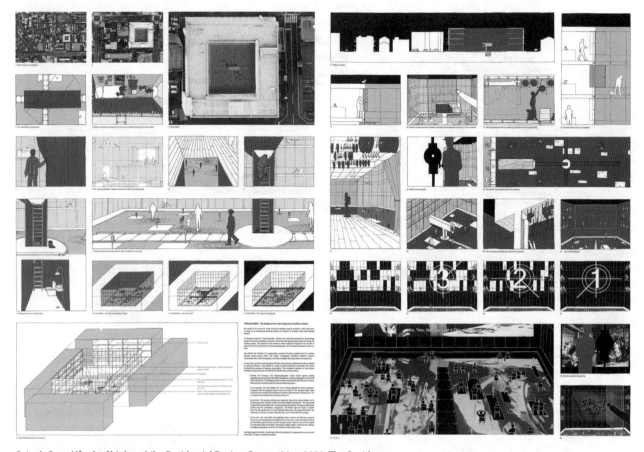

Painel: Casa Alfredo, Shinkenchiku Residential Design Competition 2009, The Residence from Our Having Lived the Movie Century — "Casa Alfredo"
Material: Photoshop e InDesign
Cortesia de CJ Lim/Studio 8 Architects

Os desenhos arquitetônicos convencionais negam a consciência poética e os valores culturais e sociais na nossa compreensão espacial. O conceito de leiaute da Casa Alfredo funciona com os mesmos princípios dos roteiros de filmes e histórias em quadrinhos — ele narra a arquitetura e a sua habitação humana. A estrutura de grade proporciona um começo e um fim para a estória, enquanto o corpo de imagens ilustra uma variedade de ocupação espacial e escala através de um protagonista. Para conduzir o leitor ao longo da estória linear, o protagonista e alguns elementos arquitetônicos chave são realçados em vermelho. As molduras dos desenhos digitais dão ritmo ao leiaute e à estória, pontuando o campo de ilustrações coreografadas "à mão livre". A inclusão de fotos aéreas e de cinema acrescenta camadas de ambiguidade entre o real e a ficção.

Fugimos para os filmes por noventa minutos de perfeição utópica idealizada; ao mesmo tempo, na realidade estamos testemunhando números crescentes de metrópoles em estado distrópico com sociedades alienadas. Em muitas cidades, herdamos um legado de habitação social hostil — interações entre vizinhos substituídas por comportamentos antissociais. A Casa Alfredo é um comentário de arquitetura social que luta para reacender as memórias das comunidades idealizadas.

No Cinema Paradiso de Guiseppe Tornatore, o projecionista do cinema orienta meticulosamente um garoto, Salvatore, a perseguir um sonho passando muitas horas discutindo e assistindo a filmes. A proposta da residência extrai inspiração metafórica do filme para explorar questões de inclusão social dos grupos menos favorecidos e de desenvolvimento comunitário dentro das nossas cidades.

A Casa Alfredo, a residência de um projecionista, ocupa o pátio público vazio de um bairro social alienado existente. O projeto mescla conceitualmente o sentimentalismo narrativo tradicional com a coreografia social e a nostalgia do cinema com o pragmatismo da vida diária.

[RELATO DE UM ARQUITETO]

APLICAÇÕES **405**

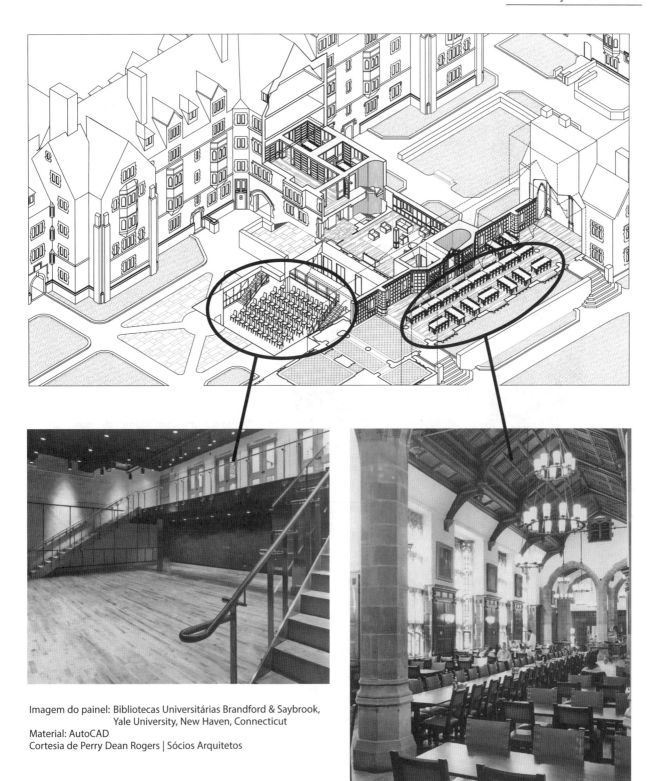

Imagem do painel: Bibliotecas Universitárias Brandford & Saybrook,
Yale University, New Haven, Connecticut
Material: AutoCAD
Cortesia de Perry Dean Rogers | Sócios Arquitetos

APRESENTAÇÃO EM PAINEL ÚNICO

Esta é uma apresentação muito informativa. Ela fornece uma orientação definitiva em 3D de dois espaços caracteristicamente bem diferentes em um *campus* com uma longa história. Ela é bem-sucedida em ilustrar pequenos espaços de reunião com funções exclusivas usando fotografias que transmitem detalhes históricos sem contar com diagramação. Esse projeto recebeu o Prêmio de Design para Preservação de 2004 da AIA por seu extremo cuidado em garantir que a renovação retivesse a sensação histórica do local, proporcionando ao mesmo tempo uma série de espaços de biblioteca confortáveis.

406 CAPÍTULO 8: FORMATOS DE APRESENTAÇÃO

APRESENTAÇÃO EM DOIS PAINÉIS

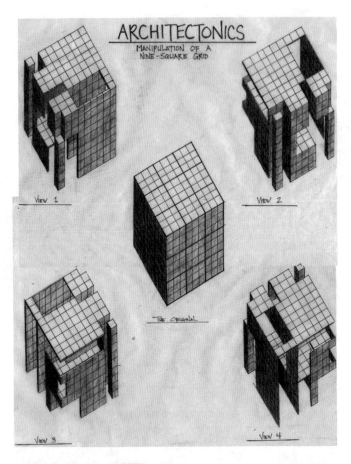

Proposta: Iniciando com uma grade de nove quadrados, desenvolva uma série de estudos que explorem os conceitos de figura e fundo, sólido e vazio, sombras e áreas não iluminadas, bem como transparência. Projete a grade no espaço tridimensional.

Formato: Empregando nanquim e lápis sobre duas folhas de papel-manteiga (50 cm × 50 cm), apresente suas descobertas por meio de croquis e desenhos.
[RELATO DE UM PROFESSOR]

Projeto acadêmico por Tommy Solomon
Cortesia do Professor de Estúdio Michael Hagge
Departamento de Arquitetura
University of Memphis

Problema cortesia do Professor de Estúdio
Michael Hagge
Departamento de de Arquitetura
University of Memphis

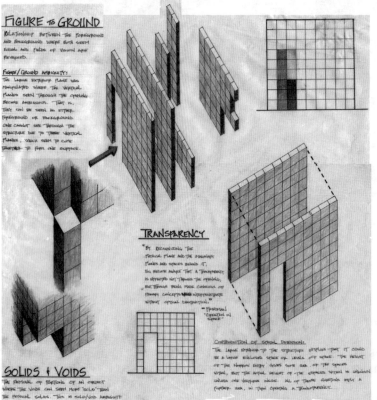

Um Estudo de Arquitetura: Residencial (a Casa Grotta por Richard Meier)

Proposta: Escolha uma estrutura residencial e consiga aprovação da faculdade. Prepare, então, uma análise da construção. Considere a geometria, escala, proporções, volume, hierarquia, textura, materiais e outros. Procure mais informações da representação em livros e periódicos. Tome decisões. Faça premissas. Transporte-se para o mundo da construção. Transporte-se para o local.

Formato: Esta proposta deve ser desenvolvida por meio de croquis e desenhos. Deve ser apresentada em duas pranchas de 50 cm × 50 cm. Avalie a composição das pranchas (sugestão: use uma para análise e outra para as informações). Todo o trabalho deve ser desenhado — sem fotocópias! Entregue uma análise redigida incluindo os gráficos apropriados. A parte escrita deve ser digitada; os gráficos devem ser capazes de se sustentar independentemente das pranchas de apresentação.
[Relato de um professor]

Problema cortesia do Professor de Estúdio
Michael Hagge
Departamento de Arquitetura
University of Memphis

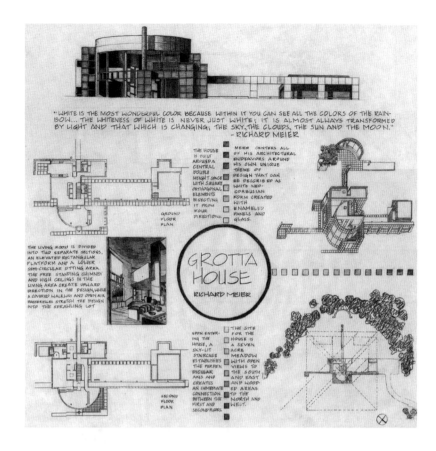

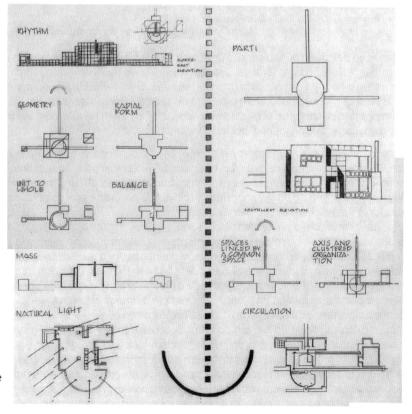

Projeto acadêmico por Amy Clyce
Material: Grafite sobre vegetal
Cortesia do Professor de Estúdio Michael Hagge
Departamento de Arquitetura
University of Memphis

APRESENTAÇÃO EM DOIS PAINÉIS

408 CAPÍTULO 8: FORMATOS DE APRESENTAÇÃO

APRESENTAÇÃO EM DOIS PAINÉIS

Projeto acadêmico por Jason Hearn: Composição de apresentação utilizando um sistema de grade quadrada
Centro Comunitário de Pass Christian, Pass Christian, Mississippi
Material: Impressão a *laser* fixada sobre papel-pluma preto
Cortesia do Professor LaRaine Papa Montgomery, Savannah College of Arts and Design

O caminho de estudo para a criação destas pranchas foi subdividido em duas sessões de dez semanas. Durante a viagem, o estúdio descobriu que a fúria do furacão Katrina havia deixado muito pouco — ou nada — das características do local onde seria a base do projeto do centro comunitário. O foco mudou rapidamente para o planejamento comunitário como meio de criar um local, enquanto o projeto do centro foi posto de lado. Por esse motivo, as pranchas foram criadas com diferença de dez semanas. Um quadrado de 1,22 m × 1,22 m foi utilizado como unidade das proporções. Cada elemento nas pranchas é proporcional a todos os demais.

Usando a fotografia de um carvalho sobrevivente, o conceito, o problema e a solução foram equacionados de modo a dar suporte ao processo de projeto. A densidade do conceito inicial e as informações antecedentes que influenciaram de modo consistente as vinte semanas inteiras do estudo foram dispostas na base do tronco da árvore em cores fortes. Diretamente acima do painel conceitual, o painel de problemas foi colocado em uma faixa horizontal. Simbolicamente, essa faixa inferior com os problemas se relaciona com os galhos mais antigos e maiores da árvore. Em seguida, uma faixa horizontal com o painel de soluções foi introduzida abaixo, para futuro amadurecimento e desenvolvimento. Uma fotomontagem com cinco perspectivas manteve a informação apresentada no painel de problemas e explicou visualmente as informações propostas no painel de soluções. Foi a partir daqui que as plantas da comunidade principal e das vizinhanças foram finalizadas. Uma vez que estes desenhos são o produto final, são apresentados em uma escala grande e centralizados no alto da prancha, criando a ponta do carvalho vivo. A ponta de um galho baixo se estende horizontalmente a partir da prancha da planta principal até a prancha do centro da nova comunidade. Aqui, são apresentados o local e a vizinhança da construção do centro. O formato composição mantém todos os painéis de problemas alinhados, enquanto proporciona ao projeto da construção espaço para crescer. Fotografias dos aspectos físicos representam os aspectos estruturais da construção que refletem os conceitos do projetista, bem como os associados à sustentabilidade. Mais uma vez, foram usadas fotomontagens nos desenhos de elevação e cortes para complementar visualmente o projeto. No ápice, desenhada em escala maior para realce, encontra-se a planta baixa principal do prédio. É neste desenho que todos os aspectos do projeto são representados: conceito, programa, forma. Como os desenhos da planta são dispostos horizontalmente ao longo do topo, o observador pode criar uma clara distinção através das escalas, desde a comunidade até a vizinhança da construção. Quando colocadas juntas, as dimensões das duas pranchas englobam a unidade de proporção inicial estabelecida desde o início. [RELATO DE UM ALUNO]

APLICAÇÕES **409**

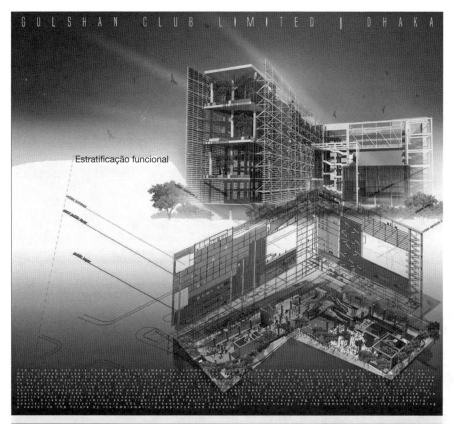

Este desenho é uma imagem composta, que representa uma perspectiva em 3D do volume de uma construção e do tratamento da fachada, dois cortes verticais alocando as camadas funcionais dos espaços nos eixos x e y e uma planta baixa do nível térreo, todos fazendo referência a todos para a exibição integrada das informações em um único desenho. As sombras de fundo (cinza escuro versus branco na parte inferior) desempenham um papel importante na criação de uma hierarquia de importância gráfica.

A edificação do Gulshan Club é criada para ser um ícone, igualmente poderoso de dia e à noite. As aberturas são projetadas em função das vistas para o entorno panorâmico pitoresco e também da ventilação. Duas aberturas urbanas modificam a geografia do local ligando física e visualmente a edificação aos elementos do local.
[Relato de um professor]

Desenho composto: Gulshan Club, Dhaka, Bangladesh
Material: 3D Studio Max e Photoshop
Equipe de projeto: Dr. Saleh Uddin, Didarul Islam Bhuiyan, Dilruba Ferdous Shuvra, A. K. M. Muajjam Hossain
Cortesia do Dr. Saleh Uddin, 1º Colocado, Open Competition Winner (organizada pelo Instituto dos Arquitetos de Bangladesh)

APRESENTAÇÃO EM PAINEL ÚNICO

410 CAPÍTULO 8: FORMATOS DE APRESENTAÇÃO

APRESENTAÇÃO FLEXÍVEL DE PAINÉIS

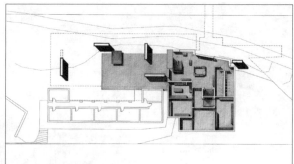

Nível da nova edificação

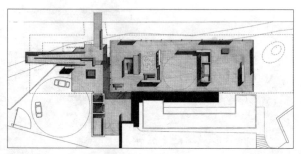

Nível da nova edificação

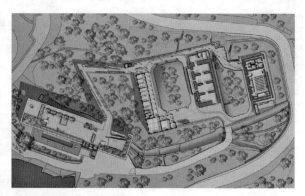

Planta de implantação

Desenhos de concurso: Asia Society Honk Kong Center,
Hong Kong, China
Material: Desenhado primeiramente como linhas no AutoCAD, posteriormente finalizado à mão com grafite e lápis de cor
Modelo: Núcleo de espuma; Perspectiva: Aquarela
Cortesia de Tod Williams Billie Tsien Arquitetos

Às vezes os requisitos de um concurso quanto ao conceito do projeto são pouco rígidos. Este projeto — um complexo em Hong Kong para palestras, conferências, exposições de arte, representações e cinema patrocinado e organizado pela Asia Society — é um exemplo disso. Não foi exigido nenhum número específico de painéis, e a técnica de apresentação foi deixada a critério de cada empresa participante. Os requisitos básicos incluíram um modelo em escala 1:200 (o modelo base foi fornecido para todos os concorrentes), plantas baixas em escala 1:50, um corte da edificação, uma fachada parcial em escala 1:20 e uma perspectiva.

APLICAÇÕES 411

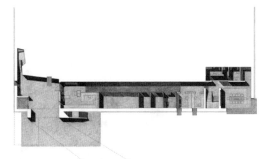
Planta do laboratório

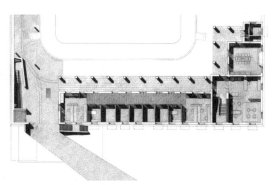
Planta do laboratório

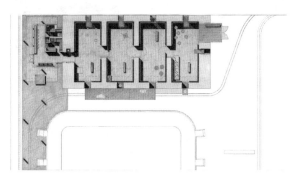
Planta do Armazém A

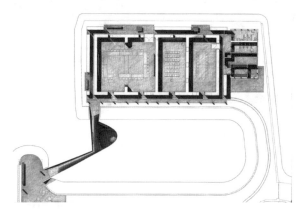
Planta do Armazém B

APRESENTAÇÃO FLEXÍVEL DE PAINÉIS

Os painéis são bem informais porque os três concorrentes apresentaram seus projetos pessoalmente, logo após fixarem suas pranchas. Um vencedor foi escolhido imediatamente após todas as apresentações.
[RELATO DE UM ARQUITETO]

Corte/fachada parcial do Armazém A

Quando é desenhado pela primeira vez em escala muito precisa no AutoCAD, um desenho pode parecer frio e mecânico. Este exemplo mostra que as técnicas manuais (toque humano) podem vivificar esse tipo de desenho.

Desenhos de concurso: Asia Society Honk Kong Center, Hong Kong, China
Material: Desenhado primeiramente como linhas no AutoCAD, finalizado posteriormente à mão com grafite e lápis de cor
Cortesia de Tod Williams Billie Tsien Arquitetos

APRESENTAÇÃO EM QUATRO PAINÉIS

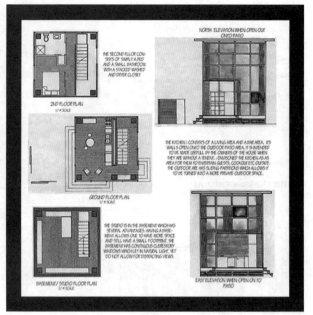

Projeto acadêmico por Anthea Selkirk (esta página e a próxima)
Cortesia do Professor de Estúdio Michael Hagge
Departamento de Arquitetura
University of Memphis

Modelo de apresentação final na próxima página:
Materiais do modelo: Madeira de balsa, policarbonato (lixado com lixa fina para criar partes translúcidas)
Iluminação: Retroiluminado para a fotografia

Prédio Multifuncional em Vizinhança Histórica

Projete uma construção multifuncional de dois pavimentos, consistindo em um estúdio e um espaço de moradia. A apresentação final deve incluir a planta de implantação, as plantas baixas, fachadas, um corte, um detalhe de parede, um corte de interior em perspectiva e perspectivas de exterior. Apresente o trabalho em um conjunto unificado de quatro pranchas de 50 cm × 50 cm, contendo todas as informações relevantes de modo que o projeto possa ser compreendido sem comunicação verbal.

Como materiais, utilize nanquim sobre vegetal e Photoshop.
[RELATO DE UM PROFESSOR]

Durante o processo de projeto-desenho, alunos e profissionais usam ferramentas muito básicas para criar modelos de comunicação do projeto. Modelos do local com o conceito concentrado são usados nos primeiros estágios. A isso se seguem os modelos táteis, de estudo ou de processo mais elaborados, que podem ser produzidos em qualquer parte ao longo do processo de projeto-desenvolvimento para explorar questões de projeto internas/externas. Os materiais utilizados podem ser a argila, o papelão, a placa de espuma, isopor, madeira etc. Este modelo final em madeira de balsa feito por um aluno em uma escala precisa é um exemplo de modelo de estágio final quando um júri ou cliente fará uma análise detalhada da apresentação.

Problema cortesia do Professor Michael Hagge
Departamento de Arquitetura
University of Memphis

APLICAÇÕES 413

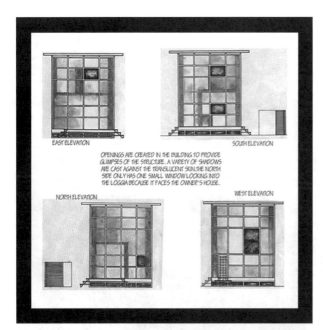
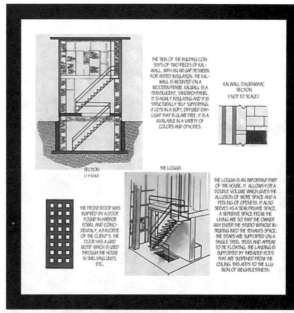

APRESENTAÇÃO EM QUATRO PAINÉIS

414 CAPÍTULO 8: FORMATOS DE APRESENTAÇÃO

APRESENTAÇÃO EM SEIS PAINÉIS

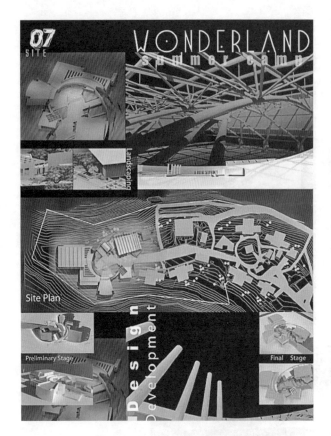
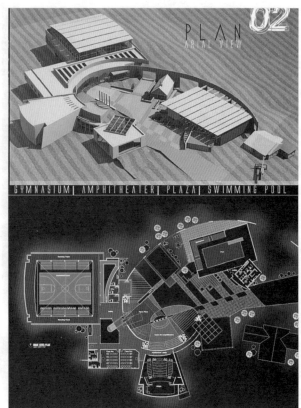

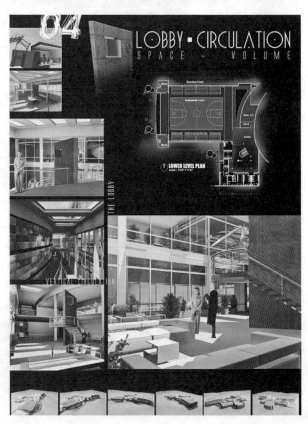

APLICAÇÕES 415

Painéis compostos: Wonderland Camp for Physically and Mentally Challenged Individuals,
Lake of the Ozarks, Missouri
Material: AutoCAD, 3D Studio Max, modelo feito à mão e Photoshop
Arquiteto: Dr. Saleh Uddin com os alunos de graduação Zahidul Islam, Silika Rahman Kona e Shehnaz Talukder
University of Missouri-Columbia Graduate Design Studio
Cortesia do Professor de Estúdio Dr. Saleh Uddin
Agraciado com o AIA Mid-Missouri Design Award/Unbuilt Category

São painéis compostos, parte da apresentação total que consistiu em uma animação por computador de 20 minutos de duração explicando os conceitos básicos, o zoneamento funcional, a circulação e o sistema de construção, além dos desenhos ortográficos das plantas baixas. Cada painel de apresentação é dedicado a destacar um aspecto particular do projeto ou uma construção individual através da planta baixa, fachada, corte, vista aérea, perspectiva exterior e arte-final do interior, conforme o necessário. Cada painel também destacou uma imagem (maior que as outras imagens) como uma visão chave da estrutura. Subdivisões retangulares simples foram usadas para o leiaute de cada arte-final.

O esquema do projeto tem a intenção de conectar, responder e mesclar as novas instalações com o local existente em Wonderland e suas características. Lembrando que é essencial fazer com que o local inteiro atenda a todas as idades e deficiências, o projeto cria uma parede fina, curva, que envolve todas as instalações individuais e, assim, conecta e separa as edificações e a natureza ao mesmo tempo. Uma noção de praça central é acentuada pela disposição de várias funções em volta dessa parede curva. Essa parede permite que os usuários se relacionem, tanto dentro quanto fora, com o ambiente natural.

[RELATO DE UM PROFESSOR]

APRESENTAÇÃO EM SEIS PAINÉIS

416 CAPÍTULO 8: FORMATOS DE APRESENTAÇÃO

APRESENTAÇÃO EM CINCO PAINÉIS

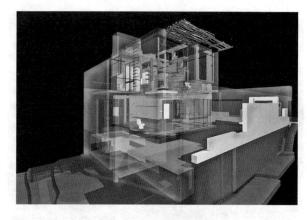

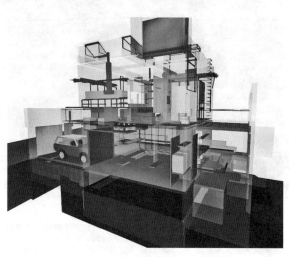

Imagens digitais e fotos: Casa Paloma,
San Miguel Allende, México,
perspectivas transparentes no ArchiCAD 40 cm × 50 cm (16" x 20")
Cortesia de House + House Arquitetos
Rafael de le Lama, Ilustrador
© Steven & Cathi House, fotógrafos

Camadas de superfícies de parede, grandes aberturas de janelas e claraboias podem ser vistas claramente nessa arte-final transparente de uma pequena casa no México central. As paredes externas desaparecem, permitindo que os vários elementos internos sejam articulados e identificados. A forte forma geométrica da materialidade da casa e sua relação com o local são ilustradas com o uso cuidadoso da cor, textura, sombra e detalhes.

Em uma tranquila vizinhança mexicana, onde sombras nítidas de luz solar brilhante delineiam uma cultura rica, essa pequena casa de um quarto está situada acima de uma garagem e estúdio de arte. Portas de vidro biarticuladas abrem as áreas de estar para o exterior, com feixes de luz solar provenientes dessas três claraboias lavando as paredes durante o dia. A modulação da cor e da luz é ampliada nas qualidades multitonais das telhas feitas à mão, do concreto polido e do cobre martelado. A sustentabilidade foi uma força orientadora nessa casa construída inteiramente à mão, sem ferramentas elétricas, por artesãos locais com materiais locais.
[RELATO DE UM ARQUITETO]

APLICAÇÕES 417

APRESENTAÇÃO FLEXÍVEL DE PAINÉIS

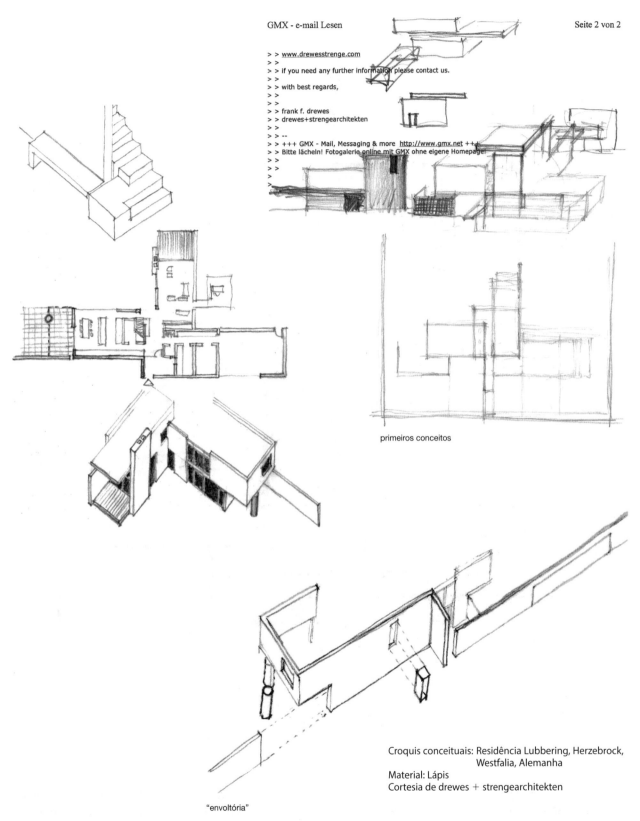

primeiros conceitos

Croquis conceituais: Residência Lubbering, Herzebrock, Westfalia, Alemanha
Material: Lápis
Cortesia de drewes + strengearchitekten

"envoltória"

O croqui conceitual (alto, à direita) foi desenhado em um *e-mail* impresso. Este é um bom exemplo de croqui conceitual: as ideias são dispostas sobre qualquer papel — em branco ou não.

418 CAPÍTULO 8: FORMATOS DE APRESENTAÇÃO

APRESENTAÇÃO FLEXÍVEL DE PAINÉIS

Desenhos e fotografias do modelo:
Residência Lubbering (2003),
Herzebrock, Westfalia, Alemanha
Material: *Softwares* — Nemetschek VectorWorks, exportado em DXF, importado para o Adobe Illustrator e depois editado e cotado
Cortesia de drewes + strengearchitekten

primeiro andar

andar térreo

A residência Lubbering (252 m²) foi projetada para um grande lote em uma área pouco industrializada, próxima a uma fábrica recém-construída e com uma vista magnífica da paisagem. Os clientes, uma jovem família, necessitavam de uma casa que pudesse acomodar suas vidas pública e privada.

Os requisitos do programa foram divididos entre os dois aspectos e os dois pisos da residência. O nível de acesso consiste em uma cozinha — área de refeições espaçosa e a sala de estar, conectadas pelo espaço do átrio em pé-direito duplo. O estúdio anexo é um apêndice da casa, com paredes de vidro e acesso por um túnel envidraçado. O pavimento superior contém os espaços privativos (quartos, banheiros e quarto de hóspedes). A área de serviço e a garagem definem uma fachada pública longa de um pavimento, sem qualquer janela ou abertura. A entrada alta e estreita e uma janela colorida no segundo pavimento são as únicas pistas de habitação.
[RELATO DE UM ARQUITETO]

APLICAÇÕES 419

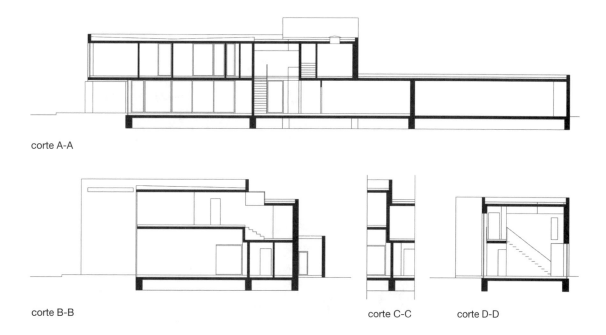

corte A-A

corte B-B

corte C-C

corte D-D

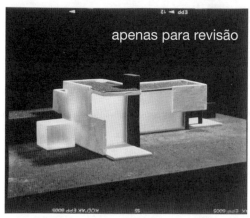

APRESENTAÇÃO FLEXÍVEL DE PAINÉIS

A composição abstrata teve a intenção de despertar a curiosidade e ligar formalmente a residência com a fábrica. Os diferentes materiais (estuque, aço e madeira) e texturas da fachada explicitam os diferentes, porém relacionados, componentes da construção. [RELATO DE UM ARQUITETO]

420 CAPÍTULO 8: FORMATOS DE APRESENTAÇÃO

APRESENTAÇÃO FLEXÍVEL DE PAINÉIS

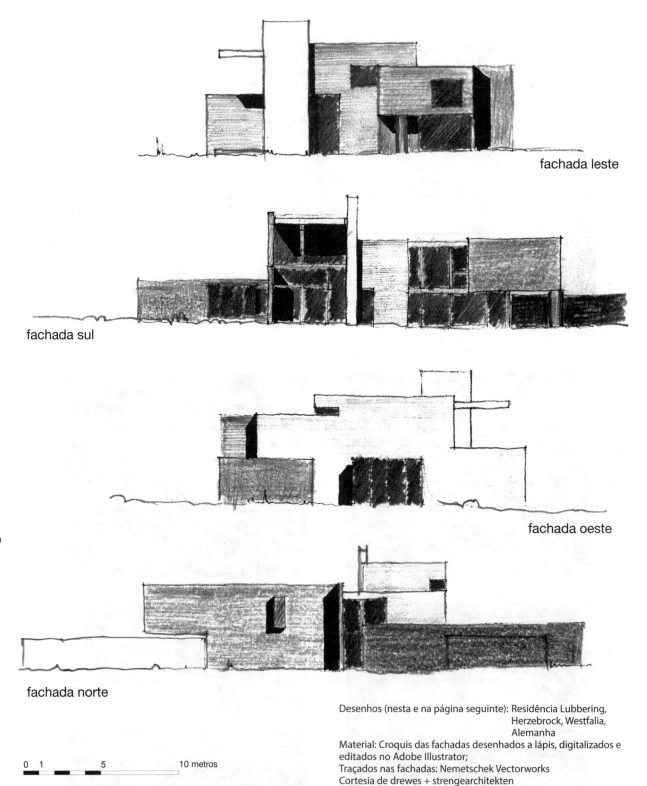

fachada leste

fachada sul

fachada oeste

fachada norte

0 1 5 10 metros

Desenhos (nesta e na página seguinte): Residência Lubbering, Herzebrock, Westfalia, Alemanha
Material: Croquis das fachadas desenhados a lápis, digitalizados e editados no Adobe Illustrator;
Traçados nas fachadas: Nemetschek Vectorworks
Cortesia de drewes + strengearchitekten

O projeto foi um contrato particular direto de um dos nossos clientes. Não precisamos fazer uma apresentação formal porque o cliente confiava em nós. Toda a apresentação foi realizada com base nos croquis. Entretanto, uma apresentação formal e um modelo foram produzidos como um projeto para a Global Architecture (GA) em 2004.
[RELATO DE UM ARQUITETO]

APLICAÇÕES 421

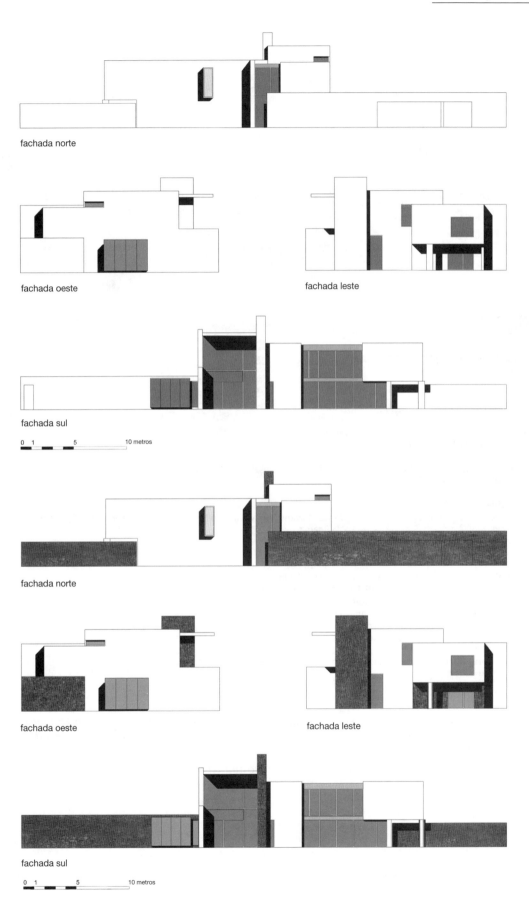

fachada norte

fachada oeste

fachada leste

fachada sul

0 1 5 10 metros

fachada norte

fachada oeste

fachada leste

fachada sul

0 1 5 10 metros

APRESENTAÇÃO FLEXÍVEL DE PAINÉIS

422 CAPÍTULO 8: FORMATOS DE APRESENTAÇÃO

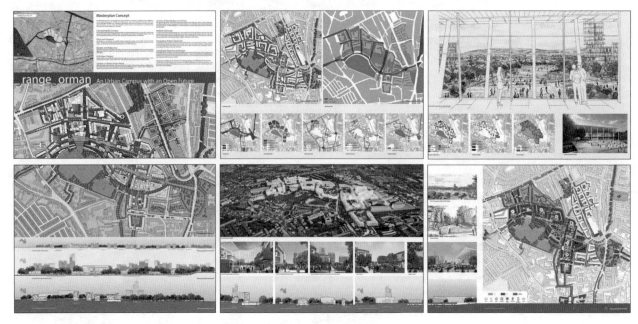

PLANO DIRETOR DE GRANGEGORMAN (até a página 425)
Dublin, Irlanda

Enviado por:
Moore Ruble Yudell Arquitetos e Planejadores/DMOD Arquitetos

Cliente: Agência de Desenvolvimento de Grangegorman
Diretor executivo: Michael Hand, Gerry Murphy

Empresa líder, Projetista: Moore Ruble Yudell Arquitetos & Planejadores, Santa Mônica
Diretor responsável: James Mary O'Connor

Sócios: John Ruble, Buzz Yudell
Equipe de Projeto: JT Theeuwes, Halil Dolan, Kaoru Orime, Nozomu Sugawara, Toru Narita, Tony Tran, Carissa Shrock, Matthew Henry, Tristan Hall, Joyce Ip Leus, Alon Averbuch, Simone Barth, Pooja Bhagat
Pesquisa e Marketing: Katie Carley
Design Gráfico: Ken Kim
Modelos: Mark Grand, Alon Averbuch, Evan Henderson, Jenny Lee, Michael Dammeyer
Arquitetos Locais: DMOD Arquitetos, Dublin; Sócio encarregado: John Mitchel; Ger Casey, Eoghan Garland
Consultor de Conservação Arquitetônica: Patrick Shaffrey Associados; Grainne Shaffrey
Paisagista: Lützow 7; Jan Wehberg, Tim Hagenhoff
Especialista em Ambiente de Saúde e Educacional: Prof. Bryan Lawson
Planejamento de Transportes/Civil e Infraestrutura: Arup Consulting Engineers; Aidan Madden, Tiago Oliveira
Sustentabilidade e Especialização Ambiental: Battle McCarthy Ltd; Chris McCarthy, Neil Cogan
Arte-final digital: Shimahara
Equipe interna de arte-final digital: Halil Dolan, Nozomu Sugawara, Matthew Henry, Tristan Hall
Arte-final em aquarela: Tony Tran

O local de Grangegorman é visto como o pedaço que faltava no tecido urbano do norte de Dublin. Ele oferece a oportunidade única para conectar a cidade, fornecendo ligações para os principais espaços históricos e abertos da cidade. Nosso objetivo é criar um lugar que venha a enriquecer o tecido urbano, um lugar cheio de vitalidade e valor arquitetônico para atender as necessidades não só dos usuários imediatos do novo quarteirão, mas também a comunidade inteira no século XXI e no futuro.

APRESENTAÇÃO EM SEIS PAINÉIS

APRESENTAÇÃO EM SEIS PAINÉIS

Os seis painéis de competição horizontais exigidos foram apresentados usando uma estratégia de organização clara que seria lida como uma narrativa unificada e integrada quando os seis painéis fossem reunidos lado a lado, em duas fileiras e três colunas. O tamanho de cada painel é A0 (841 × 1.189 mm ou 33,1" × 46,8").

424 CAPÍTULO 8: FORMATOS DE APRESENTAÇÃO

APRESENTAÇÃO EM SEIS PAINÉIS

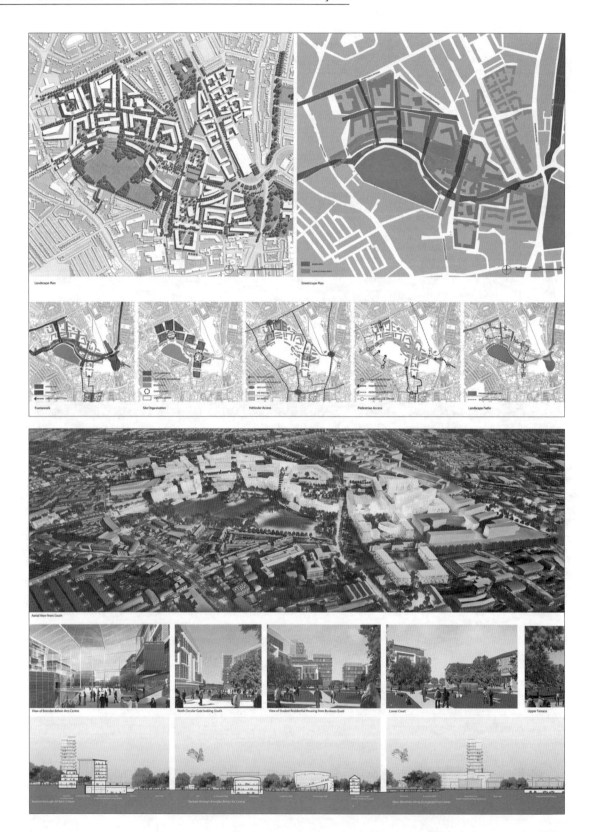

A estratégia de combinar os seis painéis em uma apresentação global permite flexibilidade e uma composição atraente dos materiais gráficos e textos. As imagens mais importantes foram fornecidas com os maiores tamanhos para envolver eficazmente a atenção do espectador. Estas imagens incluem as artes-finais em perspectiva (tanto digitais quando em aquarela) e o Plano Diretor do projeto.

APLICAÇÕES 425

APRESENTAÇÃO EM SEIS PAINÉIS

Vários desenhos-chave foram ampliados e posicionados em mais de um painel para aumentar a sua legibilidade e impacto. Eles incluem o Plano Diretor (nos painéis 1 e 2) e o corte global do local (nos painéis 2 e 4). A forte estratégia organizacional melhorou a apresentação do projeto do Plano Diretor e ajudou a nossa equipe a vencer essa competição prestigiosa. [RELATO DE UM ARQUITETO]

426 CAPÍTULO 8: FORMATOS DE APRESENTAÇÃO

Sala de Concertos Fulton

A Sala de Concertos Fulton foi inserida dentro da envoltória de alvenaria de uma pequena cocheira existente no campus da Universidade Brown em Providence, Rhode Island. Essa construção é adjacente à Sala Orwig, que abriga o Departamento de Música da universidade na zona leste do seu campus. Com apenas 145 assentos, é um espaço íntimo para a apresentação de música de câmara, música eletrônica e pequenos grupos de jazz do departamento.

O desempenho acústico do espaço foi melhorado expondo o volume inteiro da cocheira e inserindo dois sistemas diferentes de paredes dentro do espaço.

As paredes laterais da sala foram moldadas com um telão de gesso e madeira para impedir o "tremor" dentro do espaço. Uma tela de bambu aberta envolve a sala em si, permitindo que o som reverbere da alvenaria ou seja absorvido por estandartes de feltro retráteis por trás das aberturas.

A progressão específica através dos espaços — junto com linhas de visão melhoradas — promove a interação entre os artistas e o público, seja em um ambiente de sala de aula ou de apresentação. A sala de concertos também conta com uma nova entrada, saguão e área de recepção, sala dos músicos e outros espaços de apoio gerais.
[Relato de um arquiteto]

APRESENTAÇÃO EM DOIS PAINÉIS

PLANTA DE IMPLANTAÇÃO

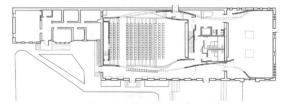
PLANTA DO NÍVEL 1

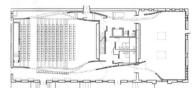
PLANTA DO NÍVEL 2

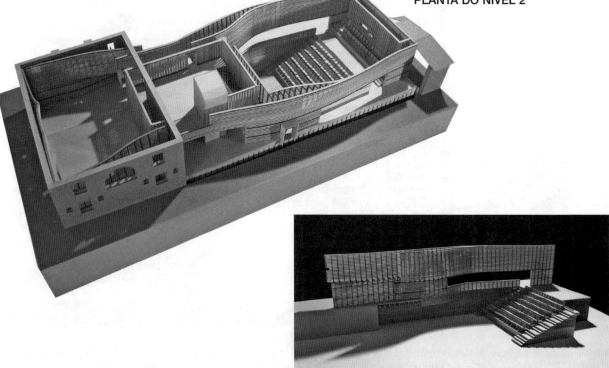
MODELO DE TELA DE BAMBU ABERTA E ASSENTOS

APLICAÇÕES 427

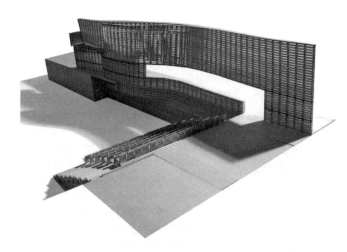

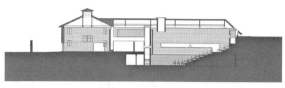

CORTE LONGITUDINAL — 2

CORTE LONGITUDINAL — 1

Desenhos digitais e fotos do modelo: Sala de Concertos Fulton Brown University, Providence, Rhode Island
Material: AutoCAD, com madeira de balsa e papelão para o modelo
Acústica: Kirkegaard Associados — Chicago, Illinois
Cortesia de Brian Healy Arquitetos

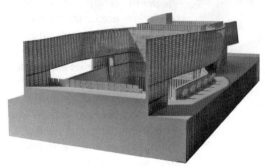

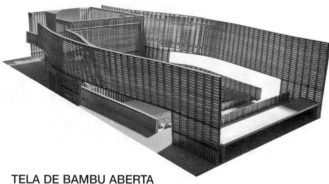

TELA DE BAMBU ABERTA

Nova sala de 235 assentos inserida em uma envoltória historicamente importante; um conceito de volumetria simples

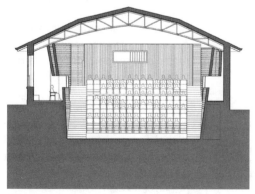

CORTE TRANSVERSAL DO AUDITÓRIO

APRESENTAÇÃO EM DOIS PAINÉIS

428 CAPÍTULO 8: FORMATOS DE APRESENTAÇÃO

APRESENTAÇÃO EM UM PAINEL E MEIO

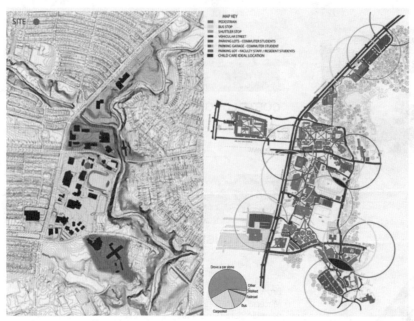

Planta do *Campus* da Morgan State University, Baltimore, Maryland

Mapa analítico mostrando as distâncias a pé e a localização central do terreno

Conexão do *Campus* Infantil

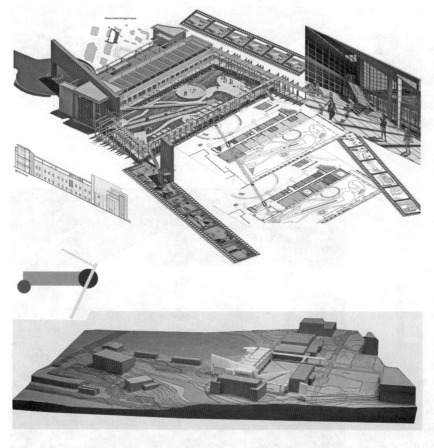

No estúdio de tese, as orientações iniciais para os alunos são que eles devem escrever de forma clara e sucinta as suas intenções filosóficas e de projeto. (Se eles ainda não tiverem aprendido que a palavra escrita é uma ferramenta de projeto, este é o estúdio que impõe essa lição.) Depois pede-se a esses projetistas para invocarem graficamente o planejamento básico da construção, um esquema de organização para o projeto da tese e organização do local e a contribuição positiva do projeto para o seu contexto. O esquema gráfico que cada aluno gera deve ser descrito, mais uma vez por escrito, como uma hierarquia espacial. ("Dados a filosofia do seu projeto e o programa de sua edificação, qual é o espaço mais importante do projeto?") Essa descrição literal deve ser evocada em um corte arquitetônico esquemático antes de se tentar criar o leiaute da planta. Isso pode se provar difícil para muitos alunos que são treinados para gerar uma planta arquitetônica antes dos cortes esquemáticos e fachadas. Modelos conceituais simples, até mesmo toscos, são empregados para dar credibilidade às suas evocações iniciais do planejamento básico da construção. Esse empreendimento inicial consiste em estabelecer que a terceira dimensão confira drama à arquitetura e que o drama nunca seja puramente responsabilidade da planta arquitetônica.

Depois de estabelecido esse princípio básico, a exploração do projeto continua com diagramas, croquis conceituais e exploração por tentativa e erro com modelos mais avançados mas ainda conceituais — tudo para testar, desenvolver e possivelmente corrigir decisões e intenções prévias de projeto. Em um determinado estágio exclusivo de cada aluno, a mídia digital e a modelagem são envolvidas nessa exploração e refinamento do projeto.

[RELATO DE UM PROFESSOR]

Imagens: Conexão do *Campus* Infantil, Morgan State University
Material: Revit, Rhino e SketchUp
Projeto acadêmico de Vicente Oliveira
Cortesia do Professor de Estúdio Paul Walker Clarke
Faculdade de Arquitetura e Planejamento, Morgan State University

ATENDIMENTO INFANTIL TÍPICO

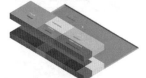
MELHORIA DO ESPAÇO DOS PAIS

MELHORIA DO PÁTIO DE BRINCADEIRAS

CONEXÃO DO *CAMPUS* INFANTIL

Museu Afro-Americano da Escravatura

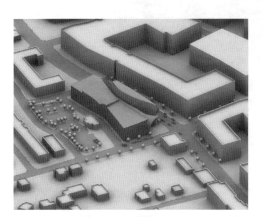

O vazio representa a ausência — não só a ausência física da primeira escola afro-americana, que foi incendiada, mas também a perda simbólica de uma plataforma ou agenda que foi estabelecida com o único propósito de progresso dos afro-americanos nesse meio. O vazio será representado no plano horizontal e no plano vertical, de preferência em um local adjacente ao saguão, onde há um acesso público direto para os pedestres. Situado em um canto proeminente do terreno, o vazio deve ser um grande gesto que cativa visualmente os passantes. [RELATO DE UM ALUNO]

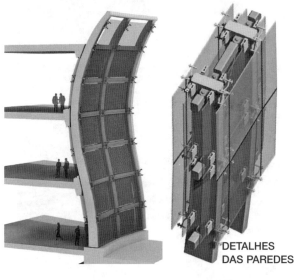
DETALHES DAS PAREDES

Imagens (nesta e na página seguinte): Projeto acadêmico de Sanmi Farahenmi
Museu Afro-Americano da Escravatura, Rockville, Maryland
Material: Revit, Rhino e SketchUp
Cortesia do Professor de Estúdio Paul Walker Clarke
Faculdade de Arquitetura e Planejamento, Morgan State University

430 CAPÍTULO 8: FORMATOS DE APRESENTAÇÃO

APRESENTAÇÃO EM UM PAINEL E MEIO

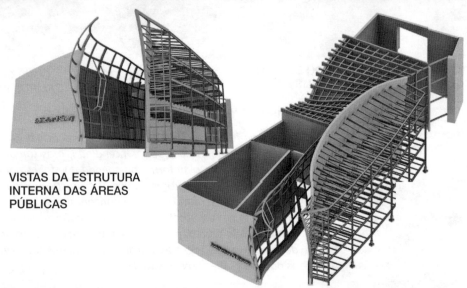

VISTAS DA ESTRUTURA
INTERNA DAS ÁREAS
PÚBLICAS

APLICAÇÕES 431

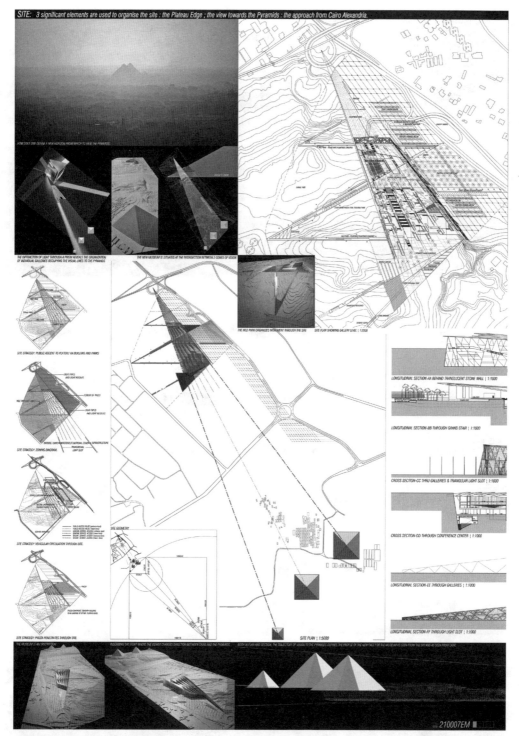

APRESENTAÇÃO EM SEIS PAINÉIS

Desenhos vencedores do concurso: Grande Museu Egípcio, Gizé, Egito
Material: Os desenhos foram feitos em AutoCAD. As imagens foram criadas em 3D Studio Max, acabamento em Photoshop, e depois foram importadas novamente para o AutoCAD para impressão
Modelo criado por Kandor Modelmakers, Londres, Inglaterra; Fotos do modelo por Richard Davies, Fotógrafo, Londres, Inglaterra
Cortesia de heneghan.peng.arquitetos

Enquanto examina os seis painéis desse belo conjunto de desenhos vencedores do concurso, tente encontrar os elementos que unem os painéis, tornando-o uma apresentação unificada. Com mais de 1.500 propostas, esse projeto de 335 milhões de dólares foi um dos maiores concursos já realizados.

432 CAPÍTULO 8: FORMATOS DE APRESENTAÇÃO

APRESENTAÇÃO EM SEIS PAINÉIS

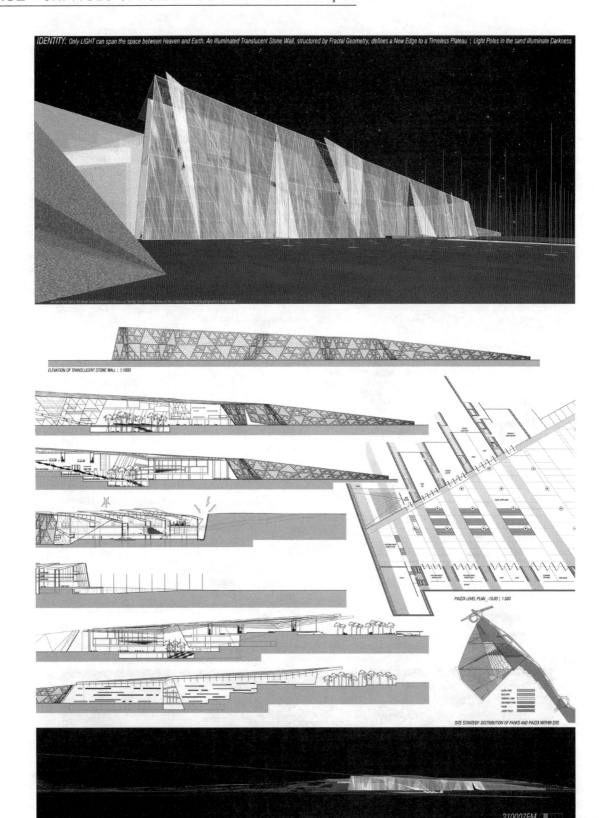

Os *concursos* de projeto arquitetônico têm sido historicamente muito populares. Globalmente, tem havido um aumento nas contratações premiadas com base nos resultados desses concursos. Em um exame detalhado, os concursos arquitetônicos têm seus pontos fracos. Um deles é que os competidores não mantêm nenhum

APLICAÇÕES 433

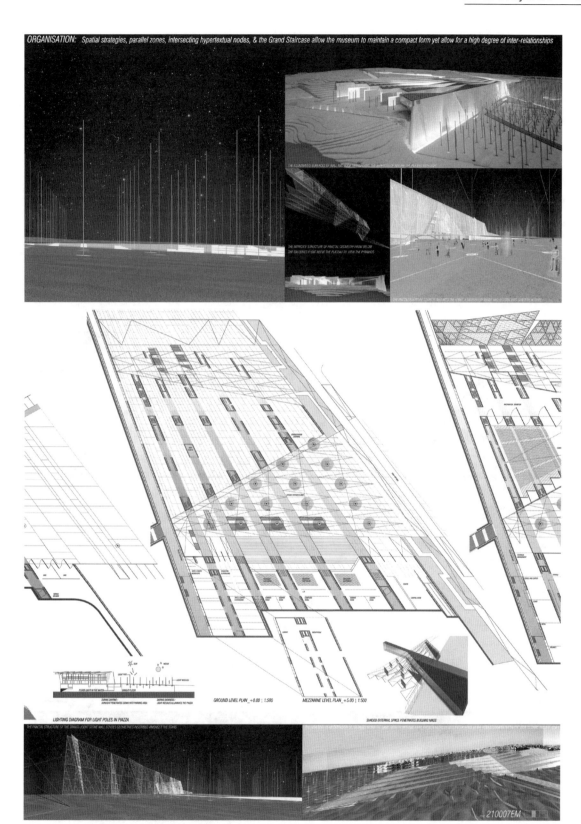

APRESENTAÇÃO EM SEIS PAINÉIS

tipo de contato com os usuários e, portanto, não há oportunidade para discutirem o programa e o orçamento diretamente com o cliente. Isso os deixa sem compreender completamente os objetivos do projeto. Os concursos também tendem a ser muito restritivos em seus requisitos, e nos primeiros estágios os concorrentes

434 CAPÍTULO 8: FORMATOS DE APRESENTAÇÃO

APRESENTAÇÃO EM SEIS PAINÉIS

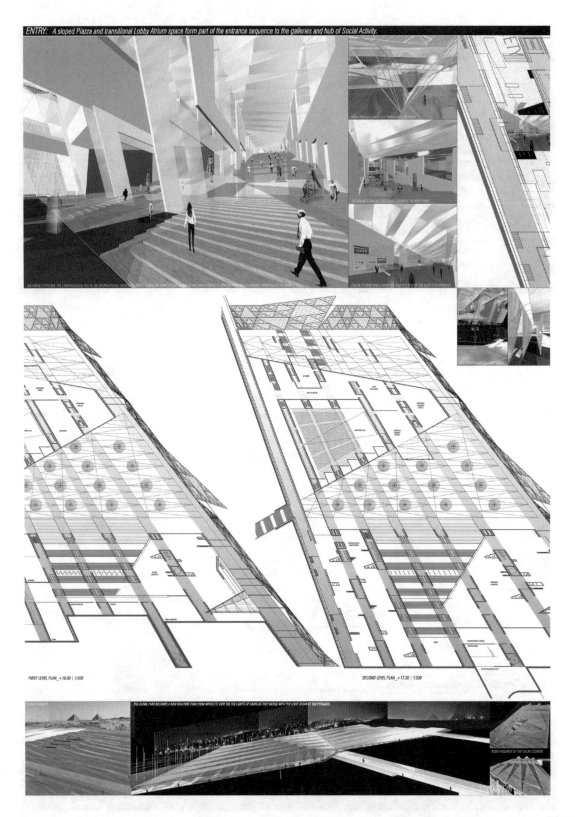

não estão lá para apresentar seus projetos. A maioria dos concursos é julgada de forma anônima. No lado positivo, os concursos podem ser um caminho para iniciar ou lançar carreiras bem-sucedidas para jovens arquitetos. Eles também são uma boa saída criativa para os indivíduos envolvidos nos aspectos mais mundanos da prática arquitetônica.

APLICAÇÕES 435

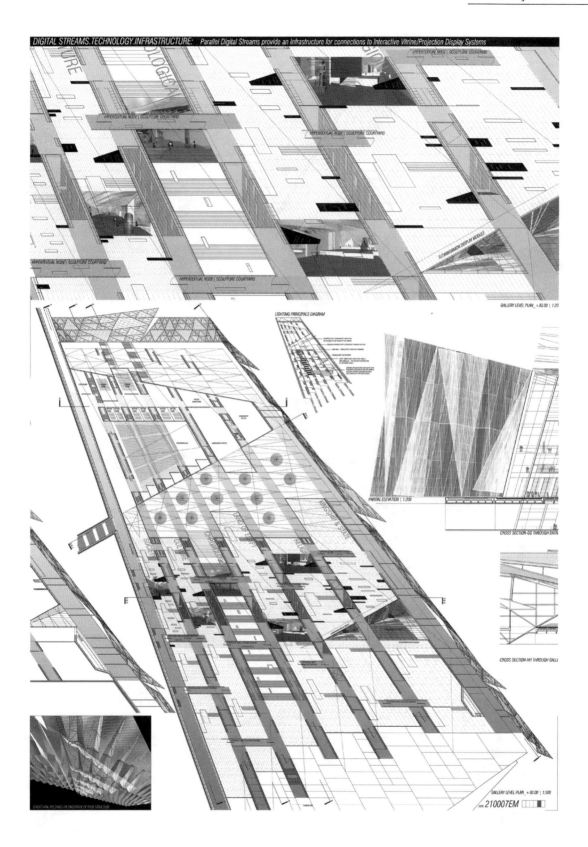

APRESENTAÇÃO EM SEIS PAINÉIS

Uma série de materiais e todo tipo de desenho são utilizados nos desenhos de concurso para expressar e comunicar as intenções do projeto aos jurados. Esta apresentação usou mídia digital e fotografias de modelo.

436 CAPÍTULO 8: FORMATOS DE APRESENTAÇÃO

APRESENTAÇÃO EM SEIS PAINÉIS

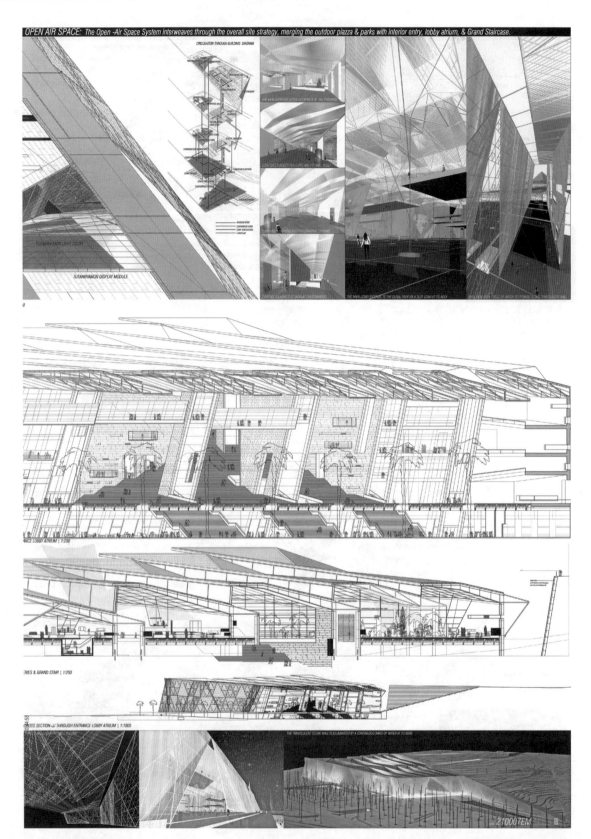

Lembre-se de que a ideia de projeto mais sofisticada não vai ganhar se não for bem apresentada ou apresentada com clareza. Um conceito precisa ser apresentado de modo imaginativo e simples para que seja facilmente compreendido pelos jurados.

APLICAÇÕES **437**

(MARKETS + **COURT SERVICES** + EVENT SPACES)

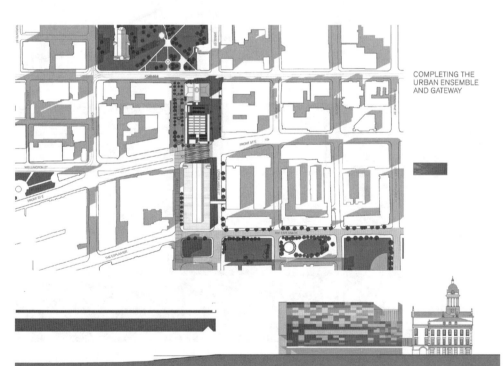

Dez painéis: St. Lawrence Market North Design Competition, Toronto, Ontário
Material: *Softwares* digitais utilizados — AutoCAD para os traços; Rhino e 3D Studio Max para a representação em 3D, bem como Photoshop e Illustrator

Cortesia de:
KPMB Arquitetos — Arquitetônico: Bruce Kuwabara, Marianne McKenna, Joseph Kan, Danielle Whitley, Amanda Sebris, Lindsay Keir, Curtis Lai
Halcrow Yolles — Estrutural: Barry Charnish
Crossey Engenharia — Mecânica + Elétrica: Wally Eley, Clive Lacey
Transsolar — Engenharia Climática: Thomas Auer
Halsall — Sustentabilidade: Doug Webber, Ian Theaker, Evelyn Koch

APRESENTAÇÃO EM DEZ PAINÉIS

438 CAPÍTULO 8: FORMATOS DE APRESENTAÇÃO

APRESENTAÇÃO EM DEZ PAINÉIS

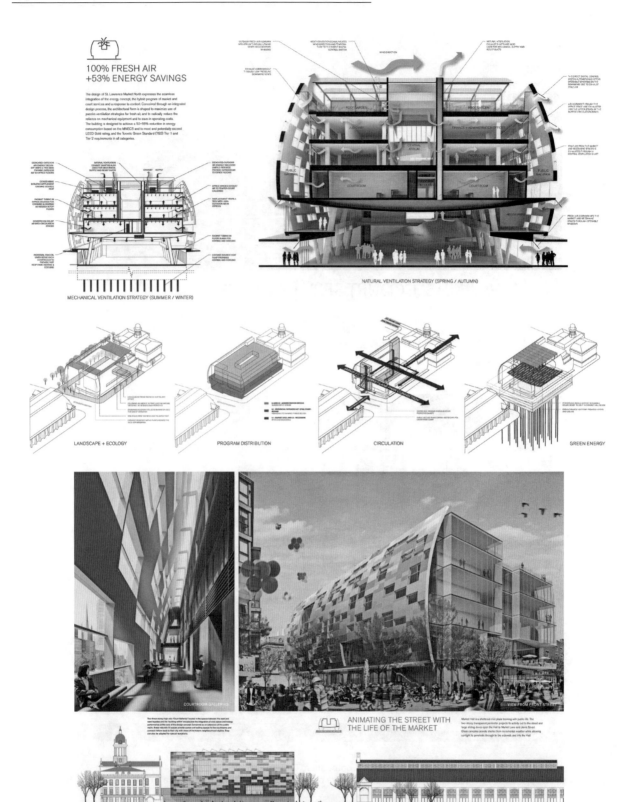

Gottschalk + Ash — Design Gráfico: Udo Schliemann, Ernese Ungar
CM2R — Custos: Gerard McCabe
Grupo J.C. Williams — Varejo: Maureen Atkinson, John Archer
ERA Arquitetos — Consultor de Patrimônio: Michael McClelland
McNabb Roick — Planejamento de Eventos: Jeffry Roick, Mark Robert
Cicada Design — Arte-final: Dalibor Cizek, Jonah Humphrey, Ilya Floussov
JS Models — Modelo Arquitetônico: Jack Syzmoniak

APLICAÇÕES **439**

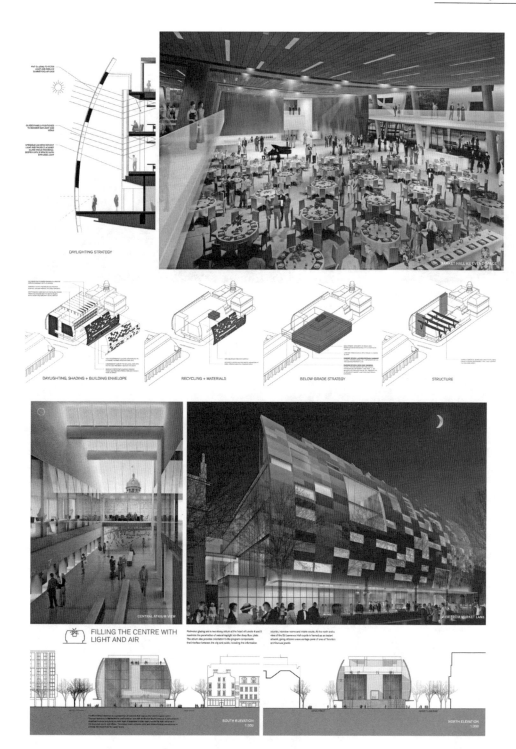

APRESENTAÇÃO EM DEZ PAINÉIS

A estratégia para o leiaute/organização acompanhou uma grade retangular na qual as artes-finais foram organizadas nos dois terços superiores dos painéis, enquanto os desenhos, diagramas e texto foram posicionados em uma faixa horizontal ao longo da borda inferior. O concurso exigiu dez painéis, incluindo um determinado número de desenhos e todas as fachadas, plantas baixas e cortes em uma escala 1:300 para assegurar a fácil comparação entre os concorrentes.

As ideias principais do projeto foram transmitidas através de blocos de texto dispostos por todos os painéis, ajudando a unificar os murais e conduzir os olhos de uma área para outra. A partir de certa distância, o observador compreenderia rapidamente as ideias principais do projeto; e vendo mais de perto, poderia encontrar um texto mais detalhado adjacente às ilustrações relevantes.

440 CAPÍTULO 8: FORMATOS DE APRESENTAÇÃO

APRESENTAÇÃO EM DEZ PAINÉIS

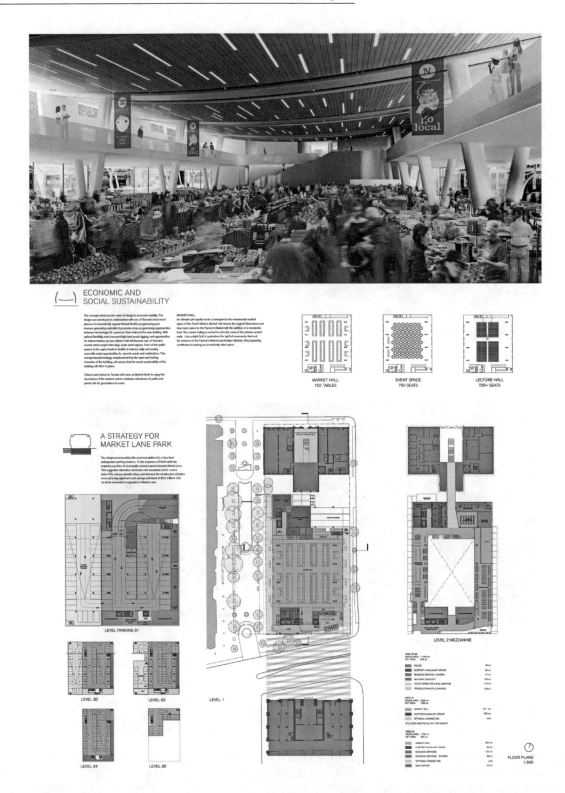

Os pontos de vista cuidadosamente escolhidos e destacados em cada arte-final do exterior contam a história de como a edificação se integra suavemente ao tecido histórico da vizinhança, extraindo pistas formais do histórico Mercado St. Lawrence diretamente para o sul e a paleta de materiais do átrio de St. Lawrence (1851) para o norte. A agitação do mercado e a animação das ruas são importantes para sustentar a vida e a cultura na área, e, assim, foram retratados em diferentes estações do ano e em diferentes horas do dia. A versatilidade do átrio principal foi explicada através de vistas contrastantes do mercado de sábado e de um espaço de eventos formal.

APLICAÇÕES 441

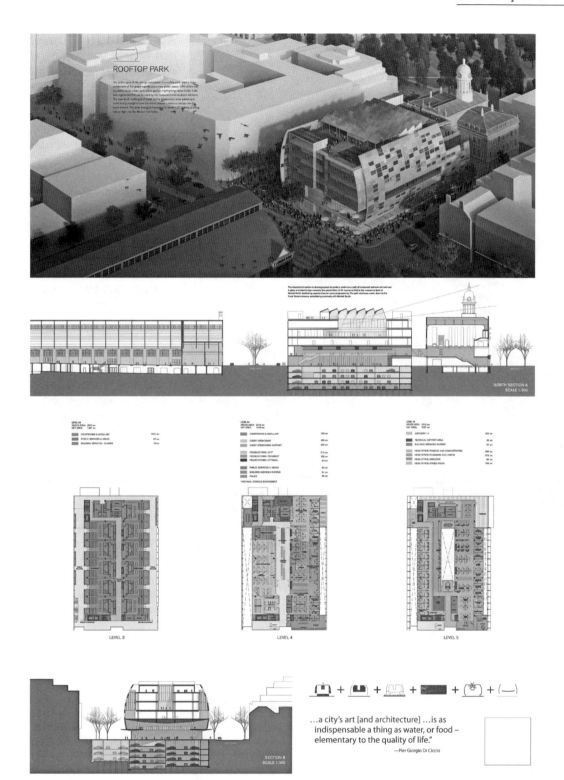

APRESENTAÇÃO EM DEZ PAINÉIS

Uma perspectiva em corte foi utilizada para explicar as características sustentáveis do projeto, trazendo à vida o desenho explicativo com uma qualidade de ilustração. Uma série de diagramas foi desenvolvida para explicar melhor as estratégias organizacionais da construção, com destaques em cores.

Uma paleta suave de verdes e laranja unificou as diferentes ilustrações e aludiu à fachada de cobre proposta e à importância histórica do local.

442 CAPÍTULO 8: FORMATOS DE APRESENTAÇÃO

APRESENTAÇÃO DIGITAL ONLINE

Apresentação Convencional em Mural *versus* Apresentação Digital *Online*

A próxima sequência de páginas vai exibir apresentações digitais *online*. A apresentação convencional em mural é limitada pela área da parede e pela organização do meio de exibição visual, que é o papel com imagens de vários tamanhos e composições. A vantagem das apresentações em mural é que elas permitem que o observador estude os murais e analise muitas informações simultaneamente. Esse método é utilizado com muita frequência em júris de projeto. É muito similar a uma peça de museu.

A apresentação digital *online* é muito concentrada em uma tela, na qual várias imagens se movem para a frente e para trás com capacidade de ampliação e redução. O observador poderia ter dificuldade em associar e comparar as imagens simultaneamente no mesmo tamanho e no mesmo monitor visualizável. Esse método de apresentação também poderia apresentar um problema para um julgador comparar o trabalho de um projetista com o de outro, pois ele fica restrito pelo monitor. No entanto, uma vantagem é que se pode estudar a apresentação no conforto da residência.

Os dois formatos são tão diferentes quanto ler um livro impresso e ler um *e-book*.

Guggenheim Guadalajara, Guadalajara, México
Material: Maxwell Render, V-Ray, Maya, Rhino, Photoshop
Cortesia da Asymptote: Hani Rashid + Lise Anne Couture

Esse projeto emite uma presença arquitetônica icônica em um local espetacular. Os quatro espetaculares volumes de canto da construção que se erguem do plano do solo e as superfícies extensas do museu suspensas acima criam um espaço notável que faz uma transição entre a cidade e o cânion circundante. Nesse espaço público dinâmico, os visitantes podem acessar os serviços públicos abrigados nos prédios de canto, ver exibições de esculturas em grande escala ou entrar no interior do museu por escadas rolantes posicionadas contra uma paisagem extraordinária.
[Relato de um arquiteto]

444 CAPÍTULO 8: FORMATOS DE APRESENTAÇÃO

APRESENTAÇÃO DIGITAL ONLINE

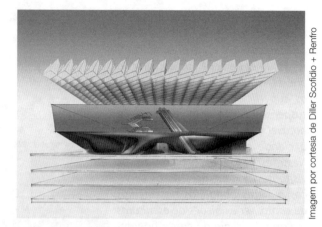

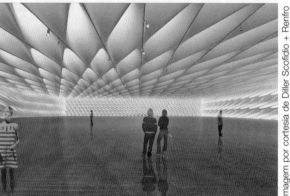
Galeria sem colunas iluminada naturalmente

Saguão junto à Grand Avenue

Galeria com arte, iluminação natural

Nosso objetivo para o museu é demarcar o seu terreno, através do contraste, próximo da Sala de Concertos Walt Disney, de Gehry, muito maior e exuberante. Ao contrário do exterior suave e brilhante da Sala de Concertos Disney, que reflete a luz, a The Broad será porosa e absorvente, canalizando a luz para os espaços públicos e galerias. O véu exercerá um papel na urbanização da Grand Avenue ativando vistas bidirecionais que conectam o museu e a rua. [RELATO DE UM ARQUITETO]

O interior sem colunas do museu obtém a integração do sistema de vigas Vierendeel (que não possuem elementos diagonais ou triangulares na estrutura primária) girado em um ângulo com a grade retilínea da massa da edificação. Isso cria um padrão de iluminação natural com uma experiência aparentemente não estática à medida que nos deslocamos pelo espaço do museu. A filtragem da luz natural pelo exterior "poroso" leva a luz para o interior, enquanto a iluminação interior exibe um efeito brilhante à noite.

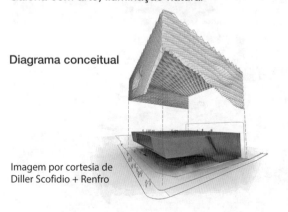
Diagrama conceitual

Imagem por cortesia de Diller Scofidio + Renfro

Desenhos: The Broad,
          Los Angeles, Califórnia
Material: Autodesk AutoCAD, Autodesk 3DMax e Adobe Photoshop
Cortesia de Diller Scofidio + Renfro

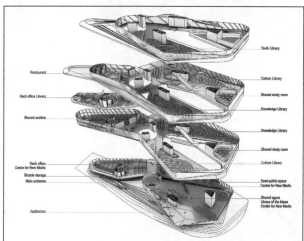
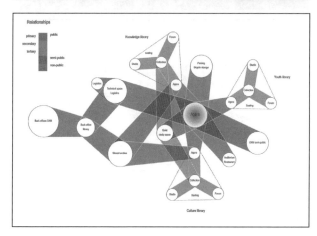
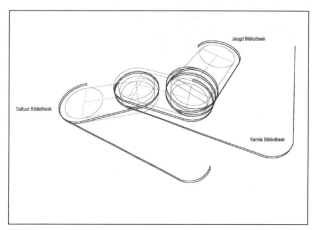

Desenhos: Waalse Krook: Biblioteca Urbana do Futuro e Centro de Novas Mídias, Gent, Bélgica
Material: *Software* CAD; modelagem 3D: Rhino, 3D Studio Max, Alias Maya Complete, TopSolid, V-Ray e T-Splines
Cortesia de UNStudio

O projeto dessa biblioteca urbana cria um ambiente de conhecimento dinâmico, flexível e aberto. A construção tem uma forma fluida, acomodando o seu entorno e incorporando linhas de visada extensas. A organização interna da construção se baseia em um vazio central aberto, em torno do qual ocorre a circulação. Esse vazio aumenta a experiência espacial e cria orientação clara através da construção. A estrutura da construção possibilita introduzir terraços verdes, assegurando ao mesmo tempo baixos níveis de penetração direta da luz solar.
[RELATO DE UM ARQUITETO]

446 CAPÍTULO 8: FORMATOS DE APRESENTAÇÃO

APRESENTAÇÃO DIGITAL ONLINE

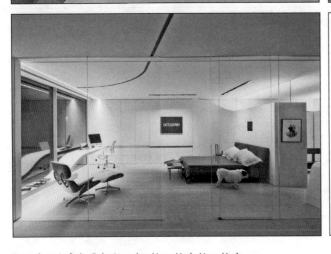
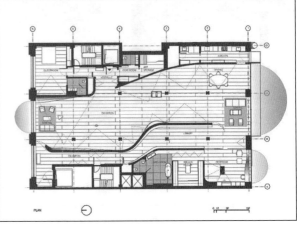

Desenhos: *Loft* do Colecionador, Nova York, Nova York
Material: *Software* CAD; modelagem 3D: Rhino, 3D Studio Max, Alias Maya Complete, TopSolid, V-Ray e T-Splines
Fotos por Iwan Baan, fotógrafo
Cortesia de UNStudio

O projeto desse loft *existente explora a interação entre galeria e espaço de estar. As paredes principais no* loft *fluem pelo espaço e, junto com tetos articulados, criam condições híbridas em que as áreas de exposição se mesclam com as áreas de estar. Enquanto as paredes formam um fundo calmo e controlado para as obras de arte, o teto é mais articulado em sua expressão dessa transição. Usando alternadamente o luminoso e o escuro, o teto cria um campo de condições de iluminação ambiente e local, formando um elemento organizacional nas áreas de exposição e estar.*
[RELATO DE UM ARQUITETO]

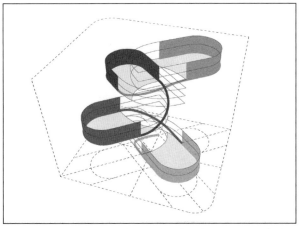
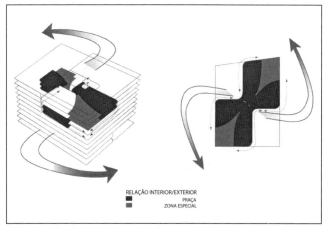
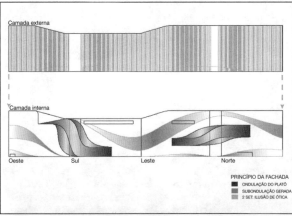
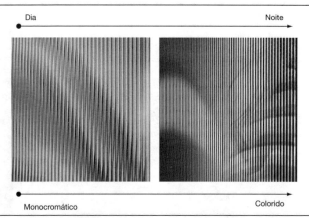

Desenho: Cheonan, Cheonan, Coreia
Material: *Software* CAD: AutoCAD; modelagem 3D: Rhino, 3D Studio Max, Alias Maya Complete, TopSolid, V-Ray e T-Splines
Cortesia de UNStudio

O projeto dessa galeria emprega o princípio da hélice na organização da sua construção. Quatro zonas de programa empilhadas, cada uma combinando tematicamente três andares e contendo platôs públicos, estão ligadas ao vazio central. O conceito do hélice é um fluxo ascendente fluente através da construção, enquanto ao mesmo tempo as pás da hélice escoam os visitantes para os platôs nos vários níveis. Nas fachadas, uma transição gradual da superfície exterior para os platôs internos acentua a organização interna. Tanto a envoltória de vidro externo quanto o revestimento interno consistem em um padrão linear criado por barras verticais. Durante o dia, a construção tem um aspecto refletivo monocromático, enquanto à noite são utilizadas cores suaves para gerar ondas de luz colorida pela fachada. [Relato de um arquiteto]

448 CAPÍTULO 8: FORMATOS DE APRESENTAÇÃO

APRESENTAÇÃO DIGITAL ONLINE

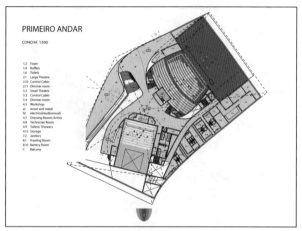
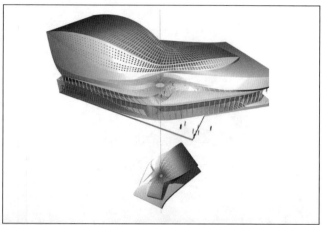
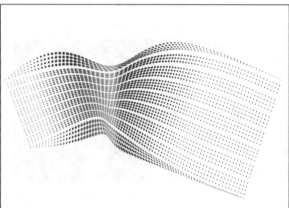
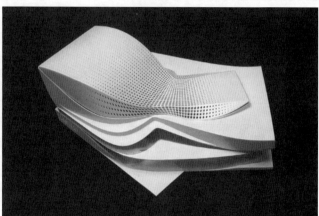

Desenhos: Teatro Spijkenisse,
         Spijkenisse, Holanda
Material: *Software* CAD: AutoCAD; modelagem 3D: Rhino, 3D Studio Max, Alias Maya Complete, TopSolid, V-Ray e T-Splines
Cortesia de UNStudio

O projeto do Teatro Spijkenisse realçou o local e a orientação do edifício na situação urbana, enquanto proporciona soluções arquitetônicas para as necessidades de programação e o acesso do público. A localização dos programas dentro da construção visa o roteamento eficiente do teatro, associado a uma relação lógica com o entorno, enquanto o projeto e a colocação dos vários volumes usam as variações naturais nos níveis do terreno. Os dois principais espaços do teatro são posicionados para receber o fluxo de visitantes diretamente da sala de espera e da praça pública. A partir da sala de espera, uma escadaria escultural forma o elemento de ligação na direção das entradas para as salas de teatro.
[Relato de um arquiteto]

APLICAÇÕES **449**

CONSTRUÇÕES VIRTUAIS

Imagens: Museu Virtual Guggenheim, Nova York, Nova York
Material: *Softwares* — Alias, Maya, Cosmo Worlds VRML, Adobe Photoshop, Adobe Premiere, Macromedia Flash
Cortesia de Hani Rashid e Lise Ann Couture, Asymptote
Equipe de projeto: John Cleater, Noboru Ota, David Serero, Florian Pfeifer, Ruth Ron, Birgit Schoenbrodt

Quando se fala de uma arquitetura para o próximo milênio, duas situações devem ser consideradas: que o espaço físico da arquitetura que sempre conhecemos (fechado, com formas e permanente) irá, sem sombra de dúvidas, persistir e que, em paralelo, haverá uma arquitetura virtual, vagando no domínio digital da Internet. Construções, instituições, espaços e objetos estão hoje sendo construídos, navegados, testados, compreendidos e alterados, em suas formas virtuais, por uma quantidade infinita de pessoas através das redes globais. Essa nova arquitetura de liquidez, fluxo e mutabilidade é atribuída aos avanços tecnológicos e abastecida por um desejo humano básico de provar o desconhecido. O caminho que as duas arquiteturas, a real e a virtual, irão inevitavelmente tomar é de convergência. Historicamente, a arquitetura vem lutando com a dialética do real e do virtual: a estabilidade e a realidade da arquitetura devem ser sempre temperadas pela metafísica e pela poética.
[RELATO DE UM ARQUITETO]

9

Introdução à Criação do Portfólio

FUNDAMENTOS 453
APLICAÇÕES 464

Os desenhos e modelos são produtos de um processo de projeto criativo na busca de uma solução para um problema. Eles servem como meio para o diálogo interno e também para a comunicação externa entre projetistas, clientes e comunidade. Esse processo, se documentado adequadamente e arquivado de modo sistemático, habilita o projetista a usar a sua evolução na busca por respostas. Ao longo do curso de criação de um projeto, é possível comunicar as ideias do projeto através de instantâneos de materiais selecionados da coleção de um projetista. Essa coleção também informa o crescimento, a evolução e a maturidade de um projetista, refletidos pela sua obra.

Um portfólio pode ser a documentação de um determinado projeto, ilustrando a metodologia de um processo. Também pode ser a apresentação de um registro do trabalho em uma coleção de projetos. Os alunos usam portfólios para conseguir promoções, se candidatar a escolas de pós-graduação ou entrar no mercado de trabalho. Nos dias de hoje, é uma prática comum os profissionais usarem portfólios criados na Internet para se apresentarem a possíveis clientes. Desse modo, o portfólio é um documento de autoexpressão único e acessível, que

451

452 CAPÍTULO 9: INTRODUÇÃO À CRIAÇÃO DO PORTFÓLIO

conta apenas consigo mesmo para expor as capacidades do profissional, servindo também como uma indicação de futuro potencial. Os portfólios portáteis abrangem imagens dos desenhos e modelos em um documento transportável, como um fichário de proteção. Eles também podem ser mantidos na Internet no formato digital, como é a maioria dos portfólios dos escritórios profissionais. Um portfólio é uma coleção de trabalhos selecionados para serem visualizados e analisados *online* com uma mensagem precisa. Um portfólio — físico ou digital — precisa estabelecer um tom de qualidade de maneira clara, consistente e legível, com uma atitude de modéstia e humildade. Ele apresenta o projetista para o mundo.

O objetivo deste capítulo é fornecer dicas sobre como manipular e organizar habilmente o texto e as imagens para um portfólio em um todo unificado que seja visualmente coerente e exclusivamente sólido em sua abordagem inventiva.

Seguem algumas habilidades, termos e conceitos que você vai aprender:

Como organizar um portfólio de projetos.
Como diagramar um portfólio de projeto.
Como justapor texto e imagens.

Criação do Portfólio
TÓPICO: PORTFÓLIOS

Miltton 2003.

Luescher 2010.

Linton 2012.

Ray, Lokko & Marjanovic 2003.

EXEMPLOS DE PORTFÓLIO DE ALUNOS:

http://issuu.com/drew.cowdrey/docs/cowdrey_portfolio_may2010

http://issuu.com/rtglick/docs/glick_ryan_1.11.11_high_res_portfolio_v4.11

http://issuu.com/mbuyer/docs/final_grad_portfolio_to_size

http://issuu.com/ma_pearson/docs/bojana_martinich_portfolio

http://issuu.com/ma_pearson/docs/geunho_song_portfolio

http://issuu.com/ma_pearson/docs/damian-rozkuszka-portfolio

http://issuu.com/JATAFA/docs/2010-2011_henry_portfolio

http://issuu.com/j.elder/docs/jerome_elder_undergraduate_portfolio

http://issuu.com/chrissnowden/docs/undergraduate_architecture_portfolio

http://issuu.com/mdhagge/docs/portfolio.mario.walker

http://issuu.com/glendalecommunitycollegeca/docs/arvin_shirinyans_portfolio-small

http://issuu.com/glendalecommunitycollegeca/docs/gordon_au_portfolio

http://issuu.com/TheAgencyTAMU/docs/carlos_gamez_final_portfolio_2009/1

http://issuu.com/TheAgencyTAMU/docs/alan_knox_undergraduate_portfolio_2003_tamu-arch/1

http://issuu.com/TheAgencyTAMU/docs/stephanie_cole_final_portfolio_2007/1

http://issuu.com/TheAgencyTAMU/docs/jennifer_marshall_undergraduate_portfolio_2009_ta/1

http://issuu.com/TheAgencyTAMU/docs/jennifer_marshall_final_study_portfolio_2011_tamu/1

Visão Geral do Capítulo
Após estudar este capítulo você vai entender os componentes de um bom portfólio de projeto. Para se aprimorar, consulte Linton 2012 e Luescher 2010.

FUNDAMENTOS   453

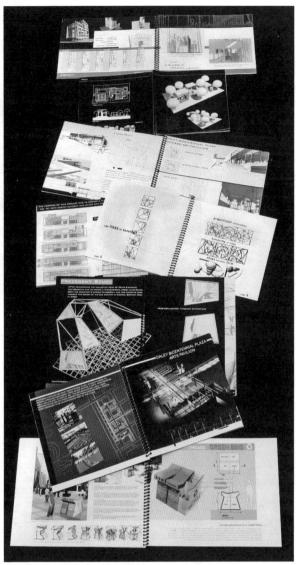

Amostras de portfólios de alunos de Arquitetura 2250 –
Apresentação Arquitetônica e Portfólio
Cortesia do Professor Mark A. Pearson
Departamento de Arquitetura
Faculdade de DuPage

Partes de um portfólio de projetos
Material: Adobe Photoshop, Adobe Illustrator, Rhino e V-Ray
Cortesia do aluno Ryan Thomas Glick e do Professor de estúdio Hiro Hata
Departamento de Arquitetura
Escola de Arquitetura e Planejamento
State University of New York em Buffalo
(ver o *link* da ISSUU para esse portfólio na segunda página deste capítulo)

Folha de Título

A folha de rosto ou folha de título deve abrir seu portfólio com imagens e texto que enfoquem ou atraiam a sua atenção. A folha de rosto deve ser parte integrante do portfólio projetado total. Neste exemplo de portfólio de aluno, a palavra "trabalho" é impressa em tipo grande em negrito junto com o nome do aluno e o objetivo/propósito do portfólio. A página que abre qualquer projeto deve ser identificável claramente e chamar a atenção com fontes que se destacam. Destacar não significa usar fontes excessivamente estilizadas ou imitando a caligrafia manual. Use estilos de fontes simples e claros e considere o uso de fontes sem serifas.

454 CAPÍTULO 9: INTRODUÇÃO À CRIAÇÃO DO PORTFÓLIO

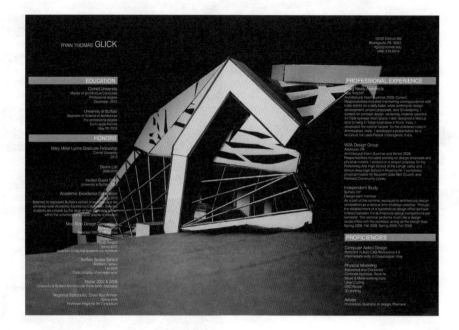

Sumário

Uma boa maneira de começar um portfólio é por um breve currículo acadêmico e profissional que inclua trabalhos nas férias, em meio expediente ou em tempo integral; formação; títulos e prêmios; disciplinas de arquitetura concluídas; e habilidades pessoais como conhecimentos de informática e habilidades para modelagem física. Tente fornecer uma listagem ampla e relevante no seu currículo, seja ele para a pós-graduação ou para uma vaga em um escritório.

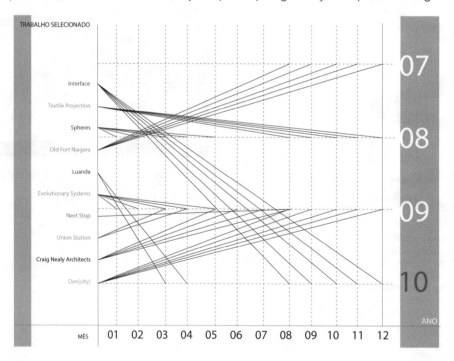

Projeto de Indexação

Em alguma parte da introdução você precisa ter um *índice* para guiar os revisores para todos os projetos que vão visualizar. Tente fornecer um índice com forte impacto visual e que também seja fácil de acompanhar e compreender. Os portfólios são organizados frequentemente de acordo com uma sequência anual do estúdio de projeto — por exemplo, do estúdio de projeto do primeiro ano até o estúdio de projeto do terceiro ou quarto ano. Algumas vezes os projetos podem estar fora de uma sequência cronológica, contanto que sejam identificados em termos de semestre/trimestre, título da disciplina e/ou descrição e data de execução e término para que continuem claros.

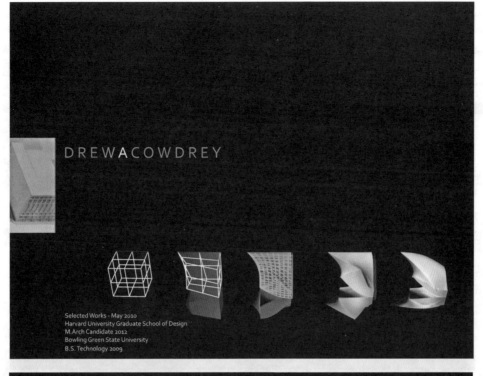

Parte de um portfólio acadêmico
Material: V-Ray
Coordenador do projeto: Danielle Etzler em Harvard GSD
Cortesia do aluno Drew A. Cowdrey e do Professor Andreas Luescher
Bowling Green State University, Departamento de Arquitetura
(ver o *link* da ISSUU para esse portfólio na segunda página deste capítulo)

Outro portfólio com gráficos muito atraentes na página de abertura e uma tipografia visualmente agradável no Sumário.

CAPÍTULO 9: INTRODUÇÃO À CRIAÇÃO DO PORTFÓLIO

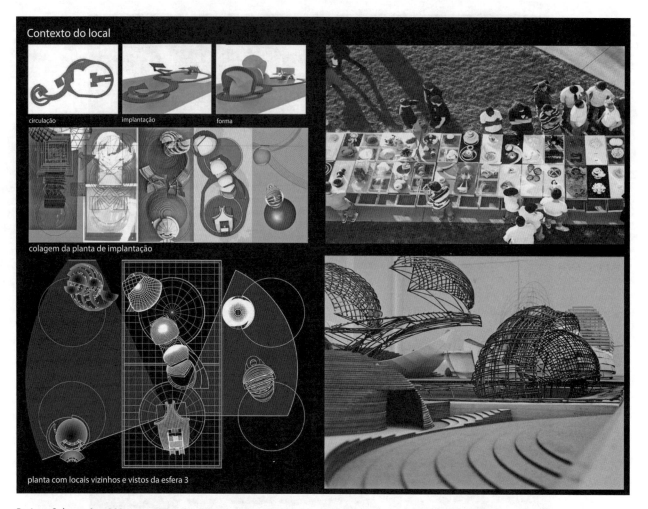

Projeto: Spheres Arc_202
Material: Adobe Photoshop, Rhino e V-Ray
Coordenador de projeto: Sergio Lopez-Pineiro
Professor de estúdio: Dennis Maher, Primavera de 2008
Cortesia do aluno Ryan T. Glick

Compor um portfólio arquitetônico é como analisar e solucionar um projeto arquitetônico; é um processo contínuo. A primeira grande decisão é a organização de todos os projetos que você considera que valem a pena ser exibidos. Faça uma filtragem de todos os seus projetos acadêmicos e tente decidir quais deles representam melhor os seus talentos de projeto e gráficos. Inclua diagramas, croquis conceituais e alguns croquis à mão livre, bem como desenhos de apresentação finalizados. Além disso, não devem ser mostrados apenas os desenhos finais imaculados, mas também os modelos criados no processo de projeto. Você quer mostrar um repertório de habilidades no processo de projeto.

Refletindo sobre a minha experiência de "criação do portfólio", é importante lembrar que o portfólio é um documento que não para de evoluir e que não ficará pronto na primeira tentativa. Pessoalmente, achei mais útil reavaliar os leiautes e o texto após um mês ou mais sem analisar o meu portfólio. Ao me conceder mais tempo para revisitar projetos anteriores, faria aprimoramentos nos leiautes do texto e das imagens para criar uma representação mais clara do meu trabalho. Achei mais benéfico fazer uma reavaliação com olhos descansados.
[RELATO DE UM ALUNO DE ARQUITETURA]

FUNDAMENTOS 457

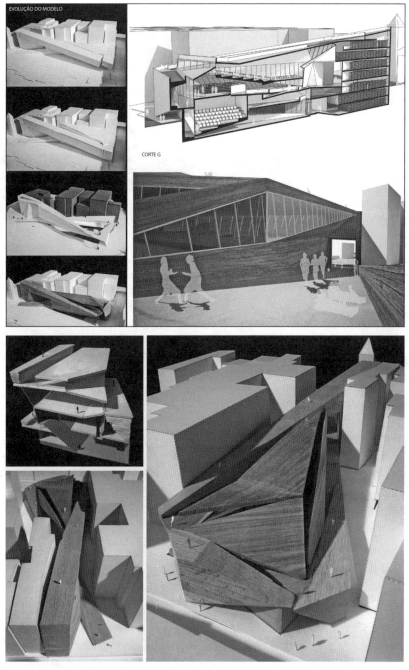

Partes de um portfólio acadêmico: Biblioteca de Livros Raros, Boston, Massachusetts
Material: V-Ray
Coordenador do projeto: Danielle Etzler em Harvard GSD
Cortesia do aluno Drew A. Cowdrey e do Professor Andreas Luescher
Bowling Green State University, Departamento de Arquitetura

Lembre-se de que não precisa mostrar em seu portfólio todos os projetos que você já fez. Sua capacidade para editar, concentrando-se e escolhendo seu melhor e mais atraente trabalho, é uma indicação das suas possíveis habilidades de projeto.

Um portfólio deve contar uma estória — uma estória importante sobre como o seu trabalho é construído. Pode ser uma estória a respeito de um processo, ou uma estória sobre relacionamentos, ou até mesmo uma estória sobre diversidade. Tenha em mente que uma estória precisa de uma linguagem comum e que essa linguagem se torna o amálgama que mantém a ligação entre os projetos. [RELATO DE UM ALUNO DE ARQUITETURA]

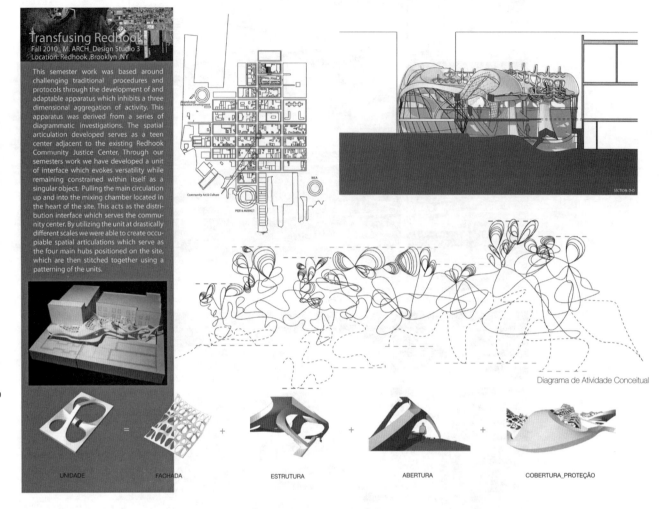

Projeto: Interface
Redhook, Brooklyn, Nova York
Material: AutoCAD, Rhino, Illustrator, impressora 3D
Professor de estúdio: Gislea Baurmann na Cornell University
Cortesia do aluno Ryan T. Glick

Mostre uma quantidade de imagens suficiente para cada projeto, com o respectivo texto e fontes, a fim de "mostrar o melhor de si". Pense sobre como o texto e as imagens irão se justapor em cada página. Tente dispô-los em uma ordem coerente que flua suavemente de imagem para imagem e de projeto para projeto. Decida a respeito do tamanho ideal da página e sobre a configuração que pode acomodar a quantidade de imagens que você deseja exibir por página. Decida se a página terá uma orientação vertical (retrato) ou horizontal (paisagem). Faça um esboço do diagrama de contexto de todas as possíveis páginas. Lembre-se de que a vantagem de uma distribuição em duas páginas é ser facilmente compreendida como uma apresentação unificada.

FUNDAMENTOS 459

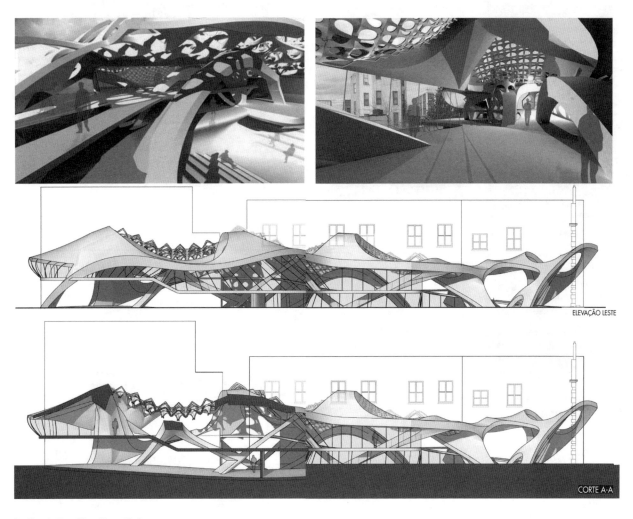

Redhook, Brooklyn, Nova York
Material: AutoCAD, Rhino, Illustrator, impressora 3D
Professor de estúdio: Gislea Baumann na Cornell University
Cortesia do aluno Ryan T. Glick

Um bom portfólio usa gráficos para organizar e reforçar o trabalho nele contido, sem ofuscá-lo. Evite a armadilha de utilizar gráficos chamativos ou modernosos que poderiam tirar a atenção do trabalho que está sendo composto e apresentado. Todos os portfólios acadêmicos da ISSUU apresentados no início deste capítulo reforçam essa ideia, já que o ponto focal dessas composições de portfólio está no trabalho em si e não no excesso de gráficos. Esses desenhos, por exemplo, não são de alto contraste, o que ajuda a manter o foco na composição dinâmica da edificação e na fluidez dos espaços.

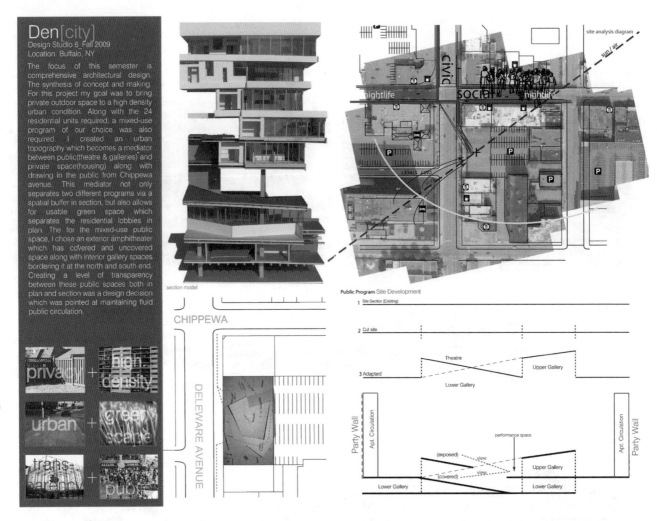

Projeto: Den[city],
      Buffalo, Nova York
Material: Adobe Illustrator, Rhino e V-Ray
Coordenador de projeto: Annette LeCuyer, Arc_403
Professor estúdio: Hiro Hata, Outono de 2009
Cortesia do aluno Ryan T. Glick

Crie uma sensibilidade gráfica e um tema que unifiquem o portfólio. Mantenha uma noção de coerência por todo o leiaute gráfico, mas que ainda permita flexibilidade. Um tema gráfico bem-sucedido faz com que cada projeto seja organizado com alguma flexibilidade em relação às suas necessidades específicas. Tente conceber um leiaute que seja coerente e bem projetado.

FUNDAMENTOS **461**

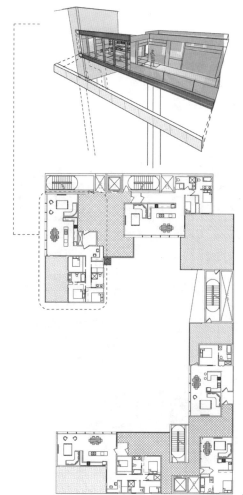

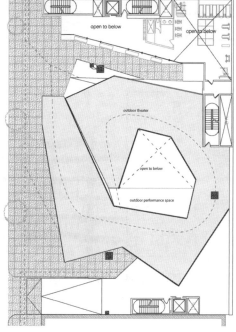

NÍVEL TOPO

6º ANDAR

Projeto: Den[city],
          Buffalo, Nova York
Material: Adobe Illustrator, Rhino e V-Ray
Coordenador de projeto: Annette LeCuyer, Arc_403
Professor estúdio: Hiro Hata, Outono de 2009
Cortesia do aluno Ryan T. Glick

Organização e *leiaute* são reflexos das suas habilidades de trabalho e raciocínio. Seus desenhos de projeto devem "falar por si mesmos", sempre com o objetivo de limitar a quantidade de texto. No entanto, todo o texto incluído deve ser bem escrito e editado Sempre tente pensar em maneiras de resumir as suas explicações e lembre-se de que qualquer texto para as suas imagens vai demonstrar a sua habilidade de escrita. Para os alunos que estão se candidatando a programas de arquitetura de quatro anos ou a cursos de pós-graduação, as descrições e conceitos dos projetos podem servir como uma indicação da habilidade de redação acadêmica, além de proporcionar ideias sobre os projetos.

462 CAPÍTULO 9: INTRODUÇÃO À CRIAÇÃO DO PORTFÓLIO

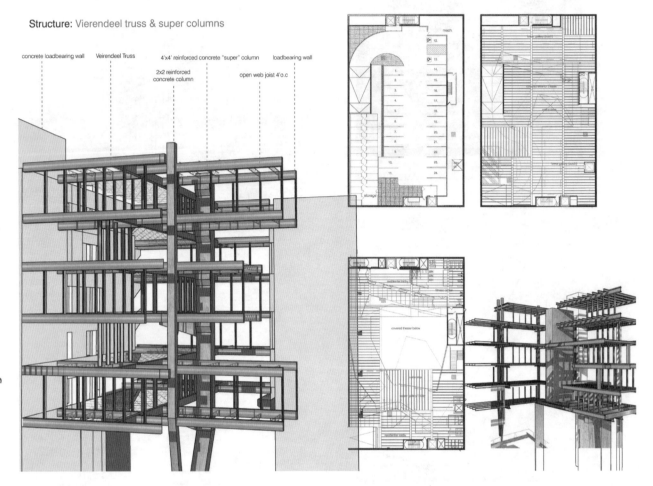

Projeto: Den[city],
    Buffalo, Nova York
Material: Adobe Illustrator, Rhino e V-Ray
Coordenador de projeto: Annette LeCuyer, Arc_403
Professor estúdio: Hiro Hata, Outono de 2009
Cortesia do aluno Ryan T. Glick

Seu portfólio deve ser lido como um roteiro do seu crescimento ou evolução como estudante ou profissional de projetos. Ele mostra o seu desenvolvimento e maturidade. À medida que um estudante ou profissional amadurece, os objetivos mudam, e, assim, o conteúdo do portfólio pode mudar ao longo do tempo. Os exemplos de soluções de projeto não versam meramente sobre como resolver um determinado programa; esses exemplos também são narrativas gráficas do seu intelecto, seja seu estado de espírito, sua posição ou sua preocupação em particular. Tente exibir exemplos que criem uma boa impressão geral. Mostre o suficiente para dar uma noção "aprofundada" do seu trabalho, independentemente de quem possa(m) ser o(s) revisor(es).

FUNDAMENTOS **463**

Projeto: Den[city],
   Buffalo, Nova York
Material: Adobe Illustrator, Rhino e V-Ray
Coordenador de projeto: Annette LeCuyer, Arc_403
Professor estúdio: Hiro Hata, Outono de 2009
Cortesia do aluno Ryan T. Glick

Mesmo com um portfólio detalhado, é sempre melhor decifrar quem serão os indivíduos que estarão sentados com você, mas do outro lado da mesa. Sempre tente conhecer e compreender o seu público. Identificando o seu público-alvo você pode definir seus objetivos com mais facilidade. Dependendo do público-alvo, você pode precisar ajustar o seu portfólio. Por exemplo, se estiver se candidatando a um programa de quatro anos ou a um programa de pós-graduação profissional, o seu portfólio pode ser mais forte em conceito e processo, ao passo que o portfólio profissional de uma empresa de arquitetura pode ser mais voltado para produto.

464 CAPÍTULO 9: INTRODUÇÃO À CRIAÇÃO DO PORTFÓLIO

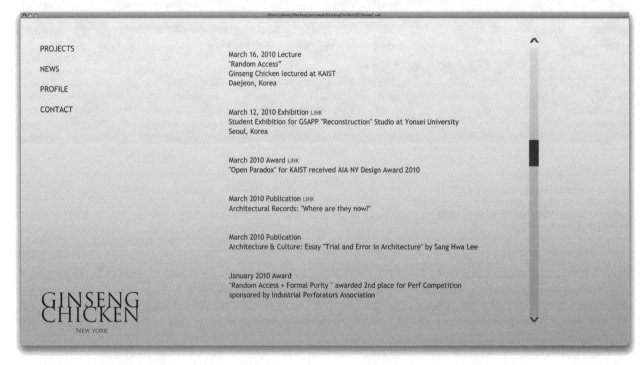

Portfólio *online*: Ginseng Chicken Arquitetura,
Nova York, Nova York
Cortesia de Jeeyong An, AIA, e Sang Hwa Lee, LEED, AP

Os portfólios profissionais que exibem uma atitude mais comercial/promocional do que os portfólios acadêmicos são vistos primeiro *online*. Os princípios básicos do projeto de portfólio acadêmico são vistos no projeto dos portfólios profissionais.

Nos portfólios profissionais *online*, os termos "Perfil" (*Profile*) e "Quem Somos" (*About Us* e *Who We Are*) ligam a descrições dos objetivos e metas do escritório e a uma lista de funcionários importantes, assim como as páginas de abertura em um portfólio acadêmico definem a experiência do aluno. O termo "Projetos" (*Projects*) normalmente tem um ícone que pode ser clicado para se visualizar os projetos em mais detalhes.

466 CAPÍTULO 9: INTRODUÇÃO À CRIAÇÃO DO PORTFÓLIO

 MEDALHA DE OURO DA AIA

 ESTRADAS COM TALUDES DE CORTE

 PRÊMIO LIFETIME ACHIEVEMENT SMITHSONIAN COPPER-HEWITT

 PRÊMIO ROMA

 PRINCÍPIO NO DESERTO

 ARQUITETURA

 ENTREVISTAS/ENSAIOS

 NOTÍCIAS DA COMPETIÇÃO

 DESENHOS

 MÍDIA/PUBLICAÇÕES

 COISAS

 ARGILA

 ESTÚDIO

 CORPO/MOVIMENTO

 *TRAILER* DE "A TERRA ENCONTRA O CÉU"

Portfólio *online*: Antoine Predock, Arquiteto PC
(próximas seis páginas) Albuquerque, Pequim, Tapei, Los Angeles
Cortesia de Antoine Predock, Arquiteto PC

Os portfólios *online* podem ser resumidos e simples; ou podem ser mais detalhados, com várias categorias para descrever a empresa, como o portfólio de Internet de Antoine Predock, que inclui categorias como prêmios, notícias de competição, mídia/publicações e desenhos.

APLICAÇÕES **467**

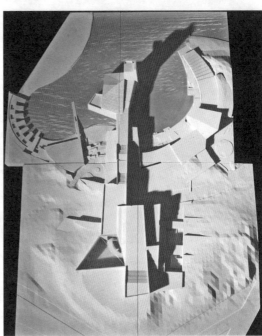

Imagens do projeto: Luxe Lakes Gateway,
Chengdu, China
Cortesia de Antoine Predock, Arquiteto PC

Sob o ícone "Arquitetura" (termos sinônimos: "Projetos", "O Trabalho" etc.), vários projetos são divulgados, incluindo esse do Luxe Lakes Gateway. Uma diferença muito importante a observar na comparação com portfólios em papel é que você navega por um *website* de maneira diferente da que faria em um portfólio tradicional. Ao conceber um portfólio em papel, você está pensando em uma sequência linear que muitas vezes é cronológica, mas nem sempre. A concepção precisa considerar uma ordem linear. Os portfólios baseados na Internet podem ser abordados de modo não linear, em que é mais fácil seguir em qualquer direção.

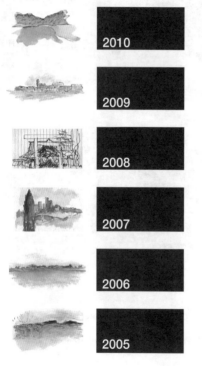

Para mim, desenhar é um veículo para a compreensão e um ato gestual em si mesmo. Registrar uma experiência através do desenho incorpora muito mais do que uma intenção analítica. Na verdade, meus desenhos não são muito analíticos. Quando desenho prédios históricos, eles são imprecisos de muitas maneiras. Meus desenhos são parecidos, mas não são detalhados ou proporcionais. Eles se preocupam com o espírito de uma edificação ou lugar e o espírito embutido no encontro e sua tradução. Desenhar é uma forma de assumir um lugar, absorvê-lo, imergir-me nesse lugar.

Enquanto fazia meus primeiros desenhos, particularmente nos anos 1960, eu estava viajando em minha motocicleta com apenas o básico. Levava apenas um caderno de rascunhos e nanquim, e usava objetos que encontrava no local como ferramentas de desenho — penas de pássaros, pequenos galhos ou palitos de picolé que eu afiava com uma faca. O que quer que houvesse lá, era com aquilo que eu desenhava. Uma parte importante do encontro era, na realidade, encontrar esses artefatos e desenhar com eles. Mais tarde, acrescentei um pequeno kit de aquarela. Só comecei a fazer desenhos com pincel quando descobri as canetas pincel, que são fáceis de levar em viagem porque não precisam de limpeza.

Encaro a criação de uma arquitetura e uma viagem como uma experiência entrelaçada. Assimilar lugares diferentes, observar as atmosferas em locais diferentes no mundo, tanto reais quanto imaginários, são jornadas. Essas assimilações e observações se acumulam e consistem no primeiro plano para criar a arquitetura — que começaram quando eu era estudante e continuam até hoje.

Antoine Predock, extraído de *Architectural Journeys* (Jornadas Arquitetônicas)

Os portfólios *online* podem ser visualizados de modo muito mais dinâmico do que os portfólios em papel. Por exemplo, você poderia olhar para a imagem de um projeto, saltar para a página de "Perfil" ou "Quem Somos", saltar para Publicações e finalmente voltar para outro projeto. No portfólio de Predock, você pode estar interessado apenas em olhar os desenhos que ele fez em 2007 e clicar no ícone correspondente que o leva a essa página. Você pode jamais percorrer um *website* de portfólio inteiro; os *websites* são concebidos para serem visualizados dessa maneira.

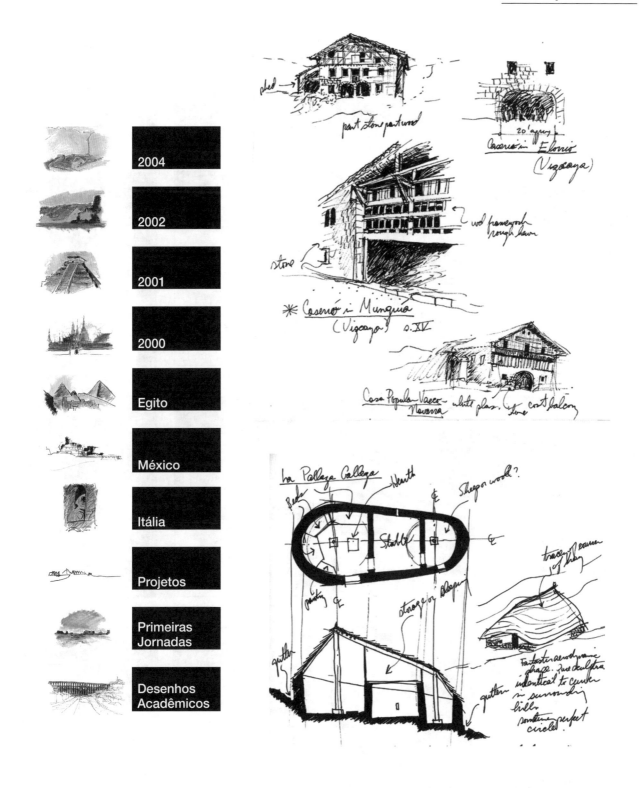

Ou você pode querer ver apenas os croquis que Predock fez em 2002 e os que ele fez na Itália e clicar nos ícones que levam a essas páginas. Se fosse um portfólio em papel, provavelmente você examinaria a maioria das categorias; os portfólios baseados na Internet permitem que você seja mais seletivo. A categoria "Desenhos" no *website* de Antoine Predock é dividida nos anos em que os croquis foram feitos; nos países em que os croquis foram feitos; nos projetos específicos; nas primeiras viagens de croquis; e até mesmo em desenhos acadêmicos. Cada ícone permite que o visualizador navegue por inúmeros croquis.

470 CAPÍTULO 9: INTRODUÇÃO À CRIAÇÃO DO PORTFÓLIO

Arquitetura: Celebrando o Passado, Desenhando o Futuro, 2008

Arquitetura Contemporânea, 2008

Residências GA, 2008

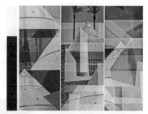
Variações: As Fotografias de Arquitetura de Jenny Okun

Disseminação Cultural Internacional Limitada, H.K. Rihan, 2007

Arquitetura Moderna, 2007

Venice, CA: Arte + Arquitetura em uma Comunidade de Maverick, 2007

Arte Moderna de A a Z

Interiores Mundiais Contemporâneos

A Coleção dos Projetos Premiados de 2006, 2007

Desenho Arquitetônico, 2007

Projetando a Escola Sustentável

2007

2007

2006

2006

Durante a concepção de um portfólio baseado na Internet, considere todas as diferentes maneiras em que o seu trabalho pode ser visualizado. Projete um *website* fácil de navegar e também com uma experiência de visualização dinâmica. As publicações são apenas uma das muitas maneiras pelas quais os profissionais mostram seus trabalhos. No *website* de Antoine Predock, o ícone "Mídia/Publicações" mostra uma série de livros e revistas que publicaram seus trabalhos.

Essa é apenas outra categoria nesse portfólio profissional que temos a opção de escolher como parte da experiência não linear dinâmica. A navegação não linear sempre deve ser fortemente considerada quando se desenvolve um portfólio baseado na Internet. O ícone "Estúdio" mostra fotografias do local de trabalho do arquiteto.

472 CAPÍTULO 9: INTRODUÇÃO À CRIAÇÃO DO PORTFÓLIO

VISTA EXPLODIDA

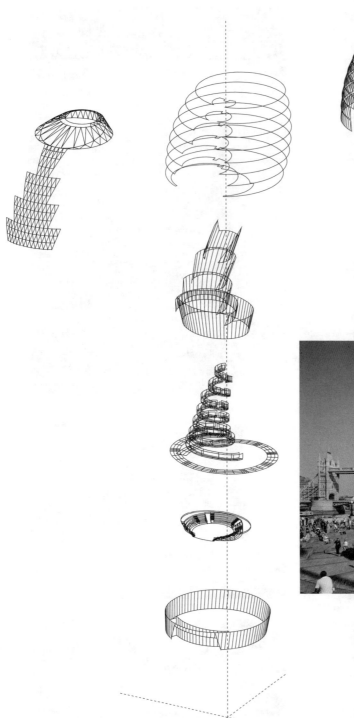

© Nigel Young/Foster and Partners

Vista Explodida

Desenho: Sede da Autoridade Maior de Londres,
Londres, Inglaterra
Material: *Software* — Microstation
Cortesia de Foster e Sócios

O motivo da inclinação dessa esfera modificada sustentável e não poluente é proporcionar desempenho energético ideal minimizando a luz solar direta na envoltória superficial inteira. Um mapa térmico do revestimento foi inteiramente pesquisado. Concebido com aberturas móveis para ventilação natural, ele usa um quarto da energia consumida por qualquer edificação típica com ar condicionado. Essa série de vistas explodidas representa um isolamento diagramático dos vários problemas que o arquiteto enfrentou e resolveu. É uma dissecação gráfica de um problema de projeto muito abrangente. Ver os muitos modelos de estudo da forma conceituais na página 100.

Epílogo

A intenção inicial deste livro é proporcionar aos estudantes e projetistas as ferramentas gráficas essenciais à comunicação visual. As habilidades gráficas arquitetônicas são uma poderosa ferramenta para conceber, documentar e expressar ideias arquitetônicas. A variedade de tipos e métodos de desenho demonstra que uma ampla gama de ferramentas e técnicas gráficas está disponível para transmitir as ideias arquitetônicas no processo de projeto. Este manual introduz os vários meios atualmente empregados de modo que o leitor possa ter uma noção da amplitude das possibilidades visuais disponíveis nessa área.

Projetistas devem expressar, desenvolver e transmitir ideias arquitetônicas. Para fazer isso, todos os projetistas — estudantes e profissionais da área — frequentemente adotam as ferramentas e as técnicas a que mais se adaptam, independentemente de serem croquis conceituais à mão livre ou desenhos de representação com ferramentas para traçados. Alguns arquitetos e projetistas gostam de sentir a maciez de uma mina de grafite sobre um papel-manteiga branco. A maciez do grafite pode criar uma atmosfera caracteristicamente sugestiva, particularmente nas imagens de perspectivas. Outros se tornam criativos na expressão de suas ideias quando utilizam uma caneta de ponta porosa ou lápis de cor sobre papel-manteiga amarelo. Lápis Prismacolor proporciona uma sensação impressionista suave aos croquis arquitetônicos.

O desenho em poliéster com lápis Prismacolor de cores vivas é uma maneira excelente de criar belos desenhos de apresentação em qualquer estágio do processo de projeto. Esses lápis podem ser aplicados na frente e no verso do poliéster, uma superfície dura que pode suportar muitos redesenhos e apagamentos. As cores des-

474 EPÍLOGO

ses lápis permanecem vivas nessa superfície bem transparente. Até mesmo a cor branca funciona lindamente no poliéster quando colocado sobre um papel de embrulho amarelo claro. Essa técnica de projetar e apresentar em poliéster colorido com lápis é quase perfeita para as perspectivas coloridas em 3D.

E outros, ainda, preferem a noção precisa do nanquim sobre poliéster, especialmente nas projeções paralelas. Todos os materiais afetam a qualidade não apenas da percepção espacial como também das ideias do projeto, especialmente no estágio de desenho-projeto. Por exemplo, o carvão quase automaticamente evoca luzes e sombras, enquanto uma caneta de ponta fina pode levar a fazer mais delineamentos e a pensar sobre os contornos, as ligações e os detalhes.

Considerando que o computador e os desenhos gerados digitalmente se tornaram um lugar-comum na prática e no ensino de projetos, é da maior importância manter um forte vínculo com os materiais e métodos tradicionais de desenho, como os croquis à mão livre. Devido à íntima e imediata reciprocidade entre a imaginação humana e o desenho, essa antiga forma de expressão sempre será uma maneira poderosa e eficiente de gerar e transmitir ideias.

O leitor deve explorar os diversos livros listados na Bibliografia que abordam o desenho arquitetônico como técnica e/ou processo. Essa pesquisa, em conjunto com um estudo cuidadoso deste volume e do material disponível no site da Internet, deverá enriquecer seu conhecimento em desenho arquitetônico.

Exercícios de Desenho

Um livro-texto ou de referência sobre desenho arquitetônico não seria completo sem sugestões sobre como aplicar as mais importantes técnicas abordadas. O objetivo desta seção de exercícios de desenho é apresentar uma variedade de abordagens de problemas/projetos, bem como de aplicações. A intenção é permitir que educadores de arquitetura vislumbrem informações destes exercícios de modo que possam formular problemas criativos que sejam adequados às suas próprias turmas e aos seus objetivos educacionais.

Organização dos Exercícios de Desenho

Os problemas e projetos nesta seção foram divididos em dois níveis. O Nível Um consiste em problemas bem básicos que são abstratos em projetos e simples em configurações geométricas. Para prosseguir além do curso iniciante em desenho arquitetônico/gráficos, os estudantes devem demonstrar entendimento global e habilidades na solução desses exercícios. Devem também ser encorajados a confeccionar croquis manuais para explorar as possíveis soluções de cada problema.

No Nível Dois, encontram-se problemas mais complexos que os do Nível Um, e, na maioria dos casos, os que possuem cunho mais puramente arquitetônico. Normalmente envolvem projeto e desenho, sendo adequados para iniciantes com mais experiência ou para turmas nas quais os alunos sejam mais independentes. Como no Nível Um, a solução dos problemas do Nível Dois deverá exigir obrigatoriamente habilidades de desenho à mão livre. A intenção desses exercícios é principalmente desenvolver soluções usando essas habilidades de desenho à mão livre. Os adeptos da utilização de recursos digitais também têm a opção de solucionar os mesmos exercícios através do computador.

Expressar Luzes e Sombras em Croquis

Para trabalhar nos exercícios a seguir, você pode precisar trazer para a aula algum objeto pequeno e adequado à pintura de naturezas-mortas. Sugiro uma forma simples — uma fruta, um vegetal etc. Você também pode querer trazer um prato ou uma toalha para ter onde pôr o objeto.

Neste exercício você pode experimentar várias técnicas de mistura de materiais, tais como lápis de croqui com aquarela, caneta de ponta porosa ou de nanquim com aquarela, lápis etc.

O objetivo deste exercício é demonstrar como o emprego de luz e sombra pode dar forma a um objeto — uma aparência tridimensional. Escolha um objeto simples e esboce e/ou pinte quatro croquis coloridos com dimensões de um cartão-postal. Você pode usar um objeto mais de uma vez alterando a fonte de luz (p. ex., mudando a direção ou a intensidade da fonte). Ou então, você pode querer ir para o exterior e fazer o croqui (ou a pintura) de um objeto arquitetônico ou paisagístico simples.

Sugestão: escolha objetos que possuam formas básicas simples — um cubo, um cilindro, uma esfera, um cone etc. — e com uma fonte de iluminação forte e dirigida. Estudos de tonalidade a lápis ou monocromáticos em aquarela podem ajudar a definir as áreas não iluminadas e a composição.

Por favor, inclua junto com a tarefa todos os estudos preliminares.

Você será avaliado nos seguintes critérios:

- Emprego de luz e sombra
- Técnica (aquarela, mistura de materiais etc.)
- Uso de cores
- Composição

Cortesia da Professora Jane Grealy
Departamento de Arquitetura
Queensland University of Technology
Brisbane, Austrália

Projeto acadêmico por Daniella Lancuba
Material: Aquarela
Departamento de Arquitetura
Queensland University of Technology
Brisbane, Austrália

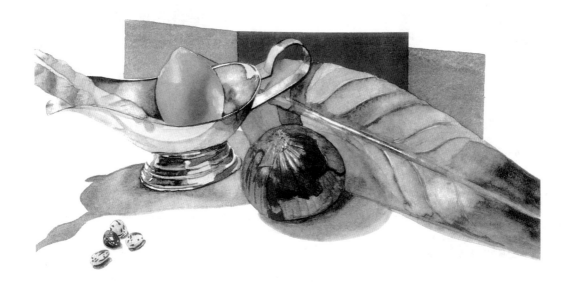

Desenhos em Positivo e Negativo

Perceber formas e contornos é um grande passo para aprender a desenhar. Objetos de uso diário (como garfos, colheres, cadeiras e lâmpadas) tornam-se bons exemplos para aprender a desenhar espaços negativos. Começar a compreender a diferença entre desenhar espaços negativos (a área ao redor do objeto) e positivos (o objeto que está sendo desenhado) perceptivamente pode alterar sua abordagem ao desenhar.

Desenhar espaços negativos é desenhar o objeto de nosso foco por meio da demarcação do espaço ao redor do objeto. A tendência dos estudantes iniciantes é querer desenhar o objeto. Neste caso, os alunos devem deixar de lado noções preconcebidas do que estão observando e são compelidos a reconhecer que os espaços negativos são tão informativos quanto o objeto que está sendo desenhado. Os problemas de encurtamento e perspectiva se tornam meros obstáculos perceptivos pelo fato de o foco estar na forma, e não na profundidade.

O carvão é o melhor material a ser empregado para este projeto; ele direciona o foco do estudante para a importância do espaço negativo. Observe o objeto de diferentes pontos de vista, buscando as formas negativas. Capte os objetos a princípio como contornos, sendo cuidadoso ao capturar todas as nuances do objeto. Uma vez delineadas essas áreas, preencha-as com o carvão.

Esta proposta reduz o objeto mais complexo à simplicidade. Ela simplifica todas as conexões intrincadas do objeto de modo que o estudante possa compreendê-lo e desenhá-lo. Uma vez estabelecida a percepção básica do negativo e do positivo, os estudantes podem avançar para objetos mais complexos, como paisagens ou arquitetura. Os exemplos neste exercício apresentam desenhos positivos e negativos com motocicletas. Observe a direção, os espelhos, as rodas, os raios e para-lamas definidos pelo delineamento das formas negativas. Você pode inclusive perceber a inclinação do guidão da motocicleta.

Projeto: Cortesia do Professor Fernando Magallanes
Estúdio de Fundamentos de Projeto — Outono de 2000
Faculdade de Projeto
North Carolina State University

O exemplo acadêmico é do Estúdio de Fundamentos de Projeto — Outono de 2000
North Carolina State University
Material: Carvão sobre papel de croqui 21,5 cm × 27,9 cm (81/2″ × 11″)

Desenho: Projeto acadêmico por John Rubins,
Estudo de cabeça e rosto
Material: Nanquim
Cortesia da Escola de Arquitetura da Washington University, St. Louis, Missouri

Conhecimento dos Espaços Negativos

Um exercício excelente é inverter os espaços negativos e positivos (figura-fundo), como apresentado no estudo da face (à esquerda). Tente sempre desenhar os espaços negativos marcantes por meio do simples delineamento da linha de contorno que define a forma. Isso requer um olhar aguçado e treinado para reconhecer as formas das áreas não iluminadas, pois fomos condicionados a ver formas positivas. Observe também que você só terá uma noção das áreas negativas em preto ao vê-las como se fossem positivas.

Desenho à Mão Livre: Croquis Múltiplos

Dividam-se em grupos e, usando canetas de nanquim de várias espessuras, façam croquis das imagens ao redor do estúdio. Vamos começar com desenhos de 30 segundos, 60 segundos, 1,5 minuto e 3 minutos. Um último croqui, com duração de 5 minutos, irá encerrar o exercício. Os croquis irão variar em complexidade e expressão gráfica. Preste muita atenção às proporções das imagens nesta página e ao estilo do desenho apresentado no exemplo. Relaxe... Desenhe rápido e livremente. Distribua os croquis de 5 minutos, de 3 minutos, de 1,5 minuto, de 1 minuto e de 30 segundos em uma página, como apresentado abaixo.

Problema: Cortesia do Professor Assistente Daniel K. Mullin, AIA, NCARB
Disciplina: Comunicação Gráfica
Departamento de Arquitetura
University of Idaho — Moscow

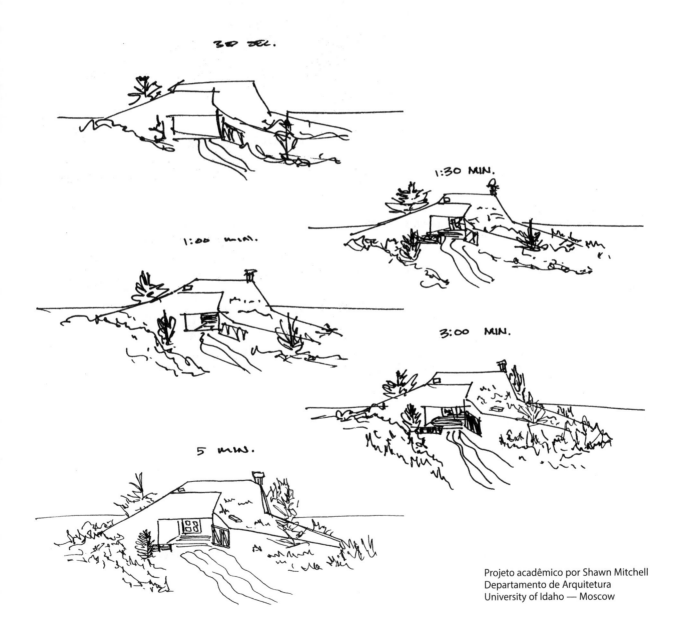

Projeto acadêmico por Shawn Mitchell
Departamento de Arquitetura
University of Idaho — Moscow

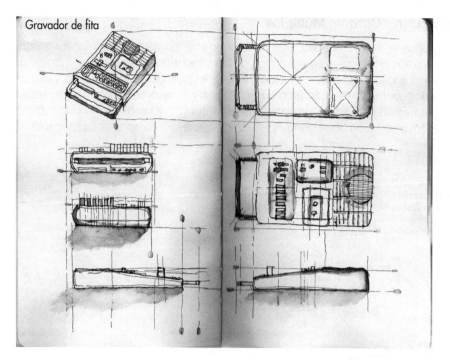

Grant Foster: Estudos de múltiplas vistas
Desenho: Exercício de croquis de múltiplas vistas/caderno de rascunhos
Material: Grafite ou nanquim
Cortesia da Professora Marissa Tirone; Assistentes: Kervin Brisseaux, Seth King, Brendan Rose, Elijah Yoon
Disciplina: Representação II | Exercício de livro de rascunho
Syracuse University
Faculdade de Arquitetura, Primavera de 2009

Para esta semana, você tem que selecionar uma série de objetos para a confecção de croquis em várias vistas. Escolha quatro objetos da sua tarefa anterior sobre croquis aditivos. Redesenhe a perspectiva axonométrica completa de cada estudo e depois acrescente seis vistas: superior, inferior, frontal, traseira, lateral esquerda e lateral direita. Esse processo iterativo deve estar evidente em seu livro de rascunhos, onde cada conjunto de páginas tem um estudo completo, incluindo a vista axonométrica e as demais seis vistas. Você deve percorrer uma série completa. [Relato de um professor]

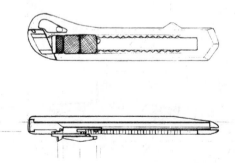

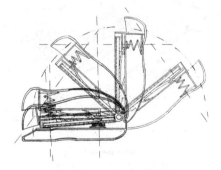

Desenho: Croquis de vistas bidimensionais,
Material: Grafite ou nanquim
Disciplina: Fundamentos de Comunicação de Projetos
Cortesia da Professora Meg Jackson
Texas A&M University

Projetos acadêmicos: Estilete — Jonathan Zunugia, Grampeador — Mitchell Dickinson

Uma ampla gama de convenções é introduzida para equipar os alunos com as habilidades e o conhecimento necessários para percorrer um processo de projeto. O aluno deve utilizar técnicas fundamentais para visualizar um objeto e depois interpolá-lo em um desenho arquitetônico. Fachadas, perspectivas axonométricas e plantas são utilizadas para interpretar um objeto tridimensional como um desenho bidimensional. [Relato de um professor]

Desenho de Ovos

É essencial para os estudantes iniciantes desenvolver sensibilidade à iluminação sobre um objeto e habilidade de desenhar as características da luz em uma superfície bidimensional. A observação da luz e a criação das sombras e tonalidades são o que o estudante deve captar no papel. Os alunos são solicitados a trazer meia dúzia de ovos (preferencialmente brancos) para a aula de desenho. O material para este exercício pode ser lápis, nanquim e marcador cinza. Os alunos irão fazer três desenhos, cada um com um único material, para permitir que aprendam as vantagens e desvantagens de cada um. Deve-se destinar uma hora para cada desenho, realizado em caderno de croquis com 35,0 cm × 43,0 cm. Diferentes modos de criar tonalidades podem ser explorados: linhas, borrões, camadas, pontos ou marcas aleatórias.

Coloque os ovos sob diferentes fontes de luz. Desenhe inicialmente com iluminação encoberta, com pouca variação de intensidade. Mais tarde, repita com uma fonte luminosa de grande intensidade, que pode ser o sol ou uma lâmpada forte. Posicione os ovos sobre uma superfície branca e limpa, como, por exemplo, uma folha de papel.

Este exercício irá introduzir os estudantes aos vários tipos de iluminação (intensa, sombras, luzes refletidas e áreas não iluminadas) que se tornam aparentes ao estudar a iluminação sobre os ovos. No período de uma hora, as condições de iluminação serão alteradas; logo, é importante que os estudantes façam um croqui geral da natureza-morta para trabalhar após a aula.

Projeto: Cortesia do Professor Fernando Magallanes
Estúdio de Fundamentos de Projeto — Outono de 2000
Faculdade de Projeto
North Carolina State University

Projeto acadêmico por Rebecca Pezdek
Material: Lápis sobre papel de croqui formato A4
Estúdio de Projeto Fundamental — Outono de 2000
North Carolina State University

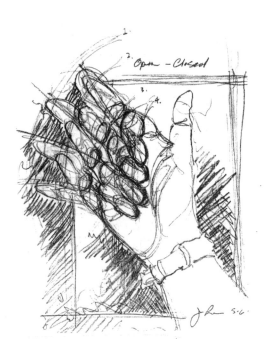

Desenho: Mão aberta e fechada
Material: Nanquim sobre papel-manteiga
19,1 cm × 19,1 cm (7,5" × 7,5")
Cortesia do Professor Jerry W. Lum
Departamento de Arquitetura
City College de São Francisco

Desenho de Mãos em Ação

Neste exercício, você irá desenhar sua mão oposta à de desenho ou a própria mão de desenho com auxílio de um espelho. A mão, com suas inúmeras possibilidades de posições, talvez seja a parte da anatomia humana mais desafiadora para se desenhar. Lembre que o comprimento das mãos é aproximadamente o dobro da sua largura. Comece desenhando com posições fixas e paradas e progrida para mostrá-la aberta e fechada, bem como nas posições intermediárias (simulando o movimento das mãos).

482 EXERCÍCIOS DE DESENHO

A Viagem Arquitetônica

Os objetivos desta disciplina — Desenho Arquitetônico I — foram estimular estudantes a investigar seus ambientes com olhos de arquitetos de modo a se tornarem proficientes em várias técnicas e materiais, bem como encorajá-los a experimentar e explorar o processo de projeto através do registro da obra.

Estudantes vêm para a escola de arquitetura com variadas experiências artísticas e uma ampla gama de habilidades, incluindo desenho técnico e artístico. No entanto, não possuem a flexibilidade de percorrer entre os diversos materiais, técnicas e convenções que lhes permitiria manter o foco na totalidade dos temas escolhidos. Junto com as técnicas de elaboração de plantas, cortes, fachadas, vistas axonométricas e perspectivas, decidi ampliar suas experiências incorporando sombras, texturas, transparência e reflexos. Isso cria um arcabouço mais amplo por meio do qual podem criticar e avaliar os limites das técnicas convencionais de modo a enriquecer seus meios de perceber e projetar. Encorajo os estudantes a desenvolver suas próprias técnicas por meio da experimentação — para perceber o que é desenhar. Acredito que o conhecimento do tema — seja uma figura humana ou arquitetônica — advém da observação direta e da experimentação.

Elementos de registro da obra podem conduzir a atenção para características e dimensões do tema considerado. O processo de desenho então se torna um tipo de atalho que evoca o tema real a partir de uma simples representação. Esses processos ocorrem por meio de croquis, miniaturas, materiais diferentes, e com a inclusão e exclusão de algumas informações. Investigações sobre texturas, contornos e brilhos da iluminação são trazidas para se juntar às convenções mais familiares das plantas, cortes, fachadas e perspectivas.

Por meio de viagens através da cidade, os estudantes foram estimulados a ampliar suas experiências a respeito das construções. O termo "viagem" significa tanto uma jornada exploratória quanto o registro da jornada e de suas descobertas. O conceito de viagem foi invocado para criar um prazer em desenhar como expressão da produção e do registro das descobertas arquitetônicas. Nesse sentido, o desenho arquitetônico foi considerado não uma ferramenta neutra para retratar um cenário, mas um modo de fazer análises e questionamentos críticos, um modo de aprender e descobrir. Portanto, o estudante pode ver as regras da perspectiva, como os pontos de fuga e os planos visuais, todos em relação à experiência real. Dada uma base para observação direta, o estudante possui a habilidade para fazer acabamentos de iluminação que dizem respeito à luz e não à projeção de sombras, perspectivas que se referem ao espaço e não à construção de perspectivas, assim como plantas que são relacionadas com a experiência de construção.

Minha noção de desenho foi fundada na observação e na experiência: para praticar a visão, pratique o desenho e investigue construções — para estudar a realidade e a experiência das construções e fazer comparações entre o desenho e a realidade da construção observada; para praticar as convenções do desenho e determinar o quão eficientes elas são em transmitir experiência e espaço, bem como para encorajar os estudantes a desenvolver uma percepção dos seus ambientes com todos os seus sentidos, de modo que essas investigações irão transmitir as ideias representadas no desenho e a habilidade de construir entendimento através dele.

A chave para o desenho é desenhar constantemente; manter os processos de desenho e de projeto acessíveis é guiar as ideias do desenho para a comunicação. Os desenhos baseados em técnicas e convenções, e aqueles criados para ser vistos, talvez não tenham de ser legíveis, mas, ao contrário, devem ampliar as habilidades de observar e explorar.

NÍVEL 1 **483**

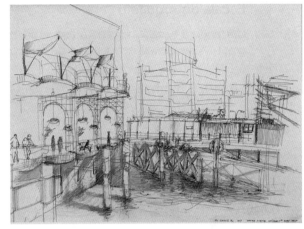
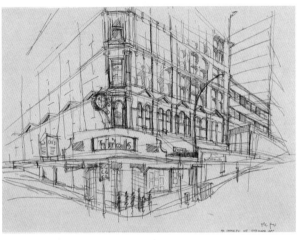
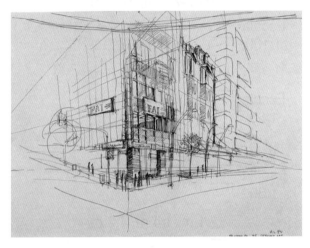

Problema: Cortesia de Susan Hedges, Gerente de Suporte CAS
Escola de Arquitetura
Instituto Nacional de Indústrias e Artes Criativas
University of Auckland, Nova Zelândia

Projeto acadêmico por Ho Ching Fu (Desenho Arquitetônico I)
Cortesia da Supervisora do Estúdio Susan Hedges
Escola de Arquitetura do Instituto Nacional de Indústrias e Artes Criativas
University of Auckland, Nova Zelândia

484 EXERCÍCIOS DE DESENHO

Escala do Arquiteto

Utilizando a escala indicada à esquerda, meça e trace os comprimentos indicados no alto de cada grupo. A sequência adequada é de cima para baixo, da esquerda para a direita.

10,0 cm, 9,5 cm, 14,0 cm

Escala
1:1

12,0 m, 8,7 m, 19,5 m

Escala
1:125

11,0 m, 7,6 m, 12,6 m

Escala
1:100

1,8 m, 8,4 m, 5,6 m

Escala
1:60

3,0 m, 1,7 m, 6,7 m

Escala
1:50

2,1 m, 1,4 m, 4,2 m

Escala
1:30

3,0 m, 2,3 m, 1,3 m

Escala
1:25

1,3 m, 2,0 m, 2,1 m

Escala
1:15

1,0 m, 1,5 m, 1,75 m

Escala
1:10

0,6 m, 1,0 m, 1,2 m

Escala
1:7,5

30,0 cm, 45,0 cm, 63,0 cm

Escala
1:5

NÍVEL 1 **485**

Escala do Engenheiro e a Escala Métrica

Utilizando a escala indicada à esquerda, meça e trace os comprimentos indicados no alto de cada grupo. A sequência adequada é de cima para baixo, da esquerda para a direita.

Para os dois grupos de baixo: usando a escala métrica, meça tanto em milímetros quanto em centímetros os comprimentos estipulados indicados acima de cada grupo.

3,1 m, 4,3 m, 5,3 m

Escala
1:30

1,5 m, 4,5 m, 6,75 m

Escala
1:50

2,2 m, 6,7 m, 8,7 m

Escala
1:60

8,0 m, 11,5 m, 19,8 m

Escala
1:125

9,5 m, 25,0 m, 41,0 m

Escala
1:250

6,7 m, 37,2 m, 51,8 m

Escala
1:400

15,0 m, 49,7 m, 80,5 m

Escala
1:500

7,6 m, 47,2 m, 97,2 m

Escala
1:750

2,9 cm, 6,3 cm, 11,5 cm

Escala em
milímetros

2,54 cm, 5,2 cm, 13,7 cm

Escala em
centímetros

486 EXERCÍCIOS DE DESENHO

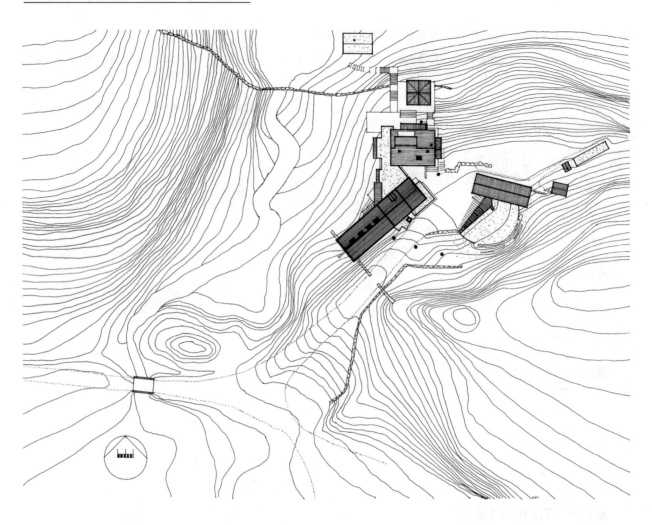

Desenho: Estúdio Ravenwood de Brandenburg, Ely, Minnesota
55,9 cm × 86,4 cm (22" × 34")
Material: Nanquim sobre poliéster
Cortesia de Salmela Arquitetos

Curvas de Nível

Responda às perguntas a seguir com base nas curvas de nível do desenho acima. (Como exercício opcional, responda às mesmas perguntas com base nas plantas de implantação das páginas 382 e 386.)

1. As curvas de nível se interceptam?
2. Assinale e identifique as áreas cujo terreno você acredita que seja plano.
3. Assinale e identifique as áreas cujo terreno você acredita que seja íngreme.
4. Assinale e identifique as áreas cujo terreno você acredita que seja suave.
5. Assinale e identifique as linhas de crista.

NÍVEL 1   **487**

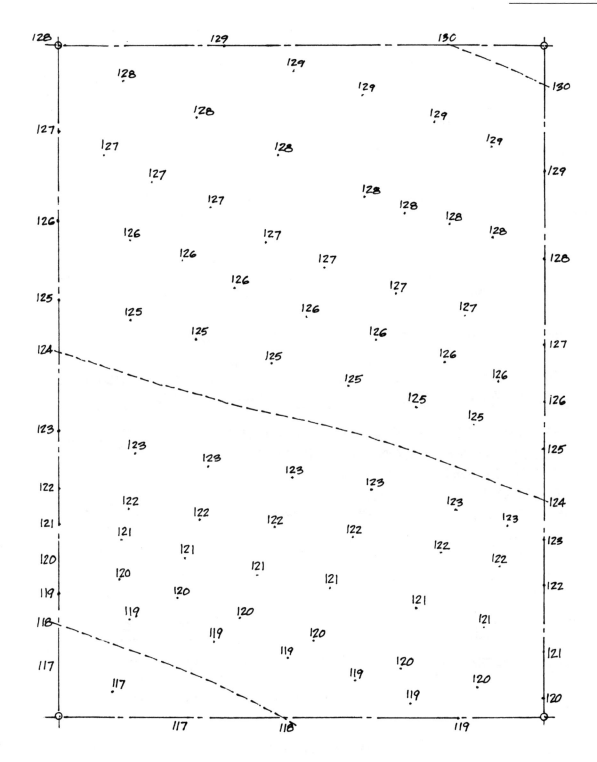

Dados: um mapa com curva de nível incompleto de uma área de construção.

Pede-se: usando uma régua flexível, uma curva francesa ou suas próprias técnicas de desenho à mão livre, una cuidadosamente as curvas de nível. Você pode traçá-las com linha cheia, tracejada ou pontilhada. Faça uma seção em corte através das curvas de nível e tente interpolar o perfil do terreno.

488 EXERCÍCIOS DE DESENHO

PROBLEMA DE CROQUI EM SALA DE AULA: CALIGRAFIA

A caligrafia arquitetônica permite que os arquitetos incluam informações nos desenhos de maneira condizente com o conteúdo gráfico — planejada, composta e executada de modo cuidadoso. A caligrafia conta com o arquiteto ser capaz de controlar as suas ferramentas (caixa de minas, régua) e nas linhas elaboradas à mão e utilizadas para criar cada letra ou número. A uniformidade de tamanho, forma e espaçamento da caligrafia está entre os objetivos deste exercício.

TAREFA: Semana 3

Escreva seu nome e a data na frente da Tarefa 2 no canto inferior direito. Use a imagem abaixo como um guia para as proporções das letras e números. Comece com linhas guia paralelas afastadas em 4,7 mm usando uma linha fina; mude para uma espessura secundária nas linhas dos objetos. Tente um espaçamento de 6 mm e 3 mm nas linhas guia.

Use mina H ou HB em papel de desenho. Você pode reutilizar o papel em que praticou as espessuras de linha na última aula ou usar o verso de outra folha. Seu papel deve estar preso com fita. Use sua régua paralela e um esquadro para criar as linhas verticais de cada letra ou número e desenhe as curvas à mão livre.

Imagem extraída de *Architectural Drawing*, 3rd ed. (Rendow Yee)

Exercício de caligrafia: Cortesia de Lauren Karwoski Magee
Professora, Dextrel University, Philadelphia, PA
Diretora de Instrução e Representação
Departamento de Arquitetura + Interiores
Programa de Arquitetura

NÍVEL 1 **489**

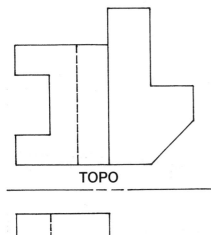
TOPO

Vista Ausente

A partir das vistas fornecidas do objeto, construa a lateral esquerda, a posterior e a inferior.

Escala: 1:100

Observação: a linha de charneira foi incluída nestes dois exercícios apenas com fins educacionais. Apague-as nas fotocópias se seu instrutor assim o desejar.

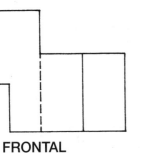
FRONTAL

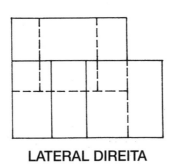
LATERAL DIREITA

Vista Ausente

A partir das vistas fornecidas do objeto, construa a lateral direita, a inferior e a posterior.

Escala: 1:25

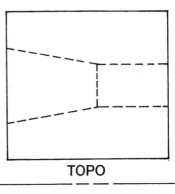
TOPO

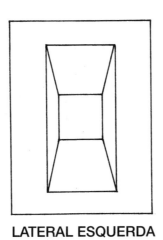
LATERAL ESQUERDA

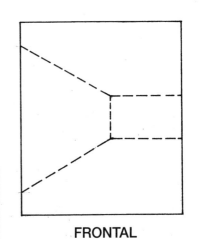
FRONTAL

Dica: Ao resolver problemas de múltiplas vistas, tente sempre visualizar com os croquis o objeto tridimensional que está sendo construído.

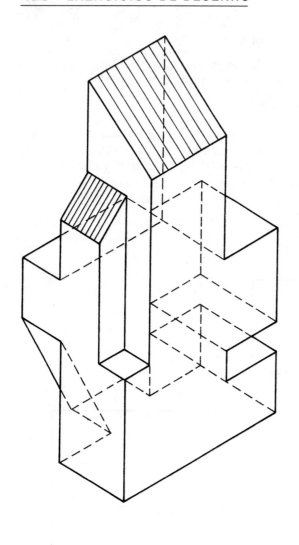

Seis Vistas Ortogonais

À esquerda é mostrada uma isométrica com linhas ocultas para ajudar na visualização da forma. Construa as seis vistas ortogonais. Inicialmente construa-as com as linhas ocultas e depois repita sem as linhas ocultas, como seria visto em plantas e elevações arquitetônicas.

Dica: Dada uma construção tridimensional, faça à mão livre croquis de rascunho para visualizar cada vista ortogonal.

Projeto acadêmico por Ellen W. Ng
Cortesia do Departamento de Arquitetura
City College de São Francisco

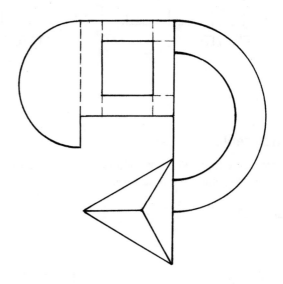

Projeto acadêmico por Ema Egli e Joanna Hostetler
Cortesia do Departamento de Arquitetura
City College de São Francisco

Vista Ausente/Isométrica/Militar

Construa a vista lateral direita a partir da planta e da elevação fornecidas. Depois construa uma vista isométrica e uma perspectiva militar a 45°-45°.

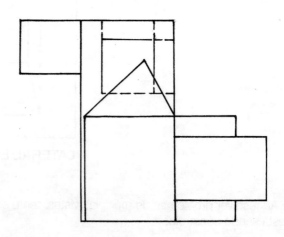

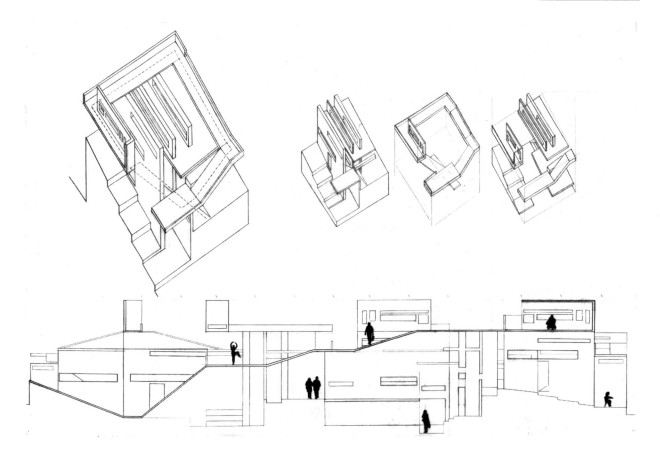

Hilary Barlow: Perspectiva axonométrica e corte desdobrado

Material: Grafite sobre vegetal
Cortesia da Professora Marissa Tirone
Assistentes: Anastasija Gridneva, Saritza Martinez, Alexander Raynor, Martin Sweeney
Syracuse University
Faculdade de Arquitetura, Primavera de 2010

Perspectiva axonométrica + corte desdobrado: Corte relacionado à sequência

Neste exercício você vai combinar todo o seu conhecimento de habilidade na construção de perspectivas axonométricas e cortes para realçar e examinar a sequência espacial básica do seu projeto de estúdio de médio prazo.

É necessário que você construa, primeiro, uma perspectiva axonométrica transparente do projeto inteiro, indicando a sequência espacial dentro do desenho através do uso de diferentes tipos de linha. Depois você vai criar os cortes ao longo de todo o trajeto e ligá-los como um corte desdobrado abaixo da perspectiva axonométrica.

Primeiro, será preciso construir e compor esses desenhos em papel-manteiga antes de finalizá-los na folha de papel vegetal.

Preste muita atenção na organização da folha, na espessura e na qualidade das linhas para estabelecer uma hierarquia. O desenho final estará em escala 1:100 no papel vegetal transparente, apenas com grafite.

Atribuída: 22/03/2010 Segunda-feira
Prazo: 05/04/2010 Segunda-feira

492 EXERCÍCIOS DE DESENHO

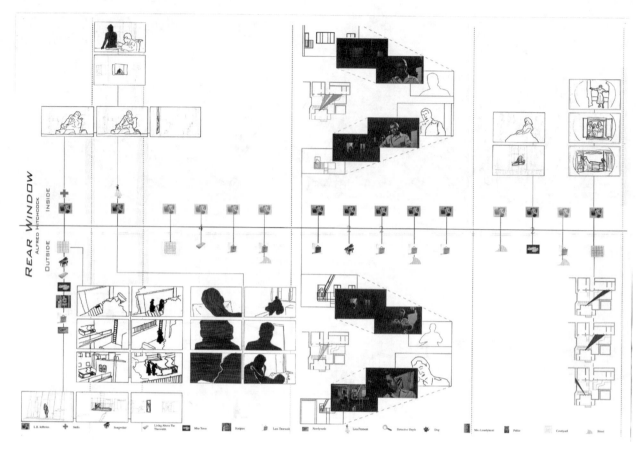

Greg Bencivengo: Mapeamento da sequência de *Janela Indiscreta* de Alfred Hitchcock
Material: Gráfico digital, Adobe Illustrator
Cortesia da Professora Marissa Tirone
Assistentes: Anastasija Gridneva, Saritza Martinez, Alexander Raynor, Martin Sweeney
Syracuse University
Faculdade de Arquitetura, Primavera de 2010

Mapeamento de sequência: Registro e referência cruzada das informações

Após produzir uma série de mapas para estúdio, você é solicitado a reconstruir e recompor esses mesmos mapas usando o Adobe Illustrator. Use o *software* como uma interface para coletar informações dos desenhos de estudo e organize atentamente um desenho composto. Considere a relação entre os desenhos e o leiaute global da página. Você deve compor uma série de quatro a seis mapas com base no seguinte: sequências espaciais importantes, sequências programáticas, eventos, tempo, estrutura e vistas. Uma vez que cada tópico de mapeamento pode ser bem diferente, você pode considerar técnicas e temas alternativos, mais adequados para explorar. Por exemplo, você pode usar um diagrama principal composto de várias camadas de informação que depois fazem referência a outros mapeamentos vinculados.

Preste muita atenção na organização da folha, na espessura das linhas, no tipo das linhas e na cor para estabelecer uma hierarquia. O desenho final será um gráfico de 61 × 91 cm ou 91 × 122 cm.

Atribuída: 03/02/2010   Quarta-feira
Prazo: 15/02/2010   Segunda-feira

Convenções Gráficas de Plantas e Fachadas

Prazo de execução: Uma semana

Materiais necessários: Uma trena de 7 m

1. Reúnam-se em grupos de três pessoas (use a lista de presença). Façam as medições juntos, mas o desenho final deve ser feito individualmente.
2. Localize em algum lugar do *campus* uma sala de aula com janelas e capacidade de pelo menos vinte pessoas sentadas. Meça a sala. Acrescente as medições em um croqui da planta baixa e das fachadas internas. Esse croqui será utilizado como referência para fazer um desenho preciso e em escala da planta baixa e das fachadas internas. Suponha que seja feito um corte horizontal 1,2 m acima do solo. Inclua todo o mobiliário na planta e nas fachadas.
3. Individualmente, cada aluno vai desenhar a planta e as fachadas internas a partir das medições em uma escala 1:25 em uma única folha de papel vegetal de 61 × 91 cm em grafite, de acordo com o seguinte formato:

    A planta deve estar no centro da folha, com o norte no topo da folha. As respectivas fachadas internas devem ser desenhadas como projeções em volta da planta: a fachada que você vê quando olha para o norte no topo, a fachada que você vê quando olha para o leste à direita e assim por diante.
4. Desenhe todo o mobiliário e armários embutidos. Desenhe todos os elementos das paredes. Mostre os elementos tridimensionais do teto na planta usando a convenção de linhas tracejadas. O uso de modelos é permitido.
5. Bloco de título na parte inferior da folha: escreva em duas linhas de 12 mm de altura com uma entrelinha de 6 mm, como segue:

    Linha superior (contendo o título): desenhos, nome do prédio do *campus*, número da sala;

    Linha inferior: seu nome, a data, a escala utilizada.

Projeto: Cortesia do Professor Stephen Temple
Faculdade de Arquitetura
University of Texas – San Antonio

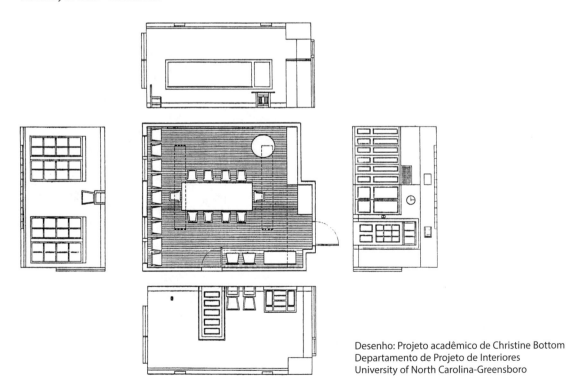

Desenho: Projeto acadêmico de Christine Bottom
Departamento de Projeto de Interiores
University of North Carolina-Greensboro

Projeção Militar

PRAZO DE EXECUÇÃO: UMA SEMANA

Os instrutores devem desenvolver suas próprias plantas e elevações do interior e fornecer aos estudantes. A partir da planta e das elevações na página 495, construa uma projeção militar na escala 1:25 com grafite sobre uma folha de papel vegetal de 45,0 cm × 60,0 cm orientada horizontalmente. Considere o canto A como o frontal na militar. Remova as paredes AB e AD para melhor visualização do espaço.

Formato: trace uma linha de borda com 1,3 cm e inclua um carimbo com 2,5 cm para o título na parte inferior. No centro do carimbo, em linhas auxiliares com entrelinha de 2,0 cm de altura, escreva seu nome, o número do projeto e a data. As vistas ortogonais deverão estar na escala 1:50.

Faça uma cópia heliográfica para avaliação.

Pense em como elaborar o leiaute da sua folha de modo a produzir um efeito esteticamente agradável. Os pesos das linhas devem ser variados para agregar percepção de profundidade.

EXTRA

1. Trace a grade apenas no piso. (A grade pode permanecer nas paredes apenas como linhas auxiliares leves, que não serão vistas na cópia heliográfica.)
2. Projete e represente um abajur de cúpula circular diferente em cada uma das mesas laterais.
3. Desenhe quatro objetos imaginários sobre a cornija da lareira.
4. Inclua dois quadros de 45,0 cm × 70,0 cm em duas das paredes.
5. Inclua uma porta de seis almofadas na parede CD.
6. Inclua um caixilho de janela com 0,60 m × 1,00 m na parede CD acima do vaso de planta. A moldura deve ser retangular.

PERSPECTIVA MILITAR (DE ACORDO COM O NOME)

Alunos de A-E: Militar — 45°
Alunos de F-J: Militar — 30° à esquerda, 60° à direita
Alunos de K-Q: Isométrica — 30°
Alunos de R-Z: Militar — 30° à direita, 60° à esquerda

Projeto: Cortesia do Professor Steve Temple
Escola de Arquitetura
University of Texas-San Antonio

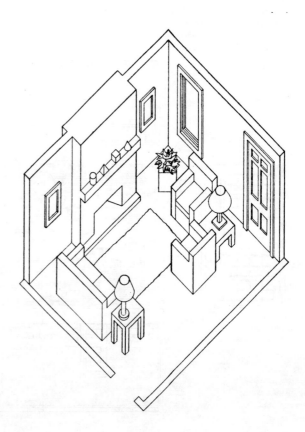

Desenho: Projeto acadêmico por Christine Bottom
Departamento de Projetos de Interiores
University of North Carolina — Greensboro

NÍVEL 1 **495**

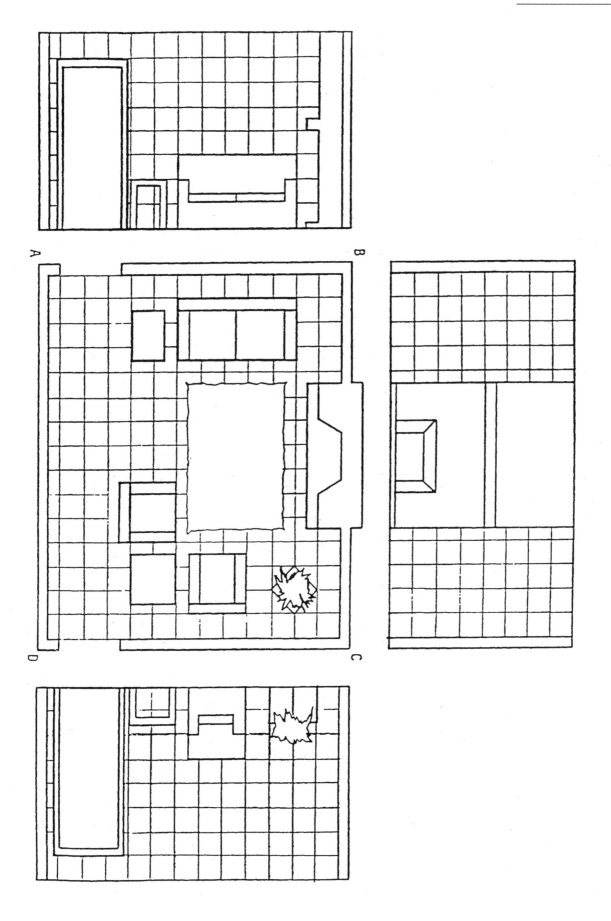

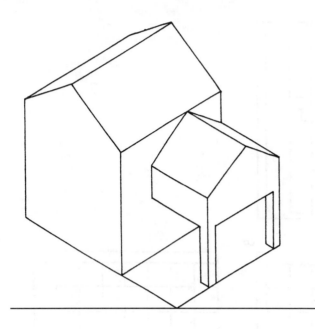

Problema Geral de Projeções Paralelas

1. Construa a planta de cobertura, a fachada frontal e as laterais.
2. Construa duas perspectivas militares, uma a 45°-45° e outra a 60°-30°.
3. Utilizando a configuração em planta, construa uma militar com eixo Z não vertical inclinado a 60° da horizontal.
4. Utilizando a fachada lateral, construa uma perspectiva cavaleira com 45° — 1:0,5:1.
5. Utilizando a fachada lateral, construa uma frontal oblíqua a 0°-1:1.
6. Construa uma cavaleira com vista inferior.

Escala: 1:200

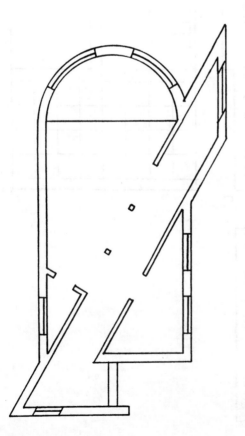

Perspectiva Militar

Rotacione a vista em planta deste pequeno prédio em 30° com relação à horizontal, de modo que você possa construir uma vista militar de 30°-60°. Considere a altura do plano de corte a 1,2 m em relação ao nível do piso.

Escala: 1:125

Cortesia de Kwok Tsui, arquiteto graduado na University of Texas at Austin

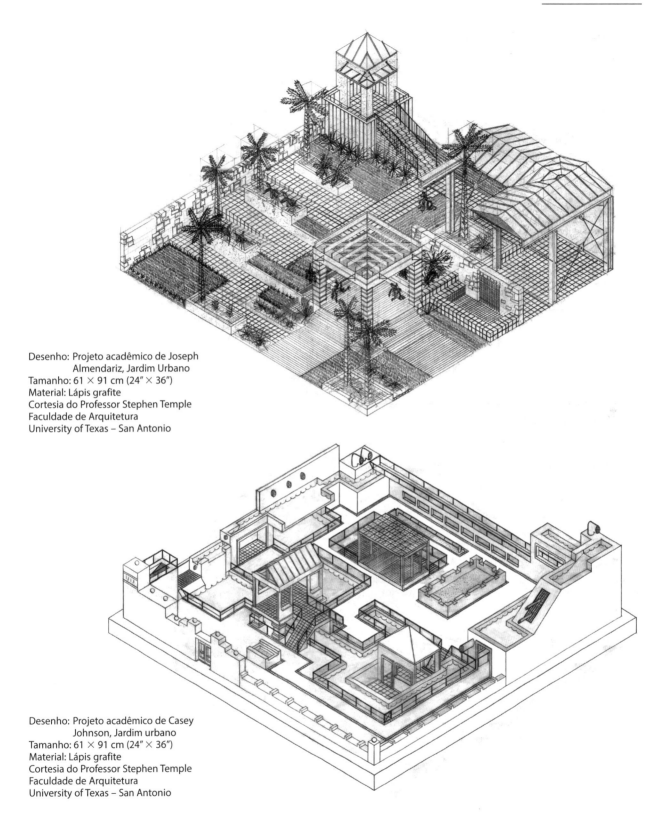

Desenho: Projeto acadêmico de Joseph Almendariz, Jardim Urbano
Tamanho: 61 × 91 cm (24" × 36")
Material: Lápis grafite
Cortesia do Professor Stephen Temple
Faculdade de Arquitetura
University of Texas – San Antonio

Desenho: Projeto acadêmico de Casey Johnson, Jardim urbano
Tamanho: 61 × 91 cm (24" × 36")
Material: Lápis grafite
Cortesia do Professor Stephen Temple
Faculdade de Arquitetura
University of Texas – San Antonio

Este projeto é o ponto máximo de um segmento do primeiro ano de um curso de desenho que introduz o desenho de perspectivas paralelas. O projeto de jardim urbano segue exercícios mais simples, usando desenhos ortográficos como pistas para a construção axonométrica. O projeto permite que cada aluno crie a sua própria versão em seu próprio nível de complexidade, satisfazendo ao mesmo tempo os parâmetros básicos de construção axonométrica.
[Relato de um professor]

Perspectiva de Dois Pontos:

Dados: uma vista em planta e uma elevação de um sofá em L.

Pede-se: escolha uma linha de horizonte e um ponto de vista e construa uma perspectiva de dois pontos. Inclua duas figuras humanas conversando, uma sentada e a outra de pé.

Escala: 1:50

Projeto acadêmico por Amy Man
Cortesia do Departamento de Arquitetura
City College de São Francisco

PLANTA PQ

ELEVAÇÃO

Dados: uma vista em planta e uma elevação de uma edificação.

Pede-se: construa uma perspectiva de dois pontos. A vista da fachada encontra-se voltada diretamente para a perpendicular ao plano do quadro. Para estes dois problemas, escolha um ponto de vista com cerca de 30° em relação aos extremos do objeto. Como exercício extra e opcional, inclua vegetação e paisagem.

Escala: 1:200

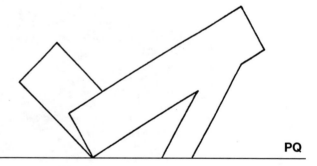

PQ

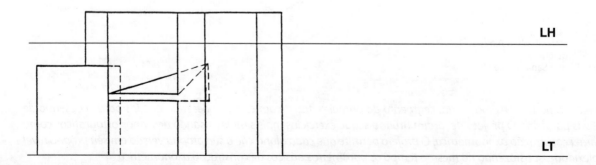

LH

LT

Perspectiva de Dois Pontos

O OBJETIVO

Um exercício de representação tridimensional empregando o método de construção com dois pontos de perspectiva arquitetônica para criar uma imagem realista, ou similar à vida real, de forma e de espaço.

A TAREFA

Apresente uma perspectiva de dois pontos da residência familiar em Riva San Vitale, criada por Mario Botta. Escolha um ponto de vista que mostre o terraço principal (por exemplo, observando a construção do canto sudeste). Posicione o ponto de vista e o plano do quadro de modo adequado para obter uma vista realista. Você poderá mostrar a grade e as linhas auxiliares na apresentação final, usando uma caneta fina (0,1 ou 0,2) com tinta azul ou vermelha. O desenho deve ser feito com tinta preta, traçado com caneta de nanquim ou de ponta porosa (as canetas Uni Pin finas são uma boa opção).

Refaça as fachadas da construção com sombras, empregando as técnicas de sombreamento descritas nas aulas. Observe que as fachadas a serem sombreadas serão desenhos separados da perspectiva. Você pode cortar e colar as fachadas, então fazer fotocópias da folha inteira ou (para uma melhor qualidade das linhas) redesenhá-las na sua apresentação final. Ao posicionar os desenhos, pense no leiaute buscando legibilidade e coerência. Preste atenção nas técnicas introduzidas nas aulas anteriores, incluindo a qualidade das linhas e o uso dos equipamentos de desenho.

REQUISITOS

1. Nas aulas, você será solicitado a praticar a construção de perspectivas de dois pontos. Traga suas ferramentas de desenho.
2. A apresentação final será uma vista em perspectiva e três fachadas em uma folha A3, com formato vertical (retrato) e o carimbo no canto inferior direito. O trabalho deve ser feito em nanquim.

CRITÉRIOS DE AVALIAÇÃO

Os estudantes serão avaliados por:

- Exatidão e coerência da perspectiva
- Escolha do ponto de vista
- Qualidade do traçado e acabamento
- Leiaute da folha e disposição da perspectiva
- Capricho da apresentação

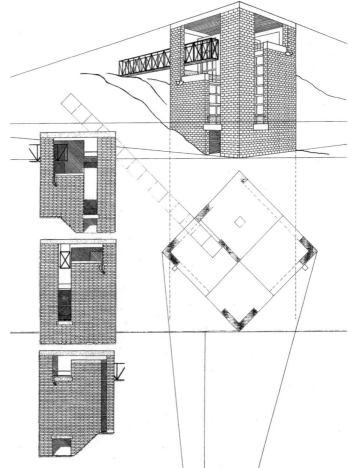

Cortesia do Dr. Samer Akkach
Desenho Arquitetônico e Paisagístico I
Escola de Arquitetura, Paisagismo e Urbanismo
Adelaide University, South Australia

Desenho: Projeto acadêmico por Sue Fletcher
Cortesia da Escola de Arquitetura, Paisagismo e Urbanismo
Adelaide University, South Australia

Reflexos em Perspectiva

Dados: uma vista da planta de cobertura e uma fachada lateral direita de um bloco esquemático de uma casa de barcos, com LH, PQ, LT e PV, como apresentado.

Escala: 1:200

Pede-se: construa a perspectiva da casa de barcos e a perspectiva do seu reflexo na água. Identifique todos os pontos de fuga.

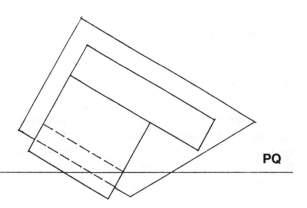

PQ

+ **PV**

LH

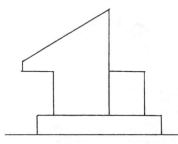

LT ou nível d'água

Fotografia: Estúdio Lakeside, Carmichael, Califórnia
Cortesia de Mark Dziewulski, Arquiteto
www.dzarchitect.com

Fotografia de Keith Cronin

A LH escolhida para este exercício encontra-se consideravelmente acima do nível dos olhos normal. Desloque a LH para um nível próximo do nível dos olhos normal e gere outra perspectiva. O ângulo resultante acima do plano de terra será semelhante ao do reflexo visto na fotografia da casa. Esta fotografia é um excelente exemplo de um reflexo inteiro de uma estrutura em água parada.

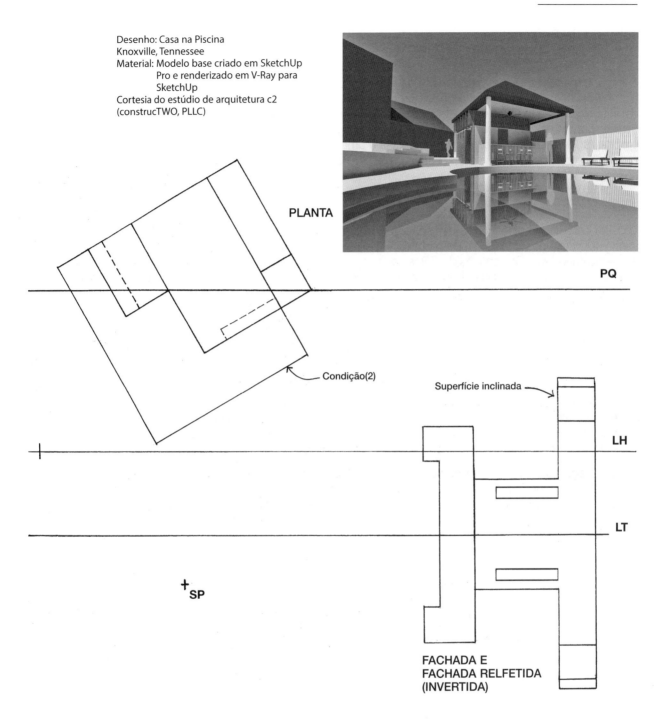

Perspectiva de Reflexos

Dados: a planta, a fachada e uma fachada invertida de uma construção em contato com uma superfície de reflexão.

Pede-se: desenhe uma perspectiva de dois pontos da construção e mostre o reflexo exato. Escala 1:200

Condição (2): trace esta borda do reflexo na piscina. Observe como isso acarreta uma imagem refletida parcial. Como exercício extraopcional, faça o acabamento do reflexo na piscina.

502 EXERCÍCIOS DE DESENHO

Jornada de Perspectiva

INTRODUÇÃO

O espaço e a forma são os componentes fundamentais da paleta do arquiteto. Usamos as formas para definir espaços e lhes conferir personalidade. Os desenhos em perspectiva são uma ferramenta poderosa que nos permite explorar a forma tridimensional dos nossos projetos. Trabalharemos com perspectivas de um ponto e de dois pontos neste exercício. Esses dois tipos de perspectiva geram vistas naturais que parecem "reais" para o observador. A facilidade com essas técnicas é uma habilidade essencial para o arquiteto; ela permite que o projetista compreenda e comunique seus projetos. Por meio dessas técnicas somos capazes de desenvolver nossos conceitos e descrevê-los para os outros.

PROBLEMA

Você irá imaginar uma sequência de espaços. Coloque-se no desenho. Onde você está de pé ou sentado? Desenhe uma série de vinhetas em perspectiva — pequenos croquis descritivos — descrevendo a sua jornada pelo ambiente imaginário. Os espaços descritos irão usar formas geométricas simples e elementos arquitetônicos para criar uma série de experiências. Todos os seus espaços precisam expressar o interior e o exterior simultaneamente.

Você irá utilizar luz e sombra para dar vida aos espaços. Em alguns casos, isso será esclarecedor; em outros casos, será obscuro e criará ambiguidade.

Mantenha as suas composições simples: conceba-as como os "ossos " do espaço, e não represente detalhes como portas ou janelas.

Seus espaços serão definidos pelo uso das seguintes formas geométricas:

- Cilindro
- Pirâmide
- Plano
- Prisma retangular

- Escadaria
- Plano em forma de U
- Plano em forma de L
- Colunata

Seus espaços devem ter uma gama de relações com o observador. Esses efeitos podem ser alcançados variando a configuração de cada vinheta. Use linhas do horizonte altas e baixas e varie as posições dos seus pontos de fuga. Tente obter um grupo coerente de espaços com um astral e personalidade coerentes e claros.

PROCESSO

1. Imagine um espaço definido dentro do seu ambiente imaginário.
2. Determine a forma do seu campo.
   - Cada desenho deve ter entre 61 e 101 centímetros quadrados.
3. Determine a localização da sua linha do horizonte.
   - Uma linha do horizonte alta proporciona um fundo grande e pode posicionar o observador acima do espaço.
   - Uma linha do horizonte baixa proporciona um céu grande e pode posicionar o observador abaixo do objeto.
4. Determine se uma perspectiva de um ponto ou de dois pontos é mais apropriada para o espaço.
5. Posicione seu(s) ponto(s) de fuga (PF).
   - Em suas perspectivas de dois pontos, um PF mais distante mostra uma proporção maior dos planos, enquanto um PF mais próximo enfatiza a profundidade.
6. Construa um leiaute em perspectiva do seu espaço imaginário.
7. Use sobreposições para estudar os padrões de luz e sombras.
   - Use PFs da luz como você utilizaria as linhas de altitude e ângulos para as sombras nas perspectivas axonométricas e isométricas.
8. Desenhe a vinheta final.
9. Esses desenhos serão feitos com o uso de ferramentas para bordas retas.
   - As linhas verticais devem ser precisamente perpendiculares às linhas do horizonte.
   - As linhas do horizonte precisam estar na horizontal.
   - As réguas paralelas são uma ferramenta útil para essa tarefa.

REQUISITOS

8 desenhos de vinheta
- (4) perspectivas de dois pontos
- (4) perspectivas de um ponto

Enunciado do problema e projetos acadêmicos de Jesus Corral, Brian Henks, Andres Lemus e Will Prescott
Material: Lápis
Cortesia da Professora Jane Ostergaard, Jesus Corral, Briank Henks, Andres Lemus e Will Prescott
College of DuPage
Departamento de Arquitetura

Jesus Corral

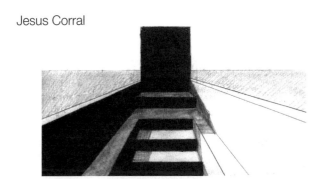

Brian Henks

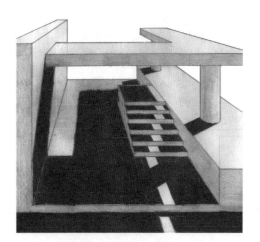

Andres Lemus

Will Prescott

504 EXERCÍCIOS DE DESENHO

Traduzindo a narrativa do filme *Sliding Doors*
(traduzindo diagramas em projeto espacial)

Este projeto convida os alunos a desenvolverem uma sequência espacial baseada na progressão de uma narrativa cinematográfica, a do filme *Sliding Doors [De caso com o acaso]*(Peter Howitt,1998). Os alunos investigam como incorporar pensamentos nas qualidades do desenho. Eles utilizam várias técnicas para diagramar a narrativa e depois traduzem os diagramas no projeto do espaço.

Este exercício se concentra no diagrama expressivo e no diagrama analítico. Especificamente, os alunos usam o croqui gestual como uma forma de diagrama expressivo para capturar o conceito da narrativa e a cronologia como uma forma de diagrama analítico para registrar os momentos críticos na narrativa.

O croqui gestual permite que os alunos desenhem de maneira relaxada, ao mesmo tempo que estão conscientes dos significados das formas que desenham. Eles articulam as formas como uma estrutura lógica da narrativa ou usam os traços das formas para expressar certos sentimentos que surgem do filme.

A cronologia assinala a relação entre o tempo e os eventos. Para desenhar uma cronologia, marca-se "quando" e "o que" acontece. O desafio de desenhar uma cronologia reside em quais momentos ou eventos são considerados importantes dentro da sequência contínua da narrativa.

Após diagramar, os alunos são convidados a articular esses diagramas na forma de um espaço de passagem. Como os outros espaços, uma passagem incorpora aspectos experienciais e estruturais do espaço. Por um lado, à medida que o observador atravessar a passagem, ele é obrigado a encontrar várias condições espaciais. Por outro lado, após atravessar a passagem ele reconhece retrospectivamente o espaço como uma estrutura que literalmente nunca pode ser vista em nenhum ângulo ou em nenhum momento quando está sendo atravessada. A estrutura global do espaço intensifica o aspecto conceitual do espaço.

O processo inteiro de tradução do projeto é facilitado por várias técnicas de comunicação visual — desenho à mão livre, desenho digital, modelagem física, modelagem digital e animação digital. Os alunos são convocados constantemente a usar técnicas de desenho e modelagem para esclarecer as intenções do projeto em vez de utilizar essas técnicas como representações passivas do produto do projeto.

Objetivos educacionais:

Fazer experiências de visualização dos conceitos do projeto.
Fazer experiências com a incorporação de conceitos e sensações nos materiais de desenho e no espaço.
Desenvolver uma compreensão dos métodos de diagramação por meio dos croquis gestuais e da manipulação do desenho analítico.
Explorar como desenvolver os conceitos de projeto por meio do desenho.
Explorar a tradução entre o diagrama e o espaço do projeto.

Processo:

Semana 1: Discutir o filme, coletar ideias e dados.
Semana 2: Croqui gestual e desenho da cronologia como um meio de observação.
Semanas 3-4: Manipulação do desenho e desenvolvimento do espaço.
Semana 5: Finalização.

Cortesia do Professor Weiling He
Texas A&M University
Departamento de Arquitetura

NÍVEL 1   505

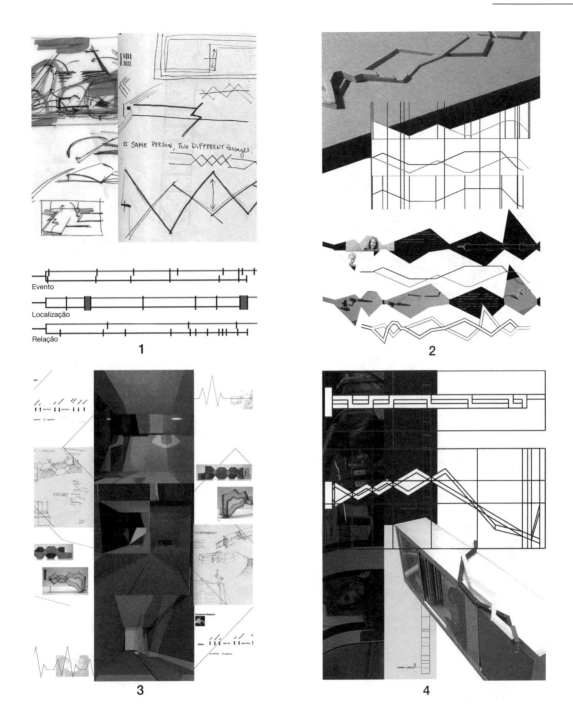

Créditos dos alunos e materiais utilizados:

Fig. 1 Croquis gestuais e cronologias (linhas do tempo) por Yu Jung Jang, Amanda G. Scott
        Material: Marcador sobre vegetal, lápis sobre papel, AutoCAD
Fig. 2 "Passagem" por Bruce R. Baxter
        Material: AutoCAD, papelão, Photoshop
Fig. 3 "Passagem" por Amanda G. Scott
        Material: Lápis sobre papel, AutoCAD, 3dsMax, cartolina
Fig. 4 "Passagem" por Amanda L. Fry
        Material: AutoCAD, Photoshop, esquadrias de alumínio, madeira compensada, papel vegetal, acrílico

Cortesia do Professor Weiling He
Texas A&M University
Departamento de Arquitetura

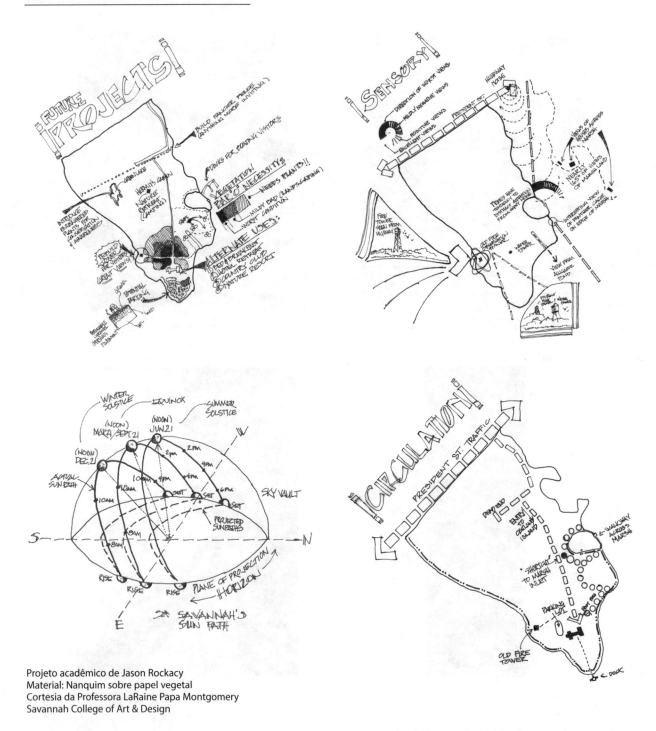

Projeto acadêmico de Jason Rockacy
Material: Nanquim sobre papel vegetal
Cortesia da Professora LaRaine Papa Montgomery
Savannah College of Art & Design

Diagramas de Análise do Local

Tarefa: Os alunos de arquitetura e do ensino fundamental trabalham juntos no projeto de um centro de descoberta infantil dedicado a aprender sobre o ambiente natural. À medida que as equipes desenvolvem os conceitos de projeto da edificação, é utilizada uma linguagem de diagramação gráfica clara para comunicar as forças do local, como os ângulos de incidência da luz solar, os padrões de insolação e sombras, o planejamento da conservação do uso da terra e a circulação sensível através do pântano e da floresta marítima. Os diagramas ilustram rapidamente questões complexas e inter-relacionadas que levam a decisões arquitetônicas.

NÍVEL 1 **507**

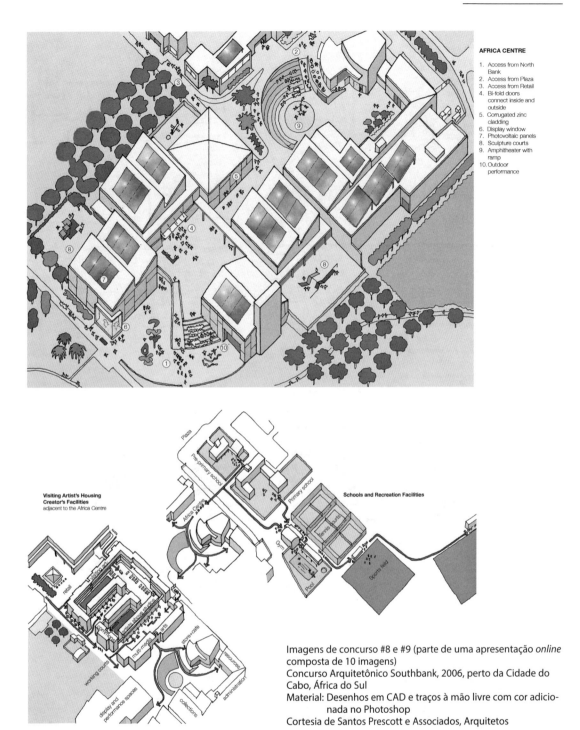

Imagens de concurso #8 e #9 (parte de uma apresentação *online* composta de 10 imagens)
Concurso Arquitetônico Southbank, 2006, perto da Cidade do Cabo, África do Sul
Material: Desenhos em CAD e traços à mão livre com cor adicionada no Photoshop
Cortesia de Santos Prescott e Associados, Arquitetos

Exercício de Perspectiva Militar e Diagramação à Mão Livre

Em seu projeto de estúdio, faça um diagrama à mão livre do seu conceito de projeto em um tipo de perspectiva militar. Depois, faça diagramas à mão livre usando essa perspectiva militar para analisar a circulação etc. As duas imagens de exemplo são de um concurso profissional.

As perspectivas militares aéreas são similares às perspectivas em ângulo. Os padrões de paisagismo, bem como os padrões de circulação de veículos e pedestres, geralmente são visualizados mais facilmente com uma perspectiva militar. Assim como no ambiente de uma perspectiva área distante, o ambiente de uma perspectiva militar precisa acrescentar personalidade sem muitos detalhes.

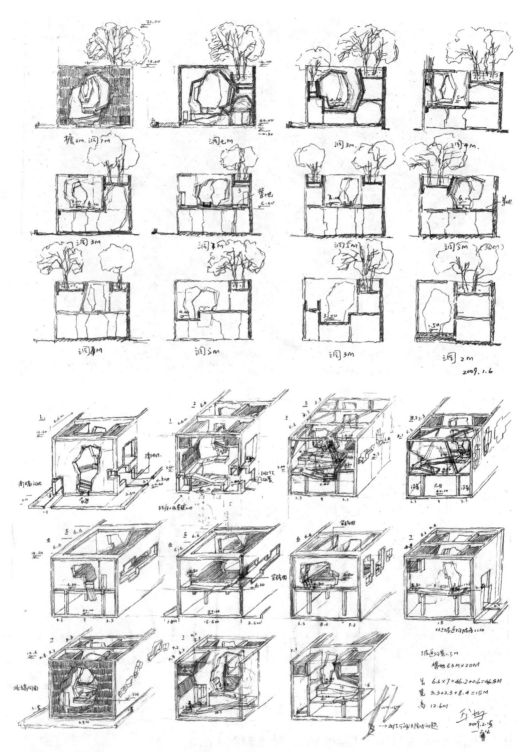

Exercícios de Elevação Oblíqua à Mão Livre

Croquis de elevação oblíqua e desenhos de fachada (nesta e na próxima página): Ningbo Tengtou Pavillion Expo 2010, Shangai, China
Material: Lápis
Cortesia do Estúdio de Arquitetura Amador/Wang Shu & Lu Wenyu

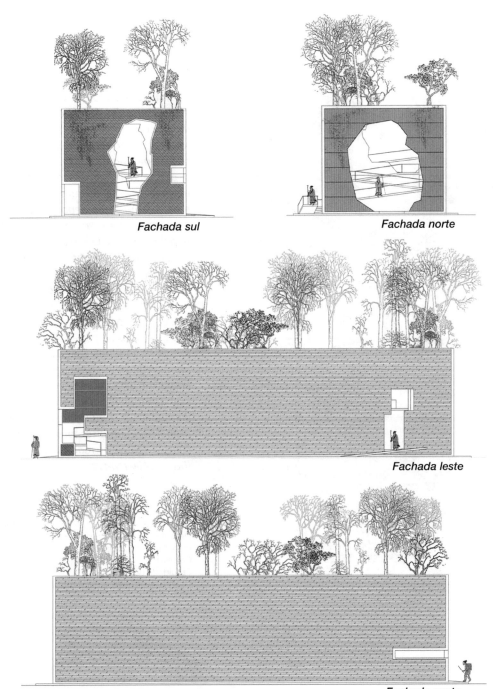

Fachada sul

Fachada norte

Fachada leste

Fachada oeste

Exercício de Elevação Oblíqua à Mão Livre

Como um tipo de desenho, as elevações oblíquas podem ser usadas eficazmente nos estágios conceituais do processo de projeto. Trata-se de uma excelente abordagem de desenho para analisar um problema de projeto. Embora não seja utilizada com tanta frequência quanto as perspectivas militares, o exemplo exibido nestas duas páginas sublinha a sua importância. Neste estudo de caso, devido às muitas alternativas de elevação, a elevação oblíqua se tornou a escolha lógica para fazer estudos de projeto conceitual. Para o seu projeto de estúdio, experimente com o uso das elevações oblíquas à mão livre para expressar o seu conceito de projeto. E, quando projetar, não tenha medo de pensar "de modo não convencional". Este é um excelente exemplo de cortes não retangulares estrategicamente colocados, mostrando que uma vista de janela nem sempre precisa ser emoldurada por uma janela retangular, quadrada ou circular.

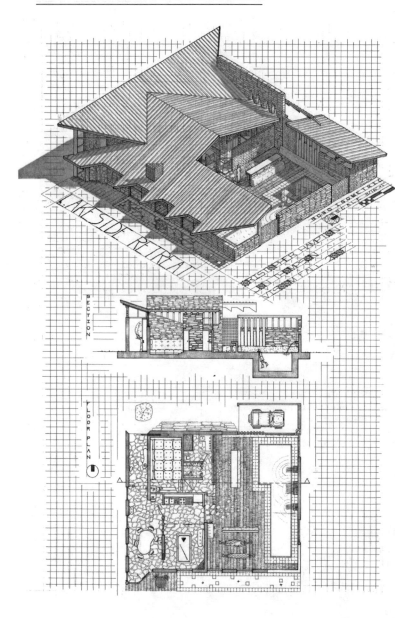

Exercício de Perspectiva Isométrica, Sombra e Reflexo

Neste projeto, a perspectiva isométrica foi utilizada como ferramenta primária de desenvolvimento do projeto. Com isso, a edificação evoluiu em um desenho com planta, fachadas e cobertura. Essa perspectiva isométrica foi acompanhada por um corte da edificação e uma planta baixa. Depois de concluída a perspectiva isométrica, foram construídas mecanicamente as áreas pouco iluminadas e as sombras, que depois foram adicionadas em Prismacolor roxo no verso do desenho em papel-manteiga. O verso é usado para escurecer, evitando confundir o desenho no outro lado do papel. A perspectiva isométrica dos fundos deve aparecer através do papel-manteiga. Essa técnica manual demonstra verdadeiramente o uso das sombras projetadas e também o uso dos dois lados do papel. Se fossem incluídas as fontes, cada aluno aprenderia como determinar os reflexos em uma perspectiva isométrica. Embora a modelagem por computador consiga calcular facilmente e gerar áreas pouco iluminadas e sombras, a sua criação manual proporciona uma compreensão mais direta de como a edificação reage ao sol.

[Relato de um professor]

Projeto acadêmico de Christopher Hampton
Desenho: Fachada frontal isométrica
Material: Lápis, lápis roxo
Cortesia do Professor Jon Thompson
Faculdade de Arquitetura
University of Texas – San Antonio

Projeto acadêmico de Christopher Hampton
Desenho: Fachada traseira isométrica
Material: Lápis, lápis roxo
Cortesia do Professor Jon Thompson
Faculdade de Arquitetura
University of Texas – San Antonio

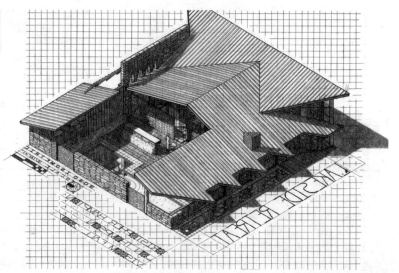

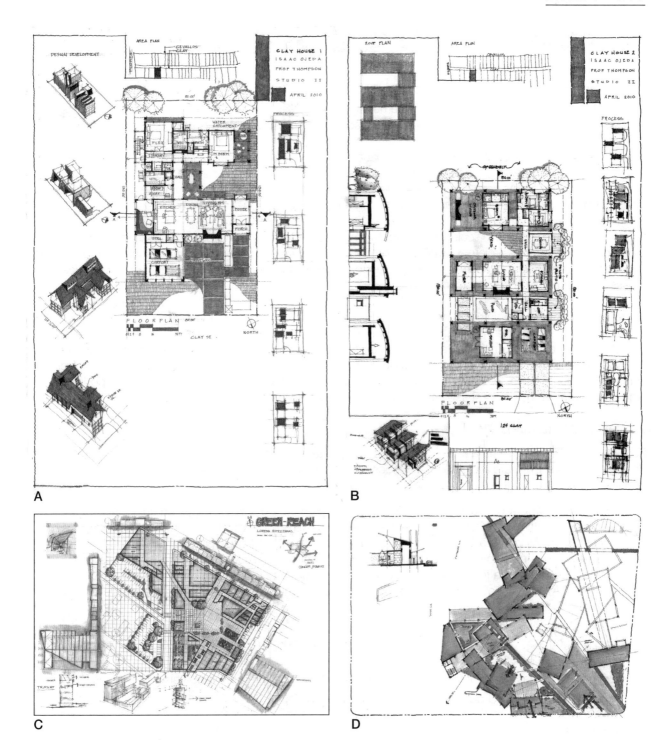

A, B e D: Projetos acadêmicos de Isaac Ojeda
C: Projeto acadêmico de Lorena Gomez-Farias
Cortesia do Professor Jon Thompson, Faculdade de Arquitetura, University of Texas – San Antonio

Projeção Ortogonal Manual como Desenvolvimento do Projeto

Cada projeto aqui usou o croqui manual e o traço trêmulo como ferramenta primária de desenvolvimento do projeto. O projeto evoluiu à medida que foi desenhado. Usando a projeção ortogonal, uma prancha consegue explicar inteiramente o projeto. Para uma apresentação preliminar, os desenhos a lápis e nanquim foram aumentados com marcadores e lápis de cor. Esse tipo de apresentação parece mais adequado para uma apresentação preliminar do que se tivesse sido utilizado um computador. [RELATO DE UM PROFESSOR]

512 EXERCÍCIOS DE DESENHO

Folha de Montagem do Cubo Vivo

■ Tipografia e *Branding*

A anotação nos desenhos é utilizada para aumentar a compreensão do gráfico. Às vezes a combinação de gráficos e texto é adequada quando um título ou descrição simples aumenta a clareza da imagem.

O texto pode ser utilizado para comunicar informação para outras pessoas em relação à construção e especificação do projeto. O texto também pode ser utilizado para identificar o projetista, a autoria, a propriedade, o criador e a localização. Às vezes, quando se cria ou projeta uma marca registrada ou nome característico para identificar o produto, o projetista ou fabricante se torna importante.

Seja qual for o uso, o texto malcolocado, as fontes mal escolhidas ou o texto de tamanho inadequado podem prejudicar a imagem e o projeto. O mau uso também pode distrair o observador em relação às informações importantes. Quando usado adequadamente, o texto pode ser considerado outro elemento gráfico no desenho e passa a fazer parte da composição.

Fonte refere-se ao projeto da caligrafia, também chamada *fonte tipográfica*. Cada fonte tipográfica pode vir em estilos diferentes, como negrito, itálico e contorno. Existem milhares de fontes disponíveis em uma variedade de estilos inacreditável. É importante escolher cuidadosamente as fontes utilizadas em combinação com os gráficos. As imagens geralmente são o ponto focal dos desenhos; o texto deve permanecer claro e legível. No entanto, uma fonte pode ser escolhida para refletir o estilo ou sensação de um projeto e também pode ser utilizada para enfatizar ou contrastar, de acordo com a intenção do projetista.

■ Descrição da tarefa #9

Será pedido que você crie uma única composição proposta, *A Folha de Montagem*, empregando os tipos de desenho que você usou até agora. São projeções ortogonais, isométricas paralelas, cortes explodidos e artes-finais com texto.

1. Usando o projeto Cubo Vivo, crie *instruções de montagem* para o seu "*kit*". Crie um guia ilustrado passo a passo para montar o seu Cubo Vivo. O uso do *desenho explodido* é muito útil para descrever as conexões e a montagem. As instruções devem caber em um papel de 28 × 43 cm. Dependendo da complexidade do seu projeto, você pode precisar de duas folhas de instruções. As ilustrações não precisam estar em uma escala específica. Inclua instruções por escrito claras e concisas e/ou títulos junto com os desenhos e/ou artes-finais. A localização, o tamanho e o tipo da fonte escolhida devem ser claros e fáceis de ler.

2. Com base no requisito de estúdio de um projeto com público-alvo, incorpore o nome adequado do seu produto à folha de montagem. Desenhe uma logomarca para o seu produto e/ou empresa e/ou seu nome. Inclua a logomarca da empresa e aquilo que não é fornecido com o produto na folha de montagem (*i.e.*, "baterias não incluídas").

3. Imprima suas folhas de montagem em papel de 28 × 43 cm em preto e branco em uma impressora *laser*.

4. Prepare uma versão JPG do seu arquivo para publicar no Kepler.

■ Objetivos

Compreender a importância do texto como anotação do desenho.

Explorar o uso de fontes e o estilo em relação aos objetos projetados.

Experimentar a criação de marcas para os produtos, logomarcas e projeto gráfico.

Praticar a compilação do desenho, arte-final e texto em uma única composição proposta.

■ Leitura Recomendada

Elam 2001, pp. 43-55, 62-69, 78-83, 86-91.

Goldman 1996, pp. 96-107.

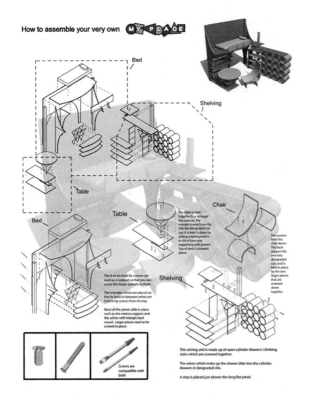

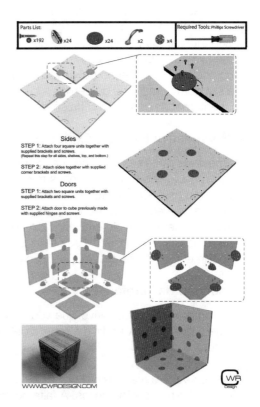

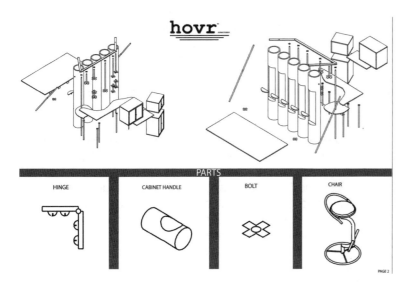

Problema: Cortesia de Kim de Freitas, AIA, LEED AP
Coordenador, Arch 155/156: Modes of Design Communication F07/S08
Professor Universitário (Outono 2007 — Primavera 2010)
Faculdade de Arquitetura de New Jersey
NJIT College of Architecture & Design

514 EXERCÍCIOS DE DESENHO

Perspectiva Ortogonal e Isométrica Digital do Cubo Vivo

◼ O Corte

O corte da edificação é análogo ao corte da planta, exceto em que o plano de corte contínuo é vertical. A remoção de parte do objeto ou edificação que está na frente do plano revela um corte que nos permite perceber o espaço interior. Os cortes estão situados na maioria das vezes em paralelo com as paredes de qualquer uma das fachadas. Os cortes devem ser adequadamente anotados com linhas de corte indicando a posição da seção cortada e a direção de visualização. Em um desenho de corte vertical, a linha de solo cortada deve ser exibida como uma linha de perfil sólido grosso ou área matizada. Os objetos cortados podem ser em preto sólido, contornados com uma linha sólida grossa ou renderizados com um tom de cinza (ver pp. 138-141).

◼ A Perspectiva Paralela Explodida ou Expandida

As perspectivas militares ou isométricas podem ser muito poderosas quando as dimensões verticais e horizontais são expandidas pelo uso de linhas tracejadas ou linhas de projeção sólida fracas. Essas vistas explodidas ilustram como os componentes se relacionam uns com os outros. Os elementos explodidos na vertical ou na horizontal não devem se sobrepor, e geralmente são explodidos em uma direção. Nas conexões complexas, o desenho pode ser explodido em várias direções. Os componentes são deslocados até um grau perpendicular ou paralelo aos eixos do objeto. Essa técnica pode ser utilizada em muitas escalas para retratar qualquer coisa, desde pavimentos inteiros em uma edificação até detalhes em um corte de parede (ver pp. 204-221).

◼ Descrição da Tarefa #8

Usando o modelo do Cubo Vivo que você projetou em estúdio, modele o seu projeto em seu programa de modelagem preferido. A partir do seu modelo digital você deve extrair os seguintes desenhos ortogonais e isométricos:

Observação: Você é responsável por modificar e controlar cada linha do seu desenho. Os desenhos "burros" de computador não serão aceitos. A falta de ajuste e modificação das espessuras e tipos de linha vão baixar as notas.

1. *Desenho de seis vistas:* Vista Superior, Vista Frontal, Vista Inferior, Vista Lateral Direita, Vista Lateral Esquerda e Vista Traseira. O desenho de seis vistas deve ser plotado em um desenho em forma de T (ver pp. 166-167). Será exigido um mínimo de quatro (4) espessuras de linha e três (3) tipos de linha (sólida, projeção, encoberta).
2. *Dois cortes:* Vamos nos concentrar no corte. Usando a ferramenta de corte, posicione a linha de corte ao longo dos dois eixos principais do Cubo Vivo. É imperativo compreender o corte gerado como um esboço do desenho pretendido. Modifique e aperfeiçoe o desenho em corte atribuindo uma espessura de linha e um tipo de linha. Você pode considerar o uso do preenchimento sólido para indicar os objetos cortados. Será exigido um mínimo de cinco (5) espessuras de linha e três (3) tipos de linha (sólida, projeção, encoberta).
3. *Uma isométrica explodida:* Faça uma cópia do seu modelo computadorizado em um arquivo separado. Separe e mova os componentes do Cubo Vivo ao longo de um eixo. Alterne entre a sua vista superior e uma vista isométrica/perspectiva para verificar se os componentes expandidos não se sobrepõem. Depois de separados os componentes do Cubo Vivo, gere o desenho da isométrica explodida. Você pode exportar o seu modelo do 3D Studio Max ou Rhino para o AutoCAD e usar o comando Document>Hidden Line Projection para gerar o desenho das linhas. Modifique e aperfeiçoe as espessuras das linhas e os tipos de linha para completar o desenho. *Lembre-se de acrescentar as suas linhas de projeção tracejadas ou sólidas finas para esclarecer a direção da expansão.*

4. *Impressão de todos os desenhos em uma única folha:* Os três conjuntos de desenhos acima (desenho em T com seis vistas, dois cortes e isométrica explodida) são dispostos para caber em uma folha impressa de 61 × 91 cm em 1:50 ou conforme a orientação do instrutor. *Observação:* Lembre-se de rever todas as configurações de impressão, incluindo o tipo de papel, tamanho, orientação etc. Imprima em uma *plotter* de grande formato. Lembre-se de configurar o estilo de plotagem em linhas pretas quando imprimir a partir do AutoCAD. Para produzir um arquivo JPG ou PDF impresso a partir do AutoCAD, abra o PDF no Adobe Photoshop; configure o modo para RGB e a Resolução em 300 dpi.

■ Objetivos

Continuar a explorar e aperfeiçoar as convenções de desenho digital.

Aperfeiçoar o uso das espessuras de linha e dos tipos de linha usados no desenho ortogonal.

Aprender as convenções do desenho em corte ortogonal.

Compreender o princípio de um desenho isométrico explodido.

Problema: Cortesia de Kim de Freitas, AIA, LEED AP
Coordenador, Arch 155/156: Modes of Design Communication F07/S08
Professor Universitário (Outono 2007 — Primavera 2010)
Faculdade de Arquitetura de New Jersey
NJIT College of Architecture & Design

516 EXERCÍCIOS DE DESENHO

Arte Final Digital do Cubo Vivo

■ Desenvolvimento da Vista em Perspectiva Renderizada

São geradas imagens bidimensionais e tridimensionais para proporcionar ao observador uma referência visual do potencial de um projeto não construído. A tonalidade, a cor e a textura, bem como os detalhes como pessoas e mobiliário, podem ser acrescentadas a um desenho para proporcionar os efeitos desejados e conferir personalidade a um espaço. Além disso, qualidades como a materialidade e a luz também podem ser representadas em um desenho. Uma renderização (arte-final), seja produzida digitalmente ou com materiais tradicionais, é a aplicação dessas melhorias perceptuais. A perspectiva melhorada pode ser empregada como uma ferramenta de projeto para ajudar o projetista a desenvolver os detalhes do projeto.

Mesmo com o recente advento da arte-final gerada por computador, os acréscimos e acessórios como as árvores e as pessoas podem ser demorados. Portanto, a adição de árvores, pessoas e acessórios criados à mão é uma habilidade útil para aperfeiçoar e conferir personalidade a qualquer imagem. Os programas de pós-produção como o Adobe Photoshop e o Corel Paint podem ser usados para inserir rapidamente árvores e pessoas em uma arte-final gerada por computador. Esses programas também possuem efeitos que podem ser aplicados e combinados para alterar a qualidade tonal, a cor e a textura de qualquer imagem. Com a prática em programas de edição de imagens vetoriais ou escaneadas e em programas de leiaute, é possível gerar montagens fotográficas e imagens fotorrealistas e também acrescentar áreas de pouca iluminação e sombras a qualquer desenho ou imagem ortogonal ou em perspectiva. Com o passar do tempo um projetista consegue desenvolver um estilo ou identidade em seu trabalho, seja aparente no croqui manual de desenvolvimento, na diagramação conceitual ou nas artes-finais geradas por meio digitais ou tradicionais.

■ Descrição da Tarefa #7

1. Será pedido que você gere um total de oito (8) vistas. Quatro (4) vistas renderizadas específicas do seu Cubo Vivo devem ser geradas usando o Modelo 3DMax do Cubo Vivo de Kepler fornecido; e quatro (4) vistas renderizadas não especificadas podem ser geradas pelo 3DMax, Rhino (Flamingo) ou AutoCAD Architecture 2008 (AccuRender). Nas quatro vistas especificadas, posicione o seu Cubo Vivo de modo que o canto inferior esquerdo esteja nas coordenadas (0, 0, 0). Crie quatro câmeras de 35 mm, 54.432 FOV.

    a. *Vista aérea:* Câmera01 (4,57 m, 4,57 m, 4,57 m) e Alvo da Câmera01 (61 cm, 61 cm, 61 cm)

    b. *Vista frontal:* Câmera02 (–3 m, –3 m, 1,8 m) e Alvo da Câmera02 (1,22 m, 1,22 m, 1,22 m)

    c. *Vista inferior:* Câmera03 (3,65 m, –3,65 m, 30 cm) e Alvo da Câmera03 (1,22 m, 1,22 m, 1,22 m)

    d. *Vista a meia altura:* Câmera04 (–2,44 m, 5,48 m, 1,22 m) e Alvo da Câmera04 (1,22 m, 1,22 m, 1,22 m)

    e. *Crie a sua própria vista:* Posicione a Câmera05 e o Alvo da Câmera05 para criar a sua própria vista personalizada.

    f. *Crie a sua própria vista:* Posicione a Câmera06 e o Alvo da Câmera06 para criar a sua própria vista personalizada.

    g. *Crie a sua própria vista:* Posicione a Câmera07 e o Alvo da Câmera07 para criar a sua própria vista personalizada.

    h. *Crie a sua própria vista:* Posicione a Câmera08 e o Alvo da Câmera08 para criar a sua própria vista personalizada.

    (Dica: Faça experiências com a câmera; coloque-a no meio do seu Cubo para obter uma vista de dentro.)

2. Nas oito (8) artes-finais, escolha quatro (4) para o processamento de imagens pós-produção. Experimente adicionar pessoas e objetos, bem como efeitos de imagem digital. *Observação:* O foco da imagem é o Cubo Vivo projetado, não os objetos adicionados ou os efeitos gráficos. Seja sensível à ideia por trás do projeto — selecione complementos e efeitos que embelezem o seu trabalho em vez de competirem com ele. Você pode optar por acrescentar efeitos digitalmente ou com materiais tradicionais como aquarela, sombreamento com grafite ou colagem.

NÍVEL 1 **517**

3. Apresente e publique todas as imagens *originais* e *modificadas*. (A apresentação pode ser digital ou impressa ou conforme a orientação do seu instrutor.) As imagens modificadas tradicionalmente (croquis ou pinturas sobre o material tradicional) precisam ser escaneadas e publicadas. O tamanho da imagem renderizada precisa ter um mínimo de 1024 × 768 pixels (consulte o Modelo).

■ Objetivos

Gerar artes-finais digitais criadas por computador e específicas para o objeto.

Compreender a importância de uma imagem com arte-final, seja ela digital ou tradicional.

Explorar várias técnicas utilizadas nas artes-finais (renderizações) pós-produção.

Aprender a importância da personalidade dada às imagens.

■ Leitura Recomendada e Referências

Laseau 2000, pp. 66-77.

Goldman 1996, pp. 243-266.

Problema: Cortesia de Kim de Freitas, AIA, LEED AP
Coordenador, Arch 155/156 Modes of Design Communication F07/S08
Professor Universitário (Outono 2007 — Primavera 2010)
Faculdade de Arquitetura de New Jersey
NJIT College of Architecture & Design

518 EXERCÍCIOS DE DESENHO

Diagramação — Cânion Chaco

■ Diagramação e Análise

A diagramação e os croquis conceituais são essenciais no processo de projeto. Eles ajudam o projetista a gerar e organizar ideias. Os croquis conceituais são aqueles criados durante as fases iniciais do projeto; eles representam o processo de descoberta. É um momento em que o projetista está examinando os precedentes e fazendo analogias entre o projeto dado e outros que ele pode ter encontrado ou estudado. Os diagramas usam uma linguagem gráfica simples e abstrata que traduz as ideias em forma. Podemos usar os diagramas como abstrações para explorarmos as organizações arquitetônicas e avaliar ideias específicas, incluindo a circulação, a distribuição do programa, a geometria e proporção, a hierarquia etc. A capacidade para diagramar os componentes de um projeto ajuda a trazer ordem e desenvolvimento ao processo de projeto.

Essas abstrações são utilizadas para simplificar os problemas programáticos e de projeto. A análise do problema o reduz a seus elementos essenciais. Isso revela a estrutura e os padrões do projeto. As abstrações gráficas são bem adequadas para compreender conceitos complexos de forma e espaço. Os croquis analíticos abstratos podem ser definidos de muitas maneiras. O poder dessas abstrações está relacionado com a experiência do projetista; portanto, é o desenvolvimento dessa habilidade que lhe permite comunicar seus pensamentos mais profundos às outras pessoas (Laseau 2000, 81-113).

■ Descrição da Tarefa #10

Além das imagens ortogonais e perspectivas, você vai gerar *croquis conceituais, diagramáticos* e *analíticos* que definem as ideias e o processo de projeto do Cânion Chaco.

1. Prepare e *escaneie* quaisquer *precedentes* que você estudou e *croquis conceituais* que você fez durante as fases iniciais do seu processo de projeto. Eles devem ser incluídos na sua apresentação.

2. Prepare diagramas analíticos usando os seguintes métodos e/ou quaisquer outros métodos sugeridos pelo seu instrutor.

   Destilação: Retire do desenho todas as coisas que não são importantes para a análise da estrutura das partes conceituais ou críticas. Destaque as partes altamente carregadas ou importantes (um croqui do perfil de seu projeto realçando as partes importantes).

   Redução: Represente os grupos de partes como zonas. Isso pode ser feito em vários níveis, reduzindo em cada nível (uma série de croquis programáticos sombreados, indicando as zonas do programa e os sistemas de ordenação).

   Extração: Usando contraste ou ênfase, as partes podem receber atenção especial enquanto permanecem dentro do contexto (um desenho de figura e fundo acentuando Pueblo Bonito, a estrutura de intervenção, la Mesa etc.).

   Comparação: Exibir partes diferentes na mesma linguagem gráfica ajuda na comparação das características estruturais (uma série de diagramas mostrando a circulação, eixos primário e secundário, geometria e proporção, hierarquia etc.).

3. Prepare os seguintes desenhos ortogonais *preliminares*:

   Planta de implantação: Sua intervenção, com Pueblo Bonito e la Mesa ao norte.

   Planta: Planta detalhada da sua intervenção, mostrando a localização das cabines, palco e assentos.

   Duas fachadas: Detalhadas, mostrando a localização das cabines, palco e assentos.

   Um corte do local: Sua intervenção e o local, incluindo la Mesa e Pueblo Bonito.

   Artes-finais: Gerar vistas preliminares do seu projeto.

A maquete e o método de apresentação final serão definidos pelo seu instrutor. Pode ser uma apresentação impressa ou digital. Seja qual for o método escolhido, todos os alunos deverão exibir todos os desenhos apresentados. A escala do desenho será definida pelo instrutor. Os que estiverem preparando uma apresentação digital terão que exibir uma *escala gráfica* para indicar a escala do desenho.

■ Objetivos

Aprender a importância dos croquis conceituais e da diagramação analítica.

Aprender vários métodos definidos de abstração e análise.

Aprender como transformar o programa em projeto esquemático e depois no projeto final.

Compreender a relação dos problemas programáticos e aprender como solucioná-los graficamente.

Compreender as prioridades do projeto conforme se relacionam com o comportamento físico.

Desenvolver uma linguagem gráfica conforme a definição pelos croquis abstratos para identificar o processo de projeto.

■ Leitura Recomendada

Laseau 2001, pp. 81-113, 114-139.

Goldman 1996, pp. 132-133.

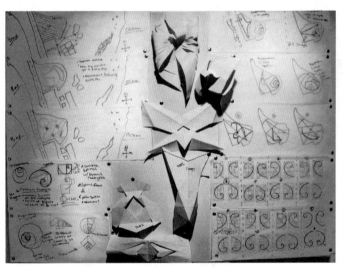

Dan Schittone (F06)

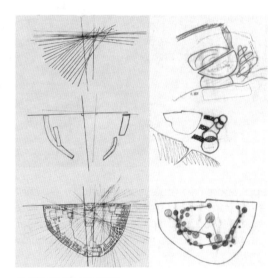

Stephanie Oliveira (F06)

Problema: Cortesia de Kim de Freitas, AIA, LEED AP
Coordenador, Arch 155/156 Modes of Design Communication F07/S08
Professor Universitário (Outono 2007 — Primavera 2010)
Faculdade de Arquitetura de New Jersey
NJIT College of Architecture & Design

520 EXERCÍCIOS DE DESENHO

Escala original: 1:40
Material dos modelos: Papelão, madeira balsa

MUSEU DO LATINO-AMERICANO
"RECONHECER A AUSÊNCIA DE UMA PRESENÇA"

Imagens: Museu do Latino-Americano, Washington, D.C.
Material dos modelos: Laminado de madeira, papelão, MDF, acetato, espuma, árvores artificiais
Escala do modelo: 1:20
Projeto acadêmico por Julio Quintero
Cortesia do Professor de Estúdio Paul Walker Clarke
Faculdade de Arquitetura e Planejamento
Morgan State University

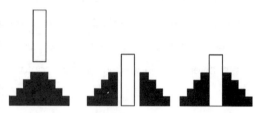

Acima temos a sequência do diagrama partí no qual uma pirâmide escalonada é rompida por um volume retangular que se mistura bem no núcleo, formando uma lacuna de novas formas sólidas e vazias, positivas e negativas. [Relato de um aluno]

A pedagogia do professor de estúdio é incentivar o uso de diagramas e croquis conceituais para explorar os alicerces filosóficos do projeto antes de começar a projetar com modelos físicos reais e/ou meios digitais.

Modelo de Estudo Físico 1 – Conceito Inicial

Modelo de Estudo Físico 2 – Conceito Inicial

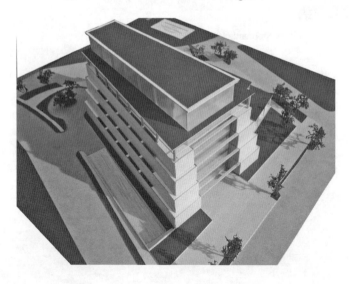

Modelo de Estudo Físico 3 – Conceito Inicial

NÍVEL 2 **521**

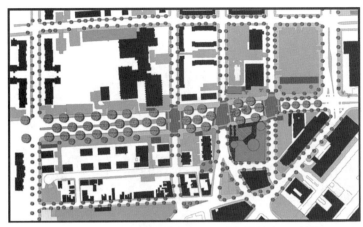

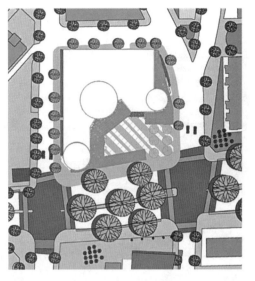

ARCHITECTURE MUSIC SOCIETY

A sinfonia de Haydn conhecida como Drum Roll, que começa com um solo de tímpano e na qual depois entra a orquestra, foi usada como conceito de música, arquitetura e sociedade. O tambor central tem salas de ensaio individuais onde o solista é desenvolvido. [RELATO DE UM ALUNO]

Imagens: Architecture Music Society, Baltimore, MD
Material: Revit, Rhino e SketchUp
Projeto acadêmico de Michele Hauf
Cortesia do Professor de Estúdio Paul Walker Clarke
Faculdade de Arquitetura e Planejamento
Morgan State University

Este projeto é o resultado da exploração das relações entre música, sociedade e o ambiente construído através do desenvolvimento de um centro de música e artes cênicas nas vizinhanças. [RELATO DE UM ALUNO]

RENGA

Renga é uma forma de poesia colaborativa japonesa. Uma renga consiste em pelo menos dois ku *ou estrofes — frequentemente muito mais. A estrofe de abertura da renga, chamada* hokku, *se tornou a base da forma* haiku *moderna da poesia.*

Os alunos em duplas, e durante meia hora de cada vez, pegam dois pedaços de madeira serrada (2x4s) para cortar e montar; o objetivo final é um espaço habitável. Enquanto cada equipe está construindo, o resto da turma está desenhando o que eles estão fazendo. Os desenhos são grandes — aproximadamente 1,2 m², frequentemente muito maiores — e executados pregados na parede ou estendidos no chão. Quando termina o prazo de meia hora, a próxima equipe substitui a primeira, com mais duas peças de madeira para acrescentar à estrutura em desenvolvimento, que precisa se transformar em um espaço habitável; mais uma vez, os demais desenham o que está acontecendo. E isso continua durante dias. A estrutura acaba ocupando a maior parte da sala. Os materiais são da escolha dos alunos e costuma evoluir com a evolução da estrutura. O desenho final preserva, organiza e documenta o processo inteiro, não apenas a última vista estática. Os alunos também descobrem as sobreposições nos processos de concepção e projeto em 2D e 3D, na estrutura, na marcenaria, nas propriedades dos materiais, na relação entre materiais e ideias, bordas, entrada, hierarquia etc.
[RELATO DE UM PROFESSOR]

Exercício de desenho em equipe na sala de aula: Renga
Cortesia do Professor Bob Hansman
Washington University em St. Louis
Faculdade de Arquitetura

Fotografias por Cari Alcombright
Sequência de desenhos por Cathryn Garcia-Menocal

Desenho por Connie Zheng   Desenho por Kentaro Kumanomido

Os desenhos são basicamente instrumentos de comunicação em certo nível de abstração de uma edificação ou objeto que está sendo projetado, que pode ser representado em qualquer escala. Se o objeto for pequeno, é possível visualizar o projeto com desenhos e modelos em escalas controláveis, e a previsão imaginada pelo projetista provavelmente vai corresponder bem às intenções. No entanto, com o aumento da complexidade e da escala do objeto projetado, pode haver dificuldade em apurar os resultados finais apenas com os desenhos e modelos em escala. Em condições ideais, o projeto em tamanho real requer a construção com materiais reais. O projeto "Renga" e o projeto "bloco de concreto" subsequente são excelentes exemplos disso. Esse nível de experiência é fundamental para que os alunos façam conexões imaginativas entre a construção e os métodos de desenho e modelagem. No fim das contas, a arquitetura de edificações envolve a construção. Portanto, aprender projeto usando apenas desenhos e modelos, sem a experiência da construção em tamanho real, pode ser um processo incompleto.

524 EXERCÍCIOS DE DESENHO

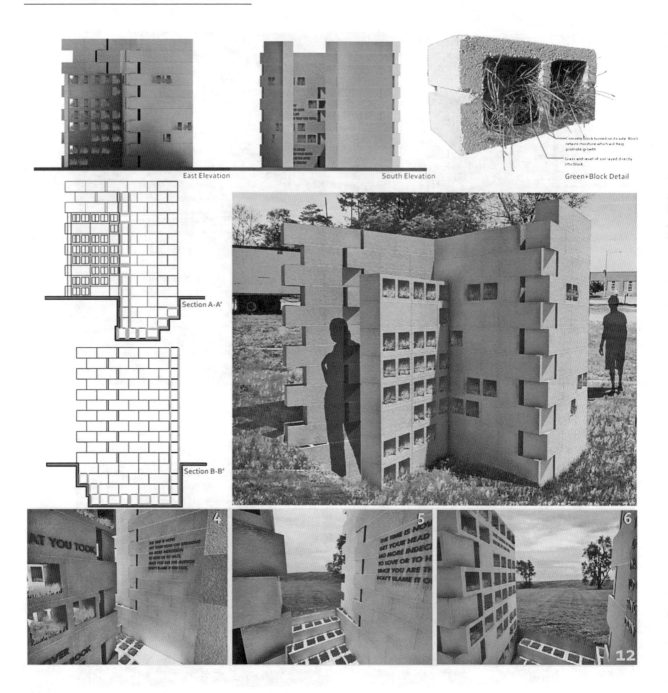

Objetivo

O propósito do concurso de projetos foi cultivar a consciência dos alunos quanto à alvenaria de blocos de concreto e fazer com que sonhem com as possibilidades, descubram as limitações, assumam compromissos, realizem e reflitam sobre o processo.

Os alunos aprendem a confiança e o conhecimento necessários para descrever o apelo visual dos materiais da alvenaria de concreto, incluindo a aparência geral; o uso da cor, forma e textura; e a integração gráfica com a paisagem circundante em uma série de estilos.

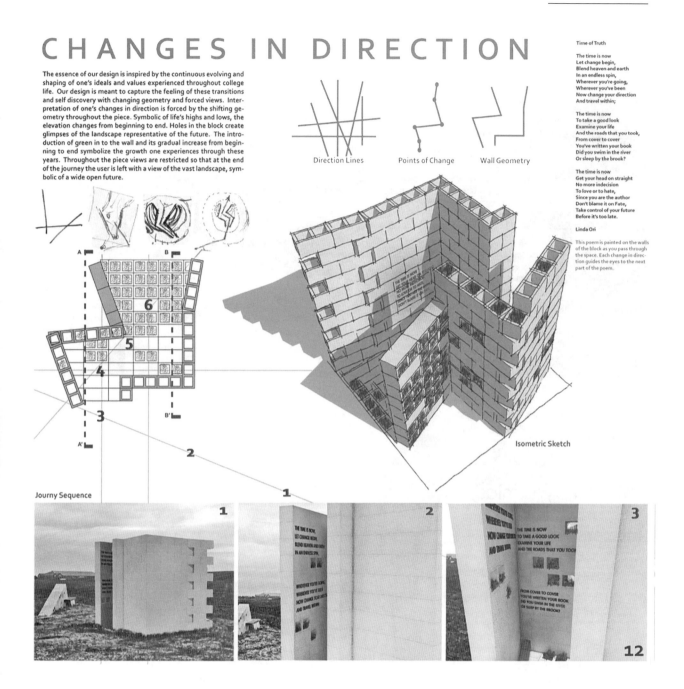

Plano de Fundo

"O bloco de Concreto? A coisa mais barata (e feia) no mundo da construção... Por que não ver o que poderia ser feito com essa ratazana?" (Frank Lloyd Wright, 1945). Com o espírito criativo de Wright em mente, os alunos recebem as diretrizes do concurso para projetarem uma estrutura de alvenaria de concreto que vai além das fronteiras tradicionais do espaço arquitetônico (fechado) integrando a paisagem circundante e o ambiente no projeto concluído.

Pranchas de Concurso para Materiais Específicos: Alvenaria de Blocos de Concreto

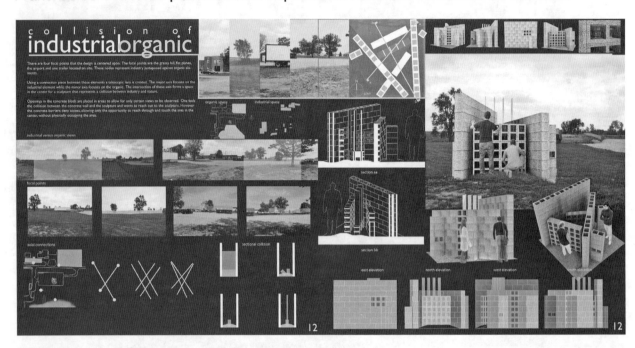

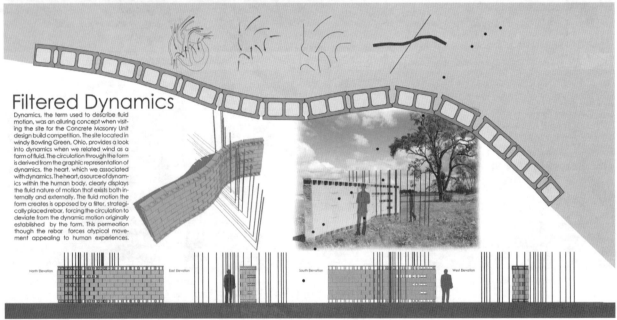

Esquemas vencedores de concurso de projeto/construção sobre alvenaria de blocos de concreto; 2 pranchas, cada uma com 51 × 51 cm
Software: Google SketchUp; Adobe Photoshop, Illustrator e InDesign
Patrocinado pela National Concrete Masonry Association Education and Research Foundation
Cortesia do Professor Andreas Luescher, Departamento de Arquitetura e Urbanismo, Bowling Green State University, Ohio

THE PATH TO CHAOS

The concept of our design comes from the idea that we, as students, have been building our knowledge and skills in a well structured system of building blocks. These building blocks are planned curriculums of classes which we follow and take, like orders from a higher authority, leading us to our goals of someday having careers. However, after being led through this well oiled machine of higher education, what are we being released into? This gives us our portion of the concept we can only describe as chaos.

Chaos, for our interpretation, consists of the state of lacking order or predictability, a sense of confusion. More specifically, as stated in the chaos theory, "tiny differences at the start of a system can lead to enormous differences in the final state of the system."

The reality is that while the real world can contain structure, it can also be a vigorous test of choice and how we navigate ourselves through the tangled mess of competing for jobs and ultimately molding and forming our life

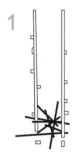
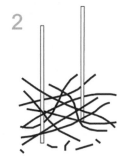

Processo/Conceito do Projeto

Após uma visita à fábrica para assistir à produção de blocos de concreto, os alunos criaram maquetes físicas e digitais de seus projetos para compreenderem as várias interações dentro das formas volumétricas. O desafio foi visualizar as relações de forma e espaço enquanto trabalhavam o conceito de que o produto bloco de concreto precisa ser igualmente viável de todos os lados. Então os alunos encararam a tarefa de refinar suas ideias para corresponderem aos requisitos estéticos e físicos dos blocos. A tarefa também reforçou a importância de trabalhar em etapas e permitir que a revisão desempenhe um papel no processo criativo. [RELATO DE UM PROFESSOR]

528 EXERCÍCIOS DE DESENHO

"Chaos Structure" Artwork by a Russian artist named Vladimir Gvozdev, who calls himself Gvozd (an iron nail).

Esquemas vencedores de concurso de projeto/construção sobre alvenaria de blocos de concreto; 2 pranchas, cada uma com 51 × 51 cm
Software: Google SketchUp; Adobe Photoshop, Illustrator e InDesign
Patrocinado pela National Concrete Masonry Association Education and Research Foundation
Cortesia do Professor Andreas Luescher, Departamento de Arquitetura e Urbanismo, Bowling Green State University, Ohio

Apêndice

TIPOS DE PRANCHETAS E FORRAÇÕES

Uma prancheta de desenho com base metálica é caracterizada por um tampo ajustável no qual pode ser fixada uma régua paralela. Ver os equipamentos de última geração em www.DraftingTables.com.

Uma *prancheta de quatro pés* possui um tampo branco ajustável que pode ser disposto em qualquer ângulo de trabalho confortável. Pode-se empregá-la como prancheta de desenho, mesa para computador ou mesa de escritório.

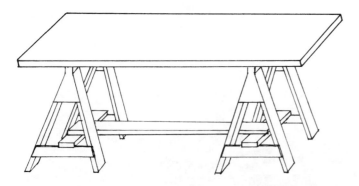

Uma mesa artesanal econômica pode ser construída a partir de uma porta lisa disposta sobre dois cavaletes de metal ou madeira.

Tipos de Forração de Pranchetas ou Mesas de Desenho

Vyco é um tipo de vinil em camadas para *forração de pranchetas* ou *mesas de desenho* que neutraliza o cansaço visual e se autorregenera quando sofre uma mossa, arranhão ou perfuração. A forração suaviza o impacto quando você desenha. Os dois lados são verde e creme, cinza e branco ou translúcidos. Outra opção para forração é uma cobertura em fórmica estampada, branca, mais pesada e densa. Lembre-se de nunca desenhar sobre superfícies rígidas como vidro, madeira ou plásticos duros.

Existem muitos tipos diferentes de *pranchetas*. Podem ter uma borda metálica com uma superfície laminada e construção robusta; uma superfície rígida e suave que resiste a produtos químicos, corantes e arranhões; ou uma superfície de madeira com ambos os lados em material extremamente leve.

Em um escritório, a opção padrão (e mais comum) é uma prancheta de superfície grande e plana (aproximadamente 1,0 m × 2,0 m) com no máximo 75 cm de altura, embora possa ser mais alta em alguns escritórios. Lápis e canetas tendem a rolar em superfícies inclinadas se você os largar enquanto trabalha.

Minas de lápis cilíndricos variam desde a menor graduação (mais dura: 9H) até a maior (mais macia: 6B). Desenhos arquitetônicos (esboços ou croquis) são produzidos com emprego de minas, variando na faixa de 4H até 4B.

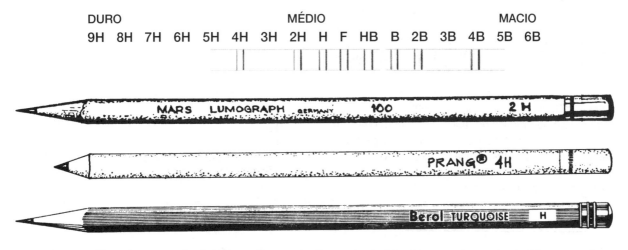

Essas imagens são de lápis grafite com invólucro de madeira. Ver o equipamento de última geração em www.berol.com e www.staedtler.com.

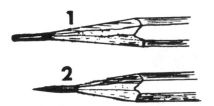

A mina de grafite que contém carbono é suficientemente adaptável para produzir qualquer traço, desde uma linha fina até tons pesados de sombras. H é o código para a mina mais dura, e B, o código para a mina mais macia (traço mais escuro). F e H são os tipos de mina mais empregados. As minas mais macias (B até 6B) são, a princípio, utilizadas para croquis à mão livre; B é especialmente adequada para o desenho de letras e textos. Para ser apontado, um lápis de madeira deve inicialmente (1) ter sua cobertura de madeira cortada (expondo cerca de 15 mm da mina) por meio de pequenos e deliberados movimentos de um bisturi, um estilete ou uma gilete e então (2) ter a ponta lixada em formato cônico. Limpe a mina de grafite com papel ou pano. Existem também pequenos apontadores disponíveis para essa tarefa.

Esta é uma *lapiseira*. Utiliza minas de dimensão padronizada de 2,0 mm que podem ser expostas ou recolhidas por meio do acionamento de um botão. Utilize um apontador de lápis para apontar as minas da mesma forma que em lápis de madeira comum.

Uma *lapiseira de ponta fina* com dispositivo botão de avanço da mina utiliza minas entre 0,3 mm e 0,9 mm (0,5 mm é o modelo mais popular). A mina é protegida por uma ponta metálica retrátil. Esse tipo de lapiseira não necessita ser apontado. Minas de tamanhos entre 0,7 mm e 0,9 mm podem ser usadas para croquis e esboços.

AUXÍLIO À LIMPEZA E CORREÇÃO

Uma *escova de limpeza* de desenho com crina de cavalo ou pelos naturais é empregada para manter a superfície do desenho livre de resíduos de grafite ou de borracha. Quic-Kleen[1] é um talco fino e branco que mantém a superfície do desenho livre de manchas, sujeira e poeira. De forma similar, o pó de pedra-pomes pode ser empregado no preparo de uma superfície para receber tinta.

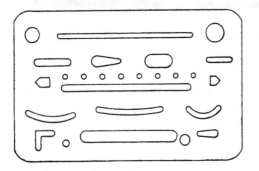

Um *mata-gato* é uma placa fina de metal que protege as linhas desenhadas enquanto se apagam linhas e áreas indesejadas com borrachas manuais ou apagadores elétricos. Não usuais — porém mais eficientes — são aqueles que dispõem de aberturas retilíneas.

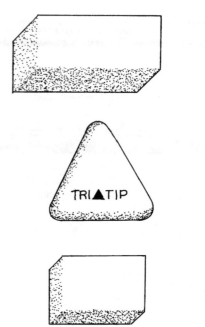

Borrachas plásticas ou de vinil macio são flexíveis, não borram e proporcionam os melhores resultados. Entre as marcas de excelência encontram-se Staedtler Mars, Magic Rub, Koh-I-Noor e Helix.

As borrachas Tri-Tip da General Pencil são não abrasivas e excelentes ferramentas para uso em croquis com giz pastel ou carvão. Limpa-tipos são ótimas para carvão e altamente maleáveis. A borracha no formato de lápis é mais adequada para emprego com o mata-gato, assim como os apagadores elétricos, que são vendidos tanto com fio quanto sem fio — ou portáteis. Apagadores elétricos são muito eficientes para desenhos à tinta. Os portáteis possuem comprimento de cerca de 15 cm e utilizam pilhas AA ou AAA.

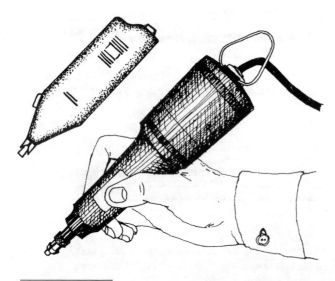

Todos os pequenos equipamentos mencionados neste apêndice podem ser guardados e transportados eficientemente em um estojo ou em caixas para apetrechos de pesca. Os desenhos (especialmente aqueles em grandes folhas) devem ser transportados utilizando-se tubos ou canudos protetores que podem ser adquiridos no mercado.

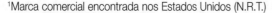

[1]Marca comercial encontrada nos Estados Unidos (N.R.T.)

FERRAMENTAS BÁSICAS **533**

Esquadros pequenos (10 cm) são ideais para desenhar traços verticais auxiliares na confecção manual de letras e para produzir hachuras.

Esquadros de plástico ou acrílico podem ser transparentes ou fluorescentes, com ou sem suporte para os dedos. Os esquadros mais comuns possuem entre 20 cm e 35 cm. Alguns possuem arestas rebaixadas para permitir o uso com canetas de nanquim de modo a não borrar o traçado.

Esquadro de 45°/45°/90°

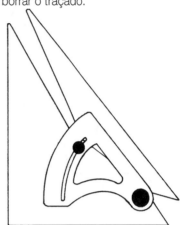

Esquadro de 30°/60°/90°

Esquadros são usados para traçar linhas verticais ou linhas em ângulos específicos (30°, 45° ou 60°) quando empregados em conjunto com uma régua-tê ou uma régua paralela. Um esquadro ajustável é empregado para traçar uma variedade de linhas inclinadas com qualquer ângulo; alguns são graduados para declives ou aclives. O ideal é que tenha em torno de 30 cm.

Réguas-tê para desenho de linhas horizontais normalmente possuem comprimentos de 45 cm, 60 cm, 75 cm, 90 cm, 1,10 m e 1,20 m. A de 1,10 m é a mais comum. Boas réguas são rígidas e produzidas em alumínio, aço inoxidável ou madeira. Réguas de metal também podem servir de guia para cortes; a borda em acrílico transparente de algumas réguas-tê facilita a visão do que está sendo trabalhado.

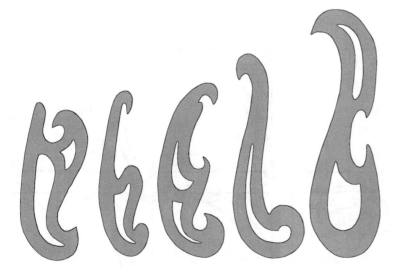

Por meio de moldagem e curvamento, uma *régua flexível* pode ser empregada para traçar praticamente qualquer curva. A régua flexível é confeccionada em plástico com um núcleo flexível.

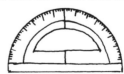

Curvas francesas são curvas irregulares que possuem raio variável. As melhores são aquelas produzidas em acrílico transparente e polido.

Transferidores medem ângulos e podem ser circulares ou semicirculares.

ESQUADROS, RÉGUAS-TÊ E CURVAS FRANCESAS

TOPOGRAFIA DO TERRENO/USO DE CURVAS FRANCESAS

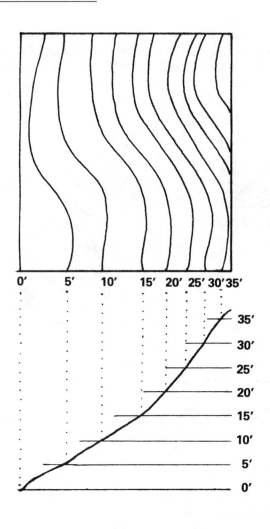

Curvas de nível são linhas imaginárias de cota constante. Cada um de seus pontos possui a mesma elevação sobre a superfície do terreno.

A *equidistância vertical* pode ser de 1,0 m, 5 m ou 10 m, dependendo das condições do terreno e das dimensões da área objeto do estudo.

No desenho à esquerda, observe como a declividade se comporta quando o espaçamento entre as curvas de nível se torna menor. O terreno é menos íngreme na base, uma vez que o espaçamento é maior do que no topo. Lembre que duas curvas de nível jamais se cruzam.

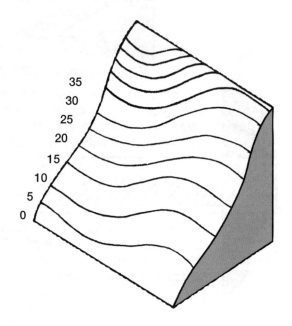

As curvas de nível podem ser traçadas com exatidão por meio de *curvas francesas*. A curva francesa é empregada para curvas não circulares. Ao ajustar a curva em um conjunto de pontos, garanta que a direção na qual a curvatura da régua aumenta seja a mesma em que ocorre o aumento de curvatura da linha.

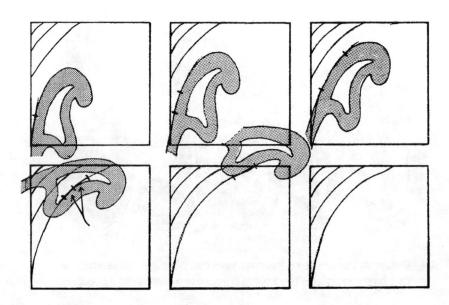

FERRAMENTAS BÁSICAS 535

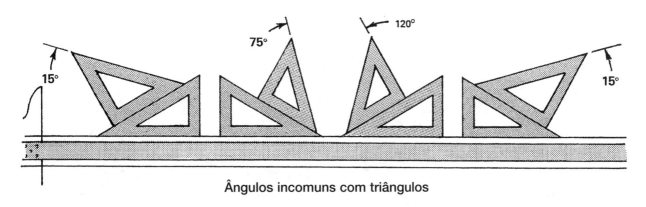

Ângulos incomuns com triângulos

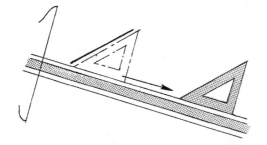
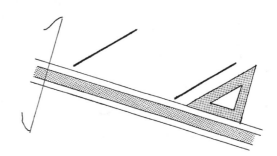

Como desenhar uma linha paralela a uma outra linha fornececida

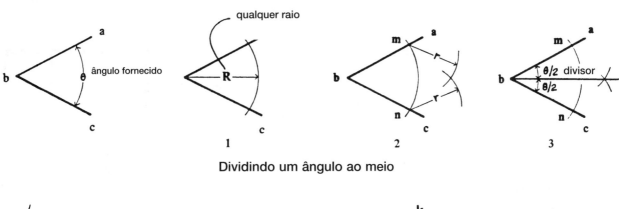

Dividindo um ângulo ao meio

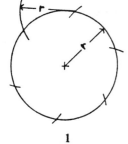
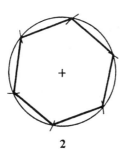
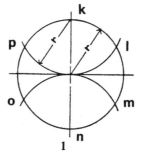

Construindo um hexágono

Pode-se alcançar a destreza com ferramentas de desenho por meio da execução de operações geométricas simples e da construção de várias formas geométricas.

536 APÊNDICE

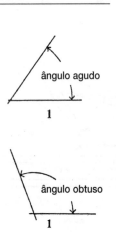
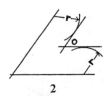
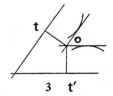
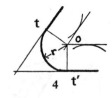
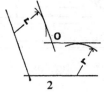
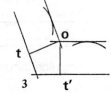
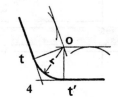

Construindo arcos tangentes

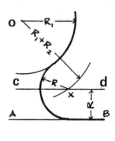
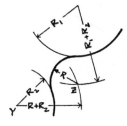
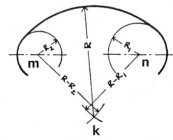
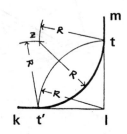

Um arco tangente a uma linha reta e a um círculo. É necessária uma equidistância.

Um arco tangente a dois círculos. O centro do arco deve ser equidistante aos dois círculos.

Um arco tangente em um canto em ângulo reto. É necessária uma equidistância R.

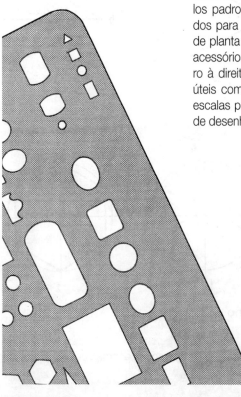

Gabaritos de arquitetura possuem diversos símbolos padronizados de hidráulica e mobiliário vazados para a reprodução do traçado. Este gabarito de planta baixa inclui a abertura de portas, pias e acessórios de banheiro (veja a planta do banheiro à direita). Também possui formas geométricas úteis como círculos. Existem gabaritos em várias escalas para se adaptarem a quaisquer requisitos de desenho.

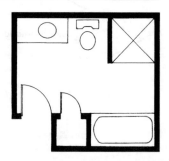

Caso o diâmetro desejado de um determinado círculo pequeno seja conhecido, pode-se empregar um gabarito plástico de círculos (circulógrafo) no lugar de um compasso. Outros gabaritos populares são classificados como de uso geral e de elipses.

Ver a variedade de gabaritos em www.DraftingSteals.com/catalog-templates.html.

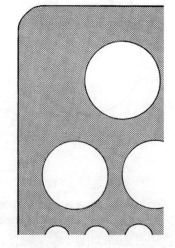

A *régua paralela*, com seus movimentos suaves, tornou a régua-tê relativamente obsoleta. Um toque leve com qualquer uma das mãos posiciona a régua paralela no ponto desejado sobre a prancheta. Uma vez que ela desliza sobre suportes com bilhas, são evitadas as manchas no desenho que normalmente eram criadas com o emprego da régua-tê. As réguas paralelas da marca Mayline são excelentes.

Ao instalar a régua paralela, certifique-se de que:

1. Os dispositivos A e B dos cantos estejam firmemente fixados com parafusos de 1,0 cm.
2. O fio esteja paralelo à borda da prancheta nos dois extremos.
3. O fio passe entre a roldana e a régua.
4. A mola esteja centralizada entre A e B.
5. O fio se movimente como indicado abaixo.

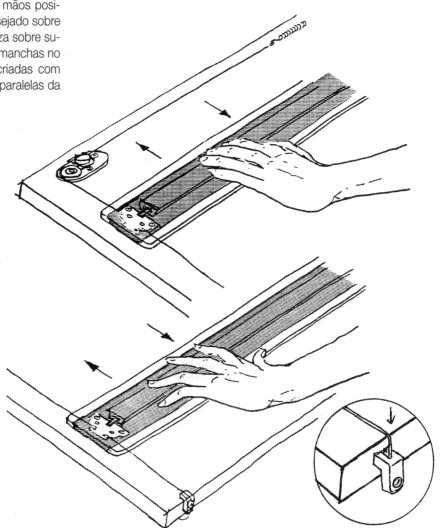

O fio deve ser inserido através do orifício no topo da presilha e alinhado com o sulco por trás da presilha. Corte o excesso de fio, mas deixe uma reserva para futuros ajustes.

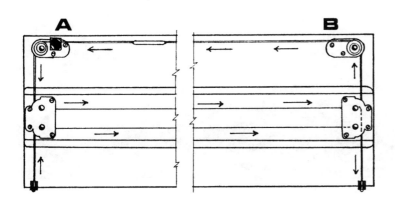

Linhas paralelas horizontais longas e contínuas são comuns em desenhos arquitetônicos. A régua também pode ser ajustada para posições inclinadas minimamente fora da direção horizontal. As réguas estão disponíveis nos comprimentos de 50 cm, 60 cm, 80 cm, 1,00 m, 1,20 m, 1,50 m e 1,80 m. Recomenda-se a de 1,20 m, pois permite trabalhos em papéis de formato A0.

538 APÊNDICE

Proporcione a si mesmo um *ambiente de trabalho* confortável com uma superfície que permita fixar seu trabalho. Tenha clipes e alfinetes à mão para segurar e pendurar desenhos. Normalmente o desenho arquitetônico é realizado em posição sentada, mas também pode ser realizado de pé. Evite uma postura relaxada; não arqueie as costas nem force a região abdominal. Sente-se ereto e mantenha uma boa postura. Projetar e desenhar requer longas horas sentado na mesma posição. Uma postura ruim acarretará cansaço, redução da capacidade de desenhar, e prejudicará seu estado físico.

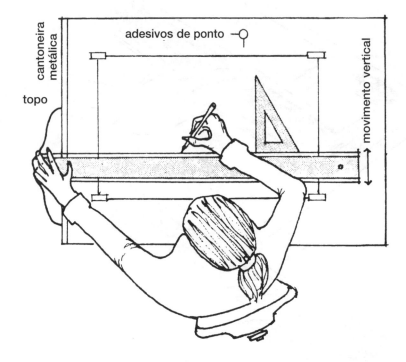

Muitos técnicos gostam de uma prancheta baixa com superfície horizontal; no entanto, alguns preferem a de tampo inclinável, pois reduz a necessidade de se inclinar sobre a área de trabalho. Uma superfície grande fornece espaço para equipamentos adicionais como um computador portátil (veja foto). Um banco ajustável é ideal para regular a altura do assento e o apoio para as costas. Se possível, coloque um pé sobre a trave de descanso de modo a elevar um joelho acima do quadril. Esforce-se para obter eficiência ergonômica.

Adquira a luminária de mesa da melhor qualidade dentro das suas possibilidades a fim de evitar o cansaço visual. Uma combinação de lâmpadas incandescente/fluorescente é excelente. A luminária deve ter um suporte ajustável, de forma que haja flexibilidade para posicioná-la sobre seu trabalho.

Posicione a folha de desenho horizontal e verticalmente com auxílio de uma régua-tê ou régua paralela e esquadros. É melhor aplicar a fita adesiva na direção da folha (também pode ser em diagonal) para evitar que a folha saia da posição. Adesivos de ponto também podem ser usados para fixar o desenho sobre a mesa ou a prancheta. Deve-se sempre deslocar o topo da régua-tê de modo firme sobre a borda lateral da prancheta ou da mesa. Se o topo não estiver firme, irá acarretar um movimento vertical na outra extremidade da régua. Utilize uma cantoneira metálica em conjunto com a régua-tê para garantir uma aresta bem definida. Uma toalha limpa ou um trapo pode ser usado para descansar o antebraço e proteger a folha em tarefas muito prolongadas.

© Charles Roberts

FERRAMENTAS BÁSICAS **539**

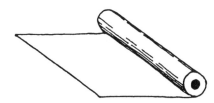

Papéis de desenho transparentes e de baixa gramatura (normalmente amarelos ou brancos e denominados "manteiga") são excelentes para o emprego de minas macias ou marcadores. São utilizados para rascunhos, *overlays* e desenhos preliminares. Os rolos variam de 30 cm a 90 cm de largura.

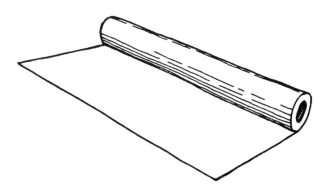

Blocos de desenho estão disponíveis nos formatos A4, A3 e A2, com reticulado auxiliar milimetrado mais claro.

Os *papéis vegetais* são papéis de desenho com 100% de fibras de algodão e excelente capacidade de limpeza. Encontram-se disponíveis em rolos, blocos ou folhas avulsas. O Clearprint 1000H (www.clearprintpapercompany.com) é amplamente utilizado. São classificados por peso (gramatura), cor e conteúdo de fibras. Um papel branco com alta gramatura (150 a 250 g/m^2) normalmente é empregado para desenhos finais. Os de gramatura média (90 a 120 g/m^2) são utilizados nos estudos preliminares. *Filmes plásticos* de poliéster ou cronaflex proporcionam a melhor qualidade de reprodução. São altamente recomendados para nanquim e alguns lápis especiais de grafite. Utilize líquido de limpeza para remover linhas traçadas a tinta.

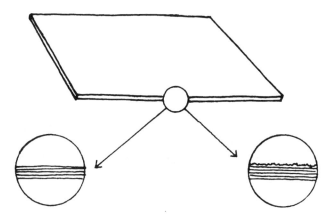

Pranchas com menor rugosidade

Pranchas com maior rugosidade

Pranchas de ilustração brancas são fornecidas nas espessuras entre 1,5 mm e 2,5 mm, o que permite que sejam empregadas tanto para apresentações de desenhos finais quanto para reproduções com fino acabamento. Pranchas com maior rugosidade na superfície são adequadas ao trabalho com lápis, enquanto as de menor rugosidade são mais apropriadas para tinta nanquim.

Protótipos ou estudos preliminares de modelos são normalmente executados em *papelão* cinza. As folhas de papelão também estão disponíveis em diversas espessuras. O *papel-pluma* é resistente, leve e excelente para a construção de modelos. Use uma cola transparente como adesivo.

PAPÉIS E PRANCHAS PARA DESENHO

FERRAMENTAS PARA CONSTRUÇÃO DE MODELOS

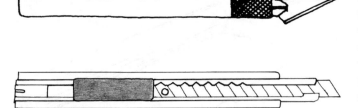

Um *bisturi* utiliza lâminas de diferentes formatos. A ilustração mostra um dos modelos mais comumente empregados. É excelente para pequenos cortes detalhados (pequenas aberturas). Recomenda-se fortemente um conjunto com lâminas de 11 tamanhos para reposição. Uma alternativa, especialmente adequada para cortes em cartolina, é uma *faca Olfa*.

Estiletes são empregados preferencialmente para cortes em materiais mais resistentes como pranchas de ilustração grossas, *passe-partout* ou cartolina. São excelentes para vincar.

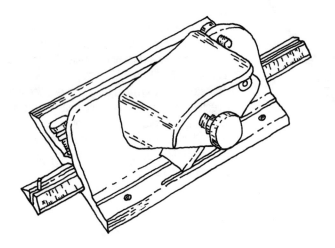

Cortadores de alta qualidade podem produzir chanfros limpos e precisos a 45°. O cortador Logan da série 4000, que possui um sistema incluído para marcação, é altamente recomendado. Por meio de um prendedor de lâminas pivotante, pode ser utilizado com qualquer régua paralela. Uma *serra de costas retas* com lâmina e dentes muito finos pode ser empregada no corte de pequenas peças de madeira como a balsa.

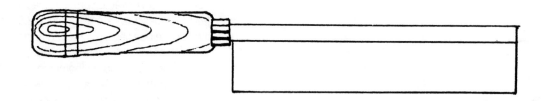

Como guia de corte, utilize uma régua de aço de 45 ou 90 cm com suporte de cortiça. Uma regra básica para cortes na confecção de modelos é nunca cortar o material em uma única passada (especialmente materiais mais espessos). Faça uma série de cortes leves. Isso proporcionará maior controle e exatidão. Realizar os cortes sobre um plástico transparente autorregenerativo ou uma superfície de borracha (um bom tamanho é 45 cm por 60 cm) irá aumentar a vida útil das suas lâminas.

As escalas mais usuais para arquitetura são: 1/2; 1/5; 1/10; 1/20; 1/25; 1/50; 1/75; 1/100; 1/200; 1/250 e 1/500.

No trabalho arquitetônico, são empregadas todas as escalas apresentadas acima. As menos usuais são 1/2 e 1/5. A escala é normalmente indicada no carimbo do desenho arquitetônico. Também pode ser lançada abaixo da vista de um detalhe particular. A escolha da escala mais adequada depende do tamanho da edificação, da quantidade de detalhes a serem representados e das dimensões do papel utilizado. Muitas vezes a experiência prática determina a escala; por exemplo, plantas baixas de edifícios residenciais normalmente são desenhadas na escala 1/50. Detalhes da construção podem ser representados em escalas variando de 1/25 até 1/5. Para projeto em verdadeira grandeza ou medição de distâncias no local, tenha trenas de metal, plástico ou tecido disponíveis (7 a 45 m).

Tamanho real da escala de arquiteto. Essa escala considera ⅛"=1'0"

Os *escalímetros*[1] são empregados para plantas de edificações, detalhes arquitetônicos e estruturais, sistemas mecânicos em construções, plantas de situação, plantas de locação e medições em mapas e cartas. O objetivo da escala é representar grandes objetos por meio de uma representação reduzida em função das dimensões da folha de papel. Encontram-se disponíveis três tipos chanfrados, um triangular e uma régua rápida. Staedtler, Helix e Alvin são boas marcas.

Os *escalímetros* triangulares para se trabalhar nas escalas maiores normalmente vêm com as graduações 20, 25, 50, 75, 100 e 125 e, nas menores, 500, 1.000, 1.250, 1.500, 2.000 e 2.500. Também existem modelos graduados em polegadas.

CHANFRO OPOSTO
Fácil manuseio.

CHANFRO DUPLO
Um bom escalímetro de bolso.

ESCALÍMETRO PLANO OU DE LÂMINAS
Fácil de operar sobre um bloco.

TRIANGULAR
Possui seis escalas, duas sobre cada face.

Observe a escala sempre diretamente sobre a vertical.

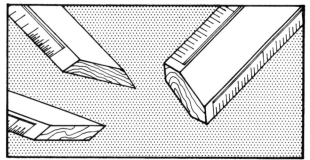

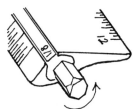

Escalímetro ajustável

ESCALÍMETRO AJUSTÁVEL
É produzido em alumínio leve, e você pode girar rapidamente a escala graduada para obter o valor desejado. Não há necessidade de procurar a aresta de que precisa ou fazer leituras invertidas.

Lembre-se de manter o escalímetro limpo; não faça marcas sobre ele e nunca o utilize como uma régua para traçar linhas!

---

[1] No original, o autor distingue a "escala do arquiteto", a "escala do engenheiro e a "escala métrica" em função do sistema de unidades utilizado e das grandezas envolvidas. Por não ser usual no Brasil, tal classificação foi omitida e o texto adaptado. (N.T.)

Determinando quanto representa cada divisão

O melhor procedimento é se fazer a seguinte pergunta: cada subdivisão representa qual fração de um pé?

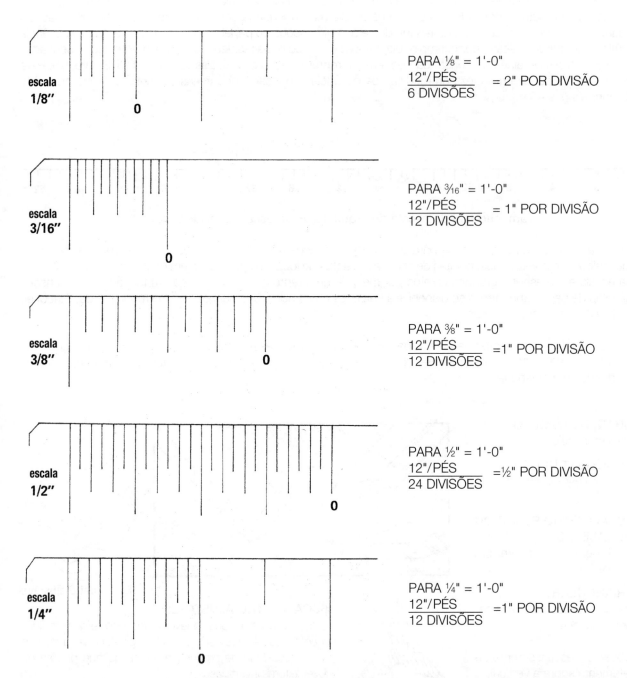

PARA ⅛" = 1'-0"
$$\frac{12"/PÉS}{6 \text{ DIVISÕES}} = 2" \text{ POR DIVISÃO}$$

PARA 3/16" = 1'-0"
$$\frac{12"/PÉS}{12 \text{ DIVISÕES}} = 1" \text{ POR DIVISÃO}$$

PARA ⅜" = 1'-0"
$$\frac{12"/PÉS}{12 \text{ DIVISÕES}} = 1" \text{ POR DIVISÃO}$$

PARA ½" = 1'-0"
$$\frac{12"/PÉS}{24 \text{ DIVISÕES}} = ½" \text{ POR DIVISÃO}$$

PARA ¼" = 1'-0"
$$\frac{12"/PÉS}{12 \text{ DIVISÕES}} = 1" \text{ POR DIVISÃO}$$

Observe que, em todas as escalas de redução, as maiores divisões representam pés e suas subdivisões representam polegadas e frações. Assim, ½ significa que ½ polegada = 1 pé, e não ½ polegada = 1 polegada.

Para facilitar a contagem das subdivisões, as escalas foram ampliadas em relação ao tamanho real.

FERRAMENTAS BÁSICAS 543

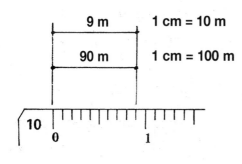

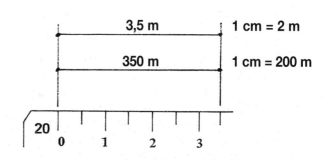

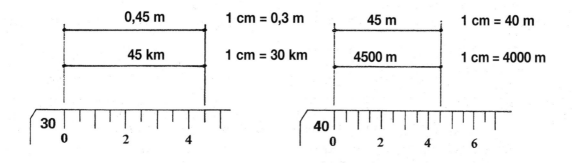

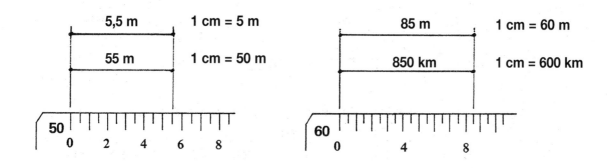

A figura acima apresenta seis escalas-padrão encontradas em *escalímetros* comerciais. Existem muitas possibilidades para cada escala, uma vez que diferentes comprimentos podem ser indicados na unidade do escalímetro. Por exemplo, no caso de uma escala 10, 1 cm pode representar 0,1, 1, 10, 100 ou 1.000 (metros). Para cada escala foram apresentados dois exemplos. Para facilitar a contagem das subdivisões, as escalas foram ampliadas em relação ao tamanho real.

Pense no número indicativo da escala 10 como o número de divisões por centímetro. Assim, 40 indicará 40 incrementos ou partes por centímetro. Essa divisão é contínua ao longo do escalímetro.

LEITURA DE ESCALÍMETROS

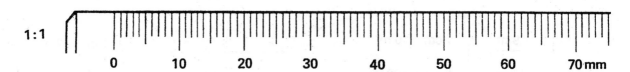

Esta escala métrica possui uma razão 1:1 e deve ser utilizada para desenhos em *verdadeira grandeza*. Por exemplo, 10 mm no desenho representam 10 mm no objeto ou na construção.

Esta escala métrica possui uma razão 1:5 e deve ser utilizada para desenhos com *um quinto do tamanho*. Por exemplo, 100 mm no desenho equivalem a 500 mm no objeto ou na construção.

Como nos exemplos anteriores, as *escalas métricas* acima foram ampliadas para facilitar a leitura. As escalas métricas são expressas como razões (exemplos, 1:20 ou 1:200). Todos os países, exceto os Estados Unidos (que adotam unidades polegada-libra), adotam o SI (Sistema Internacional de Unidades), uma versão moderna do sistema métrico. O comprimento de um metro corresponde a 3,281 pés. É fácil de trabalhar, pois para a conversão de uma unidade para outra basta multiplicar ou dividir por potências de dez. Por exemplo, 1.000 milímetros (mm) correspondem a 1,0 metro (m) (ou seja, 1.000 divididos por 1.000). Um escalímetro métrico possui 15 ou 30 cm (cerca de 6 ou 12 polegadas). Os arquitetos utilizam várias escalas métricas para diferentes tipos de trabalho. Por exemplo, 1:500 é usual para plantas de situação, enquanto 1:100 pode ser empregada para plantas baixas e de elevações. Reduções nas razões 1:1 e 1:5 são frequentemente empregadas em detalhes.

A ESCALA MÉTRICA

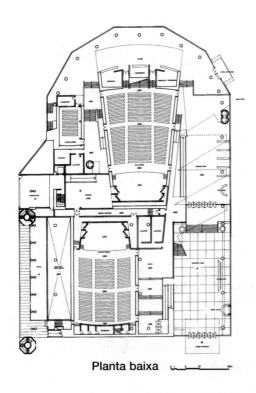

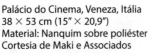

Planta baixa

Palácio do Cinema, Veneza, Itália
38 × 53 cm (15" × 20,9")
Material: Nanquim sobre poliéster
Cortesia de Maki e Associados

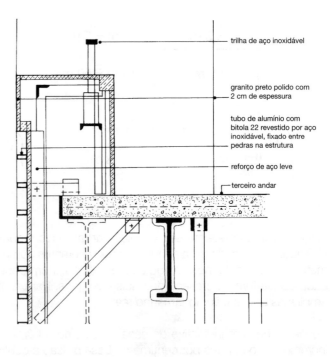

Detalhe parcial de seção
Centro One O'Hare,
Rosemont, Illinois
Cortesia de Kohn Pedersen
Fox Arquitetos Associados

ESCRITA, TIPOGRAFIA E TIPOS DE LINHA **545**

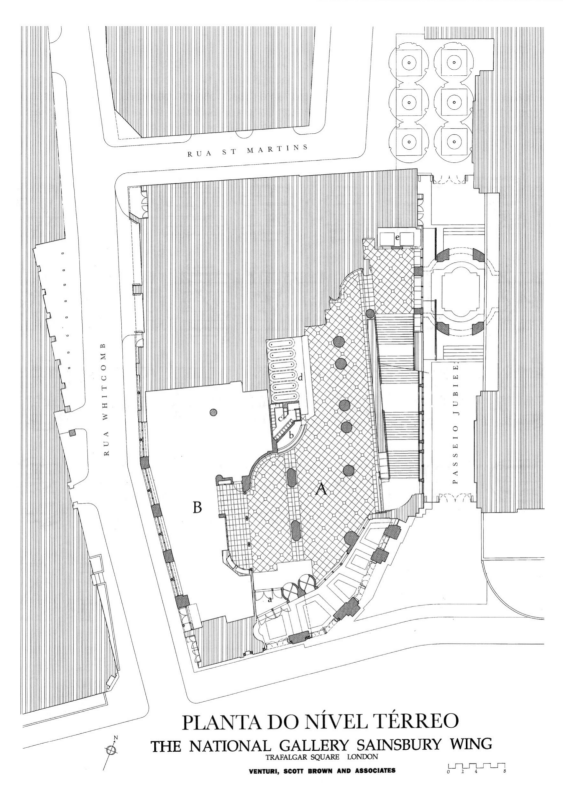

Desenho: Planta baixa de situação, Galeria Nacional, Ala de Sainsbury. Trafalgar Square, Londres, Inglaterra
Material: Nanquim sobre vegetal (CAD) 76,8 cm × 110,5 cm (30,25″ × 43,5″)
Cortesia do escritório Venturi, Scott Brown e Arquitetos Associados

As fontes de títulos devem ser compatíveis com os desenhos a que se referem. O tamanho e a espessura (negrito) refletem a importância do título. Títulos, cabeçalhos, subcabeçalhos e material de texto devem ser organizados em ordem descendente de importância visual; são utilizados tipos, estilos e tamanhos diferentes para transmitir a importância relativa dessas informações. Observe a nítida hierarquia dos títulos neste desenho de apresentação.

A escrita arquitetônica é derivada das letras góticas maiúsculas; as proporções relativas de cada letra são facilmente percebidas por meio de um fundo reticulado. Na prática não se emprega esse tipo de artifício; tente avaliar as proporções corretas de cada letra a olho nu. A sequência de traços sugerida não precisa ser seguida à risca; cada indivíduo é diferente dos demais na coordenação olho-mão e pode se diferenciar na quantidade de traços necessários para completar uma letra. O importante é ser coerente na repetição das letras, que devem manter, todo o tempo, as mesmas proporções. Para um canhoto, as direções dos traços verticais e curvilíneos devem ser mantidas, porém a direção dos traços horizontais deve ser invertida.

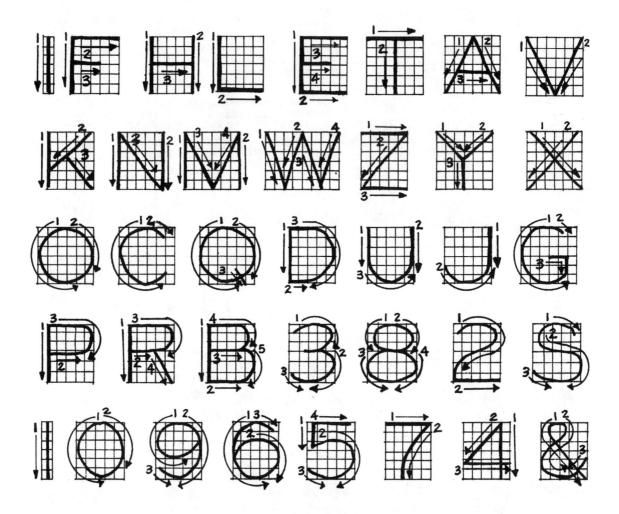

Observe que as letras e os algarismos podem ser agrupados em famílias de tipos similares: o grupo vertical e horizontal (de I até T); o grupo horizontal, vertical e inclinado (de A até X); e o grupo curvilíneo (de O até S). O grupo dos algarismos possui todos os traços. Com o tempo e a prática, você será capaz de manter o controle, a rapidez e a precisão dos traços. Isso é especialmente importante para as letras e algarismos arredondados. Certifique-se de que os traços sejam escuros e nítidos para uma boa reprodução. Uma boa escrita arquitetônica reside na arte de dominar os movimentos básicos: horizontais, verticais, inclinados e curvilíneos. O conjunto de letras acima serve de ilustração para auxiliá-lo nos traços básicos. No entanto, esse tipo de escrita possui a desvantagem de ocupar espaço demais por ser muito larga. No trabalho arquitetônico, um alfabeto de proporções mais estreitas, apresentado nas páginas subsequentes, é mais adequado.

É ACEITÁVEL SE VALER DE UM PEQUENO ESQUADRO PARA MANTER OS TRAÇOS VERTICAIS DAS LETRAS. ISSO É NORMALMENTE UTILIZADO NA PRÁTICA PROFISSIONAL COMO UMA TÉCNICA RÁPIDA; NO ENTANTO, CASO VOCÊ POSSUA A HABILIDADE DE MANTER AS LINHAS NA VERTICAL, É MELHOR EXECUTÁ-LAS À MÃO LIVRE.

FREQUENTEMENTE, NA PRÁTICA PROFISSIONAL É FEITA UMA PEQUENA ESTILIZAÇÃO DAS LETRAS; QUALQUER DESENVOLVIMENTO DE ESTILO DEVE SEMPRE APRESENTAR COERÊNCIA NO ESPAÇAMENTO, NAS PROPORÇÕES E NO ASPECTO GLOBAL. POR EXEMPLO, AS LETRAS NA PÁGINA ANTERIOR PODEM SER REDUZIDAS HORIZONTALMENTE E AS LINHAS HORIZONTAIS PODEM SER TRAÇADAS COM UMA PEQUENA INCLINAÇÃO. "I" E "J" SÃO EXCEÇÕES AO SE TENTAR FAZER LETRAS TÃO LARGAS QUANTO ALTAS. MUITAS VEZES LEVA-SE VÁRIOS ANOS PARA DOMINAR A ARTE DE UMA BOA ESCRITA ARQUITETÔNICA; SEJA PACIENTE COM SEUS PROGRESSOS.

EXEMPLO: ALFABETO E ALGARISMOS

A	B	C	D	E	F	G	H	I
J	K	L	M	N	O	P	Q	R
S	T	U	V	W	X	Y	Z	
1	2	3	4	5	6	7	8	9	0

Escrita manual: Projeto acadêmico realizado por Kam Wong
Material: Lápis sobre vegetal
Cortesia do Departamento de Arquitetura do City College de São Francisco

Uma matriz gráfica sob um papel translúcido é uma alternativa para as linhas guias.

TIPOS E PESOS DE LINHAS

LINHAS A LÁPIS (para desenho arquitetônico)	GRADUAÇÃO DE LÁPIS PARA USO
LINHA DE PERFIL (para desenho arquitetônico)	H, F ou HB
LINHAS VISÍVEIS/DE ELEVAÇÕES	H, F ou HB
LINHAS DE CONSTRUÇÃO/LAYOUT/RETICULADAS	2H ou 4H
LINHAS DE CORTE	H, F ou HB
SUPERFÍCIE DE SEÇÃO	H, F ou HB
LINHAS TRACEJADAS/OCULTAS	H ou 2H
LINHA DE EIXO	2H ou 4H
LINHA DE COTA / LINHA DE EXTENSÃO	2H ou 4H

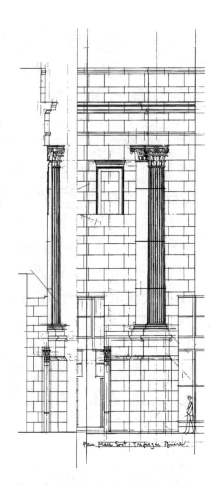

Desenho: Galeria Nacional, Ala de Sainsbury, Londres, Inglaterra
5,1 cm × 67,3 cm (2" × 26,5") Escala: 1:25
Material: Nanquim sobre vegetal
Cortesia do Escritório Venturi, Scott Brown Arquitetos Associados

Traços inclinados em corte e pontos são alternativas na finalização das linhas de cota. As setas também são normalmente construídas na forma de um V largo, com abertura angular de aproximadamente 60° e tendo a linha de cota como bissetriz.

O desenho arquitetônico, em seu sentido amplo, inclui tanto os esboços quanto os croquis arquitetônicos. Em ambos os tipos de trabalho, o lápis grafite é o material de desenho mais simples. As minas dos lápis são produzidas com grafite prensado e argila. Os tipos mais usados nos trabalhos de desenho arquitetônico são 4H, 2H, F, H e HB. Para poupar tempo, uma prática corriqueira é utilizar um tipo de mina e variar a pressão de modo a proporcionar o peso da linha que se deseja. O desenho de uma linha inicial deve ser forte e uniforme — não fraco e inconstante. O trabalho em croquis arquitetônicos é normalmente realizado com minas 2B, 4B e 6B, que são mais macias e permitem mais expressão.

Algumas dicas de desenho:

Evite cantos que não se interceptam.

O procedimento correto e normalmente aceito é apenas tocar as extremidades

Mantenha uma qualidade uniforme no traçado.

Uma superposição muito pequena é permitida.

Marcar com pontos ou enfatizar suavemente as extremidades ajuda a reforçar sua percepção.

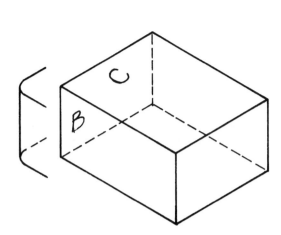
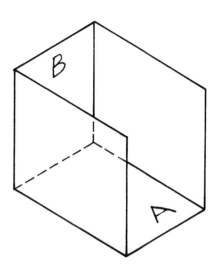

Linhas visíveis — a interseção do plano vertical B com o plano horizontal C pode ser vista. Interseções que não se encontram visualmente obstruídas por elementos sólidos do objeto são definidas como visíveis. Uma linha visível também pode ser uma aresta de uma superfície curvilínea.

Linhas ocultas — os planos vertical B e horizontal A se interceptam em uma linha que não pode ser vista da posição do observador. Esta é representada por uma linha tracejada.

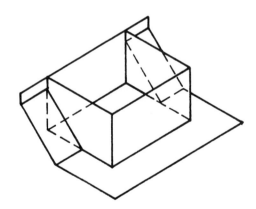
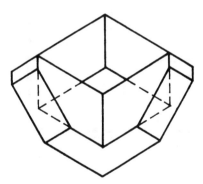

Estas ilustrações são parte dos documentos de construção para um empreiteiro usar na construção de um prédio. Observe o emprego das linhas tracejadas para enfatizar a visualização dos detalhes. Quando as linhas visíveis, as ocultas e as de eixo coincidem, é importante saber qual possui precedência sobre as demais. Uma linha visível possui precedência sobre uma de eixo ou oculta. Uma linha oculta possui precedência sobre uma de eixo.

TIPOS DE LINHAS E SEUS USOS

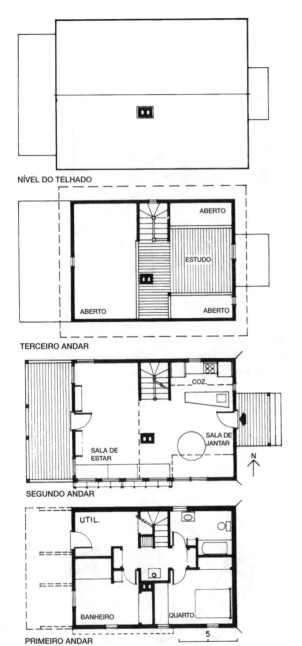

Linha visível contínua

Linha tracejada abaixo de um corte

Linha tracejada acima de um corte

Linhas visíveis contínuas e linhas ocultas tracejadas são duas das linhas mais importantes em desenhos finais de arquitetura. Essas linhas são traçadas com minas H, F ou HB. Linhas traçadas com HB são facilmente apagadas, porém tendem a borrar muito. Observe que o tracejado de uma linha abaixo de um corte é proporcionalmente menor do que o empregado na linha acima do corte. Empenhe-se em produzir o espaçamento e o comprimento dos traços de modo uniforme.

Desenho: Casa Hog Hill
30,5 cm × 76,2 cm (12" × 30") Escala: 1:100
Material: Nanquim sobre poliéster
Cortesia do B FIVE STUDIO

Linhas visíveis em desenhos arquitetônicos podem ser empregadas em plantas ou seções em cortes (veja exemplos acima) e em qualquer outra interseção de planos (interseção de paredes em plantas ou elevações etc.).

Linhas tracejadas em desenhos arquitetônicos expressam linhas acima de um plano de corte que o observador não consegue ver, tais como beirais de telhado (veja exemplo acima), perfurações no telhado e claraboias, assim como as linhas abaixo do plano de corte que são ocultas pelo piso, como as divisórias.

APÊNDICE 551

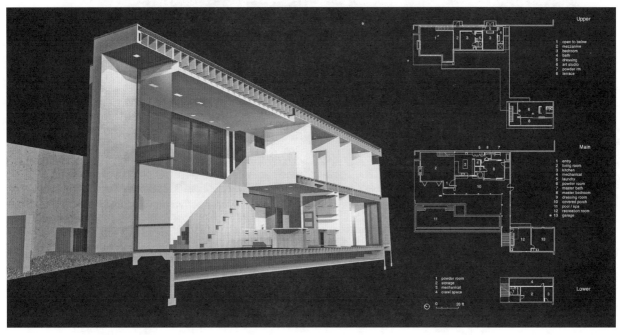

CORTES EM AÇÃO

Desenhos: Residência Healdsburg,
Healdsburg, Califórnia
Material: ArchiCAD 8 e Photoshop 7 (no alto); ArchiCAD 8, Artlantis 4.5 e Photoshop 7.0 (abaixo)
Cortesia de Mark English Arquitetos

Desenho a Lápis (no alto)
Este desenho ajudou a ilustrar o volume, a estrutura e os detalhes nesse corte transversal durante o desenvolvimento do projeto. Em particular, a relação das janelas e portas de correr com a marcenaria interna/externa foi uma investigação importante. O desenho ajudou na discussão entre o arquiteto, o proprietário e o marceneiro durante as visualizações das transições entre materiais e sistemas.

Arte-final (abaixo)
Além de transmitir a construção global e o acabamento nessa perspectiva em corte longitudinal, a transição entre a escada e os armários de cozinha foi a finalidade principal deste desenho. O desenho ilustra a relação da escada e do corrimão com as portas dos armários abaixo, que estão no mesmo plano dos armários da cozinha. O desenho ajudou o proprietário a ter uma compreensão mais completa da intenção do projeto do arquiteto. [Relato de um arquiteto]

552 APÊNDICE

CORTES EM AÇÃO

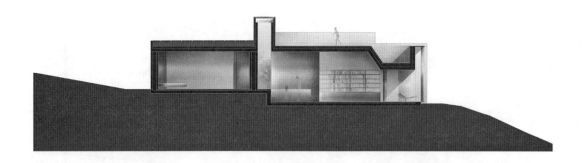

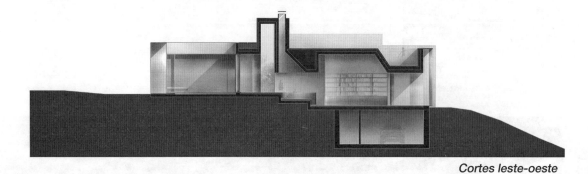

Cortes leste-oeste

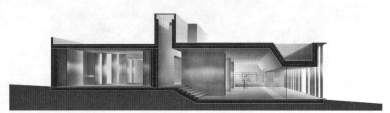

Perspectiva em corte

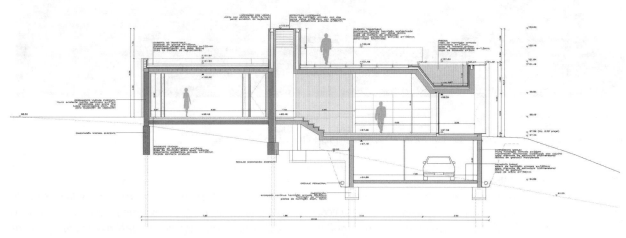

Desenhos: Residência Malecaze,
Vieille-Tolouse, França
Material: Gerado por computador
Cortesia de RCR Arquitetos

Este é um excelente exemplo de justaposição de uma perspectiva em corte da construção com os cortes de projeto.

APÊNDICE 553

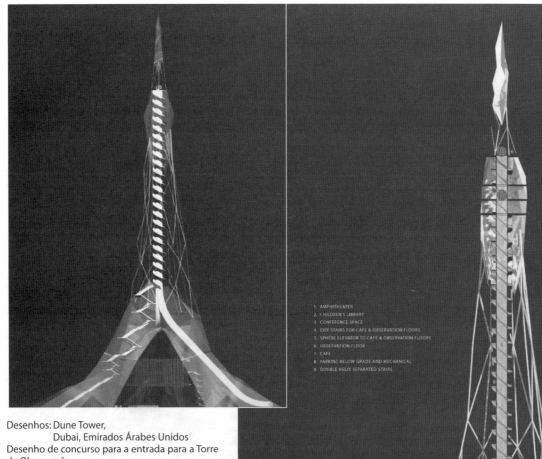

Desenhos: Dune Tower,
Dubai, Emirados Árabes Unidos
Desenho de concurso para a entrada para a Torre de Observação
Material: Modelagem e arte-final em 3D CAD
Cortesia de Sami M. BaSuhail, Arquiteto

Corte em raios X: Esta torre está apoiada em três grandes pernas com um espaço vazio na base, contendo um cilindro pendurado com um espaço de conferência e uma biblioteca infantil. Toda a circulação vertical teve que passar por essas pernas. O uso de perspectivas transparentes permitiu a avaliação da relação dos elementos da circulação interna da edificação em relação à forma exterior e ao volume das pernas da edificação, e a averiguação da interferência entre as escadas e o acabamento externo da construção. Em determinados pontos do desenvolvimento do projeto, os elementos internos forneceram as formas externas e vice-versa.

CORTES EM AÇÃO

Corte transversal: O corte transversal foi utilizado basicamente para estudar as relações espaciais entre a escala humana e os volumes dos espaços públicos formados pelos elementos da edificação. Por exemplo, na plataforma de observação no topo da torre, o tamanho, a forma e a distância da "pedra preciosa" de comunicação sem fio flutuante em relação aos observadores na plataforma e as linhas de visada para o céu foram desenvolvidos de acordo com o corte. Também foi estudada no corte a relação entre o anfiteatro e a biblioteca acima e como esses elementos estão relacionados com o arco formado pelas pernas da torre. O corte também serviu como teste geométrico final dos vãos livres. [RELATO DE UM ARQUITETO]

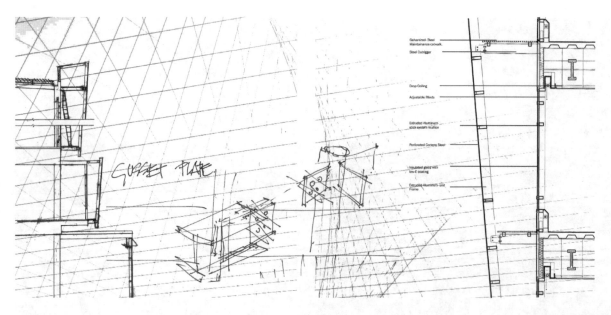

Os croquis iniciais exploraram a conexão estrutural entre colunas e vigas, ilustrando a placa de reforço que foi utilizada por toda a estrutura, incluindo a da parede de vedação. Os outros cortes foram utilizados para tratar dos mecanismos passivos de resfriamento e sombreamento dentro do projeto, com uma interação final desenvolvida em Rhino 3D. [RELATO DE UM ALUNO]

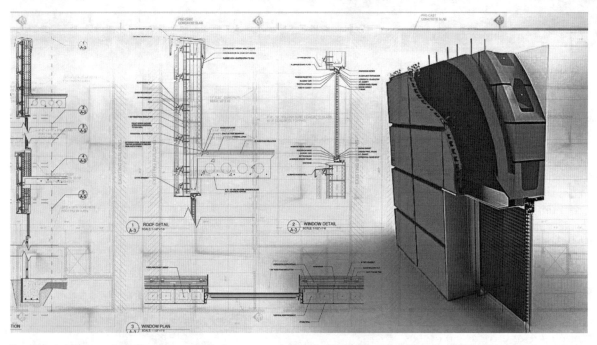

Desenhos bidimensionais em AutoCAD dos cortes das paredes de uma edificação projetada durante a Construction Technology II foram importados para o Rhino 3D e desenvolvidos em um modelo tridimensional ilustrando uma perspectiva em corte através da parede. Isso proporcionou uma maior compreensão de como os componentes se juntaram e permitiram a correção de problemas constatados durante a criação do modelo tridimensional, quando ocorreram contradições entre os cortes horizontais e verticais. [RELATO DE UM ALUNO]

Desenho: (no alto) Estudos de corte (Arch 303)
Material: Nanquim, grafite, Rhino 3D
Cortesia do aluno Jerome Elder
Departamento de Arquitetura,
Savannah College of Art & Design

Desenho: (abaixo) Estudos de corte, perspectiva 3D em corte (Arch 341)
Material: AutoCAD, Rhino 3D
Cortesia do aluno Jerome Elder
Departamento de Arquitetura,
Savannah College of Art & Design

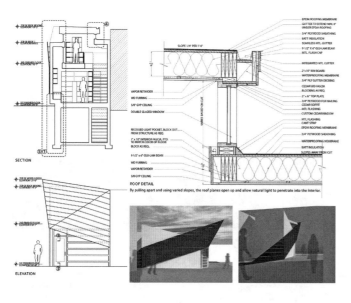
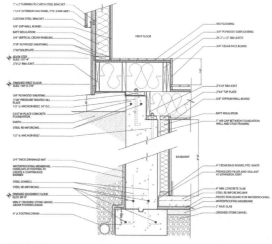
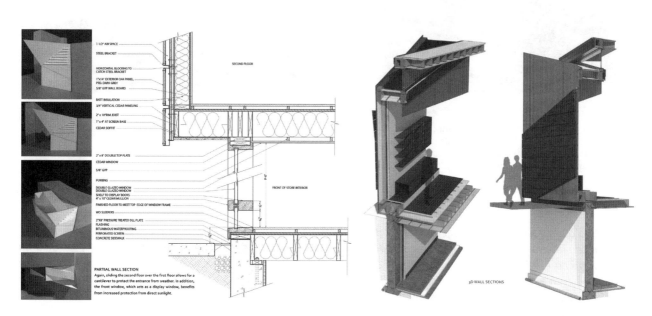

O projeto envolve muitas escalas, não apenas a sedutora macro. Neste projeto, desenvolvi uma série de detalhes da edificação que reforçaram a ideia dessa forma macro de acondicionamento e rompimento. Nessa escala, questões muito mais pragmáticas se revelam, começando a ser desenvolvidas através dos desenhos em corte.
[Relato de um aluno]

Desenhos: Estudos de corte,
          Cambridge, Massachusetts
Material: Rhino e AutoCAD
Cortesia do aluno Drew Cowdrey
Harvard GSD, Primavera de 2010
Professor: Jonathan Levi

556 APÊNDICE

Estudos sobre circulação

Nesses modelos, o desenvolvimento conceitual a partir da análise prévia da circulação para fora do prédio. A circulação se movimenta para dentro e para fora, fornecendo vistas do forte em pontos específicos que requerem uma fachada mínima.

A circulação na casa vista por dentro da espessura da parede exterior propicia a revelação das vistas do forte em movimentos específicos.

O modelo resultou de uma pesquisa sobre a forma como a circulação ocorre a partir de volumes programáticos. O tamanho dos volumes decorre das fendas existentes na estrutura encontrada no sítio.

circulação   volume/programa   circulação

modelo de seção

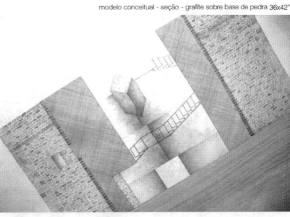

modelo conceitual - seção - grafite sobre base de pedra 36x42"

modelo de apresentação

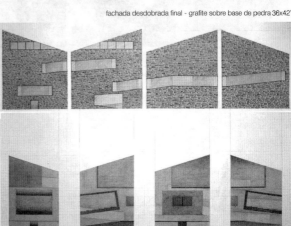

fachada desdobrada final - grafite sobre base de pedra 36x42"

Desenhos: Old Fort Niagara, Buffalo, Nova York
Material: Modelo em placa de celulose; madeira de balsa lixada à mão e acrílico fino
Coordenador do Projeto: Merdad Hadighi
Professor de Estúdio: James Lowder
Cortesia do aluno Ryan T. Glick
Departamento de Arquitetura
Faculdade de Arquitetura e Planejamento da State University of New York, em Buffalo, Nova York

Durante o desenvolvimento do projeto, este modelo em corte se mostrou uma ferramenta completa no exame entre a circulação interna e externa. Examinar a parede como uma condição espacial mediadora inabitável em vez de uma envoltória fina exigiu um desenvolvimento em corte que levou à abertura na fachada para as vistas voltadas para momentos-chave no contexto circundante. Analisar a circulação através de estudos em corte permitiu uma progressão vertical sinuosa, analisando simultaneamente no plano ao passar de dentro para fora.
[RELATO DE UM ALUNO]

Este projeto muito interessante começou como um exercício de projeto conceitual. O modelo de estudo em papelão conferiu ao projeto uma aparência monolítica sem materialidade. O uso de paredes muito espessas com fendas cortadas abriu a possibilidade de usar pequenas unidades de alvenaria. A identificação disso como material de construção preferido conferiu escala e textura à forma. Isso, por sua vez, urgiu uma investigação estrutural relativa a como manter as unidades de alvenaria.

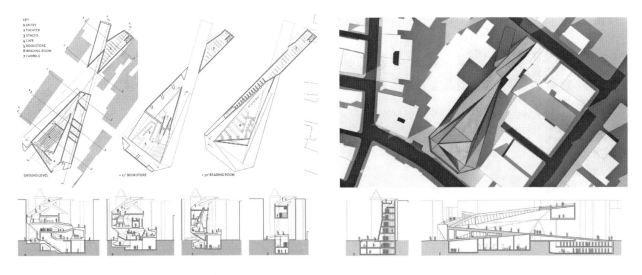

Extraído de um portfólio acadêmico: Uma biblioteca de livros raros, Boston, Massachusetts
Material: Rhino, AutoCAD e V-Ray
Coordenador do Projeto: Danielle Etzler em Harvard GSD
Cortesia do aluno Drew A. Cowdrey e do Professor Andreas Luescher
Bowling Green State University, Departamento de Arquitetura

O local deste projeto me obrigou a abordar a cidade não em um ou dois lados, mas quatro. Desenvolver a relação do projeto com a cidade e seu programa através de uma série de cortes me permitiu gerar episódios específicos que depois foram reunidos. O resultado é altamente figurativo, e ao mesmo tempo confiável. [Relato de um aluno]

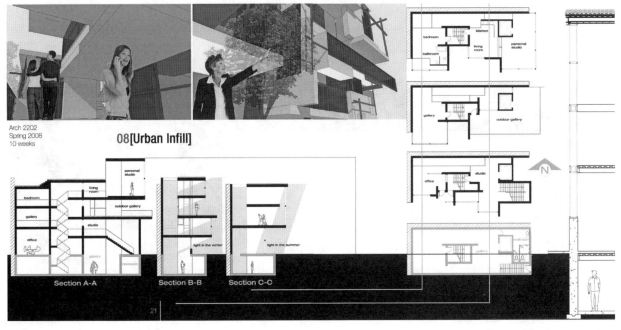

Extraído de um portfólio acadêmico: Urban Infill, Chicago, Illinois
Material: AutoCAD, Google SketchUp e Photoshop
Professor de Estúdio: Mark A. Pearson
Cortesia da aluna Bojana Martinich
College of DuPage, Departamento de Arquitetura

O Urban Infill (construção de prédios novos urbanos) é um projeto de estúdio com uma ocupação limitada de terreno que desafia os alunos a projetar espaços verticais em corte, em vez de se concentrar rigidamente na planta baixa da edificação. O processo de concepção desse projeto estimula os alunos a compreenderem e desenvolverem seu trabalho de concepção usando desenhos em corte como ferramenta básica. Os cortes são utilizados para desenvolver as características espaciais do projeto e também para compreender a penetração da luz natural em várias épocas do ano. [Relato de um professor]

CORTES EM AÇÃO NOS PORTFÓLIOS ACADÊMICOS

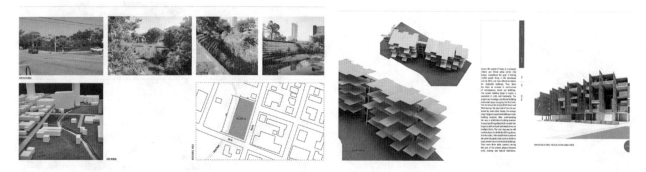

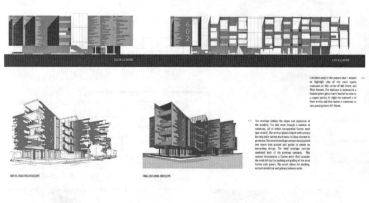

Imagens: Modelos de estudo, desenhos e estudo de corte para Austin Mixed-Use: Residencial e Comercial, Austin, Texas
Material: Arte-final e desenho no Revit
Cortesia do aluno Chris Snowden
Savannah College of Art & Design
Departamento de Arquitetura

Os cortes axonométricos são as ferramentas visuais expressivas definitivas que um aluno ou profissional pode utilizar para revelar a estrutura, camadas, materialidade e conexões entre os espaços. Os cortes axonométricos complementam as plantas e cortes em 2D, permitindo assim uma explicação clara da construção inteira. Os apartamentos individuais que compõem a edificação incluem 1 quarto/1 banheiro, 2 quartos + estúdio/2 banheiros, 2 quartos/2 banheiros e 3 quartos/2 banheiros. Cada um desses quatro tipos de apartamento é exibido no corte axonométrico em 3D. [RELATO DE UM ALUNO]

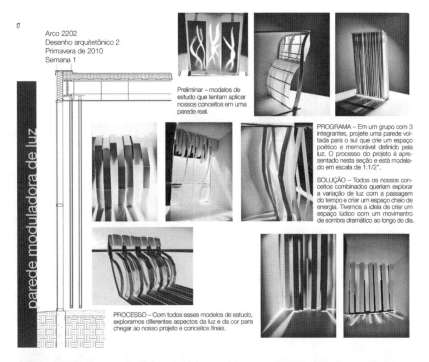

Material: Croqui feito à mão, modelos arquitetônicos físicos, desenhos em AutoCAD e Google SketchUp + 3D Max para simulações de luz
Cortesia do aluno Damian Rozkuszka
Professor de Estúdio: Mark A. Pearson AIA, LEED, AP
College of DuPage
Departamento de Arquitetura

PAREDE MODULADORA DE LUZ
O objetivo deste projeto é que os alunos projetem um espaço com uma sensação de familiaridade através da modulação da luz natural, usando o corte como ferramenta básica de projeto. Os alunos foram solicitados a projetar uma parede voltada para o sul que criasse um espaço poético e memorável definido pela luz. Durante todo o processo de projeto os alunos utilizaram croquis feitos à mão, desenhos arquitetônicos em corte, simulações por computador e modelos em grande escala para testar e desenvolver seus projetos. Os modelos físicos são fotografados em condições de iluminação natural como um meio de registrar e compreender a eficácia do projeto. Espera-se que os alunos desenvolvam seus projetos em resposta ao conhecimento adquirido através do processo de fotografia do modelo. [RELATO DE UM PROFESSOR]

560 APÊNDICE

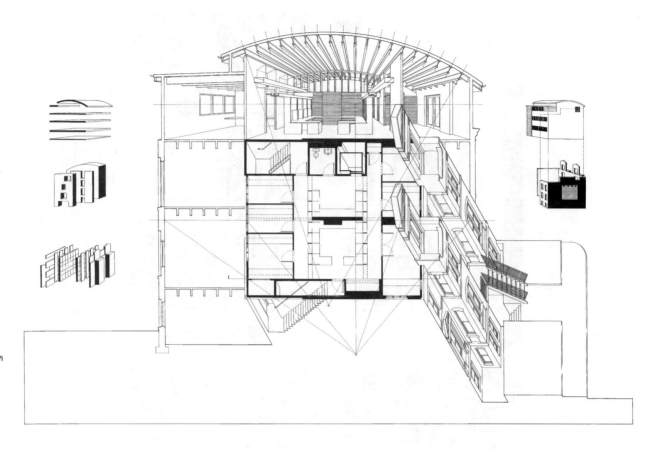

Desenho: National Minority AIDS Council, Washington, DC
76,2 × 106,7 cm (30" x 42"), Escala = 1:50
Material: Nanquim sobre poliéster
Cortesia de Vyt Gureckas/CORE

A desproporção de representar um artefato tridimensional em duas dimensões é superada tradicionalmente pela geração de uma série de desenhos diferentes. No entanto, o ato de reconectar os vários desenhos ou vistas fica por conta da mente. O cubismo ofereceu uma alternativa para esse processo apresentando vistas simultâneas de uma superfície. Este desenho é uma tentativa de tirar proveito desse tipo de estratégia, mas, enquanto o cubismo se baseia na transparência e na justaposição acidental, este desenho emprega um conjunto mais preciso de linhas tangentes ou bordas compartilhadas para enxertar um desenho no outro. As linhas de construção são deixadas para enfatizar esse processo de reconstrução de esboço.
[RELATO DE UM ARQUITETO]

O objetivo final de uma apresentação composta é combinar de modo eficaz os diferentes tipos de convenções de desenho e texto explanatório que estão sendo utilizados. Isso dependerá muito das restrições de tamanho e da forma do painel de apresentação, bem como do método organizacional escolhido para combinar os desenhos (grade, fundo atenuado, irradiação e rotação, foco central etc.). Essa apresentação *híbrida* combina uma perspectiva em corte de um ponto com uma planta baixa e uma perspectiva cavaleira não vertical no eixo X. Examine as apresentações multipainéis engenhosas e bem-concebidas no Capítulo 8 para obter dicas de como tratar os seus próprios problemas de formato de apresentação.

APÊNDICE 561

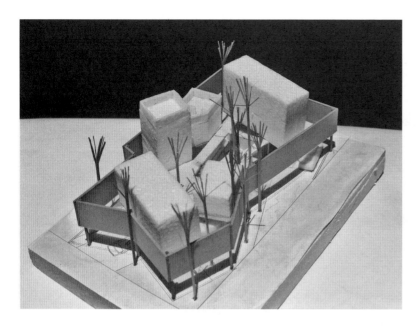

Desenhos e foto do modelo: RESIDÊNCIA I & L,
Tangerang, Java
Ocidental, Indonésia
Cortesia de Andra Martin Arquiteto

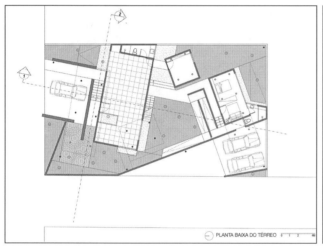

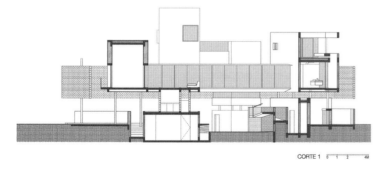

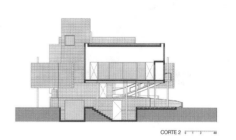

CORTES EM AÇÃO

Este é um exemplo fora de série dos cortes transversais e longitudinais feitos através de uma edificação. Os locais escolhidos para os cortes e a direção das vistas revelam claramente muitas informações sobre a residência. Ao escolher locais para os cortes, pense sempre em transmitir a quantidade máxima de informação sobre o seu projeto. Um desvio dessa abordagem pode se apresentar se a edificação for simétrica, situação em que o bom senso ditaria a criação de um corte ao longo do eixo de simetria.

562 APÊNDICE

CORTES EM AÇÃO

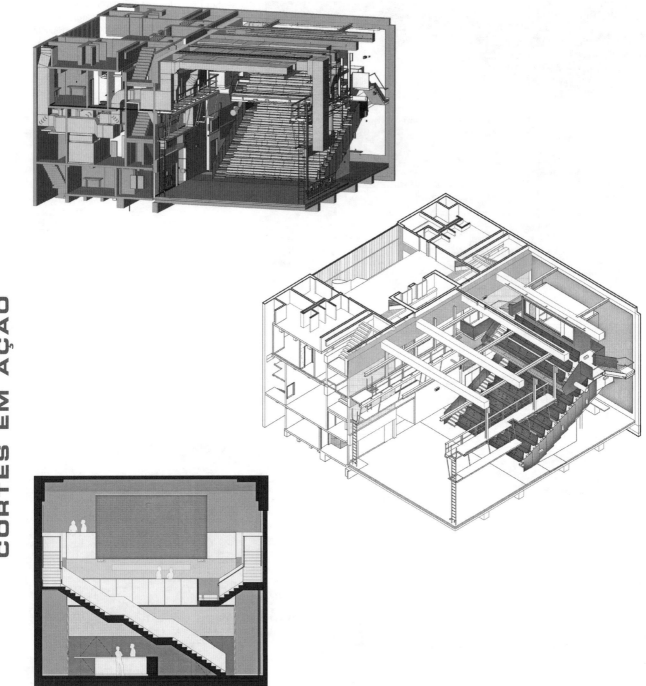

Desenhos: Jerome Robbins Theater,
Nova York, Nova York
Material: Gerado por computador
Cortesia de WASA/Estúdio A, LLP
Consultores do projeto da edificação: ARUP

Neste exemplo excelente, foram feitos um corte em 2D através da sala de teatro e dois cortes axonométricos em 3D (corte-planta). Uma perspectiva axonométrica, que aproxima um desenho isométrico permite que o observador veja espaços intricados dentro dessa edificação. A outra perspectiva axonométrica, que é um desenho dimétrico, permite que o observador compreenda os sistemas mecânicos na edificação.

APÊNDICE 563

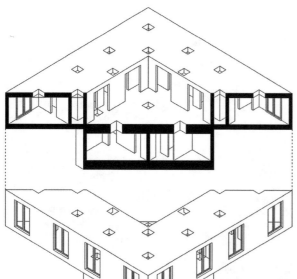

SOLO HOUSE
Esta é uma estrutura singular que ocupa uma posição dominante na paisagem. É uma figura horizontal separada do solo. Uma estrutura escultural, unitária e monolítica, que é apoiada por um pódio cego. Uma condição elevada visível a distância e outra que desaparece sob a folhagem. O mundo aéreo da plataforma estabelece seus próprios pontos cardeais. Um anel de perímetro, uma rotunda panorâmica medida por dezesseis colunas em distâncias regulares, é ocupado por uma sequência de cômodos com funções definidas informalmente.

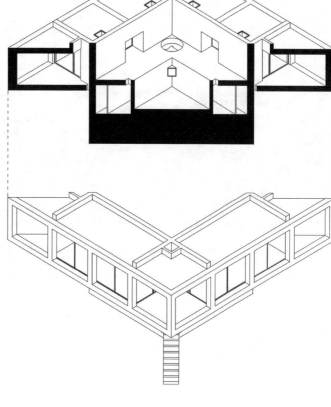

Desenho: Residência Guna,
 Lagoa Llacolen, San Pedro, Chile
Material: Caneta e nanquim
Cortesia dos Arquitetos: Pezo von Ellrichshausen
Status: 2012

SOLO HOUSE (cont.)
Cômodos transparentes e simétricos articulados por cantos abertos. Há um pórtico estreito demais para abrigar um cômodo estático e profundo demais para abrigar uma varanda de vigilância. Na vista aérea da plataforma há apenas um único cômodo interno. Esse cômodo não possui cobertura. É escassamente perfurado nas quatro direções da paisagem, e sua base é ocupada pela água, um volume d'água tão profundo quanto a altura que separa a residência do solo natural. Essa água confinada, o pátio mais macio conhecido, sempre encontra o caminho para mover o céu para o fundo da terra. [RELATO DE UM ARQUITETO]

Desenho: Solo House,
 Cretas, Província de Teruel, Espanha
Material: Caneta e nanquim
Cortesia dos Arquitetos: Pezo von Ellrichshausen

Estes dois desenhos mostram um corte diagonal através da edificação que permite ao observador olhar para dentro. A metade da frente de cada edificação é deslocada para baixo verticalmente depois do fatiamento. Repare no uso de pequenas linhas tracejadas ou pontos na vertical mostrando a linha de deslocamento após a queda.

CORTES EM AÇÃO

564 APÊNDICE

Situado no encontro de dois rios, o museu é um mediador entre Glasgow e os rios. O projeto é uma extrusão em corte, com os cortes feitos nas extremidades abertas, parecidos com a paisagem urbana ou ondas na água.

O projeto, combinando complexidade geométrica a engenhosidade estrutural e autenticidade material, dá continuidade à rica tradição de engenharia de Glasgow e fará parte do futuro da cidade como centro de inovação.
[RELATO DE UM ARQUITETO]

Desenhos: Museu do Transporte de Glasgow à Margem do Rio, Glasgow, Escócia
Material: Rhino, Maya e AutoCAD
Cortesia de Zaha Hadid Arquitetos

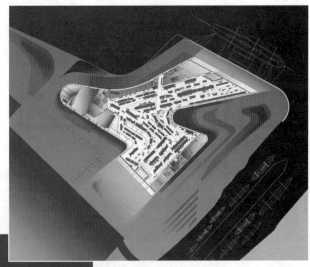

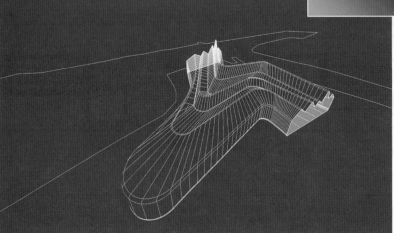

Foto © McAteer fotógrafo / Alan McAteer
Cortesia de Arcspace

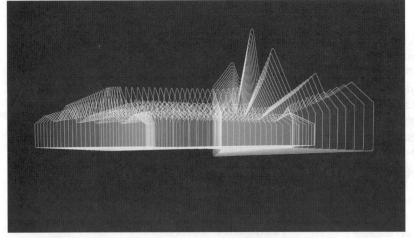

Foto © McAteer fotógrafo / Alan McAteer
Cortesia de Arcspace

CORTES EM AÇÃO

Os cortes também podem ser vistos em desenhos digitais do tipo *wireframe* (modelo aramado), conforme ilustrado neste belo exemplo. Os *wireframes* e/ou as imagens simples em 3D como essas são muito eficazes na formulação das ideias de projeto em três dimensões. Qualquer público sem exposição formal aos desenhos arquitetônicos tende a examinar uma planta baixa como se fosse um mapa. Quando um desenho de planta é extrusado como um projeto 3D, ele acende o início de um diálogo entre o projetistas e os usuários. A vantagem de usar esse tipo de diagrama na comunicação arquitetônica logo no início é que ele evita o significativo trabalho inicial exigido por uma planta baixa detalhada. Ele ajuda o projetista a colocar uma série de opções para facilitar as discussões iniciais e também envolve o cliente e os usuários nas alternativas de projeto.

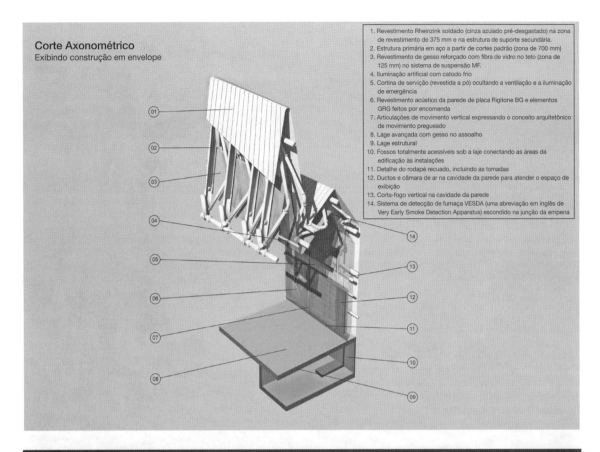

Corte Axonométrico
Exibindo construção em envelope

1. Revestimento Rheinzink soldado (cinza azulado pré-desgastado) na zona de revestimento de 375 mm e na estrutura de suporte secundária.
2. Estrutura primária em aço a partir de cortes padrão (zona de 700 mm)
3. Revestimento de gesso reforçado com fibra de vidro no teto (zona de 125 mm) no sistema de suspensão MF.
4. Iluminação artificial com catodo frio
5. Cortina de serviçõa (revestida a pó) ocultando a ventilação e a iluminação de emergência
6. Revestimento acústico da parede de placa Rigitone BG e elementos GRG feitos por encomenda
7. Articulações de movimento vertical expressando o conceito arquitetônico de movimento pregueado
8. Lage avançada com gesso no assoalho
9. Lage estrutural
10. Fossos totalmente acessíveis sob a laje conectando as áreas da edificação às instalações
11. Detalhe do rodapé recuado, incluindo as tomadas
12. Ductos e câmara de ar na cavidade da parede para atender o espaço de exibição
13. Corta-fogo vertical na cavidade da parede
14. Sistema de detecção de fumaça VESDA (uma abreviação em inglês de Very Early Smoke Detection Apparatus) escondido na junção da empena

Corte axonométrico com *wireframe*: Museu do Transporte de Glasgow à Margem do Rio, Glasgow, Escócia
Material: Rhino, Maya e AutoCAD
Cortesia de Zaha Hadid Arquitetos

Bibliografia e Referências

Ambroziak, B. M. 2005. *Michael Graves Images of a Grand Tour.* Princeton Architectural Press.

Bahamon, A. 2007. *Sketch: Houses: How Architects Conceive Residential Architecture.* Loft.

———. 2005. *Sketch Plan Build: World Class Architects Show How It Is Done.* Collins Design.

Bosselmann, P. 1998. *Representation of Places: Reality and Real, 8m in City Design.* University of California Press.

Buckles, G. M. 1995. *Building Architectural & Interior Models Fast!* Belpine.

Cappellato, G. 2003. *Mario Botta: Light and Gravity.* Prestel.

Carter, R., B. Day, & P. Meggs. 2007. *Typographic Design: Form and Communication,* 4th ed. Wiley.

Ching, F. D. K. 1990. *Drawing: A Creative Process.* Wiley.

———. 2007. *Architecture: Form, Space, and Order,* 3rd ed. Wiley.

———. 2009. A*rchitectural Graphics,* 5th ed. Wiley.

Clark, R., & M. Pause. 2005. *Precedents in Architecture.* Wiley.

Collyer, G. S. 2004. *Competing Globally in Architecture Competitions.* Academy Press.

Cook, P. 2008. *Drawing: The Motive Force of Architecture.* Wiley.

Cooper, D. 2007. *Drawing and Perceiving,* 4th ed. Wiley.

Crowe, N., & P. Laseau. 2011. *Visual Notes,* 2nd ed. Wiley.

Doyle, M. E. 2007. *Color Drawing,* 3rd ed. Wiley.

Dunn, N. 2010. *Architectural Modelmaking.* Laurence King Publishers.

Edwards, B. 2009. *The New Drawing on the Right Side of the Brain,* 3rd ed. Harper-Collins.

Elam, K. 2011. *Geometry of Design.* 2nd ed. Princeton Architectural Press.

Ferre, A., & T. Sakamoto, eds. 2008. *From Control to Design.* Barcelona, Spain. Actar-D.

Ferriss, H. 1986. *The Metropolis of Tomorrow.* Princeton Architectural Press.

Ford, E. 2011. *The Architectural Detail.* Princeton Architectural Press.

Forseth, K. 1980. *Graphics for Architecture.* Wiley.

Foster, E. O. 2010. *Norman Foster: Drawings 1958–2008.* Ivory.

Fraser, I., & R. Henmi. 1997. *Envisioning Architecture: An Analysis for Drawing.* Wiley.

Friedman, J. 2000. *Creation in Space.* Kendall Hunt.

Garcia, M. 2010. *The Diagrams of Architecture.* Wiley.

Glaeser, G. 2013. *Geometry and its Applications in Arts, Nature and Technology.* Springer Verlag.

Goldman, G. 1996. *Architectural Graphics: Traditional and Digital Communication.* Prentice-Hall.

Hadid, Z., & A. Betsky. 2009. *Zaha Hadid: Complete Works.* Rizzoli.

Hale, J. 2007. *From Models to Drawings: Imagination and Representation in Architecture.* Routledge.

Hanks, K., & L. Belliston. 2006. *Rapid Viz: A New Method,* 3rd ed. Course Technology PTR.

Holl, S., & L. Muller. 2002. *Steven Holl Written in Water.* Lars Muller Verlag.

Hopkins, O. 2012. *Reading Architecture: A Visual Lexicon.* Laurence King Publishers.

Iwamoto, L. 2009. *Digital Fabrications: Architectural and Material Techniques.* Princeton Architectural Press.

Jeanneret-Gris, C. 1981. *Le Corbusier Sketchbooks, 1914–1948.* MIT Press.

Johnson, E., & M. Lewis. 1999. *Drawn from the Source: The Travel Sketches of Louis I. Kahn.* MIT Press.

Kahn, N. 2003. *My Architect.* [Film documentary].

Knoll, W., & M. Hechinger. 2007. *Architectural Models: Construction Techniques,* 2nd ed. J. Ross Publishing.

Laseau, P. 2004. *Freehand Sketching: An Introduction.* W. W. Norton.

———. 2000. *Graphic Thinking for Architects and Designers.* Wiley.

———. 1978. *Lawson Perspective Charts with English or Metric Units.* Wiley.

Leggitt, J. 2009. *Drawing Shortcuts: Developing Quick Drawing Skills Using Today's Technology,* 2nd ed. Wiley.

Lin, M. W. 1993. *Drawing and Designing With Confidence: A Step By Step Guide.* Wiley.

Linton, H., & S. Rost. 2012. *Portfolio Design,* 4th ed.W. W. Norton.

Littlefield, D., & W. Jones. 2010. *Great Modern Structures: 100 Years of Engineering Genius.* Carlton Books.

Lockard, W. K. 2001. *Design Drawing.* W. W. Norton.

Luescher, A. 2010. *The Architect's Portfolio: Planning, Design, Production.* Routledge.

Makstutis, G. 2010. *Architecture: An Introduction.* Laurence King Publishers.

Melvin, J. 2005. *...Isms Understanding Architectural Styles.* Universe.

Mendolwitz, D., & D. Wakeham. 2011. *Guide to Drawing,* 8th ed. Wadsworth Publishing.

Mills, C. B. 2010. *Designing with Models,* 3rd ed. Wiley.

Mitchell, W. 1990. *The Logic of Architecture: Design, Computation, and Cognition.* MIT Press.

Mitton, M. 2007. *Interior Design Visual Presentation,* 3rd ed. Wiley.

Murcutt, G. 2008. *Thinking Drawing / Working Drawing.* Toto.

568 BIBLIOGRAFIA E REFERÊNCIAS

Nerdinger, W. (ed.). 2004. *Dinner for Architects: A Collection of Napkin Sketches.* W. W. Norton.

Oles, P. S. 1987. *Architectural Illustration.* Wiley.

Pallasmaa, J. 2009. *The Thinking Hand: Existential and Embodied Wisdom in Architecture.* Wiley.

Peltason, R. & G. Ong-Yan. 2010. *Architect: The Work of the Pritzker Prize Laureates in Their Own Words.* Black Dog & Leventhal Publishers.

Pfeiffer, B. B. 1996. *Frank Lloyd Wright Drawings.* Abradale Press.

Plunkett, D. 2009. *Drawing for Interior Design.* Laurence King Publishers.

Pollack, S. 2006. *Sketches of Frank Gehry.* [Film documentary].

Portoghesi, P. 2000. *Aldo Rossi: The Sketchbooks 1990–1997.* Thames & Hudson.

Predock, A. 1995. *Architectural Journeys: Antoine Predock.* St. Martin's.

Rappolt, M., & R. Violette. 2004. *Gehry Draws.* MIT Press.

Ray, K. R., L. Lokko, & I. Marjanovic. 2003. *The Portfolio: An Architectural Student's Handbook.* Elsevier.

Reid, G. W. 2002. *Landscape Graphics.* Watson-Guptill.

Richards, J. 2013. *Freehand Drawing & Discovery.* Wiley.

Robbins, E. 1997. *Why Architects Draw.* MIT Press.

Rosen, P. 2011. *I. M. Pei First Person Singular.* [Film Documentary].

Saarinen, E., & A. B. Saarinen. 1968. *Eero Saarinen on His Work,* 2nd ed. Yale University Press.

Sara, R. 2000. *The Crit: An Architecture Student's Handbook.* Architecture Press.

Studio Gang. 2011. *Reveal: Studio Gang Architects.* Princeton Architectural Press.

Sudjic, D. 2010. *Norman Foster: A Life in Architecture.* Overlook Press.

Sullivan, C. 2004. *Drawing the Landscape,* 3rd ed. Wiley.

Sutherland, M. 1989. *Lettering for Architects and Designers.* Wiley.

Tiffany, S. 2010. *Building the Great Cathedrals.* [Film documentary].

Uddin, M. S. 1996. *Axonometric and Oblique Drawing.* McGraw-Hill.

———. 1997. *Composite Drawing.* McGraw-Hill.

Venturi, J. 2007. *Learning from Bob and Denise.* [Film documentary].

Wang, T. 2002. *Pencil Sketching,* 2nd ed. Wiley.

Werner, M. 2011. *Model Making.* Princeton Architectural Press.

Young, P. M. 2010. *Conceptual Diagrams.* Dandi.

Zardini, M. (Ed.). 1996. *Santiago Calatrava Secret Sketchbook.* Monacelli.

Zellner, P. 2000. *Hybrid Space.* Rizzoli.

FONTES ÚTEIS DISPONÍVEIS ON-LINE

www.aia.org The American Institute of Architects

www.aias.org American Institute of Architecture Students

www.acsa-arch.org Association of Collegiate Schools of Architecture

www.asai.org American Society of Architectural Illustrators

www.acadia.org Association for Computer-Aided Design in Architecture

www.archschools.org ARCHSchools

www.asid.org American Society of Interior Designers

www.asla.org American Society of Landscape Architects

www.greatbuildings.com Great Buildings Collection

www.usgbc.org United Green Building Council

www.architectureweek.com Articles about architecture

www.ARCspace.com Projects by noted architects

www.world-architects.com Notable offices profiled, including new emerging firms

www.architecture-buzz.com Interactive discussion of only selected recent architecture

www.e-architect.co.uk Resource for world architecture and architects

www.archdaily.com Instant latest important architecture news

Sobre o Autor

RENDOW YEE, Professor Emérito, foi educado na Universidade da Califórnia em Berkeley e na Universidade de Washington em St. Louis, onde concluiu o mestrado em arquitetura. Esteve envolvido no ensino da arquitetura por mais de vinte anos na City College de São Francisco e atuou como diretor do Departamento de Arquitetura de 1982 a 1990. As organizações profissionais às quais foi afiliado incluem a Sociedade Americana dos Engenheiros Civis, a Sociedade Americana de Educação em Engenharia, o Instituto dos Arquitetos Americanos e o Conselho de Educação Arquitetônica da Califórnia.

Índice

A

Academia de Ciências da Califórnia, São Francisco, Califórnia, 82
Acréscimo de altura, perspectiva militar, 200, 201
Adobe Photoshop, 63
Agência Click
& Flick, West Hollywood, Califórnia, 220
West Hollywood, Califórnia, 45
Alfred Hitchcock, 492
Altura(s)
solar, diagramas de insolação, 334
variáveis, efeito pictórico, 236
Alvar Aalto, 22
Análise de circulação, símbolos de diagramação conceitual, 39, 40
Anexo da Residência Burnett, Lake Oswego, Oregon, 241
Ângulos
em eixos duplos e triplos, 199
em eixos triplos, 199
Anthony Ames, 99
Apartamento de Aço Inoxidável, Chicago, Illinois, 369
Aplicativos de desenho
axonométrico, 192
círculos, 193
comparação com projeções oblíquas, 178
perspectiva cavaleira expandida, 216, 217
vistas inferiores explodidas, 220
Apresentação
digital *online*, 442-448
em dez painéis, 437-441
em dois painéis, 406-408, 411, 426, 427
em painel único, 402-405, 409, 416
em quatro painéis, 412, 413
em seis painéis, 414, 415, 422-425, 431-436
em um painel e meio, 428-430
flexível de painéis, formatos de apresentação, 410, 417-421
Aqua Tower, Chicago, Illinois, 58

Aquarelas, croquis conceituais, 84
Architecture Music Society, Baltimore, Maryland, 521
Arcos, 229
Arno de la Chapelle, 279
Arquitetura(s)
da cidade, perspectiva aérea, 300, 301
residencial, 100, 114, 115
Arquivo Central do Estado, Pierrefitte-sur-Seine, França, 77
Art Shed Southbank Architectural Competition de 2006, 382
Árvores
croquis conceituais, 83
desenho de representação, 18-21
Asia Society Honk Kong Center, China, 410, 411
Assembleia Nacional do País de Gales, Cardiff, País de Gales, 193
Automóvel
croquis conceituais, 73
desenho de representação, 26-29
Azimute, 334
diagramas de ângulo solares, 334

B

Baltimore, Maryland, 104
Basalt Cabin, Brazos, Novo México, 148
Biblioteca(s)
dos Livros Proibidos, Baltimore, Maryland, 104, 105
Nacional
Astana, Cazaquistão, 366
Riga, Letônia, 69
Pública do Estado de Jalisco, Guadalajara, México, 273, 297
Richmond Hill, Toronto, Canadá, 220
Toronto, Canadá, 214
Universitárias Brandford & Saybrook, Universidade de Yale, New Haven, Connecticut, 405
Urbana do Futuro e Centro de Novas Mídias, Ghent, Bélgica, 445
Bing Thom, 113, 153

Bitter Bredt, 285
Brown University, Providence, Rhode Island, 426-27

C

Cabana
C3, Camano Island, Washington, 210
do Escritor, 390
Caligrafia, croqui, 488
Campo perspectivo, 232
Canetas, 6, 7
esferográficas, desenho de representação, 7
desenho de representação, 6
Capela do Parque Memorial de Rose Hills, Whittier, Califórnia, 242
Casa
Alfredo, Shinkenchiku Residential Design Competition 2009, 404
Bergh, Cidade do Cabo, África do Sul, 402, 403
Canovelles, Granollers (Barcelona), Espanha, 203
compacta, Bayview, Lago Pend Oreille, Idaho, 191
Curtis, São Francisco, Califórnia, 204
Dattelbaum, Lago Kezar, Center Lovell, Maine, 196
de las Estrellas, San Miguel de Allende, México, 217
de Modas Bogner, Munique, Alemanha, 275
de parede-meia, Montreal, Canadá, 156
Erectheum, São Francisco, Califórnia, 338, 339
Joya, San Miguel de Allende, México, 216
LE, Colônia Condesa, Cidade do México, México, 310
Lohmann, Akumal, Yucatan, México, 367
Macintosh, St. Louis, Missouri, 380
Modelo, Pequim, China, 184
no Lago, Marietta, Georgia, 383

Notnhagel-Deiner, Tzaneen, África do Sul, 402
Óptica, Bennington, Nebrasca, 350, 364
Paloma, San Miguel de Allende, México, 416
Poli, Columo, Chile, 139
Renacimiento, Atotonilco, México, 394
Santorini, Grécia, 57
Sklar, Condado de Westchester, Nova York, 323
Suzuki, Tóquio, Japão, 215
Van Kirk, São Francisco, Califórnia, 15
Catedral de São Marcos, Veneza, Itália, 314
Cavaleira frontal, 182, 183
Central Los Angeles High School #9 para as Artes Visuais e Cênicas, Los Angeles, Califórnia, 73
Centre Pompidou-Metz, Metz, França, 121, 122
Centro
  August Wilson para Cultura Afro-americana, Pittsburgh, Pennsylvania, 284
  Científico Phaeno, Wolfsburg, Alemanha, 302, 303
  Comunitário de Pass Christian, Pass Christian, Mississippi, 408
  Cultural Orcines, Orcines, França, 88, 89
  da cidade de Monterrey, México, 298
  da Natureza Herring Run, Baltimore, Maryland, 62
  de Arte(s)
    Cênicas
      Mashout, Universidade Estadual de São Francisco, São Francisco, Califórnia, 291
      Weiwuying, Kaohsiung, Taiwan, 318
    Contemporânea
      Nova Orleans, Louisiana, 197
      Rosenthal, Cincinnati, Ohio, 37
    da Califórnia, Escondido, Califórnia, 277
  de Ciências
    da Computação, Informações e Inteligência Ray e Maria Stata, Cambridge, Massachusetts, 79
    de Macau, Macau, China, 229, 254, 255

de Dança e Música, Haia, Holanda, 247, 299, 318
de Desenvolvimento de Química dos Materiais, Mourenx, França, 218, 322
de Esculturas Nasher, Dallas, Texas, 80
de Moda Labels 2, Berlim, Alemanha, 233
de Música, Artes e Design, Universidade de Manitoba, Canadá, 218
de Tecnologia e Gerenciamento, Edwardsville, Illinois, 143
de uso misto, Turim, Itália, 42
do Desenvolvedor, Oslo, Noruega, 254, 319
e Museu Internacional de Direitos Humanos, Greensboro, Carolina do Norte, 267
Executivo de Finanças Mundiais, Oakland, Califórnia, 313
Financeiro Mundial de Shangai, Park Hyatt, Xangai, China, 236
Goldring para Esportes de Alta Performance, Toronto, Canadá, 290
Hoover de Educação ao Ar Livre, Yorkville, Illinois, 37, 135
Pompidou-Metz, Metz, França, 120-122
Rose sobre a Terra e o Espaço no Museu Americano de História Natural, Nova York, Nova York, 244
Social de Estudos da Faculdade Bates, Lewiston, Maine, 221
Chalés da Rua Pine, Seattle, Washington, 149
Charles Eames, 22
Chicago Inspiration, formatos de apresentação, 390
Ciografia, 332
Círculo(s)
  axonométricos, 191
  em perspectiva, 254, 255
  horizontais, 317
    em perspectiva, 317
  isométricos, 190
  verticais, 314-316
    em perspectiva, 314
Claraboia de Michelangelo, Basílica de São Pedro, Petersdom, Cidade do Vaticano, 250
Cobertura(s)
  Concurso para o novo auditório e sala de projeção (VTHR), Saint Cyprien, França, 83, 89, 217, 348

sobre as entradas do metrô, Washington, DC, 69
Combinação(ões)
  de formas singulares, 342, 343
  multioblíquas, 208, 209
Commerzbank, Frankfurt, Alemanha, 71
Companhia Lloyd's de Londres, Londres, Inglaterra, 7, 70, 190
Comparação entre sistemas de projeção, 174
Complexo
  de San Paolo, Bergamo, Itália, 324
  de verão, Barnegat Light, New Jersey, 208
Composição(ões)
  com desenhos transoblíquos, 392
  com eixo z não vertical, 393
  criação do portfólio, 456-471
  de cortes, nomenclatura ortogonal, 154, 155
Concepção de projetos de grande escala, 101-103
Cone visual, desenho em perspectiva linear, 232, 233
Conjunto multifamiliar Yorkshire, Los Angeles, Califórnia, 213
Construções
  desenho de representação, 30, 31
  virtuais, 449
Convergência
  acentuada e distorção, 240, 241
  distorção, desenho em perspectiva linear, 240, 241
  e encurtamento, 229
  para baixo, 305
  para o alto, 304
  perspectiva de três pontos, 307-309
Corporação Shimizu, Nagoya, Aichi, Japão, 41
Corte(s)
  com vistas, 151
    Identificação de, 152, 153
  de construções
    nomenclatura ortogonal, 139
    setas de corte, 141
  desdobrado, 491
  do projeto, 140, 150
    nomenclatura ortogonal, 140
  longitudinal, 138
  nomenclatura ortogonal, 140, 138
Criação de portfólio, 451-472
  composição, 456-459
  desenhos compostos, 390, 391

folha de título, 453, 455
gráficos, 460
índice, 454, 455
organização e leiaute, 461, 462
portfólio *online*, 465-471
público-alvo, 463, 464
sumário, 454
visão geral, 451-453
vista explodida, 472
Criativas Consultores de Design, 288
Criatividade, Modelagem de
informações de construção (BIM),
92, 93
Croquis
conceituais, 77
bidimensionais, 58
de viagens
desenho de representação,
32, 33
diagramas analíticos, 56, 57
de visualização
blocos, 169-171
projeções ortogonais e
paralelas, 166-168
seis vistas, 172
em miniatura, 68, 69
perceptuais, 74
Cúpula Acústica de Geometria
Variável, Roma, Itália, 307
Curvas de nível, exercícios de
desenho (nível um), 486, 487

D

Daly Genik Arquitetos, 143
Denise Scott Brown, 57, 68
Desenho(s)
à mão livre
croquis conceituais, 70-85
exercícios de desenho (nível
um), 479, 480
compostos, 382-401
com eixo z não vertical, 393
com perspectiva militar e
cavaleira, 395
com planta, fachada e corte,
396, 397
croquis superpostos, 399
gerais, 382-389, 400, 401
nos portfólios dos alunos,
390, 391
superpostos, 398
transoblíquos, 392
de ovos, exercícios de desenho
(nível um), 481
de representação, 1-33
árvores, 18-21
automóveis, 26-29
canetas e marcadores, 6, 7

construções, 30, 31
croquis, 16
de viagens, 32, 33
escalas de tonalidade, 14, 15
figuras humanas, 24, 25
lápis, 4, 5
linha de construção, 10, 11
materiais para croquis, 17
mobiliário, 22, 23
processo de, 3
traços de lápis, 12, 13
visada, 8, 9
visão geral, 1, 2
e diagramas axonométricos
expandidos, 219
em múltiplas vistas, 176, 177
em perspectiva
automóvel, 29
definido, 227
linear, 225-327
aplicação da perspectiva de
dois pontos, 275
campo perspectivo, 232
círculo(s) em perspectiva,
254, 255
horizontais, 317
verticais, 314-316
cone visual, 232, 233
convergência
e encurtamento, 229
para baixo, 305
para o alto, 304
curvas, 318, 319
desenhos híbridos, 312,
313
desenvolvimento das vistas,
326, 327
diagrama(s)
de grade em perspectiva,
288, 289
de montagem, 311
distorção, 232, 240-41
divisão com diagonal, 293
efeito pictórico, 236-239
altura variável, 236
orientação variável, 237
plano de quadro variável,
238
ponto de vista variável,
239
estruturação da grade na
perspectiva de um ponto,
258
grade para perspectiva
exterior de um ponto,
264, 265
medição direta, 285

método padrão com planta
e elevação, 256, 257,
272-274
multiplicação
com a diagonal, 292
divisão e transferência,
284
por medida à diagonal,
291
por medida, 287
múltiplos pontos de fuga,
276, 277
opiniões de olho sem fim,
246, 247
perspectiva(s)
aéreas, 246, 247,
298-301
subterrâneas, 303
urbanas, 300, 301
de dois pontos, 243
e de um ponto, 244,
245
método padrão com
planta e elevação,
272-274
de interiores com dois
pontos
efeito pictórico, 295
exemplos, 296, 297
método padrão, 294
de três pontos, 306-309
de um ponto, 242
deslocamento de
ponto de vista, 267
em vista inferior, 250,
251
em vista superior,
248, 249
simplificada, 268-271
explodida, 310
paralela, 230
plano do quadro, 234, 235
ponto(s) de fuga
diagonal para grade em
perspectiva de um
ponto, 259, 260
oblíquos, 280-283
lado direito, 283
lado esquerdo, 282
posição do ponto de vista
e linhas diagonais a 45°,
266
redução e superposição,
228
reflexos, 320-325
relação entre o objeto e o
plano do quadro, 278,
279
termos do glossário de, 231
transferência

574 ÍNDICE

através da diagonal, 290
por paralela, 286
visão geral, 225-27
vista(s)
de cortes em perspectiva,
261
de plantas em perspectiva
de um ponto, 262, 263
para cima e para baixo,
252, 253
subterrâneas, 302
visualizações do nível dos
olhos, 246
projeções ortogonais e
paralelas, 175
em positivo e negativo, 478
híbrido, desenho em perspectiva
linear, 312, 313
oblíquos(as)
comparação
com desenhos isométricos,
179
entre projeções
axonométricas e, 178
vista
inferior oblíqua, 189
única, 176
Desenvolvimento das vistas, 326, 327
Diagonal
dividindo com, desenho em
perspectiva linear, 293
multiplicação, 292
por medida acrescentando a,
291
Diagrama(s)
analíticos, 40, 56-58
bidimensional, 58
digitais tridimensionais, 59-65
de alternativas, 40, 44, 45
de controle ambiental, 50, 51
de grades em perspectiva, 288,
289
de implantação
diagramas e croquis
conceituais, 46, 47
exercícios de desenho (nível
um), 506, 507
de insolação, 334, 335
de montagem, desenho em
perspectiva linear, 311
de plantas, 52, 53
de setorização, 48
digitais 3-D, 59-65
e croquis conceituais, 35-89
analíticos, 40, 56-59
bidimensional, 58
tridimensional, 59-65
croquis conceituais, 70-85
de alternativas, 40, 44, 45

desenho exercícios (nível um)
perspectiva militar e
diagramação à mão livre,
507
projeto espacial, 504, 505
desenvolvimento de
habilidades, 37
diagrama(s)
de controle ambiental, 50, 51
de implantação, 46, 47
de plantas, 52, 53
de setorização, 48
formais/espaciais, 49
em miniatura, 68, 69
imagens mentais, 66, 67
modelagem, 86-89, 106, 107
perspectiva militar, 54, 55
símbolos, 38-43
sombras em croquis conceituais,
345, 372, 373
tipos de, 38
visão geral, 35, 36
e símbolos tridimensionais, 38, 43
em projeto espacial, 504, 505
formais/especiais, diagramas e
croquis conceituais, 49
gráficos, dimensionalidade, 38
mapas perspectivos de Lawson,
289
partí, 53
Diferenças sazonais, 334
Dimensão, luzes e sombras, 332
Diretrizes de comunicação gráfica,
formatos de apresentação, 378
Distorção, 232, 240, 241
Dividindo técnicas, com a diagonal,
293
Duomo de Florença e Torre do
Campanário, Florença, Itália, 304
Duplex Armacost, Los Angles,
Califórnia, 211

E

Edifício(s)
culturais, o manual digital de
interface de desenho, 112, 113,
120-131
Pond, Londres, Inglaterra, 182
Eero Saarinen, 22, 98
Efeito
Bilbao, 120
pictórico, 236-239
altura variável, 236
orientação variável, 237
perspectiva de interiores com
dois pontos, 295
plano de quadro variável, 238
ponto de vista variável, 239
Eixo
trimétrico, 175

z
não vertical
oblíqua com, 189
perspectiva militar, 202,
203
planta em camadas com,
205
projeções ortogonais e
paralelas, 204
planta em camadas, 205
Eixos adicionais, 195
Elevação
convenções gráficas, 493
oblíqua, à mão livre, desenho
exercícios (nível um), 508, 509
perspectiva de um ponto/
método padrão com planta e,
256, 257, 272-274
projeções ortogonais e
paralelas, 164, 165
sombras, 340, 364, 365
tipos de plantas, nomenclatura
ortogonal, 141
Encurtamento de linhas
desenho em perspectiva linear,
229
projeções ortogonais e
paralelas, 164
Erich Mendelsohn, 79
Escadas, nomenclatura ortogonal,
156, 157
Escala(s)
de tonalidade, 14, 15
do arquiteto, exercícios de
desenho (nível um), 484
do engenheiro, e escala métrica,
485
gráficas, nomenclatura
ortogonal, 148
métrica, exercícios de desenho
(nível um), 485
projeções ortogonais e
paralelas, 175
escala do arquiteto, 484
escala do engenheiro e a
escala métrica, 485
sistema ortogonal, 135
Escola
de Arquitetura, Paisagismo
e Urbanismo da Adelaide
University, Austrália do Sul,
499
de Design e Artes Visuais
Sam Fox, Universidade
de Washington, St. Louis,
Missouri, 187
La Llauna, Badalona, Espanha,
281

Escritório Estadual de Sacramento,
Sacramento, Califórnia, 8, 9
Estação
Atocha, Madrid, Espanha, 75
Central de Roterdã, Cambridge,
Massachusetts, 17, 30, 267
de Charing Cross, Londres,
Inglaterra, 168
Ferroviária Intermunicipal de
Huaqiao, Huaqiao, China, 300
Estádio dos Texas Rangers,
Arlington, Texas, 353
Estúdio
Antigravidade e Residência
Meguro, Tóquio, Japão, 214
Coxe, Ilha Block, Rhode Island,
137
de arquitetura c2 (construcTWO,
PLLC), 501
de corte, seções de projeto,
nomenclatura ortogonal, 150
Ravenwood de Brandenburg, Ely,
Minnesota, 486
-Residência
Marsh 2, Hermosa Beach, Los
Angeles, Califórnia, 295
Palms Boulevard, Los Angeles,
Califórnia, 195
Villa Ivy, Pretória, África do Sul,
199
Estufa Enid A. Haupt, Jardim
Botânico de Nova York, Cidade
Nova York, Nova York, 315
Exercícios de desenho
nível dois, 520-28
Architecture Music Society,
Baltimore, Maryland, 521
Museu do Latino-americano,
Washington, D. C., 520
renga, 522, 523
The path to chaos, 527, 528
unidades de alvenaria de
concreto, 524-526
nível um, 477-520
caligrafia, croqui em sala de
aula, 488
convenções gráficas de
plantas e fachadas, 493
curvas de nível, 486, 487
desenho(s)
à mão livre, 479, 480
de mãos em ação, 481
de ovos, 481
em positivo e negativo, 478
diagramas
de análise do local, 506,
507
em projeto espacial, 504,
505

elevação oblíqua à mão livre,
508, 509
escala
do arquiteto, 484
do engenheiro e a escala
métrica, 485
Folha de Montagem do Cubo
Vivo, 512, 513
jornada de perspectiva, 502,
503
luz e sombra, 477
mapeamento de sequência,
492
perspectiva
axonométrica e corte
desdobrado, 491
de dois pontos, 498, 499
isométrica, sombra e
exercício de reflexão, 510
militar, 494, 495
e diagramação à mão
livre, 507
projeção ortogonal manual,
511
projeto Cânion Chaco, 518,
519
reflexos em perspectiva,
500-501
viagem arquitetônica, 482, 483
vista(s)
ausente, 489
isométrica/militar, 490,
491
ortogonais, 490
Expansão orgânica, Chicago, Illinois,
391

F

Fábrica da Renault, Gómez Palacio,
Durango, México, 355
Faculdade Comunitária Eugenio
Maria de Hostos, Nova York, Nova
York, 182
Felix Candela, 85, 97
Figuras humanas, desenho de
representação, 24, 25
Filial da Biblioteca de Mission Bay,
São Francisco, Califórnia, 46
Filippo Brunelleschi, 285
Fine Arts Library do Harvard College,
Cambridge, Massachusetts, 143
Folha
de Montagem do Cubo Vivo,
512-517
de título, 453, 455
Forma(s)
cilíndricas, luz e sombra, 358, 359

curvilíneas
luz e sombra, 339
superfícies, 360
real, 165
retilíneas, 338
Formato(s)
de apresentação, 375-449
com detalhes, 394
composição com eixo Z não
vertical, 393
construções virtuais, 449
croquis superpostos, 399
desenhos
compostos, 382-401
superpostos, 398
transoblíquos, 392
detalhado, 394
digital online, 442-448
diretrizes de comunicação
gráfica, 378
em dez painéis, 406-408, 411,
426, 427
em painel único, 402-405,
409, 416
em quatro painéis, 412, 413
em seis painéis, 414, 415,
422-425, 431-436
em um painel e meio, 428-430
flexível de painéis, 410,
417-421
formato(s)
de grades, 380
sem grade, 381
murais de apresentação, 379
perspectiva militar e cavaleira,
395
planta, fachada e corte, 396,
397
portfólios dos alunos, 390, 391
visão geral, 375-377, 382-389,
400, 401
de grade, formatos de
apresentação, 380
sem grade, formatos de
apresentação, 381
Frank Lloyd Wright, 22, 227, 525
Frank O. Gehry, 22, 79, 98, 120,
173, 444
Freshwater House, Sydney, Austrália,
247
Fundo J. Paul Getty, 51
Furmihiko Maki, 349

G

Gaetana Aulenti, 22
Galeria Nacional, Ala Sainsbury,
Londres, Inglaterra, 57, 68, 252
Gateway Center & Plaza,
Universidade de Minnesota,
Minneapolis, Minnesota, 331

Geometria
  descritiva, 164
  desenho de representação, 1
Georges Seurat, 15
Gerrit Rietveld, 70
GIADA Inc., Nova Iorque, Nova
  Iorque, 206
Gradação, escalas de tonalidade, 14,
  15
Grade
  em perspectiva de um ponto
    dois pontos de vista, 244, 245
    em vista
      inferior, 250, 251
      superior, 248, 249
    estruturação, 258
    perspectiva de um ponto, 242
    ponto
      de fuga diagonal, 259, 260
      de vista variável, 267
    simplificada, 268-271
  para perspectiva exterior de um
    ponto, 264, 265
Grande
  Louvre, Paris, França, 238, 239
  Muralha da China, 331
  Museu Egípcio, Gizé, Egito,
    431-436
Guggenheim Guadalajara,
  Guadalajara, México, 442
Gulshan Club, Dhaka, Bangladesh,
  409
Gunnar Birkerts, 42, 69, 150
Gwathmey Slegel e Associados, 227

H

Haas-Haus, Stephansplatz, Viena,
  Áustria, 74
Habitação
  em Madri, Madri, Espanha, 336
  multifamiliar Franklin/La Brea, Los
    Angeles, Califórnia, 42
Hachura, 14, 15
Hacienda Verdugo: Lar para idosos,
  Sunland-Tujunga, Califórnia, 371
Hospital e Centro Médico de
  Gleneagles, Kuala Lumpur, Malásia,
  39-41
Hotel
  em Langley, Whidbey Island,
    Washington, 151
  Il Palazzo, Fukuoka, Japão, 340
  Old Town Granary, Irvine,
    Califórnia, 344
Huang Tai Yun, 125

I

I. M. Pei & Sócios, 99, 237

I. M. Pei, 99, 226
Identificação de corte, 152, 153
Igreja
  da Luz, Ibaraki, Japão, 234
  da Nova Esperança, Duarte,
    Califórnia, 249
  da Paróquia de Nossa Senhora da
    Assunção, Colúmbia Britânica,
    Canadá, 344
  de Viikki, Helsínquia, Finlândia, 279
  Kaleva, Tampere, Finland, 66, 67
Ilha de Hengqin, Hengqin, China, 301
Imagens mentais, 66, 67
  diagramas e croquis conceituais,
    66, 67
Impressão em 3-D, 97
Incerteza, 332
Indicações de piso, alinhamento das
  plantas de pavimentos, 147
Instituto Gandhi do Trabalho,
  Ahmedabad, Gujarat, na Índia, 202
Interface digital-manual, 91-131
  arquitetura residencial, 100, 114,
    115
  criação, 93-94
  croquis e modelos, 106, 107
  de uso misto urbano, 110
  edifícios culturais, 112, 113,
    120-131
  impressão em 3-D, 97
  modelagem de forma deformada,
    95, 96
  perspectiva histórica, 98, 99
  prédio(s)
    comunitários, 104, 105
    de escritórios, 118, 119
    religioso, 108, 109
  projetos de grande escala,
    101-103
  uso comercial/misto, 116, 117
  visão geral, 91-93
Interiores com dois pontos
  efeito pictórico, 295
  exemplos, 296, 297
  método padrão, 294
Interseção entre os planos, 137
Introdução à criação do portfólio, 454
IronCAD, 60, 61

J

James Venturi, 68
Janelas, 158
Jardim(ns)
  Central, Universidade da Califórnia,
    Berkeley, 54, 55
  de Infância Griesheim, Frankfurt-
    Griesheim, Alemanha, 282, 283
  do Centro Infantil Yerba Buena,
    São Francisco, Califórnia, 43

Urbano, 496, 497
Jil SanderParis, Paris, França, 157
Jornada de perspectiva, 502, 503

K

Keisuke Maeda, 261
Kogod Cradle Theater,
  Washington, DC, 112
Kunibiki Messe, Matsue, Shimane,
  Japão, 358

L

Lápis, desenho de representação,
  4, 5
LargoOne Jackson, Nova York,
  Nova York, 325
Latitude, diagramas de insolação,
  334
Lei Americana para Deficientes,
  157
Leiaute, portfólio, 461, 462
Les Echelles, Casa para um
  músico, Mallorca, Espanha, 357
Libeskind Villa Worldwide, 147,
  158
Linha(s)
  axiais, 194
  curva
    croquis conceituais, 82
    desenho em perspectiva,
      318, 319
  de construção
    desenho representacional,
      10, 11
    esboço, 10, 11
  de interseção, 137
  de medição
    horizontal, 231
    vertical, 231
  de terra, 231
  diagramas e croquis
    conceituais, 38
  do horizonte, 231
    desenho em perspectiva
      linear, 246
  não axiais, 194
  princípios de sombreamento,
    336, 337
Livraria e Galeria de Arte
  Contemporânea, Cincinnati, Ohio,
  197
Lofts Clybourne, Chicago, Illinois,
  187
Loja de Departamento Peek &
  Cloppenburg, Leipzig, Alemanha,
  326
Lone Mountain Ranch House,
  Golden, Novo México, 140

ÍNDICE 577

Longitude, diagramas de insolação, 334
Ludwig Mies van der Rohe, 79, 369
Luis Barragan, 355
Luzes e sombras, 329-373
  combinação de formas singulares, 342, 343
  conceitos, 333
  croquis conceituais, 76, 80, 345
  diagramas de ângulo solares, 334, 335
  exercícios de desenho (nível um), 477
  formas
    cilíndricas e nichos, 358, 359
    curvilíneas, 339
    retilíneas, 338
  importância histórica, 332
  perspectiva isométrica, sombra e reflexo, 510
  plano do quadro, 234, 235
  plantas de implantação e de cobertura, 366, 367
  princípios de sombreamento, 336, 337
  projeção utilizando pontos correspondentes, 360
  recessões e saliências, 359
  seções de projeto, nomenclatura ortogonal, 150
  sombras
    de colunatas e de arcadas, 352, 353
    de escadas, 356, 357
    de marquises
      sólidas, 350
      vazadas, 351
    de toldos, 352
    em perspectiva militar, 348, 349
    em planta e em elevação, 361
    em projeção(ões)
      isométricas, 346, 347
      paralelas, 370, 371
    em superfícies inclinadas, 362, 363
    em vistas frontais, 340
      exemplos de construção, 364, 365
    lançadas
      em cortes, 369
      em plantas, 368
    não sobrepostas, 354
    nas vistas em plantas, 341, 368
    sobrepostas, 355
  visão geral, 329-331
  visualização de sombras/sombras em zigue-zague, 344

M

MACK, 275
Mãos, exercícios de desenho (nível um), 481
Mapeamento de sequência, 492
Marcador(es)
  de ponta porosa, desenho de representação, 7
  desenho de representação, 6, 7
Marcel Breuer, 22
Marco inicial (viagem arquitetônica), 482, 483
Marrasi-Villa 4, 288
Marshall Day, 127
Massimiliano Fuksas, 77
Medição direta, 285
Meios de comunicação
  croquis conceituais, 75
  desenho representacional, 17
Menara Mesiniaga (Torre da IBM), Selangor, Malásia, 50, 335
Método
  das elipses de quatro centros, 190
  do Ponto de Fuga Diagonal, 259, 260
  dos 12 pontos para Círculos em Perspectiva, 316, 317
  dos Oito Pontos para Círculos em Perspectiva, 315
  padrão
    múltiplos pontos de fuga, 276, 277
    perspectiva de um ponto com planta e elevação, 256, 257
Mimesis Museum, Paju Book City, Coreia do Sul, 293
Mistério, luz e sombra, 332
Mocape Shenzhen, Shenzhen, China, 88, 89, 277
Modelagem
  3-D
    criatividade, 93, 94
    física, 86, 106, 107
  croquis conceituais
  de forma deformada, interface de digital-manual, 95, 96
  de informações de construção (BIM), capacidades de, 91-94
  digital
    Croquis de estudos, 87-89
    Estudo de arquitetura residencial, 100
  modelagem
    digital, 87-89
    física 3-D, 86, 106, 107
Molly Smith, 112, 113
Moore Ruble Yudell Arquitetos, 277, 326

Móveis, desenho representacional, 22, 23
Múltiplos pontos de fuga, 276, 277
Murais de apresentação, 379
  formatos de apresentação, 379
Museu
  Afro-Americano da Escravatura, Rockville, Maryland, 429
  Aga Khan, Toronto, Canadá, 242
  Canadense de Direitos Humanos, Winnipeg, Manitoba, Canadá, 296
  da Coleção Menil, Houston, Texas, 352
  da Memória de Andaluzia, Granada, Espanha, 157
  de Arte(s)
    Contemporânea
      Barcelona, Espanha, 354
      de Herning, Herning, Dinamarca, 345
      de Niterói, Niterói, Brasil, 255
      do Século XXI, Kanazawa, Japão, 254
    de Berkeley e Arquivo de Filmes do Pacífico, Berkeley, Califórnia, 197
    de Denver, Denver, Colorado, 285
    de Milwaukee, Milwaukee, Wisconsin, 84, 85
    Nelson-Atkins, Kansas City, Missouri, 323
    Xixi Wetland, Hangzhou, China, 320
  de Oakland, Califórnia, 320
  De Young, São Francisco, Califórnia, 252, 270, 323
  Dia: Beacon, Beacon, Nova York, 120
  do Centro Getty, Los Angeles, Califórnia, 51, 317
  do Latino-americano, Washington, D. C., 520
  Guggenheim em Bilbao, Bilbao, Espanha, 78, 120
  Nacional
    Americano da Escravidão, Fredericksburg, Virginia, 332
    de Arte Contemporânea, Osaka, Japão, 59
  Natural Peggy Notebaert, Chicago, Illinois, 276
  Paula Rego, Cascais, Portugal, 333
  Peabody Esser, Salem, Massachusetts, 150
  Riverside, Glasgow, Escócia, 149

Solomon R. Guggenheim, Nova York, Nova York, 227
Van Gogh, Amsterdã, Holanda, 70
Vasari, Florença, Itália, 234
Virtual Guggenheim, Nova York, Nova York, 449
Whanki, Seoul, Coreia do Sul, 196

N

NEST, Onomichi, Hiroshima, Japão, 261
New York Times (jornal), 258
Nomenclatura ortogonal, 133-159
  composição de cortes, 154, 155
  corte(s), 138
    com vistas, 151
      identificação de, 152, 153
    de construção, 139
  escadas, 156, 157
  estudos de cortes e iluminação, 150
  indicações
    das paredes na planta, 146
    de piso/alinhamento das plantas, 147
  janelas, 158
  planta(s), 138
    de cobertura, 142
    de localização, 149
    de projeção, 136
    de teto refletido, 143
  portas, 159
  setas indicativas do norte/escalas gráficas, 148
  tipos
    de cortes, 140
    de fachadas e plantas, 141
  visão geral, 133-135
  vista(s), 138
    ortográficas, 137
Norman Foster, 99
Northeast Asia Trade Tower, Songdo IBD, Incheon, Coreia do Sul, 236
Nova
  Cidade de Dongtan, Dongtan, China, 300
  Escola de Música de Paris, Paris, França, 216, 297
Novo Museu de Arte Contemporânea de Nova York, Nova York, 278
Nuragic and Contemporany Art Museum, Cagliari, Itália, 365, 367

O

Olhando em declive, 252, 253
Ópera de Guangzhou, Guangzhou, China, 123-131
Organização e leiaute, portfólio, 461, 462
Orientação variável, 237

P

Padrões de indicação, 147
Palco de Arena no Mead Center for American Theater, Washington, D. C., 112, 113, 153
Papel, 4
  translúcido, desenho de representação, 4
Parque
  Cívico, Chenghua, China, 301
  Shakujii, Tóquio, Japão, 337
Pátio da Universidade Stanford, Palo Alto, Califórnia, 229
Paul Stevenson Oles, 225
Pavilhão
  Barcelona, Barcelona, Espanha, 349
  comemorativo do 700º aniversário da Suíça, 72
  de Música de Chicago, Chicago, Illinois, 347
  do Centro de Visitantes de Chicago, Chicago, Illinois, 377
Perspectiva
  axonométrica com corte desdobrado, 491
  cavaleira
    composições, 395
    em comparação, projeções ortogonais e paralelas, 180, 181
    frontal, 182, 183
    interior explodida, 215
    ortográfica, 175, 189, 206, 207
  com vista subterrânea
    perspectiva
      aéreas, 303
      de um ponto em vista inferior, 250, 251
      linear, 246, 247, 302
  de dois pontos
    aplicação, 275
    desenho em perspectiva linear, 243
    exercícios de desenho (nível um), 498, 499
    método padrão com planta e elevação, 272-274
    perspectiva de um ponto e, 244, 245
  de três pontos, 306, 309
  de um ponto com planta e elevação, 256, 257
  dimétrica, 175
  expandida
    axonométricas, 216, 217
    militar, 213
      dimétrica, 214
  isométricas

aplicações de, 185
círculos, 190
comparação com perspectiva militar, 179
construção de, 184
eixos, 175
exercícios de sombra e reflexo, 510
sombras em, 346, 347
vista única, 176
militar
  composição de desenhos em, 395
  construção da, 188
  diagramas e croquis conceituais, 38
  diagramas em, 54, 55
  em ação, 192
  exercícios
    de desenho (nível um), 494-496
    de diagramação à mão livre, 507
  expandidas
    dimétrica, 214
    e axonométrica, 216, 217
    perspectiva militar, 213
  indicações das paredes na planta, 146
  interiores, 187
  medições, 186
  princípios de sombreamento, 336, 337
  projeções ortogonais e paralelas, 196-198, 200-203
    acréscimo de altura, 200, 201
    não verticalidade do eixo Z, 202, 203
  sombras em, 348, 349
  para a composição de cortes, 155
  paralelas axiométricas, 175
  paralelas axonométricas, 175
Pirâmide no Grande Louvre, Paris, França, 238, 239
Plainsfield Town Center, Illinois, 103
Plano
  de desenvolvimento de beira-mar, Parque Asbury, New Jersey, 38
  de perfil de projeção, 136
  de projeção, nomenclatura ortogonal, 136
  de terra, 231
  de teto
    refletido
      nomenclatura ortogonal, 143
      vistas de fachada, 141
    nomenclatura ortogonal, 142
    vistas de fachada, 141

de vista frontal, planos de
projeção, 136
Diretor de Grangegorman, Dublin,
Irlanda, 422-425
do quadro
definido, 231
desenho em perspectiva linear,
234, 235
efeito pictórico, 238
planos de projecção, 136
relação com o objeto, 278,
279
horizontal, planos de projeção,
136
princípios de sombra, 336, 337
Planta(s)
alinhamento das, 147
com perspectivas oblíquas
explodidas simultâneas, 223
de implantação, nomenclatura
ortogonal, 149
de teto refletido
nomenclatura ortogonal, 143
vistas de fachada, 141
desenho passo a passo, 145
e elevação
automóveis em, 28, 29
convenções gráficas, 493
sombras, 361
em perspectiva de um ponto,
262, 263
indicação das paredes, 146
luzes e sombras, 366, 367
nomenclatura
ortogonal, 138, 149
ortográfica, 138
passo a passo do processo de
desenho, 144, 145
sombras, 341, 368
vistas de fachada, 141
Ponte Sundial, Redding, Califórnia,
164
Pontilhismo, 15
escalas de valor, 14, 15
Ponto
de fuga
definido, 231
diagonal para grade em
perspectiva de um ponto,
259, 260
lado
direito, 283
esquerdo, 282
múltiplos, 276, 277
oblíquos, 280-283
lado direito, 283
lado esquerdo, 282
de vista, 165, 231
definida, 231

diagonais a 45°, 266
efeito pictórico, 239
perspectiva de um ponto, 267
médio, 231
Portas, 159
Portfólio online, 465-471
Posição do ponto de vista e linhas
diagonais a 45°, 266
Posto de Saúde de Freeport,
Kitchener, Ontário, Canadá, 249
Praça
Broadway, Santa Ana, Califórnia,
306
da Espanha, Roma, Itália, 252
Prédio
Comunitário, interface digital-
manual, 104, 105
da Administração, Escola
Secundária Kennedy, Granada
Hills, Califórnia, 223
da SBF Tower, Shenzen, China,
118, 119
da Sociedade dos Arquitetos de
Boston, Boston, Massachusetts,
97
de escritórios, interface digital-
manual, 118, 119
na Rua Reforma, Cidade do
México, México, 286
religioso, 108, 109
Projeção(ões)
axonométrica, 174
em seis vistas, 172
isométrica, 174
oblíqua, 174
ortogonais e paralelas, 161-223
acréscimo de altura, 200, 201
ângulos em eixos duplos e
triplos, 199
cavaleira, 189
frontal, 182, 183
círculos
axonométricos, 191
em ação, 193
isométricos, 190
combinações multioblíquas,
208, 209
comparação
dos tipos de projeções, 175
em perspectiva cavaleira,
180, 181
entre axonométricas e
oblíquas, 178
entre sistemas de projeção,
174
croquis de visualização,
166-168
desenhos e diagramas
axonométricos expandidos,
219

eixo(s)
adicionais, 195
Z não vertical, 204
isométrica explodidas, 212
linhas axiais e não axiais, 194
não verticalidade do eixo Z,
202, 203
ortográfica
comparação entre sistemas,
174
definida, 136
exercícios de desenho (nível
um), 511
paralelas
axonométricas, 175
círculos, 191
exercícios de desenho (nível
um), 496, 497
formatos de apresentação,
385, 386
perspectivas cavaleiras, 175
sombras, 370, 371
em projeção isométrica,
346, 347
perspectiva, 174
perspectiva(s)
cavaleira, 206, 207
e axonométrica
expandidas, 216, 217
interior explodida, 215
isométrica(s)
aplicações de, 185
construção de, 184
e militar, 179
militar/dimétrica expandidas,
214
militar, 196-198, 200-203
construção da, 188
em ação, 192
expandida, 213
medições, 186
revelando interiores, 187
planta
com perspectivas oblíquas
explodidas simultâneas,
223
em camadas com eixo Z
não vertical, 205
projeção em seis vistas, 172
quantidade de vistas
necessárias, 173
representação em uma e
múltiplas vistas, 176, 177
variações das vistas
expandidas, 218
verdadeira grandeza e
encurtamento de linhas, 164
visão geral, 161, 163

vista(s)
   expandida, 211
   explodida, 210
   inferiores e superiores
      descritivas, 222
      e superiores, simultânea,
        221
   inferiores em perspectiva/
      axonométricas
      explodidas, 220
   perpendicular, de topo e
      forma real, 165
   visualização e blocos, 169-171
Projeto
   Cristal, 116, 117
   de Cânion Chaco, exercícios de
      desenho (nível um), 518, 519
   de indexação, 454, 455
Proporção, 3
Propriedade rural em Montana, Clyde
   Park, Montana, 185
Protuberâncias, 359
Público-alvo para portfólio, 463, 464

Q

Quantidade de vistas necessárias,
   173
Quatro Towers em Uma, Shenzhen,
   China, 149
Quinta d'Ava, Paris, França, 206

R

Rafael de le Lama, 216, 394, 416
Rancho Sespe II, Piru, Califórnia, 393
Recuos, 359
Redução, 228
Reflexos
   desenho em perspectiva linear,
      320-325
   em perspectiva, 500, 501
   horizontais, desenho em
      perspectiva linear, 322, 323
Refúgio de Bass Island, South Bass
   Island, Ohio, 391
Relação entre o objeto e o plano do
   quadro, 278, 279
Relógio de sol, Team Disney Building,
   Lake Buena Vista, Flórida, 363
Renga, 522, 523
Representação(ões)
   em múltiplas vistas, 176, 177
   em vista única, 176
Residências, 135
   Adelman/Llanos em Santa
      Mônica, Califórnia, 207
   Barnes, Nanaimo, Columbia
      Britânica, Canadá, 153

Blades, Goleta, California, 398
Buena Vista, São Francisco,
   Califórnia, 373
Cannizzaro, Montara, Califórnia,
   395
Chasen, São Francisco,
   Califórnia, 209
Chen, Ventura, Califórnia, 151
Devitt, Austin, Texas, 262
Elliot, Hermosa Beach, Califórnia,
   154
em Bernal Heights, São
   Francisco, Califórnia, 262
em Dillon Beach, Condado de
   Marin, Califórnia, 292
Freeman, Grand Rapids,
   Michigan, 150
Galor, Los Angeles, Califórnia,
   205
Gandhi, Illinois, 100
Gersch, Hillsborough, California,
   396
Glass-Kline, New Paltz, Nova
   York, 281
Gorman, New Canaan,
   Connecticut, 210
Johnson, Folsom, California, 142
Ka Hale Kakuna, Maui, Hawaii,
   392
Kahn, Hillsborough, Califórnia,
   368
Karlstad, Orange Park Acres,
   Califórnia, 203
Kress, Albuquerque, New
   Mexico, 370
Langmald, Oakland, Califórnia,
   397
Lubbering, Herzebrock,
   Alemanha, 81, 417-421
Marbled, Ahmedabad, Índia, 152
Martinello, Roxbury, Connecticut,
   183
Monahan, La Jolla, Califórnia,
   248
na Praia Delray, Delray Beach,
   Florida, 158
na Rua Douglass, São Francisco,
   Califórnia, 64, 65
na Sprigwood Drive, Cowan
   Heights, Califórnia, 208
Nomikos, Berkeley, Califórnia,
   146
Rettig, Rheda, Alemanha, 222
Robertson, Lago Flathead,
   Montana, 177
Shamash, Hillsborough,
   Califórnia, 370
T, Hayama, Kanagawa, Japão,
   274
Tenchi, Nagoya, Japão, 331

Waldhauer, Woodside, Califórnia,
   198
Woo, Oakland, Califórnia, 48
Worrel, Hillsborough, Florida, 366
Restauração da casa de estuque,
   Berkeley, Califórnia, 400
Ricardo Legorreta, 355
Richard Rogers, 7, 70, 190
Robert Venturi, 68
Rock and Roll Hall of Fame,
   Cleveland, Ohio, 237

S

Sala de Concertos
   Fulton, Brown University,
      Providence, Rhode Island,
      426, 427
Principal, Conservatório de Música
   de São Francisco, São Francisco,
   Califórnia, 258
   Walt Disney, Los Angeles,
      Califórnia, 192, 444
SANAA, 349
Santiago Calatrava, 84, 85, 345
Sede da Autoridade Maior de
   Londres, Londres, Inglaterra, 472
Sensibilidade gráfica, 460
Setas
   de corte, 141
   indicativas do norte, 148
SFX HOUSE, São Francisco Xavier,
   SP, Brasil, 245
Shanghai Zendai Himalaias Art
   Center, Pudong, Shanghai, China,
   364
Símbolos
   de diagramação, 38-43
   diagramas
      de implantação, 46
      bidimensionais, 38, 41, 42
   linhas de interseção, 137
   passo a passo do processo de
      desenho da planta, 144, 145
   pictóricos
      diagramas
        de implantação, 46
        e croquis conceituais, 38
Sistema
   de avaliação do cubo para
      perspectivas de três pontos,
      306
   de tráfego metropolitano de
      Washington, D.C., 69
   de transporte público,
      Washington, D.C., 69
Sliding Doors (filme), 504, 505
Software de modelagem de
   informações de construção, 91

Sólidos geométricos
exercícios de desenho (nível um), 478
princípios de sombreamento, 336, 337
Solstício, 334
diagramas de insolação, 334
Sombra(s)
conceitos, 333
de arcadas, 352, 353
de escadas, 356, 357
de marquises, 350
sólidas, 350
vazadas, 351
de nichos, 358, 359
de toldos, 352
de toldos, colunatas e arcadas, 352-354
em coberturas, 366, 367
em cortes, 369
em perspectiva militar, 348, 349
em plantas e elevação, 361
em projeções paralelas, 370, 371
em superfícies inclinadas, 362, 363
em zigue-zague, 344
exercício(s)
de perspectiva isométrica, sombra e reflexo, 510
de desenho (nível um), 477
lançadas em plantas, 368
não sobrepostas, 354
princípios de, 336, 337
sobrepostas, 355
sombras não sobrepostas, 354
sombras sobrepostas, 355
superfície inclinada, 362, 363
visualização de, 344
Son of Chang, Augusta, Geórgia, 147
SPA Center, Comunidade Vikna, Noruega, 265
Spaceport America, Upham, Novo México, 219
St. Lawrence Market North Design Competition, Toronto, Ontário, Canadá, 437
Stanley Saitowitz / Natoma Arquitetos, 194
Stanley Tigerman, 56
Star Place, Kaohsiung, Taiwan, 250
Steven Holl, 84
Studio Max, 63
Sugestão, 230
em perspectiva, 230
linear, 230
ortogonal, 230
paralela, 230

Superfícies refletoras verticais, 324, 325
Superposição, 228
croquis superpostos, 399
desenhos superpostos, 398
Supertorre Lotte, Seoul, Coreia do Sul, 332
Sydney Pollack, 79

T

TATA Serviços de Consultoria, Bunyan Park, Mumbia, Índia, 76
Tate Modern, Londres, Inglaterra, 120
Team Disney Building, Lake Buena Vista, Flórida, 363
Teatro Spijkenisse, Spijkenisse, Holanda, 448
Técnica(s)
de multiplicação
com a diagonal, 292
desenho em perspectiva linear, 284
por medida acrescentando a diagonal, 291
por medida, 287
de transferência
através da diagonal, 290
desenho em perspectiva linear, 284
por paralela, 286
Terminal
aéreo da TWA, Nova York, Nova York, 98
de ônibus de Westport, Westport, Maryland, 63
The Azzano, Complexo de San Paolo, Bergamo, Itália, 324
The Broad, Los Angeles, Califórnia, 444
Tipografia, 453
Tipos de cortes, 140
Torre(s)
de Telecomunicações de Montjuïc, Barcelona, Espanha, 287
Einstein, Potsdam, Alemanha, 79
IBM (Menara Mesiniaga), Selangor, Malásia, 335
Pearl River, Guangzhou, China, 309
Phare, Paris, França, 304
de Biel e Fórum de Arquitetura Aberta Arteplage Biel, Suíça, 228
TR + 2 STUDIOHOUSE, Pacific Palisades, Califórnia, 366
Traços de lápis, 4, 5, 12, 13

Transferência por paralela, 286
Triangle Oval Townhouses, West Sacramento, Califórnia, 194

U

União Estudantil Ackerman da Universidade da Califórnia em Los Angeles, Califórnia, 250
Universidade
Andrews, Berrien Springs, Michigan, 349
Brandeis, anexos ao Prédio de Belas-Artes, Waltham, Massachusetts, 346
de Princeton, 97
do Alasca, Fairbanks, Alasca, 198
Estadual de São Francisco, São Francisco, Califórnia, 318
University
of California, Los Angeles, 398
of the Artes "Mumut", Graz, Áustria, 25
Urbanismo Elástico, Bodo, Noruega, 331
Uso comercial/misto, 116, 117
Uso misto urbano, 110

V

Verdadeira grandeza de linhas, 164
Viagem arquitetônica, exercícios de desenho (nível um), 482, 483
Vila
Cabrillo, Saticoy, Califórnia, 214, 222
Cóptica Canadense de São Marcos, Ontário, Canadá, 299, 366
Gables, Meersbusch, Dusseldorf, Alemanha, 362, 363
Villa Linda Flora, Bel Air, Califórnia, 44
Vinheta, 31
Visada, 8, 9
Visão expandida
projeções ortogonais e paralelas, 211
variações, 218
Vista
aérea
desenho em perspectiva linear, 246, 247, 298-301
perspectiva de um ponto de vista superior, 248, 249
perspectivas subterrâneas, 303
ausente, 489, 490
isométrica/militar, 490, 491
auxiliares, desenhos em múltiplas vistas, 177

582 ÍNDICE

de cortes em perspectiva, 261
descritivas, 222
   simultâneas, 221
em aclive e declive, 252, 253
explodida
   criação do portfólio, 472
   desenhos agrupados, 311
   isométricas explodidas, 212
   perspectiva
      cavaleira interior explodida, 215
      explodida, 310
   projeções ortogonais e paralelas, 210

vistas inferiores em
   perspectiva axonométricas explodidas, 220
inferiores e superiores
   descritivo, 222
   simultâneas, 221
ortogonais
   exercícios de desenho (nível um), 490
   nomenclatura ortogonal, 137
perpendicular, 165
Visualização de bloco, 169-171
Vitra Children Workshop Weil am Rhein, Alemanha, 185, 261

W

Wonderland Camp for Physically and Mentally Challenged Individuals, Lake of the Ozarks, Missouri, 414, 415

Y

Yale University, New Haven, Connecticut, 405

Z

Zoneamento, 38

Pré-impressão, impressão e acabamento

grafica@editorasantuario.com.br
www.editorasantuario.com.br
Aparecida-SP